中国近代新闻学名著系列丛书

芮必峰◎主编

综合新闻学（1）

—— 任白涛◎著 ——

中国传媒大学出版社

·北京·

出版说明

本丛书整理再版了近代在中国用中文出版的经典新闻学著作，所涉及的图书既有专著、教材，也有译著，全面涵盖了新闻学理论、新闻业务、新闻史等领域，成书年份前后跨越40年。在这40年间，中国的新闻学科从无到有、从借鉴到创新，成就巨大。对这些著作的再次出版，为研究中国近代新闻学提供了珍贵的史料，绘制了中国近代新闻学的全景，度量了中国近代新闻学的厚度，填补了该领域空白，也为纪念中国新闻学诞生100周年献上了一份厚礼。

我们请中国人民大学新闻学院教授、博士生导师，广西大学新闻传播学院院长，教育部社会科学委员会委员兼新闻传播学科召集人郑保卫，及中国传媒大学传播研究院院长、教授、博士生导师，中央实施马克思主义理论研究和建设工程新闻学首席专家雷跃捷对本丛书的内容进行了审定，并根据专家的意见进行了修改。在此对两位专家所付出的辛勤劳动表示衷心感谢。

由于历史原因，本丛书中的个别图书存在一些问题，为保存历史原貌，为研究者提供一手的参考资料，影印时均基本保持其原貌，未作大的删改，希望读者结合当时的历史条件和历史环境，对其中的观点进行批判性借鉴。原书中存在一些错别字、漏字和排版错误，我们在影印时均未做改动，敬请读者注意。

由于原书出版年代久远，本丛书中的许多书籍难觅其踪，存世数量稀少，版权状况极其复杂。为了保证本丛书的学术性和完整性，我们将具有价值的图书先行选入其中，进行了抢救性发掘，力图保存中国新闻史珍贵的历史资料。版权所有人若有异议，请及时与我们联系。

为更好地体现中国近代新闻学的发展脉络，本丛书特别收录了欧美学者休曼的《实用新闻学》、斯蒂德的《新闻学的理论与实际》；日本学者松本君平的《新闻学》、后藤武男的《新闻纸研究》、杉村广太郎的《新闻概论》。当年这些书的出版对中国近代新闻学具有一定的借鉴意义。

本丛书为影印制作，成书清晰度由原书决定，由于出版年代久远，受当时生产力水平及制作方法限制，难免会存在一些缺陷，敬请读者谅解。

中国传媒大学出版社

总　序

如果从1903年商务印书馆编译出版日本人松本君平的《新闻学》算起，中国的新闻学已有115年历史①。如果从1918年北大新闻研究会建立，徐宝璜开办新闻学讲座算起，中国新闻学教育和研究迄今正好100年历史。我们搜集整理了清末至民国期间一些有代表性的新闻学书籍，希望借此重现早期中国近代新闻学的本来面貌，反映我国新闻学发展的历史脉络，我们认为，这对中国新闻学术、教育史研究以及中国近现代思想史研究都是很有意义的。

从1903年到1949年9月的40多年间，我国公开出版和内部印行的新闻学书籍，包括专著、教材、论文集、资料汇编、参考工具书等，约468种之多。②它们集中反映了我国新闻学的历史发展轨迹。然而，由于多种原因，这些书籍除了几本曾被重印出版外，大多已经是“只闻其名、难觅其踪”，这对我国新闻学研究不能不说是一个遗憾。

本丛书在梳理1903—1949年间出版的有代表性的新闻学书籍的基础上，精选了50部著作，校订注释，编纂再版，也算对这一遗憾的弥补。

从我们挑选的这50部新闻学书籍来看，中国早期新闻学的发展有三个鲜明的特点：

一、中国早期新闻学的发展与中国社会发展，尤其与国家民族利益息息相关

40多年间，中国新闻学从近乎空白到勃然而兴，这与中国社会的动荡、变

① 黄天鹏回顾新闻运动时说：“有清光绪二十八年，商务印书馆刊行《新闻学》一书，为我国人知有新闻学之始，原书为日人松本君平所著……”资料来源：黄天鹏．新闻运动之回顾［A］．黄天鹏．新闻学名论集［C］．上海：上海联合书店，1929．

② 林德海，等．中国新闻学书目大全1903—1987［M］．北京：新华出版社，1989．

革休戚相关。西方新闻学是现代化的产物，最早形成于19世纪末20世纪初。1901年，“新闻学”一词首见于中文报章①，但直到民国前夕，国人对于“新闻有学乎”尚存疑，认为报社就是新闻人才的“养成所”。至1912年上海报业俱进会以“吾国报业之不发达……其最大原因，则为无专门之人才”②为由，号召组织报业学堂，培养报业专门人才。不难看出，此时新闻界亦将新闻学视为办报之“技”。至1918年邵飘萍为徐宝璜《新闻学》作序仍“窃叹我国新闻界人才之寥落，良由无人以新闻为一学科而研究之者”③。黄天鹏把1903年至1918年新闻学研究会建立之前的十余年视为中国新闻学的启蒙期。④

1918年，随着以启蒙为目标的新文化运动愈演愈烈，新思潮涌入国门，“新学”“西学”站在旧传统的对立面被学界关注，新闻学思想也不例外。作为公学之首和新文化运动中心的北京大学率先开办新闻学研究会，力证了“新闻学”存在的正当性；徐宝璜《新闻学》一书问世，成为中国新闻学理论的奠基之作。新闻学教育兴起，新闻学研究著作渐盛，待到北伐前夕，中国新闻学从学理上和实践上俱已建立起来。

新文化运动后期，马克思主义传入中国，资本主义文明逐渐“祛魅”。之后的大萧条使得西方国家的痼疾暴露无遗，曾经“理想之彼方”的西方报业也难以幸免。在这一时代背景下，如何建立“吾国之报业”成为新闻学研究的热点，围绕这一热点，一方面，关于中外新闻理论、新闻事业、新闻业务的著作日益涌现；另一方面，军阀对于激进言论的暴力摧残，又引发了新闻人对于言论自由的论争。20世纪20年代的中国新闻学呈现百家争鸣之势。

“在这言论自由纷争之际，也有若干论调，认为新闻纸不过是一种政治宣传的工具，在新闻学方面也唱过所谓社会主义的新闻理论，不过这种论调没有完成，当头的国难已把这种理论粉碎。”⑤“九一八”事变后，面对空前的民族危机，“国家至上、民族至上”成为国论，报业成为勾连与动员社会的渠道和网络，

① 梁启超．本馆第一百册祝辞并论报馆之责任及本馆之经历［J］．清议报，1901（100）：1-8．

② 戈公振．中国报学史［M］．上海：上海书店，1989：278．

③ 徐宝璜．新闻学［M］．长春：时代文艺出版社，2009：7．

④ 黄天鹏．四十年来中国新闻学之演进［M］//龙伟，任羽中，王晓安，何林，吴浩．民国新闻教育史料选辑．北京：北京大学出版社，2010：149．（以下征引本书时，一律简注为《民国新闻教育史料选辑》。）黄天鹏在此文中提出他对于1903年到战事结束的40余年间中国新闻学发展阶段的划分，原载《中国新闻学会年刊》第1期，1942年9月。

⑤ 黄天鹏．四十年来中国新闻学之演进［M］//民国新闻教育史料选辑．北京：北京大学出版社，2010：161．

致力于推动“舆论统一”。直到全面抗战中期之前，以战争宣传动员为主要研究目标的“战时新闻学”都是新闻学研究的热点。

1943—1949年中华人民共和国成立前夕，随着战争形势的转变，抗日战争已现胜利的曙光，中国新闻学人开始构想新闻业的未来。萨空了①于1943年开始着手书写《科学的新闻学概论》，旨在提醒新闻人应“鉴于美英的前车”②，避免报纸“为大财阀资本家所独占”③，“积极地设法使报纸成为大多数民众自己的相互报道消息、提供意见的工具”④。

二、中国新闻学是“西学东渐”的产物，中国早期新闻学人大多具备西学背景

“西学东渐”的内在精神是中体西用。在“用”的招牌下，西学大量涌入。中国新闻学直接引自日本和美国。首先，中国最早的新闻学译著分别为1903年商务印书馆编辑出版的松本君平的《新闻学》和1913年美国记者休曼著、史青编译的《实用新闻学》。前者成为中国新闻学的开端，而后者作为美国第一本新闻教育著作，“提供采访编辑各种实际问题的解决方案”⑤，也奠定了中国新闻人对于新闻教育之作用的基本构想。

早期中国新闻学人大多具备留美留日的求学背景。徐宝璜曾于美国密歇根大学修习经济学与新闻学，其《新闻学》（1919）的参考文献包括在美国出版的图书23种、在英国出版的图书7种，印证了时任北大校长蔡元培所言，“新闻学之取资，以美为最便矣”⑥。任白涛求学日本早稻田大学政治经济学系时，加入了《朝日新闻》名记者杉村楚人冠等筹建的“大日本新闻学会”⑦，《应用新闻学》

---

① 萨空了（1907—1988）四川成都人，蒙古族，笔名了了、艾秋飚，记者、主编、新闻学家。1927年任《北京晚报》《世界日报》编辑记者、《世界画报》总编辑。曾任教民国学院新闻系、北京新闻专科学校。1935年任上海《立报》副刊主编、总编辑兼经理。中华人民共和国成立后任中央人民政府新闻总署副署长兼新闻摄影局局长、出版总署副署长、全国政协副秘书长兼《人民政协报》总编辑等职。负责主编《中国大百科全书·新闻出版》卷，著有《科学的新闻学概论》《科学的艺术概论》《宣传心理研究》等。

② 萨空了. 科学的新闻学概论［M］. 香港：文化供应社，1946：36.

③ 萨空了. 科学的新闻学概论［M］. 香港：文化供应社，1946：36.

④ 萨空了. 科学的新闻学概论［M］. 香港：文化供应社，1946：36.

⑤ 黄天鹏. 四十年来中国新闻学之演进［M］//龙伟，任羽中，王晓安，何林，吴浩. 民国新闻教育史料选辑. 北京：北京大学出版社，2010：157.

⑥ 邓绍根. 中国新闻学的筚路蓝缕：北京大学新闻学研究会［M］. 北京：清华大学出版社，2015：228.

⑦ 1915年《朝日新闻》的杉村楚人冠等在庆应义塾大学创办“新闻研究会”并讲授课程，后根据该讲义出版了《最近新闻纸学》（1918）。其时，杉村楚人冠还兼任“大日本新闻学会”的筹建者与学会新闻讲座讲师。

(1922)正是仿照杉村楚人冠《最近新闻纸学》一书体例所做。[1]邵飘萍的《实际应用新闻学》(1923)亦参考了《最近新闻纸学》。[2]杉村楚人冠深受美、德新闻思想熏陶，美、日、德的新闻思想因故才传到中国。

事实上，正是留美、留日学生群体的新闻学著述构建起了中国早期新闻学的基本框架。仅本丛书所涉国内著(编)者30人中，剔除资料不详者3人，有留学经历者共计15人。其中留美5人：徐宝璜、伍超、赵敏恒[3]、戈公振[4]、曹用先[5]；留日8人：吴定九[6]、邵飘萍、黄天鹏、任白涛、张友渔[7]、谢六逸、袁殊[8]、王文萱[9]；

---

① 周光明. 近代新闻史论稿［M］. 北京：社会科学文献出版社，2014：276.

② 方晓红. 中国新闻简史［M］. 南京：南京师范大学出版社，1996：122.

③ 赵敏恒(1904—1961)，记者、新闻学教授。早年就读于清华大学，1923年起先后于美国科罗拉多大学文学院、密苏里大学新闻学院、哥伦比亚大学新闻学院攻读英国文学和新闻学，并获新闻学硕士学位。1925年起在纽约环球通讯社当编辑。1927年回国，在国民政府外交部情报处短暂工作后加入路透社。1945年10月任《新闻报》总编，兼任复旦大学新闻学教授。

④ 留学两个及两个以上国家的，按其留学的第一个国家计。

⑤ 曹用先，女，宁波人，天津南开大学社会科毕业。1926年与未婚夫查良鉴自南开大学毕业后，同赴密歇根大学留学，1930年在该校安娜堡完婚。硕士毕业后回国，曾就职于上海商务印书馆编辑所并任教于大夏大学，1949年与查赴台，1951年4月病逝于台湾。

⑥ 吴定九(1890—1930)，名鼎，字定九，嘉定人。著名报人，《京报》元勋之一，著有《新闻事业经营法》。公派赴日本名古屋学习土木工程时，与在东京政法学校读书的邵飘萍成为密友。1923年9月，私立北京平民大学设立报学系，时任京报社经理的吴定九担任教授并讲授专业课程“新闻经营法”。

⑦ 张友渔(1898—1992)，原名张象鼎，字友彝，又名张忧虞，山西灵石人。法学家、政治学家、新闻学家。先后求学于山西第一师范学校，国立北平法政大学法律系。1927年任《国民晚报》社长兼总编辑。同年加入中国共产党，任中共北平市委委员兼秘书长。1930年赴日留学。“九一八”事变后回国任《世界日报》主笔及燕京大学、中国大学、民国大学、中法大学、北平大学法商学院教授，讲授宪法学、劳动法学、新闻学和日本问题。1943年起在重庆任中共南方局文委秘书长、《新华日报》社论委员会委员、中共重庆工作委员会候补委员兼政策研究室副主任、《新华日报》代总编辑等职。

⑧ 袁殊(1911—1987)，中共谍报人员、记者、新闻学者。早年赴日攻读新闻学、东洋史。曾创办上海自修大学并设新闻专科。1931年3月创办的《文艺新闻》，最早揭露了左联五烈士被害的消息。1932年任新声通讯社记者，经潘汉年引介加入共产党。1942年卧底敌伪报纸《新中国报》，1945年10月转移到苏北解放区；1949年调入中央情报部门。著《记者道》《学校新闻讲话》《新闻大王赫斯特》等书；译《新闻法制论》等。

⑨ 王文萱，曾留学日本，1930年5月翻译杉村广太郎的《新闻概论》。1942年国立社会教育学院新闻系成立，王文萱在该系教授新闻业务课程。1947年年初，李宗仁授意萧一山在北平创办《经世日报》作为喉舌，任命王文萱、蓝文澄两位教授为主笔。

旅欧2人为胡愈之和储玉坤[①]（详情见表）。这些涉足新闻学研究的归国留学生兼容并蓄，汲取美、日、德等国新闻理论和马克思主义新闻思想的精华，进行本土化改良，亦从侧面反映出中国新闻学的理论来源。

三、中国早期新闻学人往往兼新闻实践、新闻教育、新闻研究于一身

1918年，北京大学新闻学研究会成立，徐宝璜负责讲授新闻学知识。他结合自身从业经验，参考欧美新闻学书目，形成课程讲义；再结合讲课心得，不断完善新闻学理论。1919年，国人自撰的第一本新闻学专著《新闻学》最终成书。徐在自序中细陈写书修书之过程："新闻学乃近世青年学问之一种，尚在发育时期。余对于斯学，虽曾稍事涉猎，然并无系统之研究。客岁蔡校长设立新闻学研究会，命余主任其事，并兼任导师。余乃于暑假中，正式加以研究，就所得著《新闻学大意》一篇，以为开会后讲演之用。……开会后，余继续研究，加以会员之质疑问难，时有心得，遂将原稿加以修改，成第二次之稿……"[②]显然，"曾稍事涉猎"指其曾经担任《晨报》主笔的工作经历。早期中国新闻学人兼具从业经验和新闻学教学经验者多会总结实践经验、丰富新闻理论、著书立说、传道授业，这种情况并不鲜见。

从早期新闻学著作的作者（编者）身份来看：本丛书涉及国内著（编）者30人，除李公凡、刘元钊和鲁风三人身份不详，仅蒋国珍[③]、项士元[④]二人没有明确的新闻从业经验。而在这25人中，更有20人兼具从业经历与从教经历。新闻学人大多具有新闻从业经历，学术研究、传承活动与新闻实践密不可分（详

---

① 储玉坤，1912年生，江苏宜兴人，笔名雨君、储华。1937年中央政治学校大学部新闻学及国际政治专业毕业。1938年1月任《文汇报》编辑兼社论撰述者；1938年5月担任《文汇报》法国哈瓦斯分社编辑；抗战胜利后，任《文汇报》总主笔。1946年5月转任《申报》主笔和法国新闻社远东分社中文部主任，兼任中国新闻专科学校教务长和沪江大学新闻系教授。著有《现代新闻学概论》《第二次世界大战史》《美国经济》。

② 邓绍根．中国新闻学的筚路蓝缕［M］．北京：清华大学出版社，2015：244.

③ 蒋国珍出生于1896年，江苏溧阳人，做过学生运动领袖、国民党党员、教育工作者、政府职员、银行经理。曾加入上海学生运动，代表上海全国各界联合会、全国学生联合会、上海各界联合会、学生联合会四团体发声。虞文俊认为其传世的《中国新闻发达史》翻译自日本人伊藤武雄的《中国新闻发达史》，即蒋国珍应为此书的译者而非著者。

④ 项士元（1887—1959），佛教居士、学者。原名元勋，号慈圆，又号石槎。浙江临海人，通日、英、德、梵、俄文，一生佛学著作等身。25岁毕业于杭州府中学堂，后办私立小学和赤城初级师范，兼任各校教师；捐资并赠书创办了临海图书馆。项士元长期辗转江浙等地从事教育、新闻和史志方面的研究工作。中华人民共和国成立后主持台州文管会，任浙江省文史馆馆员。所著《浙江新闻史》是中国最早的新闻史之一。

见表1[①])。

从新闻学著作本身来看，许多民国新闻学书籍正是新闻实践和新闻教育的直接产物：国人自撰的第一部新闻采访学专著——《实际应用新闻学》根据邵飘萍在北京大学新闻学研究会和平民大学新闻系的讲稿所著，《新闻学总论》一书则根据邵氏国立政法大学的新闻学讲义整理而成；周孝庵[②]根据自己在复旦大学的新闻学讲义编著了《最新实验新闻学》；郭步陶[③]的《本国新闻事业》是上海市私立申报新闻函授学校讲义之十一；而《新闻学的基础知识》本就是中美日报读讯会[④]为新闻学自修者所出版的教材《实用新闻学讲义》之一；储玉坤的《现代新闻学概论》则是专门为大学新闻理论教科书而编写的（详见表2）。

正是由于早期新闻学人兼新闻实践、新闻教育、新闻研究于一身，才能为理论教学与著述提供最鲜活的案例，促使新闻实践经验迅速融入新闻学理论研究。这是近代中国新闻学迅速发展的重要因素，对于当今的新闻学研究、新闻学教育工作也有重要启示。

本丛书编委会邀请相关领域资深专家进行研讨，认真甄选了书目，仔细进行了版本比较和甄别，从而保证了本丛书较高的学术权威性。

由于历史的局限，民国新闻学书籍的不足是明显的，如学术理论不成熟、部分话语和话题打上了深深的时代烙印等；又因书中涉及的新闻稿件写作于特定历史环境和历史年代，其表达方式不严谨亦不可避免。盖所选书目皆是历史文献，我们在审校中尽量保持其历史原貌，不做大的删改；对极个别对马克思

---

① 李秀云．留学生与中国新闻学［M］．天津：南开大学出版社，2009：239-251．本书中李秀云整理了民国期间从事新闻学研究的留学生44人，并分析其留学国别构成、专业构成、新闻实践经历、从教经历等。

② 周孝庵（1900—1973），佛教学者、律师、报人。松江府人。毕业于江苏省立第一商业学校。历任上海时事新报馆记者、编辑、主编，著《最新实验新闻学》。1928年秋被复旦大学聘为新闻学教授。曾于上海法政大学获法学学士学位，1930年兼律师。1932年主编上海《新闻报》“法律质疑”栏目、编著了《法律质疑汇编》。上海沦陷后，曾氏关闭了律师事务所，潜心佛学研究。

③ 郭步陶（1879—1962），原名成爽，后改名惜，字步陶。四川隆昌人。名记者、新闻研究者。1911—1917年任《申报》编辑，1917年任《新闻报》编辑主任、主笔。1930年任教于复旦大学新闻系。上海沦陷后赴香港，任职于《申报》（香港）、《星岛日报》；1939年创建中国新闻学院（香港）并任院长。抗战胜利后回沪任教于复旦大学、新中国学院。

④ 《中美日报》是“孤岛”时期的国民党报纸，为躲避日伪新闻检查，在美商罗斯福出版公司招牌下运作，副刊有《集纳》《堡垒》等。1938年11月创刊，1941年12月停刊，1945年8月复刊，次年4月终刊。总编先后为杨勋民、查修、詹文浒，总主笔周宪文，执笔者有储玉坤、章丹枫等。胡道静曾任英文编辑。报社读讯会为自修新闻学的读者出版了《实用新闻学讲义》，共计10种，对编辑术、采访术、评论作法、新闻写作、新闻学史、剪报工作等都有专篇论述。

主义、共产党等的不适当叙述已进行了删除处理。

本丛书规模较大，从策划项目、搜集资料、校订编纂到审稿成书，历时两年有余。这50本书可能并非本本经典，其中有些内容亦有重复、雷同之处，但瑕不掩瑜，它们对于研究中国新闻学功不可没，作为新闻史资料极具研究价值。感谢中国传媒大学出版社和安徽大学新闻传播学院诸位老师的辛勤付出，也希望读者在本丛书中能读出更丰富的内容，获得启发并更深入地思考。

丛书主编　芮必峰

2018年5月7日

附表：

表1 著者受教育、从业、从教及著述情况列表

序号	姓名	是否留学及留学国家	从业经历	从教经历	著作
1	徐宝璜	美国密歇根大学，经济学、新闻学	北京《晨报》主笔	北京大学新闻学研究会、北京平民大学新闻系	《新闻学》《新闻事业》
2	戈公振	1927年赴美国、日本考察新闻事业	首创《图画时报》、“上海新闻记者联合会”会长、《申报》总管理处设计处主任兼《申报星期画刊》主编	上海南方大学新闻系、上海国民大学新闻系、复旦大学新闻系、上海沪江大学商学院、上海民治新闻学院	《新闻学撮要》《中国报学史》《新闻学》
3	邵飘萍	东京政法学校	《汉民日报》主编、《时事新报》《申报》《时报》主笔、创办“北京新闻编译社”、《京报》社长	北京大学新闻学研究会、北京平民大学新闻系、国立法政大学	《实际应用新闻学》《新闻学总论》
4	吴定九	日本名古屋工业专门学校土木工程	主持《京报》	北京平民大学新闻系、国立法政大学	《新闻事业经营法》
5	谢六逸	日本早稻田大学东洋文学史	《立报》文艺副刊《言林》主编、《国民周刊》《趣味》周刊主编	复旦大学新闻系、申报新闻函授学校、国立社会教育学院新闻系、暨南大学新闻系、大夏大学新闻系	《实用新闻学》《国外新闻事业》《新闻储藏研究》
6	黄天鹏	日本早稻田大学新闻系硕士	在北平创刊《新闻学刊》并担任主编	复旦大学新闻系、上海沪江大学商学院新闻学科	《新闻文学概论》《中国新闻事业》《新闻学入门》《新闻学概要》
7	赵敏恒	美国科罗拉多大学文学院、密苏里大学新闻学院、哥伦比亚大学新闻学院攻读英国文学和新闻学，并获新闻学硕士学位	纽约环球通讯社编辑，后加入路透社。“九一八”事变后为美国国际新闻社、伦敦《每日电讯报》《朝日新闻》等供稿。1945年10月任《新闻报》总编辑	复旦大学新闻系、中央政治学校新闻系、暨南大学新闻系	《外人在华的新闻事业》

续表

序号	姓名	是否留学及留学国家	从业经历	从教经历	著作
8	周孝庵	无	历任上海时事新报馆记者、编辑、主编；主编《上海新闻报》“法律质疑”栏目	复旦大学新闻系、新闻大学函授科	《最新实验新闻学》
9	张友渔	1930年、1932年、1935年多次赴日学习新闻学、考察日本新闻事业	《世界日报》编辑、《大同晚报》总编辑、《国民晚报》社长、《泰晤士报》总编辑、《新华日报》社论委员	燕京大学新闻系、北平民国学院新闻系	《新闻之理论与现象》《日本新闻发达史》
10	袁殊	日本新闻专科学校、早稻田大学历史系	创办《文艺新闻》《译报》、新声通讯社记者	上海自修大学新闻专科	《记者道》《学校新闻讲话》《新闻大王赫斯特》《新闻法制论》（译）
11	胡愈之	1928年法国巴黎大学攻读国际法	《东方杂志》编辑、创办《公理日报》、哈瓦斯通讯社远东分社中文部编辑主任、主编新加坡《南洋商报》		《胡愈之出版文集》
12	储玉坤	留法	《新闻报》编辑、《文汇报》编辑、法国哈瓦斯通讯社中国分社编辑、《文汇报》总主笔、《申报》主笔、法国新闻社远东分社中文部主任	中国新闻专科学校、沪江大学新闻系、之江大学新闻系、致用大学新闻学系	《现代新闻学概论》
13	任白涛	日本早稻田大学政治经济学	创办中国新闻学社、《新湖北日报》总编辑		《应用新闻学》《综合新闻学》
14	曹用先	美国密歇根大学①	上海商务印书馆编辑所②	大夏大学③	《新闻学》

① 毛彦文．往事［M］．北京：商务印书馆，2012：28．

② 雪林．一段值得介绍的婚姻（红藏·生活·第四卷第三十八期）［M］．湘潭：湘潭大学出版社，2014：435-437．

③ 毛彦文．往事［M］．北京：商务印书馆，2012：28．

续表

序号	姓名	是否留学及留学国家	从业经历	从教经历	著作
15	王文萱	留日①	《经世日报》②	国立社会教育学院新闻系③	《新闻概论》（译）
16	伍超	留美“攻读新闻科”④			《新闻学大纲》
17	郭步陶	无	《申报》编辑、《新闻报》编辑主任兼主笔、《申报》（香港）、《星岛日报》编辑	复旦大学新闻系、《申报》新闻函授学校、中国新闻学院（香港）、新中国学院	《本国新闻事业》
18	任毕明⑤	无	《民国日报》《时报》《快报》主笔、《大众日报》总编辑	香港中华新闻学院	《战时新闻学》《评论学十讲》
19	赵君豪⑥	无	《申报》副总编辑	上海商学院新闻专修科、复旦大学新闻系、上海法政学院新闻专修科	《中国近代之报业》《上海报人的奋斗》

① 杉村广太郎．新闻概论·黄序［M］．王文萱，译．上海：联合书店，1930．

② 冯国定．忆萧一山先生［M］//中国人民政治协商会议北京市委员会文史资料研究委员会文史资料选编（第43辑），北京：北京出版社，1992：104．

③ 苏州大学社会教育学院．峥嵘岁月（第三集）［M］．北京、上海、南京、苏州校会．1991：229．

④ 伍超．新闻学大纲·自序［M］．上海：商务印书馆，1925．

⑤ 任毕明，原名任大任，生于1904年，广东鹤山人。1925年在广西梧州创办《民国日报》，曾任《时报》《快报》主笔，主持过香港的《大众日报》。参与创办香港中华新闻学院，并任教。著作有《龙虎集》《风云集》《社会大学》《新社会大学》《战时新闻学》和《评论学十讲》等。

⑥ 赵君豪（1900—？）江苏兴化人。报人。“五四时期”求学于上海交通大学，经常给著名的《民国日报》副刊《觉悟》投稿，并与时任《觉悟》编辑的邵力子讨论种种社会改造问题。毕业后进入《申报》馆工作，抗战后任《申报》副总编辑。1929、1942年两度兼任复旦大学新闻系编辑教授；1930年兼任上海法政学院新闻专修科教授，讲授采访学；曾任《申报》新闻函授学校教授。1944年10月在重庆出版《上海报人的奋斗》。

续表

序号	姓名	是否留学及留学国家	从业经历	从教经历	著作
20	杜绍文[①]	无	杭州《民国日报》国际版编辑、《东南日报》《前线日报》主笔兼《新闻战线》周刊主编、《东南日报》总编辑、《文汇报》办公室主任	复旦大学新闻系	《新闻政策》《中国报人之路》《战时报学讲话》《国际新闻纵横谈》
21	胡道静[②]	无	《万有文库》编辑、上海通志馆编修、《通报》《中美日报》《大晚报》等报记者、编辑、撰稿人	上海法政学院新闻专修科	《上海新闻事业之史的发展》
22	张静庐	无	创办上海杂志公司并出任总经理		《中国的新闻记者与新闻纸》《中国近代出版史料》《中国现代出版史料》《中国出版史料》《在出版界二十年》
23	萨空了	无	《北京晚报》编辑记者、《世界日报》画刊编辑、《世界画报》总编辑、天津《大公报》艺术半月刊主编	民国学院新闻系、北京新闻专科学校	《科学的新闻学概论》

① 杜绍文（1909—？），又名杜超彬，广东澄海人。1927年入复旦大学中文学新闻组学习，1931年留校助教。后任杭州《民国日报》国际版编辑、资料室主任、浙江《东南日报》主笔。抗战期间主编浙江战时新闻学会会刊《战时记者》月刊,《国民日报》总编辑、社长；抗战胜利后任上海《前线日报》主笔兼《新闻战线》周刊主编。1946年至1951年间任复旦大学新闻系教授，1952年任上海《文汇报》记者、编委办公室主任。著有《新闻政策》《中国报人之路》《战时报学讲话》《国际新闻纵横谈》。

② 胡道静（1913—2003），安徽泾县人。1931年毕业于上海持志大学国语系。曾参加《万有文库》编辑和上海通志馆编修工作。“孤岛”时期坚守上海新闻界抗日宣传工作，任《通报》《中美日报》《大晚报》《密勒氏评论报》记者、编辑、撰稿人，同时在上海法政学院新闻专修科讲授新闻史课程，为共产党的抗日宣传培养新闻干部。1949年后历任中华书局上海编辑所编辑、上海人民出版社编审等。

续表

序号	姓名	是否留学及留学国家	从业经历	从教经历	著作
24	管照微[①]		复旦大学校刊编辑、1931年兼任上海新闻社记者	兰州大学经济系	编《新闻学论集》
25	项士元				
26	蒋国珍	疑为《中国新闻发达史》的译者而非著者[②]			
28	李公凡	不详			
27	鲁风	不详			
28	刘元钊	不详			

① 管照微，高中就读于上海立达学园，曾与王济深、刘仲达、唐旭之等先后组织了“时潮社”和“立达剧团”。后进入复旦大学新闻系学习，与伍梦窗、林楚君、向浦、徐之津等加入了复旦大学“左联”，并负责复旦大学的校刊编辑工作。1933年12月21日因宣传左翼思想被捕，后任教于兰州大学经济系。

② 虞文俊是东亚中国新闻史研究第一人。《中国新闻发达史》译者蒋国珍初考［J］. 新闻界，2015（15）.

表2　书目

序号	年份	书名	作者	备注
1	1903	新闻学	〔日〕松本君平 著	
2	1913	实用新闻学	〔美〕休曼著 史青译	
3	1919.12	新闻学	徐宝璜[①] 著	北京大学 新闻研究会讲稿
4	1922.11	应用新闻学	任白涛[②] 著	
5	1923.8	实际应用新闻学	邵振青 著	北京平民大学、 国立法政大学讲义
6	1924.4	新闻事业	徐宝璜 胡愈之 著	
7	1924.6	新闻学总论	邵飘萍 著	
8	1925.1	新闻学大纲	伍超 著	
9	1925.2	新闻学撮要	戈公振[③] 编	
10	1927.9	中国新闻发达史	蒋国珍 著	
11	1927.11	中国报学史	戈公振 著	
12	1928.9	中国的新闻纸	张静庐 著	
13	1928.11	最新实验新闻学（上）	周孝庵 著	复旦大学新闻系
14	1928.11	最新实验新闻学（下）	周孝庵 著	复旦大学新闻系
15	1930.4	新闻事业经营法	吴定九 著	
16	1930.5	新闻概论	〔日〕杉村广太郎 著 王文萱 译	

① 徐宝璜，中国新闻学者、新闻教育家。1912年毕业于北京大学，后公费留美，于密歇根大学攻读经济学、新闻学。徐宝璜在美国密苏里大学受过系统的新闻学教育。

② 任白涛，笔名冷公、一碧，河南南阳人。1911年辛亥革命后，先后担任上海《民立报》《神州日报》《新闻报》驻河南特约通讯员，参加当地反袁活动。1916年留学日本，在早稻田大学攻读政治经济学，并加入了大日本新闻学会。

③ 戈公振所著的《中国报学史》最早由上海商务印书馆出版，是研究新闻学和我国新闻事业发展史的开山之作，国内外新闻界将之誉为中国首部新闻史学权威著作。任教上海国民大学期间，戈公振开始着手《中国报学史》一书的写作。在从事新闻工作之余，戈公振致力于新闻教育事业和新闻学研究工作，曾在上海国民大学、南方大学、大夏大学、复旦大学等校新闻系和杭州暑假报学讲习所讲授新闻学方面的课程，在新闻学研究上留下了许多著述。

续表

序号	年份	书名	作者	备注
17	1930.8	中国新闻事业（上）	黄天鹏① 著	
18	1930.8	中国新闻事业（下）	黄天鹏 著	
19	1930.8	新闻纸研究	〔日〕后藤武男 著 俞康德 译述	
20	1930.9	浙江新闻史（上）	项士元 编	
21	1930.9	浙江新闻史（下）	项士元 编	
22	1932.7	学校新闻讲话	袁殊 著	
23	1932.8	外人在华的新闻事业	赵敏恒 著	
24	1933.4	新闻学入门	黄天鹏 著	
25	1933.10	新闻学论集	管照微 编	复旦新闻学会丛书
26	1935	实用新闻学（上）	谢六逸② 编	申报新闻函授学校讲义之三
27	1935	实用新闻学（下）	谢六逸 编	申报新闻函授学校讲义之三
28	1934.1	新闻学	曹用先	
29	1934.2	新闻学概要	黄天鹏 编	复旦大学讲义、上海沪江大学新闻学专修科
30	1935	上海新闻事业之史的发展	胡道静 著	
31	1936.5	新闻学讲话	刘元钊 编著	

① 黄天鹏，字天鹏，别号天庐。1927年1月，他创办了我国首个新闻学刊（1929年扩改为《报学月刊》）并任主编；他是我国新闻学术史上最早研究新闻学之产生及发展史的学者，是我国具有新闻学术史观的第一人。他于1923年就读于北京平民大学报学系，1929年留学日本,修业新研究所,旋入早稻田大学新闻系。归国后出版了《新闻文学概论》《中国新闻事业》《新闻学入门》《新闻学概要》等十余本新闻学专著。

② 谢六逸，中国现代新闻教育事业的奠基者之一。著名的作家、翻译家、教授。1917年以公费生身份赴日就读于早稻田大学。1922年毕业归国，入商务印书馆工作。后历任神州女校教务主任及暨南大学、复旦大学、大夏大学教授。1930年任复旦大学中文系主任，并创设了后来闻名海内外的复旦大学新闻系，任主任。

续表

序号	年份	书名	作者	备注
32	1936	本国新闻事业	郭步陶 编著	申报新闻函授学校讲义十一
33	1936.6	新闻之理论与现象	张友渔 著	
34	1936.11	记者道	袁殊 著	
35	1937.7	现代新闻学概论	储玉坤 著	国民党政府唯一指定大学新闻理论教科书
36	1938.7	战时新闻学	任毕明 著	
37	1938.9	中国近代之报业（上）	赵君豪 著	
38	1938.9	中国近代之报业（下）	赵君豪 著	
39	1938.10	基础新闻学	李公凡 著	
40	1939.7	中国报人之路	杜绍文 著	
41	1940.4	新闻学	戈公振 著	1932 年完稿，另有 1947 年版
42	1941	新闻学的基础知识（上）	中美日报读讯会 编	中美日报读讯会实用新闻学讲义
43	1941	新闻学的基础知识（下）	中美日报读讯会 编	中美日报读讯会实用新闻学讲义
44	1941.7	综合新闻学 1	任白涛 著	
45	1941.7	综合新闻学 2	任白涛 著	
46	1941.7	综合新闻学 3	任白涛 著	
47	1944.9	新闻学	鲁风 著	新中国自修学院约稿
48	1946.6	科学的新闻学概论	萨空了 著	另有 1945.3 出版的署名艾秋飚的版本
49	1946.11	新闻史上的新时代	胡道静 著	
50	1947.12	新闻学的理论与实际	〔英〕斯蒂德 著 王季深 吴饮冰 译	上海文化函授学校读本

目次

綜合新聞學

導言

一　新聞學在中國

在完稿於一九一八年的我的舊著應用新聞學的引論中曾說：

『學術昌明之現世，凡觸於吾人官能者，無一非研究之對象。故使命重大、組織複雜之報紙，亦應人類之需要及賢哲研究之結果，遂於科學位置中特占一席焉。

美利堅大學設新聞專科者，十有五所。英、德、法各國亦概有相當之記者養成機關。即後進的日本，亦有三數大學，曾特加新聞學之課程……』

這兩段文字，所以直到一九三三年的第五版時，仍未徹底增補者，實因所費篇幅太多之故。但到寫這篇導言的今日，便不能再行延緩這種增補的工作。因為在十七、八年前雖已在『科學位置中特占一席』，但誠如文字的表現，它僅僅有一席的科學的地位。那時斯學確實還多屬於經營方法論或理論之斷片的研究，還沒有構成有組織的學術的體系。又單就中國而言，誠然已經出現了我那本有系統的、完整的應用新聞學，而開闢了對於斯學的系統研究的端緒，但也不過十來萬言；而且更因為無人接受刊行，遂不得不『自費出版』，爲了資力有限的緣故，遂把業已草就的經營一篇（原爲該書第五篇），臨時抽出，同時對其餘各篇的既成材料，更盡力删削，免得不超過同承印該書的商務承印部所訂的一百中頁的印刷契約；雖然結果帶上自序和餘錄，超過了數頁，但同原稿的本來數量相比，幾乎還差了一少半。所以該書在總論、蒐材、製稿、編輯四編，雖然都已經發揮出許多東西新聞學書所有未的意義、原則、和方法，又在附編上闡明了偏於歐美兩方的新聞事業之史的發展，但在今日看來，那就萬不能免掉『掛一漏萬』的毛病。然而這本簡略的書，既如上述，總算給中國新聞學界開了研究的端緒。

肯定新聞學之學問的構成的人們，不是對新聞學具有研究的興味，便是樂於援助這種研究的人們。反之，否定新聞學之學問的構成的人們，多是拘處於既成科學的城廓的人們。但從既成科學的研究室去觀察新興科學之混沌的形態和內容，會發見多少的缺陷、謬誤，和矛盾，也是當然的事。

然而構成這個新興科學的新聞學的內容，單就中國而言，直到現在，仍沒有立起確固的基礎；尤其可慽、可恨、可悲、可憫的，就是以號稱在新聞學的先進國研習有年的人，以及身任新聞學『教授』之職的人，居然一而再，再而三地拿我那本小著做起他或他的『著作』或『講義』的底本；並且公然而毫無忌憚地交一流的大書店刊行！新聞學者尚不肯努力建樹，一至於此，眞可痛心！這種新興科學，一經此輩之手，算是完全變成了欺騙——欺人欺己——的工具！當然，這僅是指一輩冒牌新聞學者而言，留美的新聞學者——特別是米梭里大學出身者——在目前的中國，他或她們雖然在新聞學上還少何種有組織的體系的研究發表於世，但都正在實際的新聞業務或教務上做着獻身的工作。又有一般青年報人和新聞學研究者，在過去數年間，在新聞學之斷片的研究上，也做了很多可觀的表現，尤其是在新聞學理論的探討上。

在這裏，本應該做一番晚近中國的新聞學之史的檢討；尤其應該把應用新聞學出世後所引起的中國新聞學界的空前的災禍敍述一番，以作上述的眞實例證，免貽無的放矢之譏。只因寫來字數過多，決非這個導言的篇幅所能容，因此都從略了。必不能省去的，就是這部具有組織的體系的綜合新聞學的構成的根據；但在說這個事情以前，更必得先把上引的兩段引論補充一番。

二　新聞學的對象和研究方法

以新聞事業之科學的研究爲目的之新聞學（德文：Zeitungskunde, Zeitungslehre, Zeitungswissenschaft, Publizistik, Tournalistik. 法文：Science du journal, 英文：Science of journalism.），是在所有的文化科學的研究部門中，最近發達起來的新興科學。新聞事業之科學的認識與促進，完全是爲在近代的新聞事業的偉力與趨勢之現實的方面所刺激而發生的。

在新聞學的研究上，有『關於斯學的對象和概念，沒有何等的一致點，並且沒有確定的方法論』的非難。但這並不是基因於斯學的混亂，實基因於新聞事業關係的複雜性與其生活力的動態性。在這裏，可引用德國社會學家威斯（L. von Wiese）的說法：『某種科學的一般的基礎的定義，不是成立於學的起初，而是成立於學的終局。這是關於體系全體的最困難的問題。對於「新聞事業是什麼？」這個質疑的回答，便是研究的總決算。若是更進一步想來，關於新聞學的對象，從來無疑義的絕對確信的規定，還沒有完全成就。這種事情，即在別種科學，如社會經濟學、心理學、民族學、生物學、甚至於在理化等學上，都同樣地能夠看出。若是關於此點，成立了完全的共同的意見，那我們可說已經到達研究的終局，因而可以中止研究吧。』又說：『報紙與雜誌，實係精神關係之典型的要具。新聞事業及於人類的結合和分離的作用，甚是複雜，因之，關係學（Beziehungslehre）在新聞事業，看出對於它的研究的無限的領域。』他又說：『新聞事業是世界最大的文化手段。』那末照這樣來說，以新聞事業爲主要對象的新聞學之一般的定義，便可說是『世界最大的文化手段的手段』吧；更換言之，新聞事業是文化的工具，而新聞學乃是文化工具的工具。對於這種文化手段的手段或文化工具的工具的研究方法，它的重要性，不問可知。

曾看見一部分青年新聞學者所組織的新聞學研究會所發佈的會員研究綱要，計有如次兩個要綱：

『研究的主要原則：(一)從事於認識、研究並批判目前爲止的過去的新聞學及新聞事業之歷史的、社會的存在；由是而(二)從事於探討並求建立目前客觀需要上的新興的新聞學及新聞事業之有歷史價值的基礎理論。

研究的內容：(一)屬於原則之一者：清算過去新聞學一切書籍及各國各種記錄新聞事業的史册，並不可忽略各國、各記者或新聞家的著作與生平事蹟，由分析各個當時的政治形態及社會生活而取得其結論；在各種新聞機關的組織的形態、經營方式、記事之採訪的標準上，取得研究的資料。(二)屬於原則之二者：觀察目前的社會生活的諸般現象，審視現代新聞的階級性，確定其存在的根源，並社會大衆需要的程度——「怎樣的記事或評論，才是眞正代表廣大羣衆的意嚮的？」「輿論的權威如何而可在大衆中建立？」在日常生活中取得其研究的資料。』

還差不多算是就廣汎的社會的見地來從事新聞學之研究的；是很正當的研究的方針。因爲對於任何科學的研究，都不是單以蒐集多量的資料——即知識的堆積——爲目的，必須要企圖知識的體系化；而對於報紙，尤其應認識它的組織和機能，以及它在社會意識中的職責或權力。即在新聞學上，關於報紙的實際知識，誠然很是需要，但僅單純的事實，決不能令認眞的研究家滿足。因此，我們必得先行加以深切的注意，以蒐集下的具體的資料做基礎，更進而去發見實現於經驗上的法則的妥當性，究明潛伏於社會的、經濟的、技術的諸要素裏面的意義。這樣去研究，那有組織的體系的新聞學，才能建立起來。

即新聞學之直接的對象，雖自然是報紙，但報紙常不是單純的物質，而是一種極複雜的形態。因此，對於報紙，不可單從表面或側面去考察它，必須研究在它內面的經濟的、技術的諸力之相互作用。從表面或側面去研究報紙，還只算是報紙構成分子的研究，而報紙的總括性或做生活體的報紙，便算失去了。因此，從多角的視野所得到的個別的見解，若是不由對象的同一性而綜合它的結果，並且注意其間之有機的關聯，那是不能抓住報紙的本質或其社會的機能的。更申言之，新聞學必須解析並考察在每日的報紙裏面包藏着的諸種機能的綜合性，因之，研究的方法，應使用先分析多樣的現象，而在若干的事例中歸納出共通的關係的類同法(agreement)，或是從含有兩個要素的事實的觀察中歸納兩要素的必然關係的差異法(difference)，或是兼去歸納有變化的事實間的必然關係的共變法(Concomitant)等。

德國明興大學新聞學研究所教授台斯特(Dr. D'Ester)於一九二九年九月，應東京帝大之聘，自德經滬東渡。上海日報公會，曾於九月十六日晚間設筵歡迎，並請台氏演講新聞學。台氏即席演說，略云：「報紙初在歐洲，不過是一種營業。嗣始知報紙與國家社會，頗有關係。各地學校，遂特設研究所，要使國家及人民知報紙之重要，幫助報紙之發展。歐美早卽有新聞學研究所，日本近亦有大規模之設備。故特請予前往計劃。希望中國將來亦有此新聞學研究所，可常與各國教授聯絡。此種研究所，專研究報紙如何編輯，如何方能有效果。所以其工作最要者，在將各國報紙收集比較。結果，卽可知其編輯方法之如何，卽可知報紙之進步如何，及人民之程度如何；又可知本國人之心理如何，各國人之心理如何。並搜集各國報紙評論，分國比較，分事比較，卽可知何種爲好評，何種爲惡評，將好評論留下。如此數年後，卽可開大會一次，將結果講與公衆。此種最要者，卽在剪報。由剪報始可知報紙工作之進化，以及社會、國家、世界之進步。」這便是一種很簡便的綜合的研究法；是我們永遠不可忘記的良好指針；並且可做上述的良好的解釋。

在安傑爾（N. Angell）的新聞事業與社會組織的第五章，論到新聞教育，曾引黎甫滿（W. Lippmann）的一段文章，也可做上文的旁註，黎氏說：

「新聞事業的勢力，如此日見增加，同時必須隨之有一種專門的訓練。客觀調查的理想，便是這種訓練的主要成分。新聞業向來那種輕傲態度是必須拋却的；因爲從事新聞業的人眞正的模範並不是那些隨隨便便找消息的機敏的人，而是那些肯費苦心調查世間眞象的、具有科學精神的、忍耐而不畏難的人……正因爲新聞是複雜而易錯的東西，所以好的報告必須運用最高的科學本領才行。這類的本領第一便是不使一種消息可信的程度過於牠所擔保的；其次，便是推測未來趨勢的精密頭腦；再其次便是敏銳的眼光，務必能瞭解各種事實的分量上的價值才行。無論那一個觀察家，你只要看他是否誇張他自己的消息之可靠，便可以看出他大致是否可靠了。假如你自己沒有事實和他的消息比較，最好的省事測驗法，便是仔細觀察他是否覺得出自己的缺點；觀察他是否明白他自己只知道他所描寫的事情的一部分；觀察他是否有背面的瞭解，和他所認爲已經明瞭的相比較。

這種懷疑精神當然是無論那一種訓練工夫都必須具有的。但是各種不同的職業便應分各種不同的訓練方法。譬如充分的法律方面的訓練，便是充滿了這種精神的；但是這方面的懷疑精神，是趨向於從事法律的人所研究的事情的。新聞記者進行他的工作，却不是在同樣的情形之下，所以也就必須經一番不同的專門訓練。至於他怎樣才能得到這種訓練，那當然是一種教育上的問題，必須對於證據上的種類和記者所接觸的消息來源，加一番歸納的研究，才能解決。』（據張友松君譯文）

一九三三年八月，米梭里大學新聞學院於一九三三年夏季，由伊立德（Ellet）教授率領該校畢業生及四年級生合組週遊全世界的通信班。一共二十八人，自紐約出發後，經英國、歐洲大陸、埃及、印度而達中國；由日本、菲列濱、經舊金山而返紐約。該班學生定一規則：凡到一國，必須按照該國的風俗習慣而生活。另外，每人擔任兩家報社的國外通信；每星期須寫三千字寄回美國；並在旅次舉行大考。至於畢業的標準，不僅大考須及格，返國後尚須查閱爲各報社所寫的通信，必定登出在十分之六以上，才算及格；大考分數與通信成績均告及格後，方可領取畢業證書。這種新聞學的旅行考察兼研究的方法，同別種科學的旅行考察的方法，雖然內容兩樣，而意義可說全同。卽別種科學旅行所蒐集的，乃是動植物一類的標本，而新聞學人的旅行考察所蒐集的標本，乃是各地的活社會所發生的事實——當然對自然科學有興趣的新聞學人，旅行考察時，蒐集動植物的標本，是可以的。卽新聞學人的旅行考察，其精神上的工作，實強於物質上的工作。比如伊立德教授在上海日本公會歡迎席上的答詞中有云：「此次來遠東觀光，得有一種感想：深覺一切爭擾、糾紛、率由誤會而起；由誤會而致不能了解。各國之國家主義者及狹義的民族主義者，遂生排外思想，從事破壞，終至糾紛不已。至於欲從世界和平會議、經濟會議等等，而解決該項糾紛，恐此種會議，雖開至十次百次之多，亦一無所用。余深謂欲解決一切糾紛，非從根底了解不可；而欲從根底了解，須放大眼光，從事實地調查，考察眞情，始能破除一切誤會，則糾紛自息。余等此次來遠東遊歷，卽本此旨，考察各處實情，以促成世界和平。」這種精神的意義，是別種科學的旅行考察的意義中所少有的；卽使別種科學的旅行考察，也含這種意義，那不過僅僅有一點，決不能把它當作主要的目的。

現代的新聞學人雖然應懷有這種精神的意義，但現代的報紙，乃是一定的社會組織內面之客觀的存在形態而具備着物質的機能的。做報紙內容的精神的、觀念的、抽象的機能的，非由這個物質的、客觀的、現實的機能做媒介，是不能成立並流通的。卽觀念不一度通過物質的——客觀的、具體的——存在形態，是不能夠社會化的。因之，觀念爲着要得到具體性，以一定之組織的方法卽與物質的客觀性相關的統一性，做那個媒介的手續——報紙的作製過程——是必要的。

新聞學的對象，看上述，可以知道了：這是比心理學或社會學的對象更其具體的、客觀的存在。卽新聞事業之科學的研究，乃是被認新聞事業爲必要而不可缺少的客觀的社會情勢所促起的；說明白點，是由於新聞事業在政治、社會、學術等等方面所發揮的偉力而促起的。

在本節結束以前，再把諸大家對於新聞學的基礎觀念概要地述說一番。

台斯特、瑟奈(Schöne)、特牢布(Trub)們，都欲認新聞學之方法論的科學構成爲類型學(Typologie)。

威斯在新聞事業之關係學的觀點與方法上主張應分作三部門：

(a)現象學的所與之分析(存在概念)；

(b)可能的問題之研究(目的概念)；

(c)社會倫理學的目的之設定(價值概念)。

葉格(K. Jaeger)對新聞學所分的項目如次：

新聞事業的形態：報紙；雜誌；年誌；曆書。

新聞事業的擔當者：發行者、編輯者；其理論的、法律的位置、匿名性。

新聞事業的本質：史的發展(古代、現代、外國的新聞現象的定型及其影響)；新聞事業之經濟的構造；做交通手段的新聞事業。

新聞事業與輿論：做新聞事業的客體的輿論；新聞事業的關心；輿論的本體、

閔斯特(H. Münster)說：『以前成了新聞學的中心點的，是輿論；將來也是如此。』自舍夫雷(Schaffle)以來，伯納略(L. Benario)、夏德瓦爾德(Schadewald)、德威法特(Dovifat)、瑟奈等的最近的新聞學者，都是同樣地認新聞學的中心問題在輿論。因此，新聞學算是公開地所表現的知識意見卽對一般社會做傳達的公告學。當然，新聞事業的原細胞是公告；因之給與公告的一切形態——會話、書信、公文、通告、報紙、雜誌、曆書、書籍、電影、無線電廣播等——都要歸入這個考察的範圍。卽在這種情形之下，新聞事業與公告，是被解作同樣的意義，因之，在這裏，新聞學認識的目的，算是從做社會意識表現手段的報紙，擴張到做社會意識表現手段的新聞事業了。由前者的概念來說，那電影、無線電廣播等，是不能成爲新聞學的對象的；而在後者，則能成爲新聞學的對象。這種見解的差異，是在新聞事業的概念應限於報紙呢，抑或應限於現實的一切公告形態呢之點上。但若是從社會的機能上去觀察新聞事業，那無論是播音，是電影，是印刷物，都算是新聞事業。申言之，新聞事業不是由那個做物質的表現負荷物的紙才成立的：那個負荷物，無論是電波，是膠片，只要它有現實的公告性，便算沒有失去新聞事業的本質性。但在過去，講到新聞事業的形態，完全是上述的狹義的——視新聞事業與報紙爲同一物；若是就發生史上看來，新聞事業乃是使用過與其時代的生產技術相關聯的最便利的表現手段和表現負荷物的東西。所以現代的新聞學不能單把它的視野限於報紙和雜誌，必須更積極地注意關於輿論的一切的表現和公告手段。只是就現實的問題來說，播音和電影比諸報紙，那個達到輿論構成的力量，還算很是微弱；但只要除去從形態本體生出的官覺的差異，那報紙之社會的機能之說明，直接能夠適用到這些上頭。

新聞學並且不是僅做資料學來處置現社會生活的反映形態的學問，而是照德威法特之說，處理反映的法則的學問。現今我們的資料學的觀察法，是把新聞事業當作精神的、技術的、經濟的諸力之內部的相互作用與其外界——特別是國家——的相互作用之合成的統一體來考察的。卽新聞事業是在怎樣的程度，用怎樣的方法而積極地參加那個輿論的構成？又其內面的構造是怎樣地規定那個外面的作用？便是基本的問題。

要想研究新聞事業對於社會的作用，可分作如次的三種：

(1)新聞在社會生活中的任務，新聞的蒐集選擇及新聞源的問題。

(2)在新聞事業上的公告態度及意見構成的過程，指導性的形態與種類——心理學的技術、言語、文體、繪畫等——表現的問題。

(3)做公告機關的新聞事業；新聞事業與社會間的相互作用的性質和機能；及於輿論形成的影響等。

這些分析的考察，至少是在得悉現代各國的新聞事業之社會的機能上所必需的；反之，對於這些的社會構成力的理解，是當作應用學而給與對新聞政策的規準和武器。卽由這種分析的考察，可以知道各國新聞政策的發生和它的現在的情形。

在歸到應用上的新聞學之實踐的研究裏面，必定要有如次的三個要素：

(1)新聞事業的基礎理論（意見與報導的本質；同輿論的作用性；新聞事業之史的發展；新聞事業經濟的原則；比較新聞學的知見；新聞事業的構造等）：理論的新聞學。

(2)新聞事業的實地應用(新聞蒐集法；記事作法；評論作法；編輯整理法；經營管理法等)：應用的新聞學，

（3）一般基礎知識（關於法律、政治、外交、經濟、社會問題、藝術 科學等的新聞學內容的知識等）：基礎教育。

要之，新聞學的研究，必須採取做社會意識的表現手段這一個方向做進路。新聞學是理論的科學，同時是技術學；是純粹科學，同時是應用科學；是處理最現實的問題的活的科學。從理論到實用、從實踐到科學的不斷的交流循環，支配着新聞學的血行。因此，在一切科學中最實證的科學，便可以說是新聞學吧。

三　現代各國的新聞學研究機關

在現代各國的新聞學之系統的研究裏面，有兩個傾向：一個是關於新聞事業一切問題之綜合的研究爲目的；另一個是以新聞記者的養成爲目的。

以下略述在各國大學中的新聞學研究所或講座的情形，我們在這些裏面可以看見新聞學的研究是怎樣具體化，怎樣地切要了。

(1)新聞學研究機關的由來

以新聞事業爲對象之科學的研究，是從二十世紀初年漸漸開了端緒的；就意義的精密，方法的完備上說，也同別種科學一樣，恐怕沒有比得上德國的。本來，德國是自從俾斯麥以來，以對內對外善用新聞政策著稱於世，却不料在歐洲大戰時期，如後邊的本書總論中所述，因爲惡用了新聞政策，遂致引起美國參戰的動機，造成了慘敗的結局；一方面更鑒於英美宣傳政策的美妙，於是關於新聞事業的本質、機能、以及新聞的編輯、經營、政策等的實際技術的研究，遂勃興起來。雖然，這個新興的新聞學的研究，在起初，最感困難的，便是它的經濟的基礎與資料的蒐集。又，卽在大學的內部，也還有反對這種新的學問的成立者。這個草創時代的障害，在德國，後來便逐漸地被克服了。如今雖然被汎繫主義鬧得烏煙瘴氣，但是這另一問題，單說它的新聞學研究機關和研究的方法，實大有可以取法的地方。

在這裏，我們可先看德國新聞學研究機關成立前的狀況。

新聞事業之科學的研究，在與新聞事業的發生同時的十七世紀末年便見着了萌芽。但當時的新聞學，僅有純粹的記述的新聞誌即資料學的意味；並且當時教育者還有反對新聞事業的。跟着從十七世紀後半到十七世紀的合理主義的勃興，才從做教育學者及諸科學的史料的價值上，注意到新聞事業——特別是報紙、雜誌——的重要性。比如斯提勒（Stieler）把報紙比諸查斯丁尼（Justinian）的羅馬法典（*Corpus juris civilis*）的第四卷新法制（*Novella*），說它是叡智的路標。又當時的甘德霖（Gundling）、堪美利希（Kemmerich）、休美茲耶爾（Schmaitzel）等政治學者，也極力主唱對於政治學的報紙的重要性，曾蒐集當時報紙上出現的外來語或關於新聞記事的解說，輯成標名新聞之鍵或新聞辭典的專書。另外還有好多做政治學的重要史料的新聞記事集出版。這一類的書籍，有名的，是集了從一六六〇年到一六七五年重要新聞記事的瓦塞（Weise）、弗利特舍（Fritzschii）、哈特曼（Hartmann）、彭雜（Penzer）等的學位論文，而照普魯茲（Prutz）之說，以報紙爲對象來寫大學論文，乃是當時的時髦。但由於此後的新聞壓迫，遂致喪失了新聞研究的自由及關心。這雖是對於報紙偉力的政治當局的壓迫，但這並不是否定報紙的社會力，却是報紙力量如何強烈的反證。因此，政治當局一方面壓迫民間的報紙，在它方面則又想利用報紙做自己宣傳的工具。報紙偉力的認識，主要是在它的宣傳力；比如路德便曾利用當時新出不久的印刷新聞宣傳他的新宗教。

講起宣傳（Propaganda），實在是新聞學研究上的一個重要的目標，並且在新聞學發達史上佔著很重要的地位。這個語句，原是從拉丁文的 Propagare 的完全分詞 Propagatus 中生出的，而是爲了用園藝上的插樹法栽培植物的事情。卽這個語句的語原，是在從外部加力而強制地、人爲地使它成長繁殖的地方。但這不過是單純的語原的意味，實際上，把此語用到宣傳的意味上，是在三百年前羅馬教會爲普及加特力教而組織宣傳廳(Congregtro de Propaganda fide)開始的。是爲運動異教徒改宗起見。卽法皇格列高里(Gregorio)五世，一六二二年在羅馬創立宣傳組織部而簡呼其名叫 Propaganda。宣傳廳原是想在異端者或異教徒，特別是條頓民族間，普及羅馬教的，因之，在中央置議會而定下一切的傳道方針。其下置國內宣傳部與國外宣傳部。國外宣傳部的傳道範圍，次第廣汎起來，不僅條頓民族，並且達到極東新發見地。格列高里五世以後的法皇烏爾班(Urban)八世，更於一六二七年以同樣的目的，設置養成宣教師的機關"Collegium Semun arunde Propaganda"；並且在這裏教以報紙的機能和製作技術。

又在十八世紀，德國有關於新聞學最初的講義，是以養成新聞記者爲目的；但其設置，不是政府或學校的計劃，而是由於宗派、政黨的必要性或寫作者的個人行爲。

最初的學校的新聞教育機關是一八七七年，爲了養成加特力教報紙的記者，在法國里爾的加特力教大學所設立的新聞科；同樣的科目，在瑞士，也由僧侶員蕭爾德列(Schorderet)設置了。在一八七五年，柏美爾特(Böhmert)創辦新聞學校；又德勒斯頓的高等學校也設置了新聞科。一八八四年，德國學者鮑起爾(K. Bücher)開始在巴塞爾大學及萊比錫大學開講新聞學；又佛蘭克福的馬慕路得(Mamuroth)在一八九三年設立了新聞學校：但這些新聞教育機關，都不能長久存續。所以，在一八九五年，科赫

(Koch)教授到海特爾堡設新聞學研究所，遂成了在德國的高等程度學校的唯一永久的新聞研究機關。在這個研究所，先對研究者教以新聞事業的活動與實地練習，還沒有行過新聞學之科學的調查。在一八九九年，富累得(Wrede)在柏林設立了新聞學校。但在德國——各國同樣——最近三十年間，報紙成爲最大的社會的、經濟的勢力，對於國民生活的政治、經濟、文化諸方面。給與了決定的影響。

這個實例的最強烈的教訓，便是第一次的歐洲大戰。這是對於一切國民，開始給與對於新聞事業的認識，使他或她們能夠注意報紙上宣傳是怎樣有力的武器，以及報紙是怎樣地變化或形成輿論的事情。並且在戰後，報紙的勢力益發增大，實已成了人生日常不可缺少的用具，成了在一切文化領域中的指導者。這個報紙之社會的威力，便是把從來所放任的新聞學認作獨立科學的有力的原因；另外更有在本節開首所說的原因。

因此之故，在一九一六年秋天，最初的新聞學研究所又由鮑起爾教授之手在萊比錫大學辦起了。當時，鮑起爾謙遜着說這個新的科學還沒有完成，因而稱它爲『新聞記述學』(Zeitungskunde)。他首先樹立新聞研究的方法論，其次蒐集傳說和史料而努力於新聞史的研究。從那時以來，德國的新聞學遂得到急速的發達，特別是自從新聞之社會學的研究，被歸入新聞學研究的範圍以後，得到理論的基礎，遂得昇高到『新聞科學』(Zeitungswissenschaft)的地步。

在一九二七年日內瓦所開的國際報業會議(Conference d' Experts de presse)議決案第七案中，有如次的兩項：

「(A)新聞學校：本會以爲新聞事業係一種職業。實行此項職業需要之特別訓練及實習，惟賴職業上的經驗可以獲得。然本會以爲普通知識及若干專門訓練，對於此種進行，亦不可少。爰表示在各大學或同等之學院中，保存或設立此種特別課程，俾新聞記者於職業之暇，得補充其政治、經濟及其他知識。

（B）新聞記者之學額：爲增進新聞記者之職業教育起見，本會贊成各國政府或私家團體，設立此種學額；惟宜向記者職業團體，徵求意見。』（註）

一九二九年十一月，東京帝國大學設新聞學研究室，便是以這個決議爲直接的動機。

（註）據參與此會的戈公振的譯文；詳見新聞學撮要附錄頁四〇。

（2）新聞學研究所的目的與設施

普通所謂新聞學，不僅含有單純的報紙及與它有關係的問題的研究和知見，並且還廣汎地包含着報紙製作的一切部門及出版者、記者的職業教育的基礎學科。這是美國及德國的大學把關於報紙的職業認作與法律、神學、醫學等的學問的職業同樣的資格的緣故；並且是最近的蘇聯、德、意等國已經把新聞記者的資格規定到法律上的緣故。

跟着新聞事業之社會的勢力的增進，在另一方面，志願做記者的人，也增加起來。所以新聞學的研究，在現今，強烈地被要求的，乃是技術方面的基礎知識。志願做新聞記者，而出現於一般青年的興味的前面的事情，乃是新聞事業之時代史的意義。因此，必須對這些人們施以科學的、技術的、倫理的教育的要求，也在社會上昂騰起來。

大學的新聞學研究所，在事實上，擔當着『做科學的研究對象的報紙』與『做實踐的職業問題的報係」這兩個方面。

就新聞之科學的問題來說，必須首先處理那個觀察的方法和規準怎樣地能成立新聞學的理論這個基本的問題。新聞學在其發生的初期，是僅針對着記述的、歷史的方向。比如普爾茲在一八四五年著德國新聞事業史；又所羅滿（Salomon）在一九〇〇年出德國新聞事業史：這些著述，如今還佔着最高的位置。這些都是照着純粹的歷史的記述法的書籍。因此，在這些上頭，缺乏報紙之社會的機能、報紙與國民經濟的關聯、由於廣告之經濟的發展之反應等考慮。這些缺陷，是宿於早期的一切的新聞事業研究中的。但是現今的新聞學，是已經躍進到新的方向了。

開始注意必須明確地把社會學的觀察法用作新聞學研究之最基礎的方法，是鮑起爾、魏伯（Max Weber）、謝弗萊（Schäffle）、威斯、覺瓦諾利（T. Giovanoli）、伯納略等。

所以新聞事業的研究，單就歷史、法律、政治、言語、技術等的片面研究，則不能夠抓住它的本質的完全機構，必由社會的文化形態之綜合的研究，才能理解它的本質。

但在世界各大學中的新聞學，都還是隨其所歸屬的學系而分屬於法學系、政治學系、文學系、經濟學系、神學系等相異的學系；給與研究者的稱號和學位也是各不相同的。

葉格（K. Jaeger）說得好：『新聞學的目的，是做人類社會表現形態的報導即社會意識表現手段的研究。』最注重這種觀察法的，在德國，是在巴登的夫賴堡大學的新聞學研究所；在那裏，主要地是以報紙與社會經濟和政治的關係、報紙與輿論的相互作用、指導性等之社會學的問題爲重要的研究題目。

在德國的新聞研究所，做了很多種類的調查、統計圖表的工作；比如報紙密度，報紙的傾向，德國報紙的構造等。如曾製作全德國報紙所在地地圖的明與研究所的實際的調查；柏林研究所所做的及於青年的報紙影響的教育調查；關於德國報紙的經濟面的夫賴堡研究所的調查，又外國報紙上所登載的德國記事及德國報紙登載的外國記事之量的、質的調查；克倫大學的在海外的德國主義的報紙等：都是很吃力的工作。

在克倫（一譯科恩）地方，更做過一回關於新聞事業的綜合的調查，便是一九二八年所開的規模宏大的世界報紙博覽會。此博覽會共有三大建築：（1）報紙的歷史進化部；（2）現代報紙部；（3）外國部。此會的目的，可在普魯士邦總理的一篇沉痛的開幕演說辭中看出：

『大戰以後，各國人士，來此握手言歡，今爲第一機會。科恩文化發達最早，然大戰中受害亦最烈，其影響今猶未已。普魯士文化或謂較遜他邦，然今已蔚成一新民國，人民思想上，有極自由之發展。此於德意志民國之樹立，貢獻絕大。邦政府在此會中，另有陳列室，可以發見近百年來報紙與國家之關係，及經何種奮鬬，始獲得言論自由。夫政府檢查，警察干涉，胥爲新聞事業進行上之障礙，而言論自由，在革新時期，需要尤切，應竭力加以維護。雖然，言論自由增，而記之者之責任亦與以俱增。故新聞事業之正式成立，必自由權與責任心，二者同重。有此責任心，則凡關於內政或外政，大事或小事之紀載與評論，均將發生效果。大戰前，各國互相猜忌，報紙不知調和，且助長之。今當憬然覺悟，以減少誤會爲第一義，導世界入於和平。倘循此正軌，努力向文化經濟及社會方面進行，則對此壯麗之博覽會，安得不肅然起敬。且此會開於萊茵河畔，二千年來，此地兵燹屢經。痛定思痛，吾人應改從最大武器——新聞事業——上，作有條理無限制之發展，以增進

各民族間之了解，人道與和平之基址確立，方能表現新聞事業之最大價值：』（據戈公振譯文）

會中最有研究的意義的，是報紙歷史進化部，共分二十八室，據戈公振君的記述：

『此部入門爲鏡廳，喻報紙爲時代之鏡也。以顏色玻璃二十六架，給各時代報紙發生及發展情形。仰望有樹一株，表示報紙發生及發展順序，以說話報、手寫報、印刷報、圖畫報四者爲根；以圖畫、傳單、招貼、商情、雜誌、日報、無線電七者爲花葉。中央有顧騰伯(Gutenberg)銅像，爲活版印刷發明者。壁上有我國京報影本，輔以政治官報及政府公報，則世界報紙之鼻祖也。過此分爲二十八室。』概略如下：

(1)原始民族傳布消息法：此室一隅爲壁畫，如印第安人之以手示意，祕魯人之結繩，爪哇人之烙字，非洲人之象形文字，墨西哥人之寓意畫等；一隅爲實物，如冰期壁畫，巴比倫楔形文字，埃及紙草，中國筆硯，希臘、羅馬的寫字具、橡樹等。

(2)古代傳布消息法：有舉火爲號者；有量水爲識者；有用電火傳字母者；幾經改良，始成今日流行之電報符號。

(3)(4)文字之變遷：從拉丁文至現代字母，凡經二十次變遷，縢以各種文字所印刷之書籍，以明歐洲民族文字之進化。

(5)德人古代傳布消息法。

(6)(7)各民族對於新聞之注意：一室有模型四，均以唱歌爲新聞；一室有畫箱多具，內燃電燈，從玻璃圓孔視之，皆爲具有新聞性質之圖畫；中有一葉，繪我國廣東風景，述西人經商於此，須在 Nanhung 納稅。

(8)從信到報紙：有由英法各地寄出之公開信多函，及報條招貼等；壁上有奧斯堡(Augsburg)城地圖，爲歐洲報紙誕生之區；又有紐倫堡(Nürnberg)城模型，謂當時由此可得全世界消息。

(9)活字未發明前之技術，如手寫書籍及印模刻銅等。

(10)顧騰伯活版印刷模型：此處有人着衣冠，表演往昔印書之法。按我國畢昇，在宋慶曆中，以活字刷印書籍，早顧騰伯五百年，惜國人輕視藝術，致湮沒弗彰。

(11)十六世紀德國之公布品。

(12)單面的印刷：毗連於此室者，有荷蘭古代造紙廠模型。

(13)郵政與定期出版物：有西班牙、意大利、德意志郵政範型及市集範型，均爲報紙發生之機會。

(14)十七世紀之文書。

(15)關於學術上之報紙：毗連於此室者，有關於道德之報紙，最初關於專門新聞事業之報紙，及十八世紀報紙印刷所之模型，此處亦有人工作，並以樣張出售。

(16)十七世紀至十八世紀之德國雜誌。

(17)德國文學昌明時代之出版物。

(18)腓特烈時代之報紙。

(19)約瑟(Joseph)第二與宣傳。

(20)法國大革命時代之報紙：關於階級戰爭之諷刺畫，最爲可觀。
(21)拿破崙時代之報紙。
(22)一八一五年至一八四八年復古時代之報紙。
(23)言論自由之爭：此室一隅爲禁令禁書及被檢查之報紙；一隅爲爭論自由之文字。
(24)十八世紀至十九世紀之交通。
(25)一八四八年革命時代之維也納報紙，
(26)一八四八年革命時代之維也納交通。
(27)一八四八年革命時代之柏林雜誌。
(28)畢士麥時代之報紙。

此外尚有二室：一爲萊茵河區域之報紙；一爲打字機之進化。這種調查和研究的方法，實開創了新聞學研究的新紀錄。一九三一年東京帝國大學文學部的新聞學研究室刊行第一回研究報告，它的大部分——卽本書第二卷的主要根據書——便是照着這種調查和研究的方法製成的。

又，關於報紙的新問題的發生，都成了新聞學研究所研究的機會。比如廣告學、無線電廣播、電影等與新聞事業的關係，在德國的新聞學研究所，早已着手研究了；但這最初也是受了美國的刺激因而喚起了注意的。尤其是因廣告的理論與報紙的理論，多有共通的關係，所以現今的廣告學雖然被認爲一種獨立的科學，但還須由新聞學的協力相助，才能促進它的研究。

新聞事業既然是個極複雜的現象，所以關於新聞學的講義內容，也是各不相同的。但據刻納（F. Kornr）的企劃，可略爲如次的類別：

（1）新聞事業史：通信的起源；最初的手寫報；印刷報；一切的定期刊物；年刊及半年刊；週刊；一般的通信報告；政治報的初期；新聞檢查；文化週刊；學術雜誌；輿論的變遷；印刷術的發達；在十七、十八及十九世紀的近代報紙的成立；在十九及二十世紀的通信方法的進步與通信網等。

（2）比較新聞學：在法國及英國的十六、十七世紀的手寫報；十七、十八世紀的英國報紙；革命前的法國定期刊物；荷蘭報紙的初期；同這些國的關係及給與德國的國情的反應作用；在全歐洲的十七、十八世紀的通信員的活躍；對於在十九世紀的歐洲報紙的拿破崙的檢閱及對於歐洲報紙的發達的結果；世界各國新聞事業之史的發展和現狀。

（3）現代日刊報紙的組織：現代報紙的觀念，本質、企業形態；報紙的分類；報紙的各部門；發行；編輯；記事版；通信事務；技術的設備；採訪；材料的整理，報業經營和管理；歸屬政黨；現代的托辣斯化；從及於報紙以外的出版物及報紙類似物的作用和構造上所見的報紙。

（4）新聞政策：國家與報紙的關係；輿論與報紙；報紙的責任；報業的罪惡；對於編輯者的發行者的地位；勞働協會的契約與保證制度；報紙的匿名性；記事版與其法律的關係；新聞記者的身分及職業問題；新聞記者的豫備教育；新聞社員與報紙；報紙之法律的關係。

此外，並使學生實地演習或練習關於報紙的理論——特別是技術——方面的事情。

新聞學研究所爲了這些目的，另外還須蒐集、保存一切的專書和書目、重要的報紙、以及與報紙有關係的一切資料，因之，其歷史部門，必須隨着各時代的形相及發達階段去收藏從初期到現代的主要刊物、筆寫或印刷的報紙。又在蒐集現代一切報紙有不可能的時候，務必蒐集初號、最終號、特別號的特殊的刊物。但對於報紙的種類，新聞通信及與新聞事業有關係的書籍、資料、顯示報紙的生產過程之技術的資料（排版、活字、整版、紙模、輪轉機的實物和模型、照相等），必須盡量豫備。

在汎緊獨裁的國家，如今對於新聞學的研究，偏重於新聞事業的指導手段的方面。一九三五年由德國新聞學聯盟會（D. Z. V.）領袖赫特（Heide）的提倡，由德威法特、台斯特、閔斯特（Münster）、休耶柏（Schwaebe）四新聞學研究所長創製的德國大學的新聞科教案如次：

（1）公告的指導手段：本國及外國的公告的指導；關於輿論形成的本質的總說；全部指導手段的處理（報紙、雜誌、無線電廣播、電影、通報、演說、戲劇等）及其本質；各指導手段的區別。

（2）新聞事業史：新聞事業先史；最早期的報紙；海外雜誌；包括從其它公告的指導手段的影響的近代報紙的發展傾向；近代德國新聞事業史。

（3）新聞學說一：新聞企業，它的精神的、經濟的、技術的諸力的統一性；編輯長；發行者；編輯及其共同勞作者；記事的製作（自社、通信社、通報社）；記事的安排（篇幅的分配、樣式形態（插圖和製版法））；報紙之經濟的基礎（經濟的構成、經營論、廣告）；報紙之技術的製作。

（4）新聞學說二：國家與報紙；報紙與外界卽對於它的全生活範圍的關係；讀者；報業的組織（報業公會、報業聯盟等）；報紙統計。

(5)海外的報紙：世界的重要報紙國的報紙歷史及現狀——特別考察它的經濟的、政治的性能，以及對於德國的態度；在海外的德文報。

(6)(A)雜誌：德國的雜誌歷史與現狀；海外的雜誌——特別考察它的政治的、經濟的性能；

(B)新聞法：關於報紙、雜誌的德國新聞法之史的發展與現狀，以及同外國的比較。

這顯然是把『做社會意識的表現手段』的新聞事業，變成『做愚民意識——還含着對外侵略的意識——的表現手段』了。照這樣研究下去，新聞學恐怕只會剩下失去靈魂的軀殼，所以德國新聞學的前途郎德國新聞事業的前途，是很闇淡的。不過就資料蒐集、調查、統計、繪圖、製表等等上說，德國的新聞學的研究方法，還是有很多的長處。

(3)在各國大學的新聞學研究所或講座

(A)德國

在二十三個國立大學中，沒有設新聞學講座的，只有赫森、革丁根、耶那、哥尼斯堡、羅斯托克、瑪爾堡六大學；設新聞學講座的，有波昂、北勒斯羅、埃爾蘭根、格賴夫斯發爾特、基爾、碉濱根、浮玆堡七大學；設有永續的、和獨立了的綜合的新聞學研究所或講座的，是柏林、佛蘭克福、夫賴堡、漢堡、海得爾堡、克倫、萊比錫、明興、明斯忒、哈勒十大學。

附屬於柏林大學的德國新聞學研究所，是一九二六年四月設立的；是從一九一九年耶林格（Jöhlinger）築好基礎的新聞學研究所發展下來的。這個研究所是受普魯士教育部的補助；更有德國報業公會及德國新聞編輯者聯盟做後援；還有優秀的實際新聞家隨時講演。所以這個研究所，在報紙之科學的研究以外，還持有養成大新聞記者的目的；設於大學街的國立圖書館內，原是穆爾（M. Mohr）做主宰。穆爾去世後，德威法特接辦；現在的格賴夫斯發爾特大學的新聞學講師特牢布（Traub），便做過他的助手。計分理論的新聞學、報紙的構造、通信、新聞法制等研究部門。特殊講義有：大都市的新聞業；報紙上的戲劇電影批評；現代地方報的發行；新教新聞事業的組織；社會民主黨報的組織；做組織紐帶的出版；在德國都市的地方報的通信事務代理；無線電信與新聞事業論；加特力教報紙的報導；新聞記者職業的前提條件；議會與報紙；以羅加爾諾及根弗爲中心的國際會議的報導；德國報紙的組織。最近更着手研究無線電和電影，以及宣傳的技術：比如在現代宣傳中的人種信念和人種政策；青年與報紙、無線電、書籍；表現於法國的政治和報紙上的報復思想；從政治的觀察所見的電影事業之經濟的、技術的問題。

巴登的夫賴堡大學的新聞學研究所，是一九二二年由喀普（W. Kapp）教授做主宰而開設的。成立以來，大體上在做着關於如次的題目的講義：近代新聞事業本質概論；輿論的社會學；史的新聞事業論；從理論上所見的新聞事業；近代新聞事業的問題；近代日刊報紙的構造和組織。

漢堡大學，在一九二一年已由秦加教授講述新聞學；一九二二年又在法政學部內設新聞學研究所，爲辛氏所主宰，其講義題目是報紙與輿論的構成。最近更以海外的德國諸報、播音、電影、報紙爲研究題目。

克倫大學的報紙和輿論研究所是一九二〇年五月與哲學部一塊誕生的。主宰者爲休彭（Spahn）氏，他原先在斯特拉斯堡大學設立新聞學研究所，大戰後，亞爾薩斯洛林區域被法國占領，遂將它的研究資料遷至克倫。最近研究的題目是：宣傳之政治的教育的問題；現於報紙上的萊茵鄉土學。一九二九年六月，克倫設立國際報紙研究所；在這裏，保存着一九二八年開的世界報紙博覽會所蒐集的外國報紙、雜誌的資料。

在佛蘭克福大學，加因氏講商業報紙。在明斯忒大學，則以瑪斯特做主宰而設委員會；各部的教授交互着編製新聞事業的講義；一九一九年瑪斯特與台斯特設立新聞學研究所。在本大學，另外還有文學史家休威林氏當作文學史的問題來講新聞事業；又普林克當作他的政治學研究所的一部門而設立新聞事業部。一九二六年，因爲台斯特往明興大學做教授去了，遂把烏拉斯氏聘來；烏拉斯轉任到克倫大學之後，勃塞氏做了後任。這個研究所後來同多特蒙德市的威斯特發里亞新聞學研究所合併；前者做了理論的教育的研究，後者做了資料蒐集的工作。多特蒙德市的這個新聞學研究所是受威斯特發里亞報業公會及多特蒙德市的援助；研究所長是州立圖書館長休爾茲(Schulze)。

在基爾大學，烏爾夫(Wolf)教授在一九二二年於文學戲劇研究所的一部內，設新聞學部。

萊比錫大學的新聞學研究所，是在德國的最古並且是世界最初的科學的新聞學研究機關。這是鮑起爾教授在一九〇九年萊比錫大學創立五百年紀念會時開始倡辦，到一九一六年秋纔正式成立的。在這裏，由鮑起爾的努力，專門蒐集稀見的新聞刊物。鮑起爾是已經從一八八三年到一八九〇年在巴塞爾大學講過報紙的歷史、組織、統計了。鮑起爾退隱後，在一九二六年，萊比錫大學請挨發爾特(E. Everth)來設立新聞學的正式講座。把新聞學科分歸到政治、經濟、文學三科；共通的課程是報紙歷史總論、現代報紙的編制及其技術、報業管理。挨發爾特在就職的起初，講演的題目是近代報紙的基本觀念與主要問題。但他後來爲了反汎繫主義而被辭退。現在是閔斯特（H. Munster）做主任，瑟奈（W. Schöne）做講師。這個研究所是以完成科學的研究與職業教育的二重目的而組織的；所以在表面上看來，是可以做德國新聞學研究所的模範的。一九三五年的研究題目是新國家的新聞學與新聞自由，可知它是完全效忠於所謂『新國家』了。

明與大學的新聞學研究所是由巴米利亞政府的獎勵，而經台斯特設立的。台斯特是長期間在明斯忒講過新聞事業史的。他同赫特氏於一九二六年發行雜誌新聞科學（*Zeitungswissenschaft*），蒐集全世界的報紙，盡力於比較新聞學的建設，主唱設立國際的新聞學研究協會，在前邊所引用的他的演說辭，完全是忠實的自白。他曾在一九二六年使用幻燈做報紙與報人的講演。另外還由許多專家編過如下的講義：經濟版的記事；官廳情報；廣告業的發達與活動；電報；汎繫主義的新聞政策；德國新聞記事古今談；新聞通信；依靠通信的發達的採訪、新聞事業與無線電廣播。這個研究所雖是屬於哲學部，但在政治學院，則有烏斯曼（Housmann）教授做着關於新聞時事問題的演習及新聞事業史的講義。

在海得爾堡大學，則於一九二二年科黑（Koch）教授逝世以後，曾聘請過兩人來講新聞學，但到一九二七年，由德國報業公會的資助，設立研究所，更聘請挨克爾特（Eckert）爲所長（現爲阿德勒 Adler）。還是社會學家魏伯教授在一九二六年所開的德國報業公會（約包括二千的德國日刊報紙）的會場上力說了新聞記者養成與新聞學研究的必要爲機緣的。

在一九二七年由政府的補助，於哈列大學設立新聞學研究所，歸弗萊休曼（Feleischmann）氏主持。另外，在柏林、哥尼斯堡、萊比錫、曼海姆的高等商業學校，以及柏林、罕諾弗的高等工業學校，都設有新聞學講座。又紐累姆堡高等商業學校，還設有獨立的新聞學研究所，還主要地是以報紙的經濟版爲研究的對象，由伯納略做主宰。

（B）美國

美國的新聞學研究機關，雖是從一八六九年三月三十日有名的李（Lee）將軍做華盛頓大學總長時力說新聞學研究的必要，提議設五十名的獎學資金開始的，但正式成立的，是以一八九三年在費城的賓夕法尼亞大學所開的新聞學講座爲最初的；其課程是約翰森（Johnson）教授創製的。其次，是一九〇三年在密喜干大學所開辦的新聞學講座。但是，極力促進在大學設新聞科的運動的，是畢佑爾（Joseph Pulitzer），他爲了在哥倫比亞大學設新聞科起見，一九〇三年夏天，捐了二百萬美金。但是它的設立，沒有積極進行，因之，米梭里州立大學遂得到最初設置新聞學院的榮譽；是在一九〇八年建設，聘請實際新聞家兼新聞學家威廉博士（Dr. Walter Williams）掌教。新聞學院在美國旣爲創舉，又乏人材。博士努力從事，物色了四個教授，九個助教，並且以他久主筆政的哥倫比亞米梭里報（*The Columbia Missourian*）做校報。經過很多困難，受了很多諷譏（因爲當時的人多以新聞事業必須實幹，徒在學校中培養人才，乃是夢想），卒能收得空前的效果。跟着設新聞學科的，是華盛頓州立大學；而哥倫比亞大學的新聞學院，到一九一三年纔告成立。爲圖明白這兩個有名的美國新聞學院的內容、組織起見，下面引用出身於兩學院的中國唯一無二的女新聞學者張繼英女士初返國時的一篇講演的概要；是中國有名的海外女記者李小可女士返國時期所記的；雖然距今已隔了十年，但就學問的立場來說，這種記錄的價値，是永不會消失的（爲保存記錄眞相起見，譯名一律照樣，故與本書譯名不同）：

(上)我國駐美公使伍朝樞博士在密蘇里大學新聞學院行贈石獅禮，左爲密蘇里大學校長韋廉博士，公使後者爲新聞學院院長馬丁氏。

(下)伍公使受學位證書後與韋廉校長合影。

『……按美國大學之分醫、農、商、報諸科，規模宏大，各自成爲專門學校。所謂 school 者，譯以華文，似應稱之曰「院」。每院各有其獨立之校舍與同學會，較諸中國大學之分各系，迥不相同。今就報學而言，一院之中，實尚可分兩系：一曰新聞；一曰廣告。二者有密切之關係；因在美國辦報，廣告費一項，幾占收入額之全部，而如「愼重保守」「講求編輯」等等，在廣告系，復與新聞系相同也。考取入報學院之資格，限制頗嚴：照例須要學滿大學二年級之程度；且凡預備考入報學院者，在開始入學時，選擇功課，已須側重於此。報學院第一學年課程，必修科有三項：一曰報學原理；二曰報學史；三曰廣告原理。此則屬諸理論 Theoretical 者也。沿湖大學報學院，組織一日報，名曰空命比沿湖報 *Columbia Missourian*（夕刊）乃城市之新聞機關，非校報也。創辦至今，已十七載。館中重要職員，如總主筆以及「要電」、「城市」、「教育」各欄之編輯，皆各教授任之；其下各職，均由大學生充任。

（1）爲訪事員：每日出發時，須先往城市編輯（卽本埠新聞之編輯）處，聽候指派議院、公堂、救火會、火車站等處……每日服務至少需兩小時；若係專程訪問，往往耗時甚多。又如每次火車到埠時，訪事人須登車察探其中有何重要人物；奔走搜尋，頗感困難。然辦事之經驗，卽從此時得來。綜計每一學期，充訪事之學生多至百人以上。每日各生訪得之新聞，多至二三百節以上。而報紙篇幅，祇有六剖面（Page）或八剖面，其能入選刊行者，蓋甚寥寥。是以各大學生之中，因彼此競爭之心，冬不畏寒，夏不畏熱，卽道途甚遠，亦不畏勞頓矣。

（2）爲襄校員：大學生亦有充任襄校者，必須兼作標題。標題有時三行平列；但長短字數，須令各行約略相齊……襄校員責任頗重，因經其點定後，加標題卽須付印，更無他人過目矣。惟在諸生初習標題之方法時，嘗令諸生環坐，聽候教授之指講。

(3)爲接電員（卽譯繕電報者）：凡遇國外消息，由電報通訊社轉達來館者，須由耳靈手快之大學生，由電話中接收之。

(4)爲撰述員：大學生習作社論，須經主論壇之教授審定，佳者付登；惟在作社論時，除留意文法外，並須注意本報之主旨。

(5)爲副刊主任：例如婦女、宗教、運動、社交、新刊介紹等欄……每欄均有大學生充主任而負全責，頗饒特別之興趣，不必更如尋常新聞，經過訪事與襄校之兩層周折……。

其屬廣告系之大學生，所習者兩大端：一爲撰擬廣告；一爲招攬廣告。此外排印之事，有一部份，須由學生任之。更有寫眞照相班及製版部。相片能作新聞之資料者，須能具新聞之價值；尤須注意畫中人之動作。譬如植樹節之點景，單有一人立樹旁，便無意味，必須其人持鋤近樹，而更有人袖手旁觀，乃合報紙之用。此則屬諸機械者也。又爲報館記者，必須具有完美之資稟：誠實可靠一也；忍耐二也；無偏私三也；忠於社會、忠於報紙四也。譬如有人接見訪事，切囑談話某節，萬勿揭載，訪事一經承諾，卽須始終弗登；又如羣衆運動之消息，報界尤應愼密審查。予近接友人函稱，北方國民示威之運動，各處報載，均稱數千人數萬人，實則不過數百人耳。此中輕重出入，於民意大有關係，非報紙之過，實訪員之誤也。威廉氏之言曰：「吾信凡事慮傷人格而不能出諸口者，必不宜載諸報端；受人賄與納賄於人，均不可行。」此則屬諸道德者也。」

又，威廉博士先後共來華三次：第一次在一九二一年十一月；第二次在一九二七年八月；第三次在一九二八年七月——偕同新夫人。很做了一番新聞教育的宣傳活動。中國的大學，今日所以有設新聞科的，博士之力，實在不小。博士於一九三五年七月二十九日逝世，中國新聞界同致哀悼，是應該的。

在一九二六年以前，美國有八十六個新聞學研究機關；內中二十八個是州立大學，十七個是州立的學院或學校；四十一個是私立大學。在一九二八年，便已經有百五十一個大學及學院講新聞學；四十二個大學設新聞學系；又卽在中學，也有加課新聞學的。

又，關於美國大學新聞科的課程，戈公振君有一段調查記錄，是値得參看的：

『一八九三年，美國本辟文尼大學新聞科，最初所定四種功課：第一是論說的寫法；第二是每問題和對付的方法；第三是報紙歷史；第四是編輯及通信員的工作。到了十九世紀初期，哈佛大學才編了一個改良的課程。當時其他學校，都把這個課程作爲模範，就是報紙管理法、報紙的生成、出版法、報紙道德、報紙歷史；並且想將報紙的精神用文學來表現。現在美國新聞科的課程，固然和以前大不相同，就是制度也不一律：有三年畢業的；有四年畢業的；普通是受過試驗，就給他一張證書……在美國最新而最流行的，要算哥倫比亞大學的課程，前後共有四年的研究；前二年是注重普通教育，後二年是專門教育，設若在報界做過半年以上的人，可以立刻入後二年的一班。無論那一個學生，一定要學一種外國語，普通是法文。後二年的課程是：第一年有三點鐘講通信法，並且有實地練習；講義是本埠新聞的形式，教授做編輯主任，學生做編輯員；練習的材料，就是城內每天發生的新聞。第二年有六點鐘是政治和商業新聞的編輯；有三點鐘是心理學卽讀報人的興趣在什麼地方；同時前二年的功課，還要繼續讀下去；更注重實地練習；如通信法、編輯法（如電報的編輯，標題的作法，短評的寫法），和通信社對於電報的處置法；以外還有報紙歷史、戲劇批評、書籍論評、和星期增刊等。美國新聞科，非常注重實地練習，所以每個新聞科，至少有一種報紙，都是由學生辦理，教授僅做指導人。Jowa 大學，並且每日出報而且是自己印刷。Oklahoma 大學還進一步，竟發行日報一種，週報二種，月報一種，年報一種。』(註)

另外，在美國，還有一種新聞函授學校，同後述的英國的新聞函授學校一樣，完全是純粹的職業教育的性質，所以課目特別注重寫作的技術；除修改學生寫作之外，並且可以代學生向報紙、雜誌介紹投稿；比如紐約市 One Park Avenue 的 "Newspaper Institute of America" 便是其中的一個。如欲專習新聞學的技術方面的事情——特別是寫作的方法——而不能出國留學，只要英文通順，上述這種學校，是很便利的。

（註）詳見新聞學撮要附錄頁一三—一五。

(C)法國

一八九六年，里爾的加特力教大學講授新聞學，還是最初的；一八九九年，巴黎的社會高等研究學校(Ecole des arts et études So-ciales)設新聞學科，作爲第三學部。一九二四年加特力教大學將新聞學講座昇爲新聞學系，修業期限三年：第一年爲普通教育；第二年和第三年完成普通教育和職業的、技術的教育。一九二九年，科學自由學院(Collège Sibérté de Sciènce)也加了新聞學課程。

關於社會高等研究學校的第三學部即新聞學部的課程(註)，大體如次：

(1)現代報紙組織及其管理法：報業之過去現在及將來；報紙應用技術；總編輯部、助理編輯部、採訪部、政治部、國際部、社會部、文藝部、戲劇部、音樂部、無線電部、體育部等各部研究。

(2)報業法則：國外出版法；法國出版法；新聞檢查法；罰則法；誹謗名譽罪；法則適用條例。

(3)新聞歷史：歐洲報業史；一八一五年至一八四八年法國報紙及國外報紙；一八四八年至一八七〇年報業革命史；一八七〇年至一九一四年報業發展史；大戰時的世界報業，近代報業托辣斯史。

(4)新聞與科學：科學發達史；報紙科學化時期；報紙經濟化時期；敍事新聞與空想新聞時期；無線電放送及其他傳播新聞之技術。

(5)政治學：民族研究；政治制度；議會選舉制度；政黨分論；內政外交；輿論與報紙；政治經濟之關係。

(6)國際學：各國政治關係；國際聯盟；歐洲、美洲、亞洲分論；殖民地研究。

(7)經濟學：近代經濟與世界經濟恐慌；大戰前各國經濟情形；金銀問題；各國對於經濟恐慌挽救情形。

(8)實習：採訪；謁見；國會記錄；編輯；社論；記事；評劇；文藝。

(9)工程管理：印刷；排字；製版；印刷機構造研究。

(10)事務管理：廣告部；發行部；通信社。

（註）看沈頌芳君的法國新聞學校參觀記。

(D)英國

一八九六年，魯特(Root)氏在倫敦創辦一個新聞學校；一九〇二年，希爾(Hill)氏又辦了一個；隨後又有多數的私立新聞學校成立：但都不曾做過新聞之科學的研究。一九〇八年，曼徹斯特的新聞事業研究會開會之際，有創辦新聞大學的計劃。同樣，一九一一年，聖安德盧斯大學教授赫爾克林氏力說大學中新聞記者養成設備的必要。一九一二年，愛爾蘭的科爾克大學設新聞科。歐洲大戰後的一九一九年，倫敦大學設新聞科，由培姆柏吞(Pemberton)做主任。『倫敦大學新聞科的功課，指定若干為必修科：如英文文體的研究；著作人及記者的練習。又有隨意科，至少要選四種，且須得主任教授同意：如科學史總論；政治思想史；哲學；英國文學；現代言語；國家學總論；行政學；國民經濟學。二年期滿，試驗及於普通各科。關於報紙方面，只須有一篇論文，又新聞科教授的評判。這種學生，須於暑假中實行記者工作；能平時兼做記者更佳。』（見新聞學撮要附錄）

在倫敦市還有一種新聞函授學校；如"Metropolitan College of Journalism"和"The London School of Journalism"。又在倫敦西北二十哩的聖奧爾班斯城也有一個名叫"Premier School of Journalism"的新聞函授學校。都是純粹的職業教育性質。內容和經營方法同美國的新聞函授學校是一樣的。

(E)瑞士

一九〇〇年瑞士新聞業總會曾提議在大學設新聞科。一九〇二年斯密特(Schmidt)、部勒(Bühler)在百倫大學講新聞學。一九〇三年衞特休坦(Wettstein)氏在祖利克大學講新聞學。後來根弗大學和洛桑的商科大學，也都設了新聞學講座。但祖利克大學到一九一〇年纔正式設立新聞科，由米耶(Meyer)和魏伯兩人主持。

(F)蘇聯

(a)革命前及革命後

在蘇聯，舊俄時代的一九〇五年，便開始當作文學院的所屬而設新聞學系；一九一三年，定期刊物公會設新聞學講座。後來，莫斯科大學設新聞學研究所，由烏拉迪密羅夫做主任教授。

在革命後的蘇聯新聞界，新聞記者和新聞從業員的養成，成了一個最重要的問題。

在一九二〇年，設立新聞記者養成所；這個養成所，到一九二二年，更擴張而成了國立新聞學研究所。由諾茨基做主任；托羅茨基也做過這個學校的新聞學教授。在卡爾科夫、明斯克、特弗利斯、塔什干等處的大學，也設立有新聞學系。一九二六年，在列寧格勒和莫斯科，更設立新的新聞學校。一九二九年以後，更在社會主義大學中的馬克斯列寧講座及文字語言學專科內設新聞學研究所；在各職業公會本部所管轄的最高學院，也設了新聞學講座。

一九三〇年十一月十一日又由黨中央委員會發下一道訓令，要旨如下：

(1)新聞事業的改善和在社會主義的進展途上的新聞事業的任務向上問題，對於編輯部人員要求着以必要的進展速度，而指引大衆到社會主義建設路上去的智能。特別是對於經濟問題解說的報紙的改造，編輯部中極需要積極的新階級層卽工農通信員、經濟家、專門家等的集合。這種指引、集合的方法，現在全不滿足，故黨中央委員會，遂履行如次的手段：

(A)招集社會主義大學附屬的文字語言學專科、新聞記者社會主義專門學校、赤色教授大學、蘇聯職業公會本部附屬的職業公會運動最高學院（新聞科）等的編輯科，馬克斯列寧主義講座聽講生及產業大學、貿易大學、運輸交通大學等的學生的一部，而迅速改善新聞記者和中央編輯部的現狀。新聞編輯者應格外注意務使上述各學校的學生的三分之一以上從事新聞的業務，而有養成志願新聞事業者的義務。對於中央委員會文化部，當與上述學校校長及新聞編輯者協議，作成具體方案，以圖上述事項的進行。地方蘇維埃也應與上述各校聯絡，而採取同樣的方針。

(B)對於新聞編輯部員、塔斯社、國立出版所、廣播電臺人員，則施以根據以前在上述各校的新聞科聽過講的程度的教育。

對這個組織及實施所必要的費用應由新聞社、國立出版所、塔斯社及廣播電臺負擔。

(2)新聞記者組織的基本的源泉之一，是工農通信員；中央、地方、及各報編輯者，應開短期講習會，教育指導這些人們。

(3)對於新聞記者的養成，規定如左的辦法：

(A)中央、地方、及諸報的記者的養成，由文字語言專門學校的馬克斯列寧主義講座（新聞科）擔當。

(B)大地區或都市報紙的編輯部員的養成，由新聞記者社會主義大學擔當；在這學校，施以

做新聞記者之綜合的新聞學的專門事項。對於職業公會報的記者的養成，則由諸公會中央部附設的最高學院的新聞科擔當

（C）工場及國營農場、集體農場報編輯員的養成，由地方共產黨最高教育機關的新聞科或新聞記者夜間大學擔當。

（D）文學、技術方面的記者的養成，由文學專科學校、技術專門學校、新聞學研究所等機關擔當。

（4）為了中央、地方諸報的編輯員及別種技術人員的養成，新聞記者共產主義大學在一九三一年一月前，當開兩三個月的常備講習會；另外，上述各校及中央廣播電臺須為新聞從業員——尤其是地方的程度較低的新聞記者——講求自習教育及設自習講座的方法。

（b）具體的改造方法

各新聞關係者接到中央委員會訓令之後，迫切地認出新聞事業改造的必要。即知道要想完成社會主義建設的基礎細胞的使命，必須補足在過去蘇聯的記者組織和養成法中的幾多的缺陷。又必須首先根本改造的，就是從來的記者養成的根本方針。

完成這個任務的方法即具體地改造的方法，可分為二種。第一是現在的新聞編輯部的改造：凡是不肯或不能服從關於新聞的黨令的，或是對於社會主義建設根本問題的解決而不能以鬭爭的、必要的進展速度，去指引大衆的，一律須退出新聞編輯部。第二，新聞從業員的養成新制的目的，即蘇聯現時所需要的新聞記者，是鮑爾雪維克的報人。但不需要把理論囫圇吞下的人，而是要創造受過政治的訓練，能

夠實行理論的新型的報人黨員。

新聞記者應修習如次的科目：

(1)一般理論、唯物辯證法、政治、經濟、歷史。

(2)基礎經濟問題。

(3)對於新聞事業問題有密切關係的黨政策問題。

(4)特種專門新聞問題、黨的問題、關於新聞事業的列寧的教訓等。

(c)養成機關的學科內容

中央委員會的訓令實行以後，上述的各學校內，都設了新聞學研究所。

在自修新聞記者共產主義大學雜誌社，則與地方的最高學府取得聯絡，開始實習。

在屬於職業公會本部的最高學院，也設了新聞學講座；以養成職業公會報紙的中堅份子及大工場報的編輯者爲目的。第一回的講習生，大多數是從工場直接選拔的職工及黨員，多是在水準線較低的報社積有點經驗的人。講習期間的三分之一功課，是參與生產實務卽報紙製作實務的事情。講習的第一期二個月間，是工場報；第二期四個月，是在中央及各地方的報社受實際訓練。講習科目，共分三種：第一馬克斯列寧主義的課程；第二是社會文化課程；第三是新聞學課程。這個第三的新聞學課程，在全部聽講時間三千一百六十小時中，佔九百四十小時（除實習時間）。

在工農通信員雜誌社，爲了工農通信員及工場、職場、國營農場、及一般農事報的編輯者，開始六個月的獨修講習。講師都是現代蘇聯新聞界活躍的論評家、詩人、小說家、漫畫家一流的人物。

這個獨修講座，共有十種課程：

(1)在社會主義制度緊張時的低級報紙和工農通信員的任務。

(2)報章文字的作法。

(3)通信的各種形式。

(4)低級報紙編輯法。

(5)大衆的工作的組織法。

(6)大衆運動的誘導法。

(7)怎樣製作並發行報紙，報紙的各種類型。

(8)技術、藝術的體裁。

(9)工農通信員之國際的批評法。

(10)文學、藝術的材料取材法。

(G)奧國

在維也納大學，一九〇九年以來，由包厄(Bauer)講新聞學。一九二六年，奧國報紙發行者決議爲圖便於新聞研究所及高等專門學校學生研究新聞學起見，設立圖書館。又維也納大學最近擬設立大學附屬的新聞專科學校。

(H)波蘭

從一九一六年間，纔有新聞記者學校設立的呼聲。一九一七年四月，由華沙政府新聞局的贊助，在政治高等學校中設新聞學科。又在一九一七年，波蘭自由高等學校設新聞科；後來移歸波蘭大學。

波蘭大學新聞科的修業期限三年：第一學年是報紙歷史，報紙原理，經濟學，國會及政黨史，和報紙有關係的法律，劇評，印刷技術，圖畫，波蘭文，波蘭政治史，波蘭通史；第二學年是國會的新聞記事，報紙歷史，報紙原理，宣傳法，電報及通信法，外交史，經濟學原理，十九世紀的波蘭印刷物；第三學年是波蘭印刷物，宣傳法，電報及通信事務，外交史，文學批評，波蘭政治史，政治史通論。

(I)西班牙

在一九二七年雖有在大學設立新聞科的決議，但爲革命而中絕。又在一九二七年的拉丁報業會議，籌劃在各地設立新聞學研究所，遂卽成立了一個國際文庫新聞學研究所。在瑪德里，有個加特力教新聞學校。

(J)匈牙利

部達培斯特大學原設有新聞學科。一九二一年，又特

匈牙利新聞記者那公誓氏銅像揭幕禮

設立一個新聞高等專科學校。一九二九年，在茲耶克德納大學設新聞學講座。

(K)比利時

布魯塞爾的報業公會，在一九二三年設立比利時新聞學研究所，由頓(Don)氏主持；它的支部設在安特渥普和留特希。在安特渥普，於一九二九年更設立一個新聞高等學校。

布魯塞爾的新聞學研究所的課程，是報紙歷史、法國文學史、音樂史、藝術評論史、法律原理、出版法、經濟學、技術和實地練習。

(L)意大利

在羅馬，於一九三〇年設立新聞高等專科學校。在弗耶拉大學和特楞特的高等商業學校，都設有新聞學講座。又在梅蘭德的加特力教大學，從一九二四年以來，便設關於加特力教報紙的特殊講座，並且計畫辦新聞高等學校。

(M)希臘

在一九二九年秋，雅典新聞編輯公會在雅典設立新聞高等學校。在蘇菲亞的自由大學，則設有新聞社會學講座。

(N)荷蘭

在來頓大學及一九三一年以來在攸特累克特大學、尼姆威根大學，都設了新聞學講座。

(O)印度

在印度南部的馬德拉斯，於一九二七年設立新聞學校。

(P)日本

在上次歐戰正利害的時期，卽一九一五年間，東京的一部分的新聞記者和新聞學研究者，組織了一個日本新聞學會；就新聞事業的理論、技術、歷史、經營各方面，編了一大套講義，開始函授。這套講義，雖然就質上說，不盡都佳，但在量上是很可觀的。這可以說是日本最初的新聞學之綜合的研究機關。筆者於一九一六年春東渡修習新聞學，便做了它的第一次的會員；因爲另外沒有新聞學之綜合的研究機關了。

停戰以後，直到現今，差不多一切的大學和專門學校，都發行校刊，因之，不開新聞學講習會或研究會的學校是沒有的。常設新聞學講座的學校，是早稻田、日本大學、立命館大學、法政大學等。至於獨立的新聞學校，則有明治大學新聞高等研究科、上智大學新聞科及日本新聞協會辦的新聞學院。但這些都是以新聞記者養成爲主要目的；以新聞學之科學的研究爲目的之獨立的研究所，是在東京帝大。東京帝大的新聞學研究室設立的直接動機，是由於一九二七年在日內瓦所開的國際報業會議的決議，旣如前述；而其間接的動機，顯然是受了德國的新聞學研究的刺激，這看它的研究報告所引據的衆多的德國新聞學書，便明白了。但這個研究室，仍僅是個單純的研究室，並沒有完全獨立——做了文學部的附屬。它爲了新聞學之綜合的研究，請法學、文學、經濟學三部的教授及新聞學專家小野秀雄氏做研究指導；另外更從上述三學部各選一名研究員，一意專心地從事研究；雖然僅發表了幾本薄薄的研究報告，但就質上說，是有相當價值的。在法學部更附設一明治新聞雜誌文庫，保存着明治時代一切的定期刊物，由老著作家外骨氏做主任。

在一般新聞講座或新聞學校所教的科目，大體如次：

新聞學概論；新聞文獻學；新聞調査法；新聞統計學；新聞教育學；言論史；各國、各時代、各社會、新聞史傳記（一般史、特殊史）；新聞政策；新聞紙法；新聞倫理學；編輯論；經營論；比較新聞學；電影論；無線電廣播論；新聞社會學；整理學；記事內容問題（第一是由輿論、報紙的社會影響力、社會倫理的觀點的研究，第二是從讀者關心的觀點的研究）；通信學；特殊報紙論（雜誌、週刊、學校報、商店報等）；記事作法論；論說作法；外國記事實習；修辭學；社會事件史；攝影；販賣學；廣告學；營業特殊研究；文案及圖案；工務能率學；印刷技術學；新聞業會計學；剪報資料論；新聞圖書館學；記者職業問題；打字及速記；基礎常識學；時事解說；科外講義及見習。

又，內外社從一九三〇年十月起，糾集各門專家，刊行一種名叫綜合新聞事業講座的叢書。內容計分三大類：第一是報紙；第二是雜誌；第三是出版。各就理論、編輯、寫作、經營、歷史、現狀、以及其它特殊方面，從事論述。到翌年十一月全部十二卷完成。就量上說，不下三百萬字；就質上說，因為每一個專家只擔任一個題目，而且全部十二卷的執筆者，約有三百人之多，所以內容也是很堅實的。就新聞事業之綜合的研究來說，算是日本新聞學會講義錄——現改稱新聞全書——以後的巨製。

（G）中國

一九一一年全國報界俱進會有過如次的創辦『新聞學堂』的提案：

『吾國報業之不發達，豈無故耶？其最大原因，則在無專門之人才。夫一國之中，所賴灌輸文化，啓牖知識，陶鑄人才，其功不在教育下者，厥惟報業。乃不先培養專才，欲起而與世界報業相抗衡，烏乎得？且報業之範圍，固不僅在言論，凡交通、調査之大端，悉包舉於內，而爲一國一社會之大機關。任大責重，豈能率爾操觚？吾國報業，方諸先進，其幼稚殊不可諱，一訪事，一編輯，一廣告之佈置，一發行之方法，在先進國均有良法寓其間，以博社會之歡迎，以故，有報業學堂之設。不寧惟是，且有專家日求改良，以濟其後焉。吾國報業，既未得根本上之根本籌畫，欲求改良，果有何道？土廣民廣，既甲於世界。若就人口及地面爲標準，以設報館（先進國報館取屬人主義者，滿若干人口，應設報館一；取屬地主義者，有若干地面設報館一），則尙邈乎其遠。通埠雖稍有建設，而勢尙式微。今後若謀進步，擴張之數，正未可量。而能勝此重負，幾何不先有以養育之？僅此寥寥有數人才，流貫交通有數之地點，其有補於國家社會之處，固屬有限。卽對於各本業專學之前途，究如何以有操勝之權，亦未能必也。某也目光所及，擬於根本上改良，爰公同提議組織報業學堂，敬候公決。』

這個提案不幸歸諸泡影，倘若成了事實，那我國的新聞學的研究，也不多麼後於先進各國了。然而這個提案的價値，是永不能消滅的；因爲它是中國人知道有新聞學的研究卽新聞教育的開始。

又在一九二〇年，在廣州開的第二屆全國報界聯合會，更議決組織『新聞大學』，其大綱如次：

第一條　新聞大學之宗旨：（一）造就新聞專門人材；（二）促進全國新聞業之發達；（三）補助國際輿論；（四）輸入新文化。

第二條　新聞大學之成立由全國報界聯合會選舉委員五人，擇定國內相當之大學，籌備組織之。

第三條　新聞大學設立於擇定大學內，卽名爲某大學之新聞大學科。

第四條　新聞大學之經費由擇定大學與本會兩方合併籌足固定基本金三十萬元，存儲生息，以作常年經費之用；以後視發達之程度，逐漸推廣。

第五條　新聞學主要學科，由大學教授會訂之。

第六條　新聞大學應附設函授科、週行科，使國內現在從事新聞事業及一般有志入學而不得者，皆得受大學同等之教育，並促進社會之文化。

第七條　新聞大學審經濟之狀況，應聘請國際著有名望，得各國輿論信用之新聞學大家主持教授。

第八條　謀新聞大學發達起見，得設定各種名譽職，授與各方之熱心援助本大學者。

第九條　本大學學員之收錄，由籌備員與擇定之大學協定之。

第十條　本大綱一切應行修改或未盡事宜，均由籌備員與擇定大學兩方協議定之。

這個全國報界聯合會到次年在北京開三屆大會時，因意見不合，遂致分裂，卒告消滅。所以這個新聞大學組織大綱，也僅成爲新聞學史上的一紙空文了。

但在這個『新聞大學』的呼聲的前兩年卽一九一八年——應用新聞學完稿同商務接洽出版而未獲如願之年——在國立北京大學經校長蔡元培氏的提倡，由徐寶璜教授主持，設立新聞學研究會，幷發行會刊。這可以說是中國大學中的新聞學研究的發軔。

又過三年，即一九二一年，上海聖約翰大學開辦新聞科，聘請密勒氏評論報主筆彼得森（D. D. Patterson）為教授。彼得森氏為米梭里大學新聞學院出身，即威廉博士的高足。所以約翰的新聞科，成了米梭里的一個分支。應用新聞學在湖上出版發行之後，便接到該校郵來問價目的信，說是『敝校圖書館現需購閱』。當即寄書一冊，作為贈送；書到後，又接該校來信，並附一元匯票一張，說『……再購一冊為敝校新聞科諸生參考之用。……』這是應用新聞學首次被設有新聞科的大學之直接的光顧，可以測知該校新聞科的認眞態度。

其次應述的，是杭州之江大學的新聞科。這是在一九二二年間即應用新聞學刊行的時期創辦的。筆者於應用新聞學一書已在上海印出，就要運到杭州的時候，即一九二二年冬天，在杭州的報紙上看見之大設新聞科的消息，便寫信去問該校新聞科的情形。過了兩天，得到署名唐鳴時的如次的回答：

『……昨天本校英美文學系主任兼新聞科教授勞登司萊蔻先生交來貴社來函……。諸君子合力為杭州，為中國新聞界作改進的工作，自是可稱頌的。我校新聞一科，附屬於文學系的；隨學生中對於新聞學感受興趣的，或有志投身新聞事業的選讀之課。原來新聞學與文學各科，有密切的關係；新聞學附屬文學系也可，別種文學科附屬新聞學科也可；我們的設備，用了前者的次序，想先生也必能諒解的。功課有：

（一）時事 Current Events 教授法如下：

（甲）一週之問題 Weekly Problems。

（1）本地，（2）本國，（3）世界。

(乙)蒐集各報章輿論 Materials Collected from Daily Papers & Periodicals。

(丙)討論出一個正當觀念 Materials Evaluated。

(丁)作一個正當的時評 A. Criticism。

(二)訪事 Reportership。

(三)報章管理 Management of A Paper

(四)普通功課如：

(甲)教育，(乙)社會學，(丙)宗教，(丁)政治學，(戊)經濟學，(己)文學等等。

我們這一科，正在試辦的時期；自然不甚完全的。希望派遣專學新聞學的幾位同學歸來時，給我們整頓一番；也希望先生和貴社諸君時時賜教。

本校出版部，有旬刊（每月三次：一期英文的，二期中文的。）及之江潮（半年一期；一半中文，一半英文的。）部中主筆及編輯部人員，雖未嘗限定須新聞科充當；却在公衆推選時，大概都是這科的同學當選的。這是件很自然的事。……』

之江的新聞科雖沒有獨立，但這種內容是不錯的，當然不能包括它的宗教的氣味。

燕京大學在一九二一年六月發表它的內容於北京某報，其中關於新聞系有云：『……新聞事業握全世界活動之樞紐，爲傳達思想文化之機具。燕京大學有鑒於此，特設此科。又承在京英美及國內新聞界之贊助，本年秋季，即可開辦……。』但到一九二三年一月，接該校答覆我的詢問信說：『敝校新聞科組織粗有端倪，尚未就緒；俟稍有秩序，再爲領教。至貴社所刊應用新聞學一書，極爲歡迎，以先覩爲快也……。」到同年八月，又在報紙上看見燕京大學校長司徒雷登博士擬赴美募集五十萬基金設新聞學院的消息。據那時司徒雷登博士的主張：目下中國全境，約有日報八百家，均應革新。在一八九五年時，只有三十家日報；但今北京報的四分之三是機關報，並不會注重眞正新聞之重要。故非造就眞正的新聞學人才不可云。到翌年的十一月，申報又登出一個消息說：

「中國各大學中之有新聞科而辦理比較完善者，惟上海之聖約翰大學。刻北京燕京大學亦組織新聞科，聘美國哥倫比亞新聞學院畢業之勃雷登君（Roswel S. Britton）主其事。勃君在校時，成績極優，曾得該校普刻資獎金（Pulitzer Scholarship）美金二千元，以之漫遊歐美。故所得報紙經驗，亦極宏富。此次燕京大學聘之主新聞科事，積極進行。故爲時雖暫，但已有成績可言。勃君除以個人之能力，從事於該科外，幷向各方徵求意見，冀收他山之效。昨寓書本館汪英賓君，詢問四事，（一）用何種方法訓練新訪員與新編輯？（二）新職員初進館時，作何事最宜？（三）新訪員與新編輯之弱點何在？（四）除普通方法以外，有何特別方法訓練新職員？以上四條，頗希望有充分之解答云。」

後來該校的新聞學系因學生甚少，經濟無着，遂於一九二七年暫停辦。嗣經新聞學系教授，米梭里新聞學院出身的美國人聶士芬，在這停辦的時期，同美又進米梭里大學研究。遂與威廉博士商定由米大與燕大聯合創設一新聞學院，名爲米梭里燕京新聞學院，兼推威廉博士爲該校顧問委員會主席，聶士芬任該系代理主任；聶又在美向各大報社募捐六萬餘美金，足供繼續開辦費及後此五年之用。於是該系遂得於一九二九年繼續開辦。聶在該系授新聞導言與比較新聞學；另外由米梭里燕京新聞學院第一屆選派的留米大學生，於一九二九年畢業的葛魯山授廣告處理與材料儲藏法；由一九一二年畢業於米大新聞學院，回國後曾任路透社華南通信員及廣州英文時報總編輯，密勒氏評論報及馬來英文報等要職的黃憲昭君授報章文字、新聞之採訪與編輯、通信三種課目。一九三四年十二月十七日，米梭里大學新聞學院主任馬丁（F. L. Martin）宣布設置米梭里燕京基金，以鼓勵燕大的新聞學。該基金委員會又建議米大與燕大交換免費學生。既是這樣地米大與燕大取得結實的聯絡，燕大新聞學系的前途，恐怕是不會再擱淺了。

據最近的調查：燕大的新聞學系，仍僅是一系，並未成院——是文學院內的一學系。凡學生欲選讀該學系課程者，必須先讀完大學本科一年以上的學程；主修科學生，必須修讀該學系課程三十二學分，同時尚須讀一副修學科，至少亦須修足二十學分。已開辦的課程如下：

（一）新聞導言；（二）報章文字；（三）新聞之採訪與編輯；（四）比較新聞學；（五）特載文字；（六）社論；（七）出版須知；（八）通訊練習；（九）報紙參考材料；（十）報紙圖畫；（十一）廣告原理；（十二）營業及印刷法；（十三）新聞學史。

筆者敍述到此，有萬不能已於言的，就是負有重大的社會文化的任務的新聞記者的教育，特別是在理論方面，叫外國人來培養——往外國留學是另一事——這就前述的各國來說，似無成例可援，也許這僅是受帝國主義重重包圍、壓迫下的中國所獨有的現象吧。然而這種關係重要的教育權——這種對於『握全世界活動之樞紐，爲傳達思想文化之機具的』製造事業——任令外人代辦，決非可以長久永存的辦法。

然而我國大學設置新聞學課程或學系的，都是幾個私立的，而且都早已根本倒塌。只有一九二九年設立的復旦大學新聞學系，至今仍然存在；已經畢業數次；並且有根本覺醒而往歐美或日本去補修學理和實際兩方面的知識、技能的。另外，在北平，有個北平新聞專科學校；在廣州，有個中國新聞專門學校；在上海，有個民治新聞學院。這些都因限於篇幅，不能備述了。

國立大學方面的新聞教育，雖然在一九三一年發佈的扶植新聞事業案中，關於培養新聞人才，定有(一)設立新聞學專科學校，(二)由國立大學或學院設置新聞學系，(三)指定國立大學或學院設新聞學系的三種辦法，但數年以來，尚未有見諸實施的。惟有前申報駐美通信員，米梭里大學新聞學院畢業的馬星野君所主持的中央政治學校的新聞學系，是一九三五年暑假後正式成立的。它的關於新聞學的課程設計及編排的概要如次：

(1)課程設計：二年級新聞學概論一科，着重於時事的討論，讀報習慣的養成，了解力及思維力的鍛鍊，新聞寫作的練習，及對於新聞事業的基礎知識的獲得；三、四年級的職業課程，則對編輯方面和營業方面並重。

(2)課程編排：(甲)屬於報業方面的：新聞學概論（二年級），採訪與編輯，報業之組織及經營、社論、廣告學（以上三年級）；專文及雜誌、印刷、照相及鑄版、新聞事業史、比較新聞學、無線電及原理應用（以上四年級）。(乙)屬於寫作方面的：應用文及新聞習作，敍述及描寫文，評論文。

四　本書的構成

照以上所述看來，新聞學在現在的教育、學術界的地位，以及關於此學的研究項目和研究方法，大致都可以明白了。

根據上述，來構成一部特別適合乎中國的，有組織的體系的綜合的新聞學，便是本書的旨趣。

就大體上說，本書的構成系統，依然是照着應用新聞學；因為直到如今，我還沒有發見那種構成系統的缺陷；只是少了經營一篇，更絕未提到雜誌，這實在不能不說是它的缺陷。這兩個缺陷以及別種應補足的地方，都在這部書上儘量補足了。

就現時的中國情勢來說，特別是就中國報紙的編輯和經營狀況來說，建立目前的新聞學，仍不能不偏重技術方面的事情，即仍須注重實用，減少理論。所以本書的理論部分，仍照應用新聞學的內容，約佔全書五分之一。又，近數十年來，中國所受帝國主義者的宣傳害毒，特別厲害。究竟帝國主義者是怎樣在宣傳，以及我們應怎樣應付這種宣傳，關係都是十分重要。但這在應用新聞學上，也僅寫了一點，實難令人滿意；因此，必須在這部書上來補足。

敍述報紙之史的發展，必須特別注重它的文化史的意義；又在介紹世界各國報業的現狀上必須闡明它們的本有的性能。

要想本着這種方針，即綜合新聞事業的各方面來構成一部像樣的書，這種工作——即這種書的內容——實差不多等於百科辭書，決非一人之力所能辦。幸虧二十年來，在材料蒐集的工作上，沒有怠忽過一天。所以來做這部數十萬言的綜合新聞學的工作，還不見得有多麼大的困難。又在應用新聞學的再版的話(1925)中有一段話：『……這本書的最大目的，當然是在改善與我們休戚相關的中國的新聞事業；可是照這麼說，它便是出一個最大缺點，就是對於與我們休戚相關的中國的新聞事業，說得未免過少。

還有一個缺點，乃是關於一般的新聞事業的經營上的種種設施，種種計劃，以及種種隨時隨地的社外活動，更是絕鮮述說。前者是因爲「從反面映出中國報界的劣點」的旨趣（見頁四？）所限；後者確是初版時受了物質的拘束，不敢增加頁數之所致。——觀察這幾年的中國新聞界的狀況，實在使我們研究新聞學的，不能再守沉默的態度。但若是本着這種方針，來訂正這書，是爲事實上所不許。又況這書既有其特具的性質，尤無須改弦而更張。所以要想補足上述的兩點，勢非另起爐灶不可。既承諸君的厚愛，不久我當把這個爐灶築起來；它的預備工作，我老早就着手了……』現在算是把這個爐灶築起來了。全部計分如次的六卷：

第一卷，總論；第二卷，原始的公告形態和通信方法；第三卷，採訪技術和通信方法；第四卷，編輯和撰述；第五卷，經營和管理；第六卷，雜誌。

這部書的量，看來是很大的了。但就筆者所積存的材料來說，還算沒有盡量發揮；只因本頭過大，在出版上有種種困難，所以就這樣權分兩册出書了。它日如有機會，再來建築另一種的爐灶吧。

*　*　*　*

另註：本篇多採取小山榮三氏的新聞學第一篇的第一及第五兩章和馬場秀夫氏的蘇聯新聞界的近況之說。

第一卷　總論

第一章　報紙與現代社會

一　紀錄和批判的價值

在現代社會，是早已明白確認新聞事業的價值和新聞記者的地位了。雖然不能說『報紙是做社會內部的顯著的一事實而同別種社會事項有緊密不離的關係，無報紙便無社會，』至少，人們的心中都會生出『有社會必須有報紙』這個絕對明瞭的意識。即從彼等手裏奪去報紙，這便算使彼等成了睜眼瞎子，便算使彼等的生活喪失了緊張性；又，使彼等的市場不能振作，就是使彼等店舖的門外沒有顧客而繁榮漸漸失去，終於絕跡。影響還不止此：社會一旦失去報紙，對於罪惡、醜事乃至種種不道德的行爲的制裁和預防，都算是撤除了範籬。固然，社會上的各種集團或個人，都須受特定的法令或規則的統制；爲企圖各個的社會的存立、發達起見，這雖是不可缺少的方式和手段，但光靠這是不行的。社會道德的紊亂、破壞，若是不靠社會本有的制裁力，不但難舉責罰的效果，即使那違反規則者，肯服膺一定的制裁，但到後來，若是沒有社會的制裁，便無從貫澈法定的目的；何況以現有的組織，去羅致違法者的全部，是到底難得期望呢？對於這種人的制裁，法律除把它委諸社會之外，實無辦法；而報紙在某種意義上，不但可作犯罪或背德者的公告，那受報紙上暴露的痛苦，卻可以說數倍於鐵窗裏的痛苦；就是以報紙為媒介的公衆的聞知，具有制止彼等社會的存在之力的緣故。要之，報紙，無論在什麼時代，什麼國土，都要充分發揮出來的權威，就是『報告權威』，也可說是『暴露權威』。『孔子作春秋而亂臣賊子懼』這個報告權威，在交通、印刷一切都很幼稚的二千年前，可已經充分發揮出來，而在交通、印刷一切都很發達的二千年後的今日，它的權威之大，究竟大至何種程度？那『報紙威力之雄偉堂皇，殆有非專制君主之壓力，萬靈宗教之神力，以及披靡金湯之礮火，網羅乾坤之電氣所可相提並論者矣』之說（註一），決不是誇張的話（參照目前局勢而言，所謂『列國』者，已經比昔日的列國大數十百倍，而從輪轉機上滾滾地流出的若干大張的報紙，無論在量上、在質上，都非僅當得現今區區一冊小刊物的春秋所能望其項背，自不待言，即如現今的報紙經營者和記者所以常遭殺害之禍者，就某一點說，不也就是『亂臣賊子』們畏懼這種權威發揮過火，因而引起的反響嗎？

更申言之，報紙對於社會的效用，全在『紀錄』和『批判』；因此種隨時報告、隨時寫就的紀錄和批判，比諸古代史家隨時藏到『金櫃石室』的史料的效用，不知要大多少倍數。就是古代史家的史料、其效用的發生，是在後世，而今之新聞紀錄——當然是指良好而有價值的說的——的效用，除可做史料之外，更可做現時的寫照，而能將事實的眞相公諸大衆，能使一切妖魔的形跡無可逃遁；除非這世界根本覆滅，眞實的紀錄是永不會消失的。舉個淺近的例子：現代中國的新聞記者雖然多有遭遇野蠻軍閥的毒手者，但此種殘害紀錄，至少要比那個新聞記者開罪那個軍閥的紀錄多得多，而且那個殘害新聞記者的軍閥本身，不是不久也就消滅於無形，空留臭名、惡聲於千載之下嗎？故彼運用一時蠻威而對報紙和記者施壓迫者，皆僅能博取一時的滿足，終於抵當不住具有公告性的紙筆的威力；而這個紙筆威力的由來——新聞記者威力的所由來——仍然是『依彼毫端腕下而爲進退者，既不知有幾千百之人民；彼之褒貶，儼同史乘，且經幾千百年而不能磨滅』（註二）的緣故。

『報紙的壽命只有一天』，這是常聽說的話。這眞是知其一而不知其二的說法。大多數的讀者，誠然都不愛惜昨日的報紙，而且任意糟蹋它。但這並非因它已無所用——失去生命——實係因爲張數太多，保存不易；並且讀者多知道有保存報紙的圖書館，也不願自保存；縱然願意保存，留備溫故知新之用，也因爲房屋狹小，無地收容；而且今天的報紙又來，更不能不看。就是讀者並沒有對昨日的報紙失去興味，實因它處處皆有，太不希奇。——代價太低。假若每家報紙，每天只印十份八份，決不再版，那末，讀者對於這種舊報，無論如何，不會隨手扔去或是幾文一斤地當廢紙賣去，叫人家包銅元或花生米。而且那報紙因爲印數極少，舊報難得，必成一種世上極珍貴的物品。這樣說來，『報紙的壽命只有一天』的觀念，是根本謬誤的。總之，報紙是不會失去生命的；縱然失去做報紙的生命，萬不會失去做史料的生命。失去生命的報紙，無非是那從大量生產的輪轉機上吐出的已經看過、無法貯藏、無暇再看的報紙的若干數量而已。這還是對於普通一般人說的，至於專門研究某種學術或事項的人，對於舊報，除非剪裁，那是不願意而且不輕易把它拋棄的。又，報館所以不賣或重印隔天報紙——甚至於像中國的報館有連自家的報紙也不存留一份——的主要原因，也是房屋狹窄、機器太少、無法再印、無地存放；並不是爲了舊報已經失去生命。

（註二）拙著應用新聞學頁二一。

（註二）同上：頁一一。

二　我國新聞界的情形如何？

然而揆諸我國新聞事業界的現狀，可是怎樣的情形？

不幸得很：在拙著應用新聞學出版後的十有三年之間，在另外還有許許多多的新聞學或報學出版後的若干年間，不但仍然找不到一個合乎新聞學原則的報紙，反而只看見社會人士對於報紙所發的責言、罵詈或公然的侮辱，甚至於把這種責言、罵詈或侮辱，映入銀幕，演上舞臺，遂致鬧出所謂『風紀問題』。那些映電影、演戲劇的，只知道侮辱一二新聞記者，不知道非難整個的報紙。講到社會人士中的有學識者——尤其是新聞界中的有學識者——所發的言論，那就範圍較廣，不會單去指責少數的新聞記者了：

『中國報紙裏面的新聞、廣告、通信、與評論，往往令人發生這樣的一種感想：中國的日報，如果移到倫敦或紐約，照樣發表他們的言論，恐怕不出一週，就要倒閉淨盡。他們的編輯人和經理人，如果不因觸犯刑律而受刑罰，也就不免要因違反民律而對私人擔負無數的損害賠償。

報紙是現代社會中一種最大的實力。握有這種實力的人……不當以其實力，去蹂躪缺乏抵抗力的私人；……不當以其實力，去助長或逢迎社會上種種妨害善良風紀的惡思想或惡習慣。中國的報紙，往往缺乏這一類的責任觀念。以下我便要申述中國報紙如何的妨害私人名譽，如何的妨害風紀。我於敍述每一事實的時候，並擬依着我的愚見，向我們的新聞記者，建議一個應該採取的正當的態度。

……中國辦報的人，往往至今還保有一個「有聞必錄」的觀念。這種觀念也許是沿自中國的御史制度。中國舊日的御史，是可以「聞風言事」的；他的言論自由，是一種不負責任的自由。中國辦報的人，往往對於一種足以損害他人名譽的傳聞，自己雖尚未能信為眞確，卻敢冒昧的發表出去；他們以為只要加上「傳聞如此，未知確否，」或「傳聞如此，但恐不確」一類的字樣，他們就可以對得住被損害的人了。這也是把言論自由，看作一種不負責任的自由。要知一個人的名譽，既不因為你加上這些字樣，就可以免除損害，那末，你的責任，亦自然不能因為你加上了這些字樣而可免除。所以在英美及其他自由國家，這一類字樣是不能豁免報紙的責任的。就令報紙能證明該種傳聞之存在，報紙的法律責任，也是不能免除的。英美人常常說，法律只承認自由（Liberty）而不承認放肆（License）。所謂放肆，就是不負責任。我希望中國報紙，能打破傳習上不負責任的觀念，力避傳述自己不能相信而足以毀壞他人名譽的記載。

中國報紙，對於一種損害私人名譽的記載，往往於錯誤發現以後，亦不自行更正；甚或拒登被損害者請求更正之函件。這也是缺乏責任心與公道心的一種表現。

北京的報紙近來有一種極可厭惡的風氣，這就是容許他人利用他們的廣告欄，以醜詆他人。而且往往容許他人用極大號的字，在他們的社論前，登載這一類的廣告，可以完全不負法律上或道義上的責任；可以純然抱一個發財主義。欲考究這種觀念是否錯誤，便須考究報紙的記載究應由誰負責？

中國報紙，往往容許他們的通信欄，登載損害私人名譽的通信。這與濫收廣告，自然應負同等的或加等的責任。中外的報紙，雖然常在通信欄中加上「本報不負本欄文責」的字樣，可是這一類的聲明，只有政治的意義，不能有法律的意義。我希望中國的報紙，登載通信的時候，對於妨礙私人名譽一層，能保持與作社論的相等之責任心。

…………

許多指斥新文化的人，敗壞風紀。可是就報紙的內容而言，淫褻的文字，還是見於思想陳腐的報紙爲多。譬如章臺絮語那一類的紀載，在新文化的出版物中，便已漸漸絕迹。收受娼妓廣告的，在北京的大報紙中，我彷彿也只看見一個順天時報。上海方面黑幕派人所主辦的期刊，似乎也是舊派人所主辦的。

娼妓營業，在中國誠然是法所不禁的；可是國家不得已而承認公娼，不必就應同時承認娼妓享有廣告權。在行公娼制的法國，我們又何嘗看見娼妓的廣告呢？……

中國社會的賭博心理，近年極其發達；賭博的形式，也一天增加一天。去年北京東方時報，爲推廣該報銷路起見，也曾迎合社會賭博心理，舉行了一種彩票式的有獎競爭——頭、二、三獎，都是一輛汽車。……

綜之，操報紙業的人，縱不能拒登一切獎進賭博心理的廣告（如賽馬廣告，彩票廣告之類），亦決不當有自開彩票的行爲。』（註一）

就現代新聞學的原則上說，對於這篇節錄，沒有可以反駁的地方。這不單是中國報紙的向上或墮落的問題，實在也是中國社會的向上或墮落的問題。卽報紙向上，社會自然要向上，報紙墮落，社會自然要墮落的。又，對於這篇節錄，若是加以分析的解釋或論斷，恐怕超出本題範圍。因此，僅在這裏簡單地把歐、美報紙的實狀，敍述一番，權作這篇節錄的旁注；至於詳細解釋或論斷的責任，那是要由本卷以下的各卷分擔的。

據一般新聞學家的正確的報告：在歐、美，對於都市或地方諸報的記者，社會所給與的尊敬和信用的程度，是有差異、有厚薄的。有以特定的新聞記者而關於都市或地方行政，與做弊害源泉的士劣勾結並且攪亂選舉神聖的；又有同托辣斯或大百貨公司發生曖昧關係而給與小商工業者以不正當的壓迫的；更有在日常的新聞記事上，有意或無意地使個人的私生活蒙受不利的影響，尙恬然自得而不改其非的；還有憑藉廣告上的不正手段而以擾亂公衆爲專業的。卽墮落自己的品性，妨害報紙的信用，延而毒害社會的新聞記者，在歐、美資本主義社會的新聞界，確實也不在少數。但這只限於下流的報紙和記者，而且也多是過去的事情。在歐、美的有信譽有聲望的報紙，在記載方面，早已剔除上述的流弊，知道應以事實報告爲其當然的使命，又根據多數報紙間的協定，在社內設『正誤部』（詳見後）實行記載的訂正和損害的塡補；又對於廣告，比如騙人的賣藥廣告，或誤人的土地投機廣告之類，都抱定拒登的方針（詳見『經營』之卷）。由多年經驗的結果，明白一時的營業本位的不正手段，不是永遠拉住世人信望的辦法；實在不能不用眞摯著實的辦法。這種有廣告生意不做的辦法，看來似乎是很『傻』的，可是能夠博得最後的勝利。自然這個辦法通行之後，報紙漸次地見着改善；對於編輯、採訪、印刷諸人員的引用，也都要在這個方針下面定去取（註二）；社會和報紙，都早已沒有容留惡劣記者的餘地。跟着這個風氣的成長，大學新聞科畢業生的參加新聞事業的，當然也就日見其多了。社會人士與認識這樣的社會與報紙的緊密的關係同時，也把新聞記者看作眞實的職業者而歡迎之；尤其是在各處的地方報紙，那些記者們，都成了一鄉或一城的指導者而受着人人的尊敬，以及不時的委託。

我國新聞界的現狀，既略如前述，故社會一般人士對於新聞記者，每多視爲危險分子，視爲眼中之釘，甚至於視爲蛇蝎，視爲虎狼；偶然有一部分人對於新聞記者表示彼等的尊敬，但多數不是眞的尊敬，而是有意利用或操縱，希圖藉報紙的宣傳以遂彼等的某種私慾而已。

「……其能補政刑之闕，濟教育之窮，增廣見聞，不啻家諭戶曉，擴充知識，無殊朝考夕稽者，厥惟日報。獨是論報於我國，亦至難矣。侈談帝典王章者，或博今而愛古；沉醉歐風美雨者，皆舍己而徇人；好持月旦之鑒衡，雖看碧成朱而不覺；豔說風流之藪澤，藉偎紅倚翠以爲豪。此其宗旨不正之弊一也。唐之牛、李，固非絕無小人；宋之程、蘇，皆不失爲君子。乃出報者因江河之分派，遂水火之相爭，爲桀犬而吠堯，狺狺不已；助跖客以刺仲，擾擾無休。程不識不值一錢，干卿甚事；灌仲儒動罵四座，於我何加。此其暗分黨派之弊二也。完人難得，大醇或有小疵；君子持評，取長必當略短。乃出報者視爲營業，恆少公心；但受暮夜之金，便曲春秋之筆；因二卵而譏苟變；假三遺以毀廉頗；肆其誣衊之談，直可謂不疑盜嫂；充其荒唐之說，不難言曾參殺人。此其受人運動之弊三也。且四方多事，固宜消息靈通；一紙遙傳，尤貴情形確實。乃出報者但抒己見，以濫人聽，或紀內蛇、外蛇，如何競爭、戰鬪；或言新鬼、故鬼，如何進退、周旋。學愧留仙，竟思志異；才殊干寶，妄欲搜神。雖非優孟衣冠，全皆假設，究屬廬山面目，罕見眞傳。此其捏造謠言

之弊四也。』（註三）

這雖然是舊文章，但直到現今，不是還可適用嗎？不過此節錄中的『君子持評，取長必當略短』一句，是稍有語病的。因爲要想不曲『春秋之筆』，對於『長』『短』，都當一例評斷；故意『略短』，便成『護短』——便成『曲』——了。又報紙有黨派，不算是『弊』，那些假借黨派名義以行詐取手段，甚至於像娼妓式的行爲——前門迎新後門送舊——的，這才算是『弊』。除了這兩點——當然不能贊同這樣的驕揉造作的文體——以外，對於這篇節錄的內容，覺得也是無瑕可指的。

又有一段深刻的報評：『……顧吾見今之爲報社者矣；陽主公道，陰狥黨私；伐異袒同，高下無難易位；是丹非素，予奪豈有定評。……偏私之向背，隨勢力爲轉移……勢在則導揚；運去則醜詆。……又或放言高論，仿鄒衍之談天；稗乘無徵，從子瞻而說鬼。……非夸則妄，厥咎維均。乃曾幾何時，而旗色爲之頓黯；……鼓聲爲之不揚。是一朝菌之晦朔也；蟪蛄之春秋也。日苑暮枯，其奚足怪！』（註四）——末尾幾句，是更能夠使辦報者警惕或反省的。——此文所說，在現今，不但沒有失去時效，或許更加其甚吧。

中國報學史（註五）著者戈公振君也有一段沉痛的話：

『……報紙者，表現一般國民之公共意志而成立輿論者也。……公共意志自然發現，而輿論乃有價值而非僞造。否則報紙自報紙，國民自國民，政府自政府，固絲毫無關係也。我國報界之知此義者蓋寡。故報紙之進步甚緩，而最大原因，卽爲缺乏專門人才。蓋昔之服務報界者，大半非科舉化之人物，卽法政學生化之人物，抱『學以爲仕』之傳統心理，視報紙爲過渡寶筏。彼心目中只知有政治，故不知社會之重要；只知有官，故不知國民之重要；……又因功利心熱，投機心切，至甘心爲政治機關、爲黨派利用，則亦必至之結果也。夫報紙爲公共需要而刊行，則紀載須根據國民心理，而後發達可期。今不問中央新聞與地方新聞與本埠新聞，均不離乎政治，而所論及者，又爲政治中最卑鄙而無思想學術關係之一片段，其不受社會歡迎，必矣。因是，報紙之生活愈難，遂愈不得不卵翼軍人、政客之下。寖假而記者隨意下筆，便謂爲代表輿論；軍人政客利用幾家機關報，事先鼓吹，隨意作爲，便謂實行民主政治。此眞滑稽之尤，又何怪報業之黯然無光，記者之生涯愈爲寥落乎？……』（註六）

又有一篇短文，也有引用到此處的價值：

『看報，這並不是祇用眼去看那麼單純的事。爲什麼要看報，要看怎樣的報，沒有怎樣的報而不得不去看時，又怎樣去看，這不都是問題嗎？

要看怎樣的報，這隨各人的旨趣，無須來談。我所要談的，是沒有怎樣的報而必須去看時的怎樣看法。

在差不多一致的自讚着「納民軌物」、「輿論威權」、「民衆喉舌」、「革命先鋒」等好頭銜的許多報紙，閱者不但不要爲這妖言所惑，而且有明白這報的背景的必要。我們知道文化的騙子，手段的毒辣，是最易使讀者麻醉着而不自覺的。我們必須知道他們辦報的動機，和那報章表現的，是什麼。假使牠的老板是某巨公，是富紳，某野心家，那麼他辦報的動機，便開展他個人的喉舌、製造利己的宣傳、吹牛拍馬，攻擊異己。

因此，在某一時期，在某種材料，我們不必注意那些特號大字，而應當細讀五號小字；有時我們不應注意那些堂皇大文，而應去推敲那些「內容不便宣佈」的殘廢消息。

許多投機取巧、專爲「廣告」、「營業」的報紙，專門登載紅紅綠綠的新聞，對於偉大的事件，沒有評判的智慧，沒有放言的勇氣，徒然以「婆偷漢」、「鷄奸」等怪把戲，迎合閱者的下意識的趣味；這便是他們藏拙取巧的法門；這便是文化騙子的絕技。

總之，世界的光怪陸離的變着，這已不是消閑的時代了。帝國主義者已經衝入腹地在吞食肺肝了；野心家、軍閥們正爲着一己的權益，作勇猛的鬬爭；民衆是在啼飢號寒，流離在道。你們的眼光——集中於報紙上的眼光——還祇在「偷漢」、「鷄奸」嗎？我覺得你們的態度，你們的眼光，有在你們自己的心靈上「更正」的必要！」（註七）

對於此文，在這裏，單說『迎合閱者下意識的趣味』這一點，確實是報紙和記者受社會輕視乃至『侮辱』的最大的原因，就是鬧出所謂『風紀問題』的原因。現在單從理論上在次項把這個問題闡述一番。

（註一）王世杰：對於中國報紙罪言的節錄；詳見現代評論一週年紀念號。

（註二）當戈公振君二次出國之前，我曾在他的寓所，同他談到國際宣傳的事情。他說：『外國報館的總編輯，眞是厲害：假若你有一次錯訪新聞，他便要辭你的職』。這是眞的。比如最近（一九三五年）在上海開映的美片無冕女皇（Front Page Woman）：女記者瓊蘭偷入法院會議室，檢閱決議投票，據實報告某犯人無罪的消息；並非故意誤報，實係受了男記者的擺弄——他曾先入會議室把『有罪』的決議投票改爲『無罪』——這也免不了受停職的處分；同時，在編輯部方面，總編輯火速派卡車出去到處搶回已經發出的報紙；及至報紙帶回，忽然在編輯室中又聽得外面的叫賣聲，各人都呈出懊喪已極的態度。這固然是演劇，也確是含有眞實性的。

（註三）呂海寰：新聞報三十週紀念序中的一段；見新聞報三十週年紀念册。

（註四）蘇壽祺：新聞報三十年紀念祝詞中的一段。

（註五）一九二六年二月，戈公振君到西湖問我借材料，並把此書的油印底稿交我閱看。我匆忙地看了半天半夜，卽將大體上的應行修正或增補之處，分條寫出，夾入稿中。次日送到他的旅寓，付給茶房而去。他匆忙地返滬之後，來信說：『……歸後檢書，得指示若干條，當逐條修正……』。出版之後，果照他信所說。只是那時我看得太匆忙了，所以忘記問他說中國報學史應改爲中國報業史的事情；因此書內容，純以中國報業爲對象之故。但除書名不妥當和少有說明報業形成之社會的背景，以及書中所敘——堆積——的事項還多缺漏之外，此書在貧乏的中國出版界，實不失爲一部可讀的書。蓋著者爲此書實費去不少功夫，決非『率爾操觚』之作。

（註六）中國報學史頁三八二——八三。

（註七）晉一：給看報者；出處未詳。

二　報紙與社會文化的關係

關於報紙應否『迎合閱者下意識的趣味』的問題，卽現今新聞學界盛唱的『新聞道德』，或『新聞倫理』，或『報格』的問題。在美國報界或出版界，如今已製出所謂道德規律（註一）了。但在美國新聞學界，最先公開地研究此事的，就是堪撒司（Kansas）州立大學新聞科索爾普教授（Prof. M. Solpy）。此事已在應用新聞學上介紹過（註二）；但太簡單，特在這裏補述一番；雖然是隔了二十年的舊事，但它的光輝，至今——或者可說是永久——是不會消失的；特別是對於中國目前的新聞界。

當時（一九一五）索爾普教授，發了幾千封信，徵求對於『社會要求怎樣的報紙？』『爲改善今後的報紙起見，報紙應對社會怎樣的需要去致力？』『關於新聞記事的低級，社會和報紙兩方究應何方擔負責任？』等等問題的意見。就許多的答案歸納起來看，對於『報紙鑒於它的眞正的使命，僅適應社會的需要，萬難期望它的改善或發達，寧可以說，因時候，在不問社會的需要與否，都須提供那認爲必要的東西』這一點，在大體上是沒有異議的。比如內中有一位說：『現在一位分報紙趣味的低級，其責不在公衆，而全在報紙；若是說「以適應社會需要爲報紙應盡的職分，而因爲社會的一部分還是崇尚低級，報紙不得不適應它，滿載低級記事，以滿足社會的需要，所以報紙的低級，其責不在報紙而在公衆，」這是有悖於報紙的使命，難期望它的改善或發達的。』的確：『眞理不滅；公道自在；好善惡惡，人之恆情。』（註二）據在美國的報紙經營者和記者之所說，一般公衆的趣味是與報紙同一步驟地向上發展的。像那些在家庭內部不忍高聲朗誦的卑猥記事，有暗示或教唆犯罪方法之虞的記事，或是對公衆有害無益的廣告——尤其是用記事形式混到記事中間的廣告（註三）——之類，都漸爲世人所嫌惡。而在報紙經營者方面，因查看出這一點，所以也次第改善從來的方針；並且始而發起『新聞倫理運動』，終於規定出所謂新聞道德律來。這樣看來，美國報紙的低調，其責任誠有如某氏所說：是報紙應擔負責任的，——至少是應首先擔負的。

再看我國，可是怎樣情形？魯一君之說，不也算是『掛一漏萬』嗎？但就我國社會的實際上看，這個事情的責任，也是應由報紙和社會雙方分負的。報紙『實爲社會之縮小畫圖，活動寫眞。使人讀之，自能了然於社會生活之情狀，世界潮流之轉移』（註四），這確實是永久不能改動的定論。在大都市——比如上海——的本埠新聞裏，強姦、詐騙、搶劫、綁票、暗殺、自殺、情死、賭窟等等的記事，這都是少不了的；因爲社會如此，無可奈何。只是過分的鋪張的筆調，以及過分的、甚或完全出於臆測——絕非記者親眼看見——的形容詞，是不應該使用的——尤其不應該把這樣的鋪張和形容用到和公衆無關係的個人私生活的暴露上；爲了這些過分的鋪張或過分的形容，是會引起不良的影響，妨礙個人和公衆的安寧的。又，這種都市生活的暗黑面，任何地方，都是如此；但在任何都市的暗黑面的另一面，是有光明的。可惜我們的記者——報人——們，那專司社會新聞的，只注意到這種暗黑面，其餘的『一般記者』（註五），也只是『重視軍人政客權利之爭，而社會生活及學問藝術，絕不措意』。（註六）眞的：單就學問藝術而言，我們每天看報，假若不看廣告欄的出版廣告，便很難在報紙上看到出版的事情；縱然有一點出版的消息，也只是列入『市聲』，——竟把出版物視同尋常的商品。講到學人的生活或行縱、研究成功之類，在外國的報紙上都看得很重，但在我們的報人看來，決沒有『要人』的生活或行縱或政績——『新猷』——有興味。又，這裏所說的社會生活，是指與公衆有關係的衣、食、住、行乃至疾病、災害等事說的；這些材料，若是蒐集起來，當然更多於出版了。但在我們的報紙上卻占極少的部分，而且都登在極不重要的地方。——在歐、美——特別是美國——，據說有人在街路上遇着火警或別種突發的事變，常不先去報告警察，而去報告報館；因爲報告給報館之後，報館自然更迅速地把這個事變傳布出去，會比那人報告警察更其有效；或是由報館自行設法救助。但在我國可是怎樣的？豈僅火警或突發的事變報告報館不會發生效力而已？

『南市收容所湖北難民千餘人，昨推代表……十餘人，特來本報請願，代向當局設法改良待遇。該代表等稱：收容所內湖北難民千餘人，每日兩飧：第一餐在上午十一時；第二餐在下午四時；米飯半生半熟，蔬菜發臭；所發寒衣，盡係破布敗絮。食不下咽，衣不蔽體；有發怨言者，輒爲××團員惡聲辱罵，謂爾等在家吃什麼？穿什麼？甚且有以槍枝痛擊；有一代表臂被擊傷。且有攜帶生飯臭菜一包，陳向記者作證；並謂千餘難民中，無日無死亡；自到滬至今，已死百餘人。××一家五口，已死去其三。記者聞代表述畢，爲之酸鼻。乃告以可至九江路外灘賑災會請願。該代表答稱：報紙爲人民喉舌，故不得不先請將難民等所受之非人的待遇，昭告天下，以促有心人垂憐云。』』

還是一九三一年十月六日×報上的本埠新聞。這個新聞，可說是公衆——還不是多麼有教育的人——對於報紙的認識，以及報人的不認識自己的地位的明證。假若該代表沒有『報紙爲……』的幾句申請，或許登不出這個新聞，因爲已經給他們指出『九江路外灘賑災會』了。×報的記者除了登出這個新聞之外，恐怕不會再有『代向當局設法』的舉動。又，這是『來本報請願』的，若是在別處遇着了『一般記者』，這個新聞的登的可能性，恐怕就更少了；因爲這些在死亡線上的難民，是萬萬『招待』不起的。——我們的報紙經營者，若是注意到這種公衆的心理，即以這爲方針去幹，不去迎合一部分的低級趣味的讀者的嗜好，再在廣告上使出同樣的努力，剔去一切惡劣的欺騙的廣告，恐怕銷數是會蒸蒸日上的。

『在帝國主義與封建殘餘的兩重勢力之下，不知犧牲了多少民族復興運動的戰士。然而那些無名的英雄，總是寂然無聞。反之，一個電影女演員的自殺，竟轟動了全社會；電訊弔唁，絡繹不絕；躬臨執紼，門庭如市。這種畸形現象之所以產生，一方面固然由於我們民族文化水平的低下，與夫集團意識的缺乏，而社會新聞的鋪張揚厲，亦屬咎有難辭。』（註七）

這是一位實際新聞家說的；這也是從體驗中得來的觀察。只是『由於我們民族文化水平的低下』一語，我們不敢贊同。這在前段已經申明了。

又有一個新聞家在給××報寫的祝詞中，說它『只為反映社會一部分之現象』（註八）。這也是一句從經驗中得來的話。的確在中國今日的報紙上所看見社會形相，僅其『一部分』而已；另外還有很多『部分』，都不能在報上看見。——一天，有個外勤記者特來訪我，曾問到中國報紙和社會關係的問題，我同他說中國報紙的進步，是同社會的進步為反比，就是說在社會上早已有了許多進步，而在中國的報紙上都看不見，反而會在東京的報紙上看見；並且給他舉出幾個實例。單就我個人說，每天接觸住視線的報紙，有一大半都不是願意看的，——這並不是指個人的特殊嗜好說的，——而願意看的，卻都沒有，——這也不是指被檢查刪除的說的。這樣看來，報紙的不進步或墮落，要想把責任推給社會公衆，至少做社會人的我，是要反對的；換言之，我個人是不負其責的。除我之外，為了這種報紙，寫出文章叫苦的，更不可勝舉了。又，一九二四年元旦上海時事新報在社論欄發表它徵求讀者對它的意見的統計：最愛讀『學燈』的，占應徵總數十分之七；而愛看低級趣味的『青光』的，只占『總數之半』。這也可作一般讀者情願向上，不情願向下的證據吧。

更申言之，要想在中國的報紙上窺見中國社會的動靜各種形態，都是不盡可能的。報紙既然不盡是社會的反映或縮圖，所以報紙墮落，社會是不能完全負責的，更可怪的，就是在今日中國的報界，不知有多少新聞被那個報館有意地『封鎖』住。且不要說『那些無名的英雄，總是寂然無聞，』即如有名的哲學者如×××教授死後的消息，在××報上，便絕對不登；甚至於一世的新聞學大家威廉博士（Dr.

W. Williams）死後的消息，××報也不登。有些人的消息被『封鎖』，或許是爲那人同那報的經營者或編輯者的『主義』不同，難道像威廉博士這樣的人物的最終消息，也要『封鎖』嗎？寫到這裏，不能不聯想及報紙不進步或墮落的原因，就是說他們不把威廉博士之死，看作重大的消息，便是報紙不進步或墮落的根本原因；質實一點說，就是他們不但不肯研究新聞學，而且厭惡新聞學。這有如下的信爲證：『……尊著宜爲新聞記者所人手一編；然弟敢斷言記者中了解新聞學之重要且能自知新聞學知識不足而肯購讀者，必無幾人。閣下聞之。得勿喪氣；但此是實在情形也。』（註九）又，前邊不是已經引用過戈公振君的『報紙之進步甚緩，而最大原因，即爲缺乏專門人才』之說嗎？這換一句話，也可說是報人的文化水平低下，記事的文化水平也要低下。這原是與十餘年前新聞學還在萌芽時期的日本報界同樣的現象，我已經在應用新聞學上痛切地說過了：

『……甚至軟派所屬的訪事員，有竟拙於爲文者。以學識菲淺，眼光狹小，故其敍紀一切，自不免流於浮薄、輕佻、誇大、放誕之一途。就中如情死、慘殺、強姦、盜竊之汚穢犯罪等記事，更不惜貴重之紙墨，大書特書而公表之；意志薄弱之青年男女之精神上，不覺感受許多惡影響，此日本某法學家之言也。故日本一般社會，對於軟派記者，咸抱一種恐怖觀念；非怖之，實憎之也。至報紙上之軟派記事，更爲自好之士所厭讀，而神聖的新聞記者之地位，亦因爲軟派記者之跋扈、猖獗而漸趨下落矣。』

有一段類似題外的話：（註一〇）在現代文化線上，我覺得中國同日本對比，有好多事情至少都要落後一、二十年，即如簡字——日本稱『略字』——早在十幾年前的日本文部省國語調查會查定好而且全部公表，而且爲一般教科書和大衆性的刊物——主要是報紙——所通用了；但在中國，直到現今，才公布出寥寥三百字。但人家好的事情，我們遲一、二十年學來，雖然落後，還不難用急起直追的辦法，跑過前面。至於軟派記者和軟派記事的低落事件，本是人家的壞處而且在十多年前既已有人像這樣剴切地指摘過，而且在十多年後的今日，人家因爲報紙和報人的進步，早已革除了舊習，而我們還要仿傚，這不是同撫拾人家拋棄的垃圾一樣嗎？再申言之，對於好事，步了他人的後塵，縱然吃虧，還有補充的希望；對於壞事，也步後塵，那不是太寃枉嗎？

讀者諸君在這裏不要誤解：所謂『革除舊習』是說如今日本報紙廢除了軟性記事——社會記事，乃是拆除了軟硬的範籬，實行『綜合編輯』，不但沒有廢除軟性記事，反而要使硬性記事軟化起來；同時要使軟性記事硬化起來。前者是以惹起公衆的興味爲目的；後者是以提高軟性記事的價値爲目的。即將一種事件的採訪範圍，分劃給政治、社會兩部，而統歸『整理部』去爲統一的編輯。這樣，可以免除『兩派記事製作的方針，乃各趨極端。……將此兩性分別記述，既背記事製作的原則，又失記載之系統……』（註一二）的弊病；軟硬範籬不拆自倒；而軟性記事的價値不提自高。這個事情是在一九二三年十二月——拙著應用新聞學出版後一週年——由東京朝日新聞第一着手實行，到現在，早已普及到全日的新聞界了。所以如今彼邦代表的報紙上的社會記事，已不再像昔日那樣地受輕視了。再加上新聞社編輯對於記事取舍的嚴格，以及一般記者們的互相勉勵，記者地位，也顯著地增高起來。

關於『綜合編輯和記事製作等事，都須讓諸後卷。單說社會記事，確實是社會的反映。萬不能說因爲多登社會記事，社會就要不安，少登社會記事，社會便會太平；主要的是在據事直書，不用鋪張的筆謂，和『過分的形容』，尤其不可『完全出於臆測』。在這裏，不厭求詳地再引個我們的世界新聞社的紐約通信作例子：

『警務長摩爾隆尼氏近在婦女民治協會演說，謂紐約罪案之多，與報紙宣傳不無關係。據彼之經驗：報紙每記載一種「非常罪惡」之詳情，則此項罪惡往往有一度或一度以上之複演；反之，有兩件詐欺取財案，其手段極為巧妙，報紙未查明詳載，則永未復演。可見報紙揭載任何罪惡之新聞，應加慎重云。對此，紐約時報（*New York Times*）評之云：「依摩氏之理論，充量言之，報紙不載罪惡新聞，則罪惡即可絕跡。夫摩氏之職務有時被報紙之宣布所阻礙，自無可疑；特報紙以宣布為天職，正如摩氏以捕罪人為天職，自不能有所聞而不錄。惟罪惡之增加，報紙非全無過咎；是因一部分專以驚動人心為事之報紙，利用罪犯，紀載所謂犯人之「自述」及「坦白之供認」，因此養成其他不良之徒之誇大好勝心理，致社會間惡風日熾。苟非此者，警長之棘手或可較少耳。』

這種評語，是很公平的。報紙上所公布的壞事，固然可以使人受暗示而學壞；同時，報紙上所公布的好事，又何嘗不會使人受暗示而學好呢？不過寫出或壞或好而且謹慎的記事，這一點，說着容易，做着實難；因為從事此道的報人，非積有相當的學問上、技術上的修養不可。即如日本報界最先『革除舊習』的東京朝日新聞，假若不是有新聞學專家們的懇切的指導，乃至新聞學術、新聞知識的普遍化，恐怕是難以見功的。

這樣看來，對於中國報紙的『迎合閱者下意識的趣味』的問題，是有解決辦法的。這是真正的——決不是冒充的——新聞學專家的責任；報紙文化水平提高之後，一般社會的文化水平自然是會提高的。

當然一般教育家們也須積極地來擔負提高文化水平的責任。又，提高新聞記者待遇並規定社會優待新聞記者的辦法，也是不用說的要事；但空言提高或優待，是無效的。報人學力提高之後，報紙自然會日益發達起來，報人的待遇自然是會提高的。

要之，報紙對於現代社會的需要，是毫無問題的。而對於學問藝術的研究，報紙更爲萬不可少的東西。威廉博士曾說：『在現時代中，有三大勢力。此三大勢力卽指商業、科學、報業而言：科學之能力使相處甚遠的人類，如在咫尺，使九洲成爲一家；商業之能力，能使各地之出產流通；報業則能使世界人類的思想互相交換……』（註一二）。這一段話，仔細看來，雖然還有討論的餘地，但在大體上是可首肯的。我們的報人們，應覺悟到這個被賦與的可貴的使命。『世界各國報紙前途之遠大，及報紙在國民生活與命運中所占之勢力，孰有逾於中國報紙者乎？中國四萬萬人民，必有盡能識字讀書之一日。余知此日不久將屆。言念及此，中國報紙將來之勢力，自無待言。當此日已至或將至之際，中國報界將展其鼓鑄輿論、啓迪人民之大責任；易言之，卽中國國民將來之特質，將賴報紙鑄成之也。旣如是，則中國報紙現所發展之性質，極關重要。查中國報紙發展極速之期，在由帝制至共和之過渡時代。當此時代，政局不定，人心浮動，而中國報紙論調穩健，旗幟鮮明，可謂善矣。中國報紙之勢力，將來自愈見增加。報紙將何以利用此勢力乎？中國識字者較他國爲少，故文字勢力，較他國爲大。上海報紙輒爲內地人士所傳誦，故其言論勢力，不僅限於上海，且及於中國一大部分。然則上海報紙紀事之準確，發言之正當，自當爲上海報界所愼重，以維持其已有之程度也。他日中國教育普及，報紙銷數以千萬計時，余知中國報紙，不致有不善用其勢力之慮；蓋中國報紙之發展，雖多少與西方報紙相同，然無西方一部分報紙故意危言駭人聽聞之痕跡；西方報界所常經過之「黃新聞」（Yellow Journalism）階級，中國報紙殆可避免之歟？果爾，固中國報紙之大勝利也。』這是路透電報有限公司（The Reuter Telegraph Co. Ltd.）遠東總經理唐納（W. Turner）君早年（一九二一）宴請上海華字各報記者時的致詞。關於路透電社以及唐納君的事情，自當別論；但唐納君的這一番十二分地期望中國報紙的話，在當時，似被看作隨便的應酬，否則所謂『黃新聞』階級，怎會在唐納君說話不久就開始現出，以後便一天猖狂一天，直至今日呢？總之，我們的新聞事業者——包括報紙經營者和記者——是應澈底了悟這個時代賦與我們的可尊貴的使命的。

（註一）有蔣蔭恩君一篇較詳的介紹，在報學季刊第三期，可參看。又在本卷或後卷各章，還要隨時隨處，述說這事，也可說這事是本書的一個骨幹。

（註二）拙著應用新聞學頁六。

（註三）此種記事廣告，現方開始出現於中國的報紙——尤其是醫藥衛生一類的專刊——上，很能夠貽誤公衆，當在後卷中，詳述其弊。

（註四）拙著應用新聞學頁七。

（註五）戈公振：中國報學史頁二二一。

（註六）同上。

（註七）薛農山：社會新聞與社會教育文中的一段，見報學季刊第三期。

（註八）張季鸞：新聞報三十年紀念祝詞中的文句；見新聞報三十年紀念册。

（註九）一個報館總編輯給我的信中的一段。我相信或許也是『實在情形』；但我是不『喪氣』的。

（註一〇）拙著應用新聞學頁一二四——二五。——此段所說的知識，今已應加修正，即今之報人應修習的知識，文學和科學也要占主要的地位。

（註一一）同上：頁一二五。

（註一二）在上海報界歡迎會席上演說中語，一九二七、八、二二。

＊　　＊　　＊

本章意義，容有未盡之處，因便，述於次章。

第二章　新聞事業道德

一　報人威力和報紙勢力

在本章的開首，再把報人威力和報紙勢力補敍一番。報紙在社會上的威力，眞是其大無比。載於報上的文字的影響，實能夠上下一世的風教，左右一國的政治；或是推進文明，動搖思想；或是引起人民的新趣味，興起國家的新事業；時而刺激住國際關係，博得外交上的勝利等等。眞是任何威力也不能企及的強大的威力；這個威力是在報紙存續於社會之間永久地浸潤、瀰漫、沈潛於那些活字與活字之間的。

有稱報人爲『無冕之帝王，社會之師表』（註一）的；再卑下一點，有稱報人爲『布衣宰相』的。眞的：所謂『匹夫而爲百世師，一言而爲天下法』者，正是評定報人的適切的話。與報人把臂交遊者，上至一國的元首，下至市井的販夫，大小隨意，出入自如。從前，英國的大學生，不做內閣總理，便願做倫敦泰晤士報(*The Times*)的主筆。其實：泰晤士報主筆的勢力就某點言，是高出內閣總理以上的。普法之戰，普所以勝法，固然由於它的武力，而俾斯麥(Bismark)乃至普帝的優遇泰晤士報和路透電社的軍事記者，使爲勝利的宣傳（註二），亦大足以助長普魯士的國威。但世人只稱俾斯麥爲『鐵血宰相』，沒有稱他爲『紙筆宰相』的。日本的兒玉大將曾說淸日、俄日兩戰勝利的一個原因是報紙之力；

因有報紙的主張，遂使全國一致援助出征將士；那軍事通信，便很能安慰軍人的家族……的緣故。這話爲彼邦新聞家所公認。同時我們也可以說滿淸甲午的戰敗，是由於報紙的無力；因彼時報紙尙在『西人編報時代』（註三），『可說是報紙啓蒙時代。其內容多爲雜誌式的，組織極爲簡陋，消息亦不確實』（註四）的緣故。又當我們的辛亥革命成功，南京臨時政府成立之後，第一任大總統孫中山到上海的時候，有幾家報館，得到『旌狀』；因爲那幾家報館在革命的宣傳上具有功勞。後來，到袁政府時代，因爲畏懼輿論，故在稱帝之前，仍不怠於閱報，遂致左右利用他的心理，按天把反帝的報紙改成擁帝的報紙（註五）；袁氏爲尊重『輿論』起見，遂啓了『洪憲』的怪幕；誰知竟惹起了全國的反對，袁氏雖悔，已來不及；終於悔恨而死。這是袁氏上的內國新聞政策的當。在這以前，更有足以致袁氏死命的，就是袁在稱帝前更甚注意日本的報紙，那知當時的大隈內閣——因內閣基礎建築在許多報紙上故有『新聞內閣』的稱號——竟也利用袁的心理，使出一個外交策略：先在大隈內閣的機關報上造了一個『中國政體應改爲帝制，而改帝制之後，非袁世凱做皇帝不可』的虛僞談話，袁氏看了那報，信以爲眞。誰知帝政成立，最先警告袁氏的，卻是大隈內閣。袁氏的這一驚，恐怕比讀梁啓超的『異哉所謂國體問題者』一天還要厲害吧。這事成了日本議會的問題時，大隈侯竟說那不是他的談話，安然卸卻責任。且不必說大隈侯的這種不誠實的新聞政策，怎樣地受了當時本國內外新聞專家們的指斥。單說這算袁氏上的外國新聞政策的當。今人多痛恨袁氏的妄爲，不知他是如此地受了內外新聞政策的朦蔽；這差不多是同只知道俾斯麥的鐵血政策，不知道他的紙筆政策一樣的。然而這種事情，是已經成爲外交信史了。可是袁氏若是得閱國內的眞報，同時更知道日本的政黨機關報的不可靠，『洪憲』怪劇是不致上演的。像俾斯麥和袁世凱這樣倔強的人物，就這樣地尊重報紙，別人是不消說了。另外的事例很多，不必備舉。

這不是顯然證明出報人威力和報紙勢力超過專制帝皇之上嗎？『無冕之帝王』的稱號，照上述，不是還有點卑下嗎？

（註一）拙著應用新聞學頁一三。

（註二）參看拙著應用新聞學頁一六九——七三。

（註三）蔣國珍：中國新聞發達史頁四四。

（註四）同上：頁四五。

（註五）關於此事，戈著中國報學史中也寫有一點，可參看——頁一八六。

二　認清新聞價值

然而隨着這樣的威力或勢力，報業經營者和記者應負的社會的責任，也是很大的。說句老話：有權利，必有義務；即要想尊重權利，必須尊重義務；要想眞正使報紙得到善良的效果，必須先使新聞業者尊重道德。

新聞業者應遵守的道德，是一般道德呢？是特殊道德呢？就本章標題看來，似乎是有什麼叫做『新聞事業道德』的道德；其實，關係着新聞事業的道德，仍不過是一般社會道德。應以一般社會道德爲基礎，以賦它的指導誘掖，取捨選擇的任務。

新聞業者所需要的材料的標準——新、奇、常等等的標準——原是與道德對立的。即標準是不考慮道德的。道德的要求，完全在對各標準的選擇中。新聞業者無論逢着從怎樣的標準而怎樣地降低那個選擇，一般社會的規律也常運行到那個選擇上。明白點說，不可爲新聞價值(News value)而蹂躪道德的要求；這時候，是受着新聞業者方面的道德的要求和一般社會之道德的要求的二重束縛的。新聞業者無論怎樣地想遵從新聞價值的要求去超越道德，也不能抑壓住那做一個社會人的彼的心中所發生的道德。缺乏這種道德感的人，是不能製作爲社會多數人所歡迎的有價值的新聞記事的。

新聞記事，不消說是文明社會的產物；但它在社會裏面，必有國家法律的規定而須受其制裁；同時更須受比國家法律更大的社會道德的制裁。反社會道德的新聞記事，要受一般社會的排斥，這便失去做報紙的價值。遵守社會道德，乃是新聞工作的最根本的條項。

但這還是指事實說的。至於虛構記事或揑造謠言；或是因廣告等營業的收入而故曲其筆；或做某種野心家的喉舌而任意妄傳。這便算完全跳出道德範圍之外了。有說新聞事業道德是另外的世界不通用的特殊道德的，這是無根據，無責任的胡說。

三　應遵守什麼道德？

(1)瑞士新聞業總會的決議案

在歐、美，最先採用新聞事業道德法則的，是一九一〇年美國堪撒司州編輯聯合會(註一)；但這不過是在一國中的一局部所通行的事情。集團地定出這種規律的，似乎是以瑞士的新聞業總會(Vereinigung Des Schweizer Presse)在一九一四年的議決案爲嚆矢。這個議決案共分五項。

(一)論一國元首非關歷史上必要之端者，不得登載。

(二)論個人瑣屑之事而於羣衆無關係者，不得登載。

(三)震人聽聞，搖人心思之事；如某人自盡、某人見殺、以及淫穢等事，不得登載。

(四)謠傳不實、子虛烏有之事，不得登載。

(五)爲一黨鼓吹勢力，維持機關之事，不得登載。

(2)哈定的星報信條和全美記者遵守的七條規律

以新聞家或新聞學者的個人的立場，製出新聞道德法則的，最有名的，恐怕就是已故美國總統、曼里昂市的星報(*The Star*)主筆哈定(W. G. Harding)所製的星報公共信條(*The Star Office Creed*)。在我國，最先介紹這個信條的，似乎是不才子(註一)；譯文除將第五條誤分作兩條和將第八條末句誤移至第九條，以及有兩三個字欠妥之外，可說沒有瑕疵：

「每一問題發生，須牢記其必有兩方面。盡取其兩方面之事實。

以忠誠之態度，探取眞相。

錯誤自不能免，第力求準確。與其有半誤之記載百篇，寧有眞對之記載一篇。

務適當。務公平。務寬宏。

宜表揚。無攻擊。人人有優點，切勿無謂的傷人感情。

凡報告一種政治上集會，務窮其實，以純粹之眞相披露；毋就自己之好惡，有所藻飾。對付各方，宜昭一律，果有政見，可發表於社論欄。

對於宗教事件，均應出之以尊敬精神。

如可防免，切勿述人醜行或謬舉，轉使清白之婦女以及兒童心中映著一種惡念。不待人之問、先人之問而爲之。

總之，勿容有一汚穢之字，或一杜撰之事。加入印版。要希望此報轉輸入任何家庭，而不致戕賊兒童之天眞。』

哈定辦星報成功的主要原因，恐怕就是有了這個公共信條吧。在米梭里大學新聞學院（The University of Missouri School of Journalism）出身的楝尾松治君的近著中（註二），把第五條前兩句刪除；——至少第二句是應刪除的。假若不是有後舉的威廉博士的第七條『……見有不正義者，當即斥責……』的條文，那兩句也是不能全用的。又第八、九、十、三條，楝尾君也刪除了；我以爲這三條，除了較小地方的地方報紙——像星報，對於大都市的報紙，不很適用，但就新聞學原則上說，是可以有條件地遵守的。

哈定又於一九二三年四月二十七、八兩日，參加華盛頓所開的第二回美國新聞編輯者大會，贊同該會附屬的道德研究會主任來特（Haury T. Wright）所草擬的、經大會通過採用的七條新聞道德規律，在二十八日晚餐會席上，爲大旨如次的演說：

『當會長朗讀道德規律的時候，回想到我在長年關係着的小都市的報社所經驗過的幾件事情。

我從事新聞業，已經四十六年。起初是在十一歲的時候揀報紙的活字，後來又做種種的工作；因此，新聞社所應做的事情，都經驗過了。……

我在小小的新聞編輯室服務的時候，突然一個職工跑進來向我說：「哈定，我知道你。你不知道我。但我是有要事請託於你而來的。」問他什麼事情，他說：「我昨天曾經同火車的車掌鬧架，被拘到警察局去了。我有上年紀的母親在害病，你的報上登出這個新聞，於你並沒有一點益處；可是我的母親要非常擔憂哩。所以請你不要登出這個新聞。」

我把這個人的訴願考慮了一番。某人同火車車掌鬧架被拘的新聞，對於星報讀者，的確沒有一點益處。所以我決定把已經排好的記事去掉。後來這人便改變生活，做了一個誠實的市民而成功了。這是我最快心的一件事情。

今日的美國報紙，是正在要求着道德規律的實行的。近來的報紙，帶起攪亂的傾向。報上很多挑撥的不德行為的記事。這可以說是很可慨的現象。假若使我草擬新聞道德規律，也許會把除「宣給社會以警戒的必要時以外，禁止一切不德事實的報告或登載，編出完全沒有警察事件的報」當作規律。

在新聞的登載中有道德規律，在抑制中也有道德規律。抑制新聞的登載，是常有的事。比如關係外交的重大事件，或是關係私人名譽、公衆利害的事，當發表時，有加以考慮或抑制的必要。」

確如哈定之說，濫載不德事實的報道或誇張的警察事件的報導，是常會汚瀆報紙的品位的。但是抑制反社會的、反道德的一切事件，未必就算完成報紙本來的使命；同時也不算給與社會道德以良好的影響。因為那是故意遮掩社會生活的眞正形姿的緣故。要想把新聞道德建築到正確的基礎上，必須公平地、冷靜地把赤裸裸的社會形姿表現出來。殺人、強盜、詐欺、瀆職、及其它一切政治的、社會的犯罪，都是在我們生活着的社會，天天發生並且是天天考究着對它的方策。報紙應該正確地把這些表示到讀者的眼前。報導這種事情的新聞記者，原則上必須像冷靜的科學者那樣，不羼雜什麼私情，嚴肅地揮起解剖刀，去在紙面上剖晰社會的形相。

一部分的新聞道德論者，往往以爲種種反社會的、反道德的事件的發生，是報紙煽動的結果。這不算是正論。要之，照報紙本來的任務來說，是不應隨意抹煞反社會的、反道德的報導的。有善必有惡，有惡必有善。社會是常在這個善惡對立中繼續進行的。社會道德的最高目標，是從社會滅絕這個惡。而報紙必須由其本來的使命，在這個目標下暴露一切的社會惡，督促對於它的公衆全體的協力和反省。

但對於犯罪，單靠事實的調查和報導，是不夠的；必須進而調查犯罪的原因和動機——卽家庭的狀態、遺傳的有無、學校教育的經過、以及它的社會的環境等。結果，定會發見那個犯罪的原因是與社會的缺陷，或病的遺傳等問題有着密切關連的事實。

雖然，對於上述事件的報導，也須有一定的制限。比如世間常有的家庭私行的暴露，可說是單能迎合低級讀者的趣味的有害社會道德的報導；又如一職工同火車車長鬧架被拘的新聞，確實於讀者沒有一點益處。

報紙切不可把這樣的報導制限，委諸法律，必須自行檢閱記事的好壞，而考慮關於它的社會的、道德的影響，報紙的品位與社會的責任的如何，完全是由這個取捨標準的如何而決定的。

但在這裏成爲問題的，就是所謂好壞卽善惡，果以什麼做標準呢？好壞或善惡這種道德觀念，都常是隨着時代變遷的。而在思想界、物界質的變遷十分急激的現代的報紙上，尤其要反映出雜多的社會形相。在另一方面，對於所載記事之社會的批判，也是在不斷地動搖着。在這其間，究應以怎樣的道德標準去捕捉題材呢？這是新聞道德問題解決的關鍵。

在這裏，再把全美報紙奉行的七條新聞道德規律，介紹出來：

「報紙本來的職能，就是把人類的所做、所感、所想的事情傳達於人類。因此，新聞記者除知識和經驗之外，更須具備廣汎的理解力、觀察力、推想力。新聞記者的責任，可說是同對於公衆的教師一樣的。

為給美國的報紙造成健全的習慣和正當的抱負起見，制定如左的規律：

第一，責任：報紙在關於公衆福利以外，不受任何制限。報紙能否美滿地服務於社會，全在乎新聞業者有無道德的責任感。新聞業者若是把報紙的權力，利用到私人或別種無價值的目的上，算是背反了這個責任。

第二，言論自由：言論的自由是應當作人類最大的權力而守護它的。

第三，獨立：除忠實地維護公衆的福利之外，一切獨立自由。背反公衆福利，企圖個人利益，這是絕不與正道的新聞事業兩立的。出處不明的秘密消息，除非眞有新聞價值，不應登載。把黨伐的私心用到寫社說的時候，便算冒瀆美國新聞事業的精神；用到寫記事的時候，便算破壞這個職業的根本原則。

第四，誠懇、眞實、正確：對讀者誠懇，便是報紙的名譽。新聞記者須常以誠意考慮一切，專選擇眞實、正確的新聞記事。又，標題也須與記事內容相符合。

第五，公平：事實的報導與意見的發表有截然的區別：事實的報導，不許附加任何意見，更不可爲好惡的感情所拘囚；但署名記事及其它特別記事，不在此限。

第六，公道：報紙不可公表與他人名譽或德性有關係的尚未經當事者辯明的記事。

報紙除非是公衆所要求的眞確事實（非好奇心），不可侵犯個人權利和感情。

迅速並且完全地訂正關於事實或意見的重大錯誤，是報紙的特權，同時是義務。

第七，愼重：委細的犯罪或背德一類的描寫，是會使社會發生惡影響的。」

就大體上說，這個道德規律，是想補正現代報紙的缺陷，以完成圖公衆福利，給社會服務的目的。在另一方面，可以窺見做現代報紙的感覺主義或黃色報主義是怎樣地懊惱着新聞業者，事實上，他們是正在理想和營利之間煩悶着。他們是希望報紙的向上的。這無論如何，總算是報業的可尊貴的自覺和努力。（註三）

（註一）申報常識欄所載，一九二三、一二、一七。

（註二）棟尾松治：新聞學概論頁三三七——三八。

（註三）本項道德部分，多採據下村宏：新聞與社會倫理之說，見綜合(*Journalism*)講座第十一卷。

（3）哈斯特報的記者信條

做四十多個報紙領袖的哈斯特，自定有一種質實的信條：

（一）製作爲公衆所信賴的正確的報紙。

（二）常拿自己的報同別家的報比較，研究是誰正確。

（三）革除常帶回不正確的記事的記者。褒賞常帶回正確的記事的記者。

（四）不可默許過於誇大的記事。須知這樣的東西，原是想煽起讀者的興味，卻會失去讀者的興味，並且傷損報紙的威信。但這不是說故意避免記事的誇張，極平凡地去記述事實的意味。把記事興味化，全靠記者的手腕；而這個技能優秀的記者，是大可賞識的。

（五）報紙是爲最善良的讀者製作的。讀者的許多，都是比記者所想更善良、更理知的人。

（六）須製作編製整齊，材料豐富的報紙；因此，須把新聞記事弄簡明，或是加以適當的短縮。

（七）記事常須公平。寫記事的時候，不可帶黨派的色彩。報紙是爲一切公民而製作的。

（八）須在當日採集的新聞記事中，選擇最優秀的，使成其日的標準。這是給其日的報紙以生命，同時附加特色的事情。

（九）不要使用卑猥、低級的語句。雖是含有最大刺激的新聞，沒有這種語句，也是能夠充分有趣地、有效地記述的。

（十）殺人、醜聞、離婚、犯罪等等不快的語句，除非萬不得已，不要使用。但在犯罪的裏面含有秘密、羅曼斯或是戲劇的要素時，須儘量描述它。

（十一）爲讀者謀便利起見，報紙的製作，必須懇切而富於興味。在新聞記事中插入主觀的不平或罵詈的語句，最須慎重。遵守這個規律之後，在做不正暴露的新聞記事時，保證它的效力可以增加數倍。

這個信條的第十條，可稱哈斯特系報紙的本色；但只要能夠嚴守另外的十個條，這個第十條的黃色流弊，也是能夠免除的。

（4）威廉博士的新聞業者信條

已故米梭里大學新聞學院院長威廉博士製有新聞業者信條（*The Journalist's Creed*）八條。這個信條，雖然經威廉（William Gropper）博士在一九二一年十二月親自帶到中國，但它的最先的傳布，是國

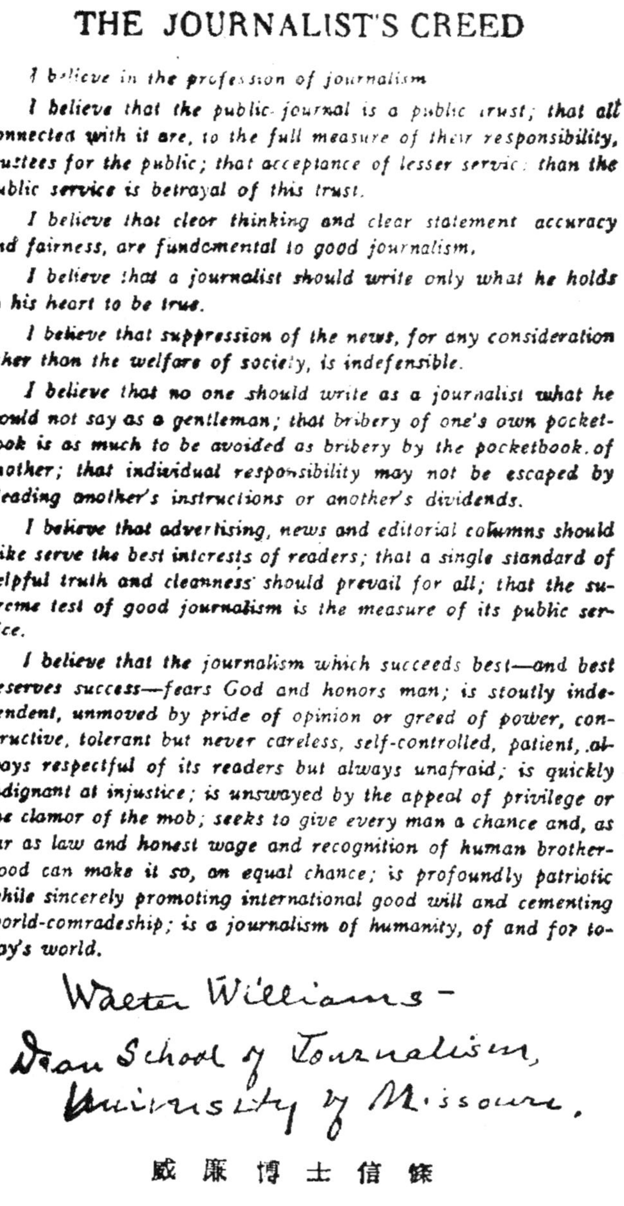

THE JOURNALIST'S CREED

I believe in the profession of journalism.

I believe that the public journal is a public trust; that all connected with it are, to the full measure of their responsibility, trustees for the public; that acceptance of lesser service than the public service is betrayal of this trust.

I believe that clear thinking and clear statement, accuracy and fairness, are fundamental to good journalism.

I believe that a journalist should write only what he holds in his heart to be true.

I believe that suppression of the news, for any consideration other than the welfare of society, is indefensible.

I believe that no one should write as a journalist what he would not say as a gentleman; that bribery of one's own pocketbook is as much to be avoided as bribery by the pocketbook of another; that individual responsibility may not be escaped by pleading another's instructions or another's dividends.

I believe that advertising, news and editorial columns should alike serve the best interests of readers; that a single standard of helpful truth and cleanness should prevail for all; that the supreme test of good journalism is the measure of its public service.

I believe that the journalism which succeeds best—and best deserves success—fears God and honors man; is stoutly independent, unmoved by pride of opinion or greed of power, constructive, tolerant but never careless, self-controlled, patient, always respectful of its readers but always unafraid; is quickly indignant at injustice; is unswayed by the appeal of privilege or the clamor of the mob; seeks to give every man a chance and, as far as law and honest wage and recognition of human brotherhood can make it so, an equal chance; is profoundly patriotic while sincerely promoting international good will and cementing world-comradeship; is a journalism of humanity, of and for today's world.

Walter Williams—
Dean School of Journalism,
University of Missouri.

威廉博士信條

聞社從字林西報(*North China Daily News*)上轉譯的。譯文竟把最重要的頭一條漏掉。後來雖有某君的全譯，但譯文嫌生硬些。至於初譯漏掉第一條的原因，也許是由於中國的新聞記者對於職業的忽視吧。在這裏，根據原文和原譯並參酌棟尾松治(註一)和關一雄(註二)兩君的和譯重記出來：

『余信新聞業是專門的職業。

余信公共的報紙是公共的信託機關；關係着它的一切人，都是有重大責任的公共機關的保管者；那不能收得社會服務的成效的報紙，算是背叛這個信託機關。

余信明快的思想，明快的記載，以及正確與公平，均為良好的新聞事業的根本要素。

余信新聞記者所應屬筆的事物，僅

美國漫畫家威廉林樂之姿[illegible]

是衷心信爲眞確的事實。

余信除關於社會安寧、福祉以外，任何新聞記事，都是不應該抑止的。

余信凡君子所不上口的事情，新聞記者也不當落筆；自己手册中所記的賄賂，當視如他人手册中所記的賄賂，都是應舍去的；又，個人的責任，不是可以憑藉由於他人的命或他人的分配之說所能規避的。

余信凡廣告、新聞、評論各欄，都須努力增進讀者最善的利益；務必處處皆以眞實和純潔爲唯一的標準；良好新聞業的最高歷練，就是爲公衆服務的程度。

余信最成功的新聞業——値得最成功的新聞業——須畏天敬人，不爲意見或權力所打動，澈底保持獨立的態度；並且是建設的，寬恕的而嚴正的，自制的，忍耐的；常尊重其讀者，但也不怕讀者；對於不正義，立刻憤激；不爲權利的誘惑或衆愚的鼓噪所左右；對於無論何人，必求與以相等的機會；在法律、友愛和人羣觀念的範圍內，求人人可得的均等的機會；與力求增進國際間的善誼，聯結世界的友情同時，務須認眞愛國；這是基於現世的人類愛的新聞業。』

威廉博士的信條，也是同前舉各種規律一樣，我們雖不能無條件地接受，但就大體上說，是可以當作一種標準的。又，這信條都譯爲『新聞記者信條』，我覺得還是譯爲『新聞業者信條』，較爲妥當。

（註一）美國新聞業之研究卷頭。

（註二）新聞之研究：頁二〇九——二一〇。

（5）格拉斯的五項要義

美國新聞家格拉斯(Frank P. Glass)君所說的新聞記者應具的五項要義，也可說是把特別適合於中國新聞界的事情，坦白地吐出了。

『(一)新聞記者，須先得有良好的教育。此並非指高等教育而言，卽中學畢業後，苟能用功自修，增進學問，亦可造就良好新聞記者。

(二)新聞記者，應當尊重道德，所謂德本才末是也。凡操新聞記者業者，必須尊道德爲根據，然後加以最高之才智，斯可有爲；否則欲新聞事業之發展，則未敢必也。

(三)新聞記者對於新聞，應當具有極濃厚的興味；如有教育，有道德，而缺乏新聞的興味，亦不能成一良好的新聞記者。若記者對於新聞有濃厚的興味，方可辨別新聞之良窳。此種技能，實爲新聞記者之要點。大凡學識既佳，道德亦厚，對於新聞之技能，亦極高尚，而終不能成一名記者，卽是缺乏興味，而因之怠惰也。

(四)新聞記者，須具有良好的態度。對於社會上種種之交際，必須使人起敬而仰之；且可使一般之心理願以詳確之新聞供獻之。斯可爲良好之記者。

(五)新聞記者，須富有自重心，有時新聞不能發表，卽不能強爲發表。我在美時，曾見有因新聞而涉訟公堂。欲查明此種消息之來源，而記者因受人之約，不能宣布，寧受藐視公堂之罪，而不願犧牲其個人之約。斯卽堅固個人之信仰心，維持本身之道德故也。』(註一)

(註一)在上海新聞記者聯歡會演辭，一九二一、一二、二五。

四　正確第一

從以上所列舉的格言或名論歸納起來，我們不能不想到在現今美國新聞倫理運動裏面成了最重要、最中心的『正確第一』（Accuracy first）或『常常正確』（Always accurate）的兩句標語上。不單在記事上要這樣辦，在廣告上也要這樣辦。就是把『正確』作爲新聞業者應遵守的唯一無二的金科玉律了。關於此事的詳情，讓給後卷。在這裏，單把『正確』的意義，以及它同新聞業的關係述說一番。

威廉博士曾說：『孫中山先生手創三民主義……做一個新聞記者，亦應具有三種主義，茲分別言之：第一，吾人應以「正確」爲主義。正確二字，爲辦報之根本原則。苟有報而無正確之報告，不如其無。惟欲事之正確，非易言者，必其人具有相當之教育，然後能將正確新聞貢獻於社會。目下各國，都未能得到他國之正確新聞，致對於他國時有不良之影響發生。美國某報之編輯室中，懸有警惕之格言，其中有云：「探聽是否正確，然後進行，」即此意也。』（註一）的確，正確在新聞事業者的應遵守的主義中，是應該列作第一的。而威廉博士以教育爲到達正確的路徑，雖然他是『三句話不離本行』，畢竟是從觀察和經驗中得到的話，——這是與筆者在前章所提出的報紙根本改善辦法是一樣的。

威廉博士又說新聞記者應遵守的第二種主義是同情。若是將一事作正確的報告，而無同情寓於其中，則對社會、國家，均將發生不良之影響。所以凡爲新聞記者，須先具有同情或體諒的精神。下筆時，再加以『良心可否』的自問，然後可以寫出優美的新聞（註二）。

眞的：所謂『報告權威』或『暴露權威』，都須要善用它，它才能夠充分發揮出來的。否則不但要負法律的責任，還須容受社會的制裁乃至發生『良心可否』的衷心的疑問；這樣，便不免要使新聞社經濟和信用乃至其人的『良心』，都受損失了。

春秋，所以能『使亂臣賊子懼』者，唯一原因，就是它在『褒貶』上能夠絕對注意『正確』，決不任意揑造事實。所以新聞業者如欲保持報紙的威力，不使失墜，必須牢守着『正確』或『眞實』的原則。

又前舉的哈斯特的信條第十一條，也算把個中消息道破了。

一位日本社會學者兼新聞家說：『從報紙是以一般社會爲顧客的商品的性質想來，若是批評失其根據，新聞是揑造的，這是會失去顧客的。寫虛僞的報紙與寫眞實的報紙的競爭，是不成問題的。』（註三）這是就『商品』的見地述說『正確』與新聞事業的關係的。不能在此多說。單就『正確』這一點說，確實是與銷路有關係的。常登不正確或虛構的記事的報紙，有損於報紙的信用，前邊已經說過；這種報紙是不會有人看的。換言之，信用的大小是與報紙銷數的多少爲正比；因此，完全沒有信用的報紙的銷數，有時會等於零；這樣，除靠『津貼』或不正當的收入之外，那報紙是不能存在的。我們的一位現役記者也曾說：『……我認爲新聞的讀者，在爲了他生活的需要，不願意以有用的金錢去買新聞紙所供給他的虛僞的消息，或失卻了一件關係人類問題的消息。』（註四）

（註一）在上海演講辭中的一段，一九二七、八、二二。

（註二）同上。

（註三）井上吉次郎：*Journalism* 道德論的結論；見綜合 *Journalism* 講座第二卷。

（註四）楊半農：新聞界風紀問題中語；一九三五年一月三十一日，記者座談。

五　背反社會道德的罪案

新聞業者背反社會道德的罪案，任何國家都是有的。往年，日本的新聞記者，曾經有過發偽電、登到各報上——甚至於有出號外的——藉此動搖股票市場，乘機獲得利益，因而被認為攪亂經濟界的犯罪者而被檢舉的事情。至於『虛構記事』，『揑造謠言』，以及『做某種野心家的喉舌而任意妄傳』的，更是多不可勝述。

高島米峯君，在我想看的報紙一文中，對於日本新聞記者的墮落，有一段評語：

『……聽說攻擊海軍軍人收賄，西門子公司納賄的報紙，受了西門子公司多少的黃白物，因而把攻擊弛緩了。……我們感覺到新聞記事的折扣率，是要大加低減的。西門子公司，這時候，不是為盡力維持信用起見，講求所有的手段，企圖收買新聞記者嗎？從做天下的名士而且素有聲望的某，以千金不滿的零碎錢，賣其節操的事實想來，無修養、無信仰——尤其薪金極薄——的低級的新聞記者輩，以一個晚上的招待而曲其筆，也是應有的事。這是能破壞國民道德的紀綱，動搖國家存立的根基的。

有人說受賄是世上最通行、最普遍而難以用法律制止的事情。誠然：如今的社會，無論政治界、實業界，教育界、宗教界，每行一事，沒有不用何等形式而為賄賂的授受的。小而至於商品贈券，也可以看做是商家給顧客的賄賂。在這種時代，攻擊海軍收賄的，或許也算不通世故；那責新聞記者為黃白物而曲其筆的，或許也算更其不通世故。但是，想着只要出錢，不論什麼壞事或醜行，都能夠隱匿得住——錢能通神；這是很危險的思念。社會所有的罪惡，大概都是從這個思念中生出的。做天下的耳目、社會的木鐸的新聞記者，若是懷着這種思念，並且去實行它，那末，這個人世，便常黑暗了。不僅西門子公司，如今裁判所之手，是已經觸住三井了。三井收買新聞記者的巧妙，世有定論。昨日以前，破舊的西裝一套，昂然橫行天下的青年記者，今日突然穿上時髦的美服，在狹斜的巷中恣意遊樂，那裏面是一定有什麼祕密的。

有隸屬於出版業的新聞記者；有從綢緞店討些施捨的新聞記者；有從化粧品店受取贈物的新聞記者；更有同劇場或書場、同酒館或茶店、同優伶或拳師、同滑稽家或唱小曲者，結相當的關係，而取得若干的收入的；甚至用某某新聞記者的一張名片而脅迫、而強要，無代價地穿件上衣，或是無代價地穿條褲子；米店、酒店、菜館，都只有戰戰兢兢地奉勸尊用了。萬一說個『不』字，便在報上攻擊，差不多的人物或店舖，都要攻倒哩。報紙的攻擊，是不問事實之有無，都會成了致命傷；更正辯解，都難以恢復過來。所以只要是新聞社員，無論是廣告跑街或收賬員，都會被世人害怕。以這個『害怕』爲唯一的資本而希圖不當利得的新聞記者的墮落，早已不能當眞正的人看待了。

……今之新聞記者，攻擊他人受賄的，實在是竊賊罵強盜的奇觀。』（註一）

高島氏之說，或嫌過火一點，因當時的『西門子事件』而攻擊日政府當局的報紙，很多，都能夠十分發揮出報紙的機能，終於奏了顯著的功績，就是山本內閣的倒壞。不過『西門子事件』的裏面，確有記者，已被公認。又高島氏所說的當時新聞社人員對待一般社會人的辦法，也是確實的。

再引出曾著四十五年記者生活的松井柏軒君的一段文字：

『從新聞記者的不道德生出的弊習，確實是有的。例如：在出入於政黨的事務所、其它官署、公司銀行等的記者中，由那個政黨或官署，或公司銀行，每月或每年定期收受多少的祕密津貼的，是有的。至如那時時地受招待的，固然沒有何等可責的理由，只是從政府方面，收受祕密的扶助金，爲這而曲其筆，甘作政府御用的——即所謂爲黃金而做走狗的——其心事的卑劣，德義的喪失，眞是可唾棄的。

無人望的內閣，尤其是不能受報紙公然援助的內閣，爲使新聞社效忠於它起見，祕密收買該社中的若干記者使爲走狗，覗閒窺隙而曲其筆；使曲者固然非是，爲金喪節而自曲者，尤其可鄙。……某官署，一爲得知新聞社的內情，一爲有所利用起見，按月給與若干記者以一定的金錢，其數目僅僅十五元乃至三十元。爲了這個區區的金錢，甘心去做一種所謂『犬』的，聞者寧不啞然？……更有效忠於商店或戲館主人的。這也要受一定的津貼或贈品；這是記者中的某一種人所幹的事。

無論怎樣的低級記者，沒有不感覺這是不道德的。他們雖然知道這種殺害良心的祕密行爲的苦處，但實係亦有所不得已。像那偷盜者，除由於先天的特性之外，沒有不知道這偷盜是壞事的；乃是薄志弱行而不能抑制某種的欲望，因而喪失克己心，幹出犯罪行爲的緣故。那干犯道德的新聞記者，不也算是這一類嗎？

……無信用的報紙或雜誌記者，他們的不道德，眞與虛僞的行商人是一樣的。去訪問少爲知名的人而求其談話帶照相登在報上，同時，還苦求若干的金錢，這是隨處可以看見的。他們的許多實際上都是因爲沒有由社中支取一定的薪俸，所以才用這種方法弄錢的。

他們並且苦訴或強要銀行、公司、商店等的廣告，甚至有登載沒有承諾的廣告而在事後硬索廣告費的。這雖完全是違反法律的舉動，但銀行、公司、商店等者若是敢去告發，他們便要用所有的方法從事報復；因此，許多都害怕而支付了廣告費。這種廣告費，往往還是法外的高價哩！

舉個例子：某大公司曾再三拒絕某通信社的廣告代理的請求；事後強求承認，也不應允。於是某通信社立即攻訐某大公司的所謂內幕者，虛實攙和而為誇大的通信。某大公司竟除叩頭百拜，拿出不少『謝禮』之外，又把廣告代理，託它一手包辦。這還是頗有聲望的通信社幹的；那些無名的通信社，更不要說了。

他們記者又有寫成攻訐個人私行的稿子，以不登報或發出通信的好意，去強索寫稿的報酬的，現為警察官發見而被拘留的，不下數十名。在操觚社會，若是不根絕這種記者，實在是新聞業界的一大汚辱。

……………

若是新聞記者的道德低下而沒有羞惡廉恥之心，為獲得金錢起見，不擇手段，這樣地弄成了風氣、其結果的可恐，眞是令人戰慄不堪的。

德國以世界的強國為敵而戰鬪着，一方面更常以金錢收買各國的新聞記者，利用報紙的勢力去攪亂敵國的內部。它到處設無線電，支持着包圍中的本國和海外中立國——甚至於敵國——通信的便宜，撒布所有的報告或印刷的，——在最近以前，是從中國涉及日本；又收買新聞記者，使登出還些通信，以德國的便利，釀造敵方的不利益。……像德國這樣地為了目的，不擇手段，眞是辛辣已極。為了要利用他國的報紙，什麼事情，都做得出；即如曾經在日本發生的一大疑獄的『西門子事件』的裏面，實有新聞記者，這不是早已暴露過的事嗎？

我們固然不能預想到從我們的新聞記者中生出德探；雖然，就連在紀律應最嚴格的軍人中，已經想把軍事機密，洩漏到外國而換取黃金，因此被交軍法會議的，不止一、二。若是我們新聞記者的道德頹廢起來，竟會生出做俄探、做德探、做華探、做英探的人，還有誰敢保證呢？

尤其是想利用報紙勢力的有野心的富人，收買新聞記者，任意操縱報紙，那荼毒所及，眞是不可測奪的。報紙單成少數富豪階級的機關，而以多數國民的利害爲犧牲，不是極可憂懼的事情嗎？若是他們果成了富豪或權勢家的皂隸，那將怎樣？像那敢做外國人的機關而幹出非國民的事情的新聞記者，怎會有不拜倒富豪脚下之理？』（註二）

松井氏又專就記事的虛構和低級上論新聞記者的德義說：

『在鮑魚之肆的人，不知鮑魚之臭。像我這樣的久處操觚界的人，寧可以說不知其弊，不，是馴於其弊而知覺神經麻痺了。

但爲證實新聞記者德義心的低級起見，還不得不說幾句。歐洲的新聞記者，爲了嚴守社會道德，聽到的談話，若是不得對方的承認，是不把它公表的；但是日本的新聞記者，在這一點上，絕不介意；雖然是私人的談話，也要爭着登到報上。所以稍微小心的人，在新聞記者的坐席，常互守緘默；即使相語，也不過是一片的應酬閑話，絕不說出機密事項。他們對於新聞記者，心中忌之，表面上敬而遠之。

日本的政治家，他的談話被登到報紙上，事實上一有少許的不便，他可以立即把它打消完全認那個報紙爲虛言者而滿不在乎，並且那個被認爲可卑可慚的虛言者的報紙，連片言隻語的憤怒也不會發出。卽如大隈侯對於中國帝政的談話之類（詳見前），便是例證。

不僅止此：日本的新聞記者，反而會完全揑造出他人的談話來……。

某伯爵嗣子夫人同汽車夫情死未遂事件，報紙爭着登載，窮形盡相，無所不至。新聞記者硬要面會老伯爵，老伯爵爲了羞恥和哀傷……同老夫人病臥床上；但新聞記者仍然要去聽取談話，或是委細地記述這個可憐的老夫人的容體及其周圍的事情；不斷地去麻煩人家，幾乎晝夜都守在那裏。這實在是無同情的冷酷的行爲。這不僅是新聞記者的無見識，實在是德義心低下之所致。……爲了急於挑撥低級俗人的好奇心，遂不尊重個人的權利，可不必說，並且不顧慮這種記事對於社會風俗的影響，眞足令有心人嘆惜。』（註二）

以上兩段節譯的文字，雖都是前一、二十年之作，但直到現今，恐怕還沒有失去它的時效；特別是屬於理論的部分。另外的好多事例，因避繁瑣，都省略了。

又，前邊所介紹的兩段舊文章，對於我們現今的新聞界，可有做『他山之石』用的價値嗎？

『昨××家有記者十餘索月費，×云只好問後任。』

『×××批准將每月津貼某某兩報及××通信社費取消；但每月津貼×××報五百元。』

『今日國務會議，×××提議請求津貼×××報一萬元，通過。』

『……是日財政部大樓，賓客滿座，車馬盈門；尙有各通信社社長及各新聞記者四五十人，守候津貼。中有一女記者；外人不知，幾疑爲索俄款之女教授……』

『某報主任素以招謠撞騙爲報界同人所攻擊。前以詐欺某總長巨款不成，反罹法網，因之亡命海外。嗣某總長下臺，某遂捲土重來；時常干謁當道，藉端斂錢。適有某系爲輿論界所攻擊，彼遂大爲效力，而卒亦能得相當之報酬；以爲竹槓之術已精，可以隨處適用。日前假運動下屆國會議員爲名，向某次長求一萬元之資助，以作籌備費用，被某次長謝絕。某因老羞成怒，遂將某次長之劣跡，盡量發揮。某次長恨之刺骨，久欲乘間報復。適彼以擴充銷路爲名，函請某總長借洋二萬元。某總長未允，某次長遂將其前日借款原函一倂送交某總長，請其究辦。某總長大怒，遂語其祕書曰：「速將某報主任寫來之函交付警察廳，加以預戒！」……又某報主任近又向某國代表函借鉅款。當經某代表將原函轉送外交部。外交部以其有傷國體，已將其補助費項撤消；幷嚴厲申斥某記者一次云。』

這都是在過去不遠的我們的報紙上所看見的『專電』或通信。還有別樣的事實嗎。

『……自有私有的新聞經營的存在以來，隨着記者們取得了對社會事象有自由記載，暴露或批評的責任、地位以來，藉着所謂「新聞報導」的威力，以一種驕縱的氣概，和卑屈的自賤的心理，把自己忠實正當的心理忘卻了；反而把一切新聞存在的意義，都反作用化了。譬如，某一項關係着多數人們生死存亡的事件，是多數的報紙的讀者所熱心關切而急求知道的新聲，可是有的時候，記者們爲遵循那種事件的另一當局者的要請，就顧全了另一當局者的利益，將這爲報紙寶貴的消息，竟可按下不表。他得到了若干小惠，他就可以自甘背棄多數的讀者。同時，某一項是屬於私的隱祕生活，他卻可以筆下生花的、任情的描寫，作着誇張的「暴露」。凡姦情事故，寫來應是如何有聲有色；凡足以威脅別人的社會名譽和地位的事，在字裏行間，又如何的帶嚇帶詐，以遂自己或代替別人報私仇、洩憤的目的；或者又如何的耍弄刀筆文章的技巧，一面裝着「仁義的」面像，一面卻預留餘地以待講條件。社會經濟恐慌深刻化了，是急景凋年的時候，市面金融週轉不靈，許多商店頻於破產的危機，來到了這種現象，正是好文章的材料。雖然不必是悲天憫人，然而這類消息，在新聞意義上，卻是有報導價值的。然而卻也有人，可以利用這機會，去進行尋覓其個人的「急景凋年的救濟」的。又在全國政治還未達到眞正鞏固統一的時候，地方軍人官吏，也每常招待都市的記者們去「他的治下」視察，希望得到載道的口碑。此外，用糯米年糕供灶神，求此神免奏天庭的事，似乎也是司空見慣的……。形形色色，自己也是一個職業記者的筆者，寫到這裏，衷心希望這些都不是現有的事實；雖然人世間現在的事實，也常常將希望擊得粉碎。』（註四）

『……在外國，譬如一個少男或少女，因爲偶爾的過失而觸犯了刑章，那麼，新聞記者爲着顧全一些年輕人的將來，除出十惡不赦的案件之外，在記述這個「犯罪者」的名字的時候，也一定是筆下留情地用假名來發表。可是現在再請反觀一下中國的實際：未成年的犯罪而用眞名，這早已成了記事的常道；最殘酷的，是當一個未成年的少女遭遇到慘酷的不幸（例如強姦之類）的時候，我們無冠的皇帝們，好像要對這個可憐的弱者，顯示他們的權威，非特發表詳細的姓名住址，甚至要涉及她的父母親族；假使可能，還要輾轉設法覓得一紙攝影，製版公佈而後快！這種慘酷的對待弱者的事實，恕我不能用健康人的常識來揣度執筆人的心理。假使這種處理事件的態度如郁飛先生所說一般，其目的是在「威脅別人的社會名譽、地位」以遂其「帶嚇帶詐」之計，那麼，這種藉記者的地位以遂行犯罪的事實，已經夠使眞眞爲新聞事業而服務的人們惡嫉而有餘了。

這種殘酷心理的表現，決不限於上述的一項。假使讀者諸君並不健忘，那麼，再請想像一下一兩年前上海某黃色報紙報導「太保阿書」伏法當日的記事！殺人、斬首、分尸，尤其是與任何姦殺事件有關係的女子的尸體，都是黃色新聞記者所最珍視的資料。中國的記者諸位當然是常常寓目外國報紙的，那麼，請問外國的報上會不會刊載這種珍奇的資料？

去年，上海在千百件慘無人道的事實裏面偶爾摘發了一件所謂人狗相交的案件，於是各報都用特大號鉛字的標題來報導這件消息；那種暴露的猥褻描寫，除出用「不堪卒視」這四個字之外，別無可以形容的方法。試問誰無家庭，誰無子女，請閉目一想你們將成年的子女們，以白紙一般的素樸的心情，好奇而熱心地誦讀這種記載時的情景！」（註五）

『……我們不是否認新聞紙有殺人的可能；我們也不能肯定地說新聞紙沒有殺過人。我們時常看到報紙（不論第幾流的報紙）上詳細地載着少女私奔、或被人誘姦、強姦、寡婦偸情的新聞。姓名里居門牌，一些不肯遺漏隱藏。報販們往往拿着滿街叫喊；並且到當事人所居住的地方去叫喊。試問在吃人的舊禮教尙深入人心的現時代，一個意志薄弱的弱女子，受盡了社會親族間的鄙視奚落，能不能安然生活下去！雖然報紙上很少看見什麼人因爲報紙上揭露了她的祕密，或者誣衊了她而自殺。不過爲了她們沒有阮玲玉般的社會地位；或者不經過法院的檢驗，爲報紙的新聞採訪網所不及；或者記者先生們認爲無足輕重，不去詳細採訪能了，誰能保證她們不毅然自殺或慢性自殺呢？

試問這些「殺人」的新聞記載，對社會有什麽利益；如其含蘊一些，簡略一些，難道減低了新聞的價值嗎？』（註六）

這些都是我們新聞界對於新聞價值的誤認或誤用的眞確的憑證；因爲都是有自覺的現役新聞記者的刻苦自勵的由衷之言。然而另外有沒有更甚於此的？『拆穿了說：在多數人集團的裏面，利用新聞報導的威力，來遂行嚇詐取財，發洩私忿的敗類，何嘗沒有？最使人痛心的，是正在因新女性問題而集議對付外來侮辱的時候，連續的在報上看到了同時在上海新聞界出現的恐嚇取財……的醜事！』（註七）

至如松井柏軒的『某探某探』，此事關係，範圍至大，不在這裏述說了。——但至少可以請松井君格外放心：就是這個大便宜，只有你們占，而且早已占去，我們是萬分吃虧的！

（註一）詳見日本中央公論，一九一四年五月號。
（註二）同上，一九一七年五月號。
（註三）同上。
（註四）郁飛：風紀問題小諷刺文中的一段；一九三五年二月七日，記者座談。
（註五）李仲堯：何爲『記者道』文中的一段；一九三五年二月十四日，記者座談。
（註六）補牢：愼用輿論權威文中的一段；一九三五年三月十四日，記者座談。
（註七）同註五。

六　新聞記者爲什麽失節？

對於社會文化負着極大責任的新聞記者的道德，怎麽會墮落到上述的地步？

前邊的高島米峯君不是說過爲了『薪金微薄……而曲其筆，也是應有的事』嗎？對於這一層，松井柏軒君也有一段着實的話：『……做新聞記者而自犯其德義，是何緣故？是爲麵包呵！是爲某種欲望呵！在如今的新聞記者裏面，出身於專門學校的壯年很多，他們平素十分欣羨新聞記者的地位，一旦進新聞社而做記者，恰似中國人的科舉及第一般，洋洋得意地好像眞是登了龍門。雖然，其俸給的微薄，到底不能同公司銀行職員比較，更比不上公家吏員或教師。於是乎爲了麵包，不得不在俸給以外取得何等的收入。尤其是當脫離學校的羈絆，開始成了自由之身，青年的欲望像火一般地燃燒起來的時候，因爲宴饗或交遊的機會多了，遂感到放蕩的滋味；跟着這樣的生活，益發地需要獲得俸給以外的收入。這便是做了新聞記者而達到漸漸干犯德義的徑路。比較別種職業多誘惑，並且多墮落的機會，這實在是記者的職分與公家吏員、或銀行、公司職員相異的地方。所以斷定新聞記者墮落、不道德的主要原因，是在其俸給的微薄。如今徵諸先進者失敗的前例，而學校出身者的志望新聞記者的人漸少起來。這寧可以說是很好的現象；但其結果，才能之士，漸漸遠離操觚社會，勢所必然。這爲報紙着想，卻也不得不令人戰慄。所以有從根本上考慮這個問題的必要。』（註一）

聽到松井君的這種說法，不能不聯想及二十餘年前筆者的一段記者生活的實錄了。那時候，我同S埠的一家著名的報紙——得過『旌狀』的報紙——通信約定爲駐H省特約通信員。我因爲初出茅廬，走入社會，並且做的是自己所愛做的工作，所以十分用勁，幾乎每天發信，而且多是快信；都蒙登在『國內要聞』欄，而且有時登在第一條——壓住『北京特約通信』；那時在H省並沒有一個人同我競爭，我算是一個省分的唯一無二的通信員了。我自然是很高興的。但是這樣幹了好幾個月，花費全是起初從家裏帶出的川資，乃至向同鄉友人的借貸。一再地去信索薪，那報總是置之不理。後來生活眞到山窮水盡的時候了，我只得下決心準備離開那個省分，拋棄這種職務，到北京去讀書；就以這個意思給那報紙的主人——總理兼總主筆——寫了一封長信，說明萬不能再幹下去的苦衷。沒有幾天，我便接到一封很鄭重、很懇切的回信。內容是：不願叫我丟掉那個職務；先兌三十元，以後繼續接濟；並且還寫有『萬一行旌北上，仍當借重長才，以資臂助』的文句。我因爲知道自己的學力太差，夠不上做『駐京記者』的資格，而到京讀書，家裏又不允供給學費，只得盼望着『繼續接濟』，留在那裏，繼續通信。可是那個『繼續接濟』，又過數月，還沒希望；在這其間的我的生活費，又不得不向朋友們張羅了。生活眞到沒辦法的時候了，我只得跑到S埠去。那報紙的總理兼主筆——特別是主編『國內要聞』的編輯——對我都很客氣，唯一原因，就是我沒有發過半封不正確的通信，而且沒有半封信被他們扔到字紙簍裏。但那報確實是窮；因爲要維持它的『報格』，既不肯迎合低級趣味，——那時報紙都不帶一點『黃色』，——又不願仰承權貴意旨的緣故。由那位總理兼主筆的先生的好意，代我約了三家報館，並且把那三家報館的總理或總編輯都請到一家頗堂皇的館子裏，當面介紹我做它們四家報館的公共特約通信員。議定：每月十函——口頭上說只四、五函；每家十五元；但S埠只能限定這四家，別處可以自由訂約。於是寫好書面，先支了一個月薪金；原先那報紙的總理又代我付了旅館的房飯賬，並且贈我一副騰寫版，以備油印通信之用。這樣，我才動身返H省。我想着自己是由通信員昇到通信社長的地步了。但通信社的開辦費——最低限度的費用是油印費和郵票——往那裏弄？並且就全中國的報紙說，有幾家肯付出通信社的稿費？我只得暫將一張信稿，用複寫紙分抄四份，仍照老樣，要信都由快遞郵寄。結果，四家中只有新約一家，按月寄薪——由它在H省的特約派報處轉撥。其餘的三家呢？兩家窮報是不消說了，另外的一家；

本來是不窮的，但不到一個月，它便通知原介紹人，解約。它的理由是自從我去後並沒有接到我一封信。其實，這第一是我避免軍閥視線，故在信稿上改署了別一筆名，——以前在×××報上的後期通信都是所謂『署名記事』，——沒有用契約上的名字；第二也是它對於我的通信，根本不合口味；第三是它在H省全個省城每天派銷不過五七份——幾乎沒有人看——從派報處絕對不能像×報那樣地每月撥出十五元的通信費——×報由其派報處撥出的這個數目，也差不多撥完了。但以第二原因爲最大，否則第一是不成問題的；講到第三，就那報在S埠的地位乃至經營方針上說，也是不在乎的。至於第二點的『口味』問題，自然不是『新聞價值』的問題，簡捷地說，是兩方立場的一新一舊的問題。其餘的三報對我通信的『口味』，都是毫無問題，僅僅是通信登在原來的報上仍是『署名記事』，而在另外的兩報上作爲普通通信的差別。這樣說來，豈不是那三報的『新聞口味』（註二）根本同那一報不合嗎？是的。那末，爲什麼那三報——特別是主約的第一報——要約它呢？這便又有一段的話要說了。當原來的報館主筆同我說及××報時，我本有點躊躇，後來那位主筆先生說明約它的必要，就是第一它有錢；第二是萬一發生筆禍，可以託『外人』出面援救——因爲它的主人是『外人』；而照那位主筆的主要意思還是着重在後者。換言之，可說是拿它來做我的生活和災禍的保障。他沒有想到『口味』問題。世上那有這樣隨心所欲的便宜事？所以經原來的報一通知我，我便毅然應允解約，一點也是用不着猶豫的。就是我不能爲了錢和『外人』便把通信的立場改變——毀壞我的『新聞價值』。然而畢竟我算失去了一份靠得住的通信稿費，又失了一張生命保險單！但是一個月能夠靠得住收十五元的稿費——別的報並不是絕對不給不過算是暫時的欠賬——在生活程度極低的H省城，也可勉強維持住房飯費；只是通信社一時開辦不成而已。——我後來所以辭職不幹，完全爲家庭起了變化，自己感覺着這樣的年紀，必須要用一番學問上的修養功夫，尤其是感覺着新聞學和外國文等的必須修習；否則一個單純的新聞記者，縱然蒙編輯者肯把所作記事署名發表，也終於免不了肚皮的空虛。因此，我便東渡三島去。三島那時的新聞學，也僅算在萌芽時期，經我很用了一番『集納』的苦功，才算產生了一本應用新聞學；直到現在，又產生了這麽一大本的綜合新聞學。飲水思源，這不都是二十餘年前的吃了一兩年的特約通信員的苦處的賜與嗎？——單說我那時候若是失去新聞記者的節操，『賣身投靠』——那時這種機會多得很——給一個權貴，專以揑造謠言，撥弄是非爲事，而在一旦得罪了被養的主人，便賞給你一槍一刀。這是多麽不值得的死？雖然報上一定會大登特登地說某某權貴殺害新聞記者某某，並且新聞界還要『一致聲討』地去攻擊那個權貴，那已經做了槍刀下鬼的記者，也是難以當得住眞正的輿論的譏評的（註三）。

所以『薪金微薄……而曲其筆，也是應有的事』和『是爲麵包呵！是爲某種欲望呵！』的說法，也只算一面的理由，在另一面的理由，就是記者的意志薄弱，學力欠缺——尤其是缺乏純正新聞學的修養。關於這一點，雅杰君也曾提出兩個理由：

『(一)個人的修養：記者涉及風紀問題的最初起點，還在本身修養不足。一旦做了記者，就目空一切；其思想行動，亦因以去掉常態。如物質生活的享受，漸漸的提高，以有限的薪金，去供無底的揮霍，怎會不涉及苟且行爲？我從未見一個不涉及風紀問題的記者連飯都弄不上嘴；倘若是眞正從事於報業的。反之，一個涉及風紀問題的新聞記者，也不一定個個能腰纏萬貫。眞正的報人，他一定不忘記者眞正的人格。他對自己道德上的修養，也正像涉及風紀問題的一樣戒懼。他個人的生活，決不想要怎樣的舒適，更不妨想到一個單級小學的教員，吃了易生肺病的鉛粉，還要去教導一班拖鼻涕、頑皮的小朋友，並且在另一方面，還要顧到他的家庭。

(二)外力的引誘：到現在，中國一般社會——上自政府，下至人民，還沒有澈底認識記者的責任。我們曉得每件事情，他外來的引誘力常較內心想去作惡的力量大。過去政治舞臺上的把戲，有許多事實告訴我們：那批沒有上臺的政治難民，他們總得想法勾結記者，給他去大吹大擂。一些為外力引誘的記者，今日的替人吹擂，也即是來日輕揭簾籠登臺的一個機會。所以就此忘了自己的立場，替他人去播弄是非。社會上一般聰明人好像已識透了記者的心腸，不過是「如此而已」。於是不惜用了種種卑劣的手段，來攏絡記者，以便有機會時捧捧；遇了亂子，遮蓋遮蓋；甚至在某一個時期對於自己不滿意的人物，唆使記者，淆亂聽聞。久而久之，外間社會上都已隱約聽到某記者和某要人有關，——在此時記者的本身當然已十分腐化，——索性再進一步謀兩者之間更深切的關係。於是外界更深切明瞭記者的關係，不願和記者接近，或竟不齒記者的人格，記者是更執迷不悟了。——因為那時一切享受，是較任何時期不同了。』(註四)

對於這兩個理由，筆者根本贊同；只是雅杰君叫新聞記者想到單級小學教員的生活，這一點，我是不能贊同的。新聞記者的職務，就性質上說，是同教員——不問大小——一樣的；但就實際的工作上說，是同教員大不相同的：即後者是有規律的，前者是無規律的；又後者是少變化的，前者是多變化的——尤其是外勤記者。幹着這樣沒黑沒明的工作的新聞記者，無論如何，合理的營養食物，是必要的。『單級小學教員吃易生肺病的鉛粉』，這或許是外國所無，中國獨有的事情；這種教員生活狀況惡劣的影響，僅能及於那『一班拖鼻涕頑皮的小朋友』，新聞記者生活狀況惡劣的影響所及，那就廣大而不可測替了。

要之，『倉廩實而知禮節，衣食足而知榮辱』這兩句老話，也是永遠的眞理；但『倉廩實』非現代新聞記者之所必需，『衣食足』實爲萬不可缺少的條件。不過就中國新聞記者的現狀說，企圖學問上的補充，或許比謀衣食更重要些；因爲記者文化水平提高之後，新聞事業自然會發達起來，那末，記者生活不提自高……這在前邊已經說過了。

（註一）見前。

（註二）這是我造的學名。

（註三）這種事例，舉起來很是麻煩；但逸齋有一段談話，可參看；見一九三五年一月三十一日，記者座談。

（註四）參看一九三五年一月三十一日，記者座談。

七　提高記者報酬的良法——使報業發達

從前述的事實看來，可知記者報酬之所以微薄，是與報業的不發達有互爲因果的關係。卽如特別看重我的通信的那個報館，假若不是眞窮，它的主人怎能願把特約的自社的通信稿變成普通通信社稿，而且自己情願做介紹人？而且結果它連這一份很看重的通信稿費，還是要欠？而且它的主人不久就把這報的主權轉讓給別人？

那時報業不發達的原因，決非片言隻語所能盡。最主要的原因是『少數學者志士所組織。想把學術理想，志願抱負，都在報紙上面發揮；然因陳義過高，反與一般社會心理，格格而不相入』（註一）；尤其是像最初特約的一報，它的主人便是個純粹的學者，而且是個革命志士。他的報得到『旌狀』以後，他又在革命史上留下名字。這樣他的目的似乎就算達到了。又前邊不是說過那報『不肯迎合低級趣味』嗎？它不肯黃色化，自然是它的優點；但它顯然是把與社會『相入』的事情忽略了。至於說『它不願仰承權貴意旨』，這也確實是可尊敬的事。但不願仰承權貴意旨，便須別謀維持或發展一社經濟之法；而想謀維持或發展一社的經濟，便須設法同社會『相入』。但這個訣竅是難以同那時的一般報紙說的。所以它們的壽命都是不會久長的。當然另外還有很多事情成了那時報業不發達的原因，總而言之，辦報的人，沒有新聞學識，卽雖有辦報的志願而沒有辦報的本領。舉個例證吧：我回國又到幾家報館，晤到我所熟識的人，同他們說新聞學的重要，並且託他們介紹出版。誰知他們都不注意這門學問，而且似乎覺得這是多餘的事情。不過有一位先生說報館和書館向來沒有聯絡，無法介紹，這的確也是實在情形（註二）；但這也算報紙不能與社會『相入』的一個例證吧。又有一位思想較新的先生，回我信說：『我們很慚愧；在新聞界占着一位置，竟沒有精神和才力去研究新聞學。先生積五年的研究，幾經修正，必能給我們以良好的指導，極以先覩爲快……；』雖然，他也沒有介紹出版的能力。不但他們沒有介紹出版的能力，卽使想在他們報紙上登個新著完成的出版消息，也是找不着可登的地位，只好把這種與報紙本身有關的重要的學術消息塞到『本埠新聞』中了。因爲他們是這樣地不知道新聞學的重要，所以我在未習新聞學之前，還可以勉強做他們的通信職務，及至習了以後，反而幹不下去，——我到報館裏看見那種冷冷清清的樣子，實在發急得很。就這一點說，提高記者文化水平的問題，乃是集團的問題，僅少數人提高是無效的。

比較地新的報人，『竟沒有精神和才力去研究新聞學』，別的自然不必說了。新聞學對新聞界，簡直是同新聞界的對於一般社會一樣——不『相入』——可知他們對於報紙的編輯、採訪、經營、印刷等等，都是持的瞎摸的方針；較聰明點的，是看人家怎樣我也怎樣。在內容既與一般社會不『相入』；在外形，又與新聞學不『相入』。所以『歐、美名記者對於我國報紙之評論，僉謂政治新聞多，而社會新聞少；外來之新聞多，而自行採集之新聞少。誠爲不刊之言』（註三）。又『某批評家言：若各通信社同日停止送稿，則各報雖不交白卷，至少必須縮成一版。此非近於滑稽之言，試觀各報新聞，十分之八雷同，編制亦無大異，閱過一報，則他報卽無可閱。』（註四）所以既如前述：『其不受社會歡迎必矣。因是，報紙之生活愈難，遂愈不得不卵翼軍人、政客之下。』

所謂一天無通信社稿，『至少必須縮成一版』，這是眞的。我親眼看見過：各報社在本埠都沒有常務外勤記者，——連一個省分一月十五元的訪新都出不起，怎能請得起本埠常務外勤記者呢？

至關於營業、印刷等等事項的缺陷，都到後卷才能細說。

報社情形如此，報紙自然不會發達，報人待遇怎能會優呢？在這種報社的報人的生活問題，除了『日苑暮枯』之外，就只有從『軍人、政客』的『卵翼下』飛出去，就是非把報社看作『過渡寶筏』不可！

在『軍人、政客』『卵翼下』的報人，爲什麼非飛出『卵翼』不能解決生活問題，卽爲什麼非『把報社看作「過渡寶筏」不可？』松井君說：『雖是政府或政黨的機關報，但也不是非從政黨受到十二分的補助，大部分的經濟，都須報紙自力擔當。然而所謂政府、政黨的機關報者，其論文和記事都過於偏倚，往往曲枉事實，對於反對者的攻擊，脫出軌道，甚至出於罵詈或譏謗。這不但太是低劣了報紙的品格，並且會失去對於一般人的信用：它的銷路，遠不及普通報紙，因之損失很大』（註五）。這當然是指他們的報紙說的。但我們若是借用此說，還須加以補充，就是我們的許多政黨機關報，因為有固定『津貼』，不但不注重營業，反而有拿這種『津貼』去做投機生意而置報社全部生活於不顧的；至於那以報紙為『過渡寶筏』的，既過了『渡』，『寶筏』自然是要拋棄或賣掉的。

在報人生活既是這樣地沒有保障，不固定，報人們的目的，既是這樣地『高大』，報人們的專門知識又是這樣地低下的時候，是談不上新聞事業道德的。幸而這些人都是業已過去或業已入墓的人，而在現今新聞界，這種自覺的呼聲，不是已經喊起來了？這在前邊，說得很是詳細。所以在此處還要把松井君的一段老話——對於我們算是新話——介紹一下：

『日本的報紙……為記者和職工們定下養老或遺族扶助等制度，使那從事者安心從事的，可有幾許？可說是極其稀有——屈不上五個指頭。

做官吏到十五年，便有所謂「恩給」；而在服官中死亡，又有遺族扶助金制。縱然完全不夠維持遺族的生計，也算有一定的制度；藉此，好使薄俸的官吏，能孜孜地執掌他的事務，所謂廉潔奉公，弗營不正。然而就新聞記者的勢力和引誘上說，遙過於官吏，可是俸給之薄，更遠不及官吏，連一個「恩給」方法或遺族扶助制度也沒有。做新聞記者的，是多麼不安呵！

像我這樣地進新聞界以來，雖然不覺已三十餘年，但並無何等「恩給」或遺族扶助的保證……想起家無擔石之蓄、並且還有負債，以及不少妻兒時，怎能不慄慄然憂慮嗎？我同業者與我同憂之士，不是很多嗎？做「一個擔筆的職工」，固然也是出於自願，但一稍爲想到是處在天下國家的人，誰能禁得住憫煞，笑煞！

許多的報紙不能給與其記者以相當的俸給，至少不能給與合乎那個地位和職分的適當的報酬；爲這，遂使做新聞記者的，不能排斥引誘，而忍受着良心的苛責，幹出幾多的惡行，竟至於完全麻痺了他的德性。但所以定不出使記者安心服務的方法者、主要原因是在報紙的不善經營。所以說報紙經營者，應該從根本上考慮這個事情。這是論新聞記者道德者，必不可忽略的問題。

因爲從來的報紙，在經營法上很多錯誤：第一是不注意文字的用法而不顧及印刷上需要許多手數和費用（這是指好用帶字母的漢字說的——譯者）；第二是喜做別人的機關，根本就沒有當營業去做的決心，因此不重視經濟的獨立；第三是因爲事務繁雜而用人過多，遂致實效不舉，反而加多費用；第四是編輯法沒有意匠和特色，因而銷路不廣；第五是報紙的數過多，其結果，自然報紙的發行數少；第六是受前項的影響而多無理的競爭，致使賣價不夠紙錢，廣告也過於低廉。』（註六）

松井君所舉各項，今多已成過去，但在我國，還是很適用的；尤其是第一項，我們現今不是正在吵鬧着要做這種笨事嗎？

（註一）臨客君論文中語；見一九二三年四月一日，之江日報。

（註二）在當時，的確，上海的報業和書業，除了登廣告之外，是沒有聯絡的——各走各的路。不但編輯人各走各的路，印刷人也何嘗不是各走各的路——新五號字新聞界用了十多年才通行到出版界，便是例證。報業兼營出版，或代理發行，乃是最近的事。

（註三）戈公振：中國報學史頁二二一。

（註四）同上。

（註五）見前。

（註六）同上。

八　靠誰制裁失節的記者？

照以上所述看來，新聞記者的失節，乃是整個的新聞界的問題，不是少數記者的問題。而在另一方面，新聞記者的不肯刻苦自勵，不知自己振拔，也是問題中的一個要點；——當然另外還有政治、社會各方面的能夠妨礙或阻止新聞業的發達的諸種事情。所以本身已經得到相當優厚的報酬而仍賣其節操的記者，也是有的；因爲賣節操的代價，總比其原有報酬多得多。所以我們與希望報紙的根本改革同時，還不能不想出制裁失節的方法。

究竟應由誰來制裁報紙和記者？可是怎樣的制裁法？這更可區分爲四：第一是國家的制裁；第二是社會的制裁；第三是新聞社或全新聞界的制裁；第四是記者個人的制裁。就前述的報紙的社會的地位而言，實在可以造出『報紙權力高出一切』的口號，所以它應不受任何方面的制裁；但就新聞界——特別是中國的新聞界——的現狀說，是受着國家所定的嚴酷的法律的制裁的。這確實是對於新聞界的極大的羞辱。在報紙沒有澈底改善以前，這種羞辱是萬難免除的。換言之，要想免除這種羞辱，必須設法提高報紙的地位、增長報紙的聲價；而欲達此目的，非從興辦新聞教育着手，而漸漸使報紙歸專家管理不可。但在新聞教育若有若無的中國的目前，期望報紙歸專家管理，實在還是夢想。這自然是抵抗不住國家的法律的——只好任它來檢查、停郵、停刊、封閉、乃至槍斃！

再說社會的制裁：這是一種沒有公布條文的無形的法律。這種法律也可以說自始至終只有三個主要條項：第一條是不看；第二條是不登廣告；第三條是罷郵。另外還有搗毀、擲炸彈、暗殺等等特殊條項。在民國初年北京各種政黨機關報盛行的時候，這些報紙多半都是送閱的；但有一個報把它送給某人之後，某人便立刻在報頭大書『不看』兩字，退回該社。這就是那人厭惡那報的深刻的表示；也可以作爲報紙受社會制裁的一個顯明的例證。第二條的社會的法律自然也是很厲害的。上述的那些無價值的報紙的廣告，多有長年不換的；筆者曾問其故，說是『換掉便成空白了』。然而在登廣告的一方面，當然是不出長期登載的代價的。結果，這種報的主人一蹋了臺，它便立刻跟着倒灶。社會一般人士，誰肯糟蹋光陰和金錢去購讀它？第三條怎樣？比如那個善造謠言並且『收受娼妓廣告』的順天時報：當它造謠達到極點的時候，連北京的郵差都看不過去，遂發生同盟罷送的事情；後來，被朦蔽多年的北京社會人士便一旦醒悟而不再定閱，於是一個規模相當而且很有造謠歷史地位的報紙的壽命，便算告終。這是中國報紙（順天時報不是中國報紙，因便藉作舉例）受社會嚴重制裁的事例。至於搗毀、擲炸彈、暗殺等事，這些有的或許是有政治背景，所以只能算作特殊條件。以上各種事例，舉起來，不都是舉不勝舉嗎？又據說在英、美的火車上，看低級的報紙或雜誌，一被同車客拒絕，便無辦法；即同乘者有向讀者申請抗議的權利，被拒絕的人，必須遵守命令。這是文明國社會的制裁的一種。受到這種社會制裁的報紙的恥辱，是比受到國家法律的制裁的恥辱還要厲害多少倍數。因爲法律的恥辱，有時是冤枉的，縱然不能昭雪，還博得社會的同情，或是留下歷史的名譽；社會的恥辱是永無昭雪期望的，當然更不能得到任何方面的同情，而在歷史上也只有遺臭永世而已。

關於第三種的制裁，既如前述，美國新聞界自定的新聞道德規律早已成通行的規律了。在日本，有『純粹報人同盟』的一種組織，也是企圖新聞事業的向上的集團；同時，在實際的新聞界，它們也確實正在這一點上努力。在中國的最近，一部分有自覺的現役記者，也曾公開討論『新聞界的風紀問題』；雖然沒有定出一種規律，但這種風紀運動，至某時候，是能夠變成像美國新聞界那樣的倫理運動，並且制出共同遵守的規律的。

講到第四種制裁，這便有點不十分好說了。

『……在提倡「禮、義、廉」的時候，不能寬恕「無恥」。人格、氣節等名詞，雖說是每被作爲空泛的教義，但爲尋求生活的眞理幷建立生存的自信，職業的貞操，還是值得讚美的！尤其是一個在職或前就職的新聞從業員，更要強化這風紀問題的貞操觀：被迫而賣淫，固可原諒；而爲洗刷這眞正輿論權威的汚辱，自是先從制裁賣淫者起……』（註一）。這也是一個有自覺的現役記者說的。

的確，『先須從制裁賣淫者起』。一個『如花似玉』的年輕女人，爲了本身或其周圍的物質上的需要，嫁——實是賣——給一個『老態龍鍾』的男人做『姨太』。這在她個人的物質生活上，至少是夠達到豐衣足食的目的；在另一方面更可去幹偷偷摸摸的勾當。但是在她的精神生活上，總免不了無限的痛苦吧。至於那些做娼妓的女人，苦痛更不消說了。然而世上情願嫁給富老翁做『姨太』，而不願嫁給窮青年，情願當娼而不情願做工的女人，恐怕不在少數。新聞界——包括一般的操觚界——何嘗不是這樣？不過要注意的，就是那一時的『慾望的滿足，實抵不住永久的精神的苦痛呵！做『姨太』或當娼妓的女人們，她們有幾人能夠得到美滿的後果？換言之，她們有幾人能夠免除悲慘的結局？這不都是使我們驚惕的事情嗎？

那末怎樣是好呢？新聞記者，當然不能挨餓；尤其不能吃『易生肺病的鉛粉』，前邊已經說過。但與維持最低限度——不致影響住新聞工作的限度——的生活同時，對於那個服務的報紙，也須要有精神上的愛，即至少他或她應是那報的平素的愛讀者。這樣，縱然受窮，於心亦甘。比如我的通信員時代，××日報雖常拖欠薪金，甚至不給，但我在做特約通信員的前幾年，便是它的愛讀者，並且做了它的『義務通信員』，——報酬是一份報，——及至發生正式職務關係之後，它對於我的通信稿又是那樣地重看，以及我對於他們——主筆和總編輯——的人格的尊重等等。這都是雙方精神上見愛的證明。所以若是我不發生求學的問題，自然能夠忍受苦處幹下去——假若通信社成立，我至少能長期贈送它一份。又關於這個事情，我在我愛讀切合身心生活的書（註二）一文中也寫有一點，可以參看。

然而這個制裁失節問題解決的一個重要點，畢竟還是在新聞社經濟的獨立——即新聞業的發達——上。

（註一）郁飛：風紀問題小諷刺文中的一段；一九三五年二月七日，記者座談。

（註二）見第八卷第一號，青年界。

第三章　政治與報紙

一　壞的報紙和好的報紙

現代報紙在政治上發揮着很大的勢力，無須再說。報紙發揮這樣的勢力，是好？是壞？又怎樣地能夠發揮出這樣的勢力？這都是有興味的疑問。

在考察此問題時，先須明瞭的，就是『報紙』和『新聞』的概念。具備報紙體裁的東西，未必是報紙，登在報上的東西，未必都是新聞。比如廣告版，除特殊的例外，嚴格地說，不算新聞。所謂特殊的例外，比如政治家把自己所設想的有相當價值的某種政策，出廣告費，登到報上，這是可以稱做新聞的。若是這樣的登廣告者，純粹以沽名或騙錢爲目的，那當然沒有新聞價值。新聞社對於此種廣告，有拒登的權利。就這一點說，對於廣告版的編輯也是在活動着多少的新聞意識的。

小說家吉卜靈（R. Kipling）寫過一段事情：他住在印度時，英國的朋友給他寄雜誌。因爲那雜誌裏面的廣告很多，朋友打算節省郵費，把廣告撕掉，單寄正文。吉卜靈回他朋友信，說不要正文，單要廣告。這雖然是對當時英國雜誌文學的一種諷刺，但也可見廣告含有新聞的興味。但廣告就嚴格上說，不是新聞。

說廣告不是新聞，恐怕無人會有異議；但更進一步而說機關報不算是報，想必會有強烈的反對論、但是政黨的機關報，商店的機關報、政府發行的官報（除蘇聯）等類，無論怎樣具備報紙的體裁，它的本質，也與純粹的報紙不同。它們越是具備報紙的體裁，讀者之罪越是加深。時而在報紙上看見所謂『記事廣告』者，是具備記事體裁的廣告文。登到普通記事下面，或是像普通記事那樣，同記事編輯到一起；我們當作記事去看，不料看到中間，才知道是廣告而生出無限的不快活。把不是記事的東西，當作記事去看，使讀者耗費無謂的時間，實在是可憎的詐欺行為。不但要憎做這種欺瞞的編輯的報紙，並且要憎用這種方法去引誘讀者的商人的心術。同時聰明的讀者對於登出這種廣告的商品，也會因憎惡的反感而生出不買的決心。

在報紙方面，有向這種東西的最後處加『（廣告）』字樣的。也許可以藉此安慰報人的良心，但使人讀到最後，才斷定為廣告，這無論如何，也算卑怯的辦法。但只要能夠為如此的寫法，那報紙還不算良心喪盡。講到下等報紙，多有在記事中間，加入所謂『廣告記事』，絕不說是廣告，卻是替商品做鼓吹，而收受相當的廣告費的。比較看來，還是在最後加入帶括弧的廣告字樣的，誠實些。

對於一切宣傳文，應該明白地在起首寫明『這是宣傳文』。雖有這樣的標明，也並不完全喪失它的新聞價值；有讀它的必要的人，自然會去讀；沒有讀它的必要的人，自然也不至於糟蹋功夫了。

英、美的報紙，有政黨色彩的，一點也不隱諱那個政黨的色彩；決不像中國的報紙那樣，縱然實係政黨的機關報，也偏要說『嚴正中立』或『無黨無偏』。又英、美報紙的政黨的色彩，單是從報紙方面同情於某政黨的，不是從政黨方面出錢辦報的。至於在大報，報館方面因為比政黨富裕得多，也沒有向政黨要錢的必要。所以縱然說某報傾向某黨，也不是去做那政黨的御用，而是對那政黨保留着自己的立場。

比如在選舉的時候，無論是屬於那一系統的報，都是每天給各政黨留出一段或兩段的地位，使它們隨意發表主張，——在此欄，各候選者輪流發表政見；這對於各黨的讀者，是有做新聞的價值的。

若是用這樣的堂堂正正的辦法，宣傳文也是會成新聞的；是恰與吉卜靈在廣告文中認出新聞價值同樣的。但報紙的全頁爲廣告文所埋沒時，不算報紙；同樣地，報紙的全頁爲宣傳文所埋沒時，也不算報紙。至於把宣傳文故意裝做非宣傳文而欺瞞讀者，這是很可排斥的侮辱報紙的行爲。

要之，報紙帶黨派色彩的，算報紙不算報紙，非看那個報紙的黨派色彩的程度是不容易下判斷的。但僅在社論上帶着同情於那政黨的程度，這還不失其做報紙的資格。假若那政黨的色彩染遍全紙，對於自黨的事，單寫好的一方，對於他黨的事，單寫壞的一方，即故意歪曲事實，讚美自黨，毀謗異黨，這算是虛僞的宣傳，沒有做報紙的價值。

所以要想使報紙做報紙而存在，不一定就說帶黨派的色彩是壞的。縱然帶黨派的色彩，只要那編輯者守着新聞道德而忠實地去報導，那也不至於喪失了報紙的價值。

比如說『美國著名的社會學者李勃曼（W. Lippmann），是多年來就替從前民主黨的機關報世界報寫社論文章。等到一九三一年世界報與電聞報合併成爲世界電聞報（*The World-Telegram*）歸併於共和黨的先驅論壇報（*New York Herald Tribune*）出版部出版時，曾訂立合同：李勃曼氏得以民主黨的立場，繼續寫社論文章。於是在羅斯福與胡佛競選總統時，李氏卻在共和黨的報紙上寫民主黨的文章』（註一）。但這並不是『美國黨報最大的矛盾』（註二），實係美國報紙最大的好處。又如說美國『報紙的特色，并不是說它們不注意政治上的事件，而是說它們對於美國兩大政黨從來都加以同等的待遇。在每次政爭或選舉時，各報均以同樣的地位，同樣的態度對待兩黨，并不左右袒。此外，最值得注意的：美國各報無論政黨機關報或非政黨的報紙，對於政治消息，多半能就客觀的事實加以敍述。而將政治主張讓社論記者來發表意見，以代表該報的根本態度。所以說到每日的政治新聞，美國報紙倒有就事敍事的態度，含色彩的記載比較不多，』（註三）這是對的；但要說這是『因爲美國各報以全力注意於社會新聞方面，專心在讀者的趣味上打算盤，於是對於乾燥乏味的政治新聞，就不這麽認眞了』（註四），這就有點欠妥了。

政黨色彩濃厚的地方報紙，尤應注意此點。當然在這些裏面，也有僅在社論上偏於一黨，對記事則爲公平的報導的。那些報紙是能夠博取讀者相當的信用而建立穩固的經濟根基的。只是內中很多都是舞文曲筆而在做着政黨的御用的。這些報紙所以不急速沒落者，第一是在地方少有競爭的對手，第二是地方讀者的批判力，比較低下。但在都市的報紙普遍地侵入地方的現今的狀態，地方讀者的批判力，自然要漸次向上的。到那時候，蹂躪新聞道德的編輯方法，會忽然挑動讀者的反感，而使報紙走上沒落的道程。

舊式的政黨機關報，只算是一部分人的喉舌，不能代表一般大衆；因之不能得到多數的讀者。就是它們的編輯方針缺乏公正性；它們的報人不能嚴守新聞道德；換言之，它們沒有報格。現世各國的政黨機關報，恐怕沒有比蘇聯發達的。誠然是在它的國家，只有一黨，不許反對黨報紙的發行；也是他們的編輯方針至少對內具有公正性，而它們的報人也能夠保守新聞道德之所致。

要而言之，眞正的報紙，就是不歪曲事實而以讀者爲本位的報紙。但無論是政治的權力，是資本的權力，在它無理地壓迫住報人時，必定要發生事實的歪曲。這樣的報紙，只算野心家或貪慾者的工具，不算是眞正的報紙，——至少算是惡用了報紙的篇幅，恰與無線電進入雜音同樣。這種報紙，是要受讀者排斥的。

（註一）馮列山：美國新聞業的研究一文中語；東方雜誌第三十二卷，第十一號，頁六七。

（註二）同上。

（註三）同上。

（註四）同上。

二　公衆是報紙永久的主人

某百貨公司電梯墜落，發生死傷的事變，在英、美的報紙上，是難以登出的。一登，那個大公司的廣告便不會再來了。又在美國，資本家們是像網一般在聯絡着。製造業者、銀行家、鑛山業者，都是事業上的親屬。所以比如登出某鑛山的勞働爭議，便要受銀行家的不來廣告的壓迫；因爲它們在這一點上，也是持的攻守同盟的態度。在中國的新聞界，雖沒有這樣的厲害，但類似這樣的事實，近年是已經逐漸加多了。

雖是這樣地受着資本統制的網的罩籠，但講起英、美的報紙，也不能說盡是資本家的代言者。仍然是有相當勇敢地同不正義戰，同資本家戰，而做一般大衆的代言者。卽如哈斯特報團(W. R. Hearst Newspapers)的報紙，就是如此。爲什麽它們不做資本家的代言者？這是爲的讀者！

因爲無讀者的報紙是再可憫沒有的。無論是有怎樣巨大資本的報紙，抓不來讀者，也是要沒落的。這種現象在英、美，更其顯明。在中國或日本，報紙銷路的擴張，全靠長期定戶或分館。所以只要資本豐富，能夠多設分館，多給回扣，廣事宣傳，無論是怎樣壞的報紙，也可以抓得幾多的讀者。但在英、美，報紙差不多完全都是擺在街頭零賣的，新聞社方面沒有零賣的餘地。讀者掏出幾個子兒，從擺列的報紙中挑出自己愛看的報紙便得。今天買泰唔士報的人，明天說不定又要買別的報。報紙是痛切地體驗到一天一天的競爭了。講到晚報，那又成了一小時一小時的競爭。因爲全部都是浮動的讀者，所以各報都十分關心着要抓得新的讀者，並且使舊的讀者不要逃去。這就是他們不能蔑視讀者的理由。

把紐約世界報(*The World*)辦成功的畢力策(J. Pulitzer)曾說：報紙經濟的基礎不確立，是不能維持它的獨立性的。確立那個經濟基礎的手段，是得到多數的愛讀者。所以新聞業者不可在公衆以外找自己的主人。

美國報紙營業的收入，誠然不靠讀者，專靠廣告，但不能不儘力去抓讀者。沒有讀者的報紙，弄不來廣告；因之，沒有正當的收入；因之，報紙的獨立性不能維持：這便是畢力策的理論。照着這個方針，畢力策竟從一個小夥計，昇至報王的地位。他經營報業的方針，除替讀者——卽公衆——服務以外，什麽也是沒有的。

或許有人說畢力策一流的報紙經營法是資本主義的經營法。這是誤解。既如前述：美國報紙的讀者是完全自由的。在上電車前投銅幣去抽出報紙時，除了自己的好惡，是沒有什麽能掣住他肘的。所以這種報業資本主義的殿堂，完全是一般公衆建築起來的。

距今二十年前，在紐約經營週刊"*Independent*"的霍爾特(H. Holt)，憤慨在資本統制下的美國報紙的吸收讀者，招來廣告的經營方針，想募集五百萬金圓的基金，來辦個『清淨潔白的指導的』、『不依靠讀者、不屈從廣告主』的報紙。他說一年縱然損失十萬金圓，只要有五百萬金圓，也可繼續辦五十年。五十年後，在五百萬金圓中，可以殘留幾多，不去想它。必須懷起五十年間完全損失的覺悟。到五十年，時代必變；那時候可另想辦法。這樣，總算在五十年間把『良好』的報紙供給了美國人。

霍爾特的這個計劃，比較依報紙本身的吸引力去抓讀者的辦法，可以說更多含着『資本主義』的成分。誠然，捐助五百萬金圓的人，及以此趣旨而經營報紙的人，都沒有資本家的營利思想，但這五百萬金圓所生產的報紙，不是爲適應讀者的嗜好或要求而製作的，而是想把那金圓的捐助者與那報紙經營者的嗜好或要求強賣給大衆的。那態度是專制的，並且是資本主義的；那報紙不是大衆的，也不是讀者的，乃是五百萬金圓的資本家的。這種報紙比諸畢力策的報紙，當然後者是大衆的。

於是，關於報紙本質的一個理論成立。卽報紙從表面上看來，雖然似乎是屬於甲資本家、乙財團、丙公司的所有，但其實際的所有主，乃是讀者。畢力策的『新聞業者不可在公衆以外找自己的主人』的話語，便是這個意思。畢力策眞算是把爲資本主義制度所遮掩的這個內面的眞理完全悟到了。眞的：使報紙活，使報紙死，都是讀者的自由。這個自由權在報紙發達的國家——卽如報紙差不多全部是零賣的英、美——特別發揮得厲害。在這種環境之下，某報一見棄於讀者，它便沒有銷路，廣告主便不再照顧它。在中國或日本，報紙多係按年或按月訂定的，故讀者的變動是發生於每一年或每一個月；而在專靠攤賣的英、美，那變動是發生於每一天。讀者對於報紙的生殺予奪之權的行使，眞是一舉手一投足之勢。所以報紙的主人，在最後，終歸屬於讀者。

要之，尊重做報紙眞正主人的讀者的意志而製作報紙，這比諸尊重僅是報紙名義上的主人的意志而製作報紙，是超出多少倍數的合理的。又像畢力策那樣的眞眞聰明的報紙經營者，知道以公衆爲主人而製作報紙乃是報紙的使命，並且是自己的利益；只有那些不聰明的報社主人，光會發揮私人的權力。不知道受這個權力的損傷的，卻是自己的本身。這不是有持這種方針的報紙漸趨沒落的事實可證明嗎？

照歷史所證明，人類是具有向上發展的性質的。報紙能否善用這個向上發展的性質，便是那報紙成功和失敗的關鍵。卽忠實地反映出社會的報紙，算是眞正的報紙，並且是最後的勝利者；因爲它在不斷地增加着讀者。所以常做公衆的後盾，乃是報紙存在的條件。

但這是指純粹地反映社會的報紙說的。在反映此社會的過程，外部的雜音混入時，報紙會失去做報紙的純粹的性質。所謂雜音，是在如何的時候進去的？那就是在把言論、記載弄歪曲的時候；是在政黨使其機關報，不顧是非，恣意宣傳的時候；是在新聞業者爲自己利益而利用報紙的時候；是在資本家利用資本勢力和廣告關係而干涉報紙的時候。但聰明的讀者，是會立卽聽出這種雜音的；並且能夠很敏捷地避免閱讀雜音多的報紙。某美國人曾說：一時地欺騙一切的人是可以的；永久地欺騙某一個人是可以的；但是永久地欺騙一切的人是難能的。報紙是沒有不顧慮讀者那樣地沒落得快的。

然而適合這種理想的報紙，在現代社會，幾乎是不存在的；多半都是帶着雜音的報紙；但正在雜音的除去上努力，也是一種的傾向。沒有這種努力的報紙，是正在受着淸算的。照這個傾向去看，報紙的前途，是有無限希望的。

三　『民治國』的報紙及其它

照上述，政黨機關報，只要不有意歪曲事實——不含雜音——是有做報紙的存在價值的。但在現今所謂民治國家的報紙——尤其是政黨機關報——果是處於怎樣複雜的情勢中？又社會主義國家的新聞統制，是否算是對於報紙的壓迫，卽是否足以妨礙住報紙的進展？這都是本章的主要題目。

關於所謂民治國家的新聞事業的形態，可借用蒲徠斯(J. Bryce)的話來說明。

『新聞事業在建設民治制度的歷史上，是很有功績的。當民治主義和君主政體及貴族政體搏戰的時候，報紙實在是民治方面之最強悍的勁旅。它把一切壓制的事實和腐敗的黑幕，都暴露出來；非難那專制的行政官吏，指摘他們自私的謬誤政策；援助愛自由的朋友們，引起民衆的覺悟。它又能包容並凝聚輿論的勢力，所以能夠得到人民的信仰和同情。假使沒有報紙，那人民的公意恐怕就不能這樣容易打勝政府的武力。

但是到了後來，報紙也發生許多從前未曾遇見的困難和危險。大家已知道對民衆說話這個權力原可用之於各種目的。我們現在試舉二、三個例，作說明。

從前君主專制的政府時常創設一種政府機關報，專門傳播政府所欲發表的事實，有時且揑造利於政府的新聞。但是這種報紙也帶官廳的臭味，不能得到民衆的信任。俾斯麥於是發明一種新方法，就是暗中和那些名義上不屬於政府的報紙相聯絡，使它們發表政府所暗示的記載和論說。當時有所謂『蛇毒的機關報』實在是他維持勢力的一個好機械。各國政治家學他這種手段的很多。俾斯麥這種方法雖沒有限制報紙自由的形迹；但是『眞實』的淵源，已經被他汚損了。

……報紙自由這條原則是不能一律應用的。……那無限制的公開雖是自由政府的生機，但也有許多危險；好像炸藥一樣，用之於開礦鑿穴，原是很好，但亦可以作犯罪的兇器。

報紙在一方面是一個商業的機關。它賣新聞於讀者，又賣報上的空地於登廣告者。在這方面的事務是很直捷簡單的，因爲純是一種買賣行爲，專以金錢利益爲目的。

在它一方面，報紙是一指導者、告誡者，是想造成輿論，左右公衆的動作。它對於目前事實多加以批評；對於各種政策也時常發出主張或加以反對。在這種地方，報紙是取一種爲公的精神，無偏私的願望，專以公共利益爲目的。這種精神或者可以鼓勵經營人或編輯人的行動。但那實際的動機也許是爲私的，也許是很卑鄙的；或者是經營人自己或其朋友的事業想得政府援助的，或者是因爲別人想報紙幫助所以予它以金錢的賄賂。至於公衆一般人自然是很不容易知道報紙在某種事實上所取的態度究竟是出於什麽動機；並且在表面上報紙也總時常擺出一副愛國的架子。平常的讀者對於報紙上事實的記載是很信任的，他們很容易把這個信任的精神移到報紙所發表的各種議論上，有時雖覺得這種議論有黨派的臭味，但總當他是一種誠實的黨見。於是所謂報紙之營利的性質，如賣新聞、賣廣告地等，本都是光明正大的，卻暗暗昧昧地在論評中也有作用了。報紙的兩種性質既分別清楚，我們就可依此歷數現代政治報紙發達的程序了。

在現代各自由國中，重要的報紙總是傳達政治消息和政見的不可缺的機關。平常的日報，大概都是記錄事實，或記載重要人物的言論、意見；其傳達的方法自然是很靈敏、神速的。報紙於傳達之外，時常還加入記者自己的政見，想左右讀者的心理。這種態度，免不了黨派的色彩；假使讀者明知道它有黨派的色彩，那就可以不必計較。報紙祇要沒有隱匿事實或顛倒事實的弊竇，記者參加自己的意見原是無妨礙的；這好像一個演說家在講壇上主張本黨的政見，當然是可以的。所以我們決不希望演說家和報紙一定沒有黨派色彩。我們祇要他們勿顛倒事實，勿誣蔑反對派，有一種公平的誠意，那就很可滿意了。

報紙如果盡其所能但求事實的眞確，而讓各種主張都有平等的發表機會，是非曲直一任公衆的判斷；那末，報紙眞是政治上一種極純潔的珍寶了。其唯一的能事，就是表現健全的清醒的輿論。輿論雖然有時也會錯誤，但報紙已可告無罪了。這種美德，在現今的世界，原是希望不到的。在我們的世界上，祇要各黨派的報紙能夠用公平的態度報告事實和言論，公衆已經受益不淺了。並且這樣的報紙對於它自身也是有益處的；因爲如果它採取這樣公平的態度，別黨的黨員就會尊重它，愛讀它了。報紙對於本黨也負有一種責任；因爲本黨是靠它作言論機關的。政黨的報紙如果一味祇放肆無忌，其言論的價值自然要減損的。攻擊個人的言論更能予本黨以不利；因爲這種言論很容易引起反動，反令被攻擊者得利，或使不重要的人因被攻擊而見重要。反對派所最怕的不是你報紙上無根據的誣衊，是怕你把他自己言行的謬誤眞眞切切地宣布出來。社會上眞正能夠影響普遍一般人的，原是那少數的有意識者，他們的意見決不受報紙上毀譽的影響。

在十九世紀中葉以前，凡與政治有關的報紙都是政黨的機關報，都和政黨領袖有密切的關係。新聞記者往往是一個獨立的有力量的人物；他發表自己的意見，執評論的權衡。但是無論如何，報紙的地位總還是一個輿論的機關，輿論的領袖。其營利的性質自然是不免的，並且其營利的目的也或者影響到政治的主張；但這時候報紙的主要目標，總還是離不了鼓吹政治主張，和供給正確的新聞這兩面旗幟。

可是近來的報紙發生另一方面的現象了。現在的新聞紙雖然表面上都還是傳遞消息的機關，鑄造輿論的領袖，但在實際上已經變成一種純粹營利的事業，和它種商業的機關沒有分別了。「經營人」的地位已經高出於「編輯人」的地位了。編輯人自然是一個文人，也許是一個有學問的人；他時常有一副主張，要靠報紙發表的。經理人則爲一營業人；他雖然也許希望在政治上占一些勢力，但在他的眼中，金錢總比政見重要。編輯人及其同事也許純粹是抱「爲公的」精神，其所著的議論也許純粹出於至誠的信仰；但是經理人則專以推廣銷路、招登廣告等金錢的利益爲目的。假使傳遞眞確消息、發表正當議論的目的（卽編輯人的目的）和推廣銷路的目的（卽經理人的目的）相抵觸，結果必至於犧牲第一個目的，而用迎合讀者心理的方法以求達第二目的。於是報紙就時常觀望公衆意見的趨勢，自己卻順風使舵地跟上去；有時且挑撥或激揚羣衆的感情；更不正當的，還揣摩羣衆感情，先事播弄煽惑。此外還有一種得利的途徑，就是社會上往往有一種假公濟私的人，時常賄賂報紙，使它代爲鼓吹。例如他們運動報紙鼓吹一種法案，這種法案的通過，於他們自己是很有利的；或使報紙虛造股票市價的變動；或者想藉報紙的力量左右政府的外交政策或殖民政策，結果是於他們有利的。凡一個金融團體總有許多報紙在掌握中；除了以報紙本身爲營利之外，還藉它的勢力增進它種企業的利益；或是爲政治領袖作援助。在這種情形之下，報紙的態度是不出於良心的主張，完全隨那暗昧的動機而轉移的；公衆人民若不知道它的底蘊，必至於被欺。這種流弊雖在那公德墮落的少數國家中爲特甚，但無論何國都是免不了的。

報紙除了爲營利人利用以外，還有爲政客利用的危險。報紙的創辦者如果是一個政客或一個政團，而其創辦的目的則專在乎增進個人或團體的政治勢力，那末這種報紙也是不正當的。在一個國家之內，其政治上重要的地位如不專靠立法作階梯，那野心家就可以專在報紙上出風頭，直接和選民在文字上談話，而取得政治的勢力。他們這種手段如果爲讀者窺破，其言論的勢力自然是會減少的。但是平常的讀者都不能窺破。這種報紙動人的地方往往在於宣佈能誘惑人心的、不屬於政治範圍內的事實，而使讀者於不知不覺之間受其政治主張的影響。並且大多數讀者的智識總是很平庸的，對於這種政客報的作用自然看不出來；所以常常上當。

凡有政治作用的報紙，大概是運用兩種方法。第一種方法是「論評」。論評時常是反對或鼓吹一種政策，和非議或讚許政黨領袖的言行。在「政黨政府」的國家內，這種鼓吹的方法大概是不能免的；並且在相當範圍內，是披露各種重要政策，引起國民注意的最好方法。這種方法，如果能免虛造和詬罵的弊病，是很公平的，很光明正大的。靈敏的人總覺得被報紙攻擊比被演說者攻擊痛苦一點；因爲對於演說者他可以直接質問，或反駁，而對於那匿名的新聞記者就不容易向他理論了。但這也無大妨礙。在政治競爭中，很厲害的攻擊原是免不了的。

第二種方法是巧妙得多，有效得多了。凡輿論的造成原是以「事實」爲張本，所以報紙要貫澈主張不得不在「事實」上下功夫。報紙有時是用推測事實的方法；卽就一個人或一黨派的行爲推測其動機或用意，於是即以此種推測作爲眞眞的事實，因之大加批評。報紙有時且揑造事實；就是把「謠言」攙進記載中（這謠言也許是自己造出來的），以後即視謠言爲事實，而增高其身價，反覆注入公衆的腦神經。用這種方法須要謹愼，否則便被人發覺；一個報紙揑造事實的詭計如果常常被人發現，那末這報紙的價値一定掃地無餘。所以最好的、最穩當的方法不是靠論評，也不是靠揑造事實，是靠「事實的選錄」。無論何種問題中，兩方面總可以找到利於自己主張的事實。報紙如能很巧妙地、很有系統地選錄利於自己方面的事實，而隱匿或割截，或簡略利於它方面的事實；那末其實際上雖有蒙蔽讀者使不能下公平判斷的罪惡，但在表面上卻逃避了虛造事實的罪名。可是「隱匿事實」，的確比「虛造事實」還可惡得多！這種消極的虛造法比那積極的虛造法，實在容易而且穩當；因爲這種詭計是較難發覺的。政黨的演說家也時常使用這種方法；可是報紙上用這種方法最有效，最周密，並且用得最廣，而以在外交政策上爲最厲害。例如一八九八年合衆國和西班牙開戰的時候，美國報上幾乎天天登載西班牙在古巴的橫暴舉動。又如一年前，英國報上對於不利於特拉斯凡爾（Transvaal）政府的舉動都記載得極詳，並張大其詞，凡是利於這政府的舉動都不登載，以致英國人沒有公平判斷的根據。

這種事例很多，不能盡舉；凡和外國有關係的問題，報紙的誇張和揑報是非常危險的。關於內政方面的爭執，人民知之較深，且各政黨對抗的活動很能夠把事實的眞相顯示出來，而虛妄的記載和謬誤的論評也有更正的機會。但是，和外國有關係的事情，就沒有這種自然補救的機會；因爲沒有一政黨或報紙肯替外國人辯護（除非純粹出於良心的動機）。並且代外國人辯護，時常會觸犯衆怒，引出「不愛國」的譏笑。報紙爲維持自己營業起見自不得不採用隱匿捏報的政策。所以各國的報紙都是極力創造惡感，挑撥戰爭。甲國報紙侮駡乙國，乙國的報紙也必詆毀甲國，結果致令兩國的猜疑和仇視越弄越深。……普通人民的愛國心就因之激動了。凡聽見頌揚本國的話總格外喜歡，而讎恨外國人的理由也不怕太多。

這種隱匿事實的法術本是演說家所常用的，但報紙也是一個演說家，他是以讀者爲聽衆的。不過演說家有一種人身的引力，有直接動人的姿態，報紙沒有罷了。可是在別的地方，報紙的力量比演說家還大。它能夠同時向極多數人民演說。並且它有使人不得不看的勢力；因爲它載有許多不在政治範圍內的新聞，多數人都因職務的關係必定要看。其餘的人也因好奇而要看。社會上大多數的人民對於政治總是有興趣的，不過沒有極大的興趣可以使他們參預一切政治集會和看立法部的議事錄；對於這一班人，報實在是政治知識的唯一的淵源，也許是唯一的讀品。並且報紙又是繼續不斷的；它的議論是天天發表的，個個星期發表的；它的報告也是天天發表的，個個星期發表的。

報紙的聲望更因一種神秘的色彩而增加。看報的人幾乎沒有一個知道自己所看的東西是那誰做的，也不知道做的人有什麼根據，有多少學問。報紙上說的話似乎從「超人」口中來的，有強人相信的催眠力。一個老年的個中人就可以告訴他的朋友說：「你們看那些轟轟烈烈的文章都是毫無經驗的小孩子們做的；他們腦神經中所知道的比你我少得多；他們的文章都是在三層樓上一間破屋中慌慌張張做起來的。」但是城內外幾千萬的讀者都當這些轟轟烈烈的文章是從天上降下來的，是大衆一致的呼聲。並且從實際上說，報紙所代表的，並不止那破屋中的少年記者；因爲大報紙總有它老招牌的勢力，有鉅額的資本，並且它所採用的政策也許是多數伶俐人合議的結果，他們能察看輿論的波浪，能知道如何迎合羣衆心理，如何恐嚇政府當局。論評上的主張本是不大重要的；在論評的背後，還有一種新聞政策，就是如何發表本報所欲披露的，如何隱匿本報所不欲披露的。此外，印刷的文字更有一種奇怪的魔力。人人往往對於朋友們從口頭上傳來的或從紙上寫下來的話，都不大注意；而對於報紙上的話，就非常相信，其唯一的原因就是報紙是印刷的。一個人平時對於報紙也許明知道是靠不住的，但是看報紙上有攻擊政客的話，也就反覆傳誦，因爲他覺得從印刷的文字上看見的東西總有不能忘情似的。

在幾國內，報紙的得勢是靠它和政府接近或和金融界接近：大概和金融界接近的，比和政府接近的更好；因爲金融界不受政潮的影響，其勢力較爲永久。政府的閣員或在野的重要政客總有幾個報常爲自己利用，作自己的幫助。他們對於報紙得報酬或者用私人的消息供給新聞記者；或者如美國的習慣用外交上的地位位置新聞記者作報酬；或者如英國的習慣用國家的榮典作報酬。俾斯麥利用報紙的手段自然不必說了。俄國有名新聞記者客康夫(Katkoff)在一八七〇幾年間對於俄政府的援助眞是不小。英國政治家也沒有一個不靠新聞界之臂助的。而澳大利亞之強有力的報紙有時竟操首相進退的權衡。

現在的政治家卽使有很好的辯才，而他的演說詞又被公報記錄得不錯，可是他的聽衆比報紙差得很多；因爲報紙是天天出版的，而政治家的演說是偶爾一見的。政治家也許有一種人身的引力，這是報紙所無的。他的演說也許是民衆所傾倒的。他也許如羅斯福(T. Roosevelt)的樣子是人民所崇拜的偶像，全國所愛戴的英雄。但是一個人名望越隆，勢力越大，那讎敵也越多；片言隻語都是會被批評被誤傳的。並且他也沒有這樣多的功夫對於種種謬誤的記載或反對的言論都加以更正或辯明；卽使有所更正或辯明，也未必一定達到看過攻擊他的文字的人的眼中。政治家如果碰到一個個人的讎敵，他也許能夠制勝他；但一個報紙如果專心同他搗亂，他總是弄得沒有法子。報紙時常用很武斷的態度把許多無根據的記載認爲眞確的事實；這種記載在未經被人反證以前讀者都信他是眞實的。報紙更可把同樣議論或同樣攻擊的話喃喃不休地反覆登載；總想深入讀者的腦神經，而一般讀者對於這些夾雜於「商情」、「市價」、「運動會消息」各欄中的政治記載，那裏有頭腦去辨別它的眞僞呢？這種反覆攻擊的方法除了對待在社會上有確立不拔的信仰之人以外，是所向皆捷的。反覆不休的攻擊，實在好像機關鎗的彈丸，是來源不絕的，眞是報紙最厲害的武器。

報紙的勢力有兩個特點：第一，報紙沒有強制力；第二，報紙不負責任。凡爲報紙勢力所支配的人，都出於自己的自由意志：你不買報紙是可以的；不讀它也可以；不信它也可以。你如果以它爲嚮導，也是出於你的自願。報紙沒有法律上的義務，所以是不能負責任的；除非受法律上誹謗私人和教唆犯罪等的裁制。照古來的格言說：權力和責任是相生並存的；天下沒有這樣好的人可以委託不負責任的權力。但是報紙的權力除了良心的裁制以外，再沒有別的東西能夠限制其使用。報紙的記載如果沒有危害個人和損傷國家的明證，其它虛造事實或隱匿事實等，都不負民律上或刑律上的責任。

上述報紙的一切流弊，雖然都是實際的事實，但在英語諸國中，報紙的流弊沒有達到極點。……

世界各國報紙的流弊究竟到了什麼程度，此處是不能說的；因爲各國情形不同，很難斷定。我們現在祇須說明：這種不負責任的權力怎樣可以濫用；以及英語諸國中重要報紙的「習慣」怎樣地有益。這種習慣就是維持報紙的誠實的態度和公平的論調。輿論的監督，報界重要人物的競爭，以及他們在職務上的尊崇都能夠維護這些習慣，使大家遵守。

一種報紙的讀者如果專是國中一部分的人，無論是種族的、宗教的、或工業的部分；那所記載的，如果又純粹是偏於一方的事實和意見，誇張這一部分不平的事實，而挑撥對於它部分的惡感和仇視；那末這種報紙一定是很危險的。這部分中的人如果有看它種報紙的，或不至於大受影響；但是那些專看本部報紙的並且相信其記載爲眞的人，那階級思想和階級目的，必至於日深且固。依普通的原則而論，這種弊病的救濟方法大概是靠各獨立報紙的自由競爭。一種報紙，或數種由一人或一黨包辦的報紙，如在一個特別地域內或特別階級中占有特殊的勢力，那末，公平的和光明的輿論就難造成了。輿論方面的壟斷比商業方面的壟斷更爲有害。假使有一種資本的大組合，能夠收買許多報紙，統歸於一個人管理，並且使用財力排斥其它競爭的報紙。那末，這種報紙就能於各種新聞上都可供給一個最完滿的最近的消息；並且有力量可以羅置一切最能幹的人材。他們的銷路既然很廣，他們就可以利用這個勢力，專發表一定色彩、一定傾向的事實，而隱匿或汚損反對方面的事實；於是他們就有任意左右大多數『選民』意見的能力。微弱的政客就會被他們屈服了。政府當局也不敢違犯他們了。外國人也就承認他們的勢力了。假使資本和人材可以如此聯合起來，在面積不甚大的國家中什麼事情都可以發生了。這樣偶然的聯合也許是沒有的。但各種營利事業都是可以集中地聯合的；報紙的營業也未始不能集中、不能聯合。這種大報紙壟斷新聞的危險，可用什麼方法防止呢？工業的壟斷，本可用「收歸國有」作救濟；但報紙如果收歸國有，那危險是更大的。這種救濟方法大概可用法律的制裁，不過各國多未試行而已。

以上所論報紙因左右輿論的勢力在人民政治上的影響可總括之如下：

現代的普通選舉已把選民大大的增加了。這些選民的政治知識全是從報紙上得來的。

報紙辦理的困難和資本的浩大已經使弱小的報紙逐漸消滅了；各國有勢力的報紙總不出少數幾家，而歸幾個少數人的掌握。

大報紙左右輿論的能力，如和重要的政治家或立法部中的辯論比較，是已經增加了。

報紙有逐漸變為商人事業的趨勢；幾乎完全以營利為主要目的。

報紙的經理人利用報紙的勢力去增進自己或他人的經濟上的利益，這種趨勢也日見增加。現代的報紙幾乎是用財力左右政治的最好工具。

報紙的權力在實際上是不負責任的。因為他所怕的祇有銷數減少這一層，而大多數的讀者都僅注意業務和遊戲的消息，報紙上如有政治消息方面的背謬和錯誤，他們是不知道的，並且是不注意的。

報紙因選錄新聞所得的勢力比明白鼓吹政治主張的勢力有效得多。選錄新聞的危險在對外問題上比在內政問題上大得多；所以是國際親善的大障礙。

民治政府全靠大多數國民能運用他們的消息確切和思想平允的意見。現在各國報紙都是這樣隱匿事實或虛造事實，人民已沒有公平判斷的材料。所以現代民治國的民意大概都是由報紙用人爲的方法造成的，不是自然發生的。這實在是民治政體的一個大損害。

但是報紙雖然這樣濫用權力，他在自由國中極有價值的功用又是不可埋沒的。假使沒有報紙，那末比上古城市國家大一點的國就不能行民治政體了。報紙的能力可使政治家的言論直接達到全國人民，並且能使立法、行政的官吏常常處於人民眼光所及的地方。報紙自己雖然不負責任，可是它能夠使一切作公務的人都不得不負責任。這些很有用、很必須的事業，祇有報紙能夠做；所以報紙如有損失公衆信仰減少自己效用的危險，我們是要特別留意的。』(註)

所謂民治國的報紙的最大的弊病——『隱匿事實或虛造事實……』——算是被蒲徠斯完全道破了。這確是從多年的思索兼考察中得來的話，——有好些地方已成不能改動的定論。——凡是親眼看見『民治國』的什麼團體——特別是集會——的人，倘使那會的主動人勾通了新聞記者，第二天或第三天再取過報紙的記事來同自己的所見對比一番，便知道那個記事的『隱匿』或『虛造』是在某一點。而這些主動人，即『當選』爲某種『員』的人們，便可藉着那一片新聞記事去遮掩公衆的耳目。這些做了某種『員』的人們，達到初步目的之後，再進一步，便有完成某種野心的希望，到那時，他們就可把偸摸竊盜的勾當，改成明火執仗的把戲，以遂其『陞官發財』的本願。然後更以搾取所得的剩餘，去『津貼』或收買言論機關。於是在他治下的民衆，遂都陷於要死不得活的境域。一旦下臺，尤其要以名流或要人的資格，拉人辦報，拚命鼓吹，以作捲土重來的準備。這就是現代的所謂民治國家通有的現象，也就是民治國家的報紙紛紛沒落的原因；也就是所謂民治國者紛紛沒落的原因。

關於免除民治國的報紙流弊的辦法，我們頗佩服蒲徠斯有先見之明。只是他會說『收歸國有』可救濟工業的壟斷，卻不會說這也是可以救濟新聞的壟斷的。這或許是那時候（一九二〇年代）他沒有認清楚現代的報紙早成了大工業的集團的緣故。

然而像現代的任何民治國家，果有實行『報紙國有』的資格和能力嗎？我們可以斷言它是沒有的；唯一的原因，就是報紙成了一種專門的事業，非專家不能辦；而且是隨着人民知識——尤其是新聞知識——的增高，那『隱匿』或『虛造』種種伎倆，將要逐漸地失去效用的緣故。

報紙國有也是同蒲徠斯所說的報紙的流弊一樣地，『因爲各國情形不同，很難斷定』它的適當與否。而在現今實行報紙國有，正在收着空前的成效的，誰都知道是蘇聯。這是那報紙國有的主唱者和實行者原是這世界上最偉大的報人的緣故。就是說蘇聯的報業統制，實際上仍等於報人的自己統制。完全立脚在正義或公道的基礎上，不但不算侵犯言論自由，而且不算違反新聞道德。但把這種制度照樣不擇土性，移植到別一國土，那是不敢保險它的死活的。總之，至少那個政治當局是個對於新聞學有眞正的理解的人，這才可以讓他或她來統制報紙。而一般大衆，便可以跟着這種報紙而見着進展，得到福利。在這種時際，做報紙對抗的事象，乃是各種腐朽的法則或思想。卽這時候的報紙，算是具備同那些功力偉大的曳引車一樣的作用，只會開拓一切，決不會把某種東西拖到爛汚的泥水裏。而一般大衆，因爲它是頂有用，頂必需的工具，所以使用它，靠它來做生產的工作，來生活。被『民治國』的人稱爲『政府公報』的蘇聯的報紙 所以深入農民社會，得到世界唯一的——當然是世界空前的——廣大的銷路，萬萬不像別國的政府公報那樣，只登載些『官樣文章』而爲少數官僚階級的讀物者，它的機括——卽妙用——全在這一點。卽前者實際上固然是政府的公報，而就其性質上說，實係大衆的公報。此理至爲明顯：就是它的政府是大衆的政府。假若那政府不以大衆爲基礎，它自然是會倒塌的。縱然靠某種勢力來支持住它，也不能強迫大衆都訂閱它的報紙；報紙沒有人訂閱，那報館自然不能多量印刷而存放到舊報的堆棧裏，靜待銷售的時機。所以那報社的門是會不關自閉的。再透澈一點說：蘇聯的報紙，誠然是國有的，可是報紙上的言論和記載，絕對不背反人民的意思。又在蘇聯的法律上，恐怕也決不會有『人民必須長期訂閱某某報一份』或是『不訂閱某報者處以某種的罰則』這樣的規定吧。不看清楚這一點，光去學它的統制報紙的辦法來統制報紙，是萬萬不會成功的；除非當眞在法律上規定人民必須訂閱某報的條項，試問這能成爲法律嗎？旣然沒有強制人民訂閱某報的法律，那一旦違反了公意的報紙，是會立刻變爲廢紙的。

（註）蒲徠斯(*J. Bryce*)：現代民治政體（*Modern Democracy*）的第十章；節錄梅祖芬君的譯文（商務版），並略改字句。

* * * *

另註：本章前兩節，內容多根據馬場恆吾的政治與新聞事業一文，綜合 *Journalism* 講座第六卷。

第四章　外交與報紙

一　外交的民衆化與報紙

跟着政治的民衆化，那做政治的一部分的外交也民衆化，這是自然的趨勢；同時，是處在國際關係中的報紙地位益發地重大化的明證。

古昔外交，是以皇帝個人或『皇家』一族的福利爲目的；民衆不過是皇帝所使用的工具或機械，——是被當『物』看待的，不是被當『人』看待的。這在十五、六世紀的近世國家勃興時代的歐洲諸國的外交界，是可以看到無數例證的。自從十八世紀末的美國獨立、法國革命以後，民衆都覺醒過來。但這是先在內政上生出顯著的影響，講到外交，仍然專門化而爲某特殊的一羣——『外交閥』——所獨占；多在隱秘中辦理，還絕對談不到民衆化。但到後來，隨着民治和民權的發揚，遂喚出『人民支配外交』或『國民外交』的口號。

今日的外交，其中縱然還含有幾多不可告人的奧妙的成分，但就大體上說，是已經有約半分的民衆化了。

這個『外交的民衆化』是可祝的？可咒的？這有兩派議論。前派的主張：戰爭對民衆決不是可感謝的、有利益的事，不過是特殊的人或階級爲了自己利益而犧牲民衆的舉動；又，祕密外交的組織，完全爲這個一部分的活動謀利益。所以這樣的外交是必須改正的。卽如世界大戰，若是沒有祕密外交的話，若是民衆知道的話，那是不會發生的。世界大戰中，在非戰論者的勞働黨、社會黨以及一部分的自由主義者間，就有這樣的議論。比如：一九一七年五月在瑞京所開的社會黨會議的荷蘭和斯堪狄那維亞社會黨委員會的提案中，有『廢止祕密外交』的一項；對於這，德國多數派社會黨主唱『國際間的一切條約，都應加上國民代表者』的條項，少數社會黨也讚同之，力說『由民衆支配外交政策，可防止侵略的方策』的事情。同年意大利的社會黨也同樣地非難祕密外交，說『由議會來支配外交，可以除去外交的陰謀』；同年八月在倫敦開的協約國勞働黨會議，也可決了英國勞働黨提出的『廢止祕密外交』案。

但是又有說外交的民衆化徒有其美名，實則弊害很多的。這些人主張的要旨，是：民衆決不是平和的，而是好戰的；又民衆遇到困難問題，多祇觀察皮相而缺乏深究內面的餘暇和訓練。

關於民衆外交的論議，雖有這樣的是非，但外交的民衆化，乃是大勢的趨向，任何人都是不能加以制止的。只是民衆外交，有長處也有短處。比如一部分的外交陰謀，確是可由民衆化而掃除的，但民衆根據不得正鵠的外交知識想去判斷當前的實際問題，做執政者的指導，確也有容易生出謬誤見解，爲禍國家的時候。而能否給這種民衆以外交上適當的知識和見解，使其不致錯走了路，這一多半可說是其所閱讀的報紙的責任；因爲一般民衆容易接受報紙所供給的知識乃至思考的方法。（註一）

在中國外交史上有名的陳友仁的外交報告（一九二七）的結論中有云：『……此次漢案……一、由於民衆之同心協力，一致對外，使全世界皆知此爲民衆之意思。故外交進行，得有極強之後盾。』這眞是外交家的心得語。

在現代中國外交史上，民衆外交的實例，不可勝舉，而在關於外交與報紙的問題，卽爲外交而涉及報紙本身的問題上，充分發揮出民衆外交的權能，而且見着偉功，而且可以特筆大書的，就是一九二七年春間漢口的英文楚報（*Central China Post*）曾因排字華工不肯排亂駡中國的論文，以致停版（後又復刊）。又一九二八年九月九日起北平報夫工會宣言不賣順天時報，又過數日，郵務工會，也議決罷送，因受上級職員的壓迫，並於十月一日全體罷工，這兩件事情。前者，範圍較小，現在專說後者。

順天時報是日人特別辦給中國人閱讀的華字報。素日憑藉治外法權的保護，抨擊中國人民和政府；『幸災樂禍，造謠生事』，（註二）眞可說是無所不用其極。那時北平報紙的印刷和內容，都很貧弱。順天時報靠着一架獨有的輪轉印刷機，以及稍爲淸楚一點的編輯方法，所以外表比較像樣；同時，又除『幸災樂禍，造謠生事』之外，更藉中國內戰（註三）以及中國人所辦的報紙受取締的機會，敢登人所不敢登的事情，在缺乏政治與報紙或外交與宣傳等常識的人看來，也好像它『能替中國人講話』，（註四）『眞有朝陽鳴鳳之概』。（註五）尤其是它『能猜出中國人的心理，將內容、形式，處處都迎合中國人的心理而編輯，所以就是中國人自己也往往不知讀的是外國報』，（註六）所以它的銷路居然能爲平、津各報之冠。及至濟案發生，平日僞裝爲『中國報』，並且常稱中國爲『我國』的順天時報，到這時候，遂不能不顯露出它的本來面目，言論偏袒日方不消說，並且居然宣揚在濟南的『戰績』，以開釁全責歸諸中國。所以到同月十一日，它的銷數，便俄然跌了六千份。該報雖因此而漸漸減少宣揚『戰績』的記載，但袒護自己眞正的主人的帝國主義警犬的面目，是永不會改變的。於是發生中國空前未有的抵制事件。

卻說北平報夫工會於八月十五日提議出兩事：（一）取消報房壟斷，由報館直接交送報者發行；（二）

對於順天時報頻唱挑撥論調，約定送報人一律不送。後來便發出告全國宣言。經了這麼的鼓動，北平的郵務工會也從九月十六日起，停送順天時報，而北平各通信社也於當月十三日停發該報稿。該報乃一面請日使芳澤，向國民政府交涉，一面用汽車分散報紙，依然如癲似狂地大字登載文武各派如何不和，某對某如何，極盡挑撥能事。更派人到郵局運動副郵務長×某，招警察壓迫不肯遞送該報的郵工。同時天津報夫工會也全體響應北平報夫工會。而北平報夫工會乃再發告全國宣言；北平總工會更向郵局副郵務長×某抗議壓迫。未得圓滿結果。郵務工會遂於十月一日全體罷工，各局一律封閉，停止工作，要求撤換×副郵長；幸虧郵長英人巴金認識大體：他一面對順天時報方面人說，『對於羣衆的意旨，無法鎮壓，』一面答應工會，允使×某三日內離開平局，遂於當晚復工，而對順天時報，依然能遞。

芳澤爲了郵局罷工，竟於十月三日以公文致外交團，提議改良中國郵政問題，要求開外交團會議，並且硬說中國郵員贊助抵制順天時報，是違反華會的撤銷客郵協定。列邦雖有一部分贊同其說，但多數認爲中、日間感情問題，並非排外。此報受了這個打擊之後，雖然依靠政治和經濟的壓迫，勉強恢復了遞送，但終於顧客的一種威力——『不看』——還是超過『不送』，所以它從此以後，又過年餘（一九三〇），便壽終正寢了。

本來，關於外交上的事情，民衆是應該受報紙的指導的，但照上舉實例看來，北平報夫工會爲了這個與內政外交上都大有關係的報紙的死活問題，竟不肯犧牲他們的勞作的收入，而一再發告全國宣言，終於除去了一個禍根。暫且不必說我新聞界直至又過七、八年後的今日，仍然繼續登載着同順天時報一樣的宣傳記事，而類似順天時報的報紙，依然到處皆是。單就那一時說，算是民衆儼然處於指導報紙的地位，使對方的外交代表認作外交的一個主要對象而空耗了奔走和紙墨、口舌之勞了。所以這事不僅是中國民衆外交史上的新紀元，也是中國新聞事業史上稀有的紀錄。

（註一）據米田實：外交與新聞及新聞人；綜合 *Journalism* 講座第十卷。

（註二）周作人：我們的閒話一文中語，語絲第八十六期。

（註三）這種內亂的發生，固然不能說完全是由於該報的挑撥離間，但該報實應負擔大責任。

（註四）同註一。

（註五）同上。

（註六）蔣國珍：中國新聞發達史頁六六。

二　報紙動起自國外交的實例

在論民衆外交的時候，照上述看來，必然涉及外交與報紙、報人的關係。現在先從報紙動起自國外交上的實例中，檢討一番。

這種實例，也是舉不勝舉。但應首先舉出的，就是一八七〇年的普、法戰爭。這個戰爭的發生，兩國報紙上的強硬論是最與有力的。在普方，俾斯麥(Bismark)因為自始就希望戰爭[威廉二世(Withelm 二）不算]，時常利用報紙，所以也很重視報紙的強硬論的效果，而在法方，拿破崙三世（Napoleon III），不一定希望戰爭；只因報上登着強硬的議論和記事，遂動起皇后悠賽尼(Eugénie)七月十四日在御前會議席上的『不開戰王朝要滅亡』的叫聲，這才決定了戰爭。其次就要回顧在一八九八年刺激了西班牙與美國的戰爭的美國哈斯特系諸報的活動狀態：當時，大統領馬克欽萊（W McKinley），國務院長夏滿(John Sherman)，都不願同西班牙開戰。但一八九八年二月十五日在古巴島首府哈瓦那港的美國巡洋艦"Maine"號的爆沈事件發生了。這照近年的調查，判明是由艦內爆發而沈沒的；但在當時，因爲死了將校兩名，兵士二百五十八名，不免刺激住美國的人心，而哈斯特系的諸報，乘着這個機會，大聲疾呼地說事變是由西班牙的惡意而發生的；報上並且登着潛水夫入水所見的艦體洞穴的照相，另外百方鼓動人心。有了這派報紙的煽動，遂致惹起美人間的對西戰爭論，政府也終於爲它所打動。

更看二十世紀，可是怎樣？我們發見同樣的報紙的影響。

其一是舊俄外相薩索諾夫(S. D. Sassonov)的經驗。從一九一〇年九月做了俄國外相的薩索諾夫是與前任外相相異的親德派；這也許是因爲他的祖母是德國人，在德國有多數親戚和資產的關係。薩索諾夫就任後，跟着蟠據俄國宮廷的親德派要員們企圖恢復隔離許久的俄、德關係。可是此志竟不得行。這雖然也是有巴爾幹半島的政治關係，但俄國報紙的態度，確也是主要的障礙物。在俄國，當敗於日本那年(一九零五)，皇帝也爲民間議會政治要求所打動，造成了國民議會。從此以後，俄國的報紙，漸漸得到言論的自由，而在外交上，自然不會同情專制的德國，而生出同情民治的英、法的傾向。比如繼續一八九四年的法、俄同盟，而以一九零四年的英、法協商，一九零七年的英、俄協商，成立了三國協商，這都與俄國的報紙有相當關係。又照一部分的德國人的評斷：薩索諾夫因爲是個富於感情的人，並且有點執拗，所以受不住報紙議論的刺激。又有些人說：在舊俄，人口九成餘不識字，輿論政治必然也不會實現出來。但縱然輿論不能充分開發，而對於少數可以干預政治的人們，報紙的議論，仍然有重大的影響。所以薩索諾夫用盡心力的親德政策，在實行上終於爲同自己政策相異的報紙所阻止，再加上內

部環境的變化，他自身依然做着外相，竟不得不同久欲親近的德國動干戈。(註)

(註)同「二」之註。

三　報紙動起它國外交的實例

報紙言論在對外關係上生出重大的影響，這當然能夠影響到自國的外交上。元來在現今，國民的意向和政府的企圖，沒有不反映到一國的代表的報紙上。所以在任何國家，都可在對手國的報紙上發見外交的指針，因而決定自國的外交態度。比如乙國的政治當局者本係和平論者，只因受到甲國報紙的主戰論的刺激，遂致變爲主戰論者；遂致惹起戰爭。又如丁國受丙國的壓迫，到了萬不得已的時候，經丁國的報紙齊聲疾呼，力主抗爭，這也會促起丙國的政治當局者的反省，因而停止住先前的蠻橫的步驟。又這並不是單指報紙上的論評而言，在記事上，也會引起同樣的作用。所以做駐外使領的，必須常在向自國報告的公文中述及報紙的論評或記事，或是剪貼零片的報紙於貼報簿(Scrap Book)上，郵送本國；同時別國派來的使領，也須以這爲日常必做的工作；尤其是在兩國關係發生變化的時候。又如近年的國際事變，各大通信社的選材，無不以當地著名報紙評論爲依據。又如最近(一九三五年八月)德、奧兩國政府成立協定，約定兩國報紙停止互相攻擊，以期恢復兩國友好關係。——關於報紙論調問題，竟成國際協定的主要條項，這在以前的外交史上，恐怕是很少看見的。又如在國際間素有聲望的報紙，若是登出關係某一國外交的記事，與事實稍有不符，那某一國的外交當局，一定要立刻發出聲明或辯正；因爲這種記載是能夠轉移國際間的視聽的。——一九二七年五月二十三日倫敦每日電聞(*Daily Telegraph*)

接到駐滬通信員的電報，說『據可靠消息，武漢政府外交總長陳友仁氏，曾電匯美金一百萬元至美。』該報登出後，爲陳友仁得悉，立卽重託倫敦某律師事務所，控訴該報，揑詞誹謗，破壞名譽。該報主筆電令駐滬通信員澈查，結果則知前說毫無根據。該報不得已遂於七月十六日報上登一啓事，略謂：『我們因此，毫不遲疑地取消前說，並否認讀者的誤解。我們對於陳君個人意見，雖不一致，但斷無毀壞陳君品性之意。今因有所登載，或致引起此種誤解，實爲遺憾。』於是這場官司，才算了結。這就是一個較近的例證。

要之，報紙與對外關係，確具有極大勢力。但於登載國外消息時，必須格外愼重，好使國內人士，不致過於興奮，免得在國際間發生重大惡感，——至少是可以免去像每日電聞那樣的臉的。假若那個外國事件，十分眞確，並且確係違反國際正義的舉動，這當然是應該毫不猶豫地把它揭布出來的。

四　新聞外交政策

（1）加弗爾和俾斯麥的新聞外交政策

報紙對一國外交或國際關係，能發生至大的影響，旣如上述，同時，政治家企圖利用這個有力的報紙，也是自然的事。

卓越的政治家憑藉報紙，運用自國的政策或陰謀，決不是新的事例。短軀近視的加弗爾（Camill Bense di Cavour）因爲自己獲有做新聞記者的經驗，所以憑藉內外的報紙，鼓吹意大利的統一，等到全歐洲輿論的根基造成時，遂與奧國一戰而獲取勝利，建立意大利王國。拿破崙三世也明白怎樣地利用報紙去支配容易輕信的世人的法術。但做外交策略的幫助，而巧妙地——可稱神乎其技地——操縱內外的報紙的，還要首推鐵血兼紙筆宰相俾斯麥。一八六六年在尼古拉斯堡（Nikolsburg）開平和會議時，法國外交家白尼德體（V. Benedetti）曾提出『在法國併吞比利時，不受何等妨害的條件下，可使普魯士在德國內發揮自由手腕』的議案。白尼德體親自手書該條約未定稿的原文而一交於俾斯麥，俾便先行（一八七〇年七月二十五日）抄寄倫敦泰晤士報，次更製版交來比錫圖畫週報（*Illustrierte Zeitung*）發表。而為了公表這個有絕對根據的外交文件，俾斯麥其後過兩星期，便把與普軍在戰場所給法國的打擊同樣的損傷，加諸拿破崙政府的威名上。其它如何的政治家，也沒有會像俾斯麥那樣巧妙地利用報紙的。要之，為着做愛國政治家而助長其目的起見，俾斯麥把所有民族的報紙都利用了。更申言之，近代政治家，都很認識報紙勢力的宏偉，常利用國際間的大報，希圖間接地達其外交目的者，固然不僅俾斯麥一人，但講到手腕的靈敏，伎倆的巧妙，想無出乎俾斯麥之右的。像這樣古的事例，在二十世紀時代，能發見嗎？能之至！

（2）舊德的新聞外交政策

（A）新聞操縱公司

若是講到國家或政治家操縱外國報紙的實例，那末首先舉出的，仍是同俾斯麥的新聞外交政策一脈相傳的舊德時代的新聞外交政策了。這雖然是過去的事，但當作史料看，極有興味；何況舊德的新聞外交政策，又早已成了列邦——尤其是東隣日本——的新聞外交政策的模特兒呢？

德國對外新聞政策之積極的設施，着手於大戰開始前數月。起初還是茫無頭緒，後來便漸漸達到圓熟的境域，見着顯著的功效。在這裏，可先看英國政府根據駐德大使郭欣(Goschen)的報告(白皮書(2 7585))，於一九一四年九月三日發表的一文的大要：

「據柏林二月二十七日所發的報告，上面論述應藉報紙增進德國在國外的威望的種種方策，以德國外交部新聞部長哈曼(Hamann)博士爲發起人，外交部長列名贊同，召集全國各大銀行、公司的代表者，以「增進在國外的德國產業的聲望」這種寬泛的目的，組織一個通信公司。其資產靠私人的捐助和政府的補助；最初的提案只募集十二萬五千元，但因到會者的熱心，得到每年二十五萬元的捐助，再由政府每年在用諸外國報紙補助金的機密費項下撥付十二萬五千元。於是該公司便同法國哈瓦斯通信社(L'Agence Havas)訂約：除經由德國胡爾夫電報通信社(Wolffs Telegraphisches Büro)之外，不使發表關於德國的一切消息；又胡爾夫電社，也不從這個新公司以外，接受德國通信；又對於受路透社供給的諸外國，也想和路透社訂定同樣的契約；路透社若是拒絕，則供給辦理從墨西哥等處的電報通信，同胡爾夫合作的德國某公司以資金，使它同路透競爭。另外，列席於這個祕密會的諸公司代表，並且把花到外國報紙上的廣告費，投入這個新公司使用，每年約有二十五萬元。總計以上三項經費，每年約有五十萬到七十五萬元。又列席諸公司的國外廣告，決定只登到受新公司操縱的報紙上。這種報紙，除昂貴的廣告費外，還有無報酬收受用各本國文字寫就的新聞通信的利益。派遣公司代表到世界各重要地方，叫他監視那裏的新聞界，遇有不利於德國的記事，立卽致電本國，再由公司發電辯明。而急應實施這種辦法的，是以南美和極東爲主，逐漸推及歐洲以外的各國。

後來，更據郭大使的報告：在六月五日的德國輸出評論上，登出這個供給國外通信的記事，算是最初公表了這個祕密計劃的。合樞密顧問官一名，德國銀行理事一名，共計三個理事，主持該公司；暫時期望辦三整年，以後更圖組織的確實。做公司代表的各公司，每年至少拿出五萬元；外交部也把補助金十二萬五千元一案可決了。該評論並附記道：該公司所想做的事，必靠駐外公使、領事之力，才能收得更好的效果。但若是強派新聞記者到外國去，容易顯露出這個公司的本來面目，所以實不如以住在當地而同新聞社有關係，並且巧妙地避開人眼，企圖德國利益者擔任這種工作。」看這個報告，德國對外新聞政策的手脚，可說是盡態畢露了。這個對外通信公司，原名叫做"Transocean Gesesllchaft"；中國有人譯爲過海電社；日本有譯爲新聞操縱公司的。——就意義上說，以日譯爲合切而且俏皮。總公司設在奈本(Naben)，通信是由奈本的無線電播送的。雖然全世界都能够收得到它的宣傳電報，但一等國的報紙，大概都不採用，僅南美諸小國和荷屬印度等處少數報紙登載而已。

(B)對美的新聞外交政策

對於西半球，魔王威廉二世的鷹眼所最注目的，是美國的新聞界。爲引誘美國的新聞界起見，據傳，在大戰開始後的一年間，就約支付了二千七百萬元。這款的用途：(1)收買新聞記者；(2)發行傾向德國的報紙；(3)在各地開講演會；(4)給與親德派的學者、著作家以補助金，使他們寫文章稱揚德國。於是「德國收買輿論」的風聲，彌漫整個的新大陸。這時候，頂受嫌疑的，就是爲報王哈斯特所有的紐約亞美利加報（*New York American*）。其實：哈斯特決非金錢所可動的。因爲哈斯特的經營報業的方針，是特立獨行；他的報紙的言論，雖常袒德抑英，原是依據他素來的主張，是同袒華抑日一樣的；假若說他的報紙偏向德國，就算受了德國的賄賂，那末偏向中國，也是受了中國的賄賂嗎？斷沒有這一回事。而且他的財產在那時候至少也有五千萬金圓以上，不要說用一個普通國家政府的機密費去收買他，決不可能；卽使稍爲運動他一下，也是難以辦到的。只因哈氏於一九一六年三月，會同當時德國間諜的巨魁法人勃羅（Borrow）雙方在紐約有過酒食的酬應，遂致惹起人們的疑惑，但此事到翌年十月，已由紐約州檢察總長調查明白：那是純粹的社交關係。

但美國的新聞界受了德國的賄賂，乃是眞確的事實。次年由美國上院議員欽格（King）發表，他說已經取得前駐美德國大使本斯托夫（Bernstorff）伯爵，爲收買報紙雜誌而支付的銀行匯票的照相，以及奧國大使館支給外國報紙款項的證據。國務院長蘭辛（Lansing）主張在議會組織調查委員會，調查這件事。

一九一七年九月二十二日倫敦泰晤士報駐華盛頓通信員來電說：

「美國情報局刊布德人在美陰謀的長文一通，並附以照片。內有新聞記者阿琪勃爾（Archebald）給德大使的五千元收據和愛瑪遜（Emerson）的一千元收據各一紙。阿係攜帶駐美前奧國大使登巴（Dumba）的信件被捕，愛則爲紐約某報派往德國的軍事通訊員，現在非洲。此外並有照片證明前德使署武官巴某賄炸船隻之事。更有一九一五年中在前德使署商務官管轄的所謂廣告局搜出很多文件。據此，可見德國的間諜組織和煽亂陰謀，枝葉異常繁密；又證明德國外交官與愛爾蘭革命舉動有密切關係。』

二十五日又從華盛頓來電說：

『目下在當地成爲大問題的，是在美、中、日三國幹過的德國陰謀暴露事件。這個陰謀，關係着過去五年間的許多個人、團體、商店、有世界文名的著作者，及其它報紙雜誌等。綜合諸種事象來考察，已經着手的事項，似乎還不過是表面，……結果想必見着超出最初想像以上的重大事實的暴露……』

十月七日華盛頓又來一通暴露德國外交陰謀的電報：

『據一九一六年二、三、五月中，前駐美德使本斯托夫和前德外長雅高（Von Jagow）間往返的電報：暴露出法人的德探勃雜的活動與德國外交團的陰謀事件。關於此案的證據書類，現由國務院發表。同年二月二十六日本大使致雅高電云：「我關於有促進講和希望的某一敵國的政治運動，接到可憑信的報告。」更附言：「該敵國政界的有力者，在紐約提出擔保，求借百七十萬金圓，目下不許發表其姓名。此事極關重要，故請從速照數匯下。」二十九日雅高電說：「目下在紐約的現款，極爲困難。若是認出該敵國眞有意講和，可贊同該款的借與；若該敵國是俄國，則以該數目的款去運動它，未免過少，可勿交易；若是意大利，則爲該國也犯不着花這麼多。」三月五日本大使更致電外長請發由紐約德國銀行撥付九百萬金馬克的訓令；二十日再電外長，說「對於駐瑞士德國公使想同德外部取得聯合的某請求允許他在通信之際，使用某種的隱密語。某對我更希望關於法國政界的變動，可用德國政府的勢力禁止報紙登載，這樣便算得到德國的贊同，可不至於失敗了。」雅高外長在同月三十一日覆電說：「關於您三月二十日電報中所說的人物，還沒有從瑞士接到什麼報告，您更得到關於勃羅的消息否？勃羅是法國新聞記者，爲了在法國發起講和運動，以「受德國賄賂」的罪名，目下被關在巴黎的監獄中。」

其實：美政府早從紐約德國銀行查明：德外部曾由該行匯給本大使以巨額運動費；這筆巨款是在美、德國交斷絕前匯去的；因而暴露出勃羅事件來。但照這次公表的本、雅兩方的往返文件看來，德國銀行紐約分行的金庫，顯然是已經空虛了。則在過去數年間，爲了運動美國新聞界的耗費，縱然沒有二千七百萬元之巨數，恐怕也差不多遠。看下面的又一個例證——一九一八年七月九日路透電——也就可以窺其一斑：

『紐約晚郵報(*New York Evening Mail*)副社長魯博士以關於報紙所有權的僞證罪被捕。他在一九一五年六月收買晚郵報，爲德國政府做祕密活動。德政府爲這，間接地給了他百三十六萬一千金圓。』

跟着美、德開戰而陸續暴發的德國對美的新聞外交陰謀，畢竟算是完全失敗了。現在再看對法國的新聞外交政策。

(C)對法的新聞外交政策

講到德國對法國的新聞外交陰謀，那就不能不首先敍說勃羅的故事了。

當德探巨魁勃羅於一九一七年春間在巴黎就縛時，全歐洲人都睜着驚訝的眼注視他。實在是大戰中最大的間諜案件。

勃羅這個名目，原是近東式的音調，聽着好像土耳其人。但他是巴黎的居住者，而在戰期，常往瑞士、美國、意大利等處旅行，因之惹起別人的疑惑。

講起他的品性來，他是有女理髮師、詐欺者、竊盜漢、刑事犯、賣酒者、醜業經營者、小亞細亞和土耳其方面的旅行冒險者等等頭銜的。他的足跡所至，怪影無不隨之。他又嘗自誇說同埃及某官是好朋友。這是他前半生的片鱗。

再看他的現狀：是名譽騎兵聯隊的騎士、學士會會員、農業授勳局委員、外國大勳章的佩帶者。住巴黎法爾斯勃羅路十七號；每月第二禮拜三日住巴黎郊外的別墅。汽車不消說了，還有自備飛機。

變化無窮的他的生活的第二幕，是以從多年的逋逃歸國，同某資產家的寡婦結婚爲序幕；接住便在美國、瑞士各處，演出大的活躍。這次的被捕，算是他的生活的第三幕。

勃羅在被捕時，病得很重。法院深恐他萬一自盡，或是病死，便失了這場大案的頭緒，所以在他的身邊，嚴重地保護兼警戒着。終於治好了他的病，然後用種種的方法誘引出他的自白來。

他在過去三年間，以巴黎等處爲根據，過極豪奢的生活；視黃金如糞土；日常佩着名譽騎兵聯隊騎士的徽章。實則照他半生的經歷說，怎會有佩帶這種徽章的資格呢？

勃羅在被捕時，雖已經有五十歲；但容貌看着不過三、四十歲。他的胞兄是巴黎宗教界有名的主教，以極端的保守主義，做羅馬教會的監督。一天，主教到監獄，探視弟病；流着滔滔的熱淚在病弟的枕邊祈禱說：「縱然他的賣國的犯罪是眞實的，其罪也已經算是由現在的病苦而得到懲戒。上帝喲，懇請拯救他的心靈。」

勃羅生於馬賽。他的父親是貧困的公證人。天性聰敏，自幼就顯出非凡的才能，成了近鄰父兄羨美的目標，豫想他長大無論做政治家，做事業家，都一定會佔得優秀的位置，做個法國有數的人物。但是他的才能，長大之後，竟轉入邪道；不勞而獲的希望，益發地使他的生活黑暗起來。

在銳利的眼睛裏輝煌着不正之光的青年勃羅，一八八八年，勸誘巴黎的飲食店業者，為圖蟹、蝦的廉價供給起見，組織共同購買協會。不久，在協會裏打起官司來；但這時候勃羅的腰中已經纏上了十萬法郎，所以沒有坐牢。

愛吃蟹、蝦的勃羅，又辦一個葡萄釀酒公司，取得全法國的教堂供祭祀用的葡萄酒定單。但葡萄酒的代價雖弄到手，只因根本是個詐欺公司，所以一瓶葡萄酒也沒有。因為這個詐欺手段，太是露骨，勃羅縱然狡計百出，也免不了一年的徒刑。這也算是他開始做刑事犯所舉行的洗禮吧。

期滿放出後，他覺得法蘭西無地可容，改名變姓，逃往西班牙。他到西國首都，立卽開起一家俱樂部式的娛樂場；用純巴黎的方法，招待十分週到，營業也就立刻見着了繁盛；但開業時沒有報告警局，所以又被控訴，受到『被告勃羅於三十六小時以內退出西班牙，或是受兩年徒刑』的宣告。他選擇前一項的處罰，遂去非洲。

他初到非洲，上陸之後，因為西班牙官憲的監視，很是嚴重，不得伸展他的翅膀。後來經過法國屬地，到地中海東北隅的土耳其屬地士麥拿港上陸，這才得着僅能容身的根據地。他在此地開個兼營醜業的俱樂部，住了三年多，人口二十餘萬的士麥拿港的俱樂部，都歸他所有。因此，他居然做了當地法僑的代表者，負起往君士坦丁堡同土國政府交涉的重任。

後來，他又改了姓名，轉往埃及首都開羅，巧入埃及宮廷，開設貴族本位的俱樂部。他前半生的最壯麗的活動的舞臺，遂在這裏開幕。關於當時他的對英的陰謀，足够出一册珍奇的書，只是因爲英政府嚴防洩漏，所以眞確的事實，傳不出來。

從久居的埃及，歸到里昂時，勃羅是帶有相當資金的。他趕快開一家化粧品店，但沒有得到預想的成績。遂又着手販賣葡萄酒，組織一家大公司，並在巴黎開設分店；但事業完全失敗。

但從那時候起，他同每年有十萬法郎進款的一富室的寡婦，得到交情。憑藉財力的後援，忽然在社交界抬起頭來，成了人都知道的富翁。再加上他的胞兄在巴黎的聲望，特別是在大戰開始以後，勃羅的胞兄的傳道演講，成爲巴黎社交界的時髦，多數的貴夫人，都驅車聚集到教堂的門前。善會應酬的勃羅，游走於這些信徒間，憑藉胞兄的人望，努力企圖恢復自己的名譽。

他更藉着胞兄的夤緣，得到羅馬教皇皇族們的知遇。他想伴同皇族們往西班牙去團結那裏的加特力教信徒，並設立信徒專用的加特力銀行；但此計畫因羅馬教皇不允許而流產。

但在這前後，可促進勃羅活躍的大機會是來到了；那是年來同他交好的埃及某官，突然亡命到瑞士的緣故。他想利用埃及某官的名義，向英政府請求埃及舊領土的償金和蘇彝士運河的收入分配；他爲了這個問題，曾在巴黎同埃及某官的秘書們協議，並且急往羅馬，同意大利下院議員接洽。最後經埃及某官親自出席，可是勃羅的畫策終於沒有得到埃及某官的答應。

以上是一九一五年中勃羅的活動。表面上他似乎沒有何等收穫；但他這時候弄得名叫"Pasha"士耳其貴族的稱號。遂利用這個光榮的稱號，在巴黎社交界大出風頭。而同柏林方面的秘密勾扯，以瑞士爲根據的陰謀之序幕，便從那時開幕了。

勃羅後來像風車一般，奔走意大利、瑞士、美國各處。曾於一九一五年二月在羅馬某旅館，開最初的祕密會議。列席者，是埃及某官和他的兩個內任，連勃羅共四人。

勃羅在席次提出這齣戲劇的梗概說：『在德國，是希望早一日回復平和的，但若是想促進法國的平和論，只要用我的手腕，便沒有什麼困難：只要把兩三家報紙弄到手，便可橫行天下。這必要有多少的資金，須向德國政府方面賣臉；請埃及某官在這時候，出一些力何如？』談到收買報紙的金額，勃羅說：『不要幾多，只須二萬萬法郎。』

四個人商議的結果，決定卽派埃及某官的內任赴柏林，同德外長雅高開始協商。但一聽說要二萬萬法郎，雅高也不得不躊躇起來；結果算是照原價打了個一折一扣，由德國情報局付給二百萬法郎，從瑞士銀行開一張支票，經埃及某官的手，交付勃羅。

但勃羅從這筆款子中取出百萬法郎之後，突然變卦說：『這樣的少數不足取的錢，打算做什麼？』埃及某官同他的內任，也都沒有辦法。向勃羅說：『那末，我們光弄一點手續費。』遂從餘剩的百萬法郎中扣除十二萬法郎，把其餘的八十八萬法郎，退給德國情報局。

百萬法郎上腰的勃羅，把德探事業，暫時中止，以行所無事的態度，着手做新事業。所謂新事業，就是把軍用汽車和家畜類，或各種軍需品賣給德國政府。

勃羅以瑞士首倫爲根據地，開始軍需品交易之後，德外長認出他的手腕的非凡，切盼他擔任收買法國各報的事情。但勃羅說：『二萬萬法郎，少一厘也不行。』他同德外長的祕密交涉，當時駐首倫的英國公使館，也得知一些。

德探陰謀交涉的再開，埃及某官同他的內侄們，都很盼望這事的完成。先在黨徒間設通信暗號。又規定：德國發來的通信，概在米蘭接收，然後用驛遞辦法。

不久，有同德外長雅高的交涉，埃及某官派內侄趕速往柏林去。雅高的提案，是：『在大體上，對此計畫是贊成的，但二萬萬法郎，數目過多，所以希望第一期付款額爲一千萬法郎；按月付百萬法郎；十個月付清。』埃及某官即從維也納經米蘭，發暗號電報給勃羅，約定在瑞士某地爲第二次的聚會。

幾天後，在瑞士的秘密會議又開了。列席者除以前四人外，還有德外部代表和意大利的新聞通信員某；還有一個德國加特力教的代表。

在當日的會議，埃及某官和他的內侄們拒絕那個加特力教代表的列席；因爲他在德國議會做過非難間諜制度的演說。那人遂退席。另外七名秘密協議的結果，爲了勃羅提議『每百萬法郎的數目過少，要求再加，』埃及某官的內侄又去柏林三次；埃及某官並親自出馬往維也納。勃羅便迅速着手收買法國報紙的工作。

勃羅除收買法國報紙以外，更收買在法的外國通信員，並且親到美國活動。及至美國國務院查出前駐美德大使本斯托夫發給勃羅運動資金的證據以後，勃羅在本國的陰謀，也跟着暴露出來。既如A項所述：勃羅又成了獄中人。

一九一八年二月十八日，在巴黎開軍法會審，檢查長先略述勃羅的經歷，論斷這個最可禁忌的事件，說是開戰以來的最大叛逆事件。要求對於以一千萬法郎的代價賣了祖國的勃羅，予以死刑的處分。

於是勃羅的半生豪奢和陰謀的生活，遂結束了。

因爲勃羅的法螺極大，所以一時歐、美諸國稱善吹法螺爲『勃羅主義』。

（D）對華的新聞外交政策

德國對華的新聞政策，在俾斯麥下野（一九〇〇）前數年，便已着手（詳見後）。在這以前，列邦在華間接直接，用西文或華文辦的報紙，不一而足，但講到它們的外交策略上的意義，恐怕沒有重過德國的。

在中報王光祈君的德國通訊，德國對華之外交項下，述及戰前德國對華的新聞政策，頗爲簡明扼要：

『……有一次，記者晤一曾住中國之德人某君，伊云：中國人尚未十分了解報紙力量之大，故一般人對於報紙皆甚淡然。中國報紙多偏於消極的批評，而缺少積極的建議；故其影響於政治社會者，亦偏於消極方面。至於歐洲報紙則不然，不但消極批評，且有積極建議。一家報館之中，例有專門學者之顧問數十人；每一問題出，必由專門顧問加以精密討論，然後著爲論文，以作社會之指導。故其效力常影響於政治社會之積極方面。即就消極的攻擊而言，亦較中國報紙有力；因報紙之攻擊，實爲國民表示態度之第一步驟，若攻擊而不得勝，則第二步驟之革命手段即緊隨其後。故歐洲人視報紙之攻擊，爲革命之動機。於此可想見報紙在歐洲勢力之大矣。報紙力量，既有如許之大，故歐洲人以辦報爲征服或感化人類思想之大利器，決不似中國人以新聞事業爲兒戲，明乎此，則記者此篇關於德國在華新聞事業之通信，或亦可引起吾親愛讀者諸君之注意乎。

記者上次通信，曾以德國對華之學校政策報告於讀者諸君之前矣。新聞事業者，亦廣義之學校政策也。何以言之？學校政策者，欲製造德國式之中國靑年，新聞事業者，欲製造德國式之中國人民；不過前者範圍較小，後者範圍較大而已，欲明今後德國之對華新聞事業，不可不追述戰前德國在華之新聞事業。

自一八八六年德國在華創立德文新報（*Der Ostasiatischer Lloyd*）週刊一種，在華德僑消息賴以靈通。然該報之缺點有二：第一，該報係用德國文字出版。華人能通德文者極少，僅有少數高等政治機關選譯一二，以備參考，在中國社會方面可謂毫不發生效力。至於其他各國在華組織報館甚多，而其所用之文字又較德文爲流行，故其主張易得中國人士之了解。德文新報用以流通德僑之消息則有餘，以之對抗各國新聞政策則不足。此其缺點一。第二，該報既係週刊，每有重要事實發生，不能立卽登出，故其效力遠遜其他各國之日報。此其缺點二。當時已有德僑察知此弊，擬用英文辦一日報，以鼓吹德國政治。然其時又有多數德僑以爲宣傳德國思想，而用他國文字，實屬可恥。故採用英文創辦日刊之議，終不果行。直至歐戰已開，中、德感情，日益隔閡。於是在華德僑始大覺悟：非斷然從權採用他國文字發行日報不可。所謂戰爭（*The War*）及中德日報（*Die Deutschen Zeitung für China*）兩種報紙，遂應時勢之要求而產生矣。戰爭係用英文，中德日報係用德文，大鼓吹其「德國主義」。此外，在天津方面，有北洋華德日報（*Tageblatt für Nord-China*），在靑島方面則有靑島新聞（*Tsingtauer Neuesten Nachrichten*）；然皆規模狹小，催眠羣衆之力甚不大。除上述各報，爲德國之宣傳機關者，尚有二種：一爲德華電；一爲發行華文書籍。

德華電在中國頗有勢力。惟此項事業，需費甚多，戰後經濟恐慌的德國，是否有力恢復，實屬最大疑問。在戰前，德國曾印有一種敍述青島內政之華文書籍，初印一百五十本，分送中國各政治機關，未幾，各機關皆來函稱贊該書，並要求再版。於是德人知宣傳「德國主義」之華文書籍，頗爲中國人士所注意，遂擬編著一部「特爲華人之德國書籍」(Denschland = Buch Für Chinesen)，印刷三萬部，以便廣爲散布。後值戰事發生，此事因而擱置。統觀戰前及戰期中，德國在華之宣傳機關共有三類：一曰報紙；二曰電報；三曰華文書籍。現在德國金融恐慌，若欲一一恢復，實爲勢所不能。惟其國人以新聞事業重要，擬於相當範圍內，設法恢復一二。除德華電需費浩繁，恐一時不能恢復戰前原狀外，目下所擬從事者：一爲日報；一爲華文小册。

日報擬辦德文、英文、華文三種，其立論專以迎合中國人心理爲主。據德人觀察，現在無論任何黨系，對於下列五條意見，皆歸一致：卽(一)取消領事裁判權；(二)財政獨立權；(三)關稅獨立權；(四)取消外國在華之郵政；(五)撤退外國在華軍隊。日報對於上述五條，宜時加以鼓吹，使中國人皆以德國人爲至良之友，則日報之功用見矣。德、英兩種文字之報，當然由德人自辦，不假手於他人。卽華文日報，亦應由德國領事署之翻譯官辦理，受領事之支配，以宣傳「德國主義」。戰前德人散布華文小册，既收效果，今後更當努力編著華文書籍。其內容卽鼓吹德國戰後之如何重興，工業之如何恢復，教育之如何進步，對華之如何親善，要之，其宗旨在博得中國人之同情而已。此種宣傳，亦可謂爲廣義之新聞政策。

……再述德國內地報紙對於中國之關係。在戰前，德國內地日報，登載中國消息者，只有下列各種：柏林地方報（*Berliner Lokalanzeiger*）；克倫日報（*Kölnische Zeitung*）；佛蘭克福日報（*Frankfurter Zeitung*）。雜誌中登載中國消息者，有下列二種：德國政治（*Deusche Politik*）；中德聯合會之中國記錄（*China archiv des Deusch=Chinesesche Verbandes*）。以上各報章、雜誌所記載者，大半皆係德國遊歷中國所報告之消息，無非描寫中國人如何穿衣吃飯之事，以供該國人士茶餘酒後之談資；間有一、二作政治談者，亦無非與中國官僚曾經談話幾次而已；至於中國之政治趨勢如何，學術思想如何，固未嘗有深切之論評也。其尤可痛者，在華德國教士，更喜描寫中國之一、二野蠻狀態，以告其國人；故一般德人皆視中國為野蠻民族，毫無文化之可言。記者每遇德人，輒將中國文化廣為宣傳。伊等聞記者之言，始恍然昔日之受欺於教士也。大抵教士之喜談中國野蠻狀態，亦猶唐僧取經之描寫西域奇險狀況；蓋非此不足以顯其信道之篤，與夫冒險之能也。

專賴遊客教士之報告，當然不足以獲得中國之眞正消息。勢非派遣富有知識之新聞記者，前往中國實際調查不可。然德國內地報紙之有駐華訪員，只有佛蘭克福日報一家，且為時亦至暫（據聞該報曾派 A. Paquet 及 F. Wertheimer 兩君至華，未久卽歸）。現在該國報紙所載關於中國之消息，多係取自英、法各報。近來各報，有鑒於前此中國情形之隔閡，擬特派員來華；若一家報館之能力不能擔任，則由數家報館合派。擬在北京設置一人，以報告北方消息；上海設置一人，以報告長江流域消息；廣州設置一人，以報告南方消息。派遣此項訪員，以曾在中國作官吏或任教習者為合選。」

以上所舉過去德國在華各報，僅是就旗色最鮮明者而言。另外還有所謂『掛羊頭，賣狗肉』的：如美國人經營的天津星期報（*The Tientsin Sunday Journal*）的被收買，和英文北京日報（*Peking Gazette*）的被操縱（一九一四），以及用華人何某做傀儡而經營（一九一五）的英文北京晚報（*Peking Post*）之類。

戰爭，是戰期中在上海辦的。並且贈送日本報社和有名人士閱看；同時印刷日文通信，贈給日本報社。

中德日報，是戰期中德國在東亞方面新聞政策的重要設施。對於列邦和中國的挑撥離間的態度，是很積極的。

（e）新聞政策的末路

德國新聞政策的效果，可是怎樣呢？先就中國而言，各機關報都已跟着中、德宣戰而消滅。日本在開戰不久便奪去它的宣傳根據地，同時，在報社方面，也謝絕了它的『贈送』的宣傳通信。法國則勃羅就縛之後，什麼都不說了。而在美國，尤其不美！因為德國收買美國報紙之說，宣騰起來，一切報紙和報人，縱然同情德國，而為力避嫌疑起見，也因畏懼人言而不敢傾吐眞誠。那素來對德無好感的報紙，為這自然要更其顯示它的排德的態度。終於使美國多數人民同懷恨德的心情。

又，為了那個新聞操縱公司的肆意收買內外報紙的舉動，曾經遭遇德國自由派諸報紙的嚴酷的攻擊。

一個不大著名的外國通信社曾於一九一九年三月從巴黎發出德國新聞政策之徒勞一文，說得很好：

『文字鼓吹，亦稱新聞政策，各國皆利用之，所以發抒自己意見，左右他人言論也。各國大半於必要時偶一用之；惟在德國則極重視之。德政府行政部如外交、海、陸軍等，各設專司，發表與該部有益之消息。此外又有情報局及私人所組織之通信機關以鼓吹德國與他國間之交誼，而期造成各處利於德國之輿論。此種機關，成立已久，不盡始於歐戰發生以後也。其最重要者，爲德意志過海電社（詳見前）。此社成立於一九二四年之春，專以鼓吹德國利益爲務，與萬國新聞社性質迥異。德國向有胡爾夫電社，但係半官性質，發揮言論，傳佈新聞，不得不稍有顧忌。若過海電社，則在名義上係私人所組成，儘可任意發電，而不由政府負責。故改頭換面之戰電，淆混是非之新聞，悉由該社逐日發無線電分致各國；有時承當軸意志，凡政府未便公然負責之宣言，亦代爲發表。觀其消息之傳佈迅速，無稍間斷，已可見當軸之特別優待矣。漢堡殖民協會與德國實業戰時聯合會，亦爲托名私人組織之鼓吹機關。餘如德華協會、德亞協會、德布協會、德巴（巴爾幹）協會等，亦各就其範圍所及，分別運動；而南美、中美尤爲德人鼓吹最力之地。第事之曲直，究非巧言所能掩飾，迨眞相既明，新聞政策遂失效力。美國、中國及中美、南美諸共和國，或對德宣戰，或與德絕交。德國運動之結果，適與其所期望者相反。理直則言順。苟理不直而徒恃空言，嘵嘵置辯，縱能淆惑耳目，亦必暫而不常。觀於德國新聞政策的結果，卽可知其故矣。」

德國的新聞政策，既是如上所述的遭遇着它的內外的攻擊、排斥的惡劣的運命；單就美國報界自從發生德國收買的事實以後的對德態度說，確實也是算它戰事失敗，乃至帝國沒落的重要原因。然而德國的軍國主義者，似乎有至死不悟的樣子。比如德國名將魯登道夫（Von Ludendorff）曾在他的著作中說德國的戰敗，不是武力的問題，實係宣傳力不够。威廉廢帝也嘗說：『我們不是敗於軍事，而是敗於沒有倫敦泰晤士報。這當然是因爲在大戰中泰晤士報鼓吹中、美、日等國加入協約國甚力，卒告成功的緣故；也算是追懷普、法戰時泰晤士報爲彼効勞的往事的感慨。但廢帝卻沒有想到普、法之戰與這次大戰的性質；更不知道陰謀詭計的新聞政策，人智越進步效果越少的道理。

(3)舊俄的新聞外交政策

次於德國，在國際間使用巨款，操縱報紙的，還有舊俄帝國政府，這是由蘇聯政府所暴露的文書而被發見的有興味的一例。

革命完成後的蘇聯政府，在翻閱帝政時代的舊文書，查考祕密條約的有無，並且研究歐洲大戰的眞相時，偶然發見舊俄政府在巴爾幹戰爭和日、俄戰爭當時，對於法國的報界，花費巨款的事實。即薩索諾夫和他的前任外相們那一般當時舊俄政界的大人物，都曾爲了這事，書信往返，商議操縱法國報界的事情。內中駐法高級武官兼財政專員拉發魯維奇(Raffalovitch)，是政治經濟學會會員，常寄稿於法國各種經濟雜誌的人，他的關於操縱法國報界的信札，最露骨地說明操縱的眞相：

「……根據上述，來月的津貼額，應爲十萬法郎；但所謂來月，事實上是從八月十五日到十月一日的六週間分。從前的津貼是以每月十五日到次月十五日爲期限。本年二月以來，一切都是這樣的數目；但照現在的決定，今後每月五萬法郎便够了。……又以前在報界所花的錢，總計四萬八千三百五十法郎；內中津貼記者個人的部分，佔去一萬三千三百法郎；又對於地方報和其它，佔去一萬四千五百法郎。」

這是拉發魯維奇在一九〇四年八月呈給本國財政大臣的信札。一九〇四年，是日、俄戰爭的起初，就是舊俄政府在法國市場賣出八萬萬法郎公債的時候。卽舊俄政府在這種時候實有利誘法國報界的必要；尤其不能忘掉對於經濟關係的報紙、雜誌的操縱。

一九〇五年向法國各報撒布的黑錢，以昧旦報（*Le Matin*）的三萬五千法郎爲起頭，合計爲二百零一萬四千一百五十一法郎。最有興味的報告書的內容是用出版的名義，支出百七十八萬二千七百法郎的事情。據蘇聯政府的說明：這是『爲塡法國報界的貪慾而使用的黑錢。』又就一九〇五年在法國報界花去的黑錢，加以詳細的說明，大體可分四期：從年初到奉天戰爭，用二十四萬七千七百法郎；從奉天戰爭到講和，用百零三萬七千法郎；從講和那年（一九〇五）十一月，用二十萬法郎；從十一月到所謂帝政時代的改革運動，用三十萬法郎。但照其後的預算，決定每月用十一萬五千法郎。

更就報紙分別考察：昧旦報本身雖然極力否認受舊俄政府的津貼，但法國人道報（*L'Humanité*）記者麥爾（B. Mayer）反駁它說：『昧旦報是很大膽的。但對於我們的所說，卻誇飾地說是含於什麼出版的名義中的事情。報紙在它的要求不被應允的時候，登出不利的記事，脅迫對方，或是在廣告上得到巨款，這可稱爲什麼呢？』

麥爾更引出一件日、俄戰中俄方官憲的信札：

> 『我們必須把與昧旦報保持接觸的方法當作實際問題。因此，爲了該報的態度——至少使它持有利的中立態度——必須給以巨數的錢。在比利時做爲反對俄國的信譽運動之際，就有一時付與五、六萬法郎的例子。這還是在平和時代的事情。況在現今的形勢，一個月僅付三千法郎，必然是要被拒絕的。在俄國沒有何等問題的時候，昧旦報未必是重要的；但在目前，使它持中立的態度是

最必要的。這是我要求閣下承諾的理由。卽爲在報紙之政治的方面加以壓力起見，多大的犧牲是必要的；又爲淨化昧旦報的態度起見，這也是必要的。但是要幹這事，必須化錢。究竟應該怎樣辦呢？我等候閣下的指令。』

對於這封信，所謂『閣下』者，很贊賞這種新聞政策，遂向昧旦報，作爲關於俄國財政的廣告費，給以巨數的錢；不僅新聞社經理，全體社員也都得到相當的實惠。假如是個有地位的人，每月可以得到千法郎。這都是人道報說的。

不僅止此。還發見昧旦報的經濟記者某，對駐巴黎的俄國官憲，求論說材料的信：

『我在以後的六個月，爲了報答俄國對昧旦報的好意起見，每月想寫兩篇論說。我已經在關於俄國公債價格的兩篇論說上，把手邊所有的文獻都使用了。若是您肯供給我以關於俄國的文獻乃至報告書一類，幸甚，盼甚。我可從其中採取論說所必需的材料。』

接到這信的俄國官憲，立卽向本國政府索取應供給昧旦記者的材料。

除昧旦以外，還有時報 (*Le Tempas*) 和 "*Economist Europe*" 雜誌，都有以廣告費名義，每月拿俄國政府七、八千法郎的形跡。並且這些授受契約，似乎一直繼續到一九〇八年；在同年三月駐巴黎的俄國官憲送回本國的秘密報告書中，記有以每月一行五法郎的比例登出四千行廣告、又以一行十法郎的比例登出二千行廣告的約定事件。

在馮列山的法國新聞事業的現狀一文中，也有可做上述註釋的紀錄：

『法國的大部分報紙，特別是巴黎的各報，老實說，乾淨的程度是很不可靠的。尤其是那幾家大報的經理先生們，幾乎整天在那裏打算盤，怎樣好去「擇肥而噬」。敲竹槓的天才，絕在一般人以上。例如十幾年前經過蘇俄政府所發表帝俄政府與巴黎報界的勾結黑幕，就是一個明證。……自從此事發表以後，因爲證據確實，巴黎報界的聲譽就大受損失。

那幾乎是沒有例外的：巴黎各報常年得到帝俄政府的津貼，替俄國在法宣傳。當每次帝俄政府在法借債時，各報館經理先生們的腰包，便更加重一次。據說，當時巴黎各報所得到帝俄政府的每月津貼費如下：

費加羅報	五千法郎	小新聞報	四千法郎
新聞報	四千法郎	時報	三千法郎
小巴黎人報	三千法郎	巴黎迴聲報	三千法郎
哈瓦斯社	二千法郎		

其餘各報每月一千或數百法郎不等。當日、俄戰爭時代，帝俄政府在法所費的黑款，約如下表：

	一九〇四年	一九〇五年
直接津貼各報	七二五、〇〇〇法郎	一、七八二、七〇〇法郎
廣告宣傳費	一五一、二一〇法郎	一四八、五〇〇法郎
晨報（即昧旦報）		三五、〇〇〇法郎

其餘各種雜誌	五九、五七五法郎	八二、九六一法郎
總數	九三五、七八五法郎	二、〇一四、一六一法郎

在一九〇四年帝俄政府所費的，尙一百萬法郎不到。到了一九〇五年，就超過兩百萬法郎了。巴黎晨報從前因爲說價還價未妥，所以在一九〇四年該報沒有領到津貼，但在一九〇五年就也得到三萬五千法郎。帝俄政府與巴黎報紙間這種關係一直維持到蘇俄革命成功以後始中斷。例如時報在一九一四年間尙與帝俄政府訂約：每年由該報代出俄國畫報專號兩次，材料完全由帝俄政府供給。時報所得到的利益是每年一十五萬法郎。這種過去的歷史所以值得我們注意的，就因爲自從東北事變以後，日人在法國報紙上活動異常，一參照這個史料，我們就不難一目瞭然了。

還有一段可作爲本項事實的旁證的較近的紀錄：

『中國與日本在歐洲都有同樣的國際宣傳。可是中國與日本所利用作爲宣傳的方法與手段，各有不同。日本不惜用大量的津貼，也可以說是賄賂，用在法國的新聞報（*Le Journal*）同小巴黎人報（*Le Petit Parisien*）的身上。新聞報每天可銷一百五、六十萬份；小巴黎人報每天可銷一百二十萬份。新聞報是銷在一般法人的家庭裏；小巴黎人報是則銷到機關、公司、商店職員的手裏。它們的內容，因爲得了日人的酬報，老是爲日本張目在仇視着中國，以及不利於中國的消息，它們都儘量地刊載；甚至於小巴黎人報派人到某大使館接洽宣傳的方策。中國的宣傳方法是比較失敗的，因爲有一位法國的中間人他從中國公家拿了幾十萬塊錢，他僅找到與他有關係的機關報來作爲宣傳的報紙；因爲這中間經過了這位中間人的中飽，所以化了大量錢，並沒有用到實際上去，所以很多得不到中國方面津貼的報紙，它們總覥顏不顧，揑造是非在罵着。這是法國新聞紙風紀問題。」（註二）

（註一）見東方雜誌第三十二卷，第十三號，頁二〇二。

（註二）沈頌芳在新聞界的風紀問題中的一段談話紀錄；見一九三五年一月三十一日記者座談。

五　對抗宣傳的手段

（1）在中國的事例

要想對抗宣傳，必須使用宣傳。這雖是一個原則，但國際間的宣傳，一旦成了魔障，對抗宣傳，往往緩不濟急，是非使用外交手段，施以嚴厲的制裁不可。

在爲列邦的宣傳攻略所包圍的中國，由政府的外交部或交通部出名，取締外報或通信社的舉動，在華會後才有。就是當奉、直戰爭時期（一九二四），專事造謠、挑撥的順天時報，一天忽由日兵守衛；北京政府外交部曾爲這事向某使提出嚴重抗議，使它撤去。但所爭僅在守衛權，並沒有顧到報紙的宣傳，所以這件事做得沒有多大的意義。

其次是一九二六年七月，北京政府交通部以造謠挑撥的理由，取消了東方社的發電權；並且連累住塔斯社（Tass Agency）也被取消了發電權；約有一個月光景，經一個無知識的武人的疏通，交通部又准發電了。

在武漢政府時代（一九二七），一時有過對外電的嚴重的檢查。這種檢查方法，完全取範德、意諸國，就是（1）删節外電的內容；（2）延緩拍發，使它失去新聞價值；（3）扣留不發。這當然是洞悉列邦對華宣傳策略並擅長外交的陳友仁的計劃。那時外國電社，頻頻叫苦。這確是民國以來取締外電較滿人意的事。

再次就是濟案發生之後，南京政府外交部因日方用宣傳湮沒慘殺事實，甚且說蔡公時未死，所以製作文件，據實辯正。這也僅僅是『辯正』！

一九二九年四月，平當局曾議取締外人通信社：因屢次造謠、挑撥，決定令郵局停寄；並令（註一）報館勿用該項稿件。

一九二九年六月，南京政府外交部照會美國駐華公使馬慕瑞氏將紐約泰晤士報駐平記者亞本（H. Abend）驅逐出境，並電知我國駐美公使伍朝樞，逕與美方交涉。這可說是中國外交史上最初的紀錄。關於這個事件，密勒氏評論報載有一文，詳述紐約泰晤士報數年來派駐中國通信員之變遷及其對華政策，很值得一讀：

『當國民革命軍佔領長江流域以前，紐約泰晤士報派密勒（Thomas F. Millard）氏（按即密勒氏評論報原創辦人及前總主筆）爲駐中國通信員。爲時頗久。密勒氏每星期寄通信一次，在新聞界稱此等通信爲「解釋的通信」，其意謂其文不僅記述新聞，並企圖解釋其當時之背景也。如是者，在國軍出長江以前，繼續多月。迨國軍佔上海之前數星期，泰晤士報當局突然通知密勒氏，謂已另派一通信員接替。此君爲摩爾（F. Moore）氏，亦熟知遠東政治；但其見解不同。摩爾氏曾一度爲聯合通信社（The Associated Press＝A. P.）駐平通信員。一九一五年日本關於二十一條要求之陰謀，被氏詳細探悉，報告聯合通信社。但該社因日本駐華府大使正式否認二十一條要求，不允將報告發表，氏遂辭職返美，別就他報及雜誌事。一九二一年，日本外務省聘爲參議，至一九二六年爲止。一九二七年，乃由泰晤士報派來中國，代替密勒氏。

泰晤士之辭密勒而用摩爾，美國報界大爲震動；蓋因兩氏通信之論調不同故也。密勒對中國革命，取同情態度，並努力說明其爲中國歷久對自主、獨立、奮鬥之當然結果。密勒氏主張列強不干涉，俾中國人自作其救國運動。摩爾氏則主張美國聯合英、日以武力干涉。夫一報紙於旦夕之間，突變其贊助政策爲反對政策。當然於其讀者間引起許多疑問。聞泰晤士報之發行人奧吉司(Adolqh S. Ochs)氏曾接到來函四千餘封，反對摩爾氏之通信，簡言之，摩爾氏竟因反對太甚而被召回，改派亞本(Hallet Abend)氏承其乏。亞本氏於數年前由綠杉磯埠來遠東，任事於北平某英文報。其通信論調雖不主張干涉，而大引起一種影響，覺國民政府統一及和平兩點，殊乏希望。兩星期前，國府以氏之「惡意的不公正態度」等爲理由，正式聲請美使馬慕瑞將其遣送歸國。據最近合衆通信社(The United Press=U. P.)華府四號電訊，謂據可靠消息，馬使拒絕遣送亞氏。電中又謂華府方面不信在領事裁判權之下美使有權遣送美國公民離華。

由是觀之，除非紐約泰晤士報自動召回亞本氏，中國政府一時將無法遣去之，至少須遲至一九三二年關於領事裁判權之中、美條約屆滿之後；其情形正與國府圖遣送字林報記者索克思氏一案相同。雖然，在法律上國府縱不克達到遣送之目的，而此事正足使國府得一好資料。藉以說明領事裁判權制度作用之於中國不利，外國新聞記者可以任意放言也。抑紐約泰晤士報之對華政策，亦殊堪注意：當中國國民運動限於華南各省，衆皆目爲「又一內戰」之時，該報採取「友誼」政策，披露密勒氏之通信。迨國民革命勢力澎漲，有控制全國因而危及所謂外國「特別權利」之勢，則突然撤換通信員，而改取「反」華政策，此種可異態度，究含有何種最後之目的歟，無怪中、美兩方咸大以爲疑也。』（註二）

雖然驅逐發生了問題，可是北平各界，因亞本故意侮辱中國，於我國在國際上的地位，頗受不利之影響。對他極力表示不滿。街市中貼有『驅逐亞本出境』等字樣的標語；而各界的宴會，也都一律不再約該記者參加；當然在電報局又取消了他的發電權。這樣，亞本已無法繼行職務，離平到滬，藉租界爲護符，利用外國電報公司，繼續反華宣傳。但外交部對亞本的留華，決不放鬆，不達驅逐出境目的不止。外交部並非不滿紐約泰晤士報，實因亞本記載不實，不得不採此積極手段。亞本終於自動返美。於翌年重行來華，留滬通信。其態度也逐漸改善。遂於一九三一年四月託美使詹森(N. T. Johnson)攜道歉函一件，致外交部長王正廷，以該報名義，向中國道歉，同時對於本人屢次記載不確實的事實，表示極端歉意。王氏以該報和亞本已經覺悟，並正式道歉，已表示接受，並轉函交通部，恢復了他的發電權。

一九二九年八月，又因造謠、挑撥，停止和文上海日日新聞的郵運。一直到翌年四月，日日新聞才派代表向外部正式道歉，並自願轉變態度，請求恢復郵運。

在一九二九年冬，外交部又因電通社妄造新聞，曾函駐華日使重光葵，告以中國政府已決取消該社發電權。後來接重光葵復電，說該社已表示悔過，並且說以後對於所發文電，當格外注意，務求詳實。外交部遂恢復了它的發電權。

一九三一年四月初間，外交部因爲日聯社近來所發關於中國消息，每多揑造事實，淆亂聽聞。先飭京、滬長途電話，禁止該社通電，後又咨行交通部，轉飭全國各地電局、郵局一律停止收發、並遞送該社稿件。『某外交要人云：……在華方甚合理。遠因在去年戰事，該社頻頻挑撥，曾經政府警告在案。彼答交通阻隔，偶有虛報，自認錯誤，允於交通回復時，留心記載。乃軍事停後，仍不改前態。最甚者，二月三日挑撥桂省事變等消息。經政府一面向日本抗議，一面停止該社發電。……所以未停止其它日本報社發電者，因日聯社太不像話也。近日聯社佐佐木，央求日本駐京記者，用「日本記者團」名義，呈請日代辦重光，向日政府提出抗議，請爲解放。……而該社復在滬印刷傳單，誣蔑吾政府。其傳單今早在京已發現。似此情形，當局或將於必要時，使佐佐木出境』（註三）。又過幾天，外交部情報司幫辦吳天放君（註四）又正式發表出如次的一段談話，藉以答復日記者的宣言：

『……前日王部長拒見日聯社駐京記者，乃因該社素日迭有不實記載。曾與一再交涉，卒不悔改。……凡此不利於中國之不實消息，該社皆樂爲製造宣佈。……經外交部數次警告。日使館於去年十二月間復書：允促該社注意；惟在戰時，各方情報頻繁，難免失實，並非故意擾亂，自後當愼重登載諸語。惜該社……頑不悛改，於今戰事早已終了，統一告成之後，撰載仍如故。……長此胡鬧，外部方面，遂於三月十三日招待新聞界時，對該社記者暫予拒見。聞交通部方面對該聯合社發寄新聞電稿亦令暫予停止。查二部之意，莫非皆在警戒，使其悔悟自新。日官方與新聞界，要知此事尊由該社自作，於人無尤。至於吾政府對駐外記者之言論自由，向爲尊重。外交部爲便利外國駐華記者行使新聞職務計，且辦理註册登記，凡經核准，即予以自由發電權，並予以善意的保障；記者苟不造謠滋事，此種發電自由權，可以享受無盡；若挑撥造謠，則有妨害駐在國之治安，自非嚴予取締不可。此按之無論何國，無不皆然云。』

同時，中央宣傳部特派中央通信社長余唯一來滬，宴請（註五）新聞報、申報、時報、時事新報、民國日報等五大報主幹，請國內新聞界於最短時期，一致拒用日聯社稿件。這幾家報館馬上便函告日聯社，叫它停稿。但該社對日本報社，則仍照常按日拍發。因該社是以滬埠爲新聞集中點，按日收受平、漢、粵等處『特派記者』的新聞電。再由上海轉拍至日本和別處。因爲各地的發電權停止，所以那些『記者』採用拍發私人電報辦法，由各地拍至上海，再由大東、大北電報公司轉拍至日本和別處。而在該社內，並用無線電收音機，接收各地消息。嗣經該東京總社，派遣代表到南京，向外部表示歉意：保證以後不再發表不確消息；並撤換駐京記者。這才恢復了它的郵電權利。但後來該社故態復萌，亂造謠言。中國外交部特又照會（一九三二、一一）日使，請予嚴重取締，大意略稱：『日人在華經營之報紙及通訊社，對於中國政局時有不實之紀錄。淆惑聽聞，影響治安，至爲重大。……查該通信社前此一再造謠，雖經中國政府停止其發電權，並由本部照請貴使館取締在案。乃該社不知悛改，仍然僞造消息，惡意宣傳，殊屬不合。應請貴公使嚴切誥誡：嗣後不得再發生此類不實之消息。』（註六）但這樣軟弱無力的一紙照會，自然是不會發生效力的。

又在一九三二年十二月，中國政府停止上海英文月刊遠東時報（*The Far Eastern Review*）的郵寄。因爲該月報本爲世所公認的某國宣傳機關。編輯人和發行人爲美國人李氏（G. B. Rea）在上次中國反對南滿大借美款的時候，他就已經著專論（一九二八）詳述某國今後對滿洲的計劃，其目的在使東三省脫離中國，而宣布歸某國保護。並極力擁護這種計劃。按李氏受某國豢養，專事攻擊中國。這時期他的宣傳根據地是在美國；而宣傳要綱就是企圖使美國人迷誤於滿洲的眞地位。因爲李氏是傀儡國的開國功臣，所以在一九三二年傀儡國組成後，便給他一個顧問的地位，並於是年八月，派他伴同趙某，經日、美赴日內瓦，以便於國聯大會開會時，乘機宣傳；某國要拿傀儡國加入國聯，大碰釘子，所以此行勞而無功。但因其人在日內瓦等處作不利於中國的惡意宣傳，同時在以注重機器、工程、經濟、商業等的進展』爲烟幕的遠東時報上常作不利於中國的政治妄談，爲日本在華行動作辯護。故有取締其郵寄的必要。

一九三三年三月，外交部情報司以近來日本報社大肆造謠，爲使國人明瞭各種謠言來源起見，擬隨時編製日通信社的造謠表，俾知日人陰謀所在。但造謠表的編製，並非始自此時，在一九三一年春間的取締日聯社時代，便已製過，可是結果，只能使那些挑撥離間、顚倒事實的『妄報』，生出二重三重的效果而已；筆者在這裏所以把歷次我外交部指出的造謠事實一概略去而單寫出交涉要點者，正爲此耳。

要之，關於取締外人的新聞政策，在這幾年，算是能夠澈底行使，而且收得相當成效了。這確也算是惡性宣傳的對策，是同既述的北平報夫公會和郵務公會的對付順天時報同樣的。但對於外報，停郵則可，對於外報通信員，驅逐也可，只是對於外國通信社，僅取消發電權不是根本辦法；好容易取消之後，來一封『道歉』信，便又恢復，尤其不是辦法。

究竟應該怎樣對付外報和外國通信社呢？對於前者可照一般取締的辦法；對於後者，可拿最近（一九三五年十一月）在莫斯科通信界發生的事實作榜樣。就是美聯社社長特意到莫斯科，要同塔斯社訂立契約，交換電訊；塔斯社允之。參與塔斯社長杜勒茨基（J. G. Doletsky）在外交委員會所設的招待美聯社社長的盛宴的，除蘇聯名記者拉狄克（Karl Radek）之外，還有蘇聯作家和美國駐蘇聯大使，以及美、蘇外交官員多人。可見美、蘇兩國通信社是怎樣地看重這個交換電訊的事情。在現代，甲國收受乙國的通信社的電訊，必須經過這樣慎重的程序。卽甲國的通信社要想往乙國發稿，必須由乙國的國家的通信社經手代發；乙國對甲國也是這樣；如英之路透，美之聯合這兩大資本帝國主義國的通信社，不特不能直接往對方的本國各報發稿，就連對方的殖民地也是不能直接的。在『國家』這個牆壁還沒有拆除的時代，這本是正當的辦法；可藉以防止煽動、挑撥種種情弊的發生。

（註一）這本是應由報社自動取締的事；但這是難以期望的，自然非經行政當局『令』一下子，不行。這也是言論不能得到自由的原因之一。

（註二）據民國日報一九二九年七月十五日所載譯文。

（註三）申報一九三一年四月七日南京電。

（註四）吳君其後（一九三四）曾作中國當前最要的國際宣傳一文，載於報學季刊創刊號，可參看。

（註五）這是何等事，也須『宴請』嗎？眞要命！

（註六）這個照會是根據外交部同交通部所協定的如次的外國記者取締辦法第三項。

（一）凡外國新聞記者請領發電執照，務須先送外交部審查；經外交部核准登記後，方可向交通部領用執照。照上應須有情報司長的副署。

（二）交通部發給執照時，須將領照人的姓名、國籍、住址、及何報社等，開單送外交部存查。

（三）外國記者倘有違反定章或記載失實等情，卽由外交部加以糾正。輕者警戒；重則取消發電執照。

（2）在外國的事例

講起在外國的這種事例，眞是不可勝述，這裏只能舉其較大而較重要的。

（A）法國的辦法

外國新聞記者和旅行者，在法國，向來都常被看作間諜；而在戰時，這種觀念，尤其厲害。這確是對於被着『國家』的外套的新聞記者和私人的一種的認識。比如一九二八年十月，哈斯特所辦的國際通信社（The International News Service I. N. S.）的駐巴黎記者賀蘭（Holland）因揭布英法海軍協約於紐約亞美利加報而被逐一事，便是例證。賀蘭在八號那天乘車過巴黎街市，忽然有穿制服帶便服的八名警察攔阻住他。立卽押入警署。賀蘭遂將如何取得海協稿本情形和盤供出，也不能再講『記者權威』或『職業尊嚴』了。賀蘭在警署自白，說他託濮蘭克（Poulene）覓取約文，許以酬金。濮從外部新聞科科長諾伯列（Nobire）取得公文兩件給他後，他交在法的哈斯特閱看，並告以取得此項文件的方法。哈斯特遂囑他將此兩件之一，電致美報，用大字登出云。賀蘭又請警長寬恕其罪，並勿根據其供詞而懲罰所供的人。但警長絕不客氣，向賀蘭提出兩種辦法，聽其自擇：第一是受私藏被竊文件的審判；第二是於星期四日離開法境。賀蘭願取第二辦法。雖然經美使署提出抗議，同時法當局又有展緩驅逐之議，但賀蘭終於十一號潛離法境，逃回本國。當時巴黎某報載稱：該件是素來反法而與哈斯特系報有關係的英國某政治家所洩露，並且說此人得到厚酬，已成巨富了。這是一種含有作用的反宣傳。賀蘭在警署的自白，是確實的。上述的諾伯列，是三十歲的壯年；是在一九二一年進外部的。濮蘭克是巴黎般特蘭錫勤晚報（*L'Intransigeant*）的外勤記者，並且也同國際社跑新聞，是諾伯列的朋友。據濮說是在同賀晚飡時，偶然掏出這密約稿叫賀看的；但曾聲明不可完全發表。他每星期受國際社固定酬資英金六磅；此外並未受賀蘭分文云。至於諾伯列的受賄，實不成問題。

結果：諾伯列以洩露機密的罪名，受監禁六年的處分，其屬下的諸職員，也分別定罪，濮蘭克被般特蘭錫勤晚報解職。同時，在巴黎的英美記者協會（Anglo-American Institute of Journalists）理事，於研究此案後，因賀蘭屢有不顧及新聞業尊嚴的舉動，決定取消他的會員資格。

僅僅是用哈斯特式的採訪辦法，訪得一件海協密約底稿，就有多人受了這樣的處分。若是像外國記者用對華的舉動對法，試想可將受到怎樣的處分？

（B）德國的辦法

在德國，也同法國一樣，向來把外報記者看作間諜；而提防科學上祕密的洩露，似乎比軍事還要嚴重。這也許因為它是新聞政策原產地的緣故。比如一九三〇年夏天，巴黎昧旦報（*Le Matin*）駐德記者因私人某實驗室攝影，被人發覺，立卽遞解出境。

自希特勒柄政乃至獨裁以來，德政府同外國報紙和報人間的糾紛，便一天厲害一天。十足地發揮出它的祖傳的、眞正的壓迫輿論的本色。這些原都不可為訓，不足述說，自然更絕對談不到宣傳魔障的打破上；但為映照前述德國新聞政策起見，也有一敘的必要。

一九三三年四月，德政府與柏林的外報協會，發生一種嚴重衝突。該協會約代表一百三十五家外報通信員；國名在二十以外。這回衝突，是因外報協會主席，芝加哥日報（Chicago Daily News）特約通信員莫勒（Morley）所著開倒車的德意志一書出版後所釀成。

一九三三年五月四日，柏林政府硬說法國小巴黎人報（*Le Petit Parisien*）駐柏林記者洛特（Rohd）做過一篇『說德國社黨自行縱火焚毀國會而嫁罪於共產黨』的文章，限他自當日起，離開德境兩月。

又同年九月，當來比錫最高法院審訊國會失火案時，有蘇聯記者兩人出席旁聽，竟無緣無故被警察捕去，遍身搜查；並且說如敢潛逃，即行槍斃。嗣經蘇聯駐德大使署派人交涉，始行釋放。

一九三三年十月，英國每日新聞（*Daily Telegraph*）慕尼黑訪員潘特（Petty）在柏林被控犯『間諜與大逆不道罪』，拘捕解往來比錫。慕尼黑有德記者阿克曼者，亦因供給潘特消息被拘。

一九三四年七月十日，柏林宣傳部長戈培爾（Goebels）特作播音演說，抨擊外國報紙，由各無線電臺，傳達全國，同時，無期禁止英國著名報紙每日快報（*Daily Express*）在德發行；因該報曾為文論及德國挺進隊的清黨問題。柏林外報協會以戈培爾語多事實，旋即於十三日起而抗爭，開會以五五票對五票通過決議案，宣言用全世界的輿論，答覆戈培爾的責言；並且聲明在德外報記者，常重公道與翔實，其探訪消息的第一條件，就是正確可靠和迅速。

至同月二十四日為止，在過去一月中，有英國著名的報五種，美報一種，法報八種，餘報十種，被禁在德發行；時期不一。

八月二十五日，辛克萊（Sinclair）夫人美國名記者湯姆森（Thomson）女士，被柏林祕密警察令她在二十四小時內離德，其理由是女士『在美國報紙發表許多排德文字，為國家自尊起見，不能許其在德享受優遇』云。湯姆森女士即於當晚前往巴黎　在動身前，向外國報界發表宣言，對於德政府所採決定，表示抗議，說德政府所以命其出境者，係因她曾發表文字，敍述猶太人所受待遇。須知此項文字，完全記載事實，並非表示意見云云。

又，在德國，一切向外國拍發的新聞電報，事前都須經過當地外交機關的嚴密的檢查。

(C)蘇聯的辦法

在國際間對抗這種政策最厲害，最合理的，就是蘇聯。是一九二四年的事。自英、意、挪威承認蘇聯後，蘇聯的國際地位，頓然躍起，但因遠東各國尚持敵視態度，尤其是對於素來蔑視它的日本。而在這個當兒，塔斯社通信員史利白克赴日，竟被拒絕入境。於是蘇聯外交部遠東事務局局長達克荷夫斯基，於二月十九日命令所有在蘇聯的日記者，立卽出境。次日駐北京的蘇聯公使加拉罕(Karakhan)通告日使芳澤，否認駐海參威的日領爲領事，並說明將在蘇聯境內的日本通信員，一律驅逐。二十一日蘇聯政府又命蘇聯駐日通信員，限四十八小時內退出日本。

在蘇、日通交以後的一九二六年五月十二日，日本有個新聞記者在莫斯科以間諜嫌疑被捕。日外務省立卽電致駐蘇日大使與蘇政府交涉。旋卽釋放；在這以前，據說曾經有過一日記者被認爲間諜而槍斃的事情。

爲了報復德國在來比錫逮捕蘇聯記者，釋放之後，仍禁旁聽——驅逐——而並不禁止其它各國報界代表列席一事，蘇聯政府於九月二十六日下令於三日內撤回蘇聯駐德各報記者，同時通知駐德國蘇聯大使，令駐蘇各地德國記者於三日內出境。德大使曾要求蘇聯政府收回驅逐德記者命令，外委李維諾夫

(Litvinow)已加拒絕，說驅逐還比用別種手段報復德國用有秩序的行爲，虐待蘇聯記者好哩。

又單就蘇聯本身上說，從正式政府成立到現在，依然維持着外國新聞記者所發電報的檢查制度。

(D)意國的辦法

在以大報棍墨索里尼(Mussolini)當朝的意大利，對於內外報紙的取締，自然是格外內行的。意大利曾於一九二四年七月頒布嚴酷的報紙取締條例六條。但還僅是以對於國內的『治安』爲目的，並不含蓄外交的意義。而到一九三五年二月，突然又頒布一種旨在對外的新令；禁止下列消息洩露到外國：

(一)關於和平時海、陸、空軍之組織，額數，力量，和一切行動。

(二)軍隊的運輸。

(三)海、陸、空軍演習的消息。

(四)海、陸、空的軍人或物質上發生的意外事件。

(五)海、陸、空軍中有關道德的事情。

(六)飛機庫，飛機，和軍艦損害或破壞的消息。

(七)防空的設備。

(八)除軍部發表外的一切海軍計劃。

(九)軍艦武裝和設備的內容。

(十)軍事民間飛行場和臨時降落場的修改情形。

（十一）航空試驗。
（十二）有關軍事的道路。
（十三）政府和私人公司輸運軍火材料的消息。
（十四）軍營和兵工廠。
（十五）私人設立的製造軍器公司，其原料的質量，存貨的多少，職員的人數。
（十六）有關軍事的無線電及其它科學的試驗情形。
（十七）鐵路和交通消息。
（十八）水電和運河消息。
（十九）動員的消息。
（二十）關於戰時組織軍隊的消息。
（二十一）政府對於國際談判的思想和態度，其未經公布的部分，也嚴禁披露。

這個新令施行以後，最感困難的，就是旅意的外國記者；因爲違反這個新令，即以間諜治罪，而且新令範圍太廣泛了。新令中並說明一切可在意國內外發表的消息，概由公家供給；但也不得就消息上加以煊染或表示意見；更不得從中取巧於發表的消息外，另加以它項有關的消息。

首先碰住這個新令的，是美國芝加哥論壇報（*Chicago Daily Tribune*）駐羅馬通信員，被指爲「對於意、阿爭端散播不利於意國的消息」，於六月十三日被官廳勒令出境。後來又有兩個美國通信社記者在羅馬因發表關於意、阿軍事的「未成熟」的消息，受一番嚴重的「警告和申斥」。

又在歐洲，通信員爲規避苛刻的新聞檢查制度起見，常用電話遞送；但在這個新令上，是不允許的。

第五章　新聞事業心理

一　新聞事業心理是什麽？

新聞事業是在名叫『社會』的舞臺上所演的戲劇。觀衆們雖然不十分明白演的什麽，可是那個優伶的一舉手一投足，都能夠完全捉住全體觀衆的身心而使他或她們一齊亂舞，狂噪，跳躍。

現代的社會生活，凡是政治、經濟、宗教、學藝、法律及其它一切，沒有新聞業，是不能存在的。像這樣的新聞業的支配權，直浸潤到現代生活的末梢。雖然，新聞業之科學的研究，還是分外地被忽視着。誠然關於新聞業之史的研究或技術的研究等，是很發達的。但極少關於新聞業的本質的研究。尤其是像新聞業之心理的研究，幾乎就沒有。因此，在這裏，來一篇新聞事業心理學的素描。

所謂新聞事業心理，可是什麽？要想解答這個問題，必須把新聞事業和心理學分開來說。

新聞事業——包括報紙、雜誌、出版物等——是以傳達於大衆爲目的之記述行爲。

所謂心理學，是在種種的精神過程中規定因果關係的定律的學問。這裏所說的精神過程，是指在人體諸機能中不能現出形態的機能的活動過程說的，就是普通所說的內的過程。其次，所謂因果關係，是指在由對既存的事象（A），參加別的事象（B），而生出第三事象（C）的時候，存在於AB兩事象的原因和結果之間的關係說的。但是原因和結果的關係有單只一回的時候，也有必然的、反覆的時候。在此中，稱必然的、反覆的因果關係為因果關係的定律。把這樣的因果關係的定律，從種種的精神過程中抽出、規定的能力，就是心理學。

這樣地，把新聞事業和心理學的輪廓弄明白之後，新聞事業心理學的輪廓，自然也就明白了。卽這裏所說的新聞事業心理，是憑藉心理學的光明來照射新聞事業的學問。換言之，是新聞事業之心理學的照明和解說。

二　感覺過程與新聞事業

赫拉克利託斯(Heraclitus)曾說：『無論走怎樣的道路，也難發見心的邊涯，明白地探出心之量來。』這是說理解精神過程之難的。誠如前述，精神過程是諸機能的無形的活動過程，所以正確地把握住它，一定是很困難的。但精神過程不是離開肉體而獨自存在的東西，不外乎是肉體諸機關的一個機能或作用。因之，精神過程，是為肉體諸機關所規定，並且會對肉體諸機關起反用作；換言之，在肉體諸關係與精神過程之間，是不斷地在行着交互作用的。所以若是捉住肉體諸機關的運動和精神過程的關鍵，從那裏分析並綜合精神過程，是能夠得到理解的。

用這種方法研究的結果，在精神過程中，可舉出最元素的四種過程來：卽感覺過程、表象過程、感情過程、意志過程。

先看感覺過程。

我們是憑藉眼、鼻、耳、舌、皮膚等的感覺機關而與事象連繫的。而稱連繫我們和事象之最原始的過程爲事象的感覺過程。但是，感覺機關，從來叫做五官而限於眼、鼻、耳、舌、皮膚的五種，因之，多有稱感覺過程爲視覺、嗅覺、聽覺、味覺、觸覺的；到了十九世紀，關於感覺的知識，便更其豐富了。而在五種感覺之外，還有運動感覺、溫度感覺、壓迫感覺、苦痛感覺（這些感覺機關是在皮膚中與觸覺機關並存的）、均衡感覺（知道身體與在外事象間的均衡的感覺，其機關在內耳）、機關感覺（知道飢渴等等，把它傳達於神經中樞的感覺，其機關是在消化機關、呼吸機關、血液循環機關、生殖機關、排泄機關中）等多種感覺的存在，是已經明白了。

我們由這許多種感覺機關的活動而得知在身體內部的事象，同時，也得知在身體外部的事象。而這種素朴的感覺過程，眞是精神活動最原始的形態。

但是這樣的感覺過程與新聞事業，可有怎樣的連繫？固然那個連繫是極密接的；連繫的形態是千萬態的。但如今可在其中揀出兩個問題，加以妥當的解說。其一是稱新聞事業是感覺的；其二是魏巴(Max Weber)的定律和新聞事業的關係。

說新聞事業是感覺的，意思就是以傳達於大衆爲目的之記述行爲愈是強烈地去刺激感覺機關，效果愈多；這是由於大衆的素朴性與社會生活的複雜化的緣故。

在精神生活的複雜程度與人類之間，有金字塔型的關係。蓋在金字塔的頂點的極少數的人，過着複雜的精神生活，而在其底邊的大衆都是在過着極單純、極素朴的精神生活。因之，這些大衆，是拒絕複雜的邏輯，或難解的命題，或冗長的記述，而歡迎的眞訴於感覺機關的東西。並且許多的新聞業認作傳達的對象的，都是以這樣的大衆爲主。所以在報紙上，簡明的標語比長篇的論文、強烈的色彩比複雜的邏輯、驚動聽覺的單純的音響比研究事理的論述，能夠得到更多的效果。

但對於過複雜的精神生活階級，仍是以感覺機關爲目標的傳達比非然者多見效果。資本主義的生產之成熟，使社會生活複雜、綜錯到極度。因此，爲着整理這樣的複雜、綜錯的生活，人們不得不儘可能去過最短距離的生活，想以最小的犧牲，得到最大的利益。在這樣的時代，短的結論實比長的前提貴重，猛然侵襲感覺機關的標語受人歡迎，乃是當然的結果。還有如後所述，在感覺裏有一定的飽和點而刺激的強度一達於此點，以後容受刺激的能力便遲鈍起來，而社會生活的綜錯，不斷地給與現代人的感覺機關以刺激，是已經達到飽和點以上了。因此，對於現代人，不給以異常的強烈的刺激，便得不到傳達的效果。因此，新聞事業的傳達方法，逐漸強烈，訴於感覺機關的程度也濃厚起來，這樣，才能得到傳達的效果。比如那在新聞事業中的黃色主義的跳粱，就是想滿足困憊、疲勞、頹廢了的現代人的意欲，企圖得到傳達效果的努力的表現。

在這種意味上，新聞事業是感覺的。因爲已經把新聞業弄成這樣地感覺的，所以報人——卽以傳達於大衆的目的而做記述行爲的人——自己也不得不成爲感覺的。報人爲正確把握大衆的意欲、傾向，並且使那個意欲充足起見，不能不動起所有的感覺機關而爲取材和傳達。所以報人必須具有像犬那樣的嗅覺，像透視者那樣的眼睛，像處女那樣的銳敏的觸覺。

次說魏巴的定律。

在做感覺過程與感覺原因的刺激之間，有一個合則性。卽外部的刺激一增加，感覺便比例着它而增強。但在受入外部刺激的感覺的強度裏，有一定的飽和點，因之一旦達到那個飽和點，以後縱然外部刺激是幾何級數地增加，感覺過程也僅是算術級數地進行而已。這就是所謂魏巴的定律。

又在感覺過程裏，有叫做感覺的磨鈍的現象。卽一繼續地給與同質同量的刺激，感覺便次第爲它所馴服而終於感不着那個刺激；長久地處在香水的香中，遂感不着它的香味，便是一個例子。

這樣的魏巴的定律或感覺的磨鈍，是在新聞業上擔負着很重要的任務。既如前述，現代人從社會生活的綜錯中受到強烈的刺激，已經達於感覺的飽和點。所以縱然新聞業給與以幾何級數的刺激，他們的感覺過程，也只是算術級數地進行。換言之，新聞業給與的刺激與其效果是沒有比例的。於是，新聞業要想得到關於傳達的許多效果，勢不能不給與非常強烈的刺激。因爲感覺是磨鈍的東西，所以訴諸它的刺激，必須時常變化它的質和量。

但是前面已經說過：這樣地幾何級數地增加的刺激，是會受感情的束縛的。卽在爲刺激所惹起的感情裏，也有一定的飽和點，而在達於那個飽和以前，雖能夠使催起快感、緊張感、興奮感，但一度達於飽和點，以後卻會發生不快感、弛緩感、沈靜感等消極的感情。所以要而言之，過度的刺激，不但不能得到預期的效果，卻有引起反對結果的時候。

所以現代的新聞業，在這一點，可以說是處於進退維谷中。

三　表象過程與新聞事業

既如前述，感覺過程是由身體內外事象的刺激而被誘發的素朴的、原始的精神過程。但我們是能夠在精神上使所感的事物再生的。比如，現在我一閉起眼睛，那曾經感覺着的十字街前的光景，便浮上心頭。這樣地在精神上使感覺的結果再生的過程，叫做表象過程。

在表象過程上演着主角的，是映像。那是事象的模寫，並不是事象的本身。因此，在表象過程中的太陽，沒有像現實那樣地輝煌，並且在表象過程中的熱還比不上在感覺過程中的一根火柴哩。但在精神生活上，表象過程服有極重要的任務。我們的認識所以包括過去、現在、未來，並且也能理解沒有直接感覺的事象者，完全是表象過程的賜物。

因爲，我們在表象過程上，不單作出事象的映像，並且會貯藏和再現那個映像。所謂記憶，要而言之，就是所貯藏的映像的再現；又所謂聯想，也是這種映像之繼起的認識涉及過去、現在、未來的重要的鎖之一個。

在精神生活上擔負如此重要的任務的記憶或聯想，在新聞事業上當然是持有重要性的。比如：報人當傳達一種事象時，雖然能夠得到正確的暗示或頭緒，但所以抓住那個事象的核心，到達正當的判斷者，主要地是他們的優秀的記憶力與縱橫自如的聯想作用的賜物。又在他們測定大衆的意欲和傾向時，記憶力和聯想也常負着重要的職責。

但記憶和聯想的強度，是以如次的三件事爲條件：

（一）注意的強度：所謂注意，有如後述，雖是事象的選擇和限制作用，但強烈地去注意或是反覆地去注意的事象，會殘留強烈的記憶而迅速地發生聯想作用。

（二）催起感情的強弱：無論是快感、興奮感、緊張感等積極的感情，或是不快感、沈靜感、弛緩感等消極的感情，只要是會催起強烈的感情的事象，都會成堅強的記憶和迅速的聯想作用的原因。光輝的成功或痛苦的屈辱所以不容易忘記而常浮上心頭者，就是爲此。

(三)喚起當時的精神過程：無論是記憶，是聯想，都不是突然浮上心頭的。因爲記憶和聯想的內容——即貯藏下的映像——與有何等因緣的事象相關聯時才開始喚起來的，所以記憶或聯想都是由其當時的精神狀態（特別是用意或期待的有無）而顯著地作爲條件的。比如：在說本國話的時候，突然引起外國文的詩，縱然其詩是熟習的，要想喚起記憶，活動聯想作用，也是要有多少困難的。因爲還是那當時的精神狀態——用意或期待的事——與記憶或聯想的內容關係少的緣故。

記憶或聯想的強度和速度是這樣地爲各種一般的條件所規定的，同時也是由每個人的天稟而生出樣樣的差異的。但是每個人貯藏映像，喚起聯想的型態，都有三種類：一是視覺型；二是聽覺型；三是運動型。即在屬於視覺型的人，很會貯藏經色彩或形容等視覺而得到的表象，又關聯於色彩或形容等而更迅速地催起聯想作用。反之，在屬於聽覺型的人，則很會貯藏經音響及其它聽覺而得到的表象；或是關聯於音響等而更迅速地喚起聯想。又在屬於運動型的人，則很會從言語機關的運動而貯藏表象，或是關聯於它而迅速地喚起聯想作用。

因此，做報人而要想獲得堅強的記憶和敏速的聯想的能力，必須在具備前述的三條件——注意、感情、用意——上，下功夫；同時，查看自己是屬於何種類的記憶型，用其最見長的感覺去接觸事象，還是有效果的。

當然，對於報人，是希望記憶愈廣汎而深強，聯想作用愈敏速而縱橫自如的。但當活動聯想作用之際，須注意不要叫陷於奔逸的表象中。所謂奔逸的表象，是說在言辭之音相似或做映像原形的事象空間地並存的時候，聯想作用次第飛躍而最初的事象又到達與映像無何等關係的事象或映像的心理過程的。比如：在問『你知道歌德嗎』的時候，會因歌德而聯想到他的友人席勒；又因席勒而聯想到席勒路；因席勒路而聯想到席勒廣場；因席勒廣場而聯想到那裏建築的劇場：這便是奔逸的表象之一例。但是處在像現代這樣的繁忙的社會生活中，我們的聯想，常很容易陷於奔逸的表象之過程。固然在某種的廣告文一類，也有不少是照原樣記述奔逸的表象而得到異常的效果的，但至少在到達正確的判斷或是想無錯誤地把握住事象的眞相時，那奔逸的表象是絕對應該禁止的。

四　感情過程與新聞事業

與感覺過程和表象過程最密切地連繫着的，是感情過程。

感情過程決不是單獨發生的。那必定是爲感覺過程或表象過程所催促而發生的。但直以感情過程爲感覺過程或表現過程的伴隨現象，是不可以的。感情過程雖是與感覺過程或表象過程相對立的賓辭，但決不是它的從者。比如在感覺過程或表象過程上所表現出來的一定旋律的樂音，有喚起快感的，也有反而令聽者發生不快感的。

既如前述：在感情裏面，有快感、興奮感、緊張感等積極的感情與不快感、沈靜感、弛緩感等消極的感情。就這六種感情與感覺和表象的關係看來：(一)快感、不快感的感情，是容易爲觸覺、嗅覺、味覺和關於這的表象所催促而發生的；(二)興奮感、沈靜感的感情是容易由視覺、聽覺和關於它的表象而發生的。(三)緊張感和弛緩感的感情是容易由感覺過程之時間的經過和關於它的表象而發生的。但這不過是個大體的傾向，在許多的時候，以對於一定的感覺過程而諸種感情綜錯發生爲常事。

在感情與感覺的關係和感情本體裏，也有類似魏巴(Weber)的定律。卽在感情裏也有一定的飽和點而強度達於那點之後，卻移行到反對的感情。比如在把香水的香氣順次地加強而訴於嗅覺機關的時候：最初在香氣極微弱時，嗅覺機關因爲必須爲嗅它而做特殊的運動，所以是會發生不快感的。但香味一次第加強，嗅覺機關的特殊運動便成了無用，而必定會次第發生快感。在濃厚的香水的香氣中發生頭痛感不快感，是我們屢次所經驗的事。又在歡喜的絕頂而感着悲哀——喜極而泣——的現象，也是可以由此理而說明的。

其次，感情也是會磨鈍的。前邊已經說過感覺機關在連續長時間受一定度的刺激的時候，其機能便磨鈍而感不着刺激了；這在感情也是同樣的。卽永久地接觸同一感覺時，照應着它而發生的感情，便次第磨鈍而中性化了。所以長久地看美麗的花而不發生快感、興奮感、緊張感者，就是這個緣故。並且在這種時候，對象的花一失去，那不快感、沈靜感、弛緩感等便又生出。所以感情這東西，可說是很任性的。

上述的感情的內容和它的作用，是教我們以如次的事實——卽感情是人的有機體的最重要的觸角，人是由此觸角的活動而助長自己保存的。

曾經說過：人是由感覺諸機關而與人的內外事象連繫的。但感覺過程，對於這些事象，幾乎是不爲何等的批判而無差別地採納它的。但爲感覺過程所催促而發生的感情過程，原是一個批判過程，而對感覺過程所採納的事象加以批判的。卽若是對人的有機體的保存上有效的事象，主要地是發生快感、興奮感、緊張感等積極的感情而歡迎它；反之，若是對人的有機體的保存上有害的事象，則主要地是發生不快感、沈靜感、弛緩感等消極的感情而拒絕它。在感情過程裏有飽和點，而一過那點，積極的感情便轉化爲消極的感情，這是很可以拿上述的事實做證明的。又感情裏面有磨鈍作用，乃是人的有機體的保存上，想使它順應某種事象的努力。

所以在大體上，令人發生快感、興奮感、緊張感等積極的感情的刺激和事象，在人的有機體的保存上是有益的；令人發不快感、沈靜感、弛緩感等消極的感情的刺激和事象，在人的有機體的保存上是有害的。但這也是大體的傾向。或許有反對此說的，說『在人類有機體的保存上有益的東西，還有不少是發生消極的感情的；比如令人發生不快感之藥，便是例證』。誠然，藥對於味覺是苦的，並且人對它是一定會發生不快感的。但它既然是對人類有機體的保存上有效的東西，那末，對於病患部等處，必能夠使它發生積極的感情。因之，在這種時候，不是可拿僅經味覺而生出的一時的感情做判斷價值的，經病患部等處而生出的感情，也是可用全部的感情傾向去判斷價值的。

感情可說是像小曲一般地優美的，並且是像不良兒一般地放恣的；但實際上它是個像這樣的冷靜而嚴肅的批判者。感情雖複合起來而被稱爲情緒、心境、情操一類，但在那種時候，仍是不捨棄做批判者的任務。所以感情過程，也可說是實踐人的有機體之本能的指令的過程。因之，它是在人類生活的最深處播根，比諸後述的意志過程，常是先行並且在許多時候去擔負決定的任務。

但上述的感情過程的性質、形相、機能等，對於新聞業，究竟是怎樣地投影的？

新聞業縱然不管別的，也須尊重大衆的感情過程；因爲感情過程，像上述那樣，是實踐人的有機體之本能的指令的最堅強的過程。所以訴諸感情的傳達方法，比諸僅訴諸感覺或意志的效果，多得多。從來，在有效地通達大衆的事情上得着成功的雜誌或出版物，雖當然是經過感覺或表象的過程的，但終於是訴諸感情的。

但感情過程也不可忘記批判過程。因爲有批判過程，所以感情拒絕過度的刺激或被歪曲了的有害事象的傳達。因此，向感情的訴告，必須不超出不使發生不快感或別種消極的感情的程度或範圍之外。所以在基於魏巴的定律，對於感覺機關給與幾何級數的刺激時，卻令人發生消極的感情，而得不到傳達的效果，還是常有的事。因爲感情過程不是感覺過程或表象過程的從者而是賓辭，過它獨自的批判過程的緣故。

新聞業更不可忘掉感情的磨鈍。感情既如前述：一永久地接觸同一的刺激，便磨鈍而成中性。因此不是在不發生消極的感情的程度，不斷地增加刺激，便是完全更換刺激，否則得不到傳達的效果。

五　意志過程與新聞事業

但感情過程是由意志過程而顯著地被束縛的。

意志被稱爲『能夠預見的本能』。比如這裏有個幼兒臨到飢餓：彼是由感覺機關而感着飢餓，隨後發生不快感等消極的感情，最後發生哭泣或暴跳的反射的運動。這個運動是營養本能的表現。但在這種時候，若是少爲成長的小兒，恐怕要以牛乳罐或母親的乳房爲表象吧。這算是意志已經從本能中生出了。

所以說意志也是與本能有密切的關係，不如說是從本能生出的東西。但意志不是像感情那樣地素朴的，是在長期間的發達之間，受社會生活的影響，而顯著地屈曲，同本能隔離了。比如禁欲的意志，便是顯著的例證。意志雖是從自己保存和種族保存的本能生出的，反而竟有想抑壓這些欲望的禁欲主義的意志。在這個意味上，意志常是與甘願做本能的使徒的感情顯然相異的。

意志是束縛感情或本能或行爲而無論是善是惡，都要使它同外界的社會生活相調和。並且意志是會豫見兼選擇事象的。比如在新聞事業上很重要的注意，就是意志活動的一種。

注意，是當採納事象時所做的選擇或制限的過程。比如我們走到十字街頭時，那些建築物、道路、羣集、車馬、路樹、騷音等等要一齊動員強訴於我們的感覺機關。但我們是不採納這一切事象的。在這裏忽然意志活動，從這些雜多的事象中採納一定的事象。卽在這裏，發生叫做意識的狹窄的作用。這個意識狹窄的作用，就是注意。

那末，注意當事象的制限或選擇時，可是以何種東西爲主而去採納呢？

第一，注意是選擇並採用催起快感、緊張感、興奮感等積極的感情的刺激的。比如令人發生快感的草花，比較周圍的雜草可以迅速注意，便是一例。

第二，注意是先選擇並採用與其當時的精神狀態有連繫的東西。飢餓的人，不會想到雜貨店、鞋店、古董品店，先要注意食料品店，便是一例。凡是有興味的東西所以先要惹起注意者，就是這個道理。在這個意味上，注意就是用意或關心。因此，只要有更寬廣的精神上的用意，那更多的事象自然是會上了注意。

第三，注意是選擇並採用珍奇的東西。人有嫌新性，同時更有堅強的喜新性。現代人所好暴露，愛露出，追求「尖端」而不已者，都是喜新性所使然；又流行會急速地轉變，也是爲滿足這個喜新性起見的。這個喜新性，成了一切變革的曳引車，而現代的新聞業也很看破人們的這個性向，正在繼續着企圖滿足這個喜新性的一切亂舞的。那畢竟是注意先去選擇並採用滿足這個喜新性的事象的。因爲這是喜新性的充足催起許多積極感情的緣故。

這樣的注意，在新聞業的潮流中擔當着重要的任務，自不待言。注意是做報人資格之一的堅強的記憶和敏速的聯想能力的一條件，既如前述。但報人無論當蒐集應傳達的內容時，或是當測定做傳達對象的大衆意欲或傾向時，都不可忘記現在所述的注意的三條件。

新聞業只要確實地捉住多數人的注意，是能夠得到很多效果的。

在這裏，再把流行的心理述說一番。所謂流行，是說先得到一個模型然後大衆去模倣它的過程的。比如一女性顯示斷髮的模型，許多的女性去模倣它——這個過程，就是流行。但在給與模型的人與模倣它的大衆之間，是不斷地在行着結合與離反的。卽給與模型的人，雖是期待大衆模倣它的，可是一旦大衆當眞去模倣它（卽結合發生時），便立刻從大衆離反而創造更新的模型，期待着大衆不久的追從。在都市的流行傳到農村的時候，都市便生出更新的流行，就是例證。流行是這樣不斷地進行而不知止境的。

這樣的流行，畢竟是從人們企圖滿足喜新性的意欲中催起的積極的感情。但若是更微細地考究流行的心理，會看出有結合的意欲與誇耀的意欲在幫助着喜新的意欲。人被稱做「社會的動物」，具有極堅強的結合的意欲，決不是孤立而能夠生活的。但同時，也具有離開大衆而從大衆受到羨望或讚仰的誇耀的意欲。又在流行過程裏，明白地在活動着這兩個意欲。卽所以創造新模型而造下流行的因子者，雖是喜新性的意欲與誇耀的意欲活動的結果，但新模型的創造者，是在期待着大衆模倣它的。換言之，大衆追從而來時，是早晚在期待着同大衆結合以圖滿足結合的意欲的。因此，若是在大衆不追從新模型而來的時候，新模型的創造者，不是早速放棄那個模型而創造另外的新模型，便是停止模型的創造，攢入大衆裏面，以圖滿足結合的意欲。

所以流行忽視大衆的意欲或傾向，是根本不會成立的。縱然想創造如何巧妙的新模型，在它太是同大衆的意欲或傾向懸離而大衆不去模倣它的時候，用盡心力的新模型也是不得不原樣廢棄的。那末，能在怎樣的時候大衆會模倣新模型呢？就是新模型反映大衆的意欲或傾向，而且是限於只先一步的時候。（註一）在這個意味上，新模型與流行是必須要由大衆而顯著地受制限的。

在流行中的新模型與大衆的關係，也是同在輿論構成過程中的新聞業與大衆的關係完全一樣。報紙是被稱爲社會的木鐸而自命爲輿論的指導者。但無論辦何種報紙或雜誌的事業，都決不是恣意打動大衆而能夠創造輿論的。新聞業無論去說怎樣高遠的理想，在沒有使大衆容受它的用意，它同大衆的意欲或傾向太是懸離時，新聞業的努力，畢竟終於落空，是不會造成什麽輿論的。反之，在新聞業的主張，反映大衆的意欲或傾向，或是只比大衆的意欲或傾向前進一步的時候，那主張立刻便爲大衆所容受，——微細的地方暫不必講，——不是在對大衆有十分的用意或關心的時候，便是傳達的內容在反映着大衆的意欲或傾向的時候，或是傳達的內容比大衆的意欲或傾向先一步的時候。反之，在傳達的內容很是同大衆的意欲或傾向懸離的時候，新聞業無論怎樣努力，也決不能造成何等的流行，並且也決不會抓住大衆的心。新聞業徹頭徹尾是大衆的，並且是在受着大衆的制約的。報紙是大衆的意欲或傾向的觀象臺，報人可以說是觀象技師。

（註一）參照應用新聞學頁九。

六　知覺過程判斷過程與新聞事業

上述的精神諸過程，卽感覺過程、表象過程、感情過程、意志過程的四過程，雖是精神過程最元素的過程，但人們在這些元素的諸過程上，又是綜合這些元素的諸過程而營知覺過程和判斷過程的。先說知覺過程。

旣如前述：我們立在十字街頭，感覺機關受了種種事象的刺激。但我們不是兼收倂蓄地採納那一切的事象。在採納那些事象之前，必須要有一定的選擇、綜合並體制化。營這樣的選擇、綜合、體制化等作用的，不消說是感覺、表象、感情、意志之元素的諸過程的總集（內中自然包括注意、記憶等作用）。這樣地被選擇、被綜合、被體制化而被採納的映象，叫做知覺表象；造成這種表象的過程，叫做知覺過程。

這樣地作成的知覺表象，當然與在素朴的感覺過程所採納的刺激完全兩樣。兩者差異的主要點，有如次的三個。

（一）知覺表象的內容比被感覺的事象的總和少：比如我們從十字街頭得到的知覺表象裏，凡是瑣碎的或不必要的，或是在注意圈外的，一切都被省略了。這是知覺過程選擇所得到的刺激的過程之當然的結果。

（二）在知覺表象中，也有現實所不能得到的：比如在知覺表象上，知道那在十字街頭的印象，什麼是有用處的東西。這是記憶對知覺過程活動之當然的結果。

（三）在知覺表象裏有一定的秩序：在感覺過程上，一切刺激都不過是紛亂地被採納的，但現於知覺過程上的映像，是有一定的時間的秩序、空間的秩序、和秩序的性質的。這又是知覺過程綜合化過程之當然的結果。

還樣地把所得到的事象選擇、綜合、體制化而得到的知覺表象，就是『系統的知識』的卵；報時的雞便從此中生出。

但我們當造成知覺表象時，換言之，當把事象選擇、綜合、體制化之際，有犯過誤的時候。既如前述：當造成知覺表象之際，那既存的用意、期待、記憶等，是要活動的；而在還些有誤的時候，會造出屈枉的映像。所謂錯覺，卽此。

在社會生活複雜化並且速力化的現代，那注意、期待等成了病的，並且爲了記憶多有錯誤，錯覺也就必然加多。報人當選取傳達的內容時，或是當測定大衆的意欲或傾向時，切不可陷於錯覺。

次看判斷過程。

在知覺過程上，那被選擇、綜合、體制化了的知覺表象，不過是放置於我們面前的過程，所以徹頭徹尾是主觀的、內在的東西，並且不隨伴什麼主張。但我們是想發表或主張由知覺過程所得到的知覺表象，而獲得那個知覺表象的客觀性（卽離開我的主觀而在客觀方面是妥當的性質）和普遍性（卽對於任何人都是妥當的性質）的。這就是判斷過程。

在判斷過程上，雖有主張事象的善惡美醜等之價值的判斷過程與主張認識的正誤之邏輯的判斷過程的兩種類，但價值判斷過程中的善惡美醜的標準，決不是永久不變的、絕對的東西，是因時處而有顯著的差異，終於是爲在那時處中的生產樣式所規定的。比如一婦多夫制度，在西藏或蒙古是被判斷爲美善的，但在別的地方，卻是被判斷爲醜惡的。這是像西藏或蒙古那樣的土地瘦瘠，住民還是持着半遊牧的生產樣式的地方，生產力少，因之食料不足，遂不能不豫防人口的增加，因之通行一婦多夫制度，並且這是被判斷爲美善的。反之，在採取文明的生產樣式或別種地方，因爲情況完全不同，所以一婦多夫制度便被判斷爲醜惡的制度。又，在邏輯的判斷過程上，爲生產樣式所規定的階級關係，或爲階級關係所規定的偏差，多少總有點屈枉判斷的。

新聞業雖必須常爲價值的判斷和邏輯的判斷，但價值的標準並不是像上述那樣的絕對的，也不是由多數而被決定的，終於是由那個時處而被決定的。不理解這個事情，是會得到謬誤的價值判斷的。又受報紙的傳達的大衆，也不可忘記『報紙上的邏輯的判斷不是絕對的』這個要義。

要之，無論是在價值的判斷或邏輯的判斷的時候，發表或主張表象的形式卽判斷的形式，都是以主辭——繫辭——賓辭的結合爲普通。比如『花是紅色』這個判斷，是『花』這個主辭與『紅色』這個賓辭與連繫着兩者的『某』種繫辭的三個肢體所結合的。但有如『下雨』那樣，由主辭與賓辭的二個肢體構成的判斷；也有像『雨』，『花』那樣僅由主辭的一個肢體而成的判斷。要之，這些判斷都是發表或主張做其內容的表象而想獲得那個客觀性和普遍性的。

成了促進新聞業的發達速度的拍子；並且是催促它開花的肥料。

但人類的判斷慾（卽發表或主張的意欲）是極堅強的。用香尼斯（F. Tönnies）的巧妙的語句來說：所謂思維，就是意欲；所謂信，就是愛；所謂有意見，已經就算發表了意見。這個堅強的判斷慾，成了促進新聞業的發達速度的拍子；並且是催促它開花的肥料。

七　大衆心理的諸特徵

以上算是把新聞事業心理的基礎的部分略說了。但新聞業是以傳達於大衆爲目的之記述行爲。並且這個傳達的能否爲大衆所容受，是繫於大衆的用意和傳達方法的如何。因此，研究大衆心理和傳達的方法，當然成了新聞事業心理學的一個題目。在本節，先把大衆心理瞰望一下。

在從新聞事業立場所見的大衆，有兩種類：一類是空間地隔離着的大衆；一類是空間地密接着的大衆。報紙、雜誌、書籍等的讀者，屬於前者；集到揭示牌前的羣集，屬於後者。

在兩種大衆中，若是先觀察前者，則如次的數項，可做那個心理的特徵。

（一）大衆心理素朴、單純：在這些大衆的精神生活上，則像感覺過程或感情過程那樣，生理的、本能的過程，比較地擔負重要的任務；像意志過程的活動，是很微弱，很遲緩的。因此，在大衆的精神過程裏，是沒有束縛的，那個行爲是衝動的，反射的。這就是大衆的行爲常是躱避迂路而採取最短距離，以叫聲代言語，以動作代表示，常使暴噪的歡笑或狂亂的非難爆發的原因。

（二）在大衆心理過程裏，濃淡鮮明：這雖也是與第一特徵有關聯的事，但大衆的心理過程加速地進行，單以不同意或否定便算完事的事，會變成激烈的嫌怒或憎惡。並且是以好跳高步，好趨極端爲常事。

（三）大衆心理富於信仰性、模倣性：大衆是懷着拜倒於權威前的欲望的。所謂權威，是指比自己優越，能給自己以強烈影響的一切事象說的，因之，這雖然也有僅是由於崇拜偶像的時候，但大衆畢竟是希求權威，容易信仰它，模倣它。社會運動所以要指導者，就是爲此。

（四）在大衆心理裏，傳統的影響稀薄：在規定大衆的事象的看法中，有氣候、風土、生產關係、遺傳、家風等間接的規定者與眼前的利害的直接的規定者。終於成了大衆目光的方向的，乃是生產關係，——至少支配個個的心理過程的，乃是眼前的利害；傳統的影響是比較地稀薄的。比如大衆維持祖先名譽的思念，實在沒有充滿現實的空腹問題來得重要。

這些特徵，雖是空間地隔離着的大衆每個人所共有的，但這些相隔離的每個人，一旦接觸住共通的利害，那空間地密接着的大衆，同是具有大致一樣之心理的特徵。

那末空間地密接着的大衆（但不是像在公園的散步者那樣的沒有共通利害的大衆，而是說多多少少都是爲共通利害所連繫的大衆的）都是具有怎樣的心理的特徵呢。

空間地密接着的大衆，當然都具有上述的特徵，另外還帶有如次的特殊的特徵：

（一）在這些大衆間，那注意是瞬間的、不確定的：空間地密接着的大衆的注意力的緊張是容易迅速疲勞的；因此一旦發生關於飢餓、寒冷、疲勞等感覺，或是一從外部得到驟雨、火災等的新的刺激，大衆便立刻移轉注意力於此，而忘掉或放棄最初的對象。所以在這些大衆：這個瞬間的激昂，會成次一瞬間的恐怖；午後二時之友，也是會成午後三時之敵。

（二）這些大衆的心理容易成爲破壞的：旣如前述：大衆的心理是素朴的、單純的，另外，空間地密接着的大衆，則因每個人喪失個別性、個別意識、責任感等，遂使心理過程更其成了飛躍的、好破壞而缺乏抑制的。所以這些大衆，沒有寬恕，好以叱責代替求對方的反省；並且好以毆打代替叱責。又有非敵則友，非友則敵的觀念。

（三）在這種大衆的判斷過程裏容易生出過誤：這些大衆的心理過程，因爲過於躁急，所以判斷常多錯誤。卽如埃斯基磨人（Eskimos）看融於冰口中的東西而生出玻璃可在口中融化的結論這樣的根據推想的判斷的實例，是不可勝擧的。

這些特徵，是大衆之空間的密接之度愈是緊密，愈能夠顯現出來。處在有一定間隔的劇場包廂的觀衆，沒有身體和身體密接着站在兩邊的觀衆的歡呼，喧騷多，便是一例。

以上三特徵，都是空間地密接着的大衆成了一體而現出的特徵，而形造這樣的大衆的每個人，又帶着如次的特徵：（一）喪失個別性與個別意識；（二）把責任觀念弄稀薄；（三）容易利用羣衆而陷於所謂『權力酩酊』中；（四）容易接受傳達。

八　傳達方法與效果的關係

在傳達方法與其效果之間，大體上有如次的關係：

（一）傳達的效果是隨着量而增加的：但旣如前述，在感覺過程和感情過程裏，魏巴的定律在活動着，有一定的飽和點；因此，縱然給與以幾何級數的傳達，至多也只能得到算術級數的效果。因時候，也有令人發生消極的感情而招來反乎豫期的結果的。又在同量同質的傳達繼續地得着的時候，因爲感情或感覺磨鈍，所以效果便要減少。

（二）要想傳達得着效果，須有一定的時間：比如名優的名技，從初幕就見着成功是困難的；隨着幕的加增，會次第揚起觀衆的感情。但在繼續給與以同質同量的傳達時，因爲使感情和感覺磨鈍，所以少效，旣如前述。

（三）傳達的度數與效果大體是正比例：卽傳達的回數愈多，效果也愈多；每朝看報時進入眼中的藥品、化粧品的廣告能夠最深刻地刻入腦中，這是我們所常經驗的事。

（四）在傳達內容的性質與其效果之間有密接的關係：傳達因爲是在訴諸感覺或感情時效果多，所以艱深的東西難見效果，同大衆的意欲、期待、傾向懸離者，也鮮效果。又傳達的內容愈簡明愈有效果。軍隊中的口令或命令，所以必須使用極簡明的語句，又冗長的學者的理論，卻沒有政治家的簡勁的一句話容易博取大衆的鼓掌，都是這個緣故。

但傳達又是隨着受取它的大衆方面的條件而異其效果的。卽在大衆方面的條件與傳達的效果之間有如次的關係

（一）羣居者比孤居者容易接受傳達：羣居的羊、猿、鹿、水牛等比孤居的牛、馬富於被暗示性或模倣性，守孤獨的書齋人沒有好交際的人容易接受傳達。

（二）密接着的大衆比隔離着的大衆容易接受傳達。這在前邊已經說過了。

（三）傳達的效果是由民族的差異而不同的：比如法、意兩國的人比諸德、英兩國的人容易接受傳

達；色勒特或斯拉夫族比斯堪狄那維亞人容易接受傳達；馬來士人、非洲、印度人更是特別的典型。日本人也是比較地容易接受傳達的民族。

（四）在高溫度下比低溫度下的人，容易接受傳達；因爲處在高溫度下，精神弛緩，容易接受暗示的緣故。

（五）論年齡，那六歲以上的兒童，容易接受傳達；論氣質，那多血質和神經質的人比膽汁質的人，容易接受傳達。

（六）意志強烈的人不容易接受傳達；時而有受反對暗示，幹出與傳達內容完全相反的主張或行爲的。

（七）論性別，那女性比男性容易接受傳達；論心理狀態，那在放心狀態的人或心身疲勞的人，或患病的人，容易接受傳達。又關於做傳達內容的題目，知識淺薄的人，容易接受傳達。

（八）在同質社會（即社會組成員階級、宗教、習慣、利害、風俗、知識程度、生活樣式大略相同的社會）比在異質社會，容易接受傳達。因爲在同質社會對於某種的傳達，容易引起同一的反射，並且便於相互模倣的緣故。模型一被投到同質社會，便以幾何級數而傳播，這個塔爾德(Tarde)的定律，是沒有錯誤的。

（九）論都市和農村，那農村方面容易接受傳達。這是農村比都市更多具有同質社會的性質，並且農村人的心理過程單純、素朴的緣故。固然都市人也多因受刺激、疲勞、害病、空間的接觸密切及其它原因而顯著地容易接受傳達，但從素質上說，比農村人的接受傳達是遲緩的。

以上完全是採用杉山榮氏的論文（註一）；意義或有缺陷之處，將於次章介紹東京帝大新聞研究室主任小野秀雄的報紙與讀者（註二）時，再行補足。

（註一）見綜合 *Journalism* 講座第四卷。

（註二）見新聞研究室第一回研究報告頁六——三八。

第六章　報紙與讀者

一　報紙與讀者及讀者相互間的關係

報紙與讀者的關係，可區分爲報紙與讀者間的交互關係，和以報紙爲媒介的讀者相互間的關係之兩類別。從來，在涉及此問題的文獻裏，對於這兩大區別，沒有明瞭的認識。當然兩者是在交叉狀態，僅僅是理論上加以區別而已。先說報紙與讀者的關係。這兩者的關係是交互關係。從一方看來，報紙似乎是在讀者的思想、感情以外什麼也沒有的；從另一方看來，讀者的知識，似乎是在受着報紙的制限和指導的。因此，文獻上所表現的見解，可分爲兩種。爲避繁瑣起見，引用綜合諸家學說的格羅特（Otto Groth）的一節於此。在從來的文獻中，論這個關係的，多是以報紙與輿論的關係爲中心；這裏所引用的，也是如此。

格羅特先引出以報紙爲公衆思想、感情的反映的諸說：特賚奇克(von Treitschke)說：『無名記者所編的報紙，是不會消化已經成熟的眞正的思考的、是淺薄的、僅僅是對讀者多數所懷抱的共同意見，給與幾分明瞭的形式而已。』魯崩（Le Bon）在羣衆心理(*The Crowd*)中說報紙是『輿論的不斷的動搖的反映。』巴休威茲則說：『報紙之力是迷信，』並證：『報紙所登載的事情，都是與其讀者圈的精神的要求在密切地結合着的』事情。

剪紙貼成之畫幀

——西方少年家庭晚飯後之甜蜜生涯——新聞嗜好不同男嗜政治新聞女嗜遊戲雜談文藝小品等

「讀論語之歷程」

讀論語之種種　補前圖之不足

格羅特又引出與此相反的見解：威特克稱報紙是『輿論的支配者』，他說：『報紙製作輿論；報紙上發載的東西，看着都是矛盾或不安定的，而且是逐日變移的，絕似容易打動的砂堆。雖然，它能夠不斷地影響着人類，統制其意見，使人類由它而抱定某種觀念，發生一定的思潮。』羅素 (Russell) 則從經濟上徹底攻擊腐化的報紙，說它破壞公衆的思考和智能，『俗人是慣於在報紙上造出自己的意見的。晚上飲着酒，早上飲着咖啡去談論在報紙上看過的事情。』又說報紙『對於一般人是活動的頭腦。』威

爾納 (Werner) 說：『報紙不僅是自己由思考去解放它人的，並且是自己去侵占思考者的頭腦的；因爲它像滴水穿岩一般，每天在同一方面活動的。』歇弗萊 (Schäffle) 說：『至少人們是可由報紙製造當天的輿論的；做輿論的製造者，或是做製造輿論的手段，報紙不是第六之力，而是第一的大力。』

上舉的兩種見解，也有像勃恩那樣地，注意到這個兩方面的，但大概言之，都是偏於一方的見解，都是持有相當的理由。報紙影響的可能性，當然是與讀者的受容性相一致的。歇弗萊又說：『羣集之精神的指導，不是被指導者的影響與無支持的指導者之一方的精神的提供……精神的指導是必須指導之力與被指導的羣衆的眞正意欲並行不背。』格羅特又說：『路德的宗教革命，對於寺院和僧侶的過失與形式主義的反對所以廣播起來，全在德國國民間發生了醱酵；俾斯麥的統一，也完全是由於國民有深切的希望』。又關於對大衆的指導，照歇弗萊之說：對於社會的精神活動的機關而沒有開放的、受容的、反應的、共知的、共尊的、共欲的社會大衆，那指導是不會成功的。所以報紙的指導力(是假定的名目)，和大衆的指導者的指導力，都是相對的，而不絕對的。所以在報紙與讀者之間所行的交互關係，是像莫阿(Marin Mohr)所想：是特殊的循環關係。更其深切地來考察這個關係，就是本章重要的一部分。

其次，以報紙爲媒介的讀者相互間的關係，則在塔爾德 (G. Tarde) 的羣衆與輿論 (*L'Opinion et la foule*) 一書上有最明瞭的暗示。其後發達的社會心理學，雖多少必定要觸住這個問題，但沒有超出塔爾德以上的。

二　報紙的媒介機能

塔爾德發表羣衆與輿論的目的，是因爲勃恩一派的羣衆心理學者沒有分出羣衆與公衆的區別，把兩者在一起混論，所以他明白地區分羣衆是在一定較狹的場所密集着的多數個人形成之社會心理的形成物；公衆是散處各地的多數個人形成之社會心理的形成物。他更認印刷物是使這樣的散處各地的多數個人之心理的團結可能的媒介者，而那個媒介機能的最顯著的，是發達到報紙程度的印刷物。他又說『那散處各地的多數個人，以報紙爲媒介而形成公衆之心理的紐帶，是他們的信念或激情在一個時候現出，藉此而各自把同其它大多數人相互地抱定的某種意欲保持住。』他又說使這種意欲發生的動機，是現實的問題。

塔爾德斷定報紙爲最優良的媒介者的第一原因，是使類似意識發生的現實的問題能最迅速地藉報紙傳達到廣汎的範圍。第二原因是由現實問題的提供，『隔距離而行的暗示作用』。

做第一原因的現實的問題能最迅速地藉報紙傳達到廣汎的社會，這在大體上，即使在現今，也是可以承認的。但把現實的問題傳達於散處各地的個人的手段，不僅報紙，雜誌和書籍，也應算數；談話也是原始的一個媒介者，尤其是通電波而行的談話（無線電播音之類）的媒介機能顯著地發達起來，也許將來會來到奪去報紙的時代。但是十九世紀以後到現在的新聞業的發達，在由於談話和文字的一切傳達的手段中，把現實的問題最迅速地傳達於廣汎的社會之一點上，可說是得到獨占的地位。所以塔爾德認它爲第一媒介者，是很對的。講到做第二問題的由於現實問題的提供的遠距離暗示，先須決定『現實的』概念。塔爾德所說的『現實的』，不限於發生於現在的事情；引起一般的興味的過去的事情，也屬於其中。凡是流行的東西，都是現實的。即使是最近的事情，若是不爲社會所注意，也不算現實的；換言之，所謂現實的事情是指在現時有『普遍的關心』的事情說的。那個事情的本體，不限於現在和過去，卽使是應在未來發生的事情，也是現實的。反之，『新的事情』未必是現實的。『現實的』的『現』是那個普遍的關心存於『現在』的意思。要之，是由其時、其地之普遍的關心而被決定的。所以報紙的現實性，有如格羅特之說，不是『一般的關心之時間的現象』，而是『時間的一般的關心』。

現實的問題，何故會使類似意識發生？照塔爾德之說：現實的問題，是會使我們與多數人們共通的感情和意見，在同一瞬間意識到，因而成立公衆的；因此，在這讀者間所行的遠距離暗示作用，就是他們由強度的社會生活、都市生活的習慣而恆久地經驗着的周圍的暗示作用。塔爾德認遠距離暗示作用發生的根本原因是在強度的社會生活的習慣，這是必須更加深切考察的事情。現代人的多種多樣的分業乃至階級的社會生活，漸漸使割據的社會生活深刻起來。在割據的社會生活內的社會生活，是漸漸地在增高着它的強度哩。但是，這個異質的社會的分立，顯然是使在各社會圈內的相互作用漸漸困難起來；並且那個相互作用的發生，更從根本上想來，應認爲基因於對分化之統一的社會的志向。報紙是具有可認爲這種社會的志向的現象之一面的。現在可假定地稱報紙的這個機能的特徵爲統一機能。塔爾德的見解，是由認此機能而更其容易明瞭的。

報紙的統一機能，是基因於在量上和質上反映各個社會的思想、感情的事情：其量的方面，就是布崙弗巴(Brunhuber)和格羅特所說的綜合性。所以在這裏，單在質上把表現廣汎的社會的思想、感情的事情考察一番；因爲這是許多的新聞學者所不注意的。對於此問題，只要注目到現代的報紙是以靠廣汎的讀者圈爲目的而製作的事情，便明白了。爲了這個目的，報紙在質上也要努力反映社會的思想、感情。耶費爾特（Everth）曾說：『報紙是爲讀者在開放着的』，就是指此點說的。讀者的思想、感情，不僅是在什麼讀者欄——如『讀者問答』、『讀者呼聲』之類——具體表現出來的，在論評和記事上，也應顧慮讀者的思想、感情。柯白爾（Kober）曾比喩寫記事時的心境說：『像坐到精神的水族館的玻璃箱中一般，世界上的人人，都在凝視着自己』又據格羅特之說：德國伏錫報（*Vossische Zeitung* 現已停刊）的主筆白倫哈爾特（Bernhart）講到德國讀者對於報紙的申請之多，他說：『他們與做報紙服務者同時，還是批評家，是檢查員。』前舉的勃恩和特賚奇克們之說，也都是證明報紙的內容——質——不斷地在蒙着廣汎的社會的影響的事情的；俗稱『報紙是社會之鏡』即指此而言。所以現代人一成報紙讀者，便算被置於同社會相接觸的狀態。在這個意味上，讀者在肉體上雖是在分離着，但在精神上是同密集着一樣的。但在這個密集着的衆人間所行的交互的暗示，是可以常藉報紙爲媒介的。所以塔爾特意想中的遠距離暗示作用的發生，看上述是可以明白的。

三　報紙的誘導機能

在本節，要考察衆人由長期的讀報而直接受到報紙之心理的影響。卽在前節中的報紙媒介機能，是報紙之社會心理的機能，而在本節，要考察做其根底之個人心理的機能。這叫做報紙的誘導機能。

先考察報紙的內容及於衆人的影響：衆人的判斷和感情，當然受其性格、教育、信仰、習慣等的影響，但在最近過去中的經驗的累積，是做判斷基準所不可缺少的。尤其是以現實的問題爲對照時，無此基準是不會生出判斷的決定的；並且也不會生出感情的昂奮。比如一般人對於政治問題，是由政變、選舉等經驗而累積得許多的知識。但對於經濟問題，因爲缺乏經驗，知識的累積也是貧弱的。所以報紙對金銀問題所取的贊否的態度，很難以喚起或造成輿論：讀者對它，不是照樣承認，便是毫不關心。那末，現代人是藉什麼去獲得那應做基準的經驗的？教育當然在這時候占有大的活動範圍；由於分業生活的專門知識之豐富的累積，也必然可做一個基準。但是，喚起多數人的關心之現實的知識，主要地是爲報紙所給與的。格羅特曾說：「報紙對於一般人是唯一的知識的源泉；沒有可計量報紙上登載的記事或論評的標準；也沒有充分地加以調查的手段。」所以說多數的累積的知識，都是報紙所給與的。高天革爾（Franz Gottinger）曾給這個知識的累積以『潛在意識的貯藏物』的名目。他說：『所得到的報導會像機械的燃料一般地起作用，卽一接觸報導，那決心或判斷等心理的開展便發動了。大銀行支出困難的報導，當然可以打動無數人的心，因而擁擠到街頭，致使交通發生障礙；連結住一個報導的活動力，一接觸住人類的意識，便燃燒起來。這個活動力一燃燒，其作用便算完了，報導遂失去現實性，它的殘滓成了潛在意識而殘留着……在某種時候，報導也有不表現其作用而立刻向潛在意識沈下去的；這是讀者對那個報導缺乏關心的緣故……。』可做多數人判斷現實的問題的基準知識，一從報紙上得到，那同一報紙的讀者的判斷和感情、當然是互相類似的。現在再從報紙特有的本質上把這個見解檢討一番。

報紙給讀者的影響，任何人所想到的問題，都是各個報紙所具有的主觀的傾向。報紙之主觀的傾向，是由報紙的內部和外部的兩方面而被決定的：內部的決定者，是經營者和新聞記者；外部的決定者，是讀者、國家、特殊的利害關係者。這些影響羣，對於報紙所具有的關心，會融合到一起而作出一個主觀的傾向，這名叫報格。報格不單只影響於現存的這些影響羣，也有爲歷史的傳統所影響的時候。

傳統通常都是為內部的影響羣所傳承的。報格所以成為問題者，乃是因為它規定報紙內容全部主觀的傾向的緣故。格羅特又說：『報格會使在內容的選擇、整理、組織及其提供裏面，生出強弱種種的調子：報格強，其傳統是固執的，其態度是徹底的，而負報導、批判任務的報人的行動完全並理解讀者的心理；只要這個功夫巧妙，就能發揮報紙偉大的權威而使公衆高興去追從它的主唱。』在這裏，再把這個概論的記述引伸一番，以決定報格所具有的特殊的價值。

先從讀者最易觸眼的論評、報導上著手：報紙內容之主觀的要素最濃厚的，是論評和漫畫等。在這裏面，當然有報格的表現。論評所具有的報格，是由匿名性而增高對於讀者之心理的效果的。論評常是不用一人稱而用一人稱複數同讀者講話的。這恰與羣衆的指導者所用的常套手段一樣的。讀者在接受以一人稱複數的論評之間，次第相信那個判斷好像多數人所共有的判斷。論評所具有的暗示的特質，近來在報導方面也發展了。在論評為報紙主要內容的時代，報導是用據事直述的記述法，及至報導做主要的內容，論評所具有的暗示機能，也顯著地移向報導的方面了。所以單關心着報導的讀者，也是要由日日的閱報而在不知不識之間受了報格的影響的。所以格羅特所說的潛在意識的貯藏物，就是有由於報格的主觀的特色存在的。誠如格羅特之說，報導的選擇、評價、記述、配列，都是要由報紙而帶着特色的。更申言之，所謂報導的選擇，就是『默煞』某種報導或『抹煞』某種報導。默煞與抹煞雖也有是由於單純的價值判斷的時候，但隨伴報格的意識的時候也是決不少的。國家雖用法律規定揭載事項的制限的；在封建時代，是行檢查原稿的辦法來制限的。還有特殊的利害關係者，也會強要那個默煞或抹煞；這種事例，在耶伯爾勒(Eberle)的"Die Grossmacht der Presse"和辛克萊的"The Brass Check"（有不完全的中譯本）兩書中說得很是詳細（參照本書第三章中蒲徠斯之說）。要之，記事的默煞或抹殺，是制限讀者經驗的第一手段。那個心理的效果，不外乎歸到讀者相信『報紙是報導一切』的幻覺上。

在記述上所受報格的影響，是以同一事實爲基礎的記述，因報紙而有差異，還是誰也能夠肯定的事。特別是關於政治問題、社會問題的重大的記述，最明顯地現出那個差異。爲一般報紙讀者所不大注意，其實是有最大的心理的效果的，就是記事的評價：記事的評價，是在標題的大小和記事的配列上現出的；尤其是貫通數段的大標題，實具有等於標語的效果。所以還種標題在德國，有"Schlag-Zeilen"（標語之意）的名稱；在總選舉等時候有在報面的中央用紅字僅印"Schlag-Zeilen"的報紙。

要想綜合地觀察報紙的內容而把握住報格之明瞭的表現，以看在選舉時或政變時的政黨報紙和階級報紙爲最便利。但是，對於營業報紙，也不難把握住它的報格。營業報紙有如後述，在思想上，概都是中間的；但在那個中間的態度中，也有程度之差；關於政黨的態度，是標榜中立的；但有努力維持要倒的內閣的報紙，也有在新閣成立的當初便暗示它的倒壞的報紙。更從知識的、道德的、感情的等見地觀察起來，在那裏面也能夠發見種種的差異。

對於格羅特的學說的解釋，算是完畢，再把應附加到還上頭之心理的機能考察一番。第一是許多文獻都是只論報紙上的論評所具有的匿名性，而沒有言及報導所具有的匿名性。報導的匿名性與論評所具有的匿名性，同樣地可增高心理的效果。讀者是會由匿名的報導而直信以爲事實的；卽使是怎樣枉屈事實，或是含有特殊的作用的事實，也不會去注意它。恐怕除聰明的材料供給者或是同那個報導有密切關係的人以外，是不會有人注意它的。

其次，關於內容之形式的特徵之心理的效果有須補述的：就是『印刷文字』所具有之心理的效果。報紙是依據印刷文字的傳達。鮑起爾（K. Bücher）說過印刷文字加強讀者之心理的影響；閔茲納(Münzner)也曾力說流動的話語變形成固定的文字而能把對它的共鳴加強好幾倍。文字之心理的機能範圍，的眞是比話語寬廣的；那個移動性是可以由機械的手段和運搬手段而在時間、在空間增強它的。

但是不可忘記文字所具有的理解的要素。對於文字的人的心理的態度是冷靜的。無論是怎樣不和好的人的來信，開封看畢之後，也能夠抑制住像見面時那樣的強烈的反感。人在面對文字的時候，是努力着想藉它理解或感受何物的。縱然在做批評它的對照去讀的時候，也必定要冷靜地去讀它。這個努力的感情又是得到暗示的讀者之心理的態度。又記事的評價，或是在配列上所具有的美麗的形式，是報格的一個表徵，並且是增高報紙之心理的效果的重要形式的特徵之一。

再在報紙所具有特殊的傳達方法上看那做報紙之心理的影響的要素：報紙的傳達，是它的完備的材料蒐集設備與迅速的派送和定期性(Periodicity Periodizität)這個報紙重要特質的急速的規律的反覆。

報紙因爲有完備的通信設備和急速的派送制度，所以無論是怎樣的事件或意見，都能先由報紙傳達於讀者。第一次的印象是不容易拭去的；縱然以後的報導是眞實的，那第一次的印象也是完全固執的。當然在同一的報紙爲有誠意的更正或取消時，那個固執的程度是要有多少緩和的。但報紙的更正或取消，大概都是無效的。義務發表的更正或取消，卻多有被讀者認爲當事者的辯解的時候。要之，感於第一的印象時的強烈的緊張，在第二的印象時，是感不着的。報導因爲新，所以有經濟價值。這個經濟價值不外乎就是這個心理的價值。高天革爾曾說：『報紙最強大的祕密作用之一，就是基於這個現實的報導的緊張力，我們讀報時的緊張愈強，那報人所加於我們之力也愈強；在一方面，我們因被報紙吸引，所以讀了的記事的作用是會殘留的。」

定期性做心理的要素的一個重要點，就是那個規律的事情和時間的反覆。規律的派送，會生出由於期待之心理的緊張。所以日刊報紙若是在一天中的任意的時刻發送，其效果便顯著地減退了。短時間的反覆，在同一或類似的事實乃至意見被傳達的時候，是有效果的；在與這同樣的意味上，同一的報格也是會由不斷的反覆而浸潤到讀者的意識裏。

要之，報紙因爲是現實的知識的源泉所以能夠制限讀者之知的內容，而使生出類似的判斷感情。但報格是由種種的方法而在質上、在量上去規定報紙的內容，讀者知識的源泉是帶着各個報紙所具有的報格的特色的；內容之形式的特徵和傳達的方法，都成了助成這個特殊化的要素。這樣的報紙讀者個人所受到心理的影響，是可同前述的報紙的媒介機能分出區別的。媒介機能雖是使讀者相互間的暗示發生的機能，但這裏所述的機能是衆人知識的特殊化；是由報格而在質上、量上使衆人的知識特殊化的機能。所以衆人的判斷會由這個機能弄成互相類似的，因之對於媒介機能的機械的作用，此機能算是會使讀者變質的機能。但是機械的媒介機能是由認這個實質的機能而生出價值的；卽媒介機能是可由這個實質的機能而生出的。所以這個機能可說是在不知不覺之間使讀者的精神活動同質化的誘導機能。

在社會動搖期，這個誘導機能差不多昇高到指導的地步。報紙的內容顯然成了主觀的；或是論評成了主要的要素；或是煽情的報導成了主要的要素。對於動搖期的大衆，理智的誘導實沒有感情的誘導力量大。所以報紙的誘導機能顯然成爲指導的。但這算是例外的現象。

又牢守着傳統的報紙，也顯然成了指導的；如英國的泰晤士報，德國的克倫報，美國的基督教學術監督報（*The Christian Science Monitor*），便是例證。又如階級報紙，也是例證：階級報紙酷似社會動搖期的報紙；階級報紙的讀者和經營者是與革命時代的報紙經營者和讀者同樣地把報紙看作鬬爭機關。但又有例外的現象：德國社會民主黨機關報前進報（*Vorwärts* 現已停刊）在革命以後，捨棄指導的態度而像營業報紙那樣地成爲誘導的。泰晤士報、克倫報，那誘導的態度顯然是高踏的；把它比諸別的營業報紙，看着是指導的。但從讀者的立場看來，仍然是誘導的。泰晤士報的讀者是爲泰晤士報所誘導的；但很少會爲每日郵報（*Daily Mail*）所誘導的；大多數的讀者的知識、經驗、社會的地位，在兩報，都是各異其程度的；被誘導與否，是由各報所具有的讀者的大多數之精神的和物質的條件而決定的，是不能客觀地去判斷的。現在從階級上把泰晤士報和每日郵報的讀者比較一番：

	資產階級	%	小資產階級	%	無產階級	%
調查數	五〇二〇戶		六二九〇戶		八八三〇戶	
每日郵報	一八六〇份	三七・〇五	一六一四份	二五・六五	一一九三份	一三・五一
泰晤士報	三九九份	七・九四	七二份	一・二四	五一份	〇・五七

(The Nation's Newspaper P. 8)

閔茲納朦朧地捉住了這個機能：他把這同羣集的指導者比較，而對於指導者的第一義的，說報紙是第二義的。羣衆的指導者對於羣衆，也顯著地是相對的：他是羣衆的感情和慾望的浮出物；他是以羣衆的判斷感情爲基礎而決定其目的和方向的；報人在做報格的表現而活動時，也有與這同樣之心理的活動；他們同是由發見的方法而規定其行動的。但羣衆是由指導者的出現而其感情能增強好多倍數，遂盲目地服從的。這樣的感情的昂奮，也不是限於以公衆爲對象而成立的，散處各地的公衆縱然能由報紙而加強那個感情，在形成強度的公衆以前，爲使那公衆一致行動起見，也必須變成一種有組織的集團或團體。這時候有報人做它的指導者的，還算是集團或團體的指導者，是不算報人的。

四　關於公衆成立的諸家的見解

照以上的論述，報紙的讀者形成公衆的事情，是可就報紙的機能上說明的。現在更進而考察能使其成立的公衆是不是像塔爾德所說那樣地，包含一報讀者的大多數的單一的大公衆？先看對此問題的諸家的見解，作爲準備。

從來關於報紙使成立公衆的範圍，都是些朦朧的見解。塔爾德對此問題也沒有明瞭的解釋，在大體上，似乎是認讀者的大多數形成一團的公衆的。他說在某種時候，報人們是由各自的報紙而有各自的公衆；又說在某種的時候，像泰晤士或費加羅(*Figaro*)那樣的大報，有擴張到全世界的公衆。在前者的公衆之心理的團結與在後者之公衆之心理的團結裏面，殘留着應考察的幾多問題。讀泰晤士報的英國人和法國人，果能形成一個公衆嗎？這是誰也應該發生的疑問。艮斯堡(Ginsburg)也以爲各個的報紙使各個的公衆成立，但這也是很欠明瞭的說法；吞尼斯(Tönnies)和格羅特的見解也沒有明瞭的地方；但最近，左瓦諾利(Giovanoli)研究此點，斷定『各個報紙有各個的公衆』；他的論據是從對報紙的實際的考察出發的，他曾引用俾利·皮喔兩人共著的論文：『公衆是非單一的多數。勞動報(*L'Œuvre*)的公衆不是費加羅報的公衆；巴黎迴聲報(*L'Echo de Paris*)的公衆，不是十字報(*La Croise*)的公衆；自由報(*Le Liberté*)的公衆不是每日報(*Le Quotidien*)的公衆。』但他更論政黨報和階級報讀者之心理的團結與營業報讀者之心理的團結，在那個團結力上是有差別的，而說『現代報紙的企業的統一組織，是基於這個心理的社會的事實，適合乎讀者羣的種類，在同一經營之下，發行各異其方向的報紙的。』

左瓦諾利的論旨，比諸從來的見解，是顯著地增加明瞭之度了。但所引用的法國報，都是政黨報紙。政黨報紙因爲是爲維持並擴張黨的團結而發行的報紙，故其讀者的團結是當然的事。但現代有最多數的讀者的報紙，是營業報紙，對其讀者之心理的團結，恐怕是與政黨報紙讀者兩樣的。他的見解，只是各個報紙有各個的公衆而已。

一切學者，都是在公衆比較感情還是傾向理性之說上相一致的：派克(Park)曾與羣集比較而說公衆是『在個人的緊張和個人的關心完全不能阻止的特殊的交互關係上更其發展的』。在像營業報紙於各種社會層都有讀者的時候，對於那個普遍的關心的讀者個人的緊張，是有種種的強度的。縱然它的誘導的機能，長久地浸潤了讀者，但是由那個人的特質而異其受容的程度或狀態的。呑尼斯的見解，在考察此問題時，也是有很多效用的。他雖漠然地把報紙的讀者斷定爲公衆：『現代的公衆是專讀報紙的公衆』，但他這時候所說的公衆，不是一個報所成立的公衆，而是對於同一問題懷同樣思考，並且持同樣判斷的衆人，他稱這爲大公衆。他更在這樣的大公衆之外，承認多數的小公衆之成立。多數的小公衆的成立，是由於對那個問題的擔負和昂奮的種種程度的，因之，第一是爲時間的和空間的條件所區別的，卽在更狹的社會圈和更近的時間上，同一事件會起更速、更強的作用；其次是爲準備的種類所區別的。卽由對某問題的準備知識的有無或多少而生出區別來。所以吞尼斯所說的小公衆的成立，要之，是由對某問題的關心的有無強弱而決定的。但因爲在現代社會而有重大的意義的公衆，是讀報紙的公衆，所以不能單就問題上考察公衆。報紙是像前述那樣，不僅提供問題，還有特殊的誘導機能，所以對此媒體的關心，也必然對於公衆的成立有重大的意義；所以更於次節考察對於報紙本體的讀者的關心。

五　讀者羣之觀念的分類

在本節，專意考察對於報紙本體的讀者的關心，而闡明報紙與讀者之心理的結合狀態。

對於報紙本體的讀者的關心，是可以考察衆人成報紙讀者的動機而去闡明的。

人成爲某報讀者的動機，可以從觀念上把它分成意識的和無意識的之兩類。前者是明瞭地生出買報的慾望而成爲讀者；後者是漠然地生出買報的慾望而成爲讀者。關於前者的讀者羣叫做意識的關心羣；關於後者的讀者羣叫做無意識的關心羣。

無意識的關心羣都是少受教育，智能或年齡較低的讀者。關於此羣的讀者是靠暗示的讀者，更可分爲兩類：第一類是靠單純模倣的讀者，有由於地域的、職業的等具體的環境的暗示的；也有漠然地爲多數的概念所暗示的。第二類是靠優勝模倣而成爲讀者的一羣。優勝模倣，就地域說，是地方讀者定閱都市報紙；就個人說，是定閱先輩或『大人物』所看的報紙。這個現象在文化未普及的時代是最明瞭地表現着的。又就時代上看來，有趨向新舊兩時代的模倣：在舊時代名聲很高的報紙，縱然內容完全變新，只要報名不變，讀者還可以由舊時代名聲去購讀它；又新興的報紙當然是有專為喜新而去購讀它的。

意識的關心羣，又可分為主觀的關心羣與報導的關心羣的兩類。所謂主觀的關心羣，是對報紙之主觀的傾向即報格有關心的讀者羣，是由報紙的判斷或感情等與讀者合致而成立的一羣。政黨報紙或階級報紙等讀者的大多數是屬於這一羣的；即使是營業報紙，也是由各報所有的報格而具有各個獨立的主觀的關心羣。

報導的關心羣，是對新聞記事有關心的讀者羣。這個讀者羣更可分為理智的與煽情的兩類：後者是單把報紙看作報導機關，不注意它的主觀的傾向的一羣，叫做理智的報導關心羣；前者是顯著地傾向報紙的感情的方面，叫做煽情的報導關心羣。

煽情的報導關心羣，是愛好社會活動的一羣。又因為在煽情的報導中含有刺激強烈的成分，所以即使是怎樣的理智的讀者，也會在一時，被煽情的報導奪去注意；在德國心理學者梅德(W. Moede)的統計調查，這一羣也占第一位。要之，煽情的報導羣是報紙讀者羣中最大的一羣。

煽情的報導，不僅是現代報紙特有的現象，中世的報紙類似物，也已經具備這個特質；不單材料是煽情的，在技巧上也是表現着煽情的特質。這一看中世歐洲諸國的報紙歷史，便明白了。

煽情的報導羣是做好奇的讀者羣而被紀錄到初期的報紙歷史上的一羣。最初寫德國報紙歷史的布爾茲(Prutz)曾說：『有興趣的事件是從外國來的』。更據寫初期的週刊報紙與讀者的關係的最初的文獻即斯帕屯(Spaten)的"*Zeitungslust und Nutz*"一書上，曾斷定『報紙的讀者僅是由於好奇心的欲知一切事物者』。蕭屯羅耶爾(Schottenloher)所舉的德國初期的報紙新聞報(*Neue Zeitung*)發達的原因之一，也說有次第精於讀書的好奇的都市人的存在。要之，對於類似的初期報紙讀者的心理的觀察，似乎都是傾向好奇心說。

報導之煽情的傾向，是由在美國的初期的營業報紙而顯著地表現出來的。紐約前驅報（*New York Herald*）和太陽報（*The Sun*）最初採用的內容的配列，便是順應這個煽情的讀者的轉向；美國報紙的所謂黃色調，就從這裏萌芽而生出哈斯特和柏乃特(James Gordon Bennett)的報紙。煽情的報導，發生於美國新聞界之後，遂逐漸傳播到世界各國。近代營業報紙都是顯著地發揮著煽情的特質。不僅對於材料的選擇，以這為第一標準，即使在編輯技術上，也甚重要視之。道發特(Dovifat)曾說：『現代報紙無此不能生存』。煽情的報導的特質，原是適合常希求強烈的刺激的大都市人的心理的；忽視這個事情，便算失去現代報紙的本質。現代的營業報紙，雖然受着利害的非難，仍有益發地重視選事的傾向；為蒐集此種材料，是不吝惜所出的代價和功夫的。

理智的報導關心羣，是對報導的迅速、正確、及其它各方面有關心的讀者羣。他們相信自己所選擇的新聞報導，是最正確、最迅速而且是多方面的。他們因為是理智的，所以想把新聞報導利用到自己生活上。縱然對於自己專門以外的報導，也是從自己的社會的生活必要做出發點去讀它的。所以此羣的新聞關心，是帶着利己的特色的。這種見解是可由報導的歷史證明的。最初對報導有理智的關心的，是支配階級：在未開化時代；是酋長；在古代；是王侯貴族。他們是為維持自己的權利而蒐集報導的。他們不僅蒐集報導以備外敵，並且把它用到對其部下的統制上。埃及的帕皮羅斯(*Papyrus*)、羅馬的阿可特德拿(*Acta Diurna*)便是其顯著的實例。羅馬的奴隸通信是貴族對報導有關心的實例。支配階級的報導蒐集，是到中世紀被羅馬法王諸侯模倣了的。但到一般民衆對報導有關心的時代，則長久地受到發表專有權或被檢查等等的制限。又對報導有理智的關心的，是商人。意大利些納（Siena）的商人從設於地方的支店蒐集新奇材料；不僅商業上的報導，還要注意十字軍的事情，想把它利用到營業的目的上。奧斯堡（Augsburg）的大商人伏加氏所蒐集的報導，規模更大：其報導的地域，幾遍全世界；材料種類之多，它無比類。又在中世發生的『手寫報紙』的讀者都是商人：威尼斯的手寫報紙為威尼斯的商人所購讀；德國的手寫報紙是在商業中心地奧斯堡、紐倫堡（Nürnberg）等地發行的。做當時的知識階級的僧侶、學者也是它的部分的讀者。這種手寫報紙與當時的新聞報（*Neue Zeitung*）等一類的東西並行於世，這是個可注目的事情。後者是傾向煽情的大衆的印刷成的報紙類似物；前者是傾向理智的讀者羣的報紙類似物。前者在數目上是少的；因為手寫困難的緣故。商人對於報導有理智的關心的理由，如呑尼斯所說，是在利害觀念上有重大的關係。要之，支配階級關心於報導，是為維持或擴張自己的權利起見的；商人們關心於報導，是為維持或增加自己利益起見的。又對於手寫報紙的大衆的讀者羣，是僧侶和學者。關於在德國撒遜博物館（Zwinger）的手寫報紙的蒐集、以及在各大學間所行的報導的交換，鮑起爾記的很是詳細。

在現代，理智的報導關心羣，是在社會的各職業層橫跨着的；因為現代是分業時代的緣故。但對政治和經濟的報導具有理智的關心之羣，理智的團結比別種分業強；形成支持經濟報紙或政黨報紙的讀者羣。

但上述的數種報導關心羣的分類，不過是一般的分類法，就實際上說，報紙的讀者未必是像這樣地純粹的。只是每種的關心中都有上述的一個主要點；當然還要混合多少其它的關心哩。又，卽使在同一的關心裏，也有強弱的差別，而在實際上是可以區分出多數的關心羣的。

次更以上述分類爲基礎，考察各種報紙所有的讀者羣。報紙的分類是由好多專家所做過的。在這裏，採用道發特(Dovifat)的分類；因爲這種分類不但簡單而且最適合於事實的緣故。他把報紙分爲目的報紙、營業報紙的兩類：目的報紙是有特殊的主觀的目的之報紙，政黨報紙等屬之；營業報紙是以營利爲目的之報紙，是做現代新聞界主潮的報紙。現在照這兩種分類來考察這兩種報紙所有的讀者羣。

目的報紙的主要的關心羣，當然是主觀的關心羣。煽情的報導關心羣不是目的報紙的讀者。但是以主觀的關心爲中心而兼有煽情的關心的讀者，也是事實。在實際上，煽情的主觀的關心羣比諸理智的主觀的關心羣，也許是做大羣；還有許多事例可做證明的。理智的報導關心羣也未必盡是目的報紙的讀者；當然有想由目的報紙的報導而去把握支持它的公衆的意識的關心羣，但這恐怕是極少數。但在報紙巧妙地隱蔽其目的時，理智的報導關心羣是把它看作單純的報導機關而形成它的讀者羣的；因爲地方的大報外表上以『不偏不黨』爲旗號，實際上多與特殊政黨有密切關係的緣故。無意識的關心羣因爲是由於環境的暗示的讀者羣，故做相當的大羣。彼等有形成單純模做的讀者羣的；也有形成由於優勝模倣的讀者羣的。英國勞動黨機關報每日前驅報(*Daily Herald*)的改革，便是這種見解的明瞭的證明：每日前驅報在由黨經營的時候，它的讀者不過二十五萬內外。這類讀者主要地是階級意識明瞭的黨員，主觀的關心羣佔大多數。及至一九三〇年移歸自由主義的奥迪漢印刷公司(Odham Press Ltd.)經營之後，改新內容，對定戶和報販設人壽保險，勸誘購讀，在兩星期間銷路就已經超過百萬；後來逐年增加，到一九三三年六月，達到二百萬的數字，能與銷路最大的每日快報（*Daily Express*）和每日郵報並駕齊驅；直到快報和郵報的銷路減低至一百七十七萬餘份的今日（一九三五），它已經過了兩百萬的大關，而它的週刊人民（*The People*）銷路超過三百萬份——日刊和週刊同爲全英之冠；而照現狀推測，將來是會有增無減的，要之，每日前驅報是特別爲這改革內容而見着成功了。這個事實，就是證明在增加數之中是含有漠然地來定報的讀者之多的。由營業報紙的內容與讀者保險所集得的讀者，未必都是多麽關心報紙之主觀的傾向的：他們可做每日郵報的讀者，但也可做每日前驅報的讀者。所以目的報紙的讀者，是以主觀的關心爲中心而無意識的關心羣形成它的外廓；但在某種時候，也有包含理智的報導關心羣的。

在營業報紙，那各種關心羣會形成一團的讀者。營業報紙，在它的內容的構成上，又在它的販賣方法上，都是常以招徠各種讀者爲目的。尤其是那報格的構成最是複雜，常苦心焦慮地不叫偏於一方而失去中庸。所以由保守主義的讀者看來是進步主義的；由進步主義的讀者看來是保守主義的；所以是完全要受兩者的兩極端的排斥的；共產主義者所以否定營業報紙，就是爲此。因之，對那個主觀的傾向共鳴的，都是中庸主義之主觀的關心羣。但是煽情的報導關心羣和理智的報導關心羣，是會特別地形成這種報紙的讀者層的；尤其是理智的報導關心羣，大部分是這種報紙的讀者。

六　讀者形成的公衆人數及其種類

在本節，要考察在第四節所分類的各讀者羣在對現實的問題而形成公衆時，可有如何的心理的特徵；藉此以推定報紙所成立的公衆是否單純，考察那公衆的種類，以作本章的結束。

無意識的關心羣概都是無批判的讀者羣，就是他們對於報格沒有持批判的態度。所以報紙之主觀的傾向，是原樣地爲他們所受入的。所以報紙的機能對於他們是最有效果的；他們是會照報紙的所感而感，照報紙的所指示而行動的。所以他們受報格的影響甚多，而給與報格的影響卻是很少的。報紙爲了他們，差不多徒把報紙上的主要的主要部分供犧牲，讀者保險或其它社外活動（詳見經營卷），都是對於這種讀者喚起對報紙的關心的必要的手段；報紙小說或遊戲畫(Comic Picture)之類，也是爲維持這種讀者用的；又如所謂社會記事，當然又是這種讀者所愛讀的；又，通段的標題，立刻會集中他們的注目，那個煽情的內容是會使他們的感情極度昂奮起來的；由於單純模倣的讀者羣，是這樣地形成近於羣集之感情的公衆的；由於優勝模倣的讀者羣在形成感情的公衆上也是同樣的，只是對彼等最有效的暗示是所謂優者——『要人』、『名人』、『名流』以及這些人們的言動——而已。要之，在使此羣昂奮的報導裏，都是有關於『優者』的事情。所以在他們形成公衆的時候比諸前者，稍稍帶着理智的特徵。與這同樣地在地域的優勝模倣羣是以大都市爲主要對象；在時代的優勝模倣羣是以時代爲主要對象。所以報紙要記載大都市的關心事，和新時代的關心事以誘導他們；所以他們雖也對報紙之煽情的報導而形成感情的公衆，但可認爲稍帶理智的特色的公衆。

煽情的報導關心羣在感情上也是與無意識的關心羣同樣的。他們因爲是僅對感情的刺激有關心的讀者羣，所以那感受性是比無意識的讀者羣強的。所以對於現實的問題，便不顧慮那個主觀的傾向，立刻能喚起感情的昂奮來。所以報紙的機能對於此羣是極有效果的。他們是專舉報紙說話的讀者；他們之感情的昂奮，有一旦增高而被利用到民衆運動上的。所以這也是容易形成羣衆的公衆的讀者羣。只是那個煽情的關心，不斷地在報紙的內容增加着影響，還是與無意識的關心羣大大兩樣的。

意識的關心羣是使報紙規定內容的主體；他們僅從無意識的關心羣受到微弱的暗示而已。主觀的關心羣在這一點，是最有力的影響的主體，他們在報格構成上有最大的關係。所以閔茲納說：『讀者是有主張的，而一看到報紙，那被印刷、被具體化的表現，是會得到滿足的。』主觀的關心羣是最強度地感着那個滿足的讀者羣，所以報紙發表的見解，與他們的見解不合致的時候，是不會默認它的。所以他們有團結而自辦機關報的。他們確信他們的利害是能由報紙而發表出來的。所以在這個意味上，他們算是由報紙而被結合的潛在的集團；是對現實問題生出的最強固的團結。

理智的報導關心羣對於主觀的傾向僅有微弱的關心，他們對於自己之主觀的傾向，只要沒有顯著的矛盾，是會寬容它的。耶費爾特（Everth）稱這爲『對於公的施設的寬容』，他說：『這是恰與爲旅行而利用火車的公衆一樣的。他們是不能關在家裏過安逸生活的；但爲着他們的目的地是會抑止住不落著的心境的。』現代的營業報紙看着似乎是把這個寬容強制於讀者的；所以對於思想界的潮流常是漸進的、中庸的，就是要把理智的報導關心羣和報紙結合起來的緣故。因爲他們是理智的，所以由讀書、社交及其它的經驗能增高他們對於現實問題的知識，遂使報紙的機能顯著地降低。所以在某時候那些知識雖有相協而助成強固的心理結合的形成的，但在某時候也有構成帶着同報紙之主觀的傾向相反的結合的；又在某時候也有持無關心的態度的。這些雖都是由於那個準備知識的有無或多少，以及個人利害的感情的如何，是不能一概而論的。更申言之，雖是理智的報導關心羣，但對該問題除報紙所載以外沒有準備知識，並且同自己的利害沒有密切關係時；有的持無關心的態度；有的受報紙的誘導。所以這些人在形成公衆時，是顯著地帶着個人的特徵的。

假定以上述爲基礎而把某現實的問題使公衆成立的過程分類一下，可區分爲感情的和理智的兩羣：但這兩羣更可由關心的強弱而分出程度相異的小結合；並且也有由現實的問題的內容而使異質的公衆成立的事情。

若是由報紙的種類而概括地把這個結論考察一下，在目的報紙上，則不問現實問題的內容的如何，同質的公衆是會成立的；因爲它的讀者大部分是主觀的關心羣，其中僅有若干無意識的關心羣而已。不注意到被隱蔽的主觀的傾向而購讀它的理智的報導關心羣，也是在不知不覺之間會隨着無意識的關心羣而爲它的報格所誘導的。在營業報紙，是會由現實的問題的內容而使一團同質的公衆或異質的公衆成立的。又一公衆內結合的程度之差，是比在目的報紙的時候更甚的。

關於營業報紙使公衆成立的實例：比如一般國民有關心的現實的問題是政治問題；尤其是內中的外交問題和關於同外國戰爭的問題。這種事實是有各國的報紙在戰時增加讀者的歷史可證明的。國民全體的緊張是在宣戰布告發出之前達到最高度的。蔑視自國之敵國的行爲、敵國民的性行、歷史等，天天爲報紙所揭載而使國民的感情極度昂奮起來。主觀的關心羣是同情於報紙的主戰主義的。煽情的關心羣是在那個昂奮的紙面上感着極度的昂奮的；理智的報導關心羣是從對於自國的利害的打算而同情於主戰論的，但其中的一部也許是爲主義或個人的利害而完全反對戰爭的；也許還有持旁觀的態度的。但這些大概都居少數。無意識的關心羣的同情，大概都是附和雷同的。要之，這種時候的讀者的大多數，是相信多數的懷抱者都是與自己的意思、感情類似的，所以讀者是形成一團之主戰的公衆。

但卽使是外交問題，也有是國民全部不能一致的問題。要之，無論是什麼問題，在理智的報導關心羣中都是有反對或贊成兩樣的讀者羣存在的。

小野秀雄氏根據以上所述把『報紙由媒介、誘導兩機能而使公衆成立』這種見解鄭重地加以如左的修正：

『報紙是由其媒介、誘導的兩機能，而使散處各地的讀者在精神上相接觸，對於同一現實的問題而使類似意識發生出來。在目的報紙的時候，使一團同質的公衆成立；在營業報紙的時候，是由現實問題內容的如何而使同質的或異質的公衆成立。但無論是同質的或異質的，其心理的結合之種類，會形成結合程度相異之感情的和理智的二大羣。』

本書筆者在大體上贊同這種見解；只是對於『其心理的結合種類會形成結合程度相異之感情的和理智的二大羣』這種見解也想鄭重地加以如左的帶修正性的補充意見：

『屬於理智的一羣，萬萬不會失去感情；同樣地屬於感情的一羣，也萬萬不會失去理智。所以這種嚴格的分法，我是不敢贊同的。因此，報紙——無論是目的報紙或營業報紙——上的材料，不可偏重理智，也不可偏重感情，——對此兩者，宜持兼收併蓄的辦法。又在非常時期——如外患時期或革命時期——宜偏重感情；在平常時期——如復興時期或建設時期——宜偏重理智。』

* * * * *

（另註）本章是就小野秀雄原書論文略加補充而成。原書中引用的諸家學說，都有一定根據；為避繁瑣起見，特將所舉德、英、法文各書，總列於左：

1. Otto Groth: *Die Zeitung*, I.
2. Schäffle: *Bau und Leben des Sozialen Koerpers*, Bd. I, S. 434.
3. Martin Mohr: *Zeitungshunde & Zeitungswissenschaft.*
4. Tarde: *L'Opinion et la foule.*
5. G. Münzner: *Oeffentliche Meinung und Presse.*
6. Everth: *Die Zeitung im Dienste der Oeffentlichkeit.*
7. Kober: *Die Seele des Journalisten.*
8. Franz Gottinger: *Geheimwirkungen der Presse.*
9. Casper Jost: *Principles of Journalism.*
10. Hans Traub: *Zeitungswesen und Zeitungslesen.*
11. Eberle: *Die Grossmacht der Presse.*
12. Upton Sinclair: *The Press Check.*
13. Bücher: *Das Moderne Zeitungswesen.*
14. Posse: *Moderne Zeitungswesen.*
15. Ginsburg: *The Psychology of Society.*
16. Park: *Masse und Publikum.*
17. Tönnies: *Kritik der Oeffentlichen Meinung.*

18. W. Moede: *Zur Praktischen Psychologie des Zeitungslesens. Zeitungs-Verlag.*
19. Prutz: *Geschichte des deutschen Journalismus.*
20. Spaten: *Zeitungslust und Nutz.*
21. Schottenloher: *Flugblatt und Zeitung.*
22. Hatin: *Histoire du Journal en France.*
23. Dovifat: *Auswüchse der Sensations-Berichterstattung.*
24. Chambure: *A Travers la Presse.*
25. Le Clerc: *Des Journaux chez les Romaine.*
26. Koch: *Studien über Zeitungswesen.*
27. Kleinpaul: *Die Fuggerszeitungen.*
28. *Otto Brann's Rede am Würzbuger-Parteitag 1917* (cit. in Groth: *Zeitung* I, p. 117).
29. W. Vleugles: *Die Masse.*
30. Bücher: *Unsere Sache und Tagespresse.*
31. Emil Löbl: *Kultur und Presse.*

中国近代新闻学名著系列丛书

芮必峰◎主编

综合新闻学（2）

—— 任白涛◎著 ——

中国传媒大学出版社
·北京·

第二卷　原始的公告形態與通信方法

第一章　研究的範圍與方法

新聞學的主要問題之一，是對於實現人與人間之社會的、精神的交通關係的方法，得到系統的理解。不消說，新聞報導無論何時，都是社會意識的眞實的表現，並且顯示着如次的複合形態：卽不單是做其內容的精神觀念呈出多樣性，而且負擔內容的物質是在依靠着那時代的生產力與技術關係的發達。因此，要概括地認識新聞報導的全部機能和構造，樹立有組織的體系，是非常需要努力的問題。我們首先必須從各方面去做新聞報導的研究，而由對象物的同一性質來綜合它的結果。特別是爲要理解使做近代文化的產物的報紙成立的新聞報導之社會的性質，首先必須研究新聞報導是以怎樣的狀態而發展了的前史的問題。如果採用『新聞學的認識目的是做社會意識的表現手段的新聞報導』這個葉格（K. Jaeger）的定義，這問題可分做兩開來考察：（一）成爲新聞報導的眞實內容的社會生活的動機；（二）它的表現形式卽方法。

當然，在考察新聞報導的社會性時，應預先以在人類社會生活中所必然的相互關係爲其基本要件；因爲在人類的歷史上，決沒有完全孤立而生活的時代。照近代社會學者的通說：社會是以心的要素之相互作用做其形式而成立的。關於這一點，照秦墨爾(G. Simmel)之說：「社會存在於多數個人行着相互作用的地方。這個相互作用是由一定的衝動或是爲了一定的目的而成立的。換言之，社會的構成，不外是諸要素間的相互作用。卽各個有機體做着某種範圍內的精力的相互交換，因而構成統一體。在那各部分不相互地影響，或是作用的相互性受了阻礙的地方，是不能稱爲世界的。」

那末，在肉體上完全分離的人類是怎樣地行相互作用，又依據怎樣的機構而使他人或社會的體驗當作自己的體驗而轉化、而移行呢？若照維爾根(A. Vierkandt)之說，這便是可以在向全體之內的結合狀態——卽集團性——與表現活動的存在中探求的。就是說表現活動之社會的意義的成立，乃是那個眞實的表現活動的內容得着羣集的理解，而環境的反應使被表現的當事者受到影響。與表現的要求有密切關係的，是報知衝動。這是要報知體驗、印象、以及種種見聞之自然的衝動。又就另一方說，人類本來具有告訴或貯藏對彼有何等價値的事項的衝動。

在動物中，我們已經屢次見到是由外的過程來表示內的狀態的。這不是有目的意識，乃是對於那個內的狀態自然發生的徵候；許多動物的叫聲，和在興奮狀態中的毛髮或羽毛的豎起等，都屬於此。在人類，這個表現活動的程度是最高的。又照李特(T. Litt)之說：這個對於環境的衝動，是經過用表現活動來把思維客觀化之社會的交通行爲而形成的；反過來說，內的衝動的緊張性，是由社會的交通行爲的速度而促進的。而不管人類相互之空間的及時間的距離有好多大，還要維持它們——卽社會——的統一的努力，特別是想出以社會的交通行爲做主務的手段或方法的，這就是新聞形態。

精神是在先天就同物質相結合的，因之，它會依感官所受刺激的音響，和光線等的物質的種類而表現出種種的形態。在下面要就發生史上來研究由社會的交通行為而行的新聞形態的變遷和方法。

照瑟奈(W. Schöne)之說：新聞報導的主要機能，是顯示時間、空間、內容這三種方向的。是如次的表式：

I 表現手段 ｛(a)空間的關係、(b)時間的關係｝ 公告形態與通信方法

II 社會意識 (c)內容的關係 ｛(1)對此關係的態度（書信的、公告的、編輯的）、(2)主觀性、客觀性｝

依據這個基礎，可以順着從特殊的新聞報導到一般的新聞報導的發展階段來分析公告的分布性。

要想成立新聞報導，須先具備做其空間的本體的兩個前提條件：

(1)定住人口的存在：在一定的地面上和一定的交通密度上有人口在分布着。

(2)這個人口本體是依一定的交通關係而結合的。

前者是能使報知事實成立的主要條件；後者是能使在那裏所發生的社會事實的知識帶起流通性的主要條件。依據這兩個前提是能得到新聞報導的最初形式的基礎的。新聞報導是依據這個基礎的變化即該社會的人口構成——密度、數量、教養程度、政治和經濟的關係——之量及質而帶有不同的形態和內容的。

新聞報導成立的兩個條件之史的變化——交通密度和交通可能性——顯明着從若干萬年的原始新聞到近代的企業的都市新聞的發達。如果以做典型的對立的村落團體與都市團體來說，那其間之第一的差

異，便是人口數量的差異；是社會的接觸度之多寡。在都市，雖然通行着對於他人的活動作用或影響的無數綜錯的反應或影響，明白顯示着吞尼斯（Tönnies）所說的利益社會的範疇之特質（秦墨爾說『個人是很多的社會圈的切點』，弗洛伊德（Freud）說『各個人是干與着多數的集團精神』），但村落是顯示着屬於共同社會的範疇的比較單純的社會複合性的。然而，近代的村落已漸次失掉其固有的性質而都市化，或是成爲都市從屬的社會構成體。在這種時候的村落，不過是都市的社會連帶圈之一要素。而這個複雜廣汎的社會關係，又使生於其上的社會意識的內容成爲多種多樣的。

所謂社會意識，畢竟不外是意德沃羅基與客觀的社會事實之認識的複合。所以，做其本體的生產關係，爲社會構造所規定，由它的錯綜化與分化而表現出多種並且可變的形態和內容。因之，我們在最初便不得不究明與社會形態的發展定式相關聯的新聞報導的機能。即新聞報導是與社會意識立於密切的相互關係處之同時的存在物。松巴德（W. Sombart）舉出如次的六項招來新聞報導——報知、公告形態——之一般的變化的主要原因：

（1）人類關係之空間的分布；

（2）古代共同社會的解消；

（3）讀書術的普及；

（4）印刷術的發明；

（5）郵政制度的發達；

（6）營業的報知、傳達、介紹的出現。

但這些只算是喚起在新聞發展的全系列中的機能的增大和形態的變化的要件——比如報紙的發生——不是創造新聞報導的條件。新聞報導只要是社會意識的表現和移行手段，便是與構成社會的人類意思的公告手段相關聯而發生的。我們必須以從社會集團的內面所給與的這個機能，爲新聞報導的基本條件來選擇。實際上，新聞報導是可以看做執掌意識內容的傳達和移行的一種文化用具的。卽它的積極的作用是：公告社會的事實而使人類的欲求（精神的滿足）充足；把發生於局部的社會的事實具體地表現出來；組織做社會過程而分化着的社會構成部分的相關性，以實現該社會之有機的綜合。因之，爲了要充分理解新聞報導的本質及其機能，我們必得廣汎地觀察它的過去和現在的種種樣樣的形態，更在它的發生史的基礎上抓住在與其它文化要素的關係上所發現的新聞機構。

格勞德 (O. Groth) 明確地認新聞報導是與人類社會的發生同時的事情，他說：『想知道人及事物的欲求，是由於希求生存的保證或安易化而促進、而形成之原始的衝動。經驗新的事情，或得到報知的希望，是自然的人類感情之表現；是生活意志之本質的核心；是形成並維持社會的最堅強的力量之一種。——實際上，個人或個別的集團之經驗的社會化、便是依靠新聞報導才可能的，因之，個別地孤立的、私人的經營之精神的生產，是通過新聞報導的方法才與社會全體相結合，而積貯爲社會的共有財產的。卽各人的行爲思想是依新聞報導才能實現做社會全體的成員的活動的。台拉 (E. B. Tylor) 雖總稱人類在社會關係上之物質的精神的收穫爲文化，但文化的成立和發展當然是豫定着新聞報導的成立和發展——卽沒有新聞報導便沒有文化。約斯特 (C. S. Yast) 曾說：『報紙是適合乎探求新聞報導的人類性的一般需要和欲望的東西。報紙不是創造它的需要的；反過來說，需要是常存在着的，而報紙乃是它的必須的產物。』

當然，新聞報導只要是能做一定時代的一切文化要素的複合體而表現的，我們便須抓住能在與這些文化要素——比如生產技術（文字、印刷術、紙等的發明）及社會構造（人口密度，讀者層的種類，新聞機關的歸屬階級等）、交通關係（郵政制度，國內交通，國外交通等）——的關聯上實現的新聞機構和形態。但這樣的全部的研究，是至難的工作。現在僅就發生史的基礎上整理新聞報導的現象，把新聞報導的本質、構造和機能弄個明白；因爲也如維果（G. B. Vico）所說：『眞實的鑰匙，是宿在發生之內的。』爲了這個目的，新聞學者須先儘力蒐集完全的事實資料。必須像植物學者蒐集草木一般，從地球的一切土地、一切時代去蒐集並記述人類從來所使用的新聞形態。由民族學、先史學、歷史、言語學、統計學等所得到的資料，都算是建築的石材。像這樣地集合成功的材料的整理，構成資料學。因此，知道做第二個問題的『它是怎樣發展了的』的事情，是必要的。對於此問題的解答，是只有依據各種歷史的、現實的事實之比較考察才可能的，而這個方法就是形態學或類型學。

像上述那樣地新聞報導的起源，應該是與社會的起源同時而具有某種文化意義之新聞的機能的東西。要想在發生史上抓住這個新聞報導的全形態，必得依靠如次的資料來作比較的研究：

（1）動物社會的結合關係與其表現活動。

（2）未開化人的報知方法。

（3）考古學的資料。

（4）歷史學上的事實及記錄。

(5)古代法令的布告方法。

(6)在文學、神話、傳說、俗謠中所表現出的新聞報導的插話。

(7)心理學的社會學的推論。

(8)在現代所存留的原始時代的東西，即台拉所說的文化殘存物或民間傳承及遺風。——比如在上田碩三的日本通信網的組織一文中有這麼一段故事：『……最近在英國格拉姆斯城約克公妃分娩之際，新聞通信社因爲急設電話來不及，便用在山上焚堆火的辦法來急報女王的誕生。日本也有這樣的事情：一九三〇年夏天普羅姆里中尉太平洋橫斷飛機出發之際，東奧日報社在交通不便已極的淋代海岸舉起烽火，離此約有十哩的電報局社會看見這火，遂打了電報。三千年前，埃及人爲要報知敍里亞遠征的成功所舉行的烽火通信，想不到在一九三〇年還有切斷速率尖端的事情……。』

其中爲本篇所最重視的資料，是由比較民族學的方法得來的；這是能把在歷史之時間的形式（縱列式）中探求的東西在空間的形式（並列式）中求得的；因爲原始時代的事情已經屬於過去，我們是不能經驗的。我們只有綜合遺物去推測當時的狀態而已。但到現今所發見的遺物，是部分的、抽象的而且又是容易壞的。特別是在如社會關係的行爲上所表現的東西，要依據認識其現實的生活才有可能。關於這點，杜倫瓦爾德(R. Thurnwald)曾說：『在這裏認爲問題的原始人，在現在任何地方都沒有生存的。又因爲他們有非常的特異點，所以由全部的遺留物而一般化，是困難的。爲要補充這個形態，必須注意同時代的所謂自然民族。』

在歷史上所獲得的新聞形態中，略可爲如次的劃分：

A　直接的（感覺的）：

一　視覺的（烽火信號）

二　聽覺的（口頭布告）

B　間接的（知的）：

一　公開的（壁書）

二　鎖閉的

a　一回的（小册子）

b　定期的（報紙）

C　結合的：

一　視覺的、間接的（近代電信）

二　聽覺的、間接的（能朗誦的文書）

所謂直接的，乃是報知、傳達不依文書的手段，而由火把一類的信號來通知視覺或用公開的文告通知聽覺；也可稱爲感覺的。

所謂間接的，乃是依據文書（筆寫或印刷）的報知；也可稱爲知的。間接的通知，在能公告的時候（揭示、貼札、招貼），是公開的。反之，個人爲書籍或印刷物所寫的特殊的報知，是鎖閉的；有隨時發行的東西（書籍、小册子）與定期的東西（報紙）。

第二章　新聞發達之交通的先行條件

一　交通的發生及其功用、形態

交通是觀念或有體物的移轉行爲；是克服時間、空間之意思的活動；是使零亂無序的社會成爲同心協力的社會之有機的活動；是使精神和物質的流通、分配成爲可能的要件。因此，一切文化和經濟事象，只要是社會的產物，其動態的基礎缺少了交通概念是不成立的。教育、軍事、宗教、政治等一切的社會事象，都要由交通可能才會實現，因之，所謂一定現象的社會化，是交通給與的。而這樣的行爲，是從人類發生的原始就存在的。實際上，人的社會生活之最終的決定要因，便是交通。交通是以闡明人對自然的行動卽人的生活之直接的生產過程，和在人的社會生活的過程中的諸關係，以及從這些關係中生出之精神的變化的諸形態爲務的。所謂交通，從另一面說，便是人類的接觸過程；是精神及物質的交換現象。

關於交通發生的原因，可以舉出許多條件，但典型的條件應歸於下列四點：

(1)人口的增加；

(2)社會的欲望之量的及質的增大；

(3)分業（社會分化）之發生及其相關性；

（4）分配（交換）行爲的實現。

而這些交通的要求，是由交通的方法的發達、發明才能實現的。

在交通方面，有平和的與戰鬭的兩種主要形態，而無論那一種形態，交通的方法也是由減輕距離上的障礙的一切技術的要素而决定的。即交通方法的目的，是在爲圖人、財貨、觀念的運輸流通的簡便起見，而以最小的勞力，於最短的期間達到最大的距離。交通所轉動的客體，可分爲三種：

（1）人的交通（人）；

（2）貨物的運輸（物質）；

（3）通信（觀念）。

然而，這三者多不能獨立，比如：人的交通，只要是同時帶着有體物或是在頭腦中帶着觀念，這便是結合此三者而進行的。尤其是技術發達的程度越低，人的交通越是佔着主要的位置——人的本身當作交通機關。因此之故，新聞報導的形態，是做帶有搬運工具，交通機關，從生產者到消費者的時間、空間的距離的縮短作用的一切綜合而表現的。

在最原始時代，新聞的傳達，是人的本身。他們主要地是以依據見面的對話形式，來通新聞的。其次，由於人工的搬運工具的發明，負載用動物（馬、犬、駱駝、牛、象、傳信鴿等）、船（筏、獨木舟、氣袋、樹皮小舟）、車等被用到運搬上，又以風力爲動力的帆的發見，遂使遠距離交通成了可能。再次，便是蒸氣機關、電氣機關的發明，克服一切自然的障礙而使全世界的交通成了可能。因之，最初之心的交通機關——新聞的搬運——是會話；其次是憑藉信號的報告（夜間的烽火，非洲的大鼓語等）；

再次是憑藉信使或驛使制度的書信交通；最後加上了憑藉機械的裝置的交通，即印刷、電話、電信、無線電、攝影。

在一定的技術的發展階段中的交通手段，儘力地企圖六個要素的滿足：(一)交通的迅速；(二)交通的頻繁；(三)交通的正確；(四)交通的安全；(五)交通費的低廉；(六)交通的延長。交通的手段可分爲兩種：(一)以除去妨礙在地面上移動的障礙物爲目的者；(二)增大移動力之特殊的機關。前者一般稱爲道路或公路。

道路
- 陸路——陸運機關（1）
- 水路——水運機關（2）
- 航空路——航空機關（3）

適應這個通路而設立特殊的機關。就運輸機關(有體物的運送)來說，如道路、橋樑、鐵道、馬車、汽車等，屬於(1)；水路、運河、港灣、船舶、木筏等，屬於(2)；飛機、飛船等屬於(3)。

再說獨立的通信機關（觀念的運送），略可舉出：應屬於(1)的，是電信、電話、舞動身體等；應屬於(2)的，是水中音響信號及海底電信等；應屬於(3)的，是傳信鴿、無線電、烽火信號等。

二　新聞報導發生的主要動因

交通之發達，隨其空間的延長範圍，可分爲地方交通，國內交通，世界交通的三期。而在這些交通範圍，新聞報導的流通除依靠通信機關之外，多是附隨於財貨運送的機會而發生的。

前邊已經說過：新聞報導成立的最初的基本條件，是人類關係之空間的分離。但這在其內部，是依人口增加——社會分化——和交通關係的發達而日益擴大的。新聞報導是社會事實的知識的交通手段。因之我們須先注意關於交通的相互結合或分離的如次的形態：

（1）交通是能在狹小的範圍行的或是能在寬廣的範圍行的這個地積的問題。

（2）交通關係是短期的或繼續的問題。

（3）是直接的或是間接的問題（媒介者的存在）。

（4）交通的主體——是個人間？是社會間？

（5）行交通的人口要素是同質的？是異質的？

（6）是和平的？是戰鬬的？

又，就新聞報導發生的接觸形態來說，可分爲：（1）抗爭的外部接觸；（2）平和的外部接觸；（3）抗爭的共同社會內部的接觸；（4）平和的共同社會內部的接觸。這個接觸形態，由其範圍可別爲如次的三個時期：

（1）共同社會的知識交換時期（比如種族社會）。

（2）特殊社會圈的知識交換時期（比如中世基爾特社會）。

（3）總體社會的知識交換時期（比如現代的社會）。

這是略略適應於在當時的經濟社會的構造卽封鎖的家內經濟時代，地方的交通經濟時代，國內交通經濟交通時代，自由交通經濟時代等的交通的發展的。因之，新聞報導的範圍，在一方面，是隨伴着具有依市場交換機會的性質和程度而異的形態的流通經濟之變化的。

知識的交換雖是企圖實現社會的同心協力的努力，但其實質，許多國家，是由基爾特、工業協會、獨占的企業者、王侯等所統制的。尤其是報知，因爲是對『被給與者』豫期一定的精神的反應——這同時是由問題而導入實踐的行爲——所以，報紙上的某種新聞，許多是屬於特殊社會圈——比如商業祕密團體、政治團體等——的獨佔或祕密。又，那個報導之能動的公告行動，是做圖謀其社會圈的利益的宣傳手段來利用的。因之，新聞報導無論何時都爲支配者利用或監督（檢閱等）。據長谷川如是閑之說：新聞報導雖然是社會的知識，但社會事實的知識在新聞刊物上必須有三個條件：即(一)有做記錄的事實者和在得着那個事實的知識者之間，有某種意義的對立關係存在；(二)做新聞報導的事實是有當作對立關係中相互的羣間的分離或結合動因的重要性；(三)那個事實的知識是由對立羣的各種對立關係中的社會動機而公表的。

因此，新聞報導是隨伴着這個關係中的羣的雙方的反撥或吸引——即分離或結合——的過程的意識，而事實的取捨、選擇及其發表形式等，是爲一個羣的對立關係中的認識態度所規定的。就是說新聞報導在任何時地都要爲社會規範——命令宣傳——所轉移。

特別是新聞報導必然是在那個社會事實從社會的常態中岔出來的時候發生的，社會人對它必然要起何等的反應，且由那個反應來決定一定的社會的生活態度。所以，在古代或原始時代，新聞報導多是在以對立羣關係中的支配服從爲動機的法令的形式上公表的。新聞報導由其性質可分爲公的報導或私的報導，而公的報導常是與政治有關聯的。在最初的時代，社會事實的知識是專經豫言者或巫師們而以致數一致的形式來啓示的；因爲在當時，那森羅萬象都被認爲『天意』的緣故。卽當時的新聞報導，都是以『天意』爲依歸——一切都是『定數』。然而，跟着社會的發達，遂有獨立的政治的組織者，因之，他們往往包辦新聞報導或是秘密地做，多是例外地公佈了它的一部的。這個時代，便是荀子所說的『有治人，無治法』（君道篇），而爲維持專制的權力起見，當然不願知道社會的事實。因此，新聞報導主要地便歸於長老、僧侶、貴族等特殊階級的獨佔了。如印度的婆羅門僧的集合或羅馬的高僧團體，便是適當的例證。

一般民衆因爲是統治者之受動的客體，所以被認爲沒有得知社會事實的權利和必要。孔子所說的『民可使由之，不可使知之』的思想，便是不許一般民衆採集新聞報導之積極的表現。但在人的最初的分業上，沒有專任的固定的指導者，這多是最有經驗者卽年長者應着必要而被選出的。在這個共同勞働體或民族聯盟中的頭目的權限，是帶着德莫克拉西的色彩的。卽在關係全成員的生活利害的重大時候，全成員便開會集議，社會的行動是照全體的決議去辦的。這個組織的固定化的東西，便是所謂男性結社——青年集會所。所以在這個時代，社會事實的知識交換，多是以集團的直接接觸的形式而行的。其次，爲了勞働的生產性的增大，人口遂稠密起來；隣近的集團的會合或與未知的團體的接觸，頻繁起來。在戰爭或相互的殺戮之外，發生了爲外婚（族外婚姻制）和共同防止戰爭等連帶的關係所結合的交換關係。交換關係不僅是用單純的物質，並且同時也隨伴着精神的交換，而在這裏，那處於對立的關係下之新聞的現象，才能以明白的形式而表現出來。

實際上，原始共產制解體而遊羣合上近隣的遊羣，交通及生產力的發展，是在合同或合倂的形式上

——比如部族聯盟——擴大到支配的團體，在這裏異質要素——職業分化——現出，因之，由於血族婚的自然的紐帶弛緩；因之，需要組織者或支配者，於是他們便掌握大權而專橫起來。他們為了維持其社會的權力，不得不常常注意社會事象的推移，儘力蒐集社會事實的知識而講求它的對策。

當時的社會意識帶着魔術和宗教的色彩。社會的事變，一切都被歸於『天意』或『神意』。而所謂勞働的生產性和組織性，都須嚴守指導者的戒律，更把階級的世襲的一定身分固定化而生出封建制來。甚至於文字的使用，都是他們的特權，對於一般人，是應該禁止的。

生產的變化，隨着工具製作之技術的發達而從遊牧的生活推移到定住的農業生活。其結果，人口密度增大；交通關係成為永久的而且是固定的。據拉最爾 (F. Ratzel) 之說，一定面積的人口密度略與其文化的密度成正比例，因之，未開化民族的人口密度如次：

	一平方哩	一平方公里
住在極北的貧弱的領域的狩獵民及漁獵民	○·一——○·三	○·○○一七——○·○○五九
草原地的狩獵民（彪什門族、巴塔哥尼亞人、澳洲人）	○·一——○·五	○·○○一七——○·○○八八
多少會耕種的狩獵民（印第安人、代阿克人、巴布亞人、黑人）	一○——四○	○·一七　○·七一
在海岸、河川、島嶼的漁獵民（北西美洲、波利尼西阿）	一○○為止	一·七九為止
狩獵遊牧民	四○——一○○	○·七○——一·七七
多少會工藝及交易的農耕民（非洲內地、馬來人）	一○○——三○○	一·七　五·三

從事農耕的熱帶地方的遊牧民（科爾多方、檳榔嶼）	二〇〇——五〇〇	三·四——八·九
曾耕種的熱帶地方的漁民（太平洋島嶼民）	五〇〇爲止	八·九爲止

即照拉最爾之說，使是在温帶的土地遊牧民一平方哩負擔人口，約可養活二十人；農業兼畜牧的，是六十八到八十八；封建時代的農業是二百人。

這個變化，是跟着如次的條件而發生的。

閉鎖的種族社會，支配者是攢大許多隣近種族社會和接觸程度而獨立的。即在一方面是平和的組織者——僧侶、魔術師；在它方面是軍事的組織者——最初做單純的指揮者，後來做帝王或封建諸侯而獨立，而掌握了支配權。經濟在大體上雖只是自然經濟，但交換已成爲平常的現象而對於經濟生產給與了顯著的永久的而且不斷地增加的影響。廣大的世俗的封建組織與宗教的封建組織漸次形成，最初地域很小，後來更包括了廣大的地域。

尤其是在指導的組織上，觀念與行爲的直接關係是由生活而分離了。組織者的思想是由勞動的行爲而實現的。從肉體的機能分離了的精神的機能，是在共同社會的指導者的人格中現出形來，由此而得到了獨立性。其當然的結果，就是思想相互開始爲緊密的結合，在觀念的領域上，特殊的組織與體系化漸次形成。共同社會的經驗的保持者必須注意在該社會的發生事實而講究對策。而且，交換組織的進步使社會分業增加，那個專門化使各人的生活漸次分離。但這個分離是豫定在其背後有做協力體的連鎖的存在才可能的。而且各生產者在外表上是獨立的個人的集合，是在相互對立着。

在這裏，連結對立者相互之有機的關係的新聞報導的能力強化了。這個社會關係的事物化立到經濟的基礎上時，便是經過新聞報導這個特殊的商品形態而反映的。新聞報導所以達到採取明顯的形式，依據特殊的機關而行的地步——狹義的新聞物的成立——是基於這樣的二重性的：以社會意識的統一爲必要的這個權力的政治關係與交換的經濟關係的部分社會的對立。因之，新聞報導是常在受着國家的統制，隨着政治思想的民衆化而發達了的。——做世界最初的報紙的羅馬的每日法令(Acta Diurna)和中國的邸報，都是一種的官報。——縱然在成了獨立的新聞企業之後，國家對它的經營還是要給與一定的監督——登記或檢閱等。

在報紙成立的地域，有新聞報導的蒐集和該報導的消費（販賣可能性）的兩種具體的事實；但在缺少交通機關的敏速性的古代，這兩者是在空間上分離着的。

在古代羅馬，貴族常將其一年的大部分的日月送到他們的莊園。所以他們使定期地報告關於在首府的要事以及一般的或珍奇的政治的社會的事件。這個報告，是由奴隸盡義務或奴隸解放後的自由民受取相當薪給而來蒐集資料並筆記的。貴族們以有這種奴隸新聞記者爲『貴族的誇耀』，認作私有財產的一部。這種個人的精神財產，後來成了羅馬市民的一般商品。解放後的奴隸，是以這爲收入源泉而當作職業書寫官府文書，賣給一定的需要者和顧客。尤其是羅馬帝國是領有廣大的版圖而且是中央集權的。一切道路都通羅馬；因此，新聞報導都是有組織地被收集到羅馬。但羅馬帝國的瓦解，便喪失了這個條件。其結果，新聞物的存在一時算歸於滅亡，——僅在君士坦丁還有一點殘留而已。

羅馬帝國滅亡之後，握住霸權的日耳曼、羅曼斯民族，沒有像羅馬帝國那樣的強力的中央集權的組織。各民族羣，對於因鎖閉而分離、因地域而隔絕着的團體便沒有關心了。在這交通關係稀薄的早期中世紀，只有僧院的僧侶及有力的地主才在他們的相互間行着報知的交換。這恰等於羅馬的貴族，是爲了自己而做的事情，而從此以後，一般人遂得不到什麽利益了。

報紙是這樣地，適應在社會分化中之對立的社會關係之發展，卽外部的分化，內部的分化而發展的。

這個接觸形態，在經濟的關係上，是當作交易現象而現出的。物質的交換只要是能在人類的接觸之下行的，那末，可以斷定觀念的交換也是能在同時行的。通常，是認內的分化先於外的分化，但事實的教訓是外的分化先於內的分化。比如婚姻的形式，雖可大別爲族外婚姻制和族內婚姻制，但照馬克萊楠(F. MacLeman)之見，是維護母權先行說的。他力說男女各須在自己集團之外尋求配偶的族外婚姻制的原始性，並指出一種族的男子從外部、從他族實行用暴力掠奪女人做妻的事情。

我們稱以分業與隣近種族間所行的交易爲外的交易，但是民族學者教訓我們：這外的分業（外部的分化）比種族內部的分業（內部的分化）更古；因爲卽使不知道組織職業的分化的種族（獵牧民族及最下級的農民，如美洲印第安人、巴布西人等），已經實行種族間的交通了。

最初的交換是以戰鬬的掠奪行的；如澳洲的二、三種族、婆羅洲內地及提厄拉．德爾腓哥的民族，卽是。據勃克(Bock)之說，婆羅洲內地的種族，常常用由暴力及殺戮得到其所想望的東西。

其次發生的，是所謂沈默交換貿易。據赫羅多德(Heradot)說：迦太基人到西非洲的時候，卸下商品，順次地擺到海岸上之後，卽回船中，舉起大的火烟爲號。土人一見這個火烟，卽來海岸，對商品放下金子，於是再遠離商品。迦太基人上陸察看，金子若够，卽取之歸帆。黃金不够，再回船靜待，於是土人又走來添多少金子，這樣地到交易成功以前，雙方都要跑多少腿。但誰也不欺騙誰：金子到足够商品代價以前決不摸動；土人也是在金子還沒被取去以前，決不亂拿商品。這個交易方法，在二千數百年後的今日，還在非洲奈澤河畔行着；又在各未開化民族間還是隨處都有。在這交易中，雙方雖都是一言不發，表現出不信和敵對的感情的，可是烟或火花等的交易開始的意思表示法是必定要用的。

成爲交換社會體的基礎的利益社會的關係，從共同社會體中是不能發生的。就像馬克思（Karl Marx）所說：『自然發生的共同社會體的成員，這樣的互不見面的關係是不存在的；交換是在共同社會體的終點卽它與其它共同社會體或其它共同社會體的成員相接觸的地方開始的。』實際上交易的起源，是存於共同社會體的境界內的。是從依據戰鬬行爲的接觸，發展到通商關係的。形成從敵對行爲到修好的交易的過渡的，是所謂沈默交易。這是站在對他國人的無條件的敵對行爲與有條件的親和關係的境界的。比親和關係更加進步的交換貿易，是依據贈與的交換貿易。修太奈恩（K. von Steinen）曾說：在這裏，某種材料——比如石斧的材料——只有在一定地方才能見到，因之，交換貿易必定存在。所以在各個種族間都有一定的專門業在發達着。巴克里族是以白色正方形的貝殼頸飾和木棉席等爲專門業；那弗夸族是以赤色貝殼及一種珍珠鎖和南瓜爲其專門業；墨希拿克族是以精巧的綿線及土器爲其專門業；特爾邁族及斯啞族是以石斧及煙草爲其專門業。這些生產物由種族移行到種族，是以贈與的形式行着如次的交換的。去人攜帶種種的東西，而在受歡迎的時候贈給對方；在告別歸家的時候，受取所需要的還禮。

這個贈與交換貿易的最典型的，是馬里諾夫斯基（Molinowski）在特羅布利翁島（Trobriand）所發見的在克拉（Kra）的部族內或部族間的儀式的交換制度。這是統制該住民的社會行動的最典型的贈答——接觸——行爲。這是在特羅布利翁、以及巴布亞東南的環列島嶼的島民社會所通行的。是以相互的住民的關心而從做友好象徵的贈答行爲，在對立的社會間，結合好意的紐帶的。這種贈與的形式是島民各攜其特產物互相迴繞諸島而行的。而且這個循環流通交換關係是永久的。

克拉族在交換之際並且舉行着魔術的儀式，爲要向人們告知開始交換，便吹着哱囉說着勸誘的咒文。在這咒文中，是摻交着社會的新聞報導的。

交換貿易進步之後，更設立市場。許多自然民族，在其國境內，爲要停止戰鬪的行爲，劃出中立地帶，便是例證。在原始森林的正當中所設立的中立地帶，成爲定期的市場。在這裏，鄰近種族交換其特有的生產物，並且交換新聞報導。比如照克萊姆(Klemm)之說，北美印第安族在密士失必(Missisppi)河畔，就有一大市場，一切東西爲了交易都集中到這裏。無論什麼種族在那裏遇着，他們都須抑制敵愾心，而迴避一切的敵對行爲。

這樣的市場，後來便轉化爲市場都市、商業都市了。在那裏，人們是用口頭交易的，而更進一步的階段，便是依靠對於商人及商品加以法律的保護而在別種族的地域集合起來。但是，戰鬪的接觸，不是使達到連結通商關係的唯一的事項。據李維斯(W. H. R. Rivers)之說：在未開化民族間，養子成家的很多；漂泊，移住，奪掠婚姻等，發生文化的接觸，於是發生了社會意識的複合化。但在這裏，交換是直接的，新聞的當事者與新聞的公告者是互相對立在同樣平面上。在這樣的直接的關係中，以新聞交換的媒介爲特殊的獨立活動的新聞機關遂擠進來。即新聞的職業化發生，在這裏，新聞機關才司社會成爲對立的關係。於是決定社會的觀念之實力的支配組織逐使政治機關（有權力的）獨立，傳達社會事實的知識的新聞機關（沒有權力的），是從拿有創造輿論的權力到拿有對抗政治機關的勢力而發展起來的

在最初，有組織地獨佔社會事實的知識的，是長老、魔術師、僧侶及王侯等的特權階級；所以流布於民間者，是朝山進香者、行商、漂泊者、藝人等，能從非遠隔的土地把新聞帶了去。在柳田國男的明治大正世相篇中有這麼一段：『行商最快活的，是從各村來的牛販、馬販，說山道海，或是告訴珍奇的事情的，便是他們。他們和從戰場回來的兵士同樣地，都是曾經豫想着傾耳的聽衆而採集了前方的印象的。其次，是熟識世故和人情的眞正的旅人的來到。關於他們的出處，也許是沒有什麼應該說的，必定要說的，乃是在各地經過中的變化。因爲元是以若有若無的微薄的本錢來建立一天天的生計的，所以光靠一張嘴，多少總能够博得當地人的歡心……中世紀以後，他們的大部分雖冒着神聖的名義，憑藉宗教而爲比較安樂的旅行，但實際上，在另一方面，都是在做着工商業者。而且實證出原先的土著民不耕種土地，而有種種的生活法的，也是他們。……在村和村之間開始交易的旅行，也大概是從這樣的人學來的技術。……即使說日本文化之漸次的開展，多虧了一部分的流浪人，也決不是誇張的話。』又瑙曼(H. Naumann)稱大道藝人的小曲爲『學究的繼子』，並且說他們也算是一種的報人。

實際上，在社會組織單純人口不多的時候，社會事實的知識的交換，所謂近距離通信法——口須和動作等——是很多的。

但是交通關係的範圍一廣，社會意識成爲多種時，便沒有方法仍依據記號或文書而爲遠距離的通信；又，專事溝通羣與羣間的交通而且蒐集新聞報導的使者（廣義的外交官）也多起來。這在古代中國、

古代印度、希臘、羅馬及非支羣島、澳洲部族中，都可以見到。這個使者是受着一種國際法的保護的——其起源可以求之於未開化人的待客的習俗。又在現今的日本，還有漂泊於各村落而講說新聞的『語人』，便是民間傳承的遺教。

三　交通施設的變遷

（1）原始的交通手段及通信媒介人

次更考察促進交換的交通施設的變遷。在原始民族，所受的現象最強烈的，是經濟活動的貧乏性和對於對立社會的利害的敵視。在敵對關係的場所，交換思想，不會發生，只有掠奪。要想考察在他們間的交通可能性的問題，須先考察做敵對交通的形相。尤其是那個文化階程愈是原始的，這關係卽愈強化。而且這不僅是對於他們的社會間的敵對行爲，同時也是對於自然物——猛獸、植物的繁茂力等——的抗爭。原始社會是自給自足的，而在對立的社會間，沒有親和關係。在這樣的情形下，交換是偶然的，因而沒有永久的交通施設。人類所得到的最初的交通路不過是由自然物所給與

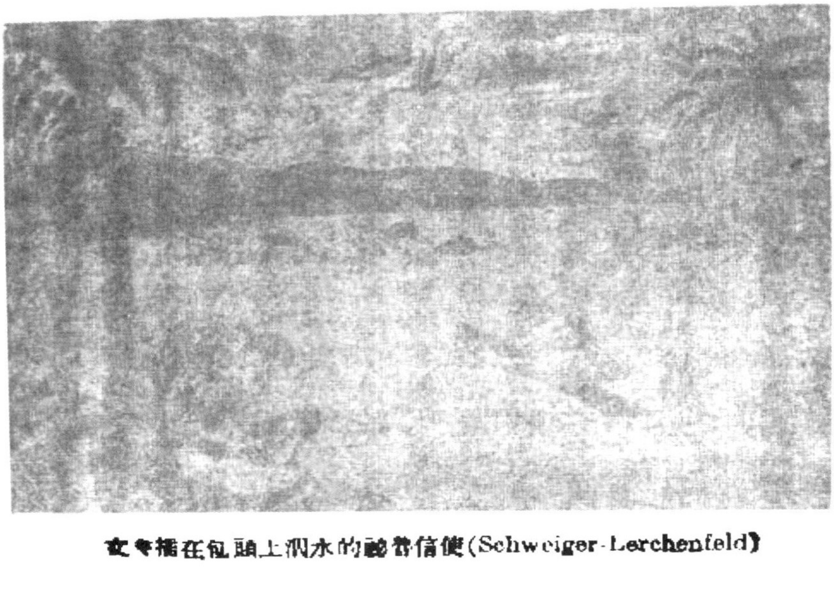

文書攜在包頭上渡水的黑人信使(Schweiger-Lerchenfeld)

的。——比如動物通路，就是原始人所走的路。就在歐洲，也如在現今非洲或南東亞細亞森林的象一樣，是古象(Mammoth)和一種犀牛造成了道路。在日本北海道，現在還有自然的遺跡。實際上，所謂原始處女林很能够妨礙交通，這是我們在山嶽旅行時可以推測到的，而在森林地方的陸上交通，由於降雨，植物繁茂力，溫潤性等，幾乎沒有常乾的路。多少遠距離的交通，因此都是依靠水路。森林中必有小小的流水，人便順着這個流水而行交通。在這樣的交通關係上，陸路交通手段的發達是完全沒有的。車、轎、負物獸也是完全沒有的。又在比較高等的文化階段出現的通商所必要的通路，也不過是伐去森林中的樹木的細長的地帶，永久的道路，還是沒有。關於這一點，伯爾曼(W. Behrmann)並且說在巴布亞的許多森林中沒有步徑。

這種地域的住民，依據這個理由沒有陸上交通關係。在流水當住路的地方，不是從淺灘上涉水過去，便是利用岸上倒下來的樹木造個素朴的橋。在大的水路的地方，是用小船或吊橋過渡的。在中美、非洲、因多尼西安、巴布亞等處的吊橋，幾乎都是同樣的構造。在極地，冬期河川凍結，地面爲白雪所遮蔽，因之，交通困難較小，陸上交通手段，是使用橇、樏、雪屐；負物獸，則使用犬及馴鹿。

在這樣的原始時代，沒有固定的道路。所謂道路，不過是由尋找同一方向的結果，增加交通的次數，因而漸次形成的步徑。

人對於在距離上相分離的兩處，是想依最少的無抵抗的道路來連結的。所以對於這樣地發見的道路，以公告的特殊的記號來指示。只有沿着這記號所指示的道路才能使其進行安全、簡單的。恰與我們旅行山嶽時，在道路上砍斷樹枝或剝下樹皮做進路的記號一樣。這是路程標的開始。美洲印第安人是用如次的土地和道路的記號：

標示耕地的，如次列二圖所示：

（甲耕作標地）
(Pipart)

表示『這是耕作的土地』。

（乙）
耕作地發芽標
（前人）

表示『此土地的植物，已經發出芽來』。

標示道路的：如(丙)，是用兩根繩和足跡；交叉路點，如(丁)，是二人在交叉點用動作講話的。

（丙）通路標
（前人）

（丁）通路交叉標
(Kingsborough)

(戊)的右方是通行停止的標示；是這岩石羊可上去，人馬上去要跌倒的警告。

其次，在沼澤流水地，一方面做路標，一方面做交通的特殊施設的，是橫斷水路的橋；最原始的民族所見的最初的交通設備，便是這橋。

原始民族所用的橋，有兩種主要型：

（1）固定橋：最簡單的形式，是利用倒下的樹木連結兩岸的。

（2）吊橋：最簡單的形式，是用植物的蔓類連結兩岸的樹木的。

再說爲了補助交通，在途中設有休憩所，這對旅行者，算是一定道路的公告所，而且是食物等的供給所。——這種處所在中國南方各地通稱『涼亭』；亭大概都與一座小廟相連接；廟中當然有偶像，有住持；亭中放置石凳，夏天兼備『施茶』；旅人——特別是肩挑背負的勞働者——到此小坐，飲茶，抽烟，很是自得。這也算是一種路標；但築此亭的主要動因也有是紀念某種當地發生的特殊人事的。

第二的交通手段，是對於移動的人類能力的增進的特殊施設，現今被認爲最未開化的民族的陸運，是由如

(戌) 運行停止標 (Hillers)

次的方法而行的：

(1)單把要移動的物體在地上拖，或是推。

(2)把物體放在貨車或橇上拖曳。

(3)用人或獸類負載。

就海運機關來說，是使用筏或小船等。

筏
- (1)葦筏——由三個葦束連結成的
- (2)樹木筏——由粗木頭造成的
- (3)革筏——用皮革張在木頭上的

小船
- (1)樹皮船——用樹皮張在木頭上的
- (2)革船——用動物的皮張的
- (3)獨木船——挖空樹幹的
- (4)二重船——兩個船連到一起的
- (5)板船——用板而使船傍加高的

森林種族	陸上交通手段	海上交通手段 森林型	海上交通手段 森林境域型
（A）開拓力未發達			
（1）原始種族	橇、雪屐、犬或馴鹿所曳的橇	樹皮船	〃
（2）極地狩獵民		獨木舟	〃
（3）極地牧畜民		樹木筏、蘆舟	〃
（4）極地拾集民		樹皮船	〃
（5）極地漁獵民		獨木舟	〃
（B）開拓力發達			
（1）（a）北美的耨農民	〃	樹皮船、獨木舟	〃
（b）智利和巴布亞	〃	樹木筏、獨木舟	板舟
（2）中央及南美洲	做橋的樹幹、籐蔓、吊橋	筏、樹船、獨木舟	有側板的獨木舟
（3）非洲		樹皮船、獨木舟	板舟
（4）因多尼西安		筏（竹及木）、樹皮船、獨木舟	橫木舟或二重舟（副舟）

縱然從亞述和巴比倫時代，在美索不達米亞，渡河還是用裝滿空氣的山羊皮做的浮袋（現今中亞的未開化民族也還在使用），不僅如此，到回教時代，在該地，革囊船尙成爲河川航行的重要手段。陸上運輸，到中世紀，還行着如次的方法，卽到十三世紀光景以前，商人是自己負擔商品，或是用一匹至多兩匹獸類拖着的二輪車運行的，在這種時候，商人必須使用交通路。但這路，不能稱爲在現今的意味上的道路。僅在東方及非洲內地，似乎老早就有使用奴隸的商隊做運送者了。在這些地方，在沒有奴隸使用的時候，依靠獸的商業，也是一般通行的。當時典型的負物獸，是驢子及騾子。駱駝在埃及的紀念物中，是後來才出現的；馬的出現，還在更後。在原始時代，馬只在戰時使用，是到近世，才被用作運送

手段的。依靠海路的商業，同樣地是有做原始的運送手段用的。但舟航在最初，是純粹的沿岸舟航。深海舟航，是由亞歷山大時代星高測度計的發明才成爲可能的。發火信號，也是在這個時代才設置的。

最初的原始社會，是一切都由自己生產，在事實上沒有交換的社會。在發達後的交換形態上，跟着交換的擴大而形成市場。直接關係着這事的，是商人。在依靠這個媒介者的市場交易中，他不是僅做純

古代羅馬驛路地圖(Tabula Peutingeriana)(紀元三世紀頃)

粹的商人的行爲，而且兼具有通信員的機能。尤其是在最古代，在中央亞細亞、沿邊亞細亞、非洲，都已經分布了接續主要道路的道路網。道路網分布的地方，商業也就跟着繁盛起來。這個本道接續着傍道、側道，把黑海、裏海一至南阿拉伯的各方面的異民族，結成親密的關係。

希臘時代的國際交通，是由地中海的腓尼基的通商航路，而與上述的亞細亞的陸路接觸的。其次，羅馬更建設廣大的世界國家，特別注意交通。在羅馬的道路施設上，最重要的，是里程標識，這是表示距離兼做偉人的紀念碑用的。又，當時羅馬的主要通路，共有十條。

除上述的商業上的通信者外，做最初的通信媒介人的，還有國家權力者所用的使者。支配者所用的信使（徒步信差）的施設是很古的制度。實際上，原始的貿易形態，是由人的直接接觸而行的。因之最初的通信手段，也是人的自體。這在一般，稱爲信使，是傳送口話或是把一定的觀念事物化了的物體（在文字發明之後主要的是書信）的送達者。這個送口信者到處都可見到。比如，在馬開薩斯（Marquesas）諸島等處，有告知人民的信使——叫做"Kee"——的人，專意到多數人聚集的地方告知酋長開會的決議新聞。在塔希提(Tahiti)島也有講說新聞的專人，原名叫 ta'ata orero（信使，布告者）——（orero是說話，ta'ata 是人）。又，把戰勝報知羅馬的奧林比亞的選手的故事，也是很有名的。

又，在臺灣的生蕃阿密族，這種信使名叫『帕路羅革』或『科蘭德波野』；在日本北海道的蝦夷族，叫做『索科科羅擺』（帶書信的人）。

(2)文字發明以後

其後文字發明出來，這個信使便成了文書送達者。在這樣的時代，新聞報導主要地是採取書信的形態來傳布的。

又照傳說的事例：印度王斯塔布羅巴德士給與亞述的女王塞密拉密斯(Semiramis)的書信，是世界最古的書信。在近代，發見了以波斯帝國建設者賽拉斯(Cyrus)的女而成瑟克西斯一世(Xerxes I)的母的阿托薩(Alorssa)女王的書信。據這書信可以得知埃及最古的歷史。又在聖經中，也常見到書信通知的事情。最古的書信形狀，是希臘拉哥尼亞(Laconia)人的棒信；或是把文字刻到用木片、象牙合成的版片的蠟層上；送這版片的人，大概都是奴隸們的職務。

拉哥尼亞的棒信(Schweiger-Lerchenfeld)

還有一種特殊的辦法：因為在當時，也想保守書信的秘密，所以人們利用奴隸做紙筆；這就是剃淨奴隸的頭在他的頭皮上寫文字，隨後更從新留長頭髮，做信使送去。受信者，又從新剃了他的頭，看畢文字，更以同樣的方法回覆。波斯的宮內官曾把文字寫到兔背毛中的皮上送給賽拉斯帝；或是把兔子弄成乾的，裝入箱中送去。

在古代，除上述的版片以外，還用着種種的原料：如獸皮、亞麻布、樹皮、金屬版、絹、魚鰓、土版、石等。波斯的神書，是寫到一二〇〇塊的牛皮上。又據羅馬史家李維(Livius)之說：最古的羅馬的年記是寫在亞麻布上的；日爾曼族的諾爾頓(Norden)的書信，依據古謠，就是彫在魚鰓上的。又，公元前八世紀詩人希西俄德(Hesoid)的最初的作品據說是使用鉛版的。波斯人是寫在絹上的。用蠟版的地方更多，並且一直用到中世紀。

公式的信使，表現到文獻的，最初是埃及；是十二王朝（約前二三〇〇）。然而，這個信使必得要一個人去跑很長的距離，沒有驛站或交代制的設備。所以在埃及的一個名叫弗拉格門特的信使，說過如次的困難：他往異國去之前，因為害怕亞細亞人和野獸，所以在生前便把財產分給他的兒子；又，他住在埃及的時候，終年都是忙得不能停留在家裏。又古代埃及做將軍的第一工作，是自己接受外來的書信；因為要對緊急的事件能夠馬上想出適當的辦法，所以非親眼看過不可。將軍又因為每朝要把必須知道的事情報知國王，所以不得不儘力發展通信事務。這是在國家統治上為各王朝所通行的辦法。德國的埃及古物學者挨伯斯(G. M. Ebers)說埃及人寫了很多的書信，並且現今多還存在；又在當時，還設了一個帶書信者的養成所云。在十八王朝(前一五〇〇年代)時代的都市西布斯(Thebes)的墓碑上，描繪着信使對着坐在王座上的君主，恭而敬之地捧呈信卷的狀態。在公元前一三〇〇年代的一冊紙草書本(Papyrus)列記着多數公用信使的名字。在希伯來，國王的文書及長老的通知，都是由當衛隊的王的信使送達的。在舊約列王傳卷中，也可舉出很多的例子。

在亞述，當塞密拉密斯女王派遣大軍到印度的時候，就有傳送女王命令和書信的專差。關於這一點的具體的史實，是英國的阿西利阿學者雷阿德(A. H. Layard)在古代的亞述首都尼尼微(Nineveh)所發掘（一八四八）的亞述的文庫。這文庫是在名叫『西南殿』的塞那克利布(Sennacherib)王宮建築之一部中。雷阿德送往倫敦的版片(tablet)有二萬以上之多；後來又經阿西利阿文研究者斯密斯(G. Smith)

把這個數目加多一倍。這些東西有的是在兩三寸的黏土版上彫着文字的；有的是在黏土圓筒上彫着文字的。這是包含着許多官廳報告、戰爭記錄、宮廷記事、以及由首都送到地方的布告等的，所以從其性質上看來，可以見到一部分是現代的新聞報導，一部分是政府的案卷。

就在古代印度，通信方法也在很寬廣的範圍內行着。這單就摩拏法典（Manava Dharmastra）已經記載着道路公務員的一事也可知道了。這種公務員須監督並照呼從這驛站到那驛站的驛使。驛使走近驛站，便要大聲報知到達。在危險或送重要文書的時候，便同時派遣兩個驛使。驛站是很小的房子，在這裏把文書傳遞給次一個驛使。

（3）最初的郵政

（A）波斯的驛遞制度

最初的國家郵政制度的建設者，是波斯王賽拉斯，他在徒步的信使之外，又設置騎馬的信使。賽拉斯先確定馬一天可走幾多路，隨後規定各驛站間的距離；並且建造房屋，用作人馬的休息所和看守人的駐所。信使到達之後交付裝着信或報告的行囊。於是在這裏的夥伴，便立刻出發，不論晝夜，不論風雨，都是不能停止的。這個有組織的郵政制度，是施設於從賽拉斯所征服的利狄阿（Lydia）帝國的首都薩狄斯（Sardis）到有波斯王冬季行宮的蘇薩（Susa）的所謂「王路」上的。這路約長二五〇〇公里。全程共有一一一個驛站。這些驛站，都備有武器，並且附設有恢復疲勞的遊戲場，所以旅行者也可以利用它。又各驛站的間隔約有七、八小時的行程，所以普通的徒步者行這個道路須要九〇日，但馬遞驛使五、六日即可趕到。

從這條王路，更有一條約二〇〇〇公里的大道向中亞分出。

(B)古代墨西哥和印加的驛遞制度

其次必須注意的，是做過美洲的古代文明國的墨西哥的阿斯泰克帝國（Aztec）的官用驛使制。這些驛使是組成特別隊而屬於近衛兵的，蒙提蘇馬（Montzuma）強國與波斯同樣地，是由多數民族構成的，因之，為了使中央的權力穩固，必須使通信迅速。又古代祕魯的因加（Yunca）帝國，也有完備的通信機關，大約每五哩有一聯絡所；有馬遞驛使司報告傳達。其速度是日行百八十哩。路線是從首都庫斯科（Cuzco）聯絡到全國。這種驛使不僅迅速遞信，還能迅速帶東西，比如國王御膳用的海魚，是由馬遞驛使從距離五〇〇公里以上的地方在四十八小時內運來的。在古代因加帝國特別引起我們興趣的，是以結繩為文書的事情，這到後章，再行細述。

(C)中國舊時的驛遞制度

中國的驛遞制度的起源，以見於周禮地方言徒，遺人項中的『凡國野之道：十里有廬，廬有飲食；三十里有宿，宿有路室，路室有委；五十里有市，市有侯館，侯館有積』的，為開始，而在該書夏官司馬大僕項中，看到『遽令』的名稱，在鄭玄的註中說『遽令』是『郵驛』。史記在秦始皇二十七年，秦修治了馳道。漢朝曾設傳置郎驛遞，這見於西漢會要卷六十六方域三中，據漢書顏師古的註：『傳者，若今之驛。』

但建設完全的驛遞制度的，是唐代；在唐律疏議中，有『郵驛本備軍備』，顯明着它的設立的目的。這是與波斯或印度、羅馬的驛遞同樣地，主要地是軍事的、政治的施設。在唐書百官志，卷三十六，編部郎中員外郎項，說驛制的掌管是屬於尚書兵部駕部郎中員外郎；各驛的距離爲三〇里；天下凡一千六百三十九驛，內中也包含着小驛。在唐六典，尚書兵部卷第五，駕部郎中員外郎項及門下省卷第八卷中，說乘驛的人，必須在門下省領卷，這便是置郵傳命的『傳符』。在唐律疏議卷十職制律中，諸驛使稽程項，有『給驛者，給銅龍傳符；無傳符處爲紙劵。量事緩急注驛數於符契上；據此驛數，以爲行程的文句。』在羽田亨氏的元朝驛傳雜考上，說在元的國家統治中算是偉大貢獻的『站赤』制度，也是模仿這制度的，所以可知蒙古也有驛傳制度。

在漠北地方，有驛傳制度，這是可據在元朝祕史卷十二中，把『札木臣、刺阿臣』(掌管驛務的人)設置於各驛的事情而得知的。『驛傳』這個漢語，在蒙古叫做『站赤』，即 Jamei。在經世大典站赤門的起首，有『站赤者國朝驛傳之名也』的文句。驛站的管理，在中央是通政院，或中書兵部；在所在的驛站，是置驛令或提領之官奉公，更在都會要地設置名叫『脫脫禾孫』的專員，叫他檢查使用驛站者的『姦僞』。

馬可孛羅 (Marco Polo) 也寫有在急遞鋪常設騎馬的信使，以備緊急的事情或諸王的反叛事發生時迅速報告之用的事情。據他說：從 Cambalue (即大都) 都有通達各省的道路……皇帝的使者從 Cambalue 無論向什麼道路前進，都是每行二十五哩，便要遇着名叫馬站卽 Yamb 的驛站……在這些驛站間，每三哩有由皇帝聖旨設立的小堡，其周圍有人家約四十戶，做皇帝的遞送文書的專差，就住在這裏。又在十四世紀經海路印度來到北京，更經西藏及中亞歸意大利的傳教師阿德里克(Odorie)的遊記中也寫着在馬站的驛使出差的樣子，他說：『某種特定的驛使，常住在叫做 Chidebeo 的驛舍裏。他們都繫着有幾多鈴的帶子。這些驛舍相互的距離，大概只有三哩。」

關於元代驛傳的文獻，先要數到被收在元史兵志中的站赤篇和經世大典站赤門的記事：

「其給驛傳文書，謂之鋪馬聖旨。遇軍務之急，則又以金字圓符爲信；銀字者次之。內則掌之天府，外則國人之爲長官者主之。其官有驛令；有提領；又置脫脫禾孫於關會之地，以司辨詰：皆總之於通政院及中書兵部。而站戶闕之逃亡，則又以時僉補；且加賑卹焉。於是四方往來之使，止則有館舍；頓則有供張；飢渴則有飲食。而梯航畢達，海宇會同。元之天下，視前代所以爲極盛也。」（元史兵志站赤篇總序）

其應給驛者，皆以金書。而軍務大事之急者，又以金字圓符爲信；銀字者次之。其符信皆天府掌之。其出給在外者，皆國人之爲長官者主之。他官不得與也。長數多寡，視官品高下。公事大小：止則有館舍；頓則有供張；飢渴則有飲食。事畢則以符信歸諸所受之府，不敢三日稽也。祖宗之法，至如今守之。其官爲驛令；小者皆設提領；又置脫脫禾孫於都會關要之地，詰其姦僞：總之以通政院中書兵部。站戶有闕之逃亡者，則以時而僉完，周卹之。我國家疆理之大，東漸西被，暨於朔南。凡在屬國，皆置驛傳。星羅棋布；脈絡相通；朝發夕至；聲聞畢達。此又總綱挈維之大機也。」（經世大典站赤門總序）

與這驛站相關聯而要注意的，是元代的急遞鋪——從至元十年（一二七三）公稱爲通遠鋪——的制度。站與急遞鋪，這兩種制度有類似的目的，這看如次的兩種記載，便可明白：

「蓋以通達邊情，布宣號令。古人所謂置郵而傳命，未有重於此者焉。」（元史兵志站赤）

古者置郵而傳命，示速也。元制設急遞鋪，以達四方文書之往來。其所繫至重；其立法蓋可考焉。（元史兵志急遞鋪篇）

本來，元代設急遞鋪的開始，是在世祖中統元年（一二六〇）四月，在元史兵志急遞鋪篇中寫着：『世祖時自燕京至開平府。復自開平府至京兆，始驗地理遠近，人數多寡，立急遞站鋪。每十里或十五里，二十五里，則設一鋪。於各州縣所管民戶及漏籍戶內，僉起鋪兵。中統元年詔隨處官司，設傳遞鋪驛；每鋪置鋪丁五人。』不消說，這個制度並不是元代的創設，而是直接模仿其前朝金的急遞制度的。關於金的急遞鋪，是在『泰和六年（一二〇六）置急遞鋪。其制：該軍馬路，十里一鋪。鋪設四人：內鋪頭一人；鋪兵三人。以所轄軍射糧。軍內差充。腰鈴。日行三百里。凡元帥府六部文移。以勅遞、省遞牌子入鋪，轉送。』（金史百官志兵部之項）就在宋朝，也是同樣：是以兵部管轄步馬急遞，發送並接受官文書。在夢溪筆談卷第十一中，記有跟着步遞、馬遞和急脚遞：『急脚遞最遽：日行四百里；唯軍興則用之。熙寧中又有金字牌急脚遞，如古文羽檄也。以木牌朱漆黃金字，光明眩目，過如飛電；望之者無不避路；日行五百餘里。有軍前機速處分，則自御前發下，三省樞密院莫得與也。』

這個目的，看『達四方文書之往來』（元史兵志急遞鋪篇）和『本爲轉送文牒今一切乘驛』（金史卷九十九）的文句，可知是在文書的送達了。

第三章　原始新聞報導的主觀性

一　憑主觀去認識一切對象的原始人

假定新聞報導的內容是社會意識的話，這便可以說它是客觀的知識同其時代之主觀的宇宙觀混合成的。這是在意義關連中的認識問題。因之，要想在發生史上理解新聞報導，必須首先言及原始人或古代人的宇宙觀；因爲對於他們，並沒有純客觀的世界。原始人是完全在主觀上去認識一切對象的。這個主觀的觀念，在人人間，做着共同的社會的結合。因之，必須在二重的意義上去分析他們的新聞報導：一是客觀的具體的事實；一是帶有主觀的意義之解釋。只要是這樣的宇宙觀支配着原始人之實踐的行爲，那我們必須首先分析他們的這個神祕的魔術的精神的機構。這樣的原始人的表象世界，若照涂爾幹(E. Durkheim)和利維·布律爾 (Lévy-Brühl) 之說，是可由原始社會生活的構造來說明的。

在原始社會特有的事情，是個人完全爲全體社會所吸收。正如古姆普羅維赤 (L. Gumplowicz) 之說，在那裏，沒有個人關心的分裂，一個人所想的事情，同時就是屬於他的社會所想的事情；因此，個人的表象世界，同時又是社會全體的世界。利維·布律爾稱這樣地插根到全體的表象生活中的表象爲「集合表象」，他說：「這在既成的社會集團是共通的；這是從時代向時代繼續的；這是個人受着逼迫而在個人心中，隨着各種情形而喚醒對於那個對象的尊敬、恐怖或崇拜的念頭。」

又，他們的社會是完全以血族婚姻做着結合的紐帶。因之，他們的主觀的認識，是在他們周圍的一切中都感到血族婚姻。一切現象，都由萬有精神論（animatism）結成人格的關係。於是他們的魔術的宇宙觀成立。這個魔術宇宙觀，並不是他們的空想的產物，而是對於實踐的行動的認識論。如杜倫瓦爾德（R. Thurnwald）所說：魔術的前提，是某種可能的自己感情。據普拉斯（H. Preuss）們之說，對於他們，魔術具有從疾病、天災等危險的影響中保護自身及社會的能力，是從生活維持和安定的衝動而發生的。所以這是在與近代文明爲支配自然而抓住科學的意義同樣，乃是支配自然的方法。因此，弗來則（J. G. Frazer）稱魔術爲僞科學。在這個時代的一切新聞報導，是維入咒文或魔術的儀式中的。——比如山崩這個社會的事實，是把神的惱怒的聯想同時喚起，由安慰神的惱怒的儀式開始當作他們的知識來公告的。在他們，並沒有客觀的新聞報導這個社會的公告方法。他們的社會觀，因爲是完全以主觀的體驗爲根據，所以是如魏伯（M. Weber）所說的『行爲之魔術的典型化』，他們的行爲思考是照着『神意』辦的。耶爾沙列姆（W. Jerusalem）曾論到這一點。他當作『相互強化過程』來解釋這個現象；認這個過程是在我們的日常生活上所表現的完全的現實；稱這個過程及成立於其上的信念形像爲『社會壓縮化』。在原始人，如後面所述，那個種族共同社會體與魔術或宗教——一切社會事實的發生都是由於『神意』的觀念——相互強化，這是由多樣的施設而行的。

一切新聞報導的機能，也在受着魔術的壓縮化。誠如馬利諾夫斯基（Malinowski）所說：魔術的儀式是一種的公告手段，比一切勞動作業更有重大的意義，而且是勞動作業的成功的主要條件。

元來，魔術是以在自然民族的某階段的心理過程爲基礎而自然發生的東西，而這個法式固定化，得到了權威，遂致見到公開的魔術之發生。這個公開的魔術之發生在社會分化過程中擔負了重要的任務，因之，促進宗教的分離，在政治上形成階級，把主要的社會統制力握在自己的手中：由於這些事實，構成了君主的起源，並且生出財產的搾取者。於是發生專意蒐集社會事實的獨立機關。而新聞報導的公告，多是在男性結社或靑年集會所一類的集會中行的。這個權威的集中，遂使有空閒的接觸機會的公衆在羣衆心理上，得到了強大的現實威。

二　最初的新聞統制者——魔術師

最初的觀念上的指導者，是一般所謂魔術師。比如文字，在開頭，也是被僧侶獨佔，禁止別人使用的。實際上，未開化社會的集合表象是魔術或宗教觀念的延長或擴充，那個宗教的親和是由種種的形式方法來表示的。特別是堅強的保護和緊密的神之交涉，是可在更親近的集團中探求的，而這樣的親和團體，即是原始秘密結社。

這個原始秘密結社，是有計劃地蒐集新聞報導而只告知其團員的。這恰等於中世紀的貿易結社，只有基爾特的社員明白船路及其它知識的秘密。這個秘密結社對新加入者由一種的儀式來指示一切傳說、習慣、神託法等，並使用秘密的話語。爲這，使用古語，或摻交各種的語系，或在日用語上附以接頭語接尾語來變更辭句，企圖獨佔社會事實的知識。

魔術師確是在握着全部族的運命的；因爲他們有超自然的魔術力而且有萬事都要靠神力的信念。他們超越民衆，更組織只有「神聖者」來參加的團體。於是原始社會內部的同質性便開始生出破綻。他們有計劃地蒐集社會的事實，施行對此的政策，而由魔術的儀式來支配民衆。所以最初的新聞報導機關，是歸魔術師統制的。

弗來則把魔術的原理分類如次：

- 共感的魔師（同情的法則）
  - 類似療法的魔術（親和的法則）
  - 感染的魔術（接觸的法則）

- 魔術
  - 理論的（做僞科學的魔術）
  - 實際的（做僞科學的魔術）
    - 積極的魔術卽妖術
    - 消極的魔術卽禁忌

所謂共感的魔術中的類似療法的魔術，是同樣的東西生出同樣的東西——結果類似原因。所謂感染的魔術是認爲一度互相接觸的東西，就在它分離之後，也還繼續相互的作用。

共感的魔術不僅顯示積極的『應該做什麽』，而且還包含消極的『應該不做什麽』——卽禁忌。

這些魔術的行爲是由一定的儀式方法來公告於大衆的。因之，我們在考察原始時代之新聞的機能時，必得深切注意所謂新聞報導一度爲魔術的色調所歪曲的事實！

因爲在原始人、古代人間，社會事實的知識並不常是客觀地公告的，而是本諸『天意』當作一個啓示現象來理解的。所以這個社會事實的知識的公告者，是做着天意啓示的機關的長老、祭司、僧侶、卜者、女巫一類的人。社會事件的知識的公告，是當作『天意』、『神意』、『靈異』、『天命』、『神託』等而發現的。所以最初的新聞物是窺視天意或神意的物體，其方法是卜筮的。

又比如由日月星辰的運行而得知社會事實，這是天體成爲新聞物的原因。在這種天意啓示物中，使用着天秤、火、水、毒米、熱油、籤、卜竹、骨牌等類的東西。實際上亦有精神論和神話的思想，對於原始的言語之發達，給與很大的影響，這是科先琪尼(F. Cosentini)所明言的；同時這話也可適用到新聞物的發達上。因之，由於『天意』所集成的書物、文庫，也是當作神聖的東西而受敬畏的。我們要由理解魔術的符號，才能知道潛伏着的客觀的事實，如印第安人之魔術的文書，便是一例。

歌譜是從下面右方開頭的。各符號的意義是這樣的：(1)我的屋舍由魔術師的威力而動搖(在屋舍上跳魔術舞的生羽毛結節魔物在飛着)。(2)我在地下捕蛇(印第安人會依魔力捕蛇)。由點線表示休止處起，在跳舞中加入歌謠和伴奏的樂器。(3)我也是魔術師(坐着的人手持羽毛並敲魔術大鼓)。(4)我使魔術師跳舞(由頭上的角所顯示的精靈或憑依精靈的魔術師在蒼天

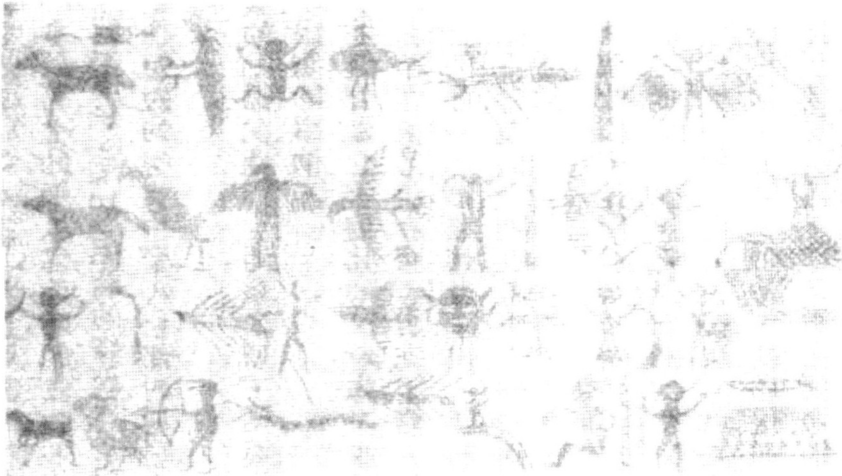

印第安人魔術的靈歌譜 (Schweiger-Lerchenfeld)

上）。（5）天喲！我飛它的頭上（有羽毛的結節是魔力的象徵而藉它來飛行）。（6）我是魔術的精靈，這是我的工作（有角的蛇是生命的象徵）。（7）我使用兩個肉體（拿着弓矢的獵人看遠離的動物並表現着魔力）。（8）梟，黑的大梟。（9）獵它喲（蒼天上的狼是注意的象徵）。（10）燃着的烽火。（11）在『我的小兒喲，我可憐你（形姿是表示母體內的胎兒）……』。在這個短短的咒文中裝入全部的聖歌。我們若是認出在繪畫裏的魔術的符號，便能理解繪畫與本文間的關係。

又，文字被認爲神秘的東西。所以最初的新聞物——社會事實的知識記錄——的集聚所，主要是在寺院，是當然的；這是由歐、美考古學家在各地的發掘而確實證明出來的事情。

更照原始人、古代人的思考，那受啓示的東西不僅是神聖的，並且把觀念客觀化的文字本身也是神秘的。在舊約上記摩西由耶和華授以法律而下西乃山的事情：『耶和華在西乃山和摩西說完了話，就把兩塊法版交給他，是上帝用指頭寫的石版。』（出埃及記三十一章十八節）『摩西轉身下山，手裏拿着兩塊法版；這版是兩面寫的，這面那面都有字。是上帝的工作，字是上帝寫的，刻在版上。』（同上三十二章十五節）也算是個例證。

要之，對於原始的人們，類似文字的記號乃是神聖的表徵，而那個技術，是屬於某種階級——如魔術師、僧侶——的特權。記述者蒙受上帝特別的恩惠，同時是上帝的記述者。又，這些記錄的彙集——所謂新聞物——的文獻，也必然被視爲上帝自體或是神聖的東西，要禁止一般人同它相接觸。就是說一切最古的文獻，都是上帝的文獻。若是依據傳說，即印度、埃及、巴比倫、波斯、希臘、斯堪狄那維亞等處的諸神都各有它自己的文獻。在猶太傳經（Talmud）上，或印度經典吠陀上都是說在創造世界以前，卽創造主出現以前，就有文獻的；又在可蘭經上說這種蒐集是從還沒有上帝和永劫的古昔就存在着的。其它的神話學者都認許神聖的文獻的神格化。

三　從記號和圖形進化到文字

新聞的公告手段以及內容帶着宗教的色彩，已經說過。但這同時也是受着美的加工的；因爲在新聞事實的表現上輸入美的要素，可以增加由於感覺的興奮的注意的強度的緣故。所謂藝術，無論在什麼民族、什麼時代，都是做美的觀念的表現而存在的。藝術活動，依據一般的見解，雖是以美的本身爲目的，而不是別種目的之手段。但這並不是排斥它的實用性的。尤其是純粹的唯美的態度，在原始民族中，完全看不到。當然，雖是原始民族，也愛好直接發揚感情價值的東西——這是因爲它能給與快感的情操的緣故；但在他們，這個快感的活動，是完成實踐的某種目的之附帶手段。所以，這完全是在集團的組織下所行的社會活動，換言之，是爲給與關於實際生活的行爲以刺激和促進起見的。

在言語（包含文字）以外，就公告方法來說，主要地是使用本諸聽覺、視覺的記號的東西：訴於聽覺的，是音階、音響的變化，在肉的聲音以外，用口笛、角笛、大鼓等特殊的器具；訴於視覺的，是信號、動作等；最值得注意的，是依據火的信號。

文字的發明及其向文獻記錄方面的利用，其主要的表徵，可分作野蠻和文明兩種。就大體上說，文獻是發生於封建時代的。其發生有兩個根本條件：

（1）因爲經驗顯著發達起來，所以感着在口頭上把它從這時代傳遞到那時代這種單憑硬記的困難。

（2）空間地遠離着的人類相互的結合關係日益發展起來。於是僧侶的記錄，墓碑，封建君主的命令，商人的書信或保單之類，都成了初期的文獻的典型。

文獻的發生雖是經過種種過渡形態而發達起來的，但做事實的報告和記述的自然手段而得到最大效用的，是繪畫。為要傳達具體的事件的概念，把它描畫出來，是最容易明白的方法。在這種情形下，為着用很少的勞力表現很多的事物，自然會發生要把形式單純化的努力。人們是像小孩子的繪畫一樣，用極簡單的畫具把人物、家屋、樹木的輪廓表現出來；單由其名稱的音調把在變化着的事物的形態表現出來；在一個名詞不是一種意義而具有多種意義的時候，這些意義是由同一輪廓來表現的：這便是象形文字的起源。後來，這種象形文字，便帶了現今的謎畫的性質。比如，為要記述格鬭，便畫了兩個人姿態——中國古代的文獻，便在這個階段。最後，人們開始由象形文字來表現各個的聲音；而象形文字遂變化成眞正的『文字』了；其中原始的圖形，變化到不能認識的單純的程度。

四　使用文字後的情報蒐集法

在當時，文字記號的使用，是一般僧侶的特權，在他們之外，不過只有少數最高的封建諸侯會讀會寫。另外的人，至多只能在證書一類的東西上書寫自已的名字，而且大多數甚至連這也不能。對於人民大衆，文字成了難於接近的秘密；能接近文字的，只有少數的商人。文字的機能，成了社會的組織之一種；因之它幾乎完全屬於社會的組織者——僧侶——之手。

特別是原始的封建國家的形式是實力的支配；這是少數的戰鬪團體的少數者用武力來統一一定土地的住民。爲要使這樣的支配成爲固定而永久的，所以必得在未成事實以前除去依據豫想反抗的被征服民族的心情及社會的情勢而企圖擴大的危險性。巧妙地叫這個使者查悉敵人或被征服者的內部情形，乃是一種的戰術。比如外交官、間諜、也可解釋成秘密通信者的別名。據日本『忍術』專家陶三鬼之說，在日本古代所行的忍術，也算是一種秘密地蒐集情報的手段。所謂忍術，就是中國古代的『遁身術』，是不使人知道，偸偸地到敵人那裏偵察的法術。便是現今的偵探的方法。這種方法，是有史以來——特別是有戰爭以來——所通行的。暫且不提上古，單說中國，就使用『間』、『諜』、『細作』、『遊偵』、『奸細』、『行人』一類的文字；在日本，有『三者』、『簷猿』、『間者』、『忍』、『隱密』等等名詞，都是忍術的別名。不僅止此：忍術還有一種高等戰術的意思，有時又成爲政略的意義；但它的本來的面目是偵察，自不待言。

講到忍術見着顯著的發達的時代：在中國，則爲二千年前的春秋、戰國之世；在日本，則是從鎌倉末到戰國時代將終的時期即十四世紀初葉，而表現忍術的許多辭句，都是在那時代產生的。因爲是在所謂亂世，隣國的機密自不必說，遠國的動靜也有洞悉的必要，所以要多使用忍術。但在平和時期，利用此等忍術，窺探敵之機密，以資戰時之需，乃是用兵術的奧義；所以在六韜、孫子等兵書裏，詳細寫着『用間』（使用間諜的方法）的事情。

又在古代印度的政典，或是芝戡狄提（Thucydides）的著述中，都寫有同樣的事情；因此，在通信上也是能夠想出種種秘密的方法和暗號的。

第四章　原始的公告形態

一　口頭

新聞報導的表現形式雖有種種，但可大別爲依據口頭的和依據文書的。不消說，在文字及印刷術發明以前，新聞報導的傳達主要是用口頭行的。這是在許多未開化民族的『信使』上便可見到的事。

據波斯特(Post)之說，在非洲南部基內亞(Guinea)，信使在道路上跑着高呼國王的命令；待日暮各人歸家時，再作第二回的高呼，這便算公告了。威廉孫(R. W. Williamson)說同樣的事情在太平洋珊瑚島頗利呢西阿(Polynesia)的索晒挨提(Society)、薩摩亞(Samoa)、非支(Fiji)、馬開薩斯(Marquesas)諸島也還在行着。

在原始時代，新聞報導多是用便於記憶的詩歌體作的，而一面在此附加音節一面公告的。因之，新聞報導多是用即興詩的形式發表的。

希臘文的『法』同時有『歌』的意義；拉丁文的『歌』同時有『法』的意義，這就是口頭的公告是用詩歌的形式來表現的明證。高格特(Goguet)曾說：『希臘人唱歌他們的法律。亞理斯多德在他的問對錄中探究以同一字表現歌和法這兩個相異的名詞的理由，說這是起因於在有文字的知識以前爲了牢記法律而歌唱的。以法律及關於它的一切事物爲歌的習俗，在希臘十分盛行，就在文字普及以後仍然存

在　在希臘的都市，大概皆有宣令官調整音調，公誦法律，恰似優伶立在舞臺上以竪琴伴奏其歌唱一般　這種法令公布法的顯著的事例在歷史上是很多的。」

在中國，尙書胤征上有『每歲孟春，道人以木鐸徇於路』的文句；在其集傳中說：『道人宣令之官。木鐸金口木舌，施政教時以警衆也。』即有聚人而傳令的官吏，在路上鳴金口、木舌之鐸，用口頭宣示法規的。如今所以稱新聞記者爲社會的木鐸，就是從此處發生的。

又聚人傳令之事很顯明地見於中國的史乘的，除胤征之外，還有在尙書盤庚中那一篇：『盤庚作，惟涉河以民遷，乃話民之弗率，誕告用亶。其有衆咸造，勿褻在王庭。盤庚乃登進厥民，曰：「明聽朕言，無荒失朕命！……往哉，生生！今予將試以汝遷；永建乃家！」』這恐怕是中國最古的而且是最具體的口頭告知法的記錄了。

『祭市』給與了定期的新聞傳播的機會，這是近世新聞學者所公認的事。就在東方，也是同樣，在周禮記州長的職掌項中有云：『正月之吉，各屬其州之民而讀法；以考其德行道藝而勸之；以糾其過惡而戒之。若以歲時祭祀州社，則屬其民；而讀法亦如之。』又在記黨正的職掌項中有云：『及四時之孟月吉日，則屬民而讀邦法，以糾戒之。春秋祭禜亦如之。正歲屬讀民法，而書其德行道藝。』又在記族師的職掌項中有云：『月吉則屬民，而讀邦法，書其孝弟睦婣有學者；春秋祭酺亦如之。』據此，可以推測在沒有民衆教育施設的古代，新聞報導是乘着民衆集會的機會而行的。

在日本，儀制令上規定『凡春時祭田之日，集鄉之老者，一行鄉飲酒禮，使人知尊長養老之道，』關於此條的註釋：『一云：每村社，置神人，名稱社首。村內之人，緣公私事，往來他國；令輸神幣；

或每家量狀取斂稻，出舉取利。預造設酒。祭田之日，設備飲食；並人別設食。男女悉集，告國家法令；知訖，即以齒居坐，以子弟等充膳部，備給飲食。春秋二時之制也。」這段顯然是從和文硬譯出來的，漢文的意思就是：「這種祭儀是春秋二季在鄉村的神社裏舉行的。在那時候，每村的廟裏都設有專人，名叫社首。村內的人因公私的事情到各地募捐；或是到各家估量它的家況，收取米糧，賣出得錢。豫先造好了酒。到祭祀那天，兼備飲食；並且分人設席。聚集男女到一起，告知國家法令；告知畢事，便按年齒就坐。用子弟們充當侍應生；也給他們預備飲食。」

二　文字、記號、記標

（1）文字

以上是口頭的新聞公告法。及至使用了文字，遂行揭示的公告法。因為公告是期待周知的，所以揭示到人民通過的地方如街道、兩地交界處、港口、城門等處；或是權威者的居住地，如寺院、王宮、官廳、集會所等處。

據鮑起爾(K. Bücher)之說：古代羅馬的元老院法令(Acta Senatus)或每日法令(Acta Diurna)，都是在愷撒(Caesar)做第一執政官的時期（前一〇〇——四四）創辦的；都是寫到塗石膏的板上而揭示於官廳之前的。——直到現今，如在蘇聯有壁報；在中國國民革命軍北伐的途中也出有很多壁報。把新聞報導寫到紙上或板上而黏貼或懸掛到壁上，這除去正式報紙的公告方法來說，乃是最通行的公告法。

（2）記號

不依口頭或是在文字發明以前，要想做公告手段而把觀念客觀化，可用什麼方法呢？

觀念雖是依種種方法而客觀化而公告的，但在原始時代的主要方法，依斯密特（M. Schmidt）之說，則如次：

（1）所在記號：最簡單的方法是爲指示道路等事而折斷樹枝或是砍傷樹身。

（2）物品的所有記號：主要的是家畜身上的印記——弄出傷痕或是蓋以烙印。

（3）表示個人社會地位的記號：在身體上繪畫色彩、或文身、或服特種衣飾等。

（4）刻棒：主要是爲數數而用的。

（5）結繩：主要是用於統計的方法上。

此外，就報知手段來說，還有繪畫，也爲一般所便用，在西非洲「阿香提（Ashanti）族等」的唱曲者使用小的黃金墜子，塔科達印第安人們使用種種的羽毛。

西非洲的所謂黃金墜子

然而人類發明文字，又依據用新式的書寫材料之外的變化，同時使新聞報導的形態變化，它的社會的機能是顯著地增大了。

(3)肉體記號

具體的物質變形或添加的公告方法的起源，是在表示種族、喪禮、祝典、所有權等的肉體的裝飾上可以見到。在肉體的裝飾上，有：(1)固定的東西，(2)分離可能的東西。

(1)所謂固定的東西是加於肉體的變形或是物質之永久的添加，比如瘢紋，文身，在鼻唇耳上穿孔等，都屬於此類。

(2)所謂分離可能的東西，就是把可以隨時取下的東西附加到肉體上，即衣服、帶、輪、頭飾、以及最素朴的身體塗彩。

身體塗彩的慣習，通行於低級文化階級。澳洲人日常在用袋鼠皮做的皮包中貯藏白堊及赤色、黃色的鑛土。在平素，雖僅在頰、肩、胸上塗抹幾個斑點，但在祝賀會的時候，是要全身塗彩哩。在澳洲人的生活上，遇着重要的事情，身體必得塗上特殊的色彩。幼年的澳洲人在舉行一種類似冠禮的時候，便當作公告方法來開始受赤色或白色的塗彩，由這個印痕，表示他是種族的一個成員。荷基金孫(Hodgkinson)又記着馬克列川的土人在戰鬬之際，戰士身上都塗着花紋，這是表示實行戰鬬的。

在澳洲，與出生的公告同樣地死亡也使用公告的方法。那林耶里族是用摻了濃厚的赤色脂肪的鑛土塗的。北部住民把樹壞的屍體的骨片加以塗彩，當長久紀念物來保存。同樣的風習在北太平洋的密克羅內西亞(Micronesia)羣島也通行着。塗料是薑黃或鬱金，也有在臉的一面塗它的(Bonape 島)；但很多都是從頰直塗到頷（Palau島）或染額（Sipan島的卡羅來恩（Caroline人）。

在彩色上，也有一定的限制，據瑟爾曼(L. Scherman)之說：白色是表示親族之喪的；黑色是表示戚族之喪的。又照曼氏（E. H. Man）的記述：安達曼（Andaman）人的身體塗料，共有三種顏色；依據這個用法，可以得知其人是害病，是服喪，或是赴宴會。

在喪事的塗彩，描繪着一定的記號，這是表示死者和服喪者關係的程度的。關於林科倫灣的種族維爾赫密（Wilhelmj）曾說：『為要表示他們的愁歎，女人們在前額和兩眼的周圍和胸部畫着垂直的線。男人們用線和點塗其胸膛，這是從肩起一直下降到肚臍。隨其形象的差異以表示服喪者和死者的親屬或戚屬關係的程度。』

依據染料的身體裝飾，是一時的而不是永久的。為了填補這個缺陷而想出的辦法是瘢紋和紋身的兩種。瘢紋是把皮膚及肉體的一部用燧石或貝的破片或骨片等原始的小刀，在種種的部位上，割下傷痕。那傷痕後來在表皮上形成着白色的花紋，這便成了瘢紋。瘢紋是已經成人的表示。

關於苦因士蘭人，魯姆霍爾茲(Lumholz)說那線條，常常表示着階級。而且在這上頭，那個階級是依其年齡如何而構成的。一定年齡以下的兒童是不受裝飾的。但在適當的時期，他們便要在胸間或胃部作兩三個十字形的花紋。線的數目漸次增加，到成年時，在兩乳頭的周圍，便刺上半月形的線條。又在東南部，能由瘢紋的數目知道年齡之差。

在密克羅內西亞，普通是刺上膊，間或也有刺到胸部、腿部的。其法有以石片、貝片、或萱草的葉，或是別種東西淺淺地刺破皮膚，和燒椰子葉的筋來造火傷這兩種。並且在傷痕塗抹檳榔樹的液。

密克羅內西亞民族誌著者松岡靜雄說這是與在氏族的表識上對牧畜施以烙印同樣的。格爾蘭德(Gerland)說瘢紋及文身都是表示其帶用者所供養的神的記號或象徵。又有可以看做從瘢紋進化到文身的過渡形式，就是在含有同樣意味的部位用抓破皮膚塗以顏色的創紋（吉爾柏特 Gilbert 島）。

文身也具有和瘢紋完全同樣的意味，而是未開化民族間通行的裝飾。所謂裝飾，並不是說僅爲了美的目的。在美上表現具有實踐的機能的東西，是會把那機能加強的。這恰與近代的廣告爲了增大誘引購買力的效果而在美術的表現上下功夫是一樣的。卽目的並不是在美術，而是在打動閱廣告者的購買心。又如格爾蘭德之說：瘢痕及文身雖然本來是宗教的記號，但如果在另一方面又是種族及家族的記號的話，這便是可當社會的公告手段來用的，而不是個人的。

關於文身，又據松岡靜雄之說：雅浦（Yap）島，不許『賤民階級』身上刺華美的花紋；在馬沙爾(Marshall)島，除酋長以外，禁止點臉，這是藉以表示階級的。要之，文身所以算是社會的公告法，是因它依儀式而行的緣故。

照克萊瑪(A. Kiamer)教授之說：文身的實行，是在名叫『梅瑪』的一種祭山神的季節，想文身的男女從各島集合到愛紐濱村來，住在臨時建築的大棚子裏。施術是從大酋長及其家族開始；愛紐濱村民次之；隨後才輪到別島的人。起先，有一個讀祝詞的頭目帶領拿棕櫚葉的若干婦人在棚子周圍及附近的椰子林內跑着跳着。文身施術一開始，女人們卽坐椰子樹下不做聲地擊着大鼓，到底樣打好時，停擊；像是怕妨礙施術者的工作一般慢慢地合唱或是全守沈默。在雅蒲島，文身一完成，便要選擇日子在公共會集的場所供衆觀賞。

不消說，這從一面看來，也大有美的意義，而在它的發生的關係上，社會的意義更大。維爾赫密(Wilhelmi)說在林科倫港的種族，從成人式的模樣確然區別出在雙肩及頸部的種族記號與在胸部及兩臂的可做單純的美的裝飾的記號，這便可說種族記號和裝飾記號是在二元的關係上。

米勒·拉爾(Müller-Lyer)說圖騰是結合氏族成員的眼看不見的結帶，文身則是眼能看見的結帶。氏族人員常在臉上或身體上刺着一定的記號，這一部分不外是文身的氏族名或氏族紋章。其後變為裝飾的文身，在起源上是氏族的守護神所描畫的，這在今日的各地還可見到。比如在波利尼西，圖騰名叫「阿圖」；文身便是從這個字生出的；因為在那裏，雖然氏族制度已經崩壞，但這還是可做對於文身的動機用的。所以圖騰與文身，是有由目與耳結合氏族成員的意義的記號，這在前史時代，是對氏族生活大有意義的。又如在日本德川時代所行的表示犯罪人的文身，也可以看做一種的公告法。

在波特克德，更有永久的奇怪的身體裝飾。這是其種族的名稱所附的塞栓。這是最初在下唇和耳朵上刺着像鈕扣的洞大小的傷，在那傷口插入極細的木塞栓而漸漸擴大的。馬齊烏斯(Martius)說這也依然是種族記號。同樣的風習，也廣行於美洲印第安；在愛斯基摩那裏，是在下唇的兩端插入骨片、貝、石。在穿唇的時候，要行祝典，所以仍然可認為社會的公告物。澳洲人為要在鼻子上飾以木條或骨片而貫穿鼻梁，在舉行祝典時，是插入兩根羽毛，替代木和骨頭。姆萊下流地方的婦女，飾着一種的羽骨作的小鼻環。這仍然是入社會的印記。還有表示階級的梳子和結髮等。尤其特別的，是怕羅(Palau)島酋長的手鐲，這是一種人魚的第一脊椎骨。因為這環不很大，所以套入困難，所以要借他人之力，用細繩紮緊手指，一面壓迫着一面套入，而在未套入時，這個幾乎要把指頭削掉的手鐲，是與王冠同意義的一種公告物。

還有憑藉衣服，特別是犢鼻褌、草裙、褢裙等的製法和用布來公告年齡相異的方法。依據這些原始裝飾的公告方法，不是僅在『這是什麼』上顯示它的效果的，而是『這表現什麼』的。用三百個白兎尾作的澳洲人的腰部裝飾，是表示其人的狩獵事功的。又在牧畜民、農耕民那裏，有戰勝的紀念牌。但這些公告方法所以是固定的而不得表示變遷的觀念者，乃是由於身體構成的特質和裝飾品的性質。

（4）地圖和狩獵報告的記號

（A）地圖

前邊已經說過：在最原始時代，具有單純的美的目的藝術品是沒有的。這是與使實用的目的有連帶關係的美的表現。原始民族的裝飾大概是以自然的現象爲主題。比如澳洲土人的投下棒上所畫的記號，這在我們看來只能認作素朴的花紋，但對於澳洲人，則是地圖。這是表示一個湖和一個河流的，那兩種線圖的空間，是住着這個武器所有者的種族的地域。其它狩獵的民族，也有知道畫地圖的；尤其是愛斯基摩人更會畫優秀的簡略的地圖。這些地圖都不是僅當作地圖或裝飾品用的，也是公告文書的一種。散住在密克羅內西亞的民族，多是勇敢的航海者，爲要得到食糧和裝飾品，縱然是數百哩的遠方，也要利用風向和潮流而航去。密克羅內西亞諸島，概由珊瑚礁構成，所以很多島嶼只約有海拔六尺來高。很難從遠方發見其所在地。爲這，馬沙爾島民用竹編作海圖。這是由竹的線條表示曲折的方向，在島的所在處黏着貝殼。這圖的大小，約有三尺見方。據文克拉(H. Winckler)：這種地圖，共有三種：(一)一般圖；(二)全島嶼圖：

刻上地圖的澳洲土人的投棒
(Brough Smyth)

(三)特定的島嶼圖。他們用心暗記各島嶼間的關係位置，並且會在砂上立着石頭來指示。又如魯克爾的一個酋長，把卡羅來恩各島嶼的分布位置刺塗到全身上。另外，關於地圖的萌芽，在提厄拉得爾腓哥(Tierra del Fuego)人和安達蠻人中，雖還可以見到，但已經發達了的，是見於會描繪的民族。澳洲人在砂上正確地——距離的概念是不確實的——繪地圖或畫武器。霍爾姆(Holmes)所報告的

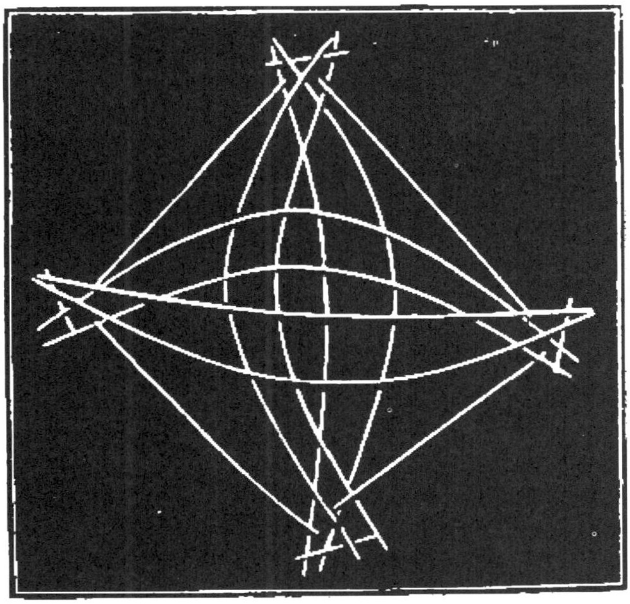

馬沙爾島民的竹編海圖(松村)

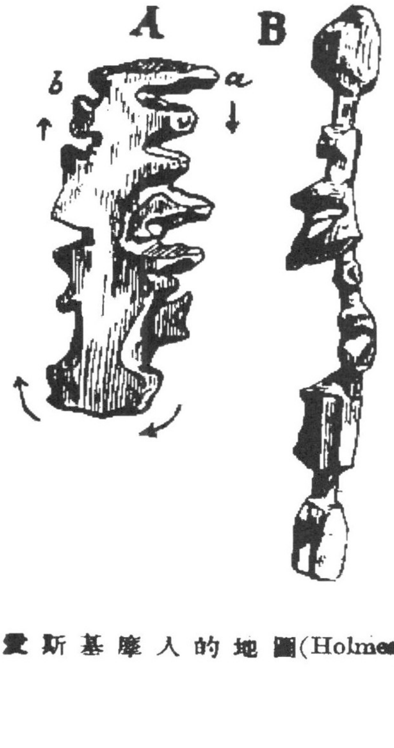

愛斯基摩人的地圖(Holmes)

愛斯基摩人的地圖是兩塊木片：第一A的ab是表示東部格林蘭沿岸的一切峽谷、灣、岬的；地名是照矢頭的方向讀的。第二B表示對着各灣的洋面上的島嶼。把它靠近或離開第一木片，可以知道沿岸或島嶼間的距離。從我們看來，雖易得把難於理解的圖形看做單純的裝飾或花紋，但如更深切地去考察時，便可以知道這些是帶有文字、所有記號、種族表徵等意義的。

（B）狩獵報告

愛斯基摩人的並列簡單物體或描畫的某種形態，似乎是記其物體間的關係或作用的。比如下圖，便是阿拉斯加的愛斯基摩人在細長的木板上刻畫的、豎在住宅門外附近的航海狩獵報告的要旨。原圖是阿拉斯加一土人名叫諾莫者於一八八二年在舊金山給霍弗曼(W. Z. Hoffmann)博士描繪並且解釋的：這裏所載的圖是瑪利列(Mallery)所複寫的。個個圖形的意義如次：

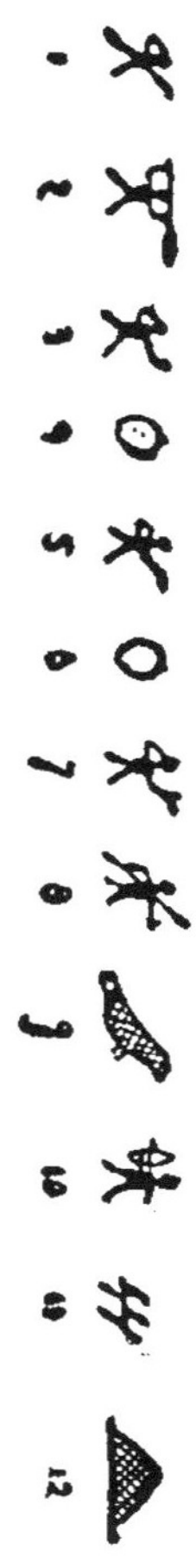

阿拉斯加的愛斯基摩人的航海報告(Mallery-Hoffmann)

（1）講話的本人右手指着自己，左手指示要出發的方向。

（2）舉起槳來，表示乘船。

（3）右手當住頭表示睡覺；左手高舉一指表示過了一夜。

(4)圖形中央有兩小點，是表示在一島中有兩間房屋。

(5)更向前進。

(6)圓圈是又一個島的意思。

(7)同(3)；兩個指頭是表示在那裏過了二夜。

(8)用魚叉去叉右手方面的海驢。

(9)海驢。

(10)射箭。

(11)兩人乘獨木舟歸來。

(12)回到自己的家。

全部的意思是：「我坐船到那個島，住了一夜；又到次一個島，住了兩夜。我捕得一頭海驢之後歸家。」還是充分含有新聞性質的東西。

還有一個例子，如阿拉斯加土人獵鹿的報告。仍然是刻畫到細長的木板上，豎到家門的相近處，好

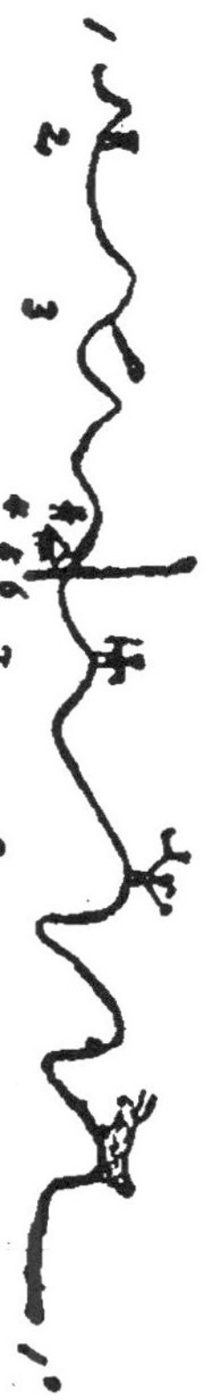

阿拉斯加人的獵鹿報告

使來訪者立刻能够看到。

(1)狩獵者所行的小路。

(2)本人從家中出發狩獵。

(3)指示進行方向的標木。

(4)在別部落的土人家過一夜。

(5)所住的人家。

(6)第一日與第二日的分界線。

(7)獵者在第二日出發。

(8)在第二日(右手伸兩指示意),看見前邊山上的鹿。

(9)捕得此鹿,狩獵結束。

看這些記錄,不是僅算單純的象形,並且算是簡單的表示意思的記號;並且算是一種的新聞報導。

(5)年代記

以上多是屬於私人事項的公告的記號。更有包含社會意義的有趣味的記號,就是做北美達科塔印第安人畫在野牛皮上的年代記。年代記的種類很多,而較近的一個年代記,是名叫『孤犬』(Lone dog)的老印第安人所畫的從一八〇〇—〇一年的冬開始到其後七十年間——的大事記,如甲乙兩圖;記號是從中央開頭由內向外迴旋着配列的。是孤犬所屬部落的酋長們每年冬季卽年尾開會決定其年發生的重大事項,而經孤犬用一定的記號記下的。這張牛皮年代記,每年要定期在印第安部族間公開展覽,講解它的

（甲）

印第安人在牛皮上畫年代記狀(Couse)

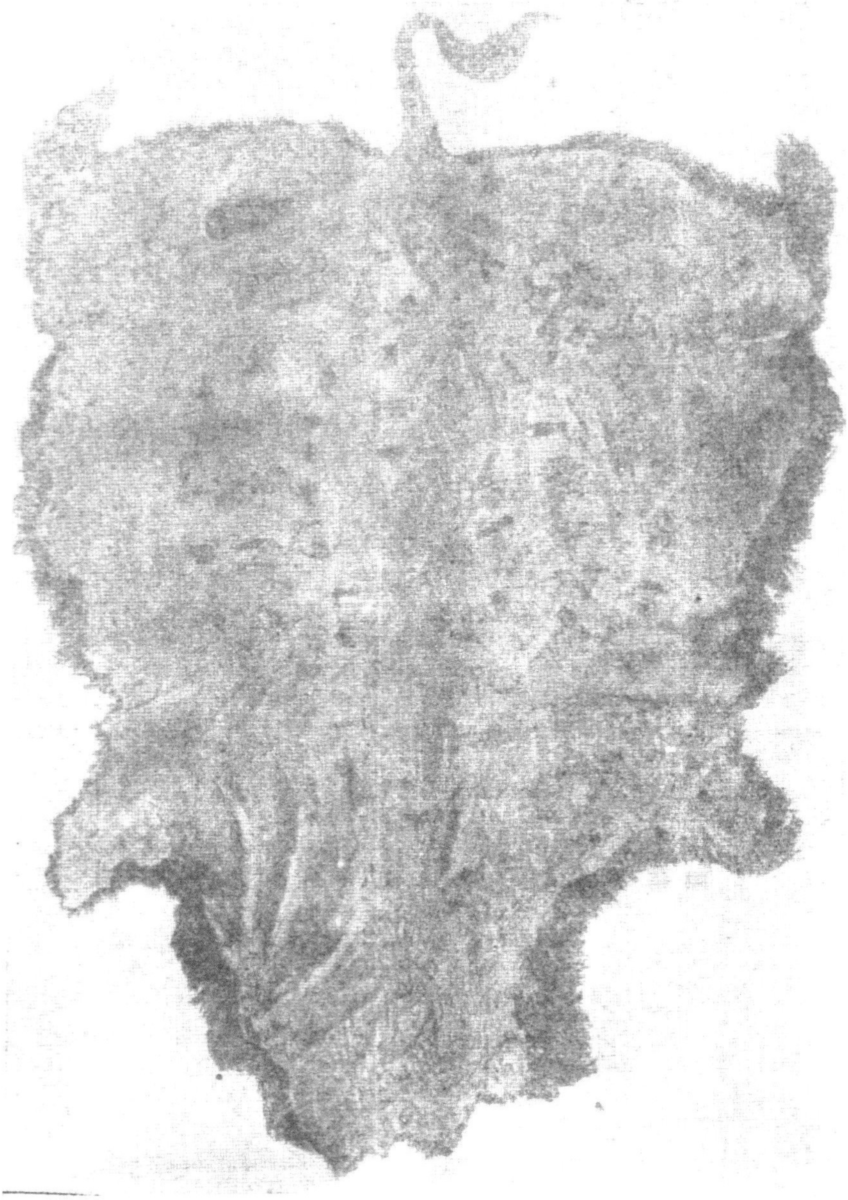

（乙）

孤犬的年代記(Mallery)

意義，這一則是恐怕失傳；一則是充分含着公告的意義。

在這裏，逐個地把孤犬的年代記中記號的意義解釋一番。中央第一記號是從一八〇〇—到〇一年的年代記，而以下順次一至於一八七〇—七一年。

一八〇〇—〇一年：是三十名達科塔印第安人被克魯印第安人殺死的記號。三欄平行黑線，每欄十線，共計三十，藉以表示死者之數。達科塔和克魯這兩部族是時常交戰的。——一個年間所以用一八〇〇—〇一年的寫法，是該部族的年從冬開始的緣故。

一八〇一—〇二年：爲痘瘡死去多人；一個人的上體部生出許多赤色斑點，表示痘瘡發生的狀態。

一八〇二—〇三年：一個達科塔人得到有蹄鐵的馬。是由白種人贈送的，或是盜取的，雖不明白，但因爲印第安本族的馬蹄是沒有鐵的。所以那馬必是白種人的。

一八〇三—〇四年：從克魯人盜得『捲毛馬』。這種馬的毛是密密地捲着的，如今還在平原棲息。黑點是捲毛。克魯族早就有馬了。

一八〇四—〇五年：達科塔人做着烟管舞蹈出馬打戰。表示以旗幟和鳥羽爲裝飾的烟管的一部；那烟管長約三呎，羽毛是成年的黃金鷲的尾巴，白色，有黑斑；是平原印第安人非常珍重的東西。旗幟在古昔是用皮革或樹皮的柔靱的東西染了色的，今用華美的木棉。烟管長約四呎，斗和嘴是赤色大理石，管子是一種輕的木頭，染上種種顏色，貫着奇妙的花紋，外加羽毛的裝飾；因爲裝飾是隨部落而有差異的，所以一看烟

官就知道是何部落的人。在印第安部族間，若是把烟管奉給他邦人或敵人，便算是象徵平和的。但在同一部族間，把烟管用到儀式上，便是戰爭迫切的表現，還到一八四三—四四年之條，還有解釋。

一八〇五—〇六年：克魯族人殺死八名達科塔人；用八根黑線連結一根橫線來表示；又此黑線在本族是專用它來象徵墓標的。

一八〇六—〇七年：一個達科塔人要捕殺一個阿利加拉人的黃金鷲即戰鷲；表示一個人伸手去捕金鷲，而從其頸部流出血來。

一八〇七—〇八年：綽名叫『赤掛子』的酋長被殺了；『赤掛子』身上中了兩根箭，從傷口流出血來。

一八〇八—〇九年：前年殺了阿利加拉人的達科塔人，這回又爲阿利加拉人所殺；表示在逃走着背後中了三鏃，流出鮮血來。——照這些記號看來，記事不一定限於歷史上的最重要的事實，是以記述者特別感着興趣的爲主。

一八〇九—一〇年：綽名叫『小海狸』的酋長，在堆貨物的房屋被火燒死；圖形就是表示做酋長名字圖騰的海狸。

一八一〇—一一年：綽名叫『黑石頭』的人，製了藥種。圖形是表示藥師頭上頂着個野牛頭。所謂藥師，是不治療，不診斷，也不製藥的，而是用迷信的儀式來驅逐病魔的；而挨近做他們的重要食物的野牛，也是一種的儀禮——名叫沙門教（Shamanism）；把野牛頭頂到頭上便是最重要的『製藥的儀式』。

一八一一—一二年：達科塔人同格羅斯片特列士人戰爭，殺死多人。在大圓圈內部的三個半圈，是表示所斬獲的首級。這個圓形，雖稍缺乏明確，但一看到一八六四—六五年的圓形便可十分明白。又照達科塔人的記數法，畫個圓圈是表示百數，所以這個圓形是殺了百名以上的敵人的意思；又據一土人之說，若是把圈中的圈除去，單剩一環，是表示追逐敵人入老巢的意思。

一八一二—一三年：野馬開始奔騰，爲達科塔人捕獲了。圓形是表示投繩。據傳說馬是起初由西班牙人輸入墨西哥後來繁殖到北部地方的。達科塔人使用馬及以投繩捕獲的方法恐怕是從南方的近隣部族習得的。

一八一三—一四年：是表示咳病流行致死的事情。人形臉前的線，表示咳嗽：(b)是「火炎」（酋長名）的年代記；(c)是「白鳥」（酋長名）的年代記。

一八一四—一五年：一個達科塔人在他的幕舍內殺了一個阿拉坡人。斧劈到人頭上流出血來。

一八一五—一六年：是達科塔的一部族在住屋爲最初的襲擊。這裏是達科塔酋長住居的地方。屋頂的東西是鳥羽。

一八一六—一七年：關於這個圖形有兩說：一說是表示野牛的腹豐富，卽野牛繁殖的意思；一說是表示所獵野牛的豐富。但就野牛皮的圓形看來，再拿同年的「火炎」和「白鳥」的年代記來參證，以後說爲對。

一八一七—一八年：坎拿大人名叫拉弗蘭勃者，用枯樹造一所商店；一棵枯樹就是象徵它的。拉弗蘭勃是達科塔人間出名的老商人。

一八一八—一九年：痲疹流行，死了多人；圖形很類似一八〇一—〇二年的痘瘡。看他們的技巧，是難於區別出痲疹和痘瘡的；但在頭部，兩者之間可以認出區別來。

一八一九—二〇年：在達科塔的一個要砦，有名叫雷拉孔特的人，也開了一個商店；房屋建築所用的木頭，是印第安特別送給他的。

一八二〇—二一年：雷拉孔特爲了讚賞名叫『二根鞠』的士人的勇武，贈給他一套軍服。二根鞠表示其名字圖騰；屋頂的黑和赤的線條，是表示製軍服的呢、絨的質地。

一八二一—二二年：很莊嚴的星星隕落在地上。

一八二二—二三年：又有一個商人，開了一個商店。

一八二三—二四年：白種兵——美國兵——開始在達科塔地方出現。雇土人做導引，攻擊阿利加拉村。高鼻戴帽執鎗射擊的人卽美國兵。這個被白種人侵略的事情，任何年代記中都在寫着。

一八二四—二五年：酋長『白鳥』刺殺他的全部的馬；表示長槍刺入，流出血來。

一八二五—二六年：密里河發大水，死了多數印第安人；半圓圈是漏出水面的溺死者的頭。

一八二六—二七年：一個印第安人患水腫病而死。此病是印第安人間所絕無的；是白種人來以後才發生的，所以特別記載之。

一八二七—二八年：綽名叫『死膀子』的土人被一個曼丹人用匕首刺死。一隻臂膀伸出，是象徵他的綽號；被長柄的匕首刺入，流出血來。

一八二八—二九年：名叫夏德蘭的白種人建築了一座洋房。此人在該地活到一八七七年，戴帽子的，便是。

一八二九—三〇年：一個達科塔印第安人被名叫『黑足』的部族的印第安人殺了。

一八三〇—三一年：同克魯族激戰之後，殺了三十個敵人；圖形上不標明數目，單用赤色的胄和血塗的身體來表示。

一八三一—三二年：名叫拉比烏的白種人，用鎗打死名叫克爾梅的白種人。

一八三二—三三年：綽名叫『一隻角』的土人，被砍傷一條腿。頭上的一隻角，表示其綽名；蹺起的一條腿，表示其負傷。

一八三三—三四年：『星星好多從天降』，這已經成了任何印第安人都會唱的名句。的確，在一八三三年十一月十二日夜隕星的猛雨，全美國都看見了。圓形是表示星星和月亮。

一八三四—三五年：一個做教師的大酋長被殺了。身體上的黑色是表示血；帽子是戰冑，與一八三〇—三一年的，稍有不同。

一八三五—三六年：綽名叫『跛鹿』的人，射一個克魯人；拔出了箭，再射進去。——『跛鹿』是一八六七年抗美戰爭時的酋長，曾被美國名將邁爾斯（Miles）擊破五百十隊的軍營，損失四百五十頭的騾、馬。

一八三六—三七年：有名叫『兩個釜』的部族的老酋長死了。圓形是野牛胸部，是象徵他的綽名。

一八三七—三八年：是狩獵成功，捕獲百頭的鹿的記號。

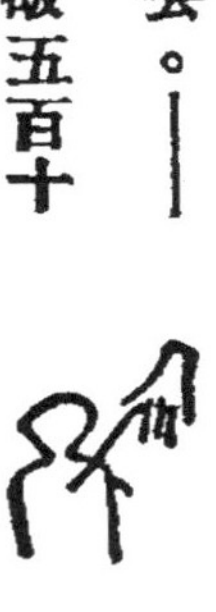

一八三八—三九年：爲綽名叫『鐵角』的一個酋長，建造了一座房屋。在一八一五—一六年的時候的房屋裏，有屋主的標識，但在這裏是沒有的。

一八三九—四〇年：達科塔人滅了斯耐克人和削削尼印第安族的全村。

一八四〇—四一年：達科塔人同欽奈人講和了。兩方伸手來握，乃是象徵平和的。黑手是赤色，表示異部族；但用握手法來表示親和是白種人傳來的。

一八四一—四二年：綽名叫『耳朵塞鳥羽』的土人，盜有斑紋的駒三十匹。所以用赤色來表示斑紋，乃是爲避免不與一八〇三—〇四年的捲毛馬互相混同的緣故。在平原印第安人間盜馬，須要很大的熟練和忍耐，被認爲與取得首級同樣的功德，但武人的名聲却比不上盜馬賊；因爲直到近頃，該部落的『富』的估計還是以馬的價格爲單位。

一八四二—四三年：綽名叫『一根羽』的土人，曾討伐克魯族擧兵。這個酋長是配戴一根長的赤色鷲羽而出名的。他手中拿的，是長烟管，嘴是黑色，斗是赤色，這是暗示上陣儀式的。

一八四三—四四年：一個部族的人製出引誘野牛的藥種。藥種天幕是用野牛頭來表示的。

一八四四—四五年：一部族的人築起松樹堡砦。在天幕的旁邊的，是松樹；又據說，是爲防護深雪，進松林，張起天幕的意思。

一八四五—四六年：是野牛肉很豐富的記號。懸到竿上的，是晒的乾肉。這是公認的豐富的象徵；所以在別種年代記上時常使用。

一八四六—四七年：綽名叫『盤脚』的土人死了。此圖形在一八〇八—〇九年和一八三二—三三年的圖形之間，都有各不相同的地方。

一八四七—四八年：綽名叫『兩個人』的土人被殺了。他的名字圖騰，就是兩個人形；一說是雙生兒。

一八四八—四九年：一個部族的著名的酋長被殺；用背部的帶裝飾的槍來象徵他。

一八四九—五〇年：克魯人從布爾列斯人盜得大羣的馬。圓圈是布爾列斯人的陣營，從其中出來的馬蹄是表示八百匹的數目。

一八五〇—五一年：野牛吃了一個人。因爲在此年所殺的一頭牝野牛腹中，發見一個老婦人。——這個事情是任何印第安人所信的。雖然不合道理，但他們是有能生吞人的怪物出現的迷信的。在印第安人的地方，往往發現名叫 mastodon 的第三紀產的巨獸的骨，或者是認它爲野牛而生出這樣的迷信吧。

一八五一—五二年：達科塔人和克魯人講和。是爲「平和喫烟」而交換烟管的圖形；髮狀的不同是表示兩個部族的相異。

一八五二—五三年：名叫耐茲伯爾塞的土人夜半來到一隻角的幕舍。天幕頂上黑洞洞的，是表示夜，耐茲伯爾塞用烟管敲着天幕。

一八五三—五四年：西班牙毛氈開始輸入；用一個白種商人伸着一條花毛氈來表示。

一八五四—五五年：綽名叫『勇熊』的士人被殺。類似羽毛的東西是表示擴張用絲線做裝飾的他的兩臂的；翦當然是表示射殺的。

一八五五—五六年：一美將受綽名叫『白鬍子』的達科塔人的招待，同許多達科塔部族及團體講求平和；表示穿軍服的白人士官與印第安人握手。

一八五六—五七年：綽名叫『四隻角』的士人做了藥師。手拿有裝飾的烟管的，便是四隻角。此人是副酋長之一，在這年的年會上，以同部族的酋長綽名『熊肋骨』者的介紹與美將哈耐會面。

一八五七—五八年：達科塔人殺了克魯族的婦女。那個婦女是中四顆死的；因爲一八五一—五二年的講和又不能維持下去了。

一八五八—五九年：一隻角製出『野牛藥』；這是因爲野牛獵獲很少，要用藥來誘它；手中拿東西的，是藥師。

一八五九—六〇年：達科塔人一酋長綽名『大烏』者被克魯人殺了。此酋長的綽名是因殺了克魯人的稀有的大漢子而起的。

一八六〇—六一年：又一酋長製出誘野牛藥。

一八六一—六二年：野牛來到天幕附近，印了許多蹄跡；此蹄跡與一八四九——五〇年的馬蹄是有區別的。

一八六二—六三年：綽名『赤烏羽』的人被殺。他的羽毛是完全赤色；一八四二—四三年的一隻角的羽毛是有黑斑的。——但是關於一八六二年八月開始的明尼蘇達的虐殺，這年代記上竟付缺如。

一八六三—六四年：八名的達科塔人被殺。

一八六四—六五年：達科塔人殺了四名克魯人；四個半圓形圈，塗以赤色的，是表示斬首。

一八六五—六六年：爲了野艸缺乏，馬多餓死。這匹馬和他處的馬不同，可以充分看得出來。

一八六六—六七年：一八七七年頃酋長『白鳥』的父親老白鳥死去。在頭上的，是表示做其名字圖騰的白鳥在水上游泳。

一八六七—六八年：由美國派來的平和委員得到許多旗幟。這時候，在美國政府派去好些做『平和委員』的文武員；這是在美方出的關於印第安族事件的委員年報的一八六八年處明記着的事情。

一八六八—六九年：從泰克薩斯（Texel）運來家畜。這是名叫帕克斯頓的商人的所爲；此人在達科塔住到一八七七年。

一八六九—七〇年：有日蝕。這是指一八六九年八月七日的日蝕說的。關於這個圖形，有不少批評；因為達科塔人相信日蝕是龍——即空中的怪物——來吞噬太陽的，可是圖形上並沒有畫出。但這個圖形，在客觀上算是成了功；因為黑的東西隱蔽住太陽，紅的星星在這時候出現的緣故。這種表示法，是在同樣的時候為一般所通用的。

一八七〇—七一年：達科塔人又同克魯人開戰，死了十四人；敵方的三十人中二十九人被殺。但在這個圖形上，沒有象徵出數目；中央的圓圈不是為表示百位用的，恐怕是表示木柵或堡砦之類的。又，克魯人的堡砦，已被包圍，不是用箭或投槍而是表示槍彈交飛狀。在這個年代記上，表示戰爭用槍彈的，除一八二三—二四年受美兵的攻擊，以及一八三一—三二年白人打死白人之外，要算以這次為最明顯了。

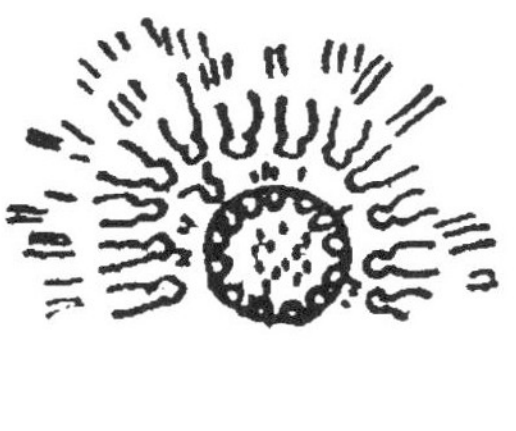

關於這個年代記，尚有應注意的地方。就是年代記上所以不能表示年月，乃是文化幼稚，不知道表示的方法，並且也沒有達到必要表示的程度。元來，必要，是發達的母親，所以不發達者，多是基因於沒有達到必要的程度，即對那個事項的要求不很迫切。現今，我們在日常的生活上是必要表示秒的；在學問的研究上，要有分出秒的千或萬分之一的裝置。然而在印第安人間，除了知道對頭一年有十二個月，並且分年記事之外，是不知其它的。但就記載和取捨的關係上說，印第安人的方法卻也有可稱許的地方。就是能用簡單的圖形表示出一年的大事，並且這些事件都是千真萬確，決不故意顛倒是非，淆亂黑白，有如所謂『文明國』的史家或新聞記者所幹的無聊無恥的行為。不僅只此，他們的『痘瘡年』、

『大水年』、『飢荒年』這樣的單純的年記，也是現今文字記述發達之國所常用的。

(6)文件和書信的記號

在未開化民族——尤其印第安人——間除以上所述之外，藉繪畫於木刻、樹皮、牛骨頭等物上表現戰鬪記事、狩獵記事（兩種皆充分含有新聞性質），歌謠、書信、等的方法也是很發達的。現在順次地來述說。

(A)戰鬪記

在龜甲獸骨上刻畫文字，本是中國古代的常事，關於這事讓給斯道專家。這裏單舉一個印第安人間的實例，本圖是科曼塞印第安族在野牛肩胛骨上所刻畫的戰鬪記，是表示印第安人同白種人爭奪野牛的。騎馬的，是印第安人，其前的圓形而有放射線的東西，是帶裝飾的盾，用投槍殺了兩個西班牙人中的一人(拿槍的)；從被殺的人物投向野牛方面的獵繩，是表示他想捕獲野牛的意思。野牛的身體所以半白半黑者，是表示此時此地方的野牛捕獲權，印第安與白種人各有一半的意思。這眞算是極簡單而且極巧

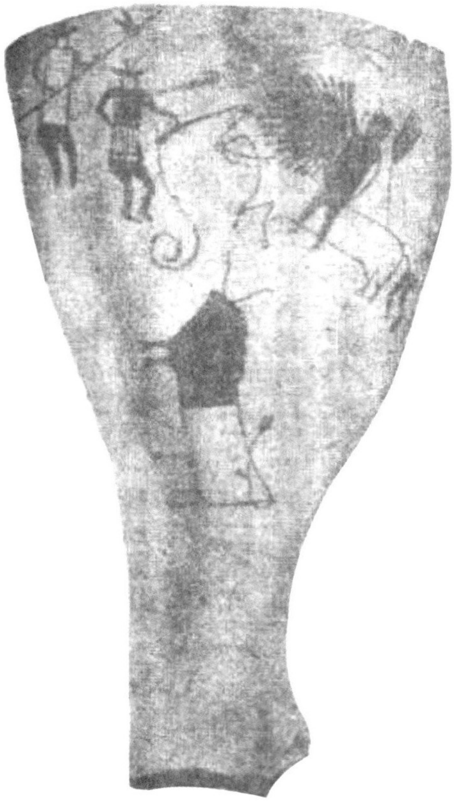

印第安人的牛骨戰記

妙、極有趣地表示事物的方法。

(B)狩獵記

在樹木上畫入記事的，可分作(A)樹身、(B)樹皮、(C)木製品的三類。本圖是畫到樹身上的例子；是新墨西哥的印第安族表示用投繩捕獲野獸的。

(C)請願書

本圖是一八四九年蘇必利爾（Superior）湖附近的印第安酋長送致美國大統領的請願書。(1)(2)(3)……(7)是表示鶴、貂、熊、人頭魚、鯰魚等動物圖騰的氏族的，即部落酋長的衆名；(10)從某湖通蘇必利爾湖的道路；(11)是蘇必利爾湖。這圖形的意義是蘇必利爾湖附近的印第安人的七部落(1)至(7)同盟而向美國大統領請求授與(8)處的某小湖的專有權的；是用象徵

印第安人的樹身上的狩獵記 (Shoolcraft)

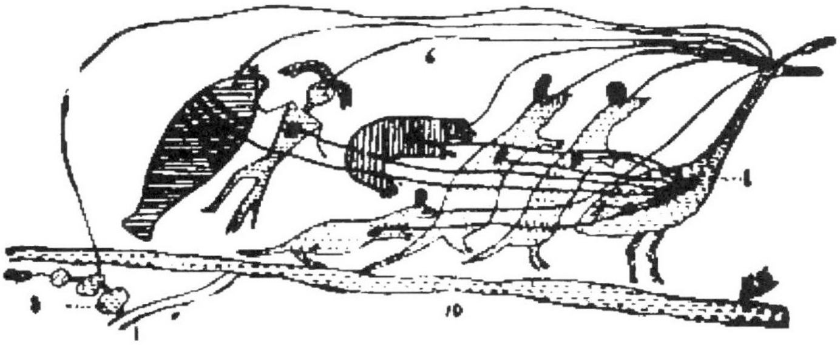

印第安人送致美國大統領的請願書

的色彩（水青道白等）描繪到樹皮上的。各動物胸部的心臟形的東西，是用它來表示心的；眼是表示他們的目的或意見的；又（1）的鶴是做七部落的大酋長的鶴氏某，其眼與（2）至（7）之眼用線連結，表示其意或目的之一致，而其一頭連結到請願目的物的某小湖，另一頭從鶴眼裏伸向前方（9）以表示向美國大統領的致意；（2）至（7）的心臟是用一切線條來連結以表示他們心的一致。又在大酋長的象徵鶴的眼中更成兩線的出發點：一線是向着大統領（要求）；一線是向着某小湖（要求物）。全部的意思，是：「我們七部落，爲了共同利益，希望獲得（8）處小湖的權利，謹以堅固的團結，向美國大統領請願。」

（D）傳記

本圖是印第安族某部落的名酋長的傳記。（1）是圖騰；（2）是部落的記標；（3）是太陽，以表示他的赫赫的威名，右傍的十線是統率十營的軍隊；（4）（5）（6）（7）是表示俘虜的人，並且顯明地分出男女及生死之別來，卽有頭的，是生擒的，無頭的，是殺死的，下部有男性生殖器的，是男性；（8）（9）（10）是表示他所攻破的城砦及其地點；在底下的斜線，是表示其部下的人衆。這也是畫在樹皮上的。

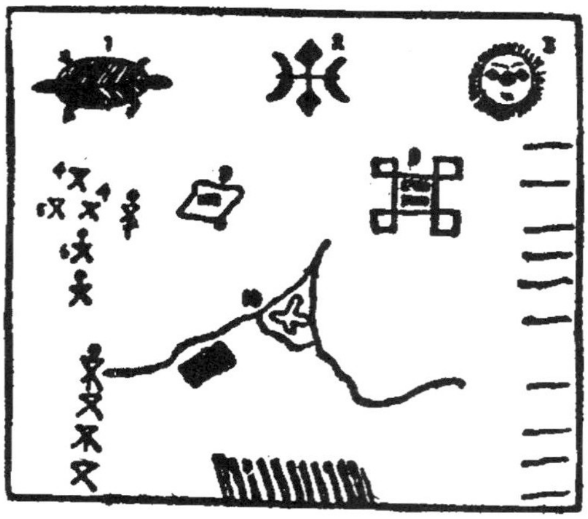

印第安人的傳記

（E）求救狀

本圖是愛斯基摩飢饉漁師的求救狀。線劃是表示水和舟；人是漁師。左方一人伸展着兩手，是表示「什麽都沒有」；右方一人右手指着口，是要「食」的記號；左手指着小房子。這個記號是刻在木板上，當作指引標，表示求救者所住的方向的。

(F)家信和情書

還有可述的，是書信的表現法，這雖是私人的工具，沒有公諸社會的意義，但興趣是頗濃厚的。

1　2　3　4

愛斯基摩的饑饉漁師的求救狀(Stübe)

本圖是報知送錢的印第安人給其子的信。他們的名字，以在上部描畫的形態表示着（左方是龜，右方是小人）。這封信的內容是表示父呼子來（線從父口出來），子向父處出發的（在父的右臂上的小人）。從一定的地點來到印第安人居住地的旅費是五十三元，這是由父送給子的（父頭上前方的小圓圈）。

印第安人寄子書(Stübe)

本圖是屬於達科塔族的一個女郎送給她的戀人某青年的情書。是實物二分之一大小。（a）是發信的女郎的熊圖騰，並且是基督教信徒，所以用熊和十字架來表示；（d）（e）是姑娘的朋友都是基督教信徒；（b）（c）是表示那姑娘所住的幕舍在（i）（j）（k）等湖水的附近；（b）在幕舍中的圓形是表示用手相招的；（f）是表示收信的青年的泥狗圖騰；（g）（h）是道路。即：『我在等候着您，請到我的幕舍來；我住在有三個湖的附近的兩個幕舍內有印記的幕舍，千萬不要迷了路』的意思。

（7）利用物體本身的公告法

上述是畫在某種物體上的公告新聞或觀念的方法，還有如次所述的利用物體的本身的種種公告方法；乃是無比的素朴的方法。

（A）標木

還沒有文字的原始的民族，在爲狩獵等事進入山林，而與同伴分手的時候，爲表示自己進行的方向於其同伴或友人起見，有在易觸人目的地方立起一個如本圖所示的木槓，上頭再置一根橫木，直指着所進行的方向的。這是南部阿拉斯加一帶

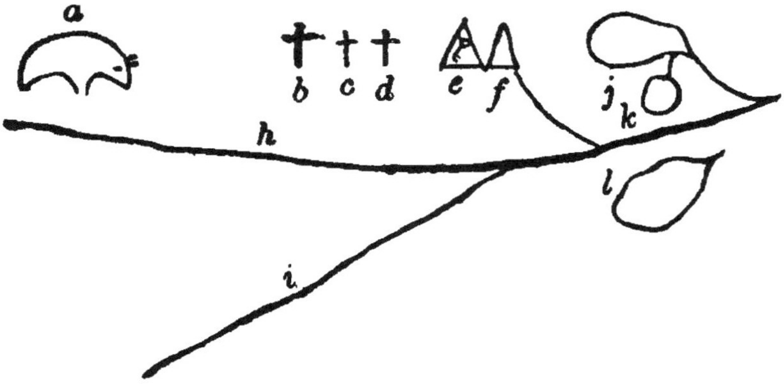

印第安女郎的情書(Mallery)

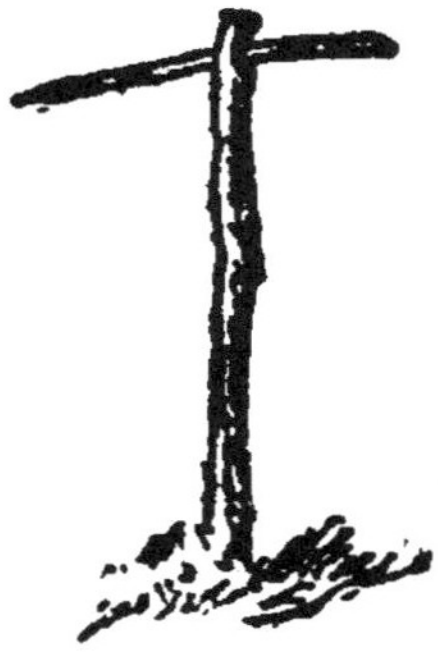

南部阿拉斯加土人表示個人去向的標木(Mallery)

士人所用的標木；也有在橫木的一端縛草，表示自己的所在的。

從甲、乙、丙、丁四圖，是坎拿大的阿布拉基族爲上述目的所行的方法。甲圖是表示向木樍的一頭——插入地中的一頭——的方向進行的；乙圖是表示「行不很遠」；丙圖是「行得很遠」；丁圖是表示往有五天路程的遠方去了。

（甲）

（乙）

（丙）

（丁）

(Mallery)

A圖也是南部阿拉斯加族所通行的方法；是『武器缺乏，快點拿來』的意思；是因在某地點狩獵停留，而感着武器缺乏的時候，回到自己的部落民時常經過的地點，立起這個標木，再往獵地等候，便會有人把武器帶來；其形狀恰似槍架，或即表示武器之意。

B圖是狩獵見熊，通知里人的標記。即立一木槓，上頭插個用雜草或蘇苔等造的類似熊的東西。

（A）

（B）

又，把近樹根的皮刮去一塊、二塊、三塊、四塊，這是表示漸次地陷入苦境的程度的；刮去樹的周圍全部的皮的，是表示『我要餓死』的意思；把燻過樺樹皮片掛到樹上，這是表示『我病了』。

(B)刻棒法

在澳洲土人及非洲土人間，有名叫通信棒(Massage sticks)的。就是把一種的棒上，刻上某樣的花紋，藉以表現某種的觀念。此處所示澳洲土人表示招集部落民共同狩獵的意思的通信棒（在上部的）和楯（在下部的）：a是表示現在去獵澳洲駝鳥；b是表示去獵袋鼠的。若是把這些東西看做裝飾的花紋，那就錯了。並且澳洲人不是僅在通信棒上刻通信的，還有在他們的投棒上記載重要事項的習慣。又

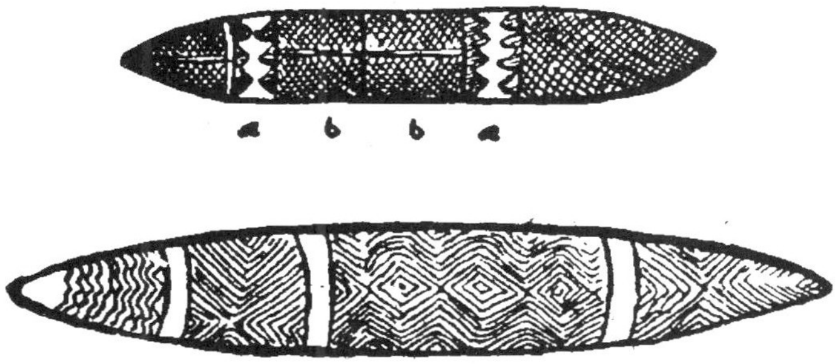

澳洲土人的通信棒和楯(Grosse)

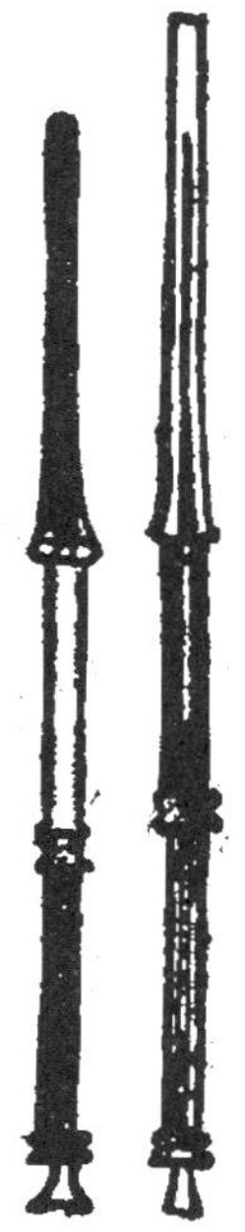

密克羅內西亞的相思棒（長約一公尺）（松村）

就北極土人間的裝飾和文字的關係上說，我們也是難於分別的。卽是在他們的器具上的動物的圖形，往往含有文字的意義，比如在磨翦頭的器具上的六頭馴鹿，是表示那器具的主人的狩獵事功的。

在密克羅內西亞羣島的一島，有一種可稱爲『相思棒』的東西上面刻着表示自己的凹凸——如本圖。由這凹條的變化，以表示特定的人。夜深的時候，到心愛的女郎的臥房，從牆壁隙間把棒插進去，女人握着這棒，如果中意它的彫刻，便由拉棒的狀態，表示承諾的意思。

霍奈利（Honery）說在澳洲土人的武器上都刻有所有者——特別是製作者——的記號；那記號是用彎曲或齒形的刻線而構成的。科利斯(Choris)曾經研究在阿留西安(Aleutran)羣島的科最部(Kotzebue)灣的槳的記號，說在那槳上塗飾着種種色彩的記號，各人藉這認識他的東西。本圖：a是澳洲土人的棍棒；b c d e是阿留西安土人的槳。還些在原始民族間，主要地是用它來做文字，卽是當作實際的社會的目的——當作象徵和所有記號——的公告方法而存在的；美術的形式卽裝飾的目的，在這個發達的階段上是處於次要的地位。

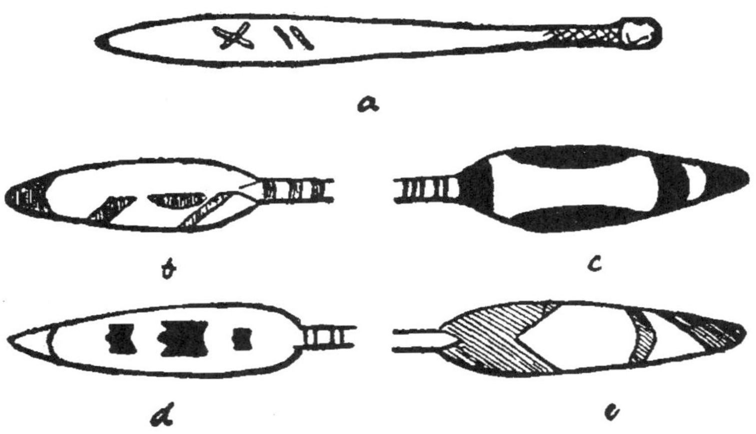

(*a*)是澳洲人的棍棒(Laret, Christy)(*b*)(*c*)(*d*)(*e*)是阿留西安人的槳(Choris)

哈爾曼(Harmand)在霍亂流行時的老撾(Laos)的村落所發見的刻棒，表示着如次的意義，——如本圖：『從今天起，十二天內（右邊的十二個刻痕）進入我們堡砦內的，或是監禁，或是處以四頭野牛（下邊的四個刻痕）或十二個奇喀爾（貨幣名）的罰金（十二個刻痕）』；在左邊的刻痕，恐怕是這個村落的男（八名）女（九名）小孩（十一名）的數目吧。

老撾的刻棒

(Harmand)

(C)結繩

關於結繩，見於中國最古的記錄上的，就是周易繫辭下上的『上古結繩而治，後世聖人易之以書契；百官以治，萬民以察……』；但後世之人關於結繩的解釋，除了『大事大結，小事小結』這種抽象的說法之外，似乎是沒有了。

但據近來東西學者的考察，在夏威夷、美洲、南美秘魯的土人，琉球和臺灣東部的蕃族以及北美印第安族；都曾使用過或現在還使用着結繩記事——特別是計算——的方法。最完備的，就是在秘魯古代的印加帝國時代的結繩法。如本圖：在結繩的上方，有較粗的元繩一根，其長有四、五碼的；也有僅一尺來長的。從這根元繩又分出幾多的支繩在下面；其長多是二尺以內；又這些支繩有各種顏色，因其顏色和結的數目來做過去事件或交換貿易的計算——以具體的事件爲限，決不表現抽象的觀念：即白色是

古代祕魯的結繩

(Schweiger-Lerchenfeld)

表示銀或平和的；赤色是表示兵士或戰爭的；綠色是表示玉蜀黍或豌豆的；黃色是表示黃金或米穀的；在計算上有單結表示十位，二重結表示百位，三重結表示千位的條規。所以若是在赤色繩上打了五個三重結，便是表示兵士五千人。在十四世紀頃的祕魯的印加帝國，不但用這種方法來代替記錄、年代記、官廳文告等類，並且在有功的人死去的時候，爲傳其事蹟於後世起見，也造個結繩，當作墓銘誌，一同埋葬；又在各地方的結繩記錄，爲受檢閱，每年必須送呈中央。在當時的祕魯，人人都有學習結繩的義務，並且有做結繩教授的專員。又在各地方，置有專司結繩的官吏。這些官吏，雖然都是專家，會巧妙使用結繩。但也有不加口頭註釋便不能分明的——比如從遠隔地方送來的結繩，是關於地方的調查報告，是表示貢賦租稅，或是關於軍事戰爭的呈報：這都須要由口頭的註釋去理解哩。下圖，又是一種的多彩的古代秘魯的計算結繩。

據傳說：在夏威夷的古代，收稅官吏是用結繩計算的；其長度往往有達到兩三百丈的；在那上頭分出結節、環、房、形、色、大小等的區別，都各有一定的意義，能夠明瞭地表示出地方別、租稅種類、金額等。

在美國加洲的摩羅尼印第安族，每年來到迦伯列（Gabriel）地方賣士製毛氈。那時候，貨主照例要給販賣者兩根繩子：一繩叫他結出所賣毛氈的條數；一繩叫他結出已收代價的金額。其結法是美金一角作一個單結；十角作二重結。這樣地在交易終了歸店的時候，好使貨主照結繩核對。又在南美的印第安某部族，丈夫往別處去，妻子在家裏看守着，常結繩做日曆以等候丈夫的歸家。

次圖是德國的地理、人種學者安得列（Andrel）博士所發表的；是照從古代的墨西哥人的墳墓中發掘出的東西描繪下來的；雖沒有得到詳細的說明，但恐怕是一種的結繩墓銘誌吧。

琉球的結繩文字是用蘘或藺作成的。其使用目的有二：一是用它當計算器；一是用它當賬簿；而以供後者用的居多。此處所示A圖是冲繩

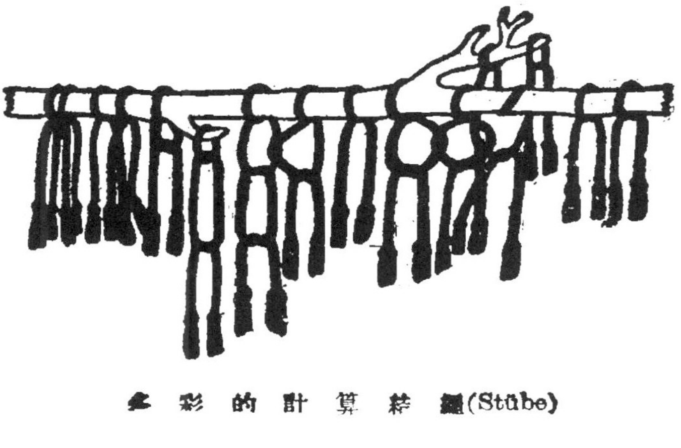

多彩的計算結繩(Stübe)

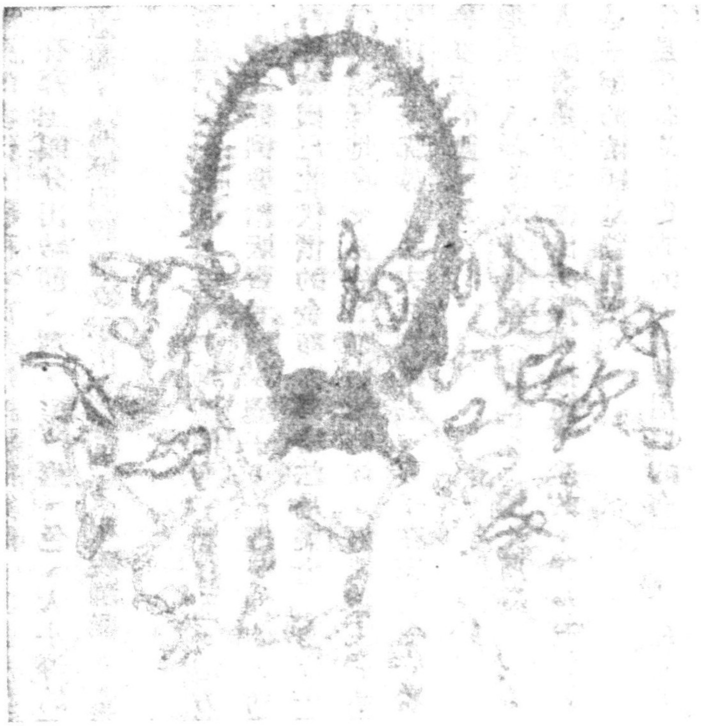

古代墨西哥的結繩墓銘誌（？）(Andrel)

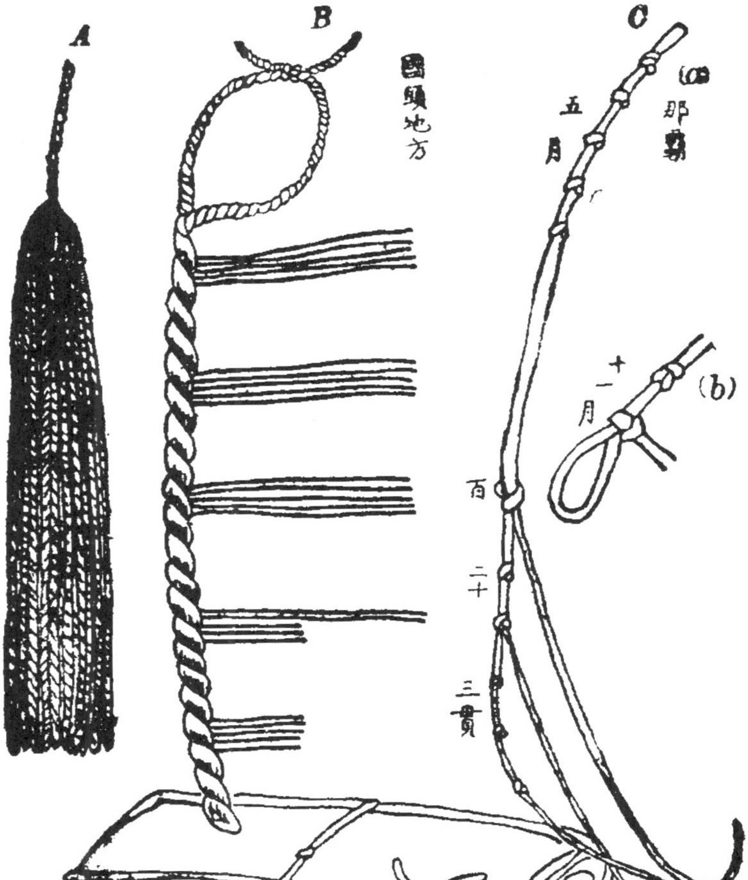

琉球的結繩(矢袋書一)

本島固有的結繩，是把長有五寸的繩約五十根束成一把，像鬃刷子一般垂下的。用五個指頭的縫夾入四根，當作千、百、十、一等的位置，然後在這各位上配置指定數目的繩，或加或減，以行計算，方法是與珠盤同樣的。

C圖是那霸地方的書店使用的結繩賬簿：(a)是書入的日期，表示五月；(b)是十一月的結法；又(a)下部的數結，是百二十三貫卽二元四角六分的數目，其單位是由貨物的價格而定奪的。(c)是在保管衣類之際，用藺捆紮的結法。

關於臺灣蕃族的結繩方法：

(一)同族間在互相約定的時候，用結繩的方法有兩種：

(a)雙方約定的日數用繩作結節；每天割去一節；以完全割去那一天爲雙方約定的日期。

(b)在最初不作結節；每天作個結節；以其結節數符合於所約的日數時爲所定的日期。

(二)計算日數是以夜爲單位，卽睡了幾夜，用藤條作幾個結。

第五章　原始時代的通信方法

一　聽覺通信

現今，我們在論電報機發生的時候，雖是以一八〇九年瑟麥林格（S. T. von Sömmering）的電氣試驗爲其起源，但不用電的電報機——遠距離通信法——是早已在古代民族、自然民族間下過種種工夫的。關於電報，在現代可以分爲聽覺的與視覺的兩個主要範疇。而未開化民族的遠距離通信法也可適用這樣的分類。

不用電的聽覺的電報機，就在現今，還通行於美洲、非洲、波利尼西阿的自然民族間，而這個敏速的通信技術，是數千年前使用到今日的。但理解了它的眞正意義的，是在十八世紀以後。在從來，人們多把最頻繁地使用的形態——大鼓——看作單純的遊戲或純粹的娛樂用具，這算是皮相的觀察。

當作有多少空間的距離的意思公表手段而爲一般所使用的，第一是像擴音器那樣，把兩手放到嘴唇上的呼叫、或吹口笛、或拍手，其次是由吹哱囉之類而將聲音擴大並強化的方法；又有憑藉敲樹幹，擊大鼓等的傳達音響信號的方法。這個音響信號，便是發達到近世的摩斯（S. F. B. Morse）的擅音信號。

口笛信號，在大西洋近非洲西北的卡內利（Canary）島民和在北非洲分布的柏柏人（Berbers）等中，顯示着很完全的發達。

爲發出音響而使用的器具，大體是由彈、敲、摩擦、吹奏來發音的。而這些東西是既做電報機又做樂器用的。

我們知道在太古時代，已經有本諸聽覺的方法的敏速通報的一形態存在。這因爲是傳播人的聲音的本體，不是依據聽覺的信號，所以不算眞正的電報機，但却不能否定在這古代的呼聲通信與現代的大鼓電報間有着密切的關係；因爲前者確是信號化的後者的先驅物。

古代的所謂呼聲驛遞，是由呼應在可以聽到聲音的距離上設立的驛遞連鎖的各處所而授受重要事件的報告；用這種順次的敏速的方法，縱然相隔很遠，也可由驛遞連鎖來通信。這種通信施設，比很快的騎馬驛使更快。關於這事的史料，在愷撒(Caesar)的高盧戰記(De Bello Gallic)中表現着：「風聲立刻傳遍全高盧國(Galicia)；因爲什麼重大事情一發生，他們就要依很高的呼聲，越過山谿和原野來報告。這呼聲是順着次序一一地遞傳給最近的人。日出時在格那布姆發生的事情。在日落之

中舞沙利實德人的喇叭(Rogelsperger)

前，即可傳聞到距離一六〇〇〇〇倍步的亞爾維奈爾地方。」通常：發自格那布姆的高盧的兵營的情報，在一五、六小時中，便可傳到距離約二四〇公里的地方。在高盧的這個情報傳達形態，雖是由國民大衆的要求而明白地作出的，但古代波斯帝國的同樣施設，却是爲了國王即依據王命而產生的。特別是由於希求高的呼聲的呼聲驛遞的補助，波斯王能在二、三日中接受三十日的徒步距離的情報，或是把他的命令傳到這樣距離的地方。

美拉尼喜阿羣島土人的吹笛圖 (Parkinson)

剛革羅木琴 (Missions évangéliques)

沙利查德人的鼗警(Regelsperger)

波斯王薛西斯(Xexes)是爲送完全的通信於西方希臘國境而使用這個呼聲驛遞、呼聲電報的最初的人。但就事實上說，這也是波斯當時的整個國策之一種。又據一說，這種辦法實係薛西斯的父王希斯塔斯彼斯(Hystaspes; 500 B.C.)開創的。希斯塔斯彼斯特召集有強大聲音的人，登高樓上使他們叫出命令或情報。命令或情報可依據這種方法，能夠在二十四小時內廣傳到步行三十日的行程的地方。

但這種方法，嚴格地說，並不是電報；因爲這是同樣的反復的直接的思想傳達，而電報的概念，是間接的情報傳達，即必須使用中間器具的緣故。

據亨尼希(R. Hennig)之說：隨後發生眞正的聽覺電報即大鼓電報。在電話發明以前的發聲人的聲音，是停止到自然的狀態，所以只是在一定制限的地域內聽得見，可是簡單的音響或音樂的音調能夠直接傳播到距離很遠的地方。這些音響或音調與帶有豫定的意義的配列，可以當作聽覺的摩斯信號之一種而得到與呼聲驛遞完全相異的效果。

類似這個的，是在敵人襲來或發生火災等時候，企圖敏速地得知事件的聽覺警報信號。這一種類的報告，就在現今，還是通行；如號笛、警笛、吊鐘、防霧信號、汽車和機關車的汽笛、寺院的鐘等等。而這個聽覺信號，是由時間、氣候、它的反復度數、它的運動音程而帶有種種的意義。

未開化民族，都是利用這種聽覺信號傳達情報的。比如在卡內利羣島的住民，若是敵人接近，他們

沙利育德人的特號大鼓 (Regelsperger)

便要藉着濃煙或笛，警告全土。而且這個信號是由此傳彼地廣播的。笛信號的方法，在該羣島中最大的島的泰納利夫(Teneriffe)島的住民，今日還在使用，可以傳聞到不能相信的遠方。

與上述的笛同樣地在未開化民族間，有把小喇叭信號用到預先商定的情報傳達上的。又在門特內革羅(Montenegro『黑人國』的意思），在四、五天內，可由號笛、鐘聲、烽火信號從這山傳到那山把關士們集合到一定的地點。

在這裏面，常用到通信上的，是大鼓。這是可稱爲聽覺電報的，現今尙在澳洲、亞洲、非洲、行使着。比如在非洲西部的卡美隆，就有一種大鼓，各村都備。這是用剜空了中心的約半公尺大的木頭做成的；藉着有一定意思的種種音響來爲情報的傳達。全卡美隆地方的通信都是由這種聽覺電報來連結的，這個大鼓電報尤其發達的，是在南美，據說其音響在一六〇〇公尺的遠地還能夠辨別出來。在密克羅內西亞，最初的鼓皮，據說是用人的咽喉皮張的。這恐怕是基於聲音由喉發出這個觀念聯合的錯誤吧；現今是張鯊魚的喉皮。

在南北兩美洲的大鼓分布狀態，如附

美洲的信號大鼓分布圖(Vordenskiöld)

圖。最初記述這個大鼓電報的奇異效用的，是伴着德國探險家愛敏帕夏(Emin Pasha)，旅行了烏干達(Uganda)的斐爾金博士。在一八七六年的某日，在離加爾茲姆南方一五〇〇公里的拉德地方，那裏的魔術師，說昨夜在尼羅河畔的墨謝拉地方到了兩艘輪船。他爲了增加威嚴，力說他自身昨夜便住在那裏——距離八〇〇公里——而且確言他曾經看見來探險的英國士官與有長鬚的矮短身材的人。說這人是爲訪問愛敏而上陸的；是三十號那天到的。——果然，那英國的探險家照所指示的時間來到——一切都與魔術師的話相一致。這是在輪船到墨謝拉的十小時後，魔術師已經得到情報了。

印第安人的大鼓

又，大英博物館的考古學者赫茲爾丁大佐，歐戰期間，在地圖上沒有的一個非洲的有兩萬黑人的住地，受了一夜的大鼓音的妨害。翌日，黑人的武官帶來如次的報告：『白人的大船沈沒，溺死了許多白人』。直到得着這個消息的第三天，才接到從西厄拉雷俄(Sierra Leone)發來琉西泰尼阿號(Lusitania)沈沒的通信。這個大鼓電報是由開羅擊着完全不同的信號，普遍地通知無數的部族。在一九一二年——一三年，停在澳堡的卡美隆的一個酋長曾把九十五種相異的大鼓信號，灌進留聲機。

最初見於文獻中的大鼓電報的記述，是在一七九一年，而它發見的年代是不能推定的。但這個年代確實可以追溯到人類的太古時代。

最初記述這事的，是研究了奧利諾克(Oricono)附近的克布爾印第安的格米拉(Gumilla)，在他的西班牙文的著作中論述着這個大鼓電報。

其次所見的，是巴西探險家斯皮克士(Spix)與馬爾突斯(Martius)的共著，在關於住到新格拉那達(New Georgia)國境的雅蒲拉河畔的印第安人的記事中，寫着大鼓電報的技術：『在我們到的那一天，便有多數的米蘭哈族被木製大鼓從森林中呼出來。這是用粗木頭做的大梆子，放到圓木頭上，然後用兩根有彈力的木頭去擊，會發出沈重的反響的音調。又這個米蘭哈族能把他們所關心的一切事情，用種種擊法報知隣近的人。在港口一報告我們的到着，便從河對岸的遠方響着同樣的聲音。據說：的確是在一小時中，所有的米蘭哈人都已經知道我們的來到。最初的一天，因爲對於我們的興味，是完全新的，所以報告我們的音響電報也是很珍奇的。就是響着『現在白人在喫飯』，或是『我們和白人跳舞』；一到夜間，便通報『我們就寢了』。最初所觀察的大鼓電報，是在南美地方。最近四十年間，同樣的觀察又從別國報來。在這裏，是專意考察熱帶南美及中部、西部非洲及太平洋諸島的一部的大鼓電報的狀態的。

雖然，記述的方法不很精密，但關於最初的非洲的報告，是一八八四年出版的賴亨諾夫（Reichenow）的東西。他述說在卡美隆的頂大的鼓使用到聽覺信號的傳播上，能藉它把值得注意的情報，敏速地流布到這國的大部分。在這裏，有像特拉（Troy）戰役時代的阿加孟農（Agamemnon）的傳說的救火員一般的驛遞連鎖，立刻可把所得的各個重要情報順次送達。

但要想知道卡美隆實際上是不是大鼓電報從古就已通行的土地，須注意在那裏做過傳教師的伯茲（E. Betz）的記述。他用四年間的研究功夫，學會了大鼓語。所以對於這個風習的記述，是很有價值的。

關於在卡美隆的多瓦拉內革羅通行的發達到最高度大鼓電報的技術，照伯茲的記述：『依大鼓語，關於一切事情，就是距離數公里，人們也能聽見：能述說歷史；能報知新聞；能布告法律；並且能做關於某種的質問、呼喊、謾罵、誹謗。若是白人對原住民有所告示，一擊大鼓便可最敏速而且最確實地達到目的。所以，想急於歸還歐洲、催促在最短時間內結束賬項的商人，可擊大鼓通知土人。擊大鼓的人是把他的工具載到船上，上下駛行，照被委託的事情去擊的。若是裁判官為了裁判，追溯河流，行到內地，那在引導船上帶着大鼓的通譯人，便可藉大鼓來把這個旅行目的告知同僚。所以要為什麼事情打官司的一切土人，為了請求裁判，都到那裏去。就在爭論之際，大鼓也擔負着重要的任務。爭鬬對手的一方（多半是在深夜）乘着獨木舟而行在河的正當中（為能傳聞到遠方起見）擊大鼓來罵對手；對手也用大鼓回罵，一天中都不休息。用大鼓罵人的，若被告發，比用言語罵人更要受重的處罰。多瓦拉人對於這個大鼓語，通常是在成年時（二十歲）開始學習的。』伯茲更進而記述多瓦拉的信號大鼓與其構造，以及大鼓語的多數用語——總計二七四。普通用的講話鼓，是挖空了中心的木鼓，中央依腸膜而區分為二部；兩個相異的反響箱，因為鼓身厚薄不同，所以會發生兩種相異的高音。由這兩者的幫助，差不多各音的四分之一音階，可使通報達到目的。高低音的組合，繼起的速度，動的音調，在實際上做出種種無限的信號。各音的效果便是言語之一定詞句或全文的意義。因此，這不是處理像摩斯信號那樣的聽覺字母的。比如：河或水的概念，在大鼓的用語上，是用三低，一高，三低，一高，一低的音響來表示的；家或居住，是用三低，三高，一低，一高，一低的音響來表示的；學校是用二低，一高，一低的音響來表示的。多瓦拉的普通的講話大鼓，是小形而可以攜帶的，有很光的表面，沒有特別的裝飾。反之，在卡美隆，有很大的施過華美的裝飾的信號鼓：在它的尖端，往往彫刻着人物；在手拿的地方彫刻着人頭。這樣的大鼓，有的地方，不是都能夠隨便敲擊來通報的——這在彼處的法律上是酋長的專有物，是不許別人妄動的。

雖然很簡單，但在基本上相異的鼓語，是愛維族的。

維斯特曼(Westermann)曾說：『愛維族的鼓語，是從黃金海岸的岐族傳來，由完全相異的思考，像多瓦拉那樣地形成的。所以愛維的鼓語同多瓦拉的鼓語，這在不考慮聽覺的和諧規則之一點上，是根本不同的。愛維鼓語是依三個音度相異的大鼓，努力着使他們的鼓語的詞兒近乎眞實的音而圖再現的。用鼓也與多瓦拉的種類不同，乃是中空張着皮的壜狀鼓。高一至一·三公尺；寬○·五至○·八公尺。由於皮的緊張度之加減，可以交互發出約四分之一的相異的音響。在傳鼓語的目的上，必要有發出最高音和中音與最低音這三種的大鼓。又到處都使用着小形的鼓。與在卡美隆同樣地在托果，大鼓通報也是表現公家命令，卽軍事命令，法律及判決的佈告，私人的慰安要求，鬬士的招集，仇恨的誹謗，訪問者的來往，隊商旅行的廣告，簡單的會談等事情的。有時大鼓會話繼續一個小時。因爲在烈日中理解力非常遲鈍，所以最好是在早晨或薄暮擊鼓。依據大鼓的直接的會話，在最適當的時候，能夠達到六小時行程的距離。」

如上所述，愛維族是要由大鼓的音響來再現他們的語音的。據維斯特曼之說，愛維全部族的鼓語，雖都是基於音樂的律動的音節的音，但不能明白地用鼓來表現的事情，實際上是沒有的；比如母音『王』字是由擊一下中音再擊兩下高音來表現的。又，拉特萊（R. S. Rattray）精細研究阿香提族（Ashanti）的鼓語，從與口頭言語的關係上來分析它的構造。他們又使用雌雄兩種的鼓來傳達一切觀念，因之這可以稱爲音響的言語。

信號鼓可在中央及西部非洲的廣大地域內見到。若據弗羅伯紐斯（Frobenius）之說，就在湖沼地的西部中央非洲和三比西（Zambesi），或南非的巴蘇托人（Basutos）也是有的。這個

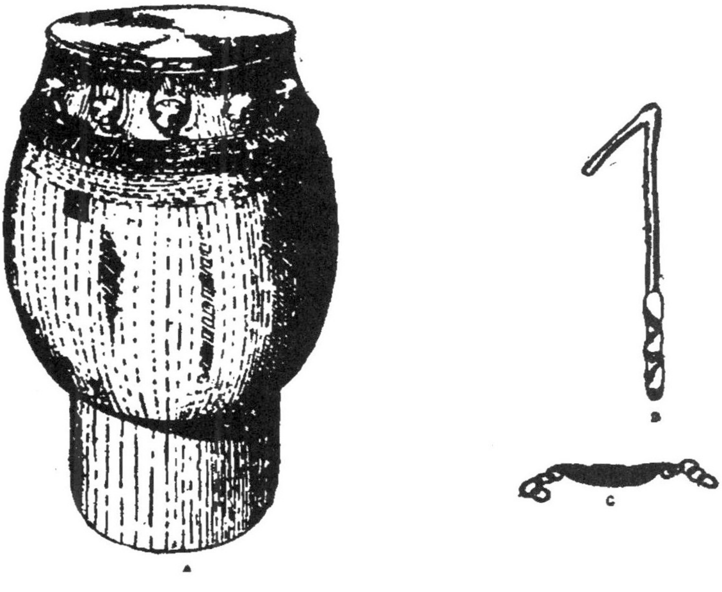

講話鼓的構造 (Battray)

A. 用牝象耳皮做的皮膜；　B. 鼓槌（兩手各一）；

C. 雄鼓身上裝置的鐵器。

技術是在地球的各處獨立地發明的嗎？或是起源於某一個地方而漸次分布到廣大的地域嗎？這是難於決定的問題。

弗羅伯紐斯又說：『使這種通信成為可能的器具，在非洲呈現着非常不同的外觀；所在地也是非常不同的。在南部剛果（Congo）地方，一般是懸掛或攜帶在身邊。在北部剛果地方與這相反，是裝四隻脚放在地上，或是放在倒地的樹木上。又在北部，是挖空樹幹直放到村莊或集會所的屋脊旁的地上。要之，這種大鼓從外表去看，不過是下部從一五公尺到二〇公尺長的倒下的樹木。巴克巴的某部族僅把樹身稍為挖空，便算完事。在森林多的地方，會遇見同樣裝置的巨大的樹鼓。』

非洲阿香提族的通信大鼓（Battray）

具有這種發達到最高度的技術的多瓦拉族，明白主張自己是大鼓語的發明者，這似乎是可以相信的。這個聽覺通信形態的作業力是怎樣值得驚歎，前邊已經說過關於琉西泰尼阿號沈沒的事情，現在再舉出一個事例；這是與早已被人知道的做大鼓電報的本鄉的黃金海岸的歧族有關係的。

巴頓堡(Battenberg)的王子漢利希，一八九五年在阿香提探險，患熱病逝世。當時，三個英國人住在離數百哩遠的非洲內部的店舖，有個土人來同他們說一個高大的白人在地中海沿岸死了。英國人立卽記錄所說的時日；在以後死亡的通知到來時，他們才明白了土人得報的快捷。

多數種族中所行的這個施設，不是僅在非常時候才能見到的；這就在普通生活上也是常用的。某白人大商店的監督曾說他到土人那裏去，土人們絕不驚惶；因為土人在他們到達以前就已經知道情報了。他縱然到準備出發延至最後一分鐘，不告訴任何人，但他一到，總是會看見土人已經弄好要招待他來的準備。尤其是要注意的，就是在非洲地方把大鼓信號應用到軍事上——愛維族常用大鼓來傳達軍事的命令。又，往往用到不使敵人知道而與同伴通意思，行襲擊時的戰爭。據弗羅伯紐斯之說：為了這個目的，有好多部族，都會在前方的中央裝個極小的信號鼓，用弓矢或小棒來擊它而在深草叢中與距離數公尺的同伴行敏速的音聲極低的交談。又由大鼓情報，關於敵人動作等的警報，也是能夠非常敏速地傳達的。還不知道多瓦拉的通信祕密的在卡美隆的最初的德國殖民活動時代，歐洲人雖然到最後的瞬間都固守祕密，但軍事的遠征，罪人的遠流等報告，也是以非常的敏速性而在事前就傳播了，這眞是可驚歎的事。

占領喀士穆後（一八八五，一，二六，）所顯示的可驚的事實，似乎也是同樣奇異的通信作用。在基爾(Kiel)的德國工業協會第四十二回總會發表的斯拉比(Slaby)的講演中曾說及此事：『民族信仰是在內面具有知道一切自然物在發生於遠處的能力，而尤其應注意的，是從東方所報告的現象。

英國在阿富汗戰役時，爲了傳令令於離五〇哩的軍隊，雖然用最速的騎兵送去，但還是往往失效。即士人已經得悉這事而採取對抗的處置了。英將戈登（C. G. Gordon，即曾助清兵平洪秀全的戈登）的陣亡，雖然電線被割，但當天在開羅（Cairo）市便得知了。這必然是從蘇丹或阿富汗的什麼地方打去大鼓電報一類的原始的電報了。在卡美隆因爲與德國人的經驗非常類似，所以必須採用同樣的結論。』

斯拉比又說：『某旅行家關於亞馬孫河的印第安人的報告，雖値不得驚奇，但含有不少的興味。他在那裏的酋長小屋中，發見了半埋在地中的器具；在這個東西上裝有擊針，一接觸它，信號便要傳到其它遠離的小屋。一個連續的鑛脈或是地下水流，是可對我們說明這個現象的。』在酋長小屋裏半埋着的大鼓及外見的音響信號的地下放送，與在別處通行的鼓語的裝置非常不同，所以關於這一點，必須爲一番的說明：無疑地，斯拉比的記述，雖未舉出引用文獻和旅行者之名，但這是與曾遊歷布利維亞國境方面的亞馬孫地方的巴赫博士(Dr Bach)的記述有關係的；這是一八九八年在地理學雜誌（Geographical Journal)上所發表的。巴赫的報告，是述說一九六個加丟克那爾(Catuquinarn)印第安小種族所用的大鼓電報的，他說：『關於名爲「坎巴利斯」的特別的通信器具，我得悉了一切的事情。印第安人使用它，並且把其中的一個隱藏到各種族所住的地方。我爲了得到這個奇異的器具，費盡所有的努力。但在我歸來時，曾說拿鎗械和子彈去換它，算是很辛苦地得到了對方的同意。我向酋長索觀其一。他很鄭重地露出了這個奇異的器具。我用心去研究它，考察那各部分的尺寸，並且是用怎樣的材料作成的，都一一記錄下來。這種器具的一個，隱藏到各居住地，相互約有一哩的距離，一切都是從北向南，成了一根直線。所以只須用木槌來把它一擊，那隣北或南的器具便會由反響而再現出打音，因而得到回答；這回答的音響反過來再現到最初所擊的器具上。各居住地都有獨自的信號系列。各器具在居住地，如果立在外面或近家的地方，那聽打音是很困難的。但在距離一哩的最近的居住地，用上述的方法，是能夠明白聽到的。酋長曾做了通報的試驗叫我看。——休止了好久，他二番用木槌去擊那器具。這是在我理解的範圍內叫出，希望信號或會話的通報；立刻便由這個器具得到回答。這便是由最近約一哩的器具打來的。後來會話繼續下去，我便不能理解了。』。

巴赫所觀察的信號鼓，與在一八三一年士皮克斯和馬爾丁斯研究的記述及現今尚為南美多數的印第安族所使用的大鼓電報完全相同，是無可疑的。在巴赫之後，德國的巴西研究家斯密特(Schmidt)及科赫·格律恩堡(Koch-Grünberg)在巴西的其它地方二番發見這個奇異的『坎巴利斯』，而且做了正確的記述。科赫·格律恩堡曾把為從來在南美所知道的一切東西中的最巨大的、特殊的大鼓，以一九〇五年的遊歷，帶回歐洲，陳列到柏林的民族學博物館供衆觀覽。一九〇五年十二月二日，科赫在柏林地理學會，關於這種大鼓，作了如次的講演：『我所蒐集的最有興味而且有很多價值的東西，便是這巨大的鼓，這是無線電話之一種，是從利俄特克的託喀諾印第安人得來的。這是用非常的技術挖空大樹的幹，長一·八七公尺，周圍二·一五公尺，帶有四個圓形的音響管結合的音孔，十分地笨重。這是放置到毅皮墊子上，用蔦蘿所作的兩根帶子吊在四根木頭上而自由運動的；而且備有兩根帶橡皮頭的木棒。音響在夜間出乎我們所料地，能傳到很遠的地方。印第安人是憑藉音的變化而與遠離的部族同伴通完全的話，或是招集祝祭和協議會的。』科赫又說巴西的原始密林地的住民的這個理解方法的特別價值。在那裏，派人從這一居住地送到別一居住地去，雖然非常困難，但大鼓電報能很愉快地克服這種交通上的障害。關於南美所使用的這個大鼓電報的組織，可惜還沒有詳細的觀察。大概是同多瓦拉內革羅的原理相似的；就是從外面一擊，大鼓的兩長身便發出種種的音程來。

第三的大鼓語所使用的地方，除非洲熱帶地方，巴西的原始森林以外，便是太平洋諸島，特別是巴布亞。與在前德國的兩殖民地的熱帶西部非洲所見的同樣的通報技術，也是在南太平洋的德領各島所本有，眞是奇異的事。比如，前德國知事勒伯尼怎曾述說他在新墨克倫堡服務時的經驗：『一天，在靠近新墨克倫堡的島上，接到酋長行兇的通報。因此，我為了裁判，便乘着公用輪趕往那裏去；並且使一個青年黑人帶鼓同行。酋長當然知道我們來了；遂隱藏到近岸丘間的叢林中。我們為了激浪 停泊到離岸四公里的地方。在那裏，使黑僕用鼓語發出訊問，馬上就來了回答。於是激烈的對話便開始了。結果我辦到使酋長服從並支付了償金。』

大鼓電報的同樣習慣，又是能在南太平洋的薩摩亞、非支島、新黑布利提斯(New Hebrides)、阿德密拉提(Admi-

新黑布利提斯島的大鼓 (Deniker)

calty）諸島發見的。在那裏，鼓長到二·八五公尺，直徑達二公尺。有名的民族學者路香（F. von Luschan）關於這裏的大鼓的記述如次：「在前面部，是閉塞着的大的半圓筒形的木材，從當中挖空露出一道狹長的口。用木棒一擊，便發出很高的音響，當作警報鼓或信號鼓來使用。這是由非常堅硬的木材造成的；並且從窄狹的挖口用火燒或是用別種東西彫刻成種種的花紋來做表面的裝飾，很要費一番的功夫。又在那裏沒有鐵器，是利用鯊魚的牙或石頭或貝殼手斧之類做彫刻的工具。爲了防備土地的濕氣並爲了強化反響起見，大鼓是放置到小的木材上。」

如在關於巴克巴內革羅的弗羅伯紐斯所引用的報告一般，的確就在新黑布利提斯，也有大鼓。這是由豎立着的根或深入土中的樹幹造成的。比這更多的，是在上端現出人樣的面孔的魔物崇拜的而且非常粗雜的東西；在南太平洋，往往更有做藝術的裝飾用的帶着十分漂亮的彫刻的信號大鼓。

如果我們根據上述來考察大鼓電報分布的領域，那便可以知道這完全是熱帶地方所專用的；並且，主要地是在多雨的熱帶的平地。這是難以看做單純的偶然的。因此，在這樣的地方，那通報的別種形態——依據口頭傳播的方法——必然是與自然的障礙而感着非常困難的事情有關係。

在眞正熱帶地方以外，信號大鼓無論什麼地方，也不知道；弗羅伯紐斯又說在墨西哥、西北亞美利加也可以看到；但據亨尼希及塞拉之說，這僅是在引導跳舞發出的旋律音時使用的。

二　視覺通信

所謂視覺的信號，是訴於目之感覺的抽象的思維補助信號，凡手指信號、舉手信號、動作信號、烽火信號等，皆屬之。

(1)動作信號

瑪列利(G. Mallery)研究印第安的動作語而用圖來表明它的單語。這在自然民族中，主要地是舞蹈時所專用的，就在現今，啞子也是使用這種動作語——特別是口唇的動作法。這又是在澳洲、古代希臘、古代日爾曼、意大利所通行的。

原始的社會集團，概是閉鎖的。因之，有多數的方言存在，互相用口頭語來講話是困難的。動作語和大鼓語，這是使言語互不相通的部族間諒解接近的一種工具，恰如摩斯信號一般，是帶着國際性質的。據瑪列利之說，印第安人不僅普通名詞、固有名詞，就是動詞、代名詞等也能夠由動作來表現它。他們是與繪畫文字同樣地，用省略法的。比如達科塔部族，在由動作表現『我歸家了』之前：(1)伸出一隻食指觸住胸膛（我）；(2)把手下向描畫曲線而從外側上向右方，高到肩長及腕的運動（走了）；(3)在這一點，急握緊拳頭而從地面投下到近處（我的國，我的家）。

達科塔印第安人的動作語（Denlker）

(2)烽火信號

（A）烽火信號的起源

其次，用於遠距離通信的，是烽火信號。——喚人的方法和喚神鬼的方法，在原始時代是一樣的。烽火信號的起源，是由雲的觀念聯合的錯綜而來的祈雨儀式。舉煙是呼雲的魔術。煙是神聖的東西這種觀念更成了認煙是與神交通的手段。吸煙乃至敬鬼神燒香火的起源，也就在此。比如北美的喔薩格族在吸煙時便要祈禱：『神喲，來做朋友同我一道吸吧！天地喲，一齊吸吧；並且幫助我戰勝敵人吧！』又，喔瑪哈的黑肩族在舉行講和儀式的時候，大家手拿紅色石頭和豪猪毛裝飾的煙管，在聚集到協議會的酋長團的周圍繞着圈子，酋長吸着煙並向上吹着那煙氣說：『啊，瓦坎達（神名）就是煙。』

即煙是平和的象徵，是公告法。烽火信號，最初表現於文獻上的，是舊約，說以色列在脫離埃及，行走在曠野之道時，上帝在夜間做火柱，在白晝做煙柱，出現於他的面前引導他：『日間耶和華在雲柱中領他們的路，夜間在火柱中光照他們，使他們日夜都可以行走。日間雲柱，夜間火柱，總不離開百姓的面前。』（出埃及記第十三章二一——二二節）又，『以色列營前行走上帝的使者，轉到他們後邊去，雲柱也從他們前邊轉到他們後邊立住。在埃及營和以色列營中間有雲柱，一邊黑暗，一邊發光，終夜兩下不得相近。』（同上第十四章一九——二〇節）

（B）古代歐洲的烽火信號

烽火信號，在現今主要地是顯示着與三個沒有大的相互關係的地表（南美、中非，波利尼西阿）的聽覺通信完全不同的地理的分布，這個視覺通信的最重要的代表物，是煙或火焰的通信。這是世界到處都有的；並且是顯示着比大鼓電報更古而且多樣的史的發展、後者在十八世紀末以前，我們還不知道，但視覺通信，却有三千年以上的歷史——在巴比倫時代已經有了。據傳說，在公元前一八四年的特拉的滅亡，曾由預設的烽火信號站越過愛琴海而報知阿加孟農的首府。但荷馬關於這事，什麼也沒有寫，所以必須從以後的希臘時代的詩中去探討。關於伊利那(Gllinais)占領報知的這個電報的傳達及烽火通信的知識的最早期的文獻，是希臘悲劇作家之祖挨斯基拉(Aeschylus)的戲曲阿加孟農。在這戲曲的卷頭，表現出在邁西尼(Mycenx)王城的屋脊上的烽火信號站的事情：『我時常等候着發出從特拉的廢圩所來的光和燔火的愉快的得勝歡呼。』

據這個戲曲，我們又可以知道烽火信號是經過怎樣的道路，把特拉的滅亡越海投到遙遠的希臘。即這一共有九個信號站，而使人在希臘海的晴朗的星夜之下，認出這樣的通報來。

古代希臘的烽火通信 — 夜焰晝燔

又在公元前四五八年，挨斯基拉的傑作俄累斯提雅(Oresteia)的第一部阿加孟農上，寫有如次的敘事：當特拉陷落時，希臘軍的統帥阿加孟農急用火焰信號報知住在邁克尼(Mykene)的妻，當夜到達；中間經過愛達(Ida)、泰內多斯(Tenedos)、雷姆諾斯(Lemnos)阿托斯(Athos)、瑪基司託斯(Makistos)、斯巴達(Sparta)的火焰信號站，總計有五〇〇公里以上的距離。

最確實的，是在培羅波尼薩斯(Peloponesus)戰爭（公元前431—404）時所用的烽火信號。有名的希臘歷史家修西提提斯(Thucydides)曾當作最顯著的裝置來記載它。

實際上，這是教給我們以眞實的電線的可能性的最古的文獻。爲了從一定的場所迅速通報起見，老早就使用烽火通信，眞是値得驚歎的事。這類的視覺信號，已經現於荷馬的“Ilias”上：『太陽還沒有沈下去，他們可已經在守望所燃起柴來。於是它放出高的光芒，好使附近的住民得知乘戰艦的守護兵的來到。』

希臘的這個烽火驛遞各信號站，都備有在縱橫五線框中記着字母的表，在通報的時候，爲了呼出，在信號站所區分的胸牆，高掛兩個火把；次一個信號站便用同樣的方法接續着呼出。次更在胸牆左部放入對應文字線框的水平數列之數的火把；在胸牆的右部，更掛起對應着有要通報的文字的垂直數列之數的火把。隨後使用名叫『照準孔』的觀測器。這是有兩個筒；每一筒可看胸牆的一方，因之，可以正確地，分別地去看胸牆的兩側。（參照下面附圖）

照言語學者、考古學者的主張，在古代希臘的海岸，有定規的火光設備。這在一方面也算是燈塔的起源物。把烽火信號使用到軍事上，在古代的多數民族間是很通行的；就在中世紀，也爲諸國所使用；就在現今，還爲未開化民族使用着。用於古代羅馬，則在愷撒的高盧戰記上，有『愷撒一發下命令，便

古代希臘的烽火通信法 Roloff)

迅速在最近的堡砦由集火來送信號』的文句；又據阿彼翁（Apion）之說，白天用長的竿子上掛紅布做信號，夜間用火做信號。縱然到以後的俾藏與帝國（Byzantine Empire），烽火信號還是當作警報信號或是定規的烽火驛遞來使用。這個烽火信號又爲中世法蘭西所廣用，是在沙利曼（Champagne）、布勒塔尼（Bretagne）開始的。又據路阿斯留（Laiseleur）們之說，古代北方民族所作的名叫"Menher"的巨石建築，便是古代烽火驛遞的遺跡。這似乎是由曾與阿拉伯人接觸的摩爾人（Moors）的影響而生出的東西；烽火信號是南歐一般所通行的。

阿拉伯人似乎是從羅馬以前就知道烽火的；所以在隆泰那斯（Frontinus）的著作中，寫有『阿拉伯人有把白晝用煙，夜間用焰當作報知敵人來到的習慣』的文句。在現今的法國，號稱摩爾人的塔或薩拉孫斯人（Saracens）的塔的曾經做過烽火信號站的塔建築或其遺跡，還在殘留着。

在瑞士，因爲多山，所以成了烽火信號發達的自然的理想的前提要件，直到中世紀，還在廣用着這種習慣。在席勒（Schiller）的威廉退爾（Wilhelm Tell）一作中，有『高舉起來了，烽火信號；從這山到那山』的句子。在蘇格蘭，這叫做『必要火』，是一般國民從事戰爭的信號。在斯開爾特蘭島，則是爲報知漁夫來使用的。又梅特涅（Metternich）在一八一三年澳洲加入反拿破崙聯合時用過烽火當布告。在他的日記中，寫有這麼一段：『把法國使者的遊歷護照和德國皇帝的戰爭宣言書進行到深夜二時（一八一三年八月一日），而從布拉格（Prague）到西利喜阿（Silesia）國境所準備的烽火信號，可已經點着了。』

從上述的單純的報知形態中，在世界各地，使高等表現能力發達起來的正規的通信方法，更以種種的形態而生出來。從古代到現代，在時間上或地理上都有以種種驚人的烽火通信的組織。這個正規的烽火通信的最古的遺跡，可以在古代波斯帝國看見。與一切同樣的施設同樣地，這個通信，也完全是專供國王使用的，不是叫大衆公用的。

亞里士多德曾說：『烽火驛遞是順次地傳送烽火信號的。從帝國的境內到蘇薩(Susa)、挨克巴塔那(Ecbatana)。所以國王能在一日中得知亞洲發生的一切事變。』

這個通信似乎能夠傳送詳細的報告。希羅多德(Herodos)在他的大著第九卷上，關於古代波斯的烽火驛遞曾說：『馬都尼(Mardonios)是想由各島的烽火信號把占領雅典呈報當時住在薩提斯(Sarids)的國王的。』這樣看來，在同時代，波斯及其對手國希臘，都有烽火通信的設備，但兩國究竟是誰先發明的，這便沒有確實考證了。在公元前四八一年，希臘曾被波斯人用這種通信方法，捕去二十三隻軍艦；關於這個意外的事變停留在阿提密喜安(Artemisimn)附近的希臘人是由瑪基司托斯的烽火信號得到報告的。

在修西提提斯的大著第三卷上，寫有『到夜間，藉烽火給從列烏喀斯進發的六隻的雅典艦隊通信』的文句。

希臘的大雄辯家利西阿斯(Lysias)說過在敍利亞有人用火把信號欺弄敵人的事情。又希臘將軍愛非克拉提斯(Iphicrates)說曾用假的烽火信號捕獲十艘敵艦。

在上述的修西提提斯的大著上又說：『古代希臘人往往先用烽火信號，迷惑敵人，隨後使它戰敗。』

希臘人的烽火通信的組織，現今雖不能確實明白，但用烽火信號而使對方知道通報的內容的方法，是可以從古代希臘的著述中窺知的。

在希臘歷史家波利俾阿斯(Polybius)的著作第十卷和羅馬的歷史家利維(T. Livius)的著作第二十七卷上都記有如次的事情：在公元前三二七年，亞歷山大大王在他所征服的廣大的土地設統一的烽火驛遞，從馬其頓到印度，五天中可以通了來回的情報。大王歿後，綽號『獨眼龍』(Monophtalmos)的安提哥那(Antigonus)將軍專政，還是照樣地辦。百年後，馬其頓的非利普二世(Phillip II)遠征羅馬之際，還是使用烽火信號；到他的兒子時代，全王國的烽火驛遞網都完成了。

在罕尼巴爾(Hannibal)所率領的迦太基軍裏，有技術很高的烽火通信特殊隊。罕尼巴爾在北非洲和西班牙造許多塔做烽火信號站。西西利島在屬於迦太基的時候，島與陸間的距離有一三四公里，因之，在視覺通信線的中間的一小島做連絡所。

(C)古代中國的烽火信號

中國，在公元前三世紀，便已有了距離三百哩的常設的烽火驛遞。這是為防外敵來寇的設備；在短時間中，可以使全國得知消息。據傳說：還使用過雨不能消滅，雲霧不能隱藏的奇異的火。

又據日本藤田豐八博士的研究：在古代中國的烽火通信，叫做烽燧：用火光通信的叫做烽；用火煙通信的，叫做燧。所以文穎曾說：『火然舉之，以相告，曰烽；積薪燃之，以望其煙曰燧。』在漢書賈誼傳的顏註上曾說『晝則燔燧，夜則舉烽。』在史記周本紀上叫做烽燧；在唐之張守節的解釋是：『峯遂二音，晝曰燃燧，以望火煙；夜舉燧以望火光；逢火土櫓也，燧炬火也，皆山上安之，有寇舉之。』幽王褒姒的傳說，果否可信，雖是問題，但烽燧在戰國時代為中國北部所常用，是無可疑的。比如在史記

（卷七七）信陵君無忌傳上，曾說：『公子與魏王博，而北境傳舉熢，言趙寇至，且入界。魏王釋博，欲召大臣謀，公子止王曰：「趙王田獵耳，非爲寇也，」復博如故；王恐，心不在博。居頃，復從北方來傳言曰：「趙王獵耳，非爲寇也。」魏王大驚曰：「公子何以知之?」公子曰：「臣之客，有能探得趙王陰事者，趙王所事，客輒以報臣，臣以此知之。」是後，魏王畏公子之賢能，不敢任公子以國政。』這個公子卽信陵君無忌，魏王是安釐王。因爲這個王在位是從公元前二七六年到二四三年，所以可知公元前第三世紀頃，這種視覺通信制度是一般所慣行的事。

這個熢火信號，不僅知道寇至，並且可由其數量的多寡而公告多種的意思。在墨子（卷一五）號令篇上說：『望見寇舉一熢；入境舉二熢；狎郭三垂；入郭舉四垂；狎城舉五熢；入境舉二熢；射妻舉三熢一藍；郭會舉四熢二藍；城會五熢五藍；夜以火，如此數。』講到唐時的制度，雖則有種種的書所傳說，但在唐兵部熢式裏面說：『寇賊不滿五百，放熢一炬；得蕃事宜，欲知南人，放二炬；蕃賊五百騎以上，放三炬，千人放四炬；餘寇萬人，亦放四炬。』在唐六典（卷五）兵部職方郎中員外郎項的註上也說：『其放烽有一炬、二炬、三炬、四炬者，隨賊多少而爲差焉。』這是在大體上是與隋時所行者同樣的。只是在唐之李筌的太白陰經（卷五）烽燧臺篇裏，說到築臺的方法及所要的品物：『每夜平安舉一火；聞警舉二火；見煙塵舉三火，燒柴籠；如早夜平安，火不舉，卽熢子爲賊提；一烽六人、五人烽子，遞知更刻，觀望動靜；一人熢卒知文書，符牒傳遞。』從戰國秦、漢經隋、唐不但用烽火來報警，並且要依烽火之數而得悉敵之遠近、兵數等事，殆無容疑。

熢是在塞上的亭中守烽火的人。所以，亭是在塞上，從事候望，兼司遞傳烽火的，這大約是每十里設一亭。

又，職司候望的人，又被稱爲候；在後漢書（卷五二）馬成傳裏面說：『皆築堡壁，起烽燧，十里一候。』當然，所謂十里一亭，乃是約數，未必限於十里，必定有因地勢而不到十里的，或是更有相隔二、三十里的吧。雖是後世的事，在庾闡揚都賦註裏面有云：『烽火以置於高山頭，緣江相望，或五十里，或三十里（太平御覽卷三三五）；又在唐六典兵部職方郎中項說：『凡烽候所置，大約相去三十里。』據唐沙州圖經：白亭烽與長亭燧的距離是四十里；長亭烽與階亭烽的距離是五十里。從這些事例來推考，可知所謂『十里一亭』，乃是約數

又在唐段成式所撰的酉陽雜俎上有『邊亭烽火用狼糞，以其煙直上，風吹不斜也』的文句。在玉海上說『宋太平興國四年（979），曹翰遣五殿騎爲斥候，授以五色旗；人執其一。先是，虜至必舉狼煙，翰分遣人舉煙直上，虜疑有伏，引去。』這可以證明酉陽雜俎之說無稽；這並且也算是較近的紀錄吧。

（D）古代日本、高麗的烽火信號

烽火信號現於日本的紀錄上的，據樋畑雪湖的信號通報的歷史一文所說：日本紀天智天皇的三年十二月（664），開始在對馬、壹岐國及筑紫設防和烽。而因爲這個時代，在對岸的高麗，已經到處設有完全的烽燧臺，所以這是經中國、高麗傳來的。其次，當作法令而制定的，是大寶的軍防令（702）。據本法令：凡置烽，皆相距四十里（這是當時的中國里程，只合現代日本六里強）；而在山崗隔絕的時候，可因便設置——選擇烽火到達的適當的距離。在這個烽燧臺裏面，置長二人，烽子若干人（點火兼守望的人），晝夜輪流着擔當非常警戒的職任。

次述烽火的方法：晝間用煙通報，夜間用炬通報。其燃料：在煙，則用艾蒿、生柴等相混合，好使它生出濃厚的煙；在焰，則用炬火卽火把。其製法是用葦心，上面插以乾草和松脂，再用繩索處處紮牢而燃之。在晝間的煙燒一個時辰（二小時）；夜間的炬火燒盡一根，而還看不見前方的烽燧臺的答煙或焰的上騰時，便要立卽派遣名叫『脚力』的專差跑往那臺報告。在這個煙火的表示上，雖然也是取法中國，但因爲其方法在令文義解或令集解等書上沒有什麼記述，所以是不明瞭的。或許這些是屬於祕密暗號而不能公開的。有說是以區別那煙或火焰之色而作製符號的；更有靑煙、白煙、紅煙、黑煙、紫煙之說。要之，這些都是沒有什麼合理的根據的說法。但一到甲越戰爭時代，這個非常迅速的報知方法，被認爲很重要的有效的軍事上的設備而加以改良和設計，這是在甲陽軍鑑及其他的軍事記載上可以認出的事實；而有名叫『篝飛脚』的人，爲在甲府和信濃、長沼城之間取得聯絡起見，在甲州到信州的各峯頭，設置若干的烽燧臺，憑藉用多少顏色的區別做符號的火焰，來收烽火通信的功效，這也是事實。如今，在這些地方的山巔，還殘留着焚火的遺跡和地名。這個烽火是從平安朝經過鎌倉時代、室町時代、德川時代而到近代的。又所用燃料，不僅松脂，還加用硫黃、雞冠石、樟腦等類的中國常用的發光劑，藉以行使色彩火煙信號的方法。另外，據說在大阪和馬關間的米的行情通信，也用過這種色彩烽火的方法。

因爲既如前述，烽火在中國也叫做『狼煙』，所以日本稱舉烽火爲『狼煙打揚』——在築城記上有『狼煙是像焚篝火一般堆集木頭，燒狼糞』的文句。

另外，在北海道的蝦夷人也會用烽火做信號；燒的是作成捲的白樺樹皮；主要地是做船的歸航地的目標或是代替燈塔使用的。

（3）煙信號

在未開化民族間，還有以煙信號做通信手段的；這在北美印第安人間是最多的。

北美印第安人的烽火通信 (Mallery)

一八四四年，克列格（J. Gregg）做過關於新墨西哥的阿龐人及加州的印第安人的煙信號的報告：他說：『可注意的方法是煙柱的製作，由這，可以把許多重要的事實報知很遠的地方；並且是依信號的配列數及反覆來理解的；通常，是燒堆積的乾草。』而與印第安人同住多年的白爾丁（Belden）更補充此說：在烽火信號、煙信號之外，更有別種視覺信號，這信號是夜裏用火箭向空射擊的。比如放一根箭是報告敵人近了；兩根箭是報告危險；三根箭是報告大危險，或是危險的迫切，或是被敵人打敗。又在同時放兩根箭，是報告已經採取攻勢；三根箭是報告立卽進攻；四根箭是報告攻擊得手；往斜面放的，是表示攻擊的方向。這個信號是不停地繼續着來報告軍隊出發或解散的。印第安人在發出這種信號以前，必定要有特別的考慮，所以這個無言的信號，任何時候，都是極正確的。這種由煙火或火箭所表示的多種信號，眞是值得驚歎的。

又，瑪列利也做過同樣的報告。說他在特別良好的狀態，可以在相離五〇哩的地方得知印第安人的信號。在晝間，到處都有塵煙信號來替代火煙信號。塵煙信號主要地是印第安人所使用的，就是在發見所探求的敵人、獲物等時候，抓一把塵土上投到空中；又在沒有毛氈的時候，也用煙信號做替代。

又據勞德女士（Miss L. C Lloyd）之說：這方法也是在非洲西南部的土著彪什門人間所通行的，就是向上空投砂土而對遠處的人通達一定的意思。瑪列利說一根煙柱是表示『要注意』！二根是『休息』（比如要就寢）；三根是『危險逼近的警報』。

關於這事的最初的文獻，是十八世紀的英國有名的航海家庫克（J. Cook）的日記簿，但他沒有注意到它的本體。他在發見世界第五大陸的二日前卽一七七〇年四月二十日寫有『夜半，我們在各處看見了爐煙』的文句。但他並沒有注意到在澳洲海岸看見的這個煙火的特殊的意義；他只知道這個土地住有多數的人。

但據斯密斯 (R. Borugh Smyth) 所記：當英國軍艦 "Salamander" 號近澳洲海岸時，土人便依這個固有的通信方法，很快地通知很遠的地方；因之，住在琪普約克的英國的旅行家夏爾丹在軍艦入港的二日前，便從黑人處得知消息了。

對澳洲的這個煙火信號給與淸楚的解釋的人是阿得雷德皇家學會會員的阿喀列，他在一九〇七年，關於澳洲黑人的煙信號，做了如次的講演：名叫羅溫的澳洲財主——牧畜業者，在東南澳洲爲鐵路事故而死了。消息立刻由電報打往羅溫所住的莊園：次日正午到達；這是由騎馬信使從離該莊園最近的九〇公里的歐洲電報局急送的。但在那時候，羅溫莊園的管理人已經在二十四小時以前知道了；因爲是土人傳報來的。那個管理人，原先不信，及至公式的通知來到，便不得不相信了。這種情形，算是土人的視覺信號比歐洲的文明的電報還約快一天。即是鐵路事變發生後四十八小時得到通知的；是在電報送到距離七五〇公里的地方之間，經土人先用煙信號通報了。

據說這種通信，主是白晝行的。煙柱的遞傳的形態、數、強度、色彩及其反覆等，這一切對於這種信號的解釋，都是帶有意義的。由於球形的煙雲及中斷的煙的發生狀態等，又都各有其任務。比如非常濕潤的木頭和青的刺槐樹枝發生濃厚的暗色的煙雲，這個意義憑藉別種記號的調整，可以表示出『這裏有許多水和獵獸』、或『大部族逼近了』、或『想做戰爭舞蹈』這些一定的意思。反之，從椰子葉和刺槐的枝發出淡紫色的煙，是表示『來，去狩獵』、或是誰在這裏病臥等事的。

要之，這種信號語，是非常發達的；是同大鼓一樣，能夠表現出勸誘、警戒、歡迎、共同狩獵的召集、苦痛、歡喜、悲哀、以及生子、喪妻、水源的發見等等情報，和見面對談，沒有分別。

在南美也有這種煙信號。赫爾曼（Hermann）關於住在巴西中部的彼爾科邁俄河附近的印第安人，曾說：『一來到印第安部落，我們便受到很多的歡迎的言辭。男人們往往從距離數公里的地方來迎接。幾乎一切的部族，都在事前得知我們的來到。一部分是從已經訪問過的部族看見了煙信號；一部分的土人，也會使用這種煙信號。』

印第安人的通信組織是非常特異的：依舉煙而通報重要的事實；更依煙的舉法、大小、數、反覆等而公表出種種的觀念。通常是在乾燥的草葉的燃燒地點舉煙的。做煙信號的驛遞時，便選擇最高的場所；其間的距離是從十二哩到十五哩。變更煙柱的數，可以傳達種種的意思；最簡單的樣式是類似希臘的通信字母，而配列着不出焰的小火。把一抱的靑草或小樹枝一燃着，便發出濃厚的白煙；普通是垂直地成了繼續的煙柱上昇數百呎；但在要決定煙流時，印第安人是單用他們的毛氈去蓋到煙源的樹枝和草堆上頭；壓緊毛氈的邊線，數分鐘間，煙便中斷；再迅速地拿開毛氈，濃煙又發出來；是這樣地調節那個煙柱的長短和回數的。

土人給朋友通消息，也使用煙信號。這個方法在澳洲也是通行的。在前世紀的英國的探險家密徹爾（T. L. Mitchell）旅行東部澳洲時，曾看見沿着山巔的基線而在作伸向遙遠的南方的通報的煙柱線。別的澳洲土人也是用這種煙信號，既如前述。

（4）毛氈信號

替代煙火而在白晝用竿子掛紅布，是在澳洲土人間所看見的；使用毛氈是在北美印第安人間所看見的：這可以說是手旗信號的起源。

三　動物通信

（1）鴿

把鴿當作通信手段來使用，是從太古就通行的。又在猶太法典上有禁止飼鴿傳書的條文；這或許是希伯來的權力者不願意叫臣民有通信自由的緣故。

埃及也用過傳書鴿；而傳書最多的，是在航行中從船上放出寄回故鄉的信札。在希臘或羅馬使用傳書鴿的事情，是在荷馬、阿那克利翁（Anacreon）、提巴拉斯(Tiballus)等詩作上表現着的事情。當時——第一世紀——羅馬人是把書信縛到鴿腿上以通軍事情報的，即是官用的。但從代俄克利喜安(Diocletian）帝以後，傳書鴿便不再爲官用而僅作私用或競技比賽之用了。

在唐李肇的唐國史補卷下上說：「南海舶，外國船也。每歲至安南廣州。師子國（即今印度錫蘭島）舶最大；梯而上下數丈；皆積寶貨……舶發之後，海路必養白鴿爲信；舶沒，則鴿雖數千里，亦能歸。」在酉陽雜俎卷十六上，也記波斯國的海舶：「大理丞鄭復禮言波斯舶上多養鴿。鴿能飛行數千里；輒放一隻至家，以爲平安信。」這是古代遠洋航海，使用傳書鴿的明證。

又在唐中世的開元天寶遺事上寫有「張九齡少年時，家養羣鴿；每與親知書信往來，只以書繫鴿足；依所教之處，飛往投之。九齡目之爲飛奴。時代無不愛訝」的事情。因爲張九齡是嶺南人，所以這也許是從外國商人學來的。

又在中國民間——無論南北——都有名叫『放白鴿』的婚姻的騙局。這個名詞取義的根源，當然是與傳書鴿有關係的。

（2）鷹和犬

又有用鷹傳書的：唐張鷟的朝野僉載上有云：『太宗養一白鶻，號曰將軍。取鳥常驅至殿前，然後擊殺；故名「落雁殿」。上恆令送書；從京（長安）至東都（洛陽）；與魏王仍取報；日往反數迴；亦陸機、「黃耳」之徒歟？』

又在北宋初期的錢易的南部新書上，有『舊中飛鳥使，中國之驛騎也』的文句；因此，日本桑原隲藏博士說「飛鳥使」的名稱是用鶻通信的塞外風習的表現。

犬也會傳書：在晉李瀚所撰的蒙求上說：『晉陸機，字士衡；吳郡人；大司馬抗之子。身長七尺，其聲如鐘。少有異才。……機以羈放入官，頓居羣士之右；皆怨心，潛之於穎。穎怒，使人收機。機歎曰：「華亭鶴唳，豈可復聞乎？」遂遇害。初，機有駿犬，名「黃耳」。既羈寓京師，久無家問，笑語犬曰：「我家絕無書，汝能齎書、取消息否？犬搖尾作聲。機乃為書，以竹筒盛之，繫其頸。犬尋路南走，遂至家；得報還洛。後以為常。』——犬的平均速度：一分鐘約三〇〇公尺；在今日的傳令距離，普通是在四公里以內。

另註：本上卷是就東京帝大新聞研究室第一回研究報告中（第二篇）小山榮三的一文加以增刪而成。——小山氏所引用的中、日、德、英、法、希臘等國的文獻，除去夾註於正文中的，還有一百八十七種之多；但因為多非直接關於新聞學，所以在這裏沒有把它們一一列舉出來；好在該書購求至易，諸君如欲作精細的考查和研究，則該書以及東京帝大新聞研究室所出的其它報告，實在都有購讀的必要。

中国近代新闻学名著系列丛书

芮必峰◎主编

综合新闻学（3）

——任白涛◎著——

中国传媒大学出版社

·北京·

第三卷　採訪技術和通信方法

第一章　新聞的蒐集

一　新聞源

新聞是在何處生出的？並且是怎樣蒐集的？對於這種質問，是不能爲簡單的答覆的；這是恰與問人的鬧架是在何處生出同樣的。因爲新聞原是自然界、人類界的種種形相，而可以使人自由地去觀察它、表現它的東西。所以不是單只重大的事件當作良好的新聞材料；依據具有機敏的新聞感覺(News sense)的新聞記者的表現技巧與觀察的如何，縱然是極平凡的事件，也能成爲優秀的新聞材料。因爲新聞材料是這樣地在無限的場所擺列着的，所以蒐集的手段、方法，自然是很複雜的。一切的場所和人，都是新聞源（News Sources）；因此，社會的事象愈複雜，新聞源也愈複雜。要之，新聞記者只要一足踏出門外，那映於眼的，感於耳的，都會爆發而成爲新聞。這時候，記者恰似立到活火山上，何時噴出火來，是不能料定的。

但是，一切記者不是能像野犬般奔走於街頭，任意去嗅得什麼東西的。新聞材料的蒐集，大概都有一定的場所。就是，爲了新聞材料的蒐集而與有力的，當然是新聞記者的活動，但也不可忘掉補佐它的扶助機關的存在。所謂扶助機關，是電信、電話、鴿信、郵信、無線電、口述以及其它一切文化所具有的傳遞機關的利用。這些文化機關的事情，暫且不表，單說記者應在何處或怎樣地去蒐集新聞。

新聞的蒐集，不外下列四種方法：

(1)由報社派遣專員去會見特定的人物，得到新聞材料；

(2)記者每天到特定的場所，採訪新聞材料；

(3)記者漫步街頭去隨意拾集新聞材料；

(4)依據投函卽外來的材料。

後二者在量和質上多是較爲缺乏重要性的材料，所以報社重視前兩法。

記者以報社的命令，每天往特定的場所去探尋新聞的素材。所謂特定的場所，不外乎是各官廳、銀行、公司、經濟團體、社會團體、俱樂部、大飯店等處。照一般的通例，各社的記者，都是在官廳、銀行、公司、團體等處特闢一室，組織記者俱樂部，設專用電話，以圖本社與新聞源的連絡。各報記者每天集合於此處，互相打探新聞，或是交換新聞，等候着重要新聞的發生。

在俱樂部中，各報記者互相聯絡，雖很方便，但常易流於怠惰，並且多有脫出報人的常軌的。所以，俱樂部的存在，對於眞的報人，有害無益；並且一旦進入重要的新聞，便要互守祕密，致使昨日之友，會成今日之敵。所以在俱樂部所蒐集的新聞，多缺乏重要性。

本來，在新聞的蒐集上，最重要的，是訪問。無論是怎樣的新聞，其素材都必須經過與何人談話而製成新聞的過程。這是需要技術、練達和知識的事情；單這一點，就大可以顯示出報人工作的難易來。

所以訪問是獲得良好新聞的最善的手段。

訪問有正式、略式兩種：正式訪問是記者照新聞社的命令去訪問特定的人，而用其人的姓名來發表的，即是使用何某談或何氏說一類的表現形式；略式訪問是綜合關係某一事件的多數人的談話而抓住中心，來寫記事的。新聞材料許多都是依這個略式訪問而蒐集的。要之，普通的新聞素材的大部分是從略式訪問得來的。

新聞源既如前述，雖是社會一切的事象，但許多記者所認爲的材料根源地實際上可說是有一定的。一般所認爲的新聞源，大致如次：

市政府	公安局
旅　館	包工作
裁判所	火車站
輪船公司	各種學校
劇　場	公立醫院
各行政官廳	政黨本部
俱樂部	消防所

對於旅館，務須注意旅客人名簿；因爲記到旅客人名簿上的一切人物，都可供給何等的新聞材料。——在這裏加寫一段筆者的故事：當民國元年（一九一二）筆者初進汴垣擔任上海數報的特約通信員時，有一位同里的朋友在受官府津貼的一家地方報做社長兼總編輯。他是自命爲有採訪新聞的經驗和技能的人，

因爲他想拉我進那個報館做事，我不幹，他很興奮地說：『你不進××報，你把鞋子跑爛也訪不來新聞。』我不同他辯駁。仍舊駐在一個上等的本地客棧裏。因爲這客棧當然每天都有來來往往的客人，我不必出去跑一步，便可得到寫不完的各地的重要的新聞。尤其是因白狼之亂，禹州城破的新聞就是從由戰地倉皇地逃到省城，住居同棧的人的口中得知的，於是我立即在火車開出以前發了快信，所以這個重要的詳細的通信在上海某報登出的時候，另一家報館才登出北京來的簡短的電報。總計我一共幹了快兩年的通信員生活，內中的一大半的時光都是在那個客棧消去的；而有好多關係全國的地方要聞，都是在這個客棧的閒談中得來的。所以一兩年間，穿的鞋子說起來實在有限之至。在這個中間，那位同里朋友又往北京去辦報了。後來他見着我，對於在上海某報的要聞欄差不多每天都有署我的筆名的通信而在一兩年間鞋子確並未曾跑爛幾雙這一事，表示十二分的驚異，可是他到底不知道這些新聞——特別是白狼之亂的消息——怎樣會得到這麽的迅速。——各國報社派往世界要地的通信員，所以概駐其地方的大旅館——如北平的六國飯店，東京的帝國飯店之類——而不單獨租屋居住者，正是爲採訪便利起見。又在上述的我所住的客棧中採訪新聞，單聽一個人說出，另外無人證明的談話，我是決不取用的，尤其是關於戰事的消息，必定全客棧的人差不多都已經知道而且公認爲確實，這樣我才取用的。若是單憑一個人的說法，是會上製造謠言者之當的。

又，上述的新聞源，大部分是地方報本市外勤記者所需的新聞源，如在首都，那範圍自然就較廣了。比如關於內政的新聞，則內政部；關於外交的新聞則外交部、各國大公使館；乃至海外名流使節的來朝等，關於國防或軍備則陸海軍部、參謀部（軍事不能隨便通報詳見後章）；關於金融或商情的新聞，

新聞記者第一課
夏川夢人
1
今日から天下の新聞記者だぞ、何か事件はないかな
2
ウム こいつは大事件だ
サア此の野郎生かしておかんぞ
ナーンだ 鼠を捕つてゐたのか
4
オヤッ 紳士が顔色を變へて走つて行くぞ、何か起つたな
5
おしつこが出たかつたのか
WC
便所

アレッ
これはてつきり火事だぞ
ナーンだ防空演習だつたのか
オヤ誰か
こんなところにピストルを落して行つたぞ
早速警察に届けよう
ごいつはしまつた
旦那どうか勘辨して下さい
?
ありがたい思ひもよらぬ特ダネだ
ヤヤこれはお尋ね者の殺人強盗

則財政部、銀行公會、各銀行以及交易所等處；關於陸海運輸的新聞，則交通部、鐵道部；關於運動的新聞，則體育協會、各學校運動場、各競技場；關於演劇的新聞，則劇場、劇作家、舞臺監督或電影導演、優伶等；這些都是新聞材料的出產地。

不僅止此。這些新聞的根源，是跟着時代的進步而展開的，生產勞働者或婦女解放運動旺盛起來；一方面隨着無線電、航空、聲片、電視等的科學的發達，新聞材料的根源，可說是沒有止境的。

有一位現役職業記者會發達過如下的有意義的短文：

「由一個新聞記者的目光出發，一切「人」與「地」的社會或自然現象，都可作為新聞的源泉(News Sources)。因之，凡是社會現象愈趨複雜，則新聞源泉亦必隨之而愈紛繁複雜。時時刻刻，在外勤記者的眼光所及之處，以及週圍環境間，隨地飄浮着未被開發的新聞源泉，而這些新聞源泉之如何掘發，如何布置和運用，則都須視每個外勤記者的經驗、知力、和想像、理解力來決定的。一個新聞線索的發現是個困難費力的過程，不是隨手間可得的，所以當一個外勤記者發現新的新聞源泉時，他的興奮、樂趣是非局外人所能體驗的。

新聞源泉的掘發，大致可別為特定的和臨時的二種，就是說，在時間和空間的鑒分上，是有已被豫期的與偶然的兩種區別。所謂特定的，便是某種固定存在的機關團體之類，以及某個機關內的特定負責人物等等。新聞記者對於這特定的新聞來源處，通常是每日到該特定機關去周旋一次或二次，以期得到新聞的資料。至於臨時偶然的新聞線索，大致沒有一定刻板的方式，是要記者在經常的行動生活裏時時去注意，如平常在同一般與政治上或財政上有關係人物的談話裏，和一些不經意的行動裏，常可發現許多新聞的源泉，因而掘發一個驚人的消息。卽在平素由於一種細小事物的啓示，亦可延續出一件有相當價値的新聞稿來；如最近有某通訊社記者，他不久以前赴某軍事有關的要人家中去採訪消息，無意中在那要人的衞士口袋裏發現了一匣某外國人菜館裏贈給的火柴；由這火柴的觸機，便立刻推測到最近某國要人定在該國酒館內宴某要人，由此線索卽向各方採訪，結果得證實此事爲確實；雖然當證實的時候，離事實發生已隔兩天，但這一件線索發現的經過，是相當有意義的。像這樣的事，是在記者的工作過程中常常飄浮着的……就是「暗示」。……有了這暗示，有能的新聞記者立刻就可以製成很好的新聞資料。

根據上述的說法，我們可知道，所謂特定的源泉的追索是比較簡單和平庸（但亦不能絕對否定沒有重要消息在這種形式下被發現），而臨時的突發的新聞源泉的追索是較爲有興趣和活躍的。進一步講，一個有能力的新聞記者，他們決不能僅僅完成了特定源泉的追索就算滿足，他們應該竭其聰明和知力，不斷地去發見和開拓新的新聞源泉。』（註一）

秋元幾之輔的動脈硬化的報紙與新聞源雜考一文，雖是針對日本報紙而言，但很可借作『他山之石』，現在介紹它的大旨：

『看見這時候的報紙，誰會感着興趣？誰能夠從這個新聞面上感得超出中國小飯館的櫥窗裏所陳列的菜樣以上的食慾？誰會得到超出百貨店的櫥窗以上的新鮮味？每天不是把「豫定錄」擴大或展開一番便算完事嗎？就興趣和新鮮味上，新聞面實劣於廣告面。

因看A報沒有興趣而看B報；又沒興趣而看C報。於是在這裏發見奇怪的現象：就是不論那一報的新聞都是同樣的；記事的材料相同，標題也是相同的；若是勉強求其不同，那只有文章的巧拙與登載地位的高下的差異而已」。

* * *

考究這個「新聞都是同樣的」的原因，不消說是新聞源各社都是同樣的；就是從新聞源的動脈硬化——也可以說是新聞源的涸竭——而生出的結果。所以要想打開報紙的現狀，必須從新聞源的再認識出發。

* * *

在新聞源，則有首先佔着報紙的動脈位置的記者俱樂部。就是在議院、內閣、各部、政黨本部、市政廳、警察廳、法院等處所設立的記者團體。

各社的編輯幹部爲了清除各俱樂部的積弊以增加取材上的效率起見，特別組織一個團體，並發出通告和規約；規約中的要項，除請記者俱樂部一律改用「記者」字樣並且冠以使取材範圍明瞭的名稱之外，還有「無論在如何名義之下也不得受取它方的捐助金」和「在記者會室或別的採訪場所服務中不得做麻雀一類的需要長時間的娛樂」這種嚴厲而毫不客氣的條項；而從這條項的反面，是可以窺見記者俱樂部的眞相的。

但這個編輯幹部所組織團體的規約，發生意外的間諜問題，某某社逢着了被記者會除名的厄運。於是編輯和外勤記者的兩種團體中的會員，化成一種階級戰的形態，結局，原先的目的，遂威了泡影。

但是，縱然有種種的弊害，也是不能廢止的；因爲它是新聞源的大動脈；是一種公共的（am-iable），對於消息供給者方面，具有一社怎麼也辦不到的威力。但它的缺點，就是使報紙的所發的新聞部成了大同小異。因此，又有些報館不叫外勤記者加入俱樂部，並且定出專門擔任採訪的範圍，常以遊擊的方法取得特殊消息；這可說是對記者俱樂部的存在的一種抗戰。

* * * *

更有一個問題，就是新聞源的世界化。即新聞舞臺已經成了世界的。這也是打開新聞源的涸竭之一法。

如大阪朝日和大阪每日這兩家報社，逢着奧林匹克一類的會，常要特派專員，競着打電，藉此以吸引讀者。

尤其是現今的派遣到外國的特派員，與以前大不相同。就是，從來的特派員所發的外電，大概都是偏重於政治方面。對於一切社會事件，認爲不足掛齒。後來因爲雜誌看出這個孔隙，拾起報紙漏掉的落穗，專事介紹海外的事情。因之，惹起報紙的注意，所以從來的特派員只限於政治部出身的年紀較長的人，到近年，社會部出身的青年也漸漸地被派遣了。這算是在動脈硬化的新聞源注射一服清新的藥劑。

* * * *

拉專家進編輯部，也是企圖打開新聞源涸竭的一種新近的嘗試。這本是一個有力的懸案。從來的記者是什麼都能的記者，但可換一句話說，是什麼都不能的記者。卻從來的記者是只限於政治科出身，或經濟科出身，或文科等出身。雖然精通這一方面的事情，但對報紙當前的諸般的社會文化，有光用政治、經濟、文學的頭腦則不能夠處理的。上述種報導戰線去的，是理工科、醫科出身的科學者或技術家。這不單是因為非專門的記者所寫的記事會發生錯誤，實在為的是新聞源的開拓。照已過的經驗看來，這些專家是能夠從一般記者所想不到的角度觀察事物，從想不到的方面捉住材料的。在這裏，至某程度可做新聞記事取材範圍之一種質的變革。

只是在現時成為問題的，是他們寫出的東西，有過於專門，難以理解的非難。不過這也是枝节的問題。要之，他們在做新聞源的未開地的開拓者這一點上，有着出現的意義。

* * *

新聞源的最後的問題，是由於各記者之個人的特殊關係的新聞源。但是這個問題必然地與記者的生活向上問題有着連帶的關係；因為這是需要閑工夫和廣泛的社交的緣故。另外還有所謂讀者的通信網的新聞源——即從那個報紙的愛讀者所得到的新聞，往往是有價值的。

* * *

報紙如今是在苦悶着哩。這個苦悶就是由於新聞源的動脈硬化。新聞源的新天地的開拓，是打開無聊的新聞業的當前的問題。」（註一）

介紹了這篇短文之後，又想起一事：新聞報的外勤記者陸詒君一天來訪，同我談論報紙的事情，他痛歎現時的畸形的新聞檢查制度對於採訪的妨礙，可是他又說：「現在的報館是等着新聞來找報館的，不是報館去找新聞的』。我於是告他說：『現時的畸形的新聞檢查制度，誠然有妨礙於採訪活動，但這只限於政治方面的事情，講到社會方面的事情，即如上海的報，自己檢查自己的地方也是很多的』；並且給他舉出幾個顯明的實例。我的話的意思就是說上海的『大報』對於好多種類的社會事件，似乎是預先定好了不登——即『封鎖』——的原則的；必定等到那事件在地位較次等的報上登出，已成了人所共知，萬萬不可掩飾的事實時，它們才敢——也可以說才肯——去登的，這與所謂新聞檢查是毫無關係的。即使說這是我的空論，然而陸君的『等新聞來找報館……』之說，那正是千眞萬確的事實吧。

要之，宇宙之大，世界之廣，新聞材料，隨處皆是。對於它們的鑒別和選擇，雖然全憑外勤記者靈敏的眼識和手腳，但若是編輯部的組織麻木不靈，有如陸君之說，這樣，外勤記者縱有靈敏的眼識和手腳，也是無從發揮的。關於這一點，詳述於編輯之卷。

（註一）余新年：談新聞源泉一文的節錄；見記者座談（一九三五、七、二五）。

（註二）是節譯；詳見綜合 Journalism 講座第十卷。

二　新聞之內面的分類

新聞發生的根源，大體判明了。那末，從這些根源生出的新聞可是具有怎樣的性質？其性質是同一的？是個別的？這是必須要研究的事情。新聞之內面的分類，可區別爲(1)突發性新聞，(2)繼續性新聞，(3)循環性新聞的三種。

(1)突發性新聞

是我們到底所不能豫想的突然發生的事件；比如地震，火災，爆發，船舶的沈沒；火車、電車、飛機等的衝突、顚覆、墜落；建築物的倒壞，山崩，洪水，殺人事件等類的新聞。

（2）繼續性新聞

是經某事項的原因、過程而到達結果的繼續的報告。比如上次歐洲大戰，是從一九一四年六月二十八日奧國皇子在塞爾維亞被人暗殺的事件發端，而釀成俄、德的國交斷絕；從俄、法同盟的關係，引起德、法間的戰端；牽連着俄、法、英的三國協商的線索而以德軍侵入中立國比利時爲口實而英、德國交破裂；因英、日同盟而日、德國交斷絕，出兵山東，奪取膠州灣；接着就是意大利的參戰；在大西洋，英國商船『琉西泰尼阿』(Lusitania)號爲德國潛艇擊沉，遂致死了多數美國市民，因而使美國輿論沸騰起來，於一九一七年四月對德宣戰，出兵歐洲；其次休戰，以至凡爾賽平和條約締結的大事：這便是一大繼續新聞。又因平和會議而產生的抑強扶弱其名而抑弱扶強其實的在日內瓦的國際聯盟成立以來所變的種種樣樣的戲法，也可說是同歐洲大戰差不許多的一大繼續新聞。又關於外交問題，政治問題，經濟關係，以及運動、音樂、演藝、美術等的新聞，也多是有繼續性的。

（3）循環性新聞

是像春、夏、秋、冬的季節一般，循環地發生的新聞；因此也可以稱爲季節性新聞，又可說是一種例行新聞。這種事例甚多，不必備舉。

以上是就大體上概說突發性、繼續性、循環性新聞的；但從突發性新聞轉成繼續性新聞的，也很多。比如上述的奧國皇子同妃的暗殺事件，雖明係萬人所不能豫知的突發性新聞，但它成爲導火線而世界大戰這個偉大的繼續新聞遂現出來。繼續的事件更多有不久變成習慣性的東西的，比如近年中國的內戰、差不多從繼續性新聞化成每年春夏之季必定發生的循環性新聞。又從繼續性新聞中當然會生出突發性新聞；而循環性新聞也會成了突發性新聞，就是出人意外地發生的一切事故。比如端陽節的龍舟競渡、是循環性新聞；而某龍舟突然沈沒死了多人，便成突發性新聞了。火已救畢，遂就歸途的救火會的救火汽車，同公共汽車衝突，生出乘客和汽車夫的死傷，這算是兩個獨立的突發性新聞連續到一起了。所以對於這些種種的新聞，常須採取臨機應變的處置而為一刻也不怠忽的準備。

歪曲捏造或是故意不正確的報導，這是不算新聞的。其動機，不問是否記者的不注意，或調查欠周到，或記者、以及由於第三者的媒介傳達的謬誤或故意，都算是欺瞞公衆的罪惡。報紙上所揭載的新聞，一切都必須是確實而有信用的東西。但屢次傳達誤報，欺瞞公衆，是會給與讀者以大的損害的。就新聞社來說，必須在防止誤報上使用最善的努力。但究竟爲什麼會生出這樣的誤報呢？

一　誤報的原因

（1）根本的原因

誤報的根本原因是在人類能力的不完全。人的知識、記憶力、觀察力、想像力等，是因人而有差異的；而這些能力的差異和不完全，造成謬誤的機會。因之，凡是人們信以爲眞實或正確的事情，其中未必沒有謬誤。以絕對的眞實或正確，期待別人，是不可能的。所以美國新聞學家約斯特(C. S. Yost)曾說：

『絕對的眞實的東西，除在事實的簡單明瞭的記錄以外，是不能期待的。人與人的通信，雖然是由於言語、書信、著述、新聞雜誌的公表，但這也幾乎是難以實現的事情。

某人對另一人說，史密斯死了，這是難以否定或變更的絕對的眞實。但在他述說死亡情況的時候，隨着那個詳細的程度而增加謬誤的可能性。縱然他曾親眼看見過那人死去以前的事情，也會因記憶、知識、觀察的如何而難使其說的全部絕對正確。若是基於由它方傳聞的事項，則彼無論怎樣地加以深切的注意，或是希望誠實，這個困難也是會增大的。

這個困難與人類能力的不完全，常在法庭上明瞭地表現出來。即縱然在關於同一事件而基於各人的目擊的種種的證言，並且各人都正直無僞，但在他們的陳述中生出利害的差異的實例，是常有的事。」(*The Principle of Journalism* p. 57)

眞如約斯特所說，在美國法庭上的證人的證言，即使是同一事件的同一目擊者，也往往會因人的知識、記憶、觀察等等而各異其說法。這不是單在美國的法庭所現出的，任何國家的法庭，都能看見這樣的事例。

比如在地方法院的第一審判決，有因高等廳的判決而完全被指出它的謬誤的。這種事例，也是舉不勝舉。連司法官的裁判尚且會在第二審完全顚覆，這便是人類能力不完全和謬誤的可能性和期待眞實的困難之明證。

(2)由於速報和版數過多的誤報

爲了速報新聞消息，沒有精細採訪的工夫，遂致調查欠周，做出依據一局部的採訪的不完全的報導，而迅速地發了第一報，有在繼續着做第二第三的報導的時候，費了詳細調查的工夫的；也有調查之後發見第一報的錯誤而在續報時纔做出苦惱的正誤的。就是速報主義造出謬誤的機會。

東西的大報，都有發行地方版的制度，晚刊發行一、二、三版，朝刊且有發行至七、八，九版的。

材料是延長到各版的截稿時刻而蒐集，而刊布的，因之，外勤記者和編輯記者的工作，都是十分忙迫。因爲是在這樣忙迫狀態中，頻繁地改版的，所以單這一點就成生出許多謬誤的原因。

（3）由於媒介傳達的誤報

新聞記者所寫出的新聞，不外乎是由第三者所得的媒介傳達，或是由當事者的直接打聽。當事者的所言，自然多基於記憶上的謬誤或誤解，講到第三者的媒介傳達，縱然傳達者是個正直的人，也萬不能免除謬誤。若是本人不正直，爲了保守祕密，或是以圖自己的利益爲目的和其它的理由而隱蔽事實或反乎事實去報，那謬誤便益發增大。要之，新聞記者，無論怎樣地誠實和正直，謬誤也是在所不免的；而負擔這個責任的，當然是報紙和記者。

這種事例是常在政治記事上看見的；因爲政客們常好爲欺哄敵黨的虛僞的宣傳。所以新聞記者，對於這些人們，務要特別加以警戒，一不小心，便會大上其當，遂致損傷了報紙對於社會公衆的信譽。試舉數例：

例一

「一中全會中，最爲全國民衆所注意者，厥爲選舉國府主席五院長等之結果。原定六日下午可揭曉。各報駐京記者分頭四出活動。立報及新夜報駐京記者向某要人處獲得非正式名單，謂係內定，大致不差，因急電滬。立報於是日下午三時半出號外，分向各處飛送，頗出小風頭；五時後，新夜報出版，除航空奬劵消息外，亦爲劃一小塊花邊，刊出當選人名單。而大晚報、新聞夜報隻字全無，大爲讀者詬病；兩報當局因亦電京，大加詰責；及夜間京訊傳來，則是日下午之選舉，改至七日上午舉行。是日下午中央社，首先播送是項消息，但立報與新夜報已鑄此大錯，小風頭確已打個折扣矣。」（侃侃：選舉名單之競爭；見晶報。）

例二

「……於民六孟春入京，改任新聞報之駐京電信記者。蓋自編輯部分，蛻化爲採訪部分。……余之造言記事，自然偏於政治一方。惟是近六年來，政局迭變，千險萬惡，純然爲軍閥勢力之消長，一無政治軌道之可循。……六年中所受困難之處甚多。北京，古所稱易生風塵之地，事情瞬息萬變，如沙眯目。往往得一新聞，今日所認爲正確者，翌日卽已變化。余雖誓不揑造，而事或出於訛傳，一也。北京政界多謎，訪晤要人，大都不肯說出眞話；卽使肯說眞話，而爲新聞家之德義起見，發表自有限度，亦不得盡量宣洩，二也。政界文件之重要機密，本非尋常僚屬所得聞。其稍預聞者，亦不敢輕易洩漏。故雖有所聞，而可以布之於外者，祇佔幾分之幾，三也。又有本無事實，故造空氣，利用新聞家之宣傳者；更有確係事實，偏說並無其事，向報界聲明更正者。似假似眞，苟不辨別其來源，每易供人之傀儡，四也。……」（張繼齋、三十年中之十二年文中語；見中時社十年紀念册。）

例三

「……經驗所得，以爲最感不便者，莫如消息難眞。軍國大計，不可得而詳者無論矣；卽細微之事，亦往往不可捉摸；蓋矜誇能事，怙過飾非，本爲人之恆情，而人事錯迕，變幻起於俄頃，尤足增紀事之困難。又近時風尙，好爲隱祕，尋常舉措，亦多不肯以眞相示人。猶憶北京政府時代，某君受命發表，於下午三時，招待新聞記者，力稱不就；駐平記者，皆據此以發電。至翌晨，則其人已就職矣。記者或以報紙風影之談爲識，而不知人心之矜奇炫異，固有不可以常情測者也。是以就經驗言，新聞記者推測事態，往往從反面着想，顧鑿空而談，又非職責所許；欲救此弊，惟望通信機關，普遍發達，耳目既廣，集證既多，庶可察微知著。……』（李浩然：余從事新聞事業之經驗文中語；見書同上。）

以上三例，都是很好的例證。尤其是後兩例，俱是現役記者的現身說法。不過例二的當事者的苦惱，一半也是由於自尋：既然極力避免『捏造』和『訛傳』；而聽到『眞話』，卻又爲什麼『德義起見……亦不得盡量宣洩！』這決不是前進的報人所應持的態度，只算是做『德之賊』的「鄉愿」的態度。

又上舉各例，多是關於政治事項的由媒介傳達而生出的誤報。講到由媒介傳達而生出的社會事項的誤報，那就不可勝述了。廣義言之，在資本主義社會，意識地或無意識地造出虛僞的宣傳而利用口頭或報紙傳播出去的人，眞是滿坑滿谷。這種人的目的，很是單純——設法騙錢而已。如後項所述的姚錦屛，便是一個例子。新聞記者一不小心，便會做出幫助她或他們（女性中慣用這類虛僞宣傳的手段的，以『明星』之流居多數）欺騙的報導來。

（4）由於客觀環境障礙的誤報

由於客觀環境障礙的誤報，如上項的第一例，也應該算入。細說起來，是很費筆墨的，簡言之，就是『在新聞的報導上，有一部分在許多束縛的下面，不許你發表眞正的新聞；有一部分在來源上就給人把眞相抹去了，像許多帝國主義的通訊社之類。所以在表面上都是看到一些粉飾太平的報導，於是有些人就根本不相信報紙。」（註一）又『在現社會環境之下，有一班人固然已認識了新聞記者職責的崇高，而隨時隨地給予我們以不少的助力，容許我們盡力地開發寶庫。這是我們的合作者。我們自然在內心中表示十二萬分的感謝。但在另一方面，卻也有隨時隨地摧殘我們者：有的用的是壓力；有的用的是欺詐。他們在表面是利用新聞記者的客觀記述，獲得了他們勝利的微笑，雖然我們在每一事件之採訪與執筆之前已經用盡縝密思考與事實、學理等多方面的分析。』（註二）

（註一）子遠：新聞眼文中語；見記者座談。

（註二）知寒：採訪新聞之困難文中語；見記者座談。

（5）由於想像和誇張的誤報

在新聞的報導裏面，畢竟是容易生出想像和誇張的。這是一般記者——特別是專跑社會新聞的外勤記者——的通病。比如：把燒了百家的火災，報稱燒了數百家；把損害五十萬元，報為百萬元；把到會三幾十人報為百數十人。要是把這種誤報的事例舉出來，真是沒有數的；所以在這裏單舉幾個在近年中國報紙上發生的最奇特的誤報吧：

例一

「大通社云：報載中時社十五日天津電，有李杜部軍官姚有堂之女，聞雷忽起生理變化，易為男身；並謂其人現已離京來滬之消息。事之鶻突，殆無人能信其為事實。第大通社記者，昨晨向李杜將軍處探悉，此事果屬實在。其人現亦已抵滬；且輾轉得親與晤面，索得有關此事之照片兩幀。始信天地之大，誠無奇不有矣。亟誌其情於後，以供生理學家之研究。……」

這是昨年三月十七日上海申報所登的女化男身之姚錦屏業已抵滬記事的冒頭。還有三行用三號字排的僞標題文句是：『暢談經過無異齊東野語。人證物證俱在似屬事實。當足資生理學家之研究。』記事中更特別加上『聞雷有感，易釵而弁』，『褫袴審視，岸然偉男』，『證明事實關係文件這樣的驚人的分段小標題；記事中還有『一日晚，錦屏因思父悲切，臥於小樓之床上。忽聞雷聲隆然，小樓屋瓦，爲之震躍。其時錦屏卽若有所感。次日靦覥告其母章氏，謂己身已易爲男子。母以爲戲，試隔袴探之，果觸手纍贅矣。』這種特別出色的文句；另外再加上『足資』『證明事實』的兩幀化男前與化男後的半身照片。更在當日的大美晚報上，也登一篇記者『親訪』的、描寫得十分精緻的訪問記，文中旣有『但其語言、身段、容顏、膚色，終略帶女子狀態；尤其姚君的兩手，膚紋細膩，指尖如筍，若再易弁而釵，則柔美在握，決不疑此君之爲昂昂七尺也』的懷疑的觀察，可是又有『在變態之一月後，姚君尙困守深閨，不與外間相接觸，此時渾身骨節，忽感酸痛；初起頗劇，逾一月始復常態。在此時期，姚君雙乳，以前本爲女子時代之飽滿豐盈，微微聳起者，忽然漸漸平坦。蝤蠐粉頸之間，忽露喉核；此蓋爲變態以後之胸部與喉部之轉變也。』這種顯然肯定的語句。在這些相當有聲望的報紙上，登出這樣的記事，誰不相信它是『事實』呢？所以這個新聞記事驚動了無數中外的人——自然不問是否『生理學家』；那知又過三天，經李杜將軍請醫施行強迫檢驗，於是這個『足資生理學家之研究』的『事實』，竟完全顛覆，毫無再去研究的必要了。

例二

上述也可說是新聞記者受了客觀環境的利害的欺騙。再講到前年八月十三日申報上所登的『四個黑衫鬼拖小皮匠入浦』（本市新聞第一條標題）的『一段鬼新聞』（側標題文句），那眞算『白晝見鬼』（同上）。記事的冒頭說『神鬼之說，雖今日科學昌明，尚無人能斷其有無。昨日南市油車碼頭浦畔，突然發生有一鞋匠被四個魔鬼拖入浦中險遭溺斃一案，殊覺神怪莫測。此案曾經本報訪事實地調查，事屬確實，爰特記其詳情如下，以供讀者研究。』記事中有『四黑衫人』，『強曳入浦』，『千鈞一髮』，『談虎色變』的驚人的小題目；說的眞是像煞像樣，『事屬確實』；但到當日下午發行的大晚報上，便已根據該管負責人的談話，證明此事『實係信口開河』，『均屬無稽』的『胡言亂語』！而翌日的中報上並未再度『實地調查』以證明大晚報的不『確實』。

『本市閔行鎭北首杏桃塢地方，農民蔣阿根之子，蔣耕福，年十六歲。前日下午至該處龍隱寺附近耕作，突見石廓中（卽古墳）躍出形似小人一對，大者長約五寸，小者僅三寸，在田中往來奔跑。耕福見此怪物，甚爲詫異，一時好奇心動，伸手捕捉。詎被二小人察覺，向前逃去；但跳躍甚速，不易追獲。耕福隨後追逐，偶不留意，竟將小者踏死，大者致被兔脫。後拾起觀看，五官四肢俱全，且係男性。遂帶回家中。一時往觀者，戶檻爲穿。後經閔行鎭放生局沈善山得悉，出資購去，以供參考。據一般迷信者謂：此係妖怪，須費千年功夫，始得修成人形；或謂係何首烏之變相。議論紛紜，莫衷一是。』

這是前年七月二十一日中報本市新聞欄中的『花邊新聞』；標題是『閔行石廓中發見三寸小人』，側標題是『妖怪歟……何首烏歟』；但這個活像有其事的新聞紀事，到二十四日該報上又登出一篇通信社稿的

『石鄉小人查無其事』的『實地訪問記』，證明前說是『謠傳不確』了。

另外如『小兒呱呱墮地竟能開口呼母』（一九二六、七、三〇，時事新報），『婦人四乳與文王相同』（一九二八、五、一五，申報），『高橋鎮降黑雨』（一九二八、七、一七，時事新報），皖北嘉山縣津里鎮『靑龍捉妖』（一九三五、七、八，大晚報），『文廟路拆屋發現怪獸』（一九三五、九、八，申報），『千里駒到濟南』（一九三五、八、九，申報）……都是由於想像和誇張的誤報。

爲了刺激讀者或是帶着某種目的而使用煽動的，誇張的筆法，這是與不正當的點心店爲了甜味而把點心中混入糖精，爲了起泡沫在蘇打水中投入輸性藥品是一樣的不正當；是所謂黃色報者慣用的伎倆。

（6）由於過失或故意的誤報

由於過失或故意的誤報，乃是新聞記者的恥辱和罪惡。

這種誤報的事例，就政治上說，關係重大的，就是新聞記者同政客們勾結——就是利用所謂『新聞政策』——來僞造官公文書，攪亂國際或國內的安寧；就經濟上說，關係重大的，就是新聞記者同股票投機商人勾結，僞造新聞，攪亂市場而攫取巨利；就社會事件來說，那關係自然是很複雜的。關於前兩項的事在總論中已經痛切言之，在這裏，再舉出多關於後一項的幾個淺近的事例：

例一

昨年七月十八日申報上突然登出一條『本市發現眞性霍亂』的新聞，但內容的根據僅僅是『分向各時疫醫院探詢』這樣的空洞語。二十日的該報上又登出一條類似自動實係被動的談話式的更正新聞，顯明出這個誤報的關係和影響：

「前日各報登載本埠有眞性霍亂發現云云。茲經本埠各衞生當局……海港檢疫管理處等詳細調查之後，始知係出誤會，徒令人談虎色變，相驚伯有。……某重要職員談話：此項消息之傳播，關係至爲重大：不僅可使本埠人士飽受虛驚，倘由電訊機關傳至海外，極易影響船隻來往，使商業蒙絕大損失。故希望各時疫醫院，暨各有常識豐富之醫士，負責診治。嗣後對新聞記者發表談話，宜益加審愼；而各通信社及各報記者，遇有此項消息，務須由負責方面多處證實，再予披露，自不至再引起誤會矣。」

例二

本年六月二日申報『醫藥週刊』欄登出一條類似上例的性質和形式的新聞。

『自本市衞生局局長李廷安氏前在中華醫學會發起之預防花柳病大會演講後，迭見各報登載李氏演詞，內有上海某女子中校學生中百分之三十，皆患有梅毒等語，中華醫學會以此種記載，與李氏演講詞略有不符，爲免除誤會起見，該會特將李氏演講原詞發表如下：「李氏云，就本人所知，上海某一女學校有一次招考新生，投考人共五十二人；考試結果錄取者計有十八人；在此十八人中經作華氏血液檢驗，其結果，有四人顯梅毒陽性，佔全數百分之二十二強。此種情形，實爲偶見；惟當時投考者之年齡，較大於尋常，且有多數已結婚者，自不能與其他女校並論云」。』

右是沒有這個記事的後段的辯正，試想那因前段的誤報而生出的影響可有多麼大？

例三

新近發生『周作人失竊萬餘元』的誤報；爲了這事，有些報紙的誤報，確有故意的嫌疑；比如被誤報的周作人早已向最先登出誤報的北平某報去請求更正信，而且「來函照登」了，可是別處轉載該誤報的報紙，好像沒有看見；不但不更正，並且有的人反而推波助瀾地寫出悼惜的文章，甚至於說周「失主」爲了心痛，遂致病臥在床，而竟把這位一生不事積蓄的文壇淸高先生與眞正十足的惟利是圖的守財虜文人相提並論起來！

例四

這一例是新近發生的一個最大的、應由採訪者和編輯者同負責任的由於過失的誤報。就是當一九三六年六月十八日高爾基逝世時，路透社報稱『享年七十有四』；但在同月六日的病危電報中說『高氏年已七十二』。實則『高氏於一八六八年生於尼兹尼……』這種塔斯社的報告，同國民社的『享壽六十八歲』的報告是一樣地正確的。然而不但路透社的一誤再誤，而我們的報紙，竟也照樣一誤再誤，甚至於登出『高氏年已七十二』的誤報的某報，又憑空在電文傍加上一個斯丹林的肖像（六月七日）；而到逝世那天登出眞正的『高爾基遺像』時，並未聲明上次的錯誤——好像那種誤報是應該的。

由於過失的誤報是免不了的；由於故意的誤報，是新聞記者的無可原宥的罪惡；是必須努力清除的積弊。

二　如何防止誤報？

防止誤報的方策，第一就是新聞記者人格的向上。假若選取並報告新聞的記者本身，是不能信賴的人，這是什麼也做不成的；因此，歐、美報社的選用記者，第一注重人格；才能和文章，還算次要的條件。就是用考試制度採取專門學校以上出身的常識豐富，身體確實強健的人物，使他進社練習一年，考察成績的優劣，這才決定去取哩。

其次是編輯部記者的新聞檢閱：縱然是可信賴的外勤記者所執筆的，有時也會生出謬誤；這是必須要靠老練的編輯記者去發見，去指正的。如在以後的編輯卷中所述，在編輯部中，各部分都有十分老練的記者擔任部長、副部長的要職，指揮部下人員，蒐集新聞；把集來的新聞一一過眼之後，若是發見疑點，便要再命調查；考慮再四，得到確信之後，還才拿去發排哩。

第三就是調查部的設備：調查部是以糾正記者記憶的錯誤，並提供關於事件的豐富的資料，使那個報告更加詳細而確實為職責。調查部是記者的良好助手和顧問。這個機關愈完備，愈能夠防止誤報、期待正確。

第四是校正部的校對：在這裏，除校正誤排之外，也可校正文字上的錯誤——如對於誤字或脫字以及人名、地名的訂正等。只要這個機關完備，便不會生出『手民之誤』以及因記者的不注意而生出的筆誤。

第五是正誤部：這部的工作在期待新聞記事的眞實上是有很大效果的。這個正誤部的職責就是在所登的記事有了誤報，受害者申請更正或取消的時候，進行調查而採取適宜的辦法。有了這個正誤部，外勤記者在寫述新聞記事之際，會想到被更正、被取消、或被停職的恥辱，自然知道愼重選材，誤報也就不減自少了。卽這種事後的檢閱，對於事前的工作是大有效果的。——這種正誤部雖然在十餘年前刊行業已重了五版的拙著應用新聞學上已經特別介紹過來(見該書第五版頁一九七)，可是直到十餘年後的今日，我新聞界還沒有注意到它。

以上是誤報防止方策的大綱。到以後的編輯卷，還要詳細述說。

第三章　採訪的要義和方法

一　常務外勤記者的任務和信條

(1)任務

所謂常務外勤記者，就是報社所常置的、專以採訪本市新聞爲職責的人員。假定把報社的編輯部比諸司令部或救火局，那末，這種常務外勤記者、便是戰士，是偵探，是救火員，必須時時刻刻做着上前線，入敵陣，投火窟的準備。

在應用新聞學刊行的當時，中國的報社，還沒有這種人員，所以很難找到一些實際的材料。現今，比如上海的代表的「大報」，每家都已經大破本錢，置了五、七名的常務外勤記者，雖然比諸歐、美和日本的報社，僅爲十與一或二十與一之比，然而總算進步得多了。所以在十五年前——卽應用新聞學刊行時期——『民治精神之奮進，新教育之振興，雅片痼疾之戒除，女子之解放，工商界之發達，馬路鐵道之進步，則新聞訪員視爲無興味之材料，報紙鮮有披露』（註一），但在現今，情形可就大不相同了。所可惜者，雖然已經注意到上述的問題，一但是如果我們能以當前實踐的要求，去衡量其內容，我們非但看不到報界的「新生」而且反會發現報界危機的深入和擴大。在這個意義上，我是說中國的新聞界加速地被文氓市儈，封建遺骸，帝國主義的走狗，所結合的一般惡勢力所侵入，以色情化、腐蝕化的內容，來迎合一般低級的趣味；來麻醉，蒙蔽，和轉移大衆的意識，使大衆看不見自己的眞正敵人，弄不清鬭爭的實在對象，這是中國新聞界當前一個嚴重的危機，而且更是一個極大的恥辱。』（註二）。而且就另一方面看：『社會上迷信之風，本未盡絕；官僚、紳士素無科學頭腦，提倡神權，本無足怪。獨吾報界朋友，亦多爲鬼神之說所迷惑：不經之談，求神拜佛之舉，視作治國平天下之大道；每日新聞紙上輒儘量爲之披載。社會上謬說流傳，常引報紙爲談助。所謂指導社會之輿論，乃種此惡因，非但不能破除迷信，甚且製造迷信之資料。』（註三）

這樣說來，在中國的外勤記者的當前，在客觀環境和主觀環境兩方面都橫梗着十分嚴重的問題。處到這種險惡沈悶的環境，若是沒有澈底的覺悟和優秀的技能，萬免不了被打沈到海底的危險。在這裏，再介紹一位現役記者的『閒話』，其實是萬不能看做『閒話』的：

『由於「新女性」事件而引起的報人的風紀問題，可以說是我們報人的自我批判的初始。目前我們的清潔運動，更須把它擴大和開展，要肅清那些忌諱談到風紀問題的敗類，永遠不能存留在集納主義的王國。雖然是今後正進行的工作，但現在總可以說是進到一個新的階段了。

事實已經很明顯地指示給我們看：報人在社會上的地位，一天一天地日趨沒落；輿論的權威，多半被出賣於那些以職業爲進身政治的階梯或敲詐之徒的身上。

我們承認，而且我們已竟看到了：現在正是準備整個清潔運動的發展和澈底肅清的時期。

這個新的階段，是一個實際去鬭爭的起始，過去的是因爲受着種種的束縛，現在是要掙扎脫去種種束縛的桎梏，而負起報人的職責所賦予的任務來。

這個任務是什麽呢？報人是負有時代的使命，新聞之社會的存在價值。是反映當前的現實的全般生活現象。自然，反映不是一面光亮的鏡子。必須是客觀的主觀指示反映出的諸般形態及其動向來教養在時代動亂下面的羣衆。眞有效的工作，是要使人們透視現實的醜惡，而自己去認識人類偉大的將來的光明前途。因而發生信賴與努力。不能分析現實，揭破現實，明確地認識現實的人，還是很多着哩！

爲了要得到豐富的收穫，我們得努力於技術的探求和研究，首先是外勤的職責。

比如：電影明星阮玲玉自殺這一事件罷！我們很少看出分析她之所以自殺的社會的前因後果的記載來。——所謂分析有時固然是屬於評論記者的工作，但客觀的報導其環境的種種現象也是外勤記者所必須尋求的。——無怪乎社會羣衆都集於××兩人的身上，更無怪某報接到了許多要打死××的信了。但是，我們又仔細查看一下，還竟有同道特別跑到法國公園訪問×××前妻×××呢！試問這些新聞的紀載對社會有什麽利益？除了不是別有作用，那我們就抹殺了新聞之社會的存在價值。

……固然，阮之自殺遺書上是爲了訟案，然而我們報人竟在訟案上來宣傳，事實上誰能保證她不是被社會環境的惡劣勢力所殺！……我們報人便應該揭穿……更大的社會背景。不幸，竟有同道報導說過阮死之前看見兩個無常——見某大夜報——然則，阮玲玉之自殺，眞見了鬼?!

……我們再把蕭伯納來時所受的諷刺當例證看罷！記得那時是某同道向蕭開始發問：「先生對於東方及中國的印象如何？」

蕭答：「我今年已有七十七歲了，記得我每次到世界各地去旅行時，每個新聞記者都用這一類的話來問我。無論在寒帶，或是熱帶。其實，世界的現象總是如此，並且，我也不過纔到中國，所以，眼前沒有印象可說。而且問我對於中國的意見，於諸位也沒有什麼用處，你們能聽我指揮安排嗎？假使我是一個殺過十幾萬生命的武人，那末我的意見，纔可以得到諸君的尊重了。」

這彷彿拆穿了我們報人的公式話一樣。擁護蕭的人說他是幽默家，反對他的人，封號他是一條瘋狗，我們到不必去理會這些，但是，我們的公式話的幼稚是實在的了。……蘇聯首任大使鮑格莫洛夫來華的一天，竟有同道在船上問：「先生對於中國蘇區及紅軍情形如何？」這種問話的含義，彷彿受了某種的使命而希圖挑動國際情感的陰謀家一樣。但仔細想想，當時蘇聯正與中國復交，熱烈地攜着手，中國正賴彼此有所幫助，而發問的，是中國的同道，無論如何都會想到這種發問是沒有多大的陰謀和目標，那麼我報人在職業上的匆忙的疏失，事先沒有探求和研究而臨時信口開言，是無疑義的了。

由此，我們知道，採訪的準備都沒有，當然，更談不到職業所賦予的任務啊！

現在是暴風雨的前夜，我們不能夠對職責再度地疏忽，在畸形的組織的環境之下，我們從報館到街頭，就得由探求與研究而行動。實際深入社會大衆羣裏去，不僅是準備訪問的目標而且要把握着一件中心的目標；……以社會羣衆爲依歸……。這是我們新階段的採訪工作的任務。

同時，我們不讓那些敗類的卑劣慾望（迎合低級趣味以推廣銷路等）實現。更不許違反神聖的「記者道」的無恥之徒存在。只有鬬爭纔能消滅敗類的殘留。何況，我們不向敗類進攻，就是容忍敗

類的反動。在這一髮千鈞之際，該是集納主義者團結一致來努力的時候了。」（註二）

所謂『要把握着一個中心的目標』，換言之，就是應抓住現實的客觀問題。『像姚錦屏聞雷變性女化男身的事件在日本則是所謂「三面記事」的新聞，用目前中國流行的熟語——就是「軟性」的社會新聞。假使像這樣或相同的事件，而引起羣衆離開現實，或以迎合低級趣味，吸引讀者，除因某種作用或愚民政策而有意煊染淆亂公衆視線的陰謀家外，當國際帝國主義對華的侵略日益緊急，國內農村破產日益加甚，而封建勢力日圖復燃的今日。我們不能完全看她做「軟性」的事件，——是一個現實的問題由

『自我的諷刺』

說明：記者：部長此來，有何公幹？部長：此來全爲私人遊覽，並無公務。但經此遊覽，覺得中國前途，極可樂觀（笑介）。記者：（笑介）。

一軟性」而聯繫「硬性」的問題，這事件本身的實質內容，是同樣屬於有價值的報導範圍的。這就是每個報人在採訪上應把握着的實踐問題。……我們被姚錦屏欺騙了。過去我們沒有注意到現實的問題，現在我們該用勇敢的自我批判來把握當前的問題——反封建，反帝國主義。……如果我們從良心上出發而不歪曲地報導的話，前進的報人，就得每事件均展開由「軟性」到「硬性」之路。這不是過敏的感覺，而是應有的機警。負有採訪職責的同志們，把握着現實問題前進呀！』（註四）

在這裏，再從記者座談上選錄一幅很有意義的漫畫，原是轉載自某幽默雜誌的。『這漫畫粗看似乎雙關地侮辱「要人」和「記者」；不過我們不能否認目前新聞紙上「要人」喜歡對「記者」發表淸談無骨，不着邊際的「官話」，新聞記者常顧替「要人」做毫無新聞價值的私人起居注，都是事實。此風，站在「自我批評」的立場，似有盡量糾正的必要。故此「自我諷刺」，同業者尚不致認爲「自我的侮辱」吧。因爲這是積極的揭發，並非消極的諷刺。』（註五）

（註一）顧維鈞在倫敦、英美俱樂部第四屆年會演說中語；見一九二一年六月七日申報國外專電。

（註二）許克：中國新聞界的特殊使命文中語；見記者座談。

（註三）毛錐：閒話採訪；見記者座談。

（註四）蒨人：採訪應把握現實問題文中語；見記者座談。

（註五）記者座談編者的話。

（2）信條

美國聖路易的環球民主報（*Globe Democrat*）訂有外勤記者信條十條，這也是可放到外勤記者的座右的：

(1)在記事最初的一節務須抓住要點，提高標準。

(2)在不缺乏文章的明瞭的範圍內，務須儘力在簡單的語句中裝入記事的大意；並且不要寫非重讀便不明白的文章。

(3)在記事中不要吐露社論的註釋或論議的意見；並且不要在原稿中加入記者的自我。

(4)決不可欺瞞他人；並且在有誹謗的危險的時候，應特別警戒自己的急燥的不正確的記述。

(5)常須努力正確，排斥揑造。在有疑問的時候，更須尋求另外的頭緒。記事的謬誤，多是由於記者僅靠一人的目擊者的談話而發生的。

(6)每天不要忘記看自己的報；務須精讀自己的文章，看有怎樣的進步。

(7)不要破壞約定或做自己所不能履行的約定。

(8)務須勤勉而服從命令。

(9)須尊敬自己的職業。對於一切的人，都要坦白地、大膽地去會見他。不要拿「新聞記者」的名義來誇耀；因為這是有偉大榮譽的職業。

(10)須尊重自己。培養良好的習慣、健康、道德、禮貌；並且把眼光注射到高處。

二　訪問（會見）

(1)訪問的重要性

新聞記者在職務上與他人會見，這在新聞學上名叫訪問，也稱會見(Interview)。這個訪問或會見，不限於僅從記者方面申請會見的時候；也有對方爲了願發表意見或是爲圖解釋世間所傳的誤聞、誤解起見而向記者申請會見的。不問會見申請者是何如人，新聞記者只要帶着職務前去，便算訪問或會見。

這個訪問是新聞蒐集上的重要的工作，雖是任何外勤記者都要經驗過的，但同時又是極困難的工作。拉塞爾(C. E. Russell)曾說：『要想做巧妙的訪問記者，須有常人所比不上的知識、策略、熟練。首尾完全的會見，是培植到人類性的深處而成立的，而必定是素常熱心研究人類生活與人人所具有的興味的人，才能解決訪問之複雜的困難。』(L. M. Salmon: The Newspaper and Historian, p. 233.)。

這個困難的訪問，據傳說是一八六八年美國南北戰爭，當時，聖路易的環球民主報的記者馬卡盧(J. B. Mccullough)所創始的。後來在美國盛興起來，遂被紹介到英國，接着歐洲大陸也通行了。最初雖不大受歡迎，及至做了各國首相、和大政治家們的訪問記，還纔漸被世人所尊重。

（2）訪問的分類

在歐、美新聞記者所行的訪問，大致有如次的數類：

（A）直覺的訪問(interviewing by intuition)

這是從會見的人無意中吐露的閒話裏面聽到重要消息的一個斷片，便大着膽子寫了一個長篇記事。比如在華盛頓會議時『某日李德爾男爵與新聞記者談話時，李德爾偶露英代表貝爾福氏在委員會中反對外交公開，非議將委員會中所辯論者均付之於紀事錄之事。某報記者聞之，翌日即載之報端。貝爾福氏見之大窘，美國許士氏且力闢此項消息之不確，而深責某記者云。然某記者之銳利，敢盡記者之天職，在華新聞記者，均深敬之。』（註）便算一個例子。寫這種訪問記，當然非有經驗的老手莫辦；否則是會生出錯誤。

（註）王伯衡：太平洋會議之眞相文中語，見申報。

(B)反語的訪問(reversible interview)

這是思考對方所言的內面，而寫出推定的記事；這更容易生出謬誤。荷利俄克(G. J. Holyoake)曾說：『我若是把自己所想的事情的反對的意味說給記者，在第二天的報上，近於事實的記事便登將出來。』的確，在歐、美的政治家中，多有深知道記者要寫述談話的反面，而把自己欲說的事情的反對的意味說給記者的。但在這樣的不正確的基礎之下，去行訪問，遂容易造成誤報的機會。但若照中國的政治環境而言，新聞記者，使用這種方法去寫述訪問『要人』的記事，往往是會大見成功的；比如就前章所引的李浩然和張繼齋的苦惱的經驗，以及立報等所上的『內定』的大當而言，這種方法，卻也再妙無比；不過這也是非老練而且有機智和聰明的記者不辦的。所以初出茅廬的、或是自忖缺少機智和聰明的記者，這方法是萬不可輕易嘗試的。又寫述這種訪問記事，最好亦用略式訪問的方法卽用『據某負責當局或可靠方面傳出消息……』的筆法，若直寫『誰某訪問（或會見）記』而記出與談話根本相反的記事，這不但違反記者的德義，萬一弄出差錯，還會殃及報社本身，卽報社本身須負錯誤或造謠的法律上的責任。

(C)乘人不備的訪問(Wooden interview)

這是在叱嗟之間衝人之虛，而取得材料的方法。從德義上說，這是不應該做的訪問。但是這種訪問，往往很能夠獲得特異的材料。在第二次海牙會議時，因爲不許新聞記者入場旁聽，所以記者多用特殊方法採訪消息。英國某記者爲了想聽取比利時代表在會議席上的意見，會見着他，鄭重地問：『聽說閣下在昨天的會議席上對於強制仲裁裁判，強硬反對。』比國代表不知道是來採訪新聞，便鄭重地答道：『我是反對強制裁判的。呀，這是了不得的事情。我是爲這而論爭過了。這是我的演說草稿。』那個記者迅速伸出手來，取過草稿，看了一遍，更談了些話辭去，遂趕緊把記事稿寫好。這個記事稿在第二天的報上大放了一個異彩而登出來。吃驚的比國代表竟忘記——也許是不好意思說出——自己昨天叫記者看過演說草稿，諉稱被人把草稿偸去。用這樣的冷不防的訪問法而成功的故事，在新聞界是很多的。

(D)準備的訪問(Prepared interview)

還是爲防止談話的錯誤起見，用聲明書(statement)交給記者；又有手拿書面談話(message)的草稿在記者面前緩緩地朗讀的人。在這裏，必得介紹一位現役記者的經驗兼修養所得的話：

『所謂「書面談話」者，以顧名思義的解釋，即爲某一個要人，或是某一件特定新聞的對象人物，遇到一個新聞記者或者一羣新聞記者前往訪談，他如果不願或不便接見記者，或接見記者以後，恐怕記者記載時發生錯誤，所以由發言者自己，以書面草擬談話稿供報章發表。不過，通常發表書面談話稿或新聞稿，大多非由記者訪問而發表，而多是由發言者自動送給記者個人或報館發表的。……主要流弊的發生，亦便在後一種。

發表書面談話，在新聞的形式是成立的；歐、美各國的新聞紙亦多應用。不過在原則上，書面談話，或是書面新聞稿，僅能算作記者採訪稿的補證，而其採用和可靠性，是應加以鑒別和限制的。如果一個新聞對象人物，當他向記者談話時，如果他談的是屬於較專門的技術方面的話，非記者所易於記載正確或是遇發言人的一言一詞，都能關係國家大局，則由發言人草擬新聞稿或談話稿，這是合理的。不過這些書談稿，應以記者發問的意思爲中心，必要的時候，新聞記者應另選一由於客觀的新聞稿，與書面談話互相對證。蓋一個新聞記者應有客觀地獨立地對某新聞事實敍寫眞相的責任。這個責任，在相當範圍之下，絕對不能放棄，假如一個記者，他以記載事實的責任完全諉諸談者的本身，而卸卻本身所負「客觀敍述」的使命，故不論那發言者所撰的新聞稿或談話稿是否眞確性，但記者卻已侮辱了他自己神聖的職能。

至於，現在通常在中國報紙上的新聞，類多不曾經過新聞記者的採訪手續而直接送交通訊社或報紙發表；有的早已擬好現成的新聞稿件，交給來訪的新聞記者。在記者方面認爲不費氣力而獲得現成的新聞，便可很舒服地向本身所服務的新聞機關繳卷，但編輯方面，亦以書面新聞稿比較不出毛病（？）甚至編輯者心理常多爲避免麻煩願遷就現實環境而樂於刊載。此風滋長以後，未始非形成將來中國新聞紙主要內在危機的一個。依賴外來書面新聞稿而不審查那新聞稿的可靠性和客觀性，還算是新聞紙和新聞記者的內在自殺政策。這是不能否認的事實。某特定的人或機關團體，由其自動擬就送上的新聞稿件，其純客觀性和所謂「眞正新聞性」是絕對少於主觀性的。所以我們認爲一個編輯者不審愼於書面新聞而遷就現實樂於盲目的採用，這是百分之百的辱職。而一個外勤記者以專抄取人家擬定的書面稿件，而竟自認已盡了記者的任務，不求自身客觀職能的發揮者，這是記者人格的墮落！

根據書面新聞或書面談話，總比較缺少客觀性的原則。新聞編輯，除不得已外，應盡量避免當作主題來採用（絕對完全排除當然亦爲不可能）。外勤記者應認爲專採訪現成書面新聞爲可恥；卽偶有所得，亦應視爲新聞價值之最下者，我們認爲在新聞的客觀性的原則上應如此。」（註一）

此說在大體上是對的；的確在近年的中國新聞採訪界，『書面談話』一類的稿子，是嫌太多了。我以爲：若是書面談話的人是從外國來的名流，其草書面談話的主要原因，是恐怕由語言口頭而生出差誤，這在外勤記者，也不妨拿他或她的書面稿做中心材料，外加記者所得的見聞；但若是對方爲本國人，記者無條件接受其人的書面談話稿，這就難免失職之咎了。寫到這裏，又想起一段故事：昨年某省學生赴京請願，『當抵埠之時，滬上記者，凡有往訪者，彼等當時，以輪埠不便晤談，則邀各記者至逆旅相談爲辭。但既至旅舍，彼等又沿習官場中之臭架子，竟亦一嘗其發表書面談話之趣味，命各記者，依樣抄錄；因此頗令各記者難堪……」（註二）。新聞記者，在這種時候，當然要感着『難堪』；因爲不但感覺着自己的失職，並且感覺着對方的不明事理的緣故；因爲『要人之流，近時習於書面談話之發表，此尚可以深諒；蓋若輩負有當國之重責，一言一語，動可影響大局，爲審愼計，乃自撰談話，免有舛錯，此固有其深切之苦衷在，今×中學生，乃亦如是，可謂以學生而含有要人氣味者……。」（註三）

（註一）羽中：書面新聞的檢討的節錄，見記者座談。
（註二）銀絲：訪餘漫談中語。
（註三）同上。

（E）鼓吹的訪問（Inspired interview）

這是與準備的訪問同樣地爲良好的報人所不歡喜的會見。這是在意圖隱蔽不願使社會知道的事項或情況，或是對於某種沒有名氣的私事，希望輿論的援助時所使用的手段。就是利用新聞記者來做自我的宣傳。在歐、美，除政治家以外，如優伶或職業的音樂家之流，多慣用這種手段。但在中國，情形卻大相同：不但政客、優伶之流，會用這種宣傳方法，一切做社會公私事業的人，也會用這種宣傳方法，而且非用不行。即公然宴請新聞記者請求鼓吹。這種宴請在歐、美和日本的新聞界，只認為一種的交誼，

所以即使吃了一頓，也決乎不肯依樣葫蘆地把請客者的自我宣傳的話語揭布出來，尤其是決不會——在它們的寶貴的篇幅上也決沒有餘地——去寫出某人宴請記者吃了什麼菜，飲了幾多酒，或是僅吃了茶點這一類的無謂的事。但在中國的報紙上這種『招待新聞記者』的事情，不但主人說的什麼話要寫出來，還要寫出記者吃了什麼東西，——至少在敍述那個主人的『致詞』的開首一定寫出『今日敝××敬備菲筵，

獻宴各報記者，辱承諸公……惠蒞賜教……』這種可說是『報人的自我宣傳的替代』的話語。若是那個主人在酒菜之外還有什麼對記者的贈品，那一定要把贈品的名目像流水賬一般開列出來。不過在中國有許多事情，所以非由當事者招待記者，吃了一頓，或是分得若干贈品便報告不出者，外勤記者人數過少；報酬太薄，也是一個重要的原因（在總論中已經說過）；有好多宴會——特別是地點闊氣一點的宴會——多由編輯幹部的重要人員出席，便是例證。書歸正傳，就學理上說，一切『招待』之類，都屬於這個鼓吹的會見；有自覺的報人對於這種會見，仍須注意抓住現實，萬不可為貪圖一時的口腹，失掉報人的天職，這裏所選錄的漫畫，是已故畫家黃文農的，預言也算一種自我的諷刺，並且含有深刻的意義；雖是八、九年前的作品（見一九二八、一〇、一七，上海民國日報），但到今日，還沒有失去時效。

（3）訪問十誡

美國的新聞學者斯維特蘭（Horace M. Swetland）關於訪問，寫了如次的十個誡條：

（1）當要求訪問之際，豫先同對方約定正確的會見時日而嚴守之。

（2）豫先調查研究對方的人格、閱歷、學識、思想、趣味、地位等，而準備下充分的知識。

黃文農漫畫（一）

(3)明確地預備好會見的目的、要項、發問項目。

(4)不要期待着從對方取得『書面談話』，或是何種情報，提出問題，在談論中獲得材料，乃是記者的任務。

(5)豫先準備好適當的發問。這個發問，必須能夠貫穿問題的眞髓。

(6)儘力爲發問要項的談話，務求達到目的。

(7)時而發出聰明的質問(與直接發問事項無關係)，適當地企圖會話的進展；又對方若是脫出題外，則爲回轉話頭起見，可設法摻交別種閒話，再把談話引入本題。

(8)注意禮節和服裝，對於一切的質問或其它問題，都須努力抑制主觀的感情，不要同對方辯論是非或可否；聽取對方所談的要點便得，萬不可嚕哩嚕嗦地反問；又在會見中，應努力不要使談話停頓，或是表現出無聊的神情。

(9)對方的談話，倘若關係重大，或是其中含有統計的數字，或是數學上的方式，在必須慎重登載的時候，於發排之前，假如可能的話，以請對方看過原稿爲得策。

(10)會談不要久坐，以在所問事項還沒有完結之前告辭的程度爲上乘。

(4)爲什麼碰釘子或吃閉門羹？

依上述十誡，會見方法和心得，雖然大體明瞭，但實際上在記者帶着任務

黃文農漫畫（二）

去會見某人的時候，多有不能照上述誡條而行的。第一，縱然申請會見而完全謝絕，或是不謝絕而自見着記者，任憑你發出何種質問，對方也是故裝不知地什麼話都不說；還有雖然肯說，肯談，可是一點也

不觸及記者的發問，說的盡是別事的人。

尤其是外交官，縱然會着，也不容易說出什麼事情；除非記者同那個外交官有親密的關係，或是使用上項所述的特殊的訪問法。

這種謝絕新聞記者的事情，對方固然不好，可是在記者方面，甚至於故意揑造本人的談話，寫出誇張的記事，遂使所會見的本人大受迷惑；若是光迷惑還沒有什麼要緊，有爲這而得到社會的非難，蒙受意外的損失的。因此之故，不但富於思慮的人爲怕誤傳而不喜歡會見記者，就連素來愛好會見或『招待』記者而行『自我宣傳』的電影明星之流也竟然不願會見記者，並且公然發表出她的理由；如次舉的加雷古柏所說的影星怕見新聞記者的理由，便是例證：

『我們做電影演員的，等到稍爲露了些頭角，就有許多電影刊物的記者來訪問他們了。當然，這些刊物和寫作人，對於電影從業員的成名，是有極大的幫助的；簡直的說，明星的聲名，是他們創造出來的。他們先替我們寫我們的簡史，次之就是我們怎樣進電影界，怎樣會得到好機會等等。這種材料，經過了多少次的反覆應用之後，他們就開始寫到我們的日常生活，以及其他事項了。

就在這個時候，電影演員就開始對於這般新聞記者，害怕起來了。他們漸漸干涉到我們個人的私生活了。我們所不願意發表的東西，他們亦發表了。不關大衆的事，新聞記者亦非分的揣測着，公諸大衆了。到了最後，我們就不得不採取一種自衞的策略，那就與新聞記者避而不見。

可是，當我們發表了不見新聞記者的時候，我們就立即被加上了一個「搭架子」或「驕傲」的頭銜。至於我們爲什麼要不見新聞記者，他們都置之不問了。他們也沒有想到他們對待電影演員不合理之處，以及那種的宣傳，簡直是有不如無的地方。他們並且還要說一般電影明星的忘恩負義。他們想着，我們初到好萊塢的時候，是怎樣的歡喜見他們，惟恐他們不來；但現在我們闊了，用不着他們了，不見他們了等等。其實，這些都是誤會。

當我們不接見新聞記者的時候，我們不能擬就一張名單，誰是可以見的，誰是不見的。因此，我們亦祇可一概不見了。這樣一來，卻就激怒了記者的全體。於是其中就有人，開始向你進攻，說你的壞話了。大家看到那些攻擊的話，有的懷疑着我們眞的變了，有許多本來喜歡我們的，亦漸漸的冷淡起來了。我是受過以上所述的種種苦處的，我不能不特別的將我個人的態度，表白一下。

我想我的生活，是極平常單調的。我並沒有什麼奇聞軼事告訴人家。但是新聞記者所追求的是特別的故事。倘使他們發表了，我在工作的日子，早晨七點鐘起床；不工作的日子，十點鐘起床；用了早膳，就到公司裏去；一直工作到晚；然後回家不出去。那末，人家就會想，這個人多末平凡無味呀！亦有人說，這種故事寫它做什麼呢？這樣，新聞記者要寫我的日常生活，就無法寫我眞實的日常生活，必須去「發明」和「創造」了。

當我還沒有結婚的時候，我也不免和女友出去玩玩。一個男子要和曾經一同出去過的女子，統通結婚，那是不可能的。但是一個男子，一生祇同一個女子出去，亦是絕無僅有的。但是我每次同一個女子出去了一趟，報紙雜誌的閒話欄裏，立卽記載下來了。

那還不甚要緊，如果他們不加以按語或揣測的話。但是我所讀到的，往往寫着：「加雷古柏和伊麗斯麥貢昨天晚上在某處某處。伊麗斯是加雷最近的情侶，但加雷是捉摸不定的，伊麗斯是否有本事捉住他呢？」你讀了這段新聞，你說討氣不討氣？到了明天，我和伊麗斯打電話的時候，心中的感想就可想而知了。我忐忑的懷疑着，不知道伊麗斯看見了那段新聞沒有……她會不會生氣的……她會不會懷疑到我有什麽用意的

如果我不十分難纏的話，過了一天，就有許多新聞記者來見我了。他們在談了許多無關緊要的話之後，就不免提起了伊麗斯的名字。他們問我伊麗斯好不好？當然是好的，不然不會同她出去的。第二個問題就是，我要不要娶她爲妻呢？這叫我怎樣回答呢？

你或者對於一個女子，很佩服她，很喜歡她，但卻不一定會想到要娶她爲妻。同樣的，一個女子和你同出去而很快樂，但她卻沒有夢想到要嫁給你。到了人家提出了你要不要娶她的問題的時候，你如果說：「不！」那你簡直是個不知禮貌的混蛋，並且於那個女子的面子，亦太不好看了。倘若你說：「是的！」如果你不是謊言者，就是一個傻瓜了。但是新聞記者那裏能了解你的爲難呢？

當我結婚的時候，因爲我的妻並不是電影界的人，所以我就關照了宣傳部，如果有人來訪問，請他們先聲明在談話之中，不要提到我的婚姻問題。來訪問的人，起初是滿口答應的，但是等到他們踏進了我的化妝室之內，態度就兩樣了。他們往往問着：「你的新夫人比你所認識的某某女士怎麽樣？」這眞使我發火了，但我又不能將他推出去。這種不守信實的記者，就是我所深怕的。

在我結了婚，不過三個星期之後，就有許多新聞記者來問我，對於婚姻的意見等等。其實，一個人結了婚五十年，未必就對於婚姻有什麽了解。叫說什麽話回答他們呢？

也有一件事，足以使電影演員對於新聞記者厭倦的。當你初進影界的時候，你的知識當然是有

限的。新聞記者來了。他們叫你說這個，說那個。你爲審愼起見，就拒絕了；因爲你覺得許多話不便公開的說。但是他們擔保：你說了他們決不發表。你相信了他們，於是，好吧，你就一五一十的說了。不久，你的談話竟完全在報上披露了。你自己讀了，知道上了人家的當。他們弄得你像一個「長舌婦人」。慢慢地就有人寫信來問：「你知道你是誰呀？」

還有許多新聞記者喜歡做的事。譬如說，一位新聞記者問你爲什麼要做某件事。你告訴了他。他回答說他不明白。爲了要使他了解你的思想，你就告訴了其他許多有關係的事情。但那些事情都是你不願意公佈的一部份，確是最重要的一部份。而那位新聞記者所親口答應的話，卻已忘記在九霄雲外了。

新聞記者還有一種毛病，就是他們胸有成竹的來訪問你，他們沒法使你講他們所要你講的話，而完成他們自己的用意。比如說，一位新聞記者來問你，你吃雞蛋的時候，喜歡吃蛋黃呢？還是蛋白呢？他問的時候，已經早有打算，要叫你說喜歡吃蛋白的。倘使你也說喜歡吃蛋白，當然他覺得正中下懷，無話可說了。但是，倘使你倒歡喜吃蛋黃的話，他一定打岔話的說道：「不錯的，但是，你相信不相信……」當然，你覺得不便太抵觸他，況且這亦不是什麼大不了的問題，於是就點頭答應了一聲。倘使你過了一回，又表示你還是喜歡蛋黃的話，他一定又打岔道：「你剛才不是說……」這簡直使你不得說話的機會。等到那篇談話發表之後，他所要說的話，一概借你的嘴說出來了。這種豈有此理的事，亦是數見不鮮的。

以上所說的，還不過係電影明星們畏懼新聞記者的理由的一部分。凡做到了明星的地位，他們的生活不得不顯得比較平常人奢華些。汽車哩，游泳池哩，網球場哩，成羣的僕役哩。這些東西都是有連屬關係的。但是新聞記者卻管不了；他們喜歡挑檢某一件事，某一件東西，來批評或揣度你們。我在沒有事做的時候，喜歡穿了舊衣服，隨隨便便的坐臥着。公司方面告訴我，我應當在大衆面前，稍有顧全些觀瞻。於是我就叫了一個裁縫來，替我剪裁了許多套衣服。剛巧那個時候，我從歐洲回來，於是外面立卽起了謠言，說我有某種社交的企圖哩。我置備一輛新汽車，購買一副馬鞍，一些極平常的事，給外面知道了，都會引起許多謠言的。

當許多明星們聚在一處的時候，他們的談話常常會提到雜誌，新聞記者，訪問等等問題。我們發現了他們的意見，和我的大致相同。我們知道訪問的價值，因而重視來訪的人。但是我們亦和平常人一樣，有許多私人的事，不願公開討論的；可是你越不願意講的，新聞記者卻越要討論和追究。

到了後來，我祇有兩條路可走：一條路就是儘他們去講……；還有一條路，就是建築起自衞的牆垣，拒絕一切的新聞記者。兩者都有它的弊病，但是我卻不得不走了第二條路。不過我覺得我應當先聲明我的理由。我的理由，亦就是我許多朋友和大多數電影從業者的理由。並不是我驕傲，忘舊或者搭架子，實在是迫處於此，不得不然。」（註）

看了這篇自白，可知見人問無關緊要的話，問不必要的廢話的新聞記者，不分中外，是沒有兩樣的。——如果我們的新聞記者知道這個要點，也不會被在上海的堂而皇之的舞臺上演出吃阮玲玉母親耳光的醜劇了。豈僅阮玲玉事件，另外的國產實例，也是其多無比，在這裏，舉出幾個較爲顯著的：

（註）節錄級琴譯文；詳見昨年四月二十四日申報。

例一

見了在社會上稍出風頭的女性，不管她是十餘齡的少女，一定問到『婚事』或『好事』，而且這好像是一定的訪問規律一樣，要做劈頭第一問。參加全運會到滬的楊秀瓊，自然逃不脫這個公例，——對於她的技能，乃屬次要的問題。所以她便首先爽快地答道：

『關於本人的婚事問題，現在求學時代，尚談不到；以前報紙所傳，均係友人故意開玩笑。』

（申報）

又如離婚，在封建時代，原是了不得的事，但在今日，絲毫不成問題；若是離婚的當事者還在未婚時期，更屬平凡之至。然而我們的報人，比如對於胡潘結婚之事，訪胡的人，多問到林雪懷；有的並且『拿這種封建的觀念，來非議胡蝶之結婚，正是一種助長殘酷的封建勢力滋長的毒素；不但是對於一般婦女的侵害，抑且失卻新聞紙存在的作用。』（註）

（註）唐瑜：關於胡潘之婚爲什麼要提到林雪懷一文的結語；詳見社會日報。

例二

女人死了丈夫，這無論在何種社會，都算是一種悲痛的事；若是丈夫死於非命，那悲痛是更不消說、不該問的，但在銀絲君的訪餘漫談中，見到如下的兩段動人的故事：

『採訪新聞之際，發言措辭，須絕對避免對方的忌諱；縱有若干問題，爲對方所不願宣洩而新聞上又不得不詳其眞相者，亦須審視環境，以婉轉之口吻探問，否則沒有不吃不消兜了走者也。

近遇某君，述及一事，謂當唐有壬被刺之後，遺體停留於殯儀館待殮；哭聲在堂，弔者盈庭。乃有某同業者，忽發妙想，欲詢唐夫人歐陽文徽女士對於唐氏被刺之感想。此時唐夫人正在孝幃中號哭暈絕，但某記者不識相，知招待員中之歐陽予倩，即爲唐氏之郎舅也，則請予倩作介，謂欲一詢唐夫人。予倩詢以訪晤之意，則謂欲詢歐陽女士對於唐氏被刺之感想。予倩聞之，不覺愕然，嘗語之曰：君欲詢感想乎？此則毋容詢問者；所天被刺，惟有哀痛而已，其他之外，何來若何感想？且此際正當悲哀號泣之餘，慰之當屬不遑，誰有閒情逸致，暢談感想哉？某記者聆之，乃沉吟無語而退。若此者，誠強人之難，且又事實上無庸訪問而不忍訪問者，又何必強人之難，某記者可謂惡作劇之甚者也。』

這恐怕算是最厲害的釘子了。

另外還有多種事例可舉，其最顯著的，是會見蕭伯納和蘇聯大使所發的愚問，已見本章開首所引的問話採訪文中，茲不復述。

（5）訪問的理想

要之，誠如英國倍克爾(A. Baker)說，『是用文字把其人的工作、意見、境遇、關係諸問題，以及關於其人的著名事項正確地、圓滿地描寫出來；並且是蒐集公衆的代表的意見，從有力者探出社會問題的中心點，或是獲得對於時事問題和有興味的事項的說明。』(Williams and Martin: *The Practice of Journalism*, p. 169) 在這裏面，雖有如前所述的方法，注意，形式，但最必要的事情是正確和眞實的描寫。無論是怎樣地可做有興味的題材的訪問，假如是虛偽的描寫，不但減殺價值，並且算是對於新聞事業的叛逆。

關於訪問應注意的事項，在應用新聞學上（頁四五——五三）說得也很扼要而切實，可參看；另外在本書雜誌卷中，也要說到訪問乃至談話手記的技術。所以在這裏就不再多寫了。

第四章　特派記者

一　特派記者的使命與活動

（A）特派記者須爲公正的報導

所謂特派記者，廣義言之，就是帶着採訪任務而爲報社所派遣的記者；但就狹義上說，是派遣到海外的重要地方，專事採訪某種新聞——比如某種國際會議——的記者。前者大概是常任的，後者大概是一時的。本章是綜此兩方來述說的。

特派記者與從軍記者同是新聞記者最重要的服務，尤其是做海外特派記者而駐於一國的首都或重要都市的記者，其地位、聲勢、實不亞於一國的全權大使。比如倫敦泰晤士報的前中國特派記者莫利遜博士(Dr. G. E. Morrison)，從一八九七年來華擔任通信工作之後，駐在北京，更遍遊本部各省及新疆、靑海、喀什噶爾等處。於一九一二年由中國政府聘爲顧問。對於各國的對華政策，很有勢力；蓋其地位、聲望，幾乎駕於僅代表一國的英國公使。後來他到日本去，受國賓待遇，以大隈侯爲首，朝野的名士都熱誠地款待他。又如紐約世界報（現爲世界電聞 *The World-Telegram*）的前編輯長柯布（Frank Irving Cobb）曾赴巴黎的講和會議，常在電話中『哈囉，密斯特威爾遜……』這樣地採訪新聞；這雖是他和威爾遜同黨而且有朋友交誼的關係，但也可見新聞記者的活動和地位之一斑。

紐約先驅報（現爲紐約先驅論壇報 *New York Herald Tribune*）的創辦人柏乃特（James (Gordon Bennett) 曾評特派記者說：『大報社的特派記者，在某種意義上，與一國的大使有同等勢力。大使是像馬基阿未利 (Machiavelli) 的定理，要儘力在獲得公私兩方的一切情報上造成最好的機會，而把所得的情報報告給本國。特派記者須常供給其國的一切新聞消息，好使本國讀者構成公正的判斷意見。——特派記者須報告實在的事，不可加以偏見的觀察；或自己的私見。報紙的意見是主筆在社論上發表的，特派記者，不應該發表主張。被派遣到土耳其的記者，多發來對土耳其人有反感的通信。這是很不公平的。』(L. M. Salmou: *The Newspaper and The Historian*, p. 182.)

誠如柏乃特之說，駐在外國的特派記者，供給一切新聞於本國的讀者，把他所駐的國民的意志、生活、感情等明白地映寫到通信裏面。這個通信報告是能夠招來國際關係的融和親善或離反敵視的重大結果的。不過這是指駐在對等國的特派記者說的；若是駐在有不平等條約的拘束的國——如中國——這個規例，便不通行；關於這個事情，已詳述於總論末章，不再多贅。

不過，照新聞報導的原則上說，無論駐在何處的特派記者——縱係駐在對等國的特派記者——也不可以光持歌功頌德、隱惡揚善的態度，要在公平而不含惡意或故意，並且不可使出粗暴的態度，否則便免不了受嚴重的處分。如最近意大利新聞記者大鬧國際聯會場事件，既受瑞士當局先拘禁後押解出境的重罰，更受在日內瓦的國際新聞協會的譴責，又受各國報紙的指斥，這都是不守特派記者規則卽不明白特派記者任務的記者所應受的待遇。

要之，以公平的判斷，企圖保持國際的平和，解釋國際的誤會，俾得鞏固兩國的友情，這都是特派記者應盡的職務。爲喚起國民的興味而報告風說，或是有意煽動國民的敵愾心，如各帝國主義國——特別是某帝國主義在華的特派記者的態度——十足的鷹犬的態度——是應該加以指斥的。必須冷靜地報告實在的原樣，好使構成國民公正的輿論。

又，駐外特派記者的採訪活動，雖在原則上應與其本國使領的行動相一致，但也有未必應然的時候；倘使遇着了這種困難，則密勒（Thomas F. F. Millard）氏在昔年對其本國駐華使領馬慕瑞等的手段，是大可以取法的。關於這個事情，上海世界新聞社有一段簡明的介紹：

『據紐約先驅論壇報載稱：前上海密勒評論報主筆現任美國各報遠東通信員密勒氏，近在麻省政治學校演說中國時局問題，對於駐華美使馬慕瑞氏及某某美領，大爲抨擊。密勒氏以具體的證據證明北京美使館曾圖檢查美報通信員從北京發出之新聞函電；凡所表示之意見與馬使意見不協或不與其他外國通信社一致者，輒予塗銷，以期美國公衆不明中國革命之眞意義，因而造成一種可用武力以維持舊條約狀況之時局。密勒氏之言曰：「最近在華之國際危機與往時不同；因我國政府之外交代表顯圖破壞美國政策，阻撓國務院所欲取之方針；而美國在華商人團體亦復取此種態度。按我美對華政策，久已養成華人間之一種特殊好感。近年駐華美使可無須努力於培養善感之工作，祇須將已有者保持之，換言之，彼等祇須按照我政府既定之對華政策，維持『中國之領土完整主權獨立』之原則而行，於事已足。自中國改建共和以來，覺常有力阻外國干涉中國革命之必要。若美國單獨或與他國協同干涉，顯然破壞美國政策之原則。果使勢力變遷，有修改政策的必要，駐華外交官自應以時局情形及彼個人意見密陳於政府，不應公然有違反行動。中國智識界決心修改舊約，又得有力的民衆心理之後援，而美使館對之，似忘卻美國政策之原則，獨取與此原則不符之條約規定作指導，而與外交團攜手偕行焉。須知『國際合作』一詞，往往包藏私利目的。今美使館對所謂國際合作負責直任，是與我政府牴牾矣。」密勒氏又云：「南京事件被用作運動干涉之根據，爲影響中國以外之輿論起見，開始一種特別宣傳；力言在華外人如何危險，中國國民軍實欲屠殺外人，以造成在華外僑恐怖狀態，同時狂熱的從事防禦工作。凡此種種誇大，皆含有政治目的。依余所知：上海北京等處外國當局之防禦工程，其中多有故意爲之，以期造成各該本國贊成完全武力干涉之輿論；而我使館及幾個領事，尤全爲此種恐怖心理所支配。」密勒氏又謂北京某外交官曾言，京中人咸信馬使「已允許交出他的政府，但終沒有能够成交」。美國聯合通信社曾拍一電至中國，謂國務院已訓令馬使勿參加列強之哀的美敦。英文北京導報（*Peking Leader*）主筆得此電訊，覺其關係重大，以電話訊美使館參議瑪由氏。瑪氏愕然，請該主筆勿爲揭載，以免使館受窘。其後證明該電所言甚確，而聯合通信社駐京代表高爾德氏爲馬使所不悅，竟被禁入使館參與關於新聞之會議；馬使並指高氏有神經病，高氏乃自請著名醫生三人診察，則絕無神經病之徵狀云。』（註）

（註）據一九二七年九月二十三日申報。

（B）特派記者是新聞社的活動標本

特派記者可說是新聞社的活動標本。

特派記者必須沒黑沒明地而且風雨無阻地往電報局去；因爲電報局是晝夜不閉門的；因爲必須趕得上自社各版的截稿時間。夜晚過了一點鐘，料無他慮，是可以就寢的，可是在現代的都市——特別是國際會議——活動的特派記者，還樣安易的時間的餘裕是沒有的。因爲夜裏雖已過了三點鐘，說不定正合本國報紙出晚報的時間；或是適於發號外的時間，所以特派記者實與自社的輪轉機同樣地帶着不斷的活動責任。

當然，只要得到要領，今天相信已是萬無一失，可以像考試完畢的學生那樣地去睡了。但內中也有不從事電報的競爭，隨隨便便地帶着一半遊歷性質的特派記者；或是像昔年中國各報應付華會那樣爲省費省事起見，不特派記者前去，僅囑『當地學生充任。此輩學生非特於宣傳二字上缺乏研究，即於探聽消息的各種方法亦不明瞭。故所報告者，非數日前之新聞，即襲譯當地各報』（註一），這只算是普通的人，不能認爲競爭中的特派記者。

然而這樣的取材活動，對於志願做新聞記者的人，算是無上的愉快。要之，算是得到活動的自由，可以使自己的熱血，健實地充滿到全身上。寢前思一番索，醒後看一番報，便好拿定當日取材的計劃而飛出旅舍；沒有必得什麼時候回社的命令，可以行其所欲行，爲其所欲爲。而一旦得到特殊材料或是得到預想中的材料，這時候的愉快，眞是非局外人所能想像的。比如：

『此次各國新聞記者之參與華會者，總數約在千人左右。非特與會諸國遣有新聞記者在華盛頓，即不與會諸國之報紙，亦有遣送特派通信員者。此無數新聞記者中，份子複雜，不能清辨：有爲政府作宣傳及偵探者；有爲個人作走狗謀利益者。有爲金錢主義而來者；有爲名譽思想而來者；間亦有毫無學識並非新聞記者，以新聞記者名義，旅居華盛頓、藉圖種種之權利者。然以上所述者，究係少數；大半均係探聽眞確消息而來者；亦有爲舉世著名之著作家爲美國各報所公請，赴會作特別之論文者。美國政府為優待新聞記者計，於新建之海軍部中，劃出一部分，供各記者休息談話之用；各記者每日亦必聚集於此，討論一日間所經過之事，作詳細之通信或電報，以報告各人所代表之報紙；議論紛紜，一若各記者，亦在華盛頓開會者。自朝至暮，凡與華會有關係之公共機關，無不有新聞記者足跡，淸閒之華盛頓，有此各國新聞記者之大活動，空氣為之一變。

雖然有此無數新聞記者之參與會議，由世界人民一方面觀之，可謂幸事。蓋消息可藉之而靈捷，凡華會之一事一語，均可於簡短之時間內，報告於全世界。然由各國代表團一方面觀之，則莫不有受各記者之擾，苦不堪言之慨；而以日本及歐洲各代表團為尤甚，因日本及歐洲各國，向例對於國際會議，均不主張公開，凡事均主張守秘密。今乃有如許之新聞記者，每日至各代表團辦事處，索取消息。各辦事處，既不能拒，又不能與，頗有二面為難之處。加以美國新聞記者，素以伶俐著，其搜集消息也，有種種特別之法則。而有聞必錄，亦為美國報紙之特性。是以各代表團若欲於華會中抱一死守秘密之態度，萬難辦到。故各代表團之對於新聞記者團，不能不叫苦連天也。

然而新聞記者之目的，無非欲探聽消息，報告世人。而各代表團在華盛頓之目的，亦無非欲宣布消息為祖國謀利益。此二目的間，似有線索可通。故代表團與新聞記者，遂彼此相利用：代表團利用新聞記者，以施行其宣傳政策；新聞記者利用代表團，以為探求消息之捷徑。有此互相利用之心，而每日有代表團與新聞記者談話會之設。此種談話會，大半在下午舉行，每一代表團，約佔半小時。各新聞記者，將往各代表團辦公處中，三、四小時後，一日之消息，盡在手中。加以華會秘書廳，又每日有正式會議記錄之發出，故消息從未有缺乏之患。所患者，各代表團之代表，均係外

在華盛頓會議的各國新聞記者的活動狀態（太晤報）

交能手，圓滑專家，與之談話半小時，除笑話外，所得者甚少。卽有所得，亦當辨其用意，非貿貿然卽能發表也。

美國新聞記者，在此種談話會中，腦筋甚爲銳利。代表團中，祇有一人答語，而新聞記者遂旁聽者，有數百人。故新聞記者，恆處於優勝地位……』（註二）

以上是一時的特派記者的活動方法和範圍。若就常任而言，那活動範圍就寬廣無邊了。比如莫利遜博士便是好例。卽派駐一國的記者，決不單只駐在首都，全國要地都須隨時前去視察。

（註一）王伯衡：太平洋會議之眞相文中語。

（註二）同上。

二 特派記者的人品·資格·素養

綜觀上述，可知特派記者責任的重大性；尤其是參與某項重大國際會議時的責任，他或她的活動，不僅可以決定本社報導戰的勝敗，有時並且會成本國的會議戰勝敗的一種因素哩。卽如中國在巴黎和會及華盛頓會議兩次都告失敗的原因，固然由於國力的不強大，而我們的報社不肯『派送眞正之新聞記者赴會……貪便宜，就地請學生；或迷信外國人，專用外國通信社之電稿』（註一），確實不能不算最大原因。

不但在取材上負擔着這樣重的責任，他或她並且還負擔着做一社代表——至某程度算是一國代表——的品格上的責任。行動和態度，一失常軌或有不合理的地方，便算失掉其社其國的體統：決不僅是一個人的榮辱和得失。

特派記者的責任，關係既然有這麼大，所以負擔這種職務的人，必得是健康、機敏、鬪志、文才、觀察力等的所有者。但這些資格決不是天生的，是必定在新聞學校受過嚴格的訓練，又在新聞社經過辛苦的體驗方能得到的。

在交通機關和通信不發達、不靈敏的昔日，羅曼蒂克的特派記者的立功故事是不少的。比如美國新聞界的巨人柏乃特，在十九世紀中葉時代，他曾從國都華盛頓用快馬把寫下的新聞稿送到紐約；又一取下從歐洲到波士頓港輪船的新聞稿，立刻便由快車送往紐約。因此，勝過了別家的報紙。這是沒有電信、電話時代的競爭。除了這種船馬的競爭故事以外，還有兩個特派記者做馬拉松競爭的故事：這兩個特派記者競爭着從一個鄉村地方到隣村的小電報局去；相離有十里路程，並且盡是流冰。長於賽跑的A記者，因爲跑得太快，滑倒冰上，挫住了脚，爬不起來了。遂求助於B記者說：『不行了，我要棄權，對不起，請你拉我到那村』。B記者應允他，可是提出『到電報局讓我先拍發』的交換條件。還有一個故事，也是外國的：慌慌忙忙地首先跑到電報局的一個特派記者，從衣袋裏取出聖經隨便翻了一處，交付電報生說：『先給我拍發這個，裏頭有電文』；在電報生匆忙地工作着之間，他才去寫眞正的電稿。雖然在他寫稿的時候，接二連三地的特派記者都已趕到，要拍發電報，可是電報機早已開動，先到的記者把接續着的聖經某頁的眞正的電稿隨寫隨交給電報生，完全占領了整個的電報局，因此弄得大家都沒辦法。但這些都是電報、電話的發達還在極幼稚的時代的話柄。這種舊式的競爭，在今日，雖然還不能說絕無，但僅是在通信機關還不普遍的山間或僻遠的地方的事情。不過在新聞採訪上可以應用到類似這

世運會中攝影記者之競爭

飛行女傑

其理遜夫人自英格蘭夫遜特飛好望角凱旋被攝影記者包圍之情形

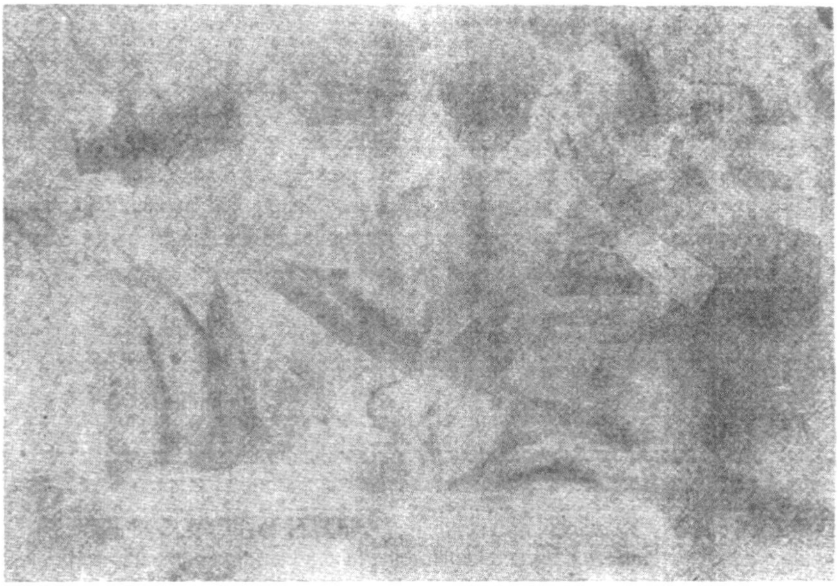

各國記者在世運會中以電話機及打字機工作之情形

種機智之處，任何時地，都是有的。

再說地位崇高，責任重大的海外特派記者最必要的素養，就是外國語文。這不限於海外特派記者，也是一般新聞記者所必要的事；如會見外國人時，或是當調查關係外國人的事件時，或是處理海外新聞時，只要有外國語文的素養，通達外國的事情，一切事務都可圓滿無礙地進行了。在華盛頓會議時的『日本宣傳隊……共六十一人，大半居華盛頓。彼等極力與美國輿論界相接洽，然英文程度不足者居多，故屢試屢敗』（註二），便是顯明的例證。跑到外國，別種事情，固然可用通譯幫助，只有以採訪新聞爲職務的新聞記者用通譯是萬不濟事的。通曉駐在國的語文，乃是唯一活動的武器。但在這裏有必須注意的一事，就是駐外記者工作的難易與其所代表的國家的地位和報社的聲望也有關係。簡截地說，假定我們的國語在外國也像英語在中國一樣成爲各種學校的必修科，乃至爲社會一般所普用，又在中國有像倫敦或紐約的大報那樣的足以代表一國輿論的報紙，而在外國又辦有像在中國的有相當勢力的『西報』的漢文報，那麽，處在這樣的環境中的中國記者，自然是可以用本國的語言採訪新聞的。可是就目前實際的情形來說，外國的語文——特別是西洋的語文——在東方乃至在全世界，早已形成牢固而不可破的勢力，不但駐外記者要修習它，國內的記者乃至一切文化工作者都少了它不行。這原是由於文化程度和交通、交換諸種關係所使然。

在新聞報三十年紀念册中，發見格里因(O. M. Green)氏一文，大可以做本項的參考，左邊是它的最主要的部分：

『讀新聞報者，當有知英語之福利德街爲何種意義者。此街路狹而人衆。讀報諸君，或嘗有經其處而自念所與相晤接之人，爲何等有頭腦之名人者。鄙人蓋即初至其地生此思想之一人也。諸君若或不知福利德街之意義，則可爲之解曰：是間爲英國新聞事業之中心點……；世界各處的新聞，皆向是間暗淡無色之房屋中而行；經此中人編輯刊行以後，乃復發布於外，以供啓迪公衆之用。是街之報館，有出晚報者。每日自上午十時之後，陸續出報；一日數版；而晨報則雖外省之遠，亦於早晨時已達到讀者之目；其發行稍後者，則專爲倫敦本埠而出版者也。早晚出報既無已時，故印報機器，幾無機聲停止之時。泰晤士報之館址，卻不在福利德街，蓋是報館址，實在印書坊街，爲創辦人約翰華爾德（John Walter）故居；其地距福利德街可四分之一英里，與黑衍橋相近。又有晨郵報者，在亞爾德濰區；其地址亦距福利德街頗遠，大有獨立鳴高之概，而是報對於世事之主張，亦頗與之相類也。然其他各大報館，則大抵在福利德街，或其相近之胡同中。即外省外國之報館，其倫敦事務所，亦都在此間也。世界事物，蓋未有可與福利德街相提並論者也。法之巴黎有馬德廉德路；重要報館，頗有開設於其間者，未嘗不可目爲新聞記者之集合地；紐約之百老匯路，亦復如此。然巴黎紐約二街，不足以完全代表新聞事業如倫敦之有福利德街也。英國之新聞記者，初則執業於福利德街之報館，而卒成爲世界有名之大人物者，比比皆是。此在他國，恐亦未有能及之者；如小說家卻爾司迭根司（Charles Dichens）乃每日新聞第一任主筆；去世未久之蘇士白雷尊爵（Lord Salisbury），亦一新聞家；密爾納尊爵（Lord Milner），初亦爲新聞家；而英法文學之泰斗，森士白雷（George Saintsbury），亦一福利德街之新聞家也。此外法律官律師之屬，當其無人過問、絕無聲聞之時，賴筆墨爲生涯，託身於福利德街之新聞事業者，尤不可勝計也。惟是此等八大都撰著論說，非至夜間，福利德街中固不見其蹤跡；雖屬新聞家，有造成今日之倫敦報紙之功，其與新聞事業之普通生涯，則尙在範圍以外，報界俱樂部中，無人常談其名也。此報界俱樂部，爲報界人士聚談交歡之所。每日二十四小時，出入其中者絡繹不絕。舊時俱樂部中，氣象殘黑，殆卽因此；蓋終日不能大打掃，而俱樂部之房屋，又甚敝舊不完耳。今俱樂部已遷新居，廣大煥麗，不與前同，會員出入其間，眉際常憂；蓋以負責重大，無由舒解故也。然今日之俱樂部中，趣味濃厚之情，是否同於昔，則不可知。昔日之俱樂部，報界新舊大小人士咸備，其中有一物不知之新進；有無所不解之老主筆；亦有曾歷外國大戰場之通信員。此輩往往不能握管作評論，而各報最重大之責任，實在此輩。欲求成名，則必有一萬不可缺之特性而後可。卽無論何時，遇事卽起身而行，一切可以不問；雖婚喪大禮，臨時亦惟有掉首不顧。而其人又善述一事之前後始末，明白簡峭。採訪新聞，知以責任爲重，務求正確。新聞事業，每有目爲艱難而無希望之事業，不知此因鑒於失敗者之多而起，而不知失敗之新聞家，卽從事他業，亦未必不失敗也。成功之新聞家，非偶爾得驚人消息，其人必隨時可託以重寄，而又深曉如何述說事實，不尙浮華之文者。以上所說，皆指新聞事業之採訪方面而言。鄙人所以嘵嘵不倦者，因歷年以來，深悉新聞事業以事實爲重，至於發表意見，必須愼重斟酌，於社論評壇以外，不能插入議論也。自歐戰以來，新聞事業闢一可畏之局面，卽所謂宣傳鼓吹者是。此類文字，都屬以事就情，僅爲一部分人之利益或一部分人之目的而作，其影響於輿論者，危險殊甚，而各國政府亦嘗欲利用之。然因此遂使讀者發生疑心，而新聞事業之盛名爲之被累矣。此種新趨向之由來，原因甚衆，不能盡述。有數家通俗報館，銷數極大，國人之選舉權推行復廣，外國發來之新聞復多，因此種種，遂有好高不逞之人，有利用報館爲其宣傳鼓吹以謀自利。中國今日，報紙之銷路日增，國人教育之途日闢，亦不免發生此種難題：每値政治上有所變動，各省官吏，各政黨領袖，拍發電報，連綿不絕，自言愛國，自表清白；然欲知事實若何勝過宣傳，則觀各省善施政者之名望，與彼侈爲空談，匿居租界，或居官辦事而一省之事腐敗可恥者兩相比較，可以見之。今請更論新聞事業諸君當知泰晤士報有令人不可幾及之地位權威，其故何在，即因供給新聞無不正確，而又無遠弗屆故也。故論者嘗言泰晤士報在巴黎、柏林、羅馬、北京等各大都城之通信員，其勢力之偉大，更甚於本國之使臣，非無故也。事實既備，則就一己之政治眼光而加以評論，自無不可。然猶不可以責任心判斷力自期，此在英國最上等之新聞事業中，固歷歷可按也。泰晤士報素日雖有贊助英政府當局之目，而常保持其獨立之資格，凡須攻擊政府之處，曾不稍有假借焉。蓋新聞紙者，事實之所造成，不可以他物相干也。鄙人敢謂此項極重要之原理，中國新聞家尚未深識其關係之重。鄙人來華十六年，歷觀中國之新聞事業，進步固多。……然鄙人觀察各報記載，嘗不免令人疑其別有私心陰謀；而欲求內地遠處重要消息之眞相，尤爲不易。比如去夏奉直之爭，可作一例；又如今日南方之事，當鄙人作此文時，竟不知陳炯明果在廣州抑已臨陣脫逃也。凡遇此等大事，身在其地的中國新聞家，竟不能臚舉事實，而不加政治意見之色彩矣。……中國報界，若欲於國家善後統一之事占一重要地位，則必改革而後可！……中國報界爲社會所歡迎，其勢力日大，在國家大事，自有占重要地位之勢，但須防免以上所言之過失……。」

（註一）太平洋會議之眞相的結語。

（註一一）同上文中語。

三　特派記者的實際工作

駐在外國的特派記者，如係常任性質，大概都有固定的事務所。這種事務所除闢室於其國之代表的大飯店之外，多是在如上例所舉的新聞街的寫字間，便是分租新聞社——與本人代表的報紙有交誼的新聞社——的一室；室內起碼須有一架電話，一部打字機。新聞是怎樣地蒐集來的？誰也不會送來新聞，必得要靠採訪；聽得消息，立刻便打電話給各方；有了回答，並即出動。又連住閱看早晚報所出的各版，在那紙面的角落裏有時會物色到顯著的新聞或某種線索和暗示來。在這種時候，如何隨機應變去採訪，去拍電，或寫長篇通信，都要看其人的手腕；縱然是當地報紙的角落所塞的三兩行的小消息，往往卻是本國的讀者所最需要的；反之，像東京發生的二二六事變，在當地的報紙上自然是一等的新聞，在任何外國報紙的新聞欄，也降不到二等的地位；然像倫敦報紙上用大字長行標題所登的『郊外某處火車衝突死傷二十餘人』的事件，若是取做電報材料，這可以說沒有做特派記者的資格。即遠離報社的特派記者，對於一切，都須全憑自己的判斷，用冷靜的頭腦去思量事件的重要性，測定那個相關的新聞價值而為迅速的行動。若是駐在近鄰國家的特派記者，雖也時常接到本社的指令而行事，但臨時發生的重要事件，萬不能期待本社的命令。這時候所靠的，只有他或她個人的健全的新聞記者的意識，尖銳的新聞感覺，以及職業的熟練而已。因此，像新聞社的特派記者那樣地能把一個人的實力、才能、彈性，赤裸裸地發揮出來的職務，是沒有的。在社內的時候雖看着是個優秀的、能夠獨立的記者，可是一旦做了特派記者，走出社外或國外，往往意外地以不良好的成績而暴露出能力的缺乏來；反之，縱然是平素沒有做過多麼驚人的事的人，一旦做特派記者而被放置到要在取公平而認眞的狀態和條件之下發揮腕力的舞臺，也有會發揮異常的手腕的。對於一般記者都是這樣的；勤勞和成績的判定就是迅速；他或她所拍發的電報，數小時後，便成了他或她的分數表；一個失敗會抹殺十個功績。在這裏，舉出一個重要的實例：

「二十一條要求提出之前。日置益預先邀到美國聯合新聞社記者慕爾，和倫敦泰晤士報記者唐納，日置益對他們說道：日本政府此時舉行盛會，請他們前往，一切旅費等等，自然概歸日本政府供給。他們大可乘此良機，赴日觀光，對日本可以獲得更深切的了解。他們經此一番甘言誘惑，就接受了邀請往東京去了。北京方面的職務概由助手代庖。

這兩個重要的新聞記者一出了北京，日置益連忙向袁世凱提出要求。翌晨，英使館方面打電話叫倫敦泰晤士報和美國聯合新聞社駐京記者慕爾和唐納前去，無奈他們早已被日置益事前用調虎離山之計騙往東京去了。慕爾和唐納的助手就到英使館。英使館就把二十一條要求各給一份，即囑拍電到倫敦泰晤士報和美國聯合新聞社發表。美國聯合新聞社的幹事史東接了二十一條要求的電報；覺得十分奇特，不敢發表。史東一面持了電稿去見駐華盛頓的日使珍田，請求證實。珍田竭力否認，後來日本政府也正式否認。史東遂拍電慕爾，嚴辭詰責，爲何不辨眞僞就把足以惹起戰事的二十一條發電？並令追究該項新聞的來源；倫敦泰晤士報也發同樣的電報責問唐納。

慕爾和唐納東遊歸來，得悉此事，十分驚惶，統來看我。慕爾對於他的助手在他不在的時候，不向日置益證實就發這樣的電報到美國，大爲憤懣。唐納也拿了一份二十一條要求來對我說他爲了這事，已受館方嚴厲詰責；他們兩人因此各向倫敦紐約辭職。』」（註一）

這實在是特派記者所當警惕的事情。爲了貪圖『一切旅費等等』，遂致鑄此大錯，殊不值得！唐納若是想到在一八七八年柏林會議時，用盡心力首先取得條約原文，首先發出專電的泰晤士報特派記者布羅維茲（Henri Georges Opper Blowitz），能不愧死？但在『一切旅費等等』之外，或者還有特別酬勞嗎？但這種類似『調虎離山』的『觀光』辦法，本是某國對華新聞政策中一個主要條項，自從那時以後，單對中國的新聞記者，便已用過數次；慕爾和唐納，也許是其開端吧。要之遠處海外的特派記者，無論如何，必須是健全的，冷靜的新聞感覺的所有者；必須是個多才多能者；若是僅做單純的巧妙的舌人，這是難以期望其成功的。

關於特派記者的採訪，在這裏，更有必須述說的一事：人人皆知的重要事件，在當地報紙登出以前，雖大概都已經由通信社電致世界各地，但特派記者只要能夠拾起因認識不足而忽略了的適合本國需要的部分，也是會奏奇功的。即只要精讀當地的報紙雜誌；只要胸有成算，當然是可與通信社競爭而博取勝利的。即從外表看來，對於背後有十分完備的通信機關的英美的通信社記者，則身處異邦，人地生疏的特派記者，似乎是難以在新聞報導上得勝的。但就實際上說，這種大通信社的報導，多屬於官樣文章一類，不但『掩飾』和『顧慮』是他們必得要遵守的法規和原則，並且有時還含着對外宣傳或誇耀的用意。特派記者應注意窺視這樣的空隙，保險不會失敗，除非在本國的主持編輯的人是個人云亦云的庸碌者。比如去年英國勞工黨內閣麥唐納的下臺，本是由於失信本黨以及對德外交多告失敗，但下臺當日的路透電竟說麥唐納的辭職爲的是身體不健康。試想這種掩飾和顧忌的筆法，多麼厲害？倘然駐在英倫的特派記者能够把這事件的前因後果，一一寫出，即使通信比通信社電報遲到一半個月，也是毫無關係的。總而言之，無論在什麼地方——特別是資本帝國主義的國家——只要通信用正確的意識——新聞意識和社會意識——把握住事件的重心，把握住現實，是萬不會失敗的。至於企圖推翻含有侵略性的宣傳，或是辯正對於本國的誣言更是被壓迫國的特派記者應盡的職務。更申言之，在特派記者的函電中，必須含有所不能期望於一般通信社的某種東西，即特色或特點。彼既然是爲本國讀者而被派遣的，那末彼的通信與使讀者的新聞慾滿足同時，更須使讀者能够構成公正的判斷意見。彼雖然必須原樣去傳述事件的現實，而委曲地報告客觀的情勢，但必須把認爲本國的讀者特別願意知道的地方，乃至對本國特別重要的新聞的一斷面擴大而傳述它的大寫(close-up)，這是難以期望一般通信社的地方。這種通信是能够得到本國讀者的愛讀的。又，縱然拍發簡單的電報，特派記者也須始終把本國的讀者放置腦中，而照恰合本國的需要那樣地使讀者立刻感到對於那個新聞的食慾。所以特派記者縱在海外，也須對於本國社會的動態而有深切的接觸；對國情一有疏隔，便算已經落了第。——若是專以拍發依樣葫蘆的要聞爲事，是會輸給通信社哩；因爲那種事件，類皆大同小異，而且特派記者的電往往要比通信社電遲到數小時，這算是遭蹋了電費，還使報社方面受抄襲轉載的嫌疑。——又在過去中國的報紙上，常常看見僅把會議的公式紀錄稍稍加以引伸，平鋪直敘地當作郵信，寄回本國，及至登出，則早成「明日黃花」，無甚可讀的價值了。這種笨事在今後，自然是會一天一天地減少下去的。

特派記者對於所駐的某一國，如欲得到眞確的認識，則除每天通覽當地的報章雜誌之外，更須注意蒐集保存。即如莫利遜博士，在做駐北京通信員時期，共集有二萬餘册關於中國及其它亞洲各國的莫利遜文庫，內容包括珍本、新刊書、定期刊物、各種調查書類；在歐戰正酣的時候，即博士去世前三年(1917)間擬將此項文庫讓渡給中國，無奈袁氏不肯接受，終以三十五萬元日金的代價，歸諸日本岩崎男爵。關於這個事情，在黃炎培氏的黃海環遊記中也有一段較爲詳明的記述：

「十五年前，吾國文化上有一很可痛惜的事，不能不歸罪於那時北京當局武人太無常識了。莫利遜博士英屬澳洲人。清光緒二十三年始爲倫敦泰晤士報駐北京通信員。足跡幾遍中國各省。積二十年的資格，成爲中國通。在民國初年，還當過總統府顧問，他發一種宏願，搜集世界用歐洲文字所寫關於極東各國問題的古今圖書文件。靠他不斷的努力，成爲空前大貢獻，所謂莫利遜文庫就是。

這文庫所收圖書大小二萬四千餘册。地圖畫片一千餘。定期刊物一百十餘種。所用文字，包括英、德、俄、荷、意、拉丁、西班牙、葡萄牙、瑞典、丹麥、波蘭、匈牙利、希臘、芬蘭。所稱極東諸國……以中華爲中心。圖書文件的種類，包括政治、外交、法制、經濟、軍事、文藝、美術、宗教、風俗習慣、歷史、地理、地質、鑛物、動物、植物、醫事、衛生、遊戲、娛樂、及其他種種。

庚子之役，莫氏住宅，付之一炬。這文庫很僥倖地早在幾小時前，遷入肅親王善耆家裏去了。後來莫氏宅和文庫，並遷於王府井大街，許學者入覽，莫氏文庫的聲名大噪。民國四、五年，莫氏忽大有所感觸，願把這文庫出賣，一時美國哈佛大學，耶魯大學，加利福尼大學，美公使芮恩施博士等都來競賣。卒爲日本岩崎男爵所得……。

……民國六年八月二十九日，岩崎代表赴北京接收這項文庫，從鐵路運至塘沽，由郵船高砂丸載送橫濱。當運出北京時，北京政府還專派警察保護，好像歡送他出境似的。

莫利遜出賣該項文庫於岩崎，訂有三個條件：一，永遠保藏一地，不許分散；二，保留莫利遜博士文庫名義；三，如作爲同宗旨的大文庫的一部分，也可以；但任何情形，總須與學者以閱覽的方便。

現在呢，莫利遜文庫，已擴大爲東洋文庫，特建屋於東京市……當大正十二年九月關東大地震，該屋沒有殃及，總算東方文化上一樁幸事。……』

一個特派記者在一國駐二十年，見着這樣的收穫，可算難得極了。

又做特派記者駐在一國，即以該國爲題材，帶寫通信帶從事著作，換言之，寫關於該國的整個的繼續性新聞，這也是晚近盛行的一種最有意義的辦法；較近的事例，就是在日本的二二六變亂時被捕的英記者薩姆森。釋出後，來華到京訪問各方，並發表書面談話，說是『一九三四年赴日蒐集所著公平觀察日本一書資料。抵東京後，不數日即向外務省解釋旅日目的。外務省中人均表示願給予種種援助。自是日起，至本年二月二十七日被捕之日，幾無時不忙於搜集關於日本今昔之材料，時時得外務省、國際文化關係社、日本觀光局、及東京商會等之援助；但每種調查，均經當局人之允許。事變後不數小時，即遭逮捕，並判罰監禁二十日；雖經駐日英大使館斡旋，終被監禁十七日，始得釋出。抵滬後，即函駐日英使館，請向日政府提出下列諸要求：(一)道歉；(二)賠償因監禁而發生之損失；(三)即刻退還離東京前被沒收之日記兩本。惟本人始終對日本及其人民，未加憤怒；且對此次東京事變所發生之種種不幸，表示極端同情。所不滿者，僅爲無故捕本人之負責人耳。現將仍照原定計劃，著述該書。來華目的與赴日同，均嚴避一切偏見，深望能多知中國之近況及將來計劃；且極願與中國諸領袖相晤，藉聆渠等意見；並與典型之中國人民接觸。在京及其他各地談話及調查結果之最後一章，將作若干通訊，寄至倫敦及紐約發表。年底返英，擬明年再來貴國作一較長勾留，搜集公平觀察中國一書之資料云。」（四月十五日中央社南京電）且不必考究薩氏著作的內容，單就書名和這種著作方法看來，是很美善的，而且就根本上說，駐外記者除去特殊事項對於繼續性新聞，而爲綜合的敘述，確實是極好的方法；即如在總論以及本卷首章所說的關於筆者昔年做上海數報的駐汴特約通信員（也算特派性質）重要新聞寫得很多而穿的鞋子着實有限的原因之一，就是在認定問題，抓住中心（如反軍閥便是中心之一個），用綜合的方法去寫繼續性新聞；這在那時候，並不是從新聞學書上學來的，而是因讀遠生的北京通信受到重大的啓示。

最後把惲逸羣的駐外埠記者工作譚摘錄到這裏。這是國內一般特派或特約記者目前所適用的實際服務的方法；但也有可作國外特派記者參考之處；並且完全是經驗所得的話：

「擔任外埠報館的駐在地記者，職務和地位的輕重，隨着所在地的是否衝要而異。駐上海的，當然比駐杭州的，重要；駐杭州的，當然比駐金華、永嘉重要——除非發生了特別大事。駐外埠記者的主要工作，大家都知道是發專電和寫特約通信。應該發些什麼，寫些什麼，要看報館的規模或性質……現在簡略的講一點外埠駐滬記者的工作情形•

（一）電訊材料的選擇：駐本埠記者工作的中心，當然最緊要的是發電。報紙「專電」消息，爲報紙生命所繫：一字之錯，或者要影響報館的存亡；一件重要的新聞的迅速或遺漏，往往影響報紙的聲譽和銷路。所以駐外記者，都特別注意到消息的「迅速」、「完備」、「正確」。至於怎樣達到「速」、「備」、「確」三條件，固然「神而明之，存乎其人」，佈置完密的新聞網，養成精確的觀察能力，當然是不可缺乏的條件。

在中央通訊社沒有成立之前，各駐在地記者，祇要揀重要消息發出去就得了。後來有許多重要消息，幾乎中央社都已包辦了去；如其報館所在地有中央分社設立，或和訂用中央社電訊，可以收到牠的密碼電訊的所在，倘使你再發同樣的電報去，在經濟上手續上就都浪費了。還有中央社方面的消息，除南京總社自己的無線電臺以密碼播送外，還有一部份是由中央黨部的廣播電臺廣播。任何地方都能收到。所以報館所在地就是沒有中央分社的，有許多消息，也不必再發專電。

至於那一種消息中央社有？固然沒有一定標準。在規模較大的報館，對電費支出的多寡並不斤斤計算，那末在中央社消息以外，能多發一些詳細情形，也未嘗不好，但在規模較小，電報費有一定限度的，如也多發，便覺得浪費了。在一般的講，爲了要避免和中央社電訊重複，要常常注意到外埠各報紙所載中央社電訊和專電的比較，據我所感受到的，有下列的幾點：

一、要人的書面談話，中央社往往全文發出。但是也有經過大删特删的。所以供職中央的要人書面談話，雖然可以不發，但中央地方間有重要關係的，還是要擇要發電。

二、要人公開談話，如其不是對政局有關係的，中央社的電訊，也比較詳細，可以完全不發，但在關係較重時，就有例外。

三、現在不在中央供職的要人們行動言論，中央社發得很少。

四、（略去）。

五、盛大集會，像飛機命名等中央社發電也較多，但其演說有激烈詞句，或會場中發生不幸事件等等，各國的駐外記者仍舊好補發專電，決不是多餘的。關於金融潮工潮等等，也是同樣。

發專電的記者們，選擇材料，因爲要防和中央社電訊重複雷同，往往有人把有趣味的社會新聞拍發專電。這也看報紙的性質：有的報歡迎這一類的消息，會特別加上一個邊框；有的報就認爲無關國計民生，根本就不願刊載，何況要牠多費幾塊錢的電費呢？

（二）怎樣處理材料：電報材料，何者應發，何者不應發或不必發，記者們既然成竹在胸，其次就講到怎樣處理材料。

電報的長短詳簡，關係電費的多寡，所以要看報館的大小和經濟：報紙的規模較小，對某地電訊的支出，在預算上有一定的限度，你如不管電報字數的多寡，儘量供給，結果會使牠付不出電報費而將電訊停止；有時報館方面雖還繼續需要某地的電訊，但發報的電局或電臺，已經得了收報局臺沒有收清報費的通知而把你的發電執照扣留了。

照一般慣例，報館對駐外埠記者的報酬，差不多是照發電字數多寡做比例的，就是發電多的地方報酬高，發電少的地方報酬低。在同一地點，供給外埠幾個報館電訊的，也是供給電訊多的地方所得的報酬多，供給電訊字數少的所得到的報酬也少。但講到記者處理發電材料的難易，恰適得其反；除掉譯電人的工作，是以字數多寡來表示輕重，在執筆起草電稿的記者，就覺得愈簡愈難，用二十個三十個字來摘出一件事情的要點，比用一二百字來摘要點要難得多；既要字數省，又要不遺漏、還要收電人能不致爲了簡單而引起誤解。

這樣便不得不在文字技巧上做功夫了。使電文表面完全沒有違礙字樣，使讀者或編輯能會心到事實的眞相。關於技巧的問題，須隨機應變，當然不能定出什麽標準。

(三)電報用語：電報是按字計費的，所以一定要力求字數的少；把大家一望而都知道的文字省去，把虛字省去，報館中收電報後，如譯電者資格較老，對人名地名等等，就在譯電時隨譯隨添上省去的字樣；

因爲有這樣一種關係，所以發報時對電文措詞，要特別留意，對有歧義的字和詞，能够避免最好，否則就難免不發生錯誤。

關於省略字的補充問題，規模較小的報館，尤其重要；爲節省電費起見，對時常用到的人名、地名，報館編輯部可以預先和駐外埠記者約好簡碼，用一個字代表；對某一件比較重要的事情，如是在某一個時期，時常要用到的，也可以預先約定簡碼。又，發快信，總比電報費省得多，在經濟力量較薄弱的報館，不妨這樣做。

除掉省字略字以外，對於使用成語，應該竭力避免。我們爲了報費，不能用白話文，但是爲使讀報者普及易明，應該避免成語；典故尤其不可用。

(四)通信稿裏瑣事：我們在本埠新聞裏，時常看到的，都是枯燥呆板的記事。如記述開會的情形，總是「會場佈置」，「到會人物」，「主席致詞」，「某某演說」……；如要人到埠，總是「碼頭（或車站、機場）戒備」，「歡迎人員」，「抵埠情形」，「要人丰采」，「發表談話」……千篇一律的老調。看的人當然一些感不到興趣。不過在外埠通信裏，有時看到有系統有興趣的記載，這並不是駐外埠的記者，工作能力、描寫技巧比在本埠工作記者強。因爲新聞是靠時間迅速的，事情發生在本埠，當然隨得隨發，讀報的對以前經過，當然都能記憶，在外埠就不能如是，所以必須寫得有系統一些。還有因爲檢查的關係，有些事實，在本埠不能發表，而外埠經過幾天之後，不妨儘量發表。

新聞當然靠迅速詳盡，發專電固然迅速，可是爲了電費的關係，不能詳盡，所以特約通訊，就成駐外埠記者重要工作之一。在一般新聞學的書籍上，講到特約通訊，總提到黃遠庸，說寫得怎樣流利，怎樣引人入勝；一般寫特約通訊的人，也常常摹倣黃遠庸的筆法。事實上流利不流利，完全靠各人文字技巧的表達。說明這是任何新聞記者都要注意，不單是外埠特約通訊才要注意到。至能不能引人入勝，似乎一般報紙上的外埠特約通訊，都竭力留意，在莊嚴記述裏，羼雜一些有趣味的瑣事。這固然未嘗不可，但是也不能過於重視。我曾經聽得人說，外埠特約通訊稿的寫法，和寫小報稿子差不多。這種重視趣味的態度，是並不完全正確的。記載瑣事，最好是要和主題有相當關係，或能用旁襯的方法，顯出時局的開展。這樣敍述瑣事，才有價値，否則就變成多餘了。像有人在盛大的會場裏，記載幾個人穿馬褂，幾個穿西裝，還有人計算一個人在幾分鐘的演說裏，說了幾十個「這個」，試問讀者究竟能從這種記載裏得到什麽呢？或者是浪費筆墨吧！』（註二）

這個節錄的後段說得很好；前邊的，除節去的以外，『要人』氣味，還嫌濃厚一些。如其眞是關心於國利民福的『要人』，其言行當然有紀述的價値；但同時關於學人，藝人，奇人，怪人，老人，小人，貧人，苦人等等的事跡、行狀一類，都是特派或特約通信記者所不可忽過的。

（註一）詳見恩蘇所譯裘希福主教死後公布的二十一條祕史，連載於一九三二年八月下旬申報。

（註二）詳見一九三四年十二月十四日以後的記者座談。

第五章　從軍記者

一　戰爭與新聞業者

軍事通信員（The War Correspondent），亦稱從軍記者或隨軍記者，是指得軍事當局的許可，隨從陸、海、空軍，專以報告軍事行動以及戰地的一般情況爲職務的記者說的。

軍事、外交或國際會議，都是對報紙最有效的滋養品，而最足以促起它的成長的；這些同時又都是新聞記者筆運開拓的最大的機會。據日本某新聞家之說：若是沒有歐洲大戰，如今東京大報的銷數也許只有現數的三分之一；又回顧清日、俄日兩戰役，也都使報紙銷數得着增加數倍的效果。卽大戰與媾和會使報紙伸展它的偉大的勢力——銷數、廣告量、記者數、機械力，都可增加一倍至數倍。

的確，講起新聞記事的重要性，是沒有勝過戰爭的了，尤其是關於一國政制的變革或國際間地圖變革的戰爭；因爲這種戰爭是與一國或數國人整個的生死存亡大有關係的事，決非僅關涉一局部的某種事件所可比擬。所以要說戰爭是報紙上最大的新聞，也無不可。

卽在中國，何嘗不是這樣。辛亥革命（1911）前，上海的大報平均銷數沒有過萬的，革命後便漸漸過萬；後來經過多次的內戰，逐次遞增，到民國十一年（1922）第一次北伐時，便超過七萬；到十五年（1926）的第二次北伐一至完成的時期，又比前數多了一倍有餘；到二十一年（1932）一二八時期，一躍而幾乎達到二十萬的數字。這雖是僅根據所謂『申新兩報』自己發表的統計和筆者的記憶，而且說法有點籠統，但因戰事遞增銷數，是確實的。看看一二八時期上海的新聞街——望平街——淸晨的報販爭着批報的情形，尤其是下午晚報刊出前馬路上的擁擠情形，以及在別處的十字街頭小報販向大報販搶報去賣的情形，以及國內如平、津、漢、粤等處，國外如歐、美等洲——特別是華僑勢力所在之處的漢文報——每天下午總有大羣的人守候報社門前買晚報或號外的情形：便可以得到上述統計的證據。這並不是由於報紙上的大字標題的刺激，乃是由於人心對於戰事自然的關切。

再轉眼到記者的關係上看：新聞記者在戰時拿筆桿來活動同軍人在戰時拿槍桿來活動算是一樣地交了好運。其理由有三：

（1）自己所寫的記事多被人讀；

（2）新聞多；

（3）活動的範圍寬廣。

在戰時，不僅戰地新聞，因爲一般社會的運動在量上增大起來，在質上進展起來，所以新聞在任何方面都加多了。在任何部門的記者，都會弄到豐富的材料。那些專爲月薪而做了新聞記者的人算作例外，愈是志望做新聞記者，材料愈是取用不完；即愈是忙迫，愈是沒黑沒明地工作，愈能够得着報人的快味。尤其奇特的，是材料多而感着忙迫，那個記者便會常常健康；而害病或墮落卻多是苦於沒有材料，寫不出新聞的結果。

動員了的社會，有生氣的機關，燃燒着的人心，在那裏取得許多材料，筆而出之的快味，眞是可比諸飛行將校擊落敵機的快味吧。又因爲多捷足先得的機會，所以可說戰時優秀的記者是同優秀的軍人一樣的戰時的寵兒。

然而既知道新聞讀者的激增，筆勢自然會使出勁來；即寫有五萬讀者的記事，決乎沒有寫有五十萬讀者的記事的勇氣十足，這本是人之常情。何況原是爲了使人讀——抓讀者——而做新聞記者的，所以新聞消息的豐富與新聞讀者的激增，還會弄到報社的增薪，或嘉獎的希望呢？——至少一定能夠感到與這同程度的歡喜。

一沒有戰爭軍人便沒有弄到勳章的機會；同樣地在做報人的時候，一沒有戰爭與媾和會議，也要減少開拓筆運的好機會哩。要之，戰爭與媾和會議，乃至含有紛擾性的外交上的會議，都算是做新聞記者成敗的認眞的試驗。

二　從軍記者的起源及過去歐美的名記者

從來每到戰爭時代，都是新聞事業活躍的時代，人心也多爲戰爭所打動，都把全副精神集中到戰事情報上。講到從軍記者的起源，在歐洲，據說愷撒是從軍記者的開山祖。他是做記者兼檢閱官的。其後，在十字軍東使時，它的將卒寫信向本國報告戰況；這些私信，更依賣新聞者（News monger）在街上或鄉下說給人家聽；而這種私信也都是經過軍事當局的檢閱的。又在三十年戰爭時代，將卒的私信依賣新聞者一類的人而傳播出去，英國也受着這個戰爭情報所刺激，遂致開始出現了類似報紙的東西。

又據新聞史家之說：惠靈吞（Wellington）曾對從軍於一八零七年半島戰事的泰晤士報的記者亨利

曾演遜(Henry C. Robinson)的軍事通信提出抗議，並且因當時一般報紙所登的軍事記事，曾發生洩露自己軍事秘密於敵軍的障礙而深致憤慨，遂痛駡一切的從軍記者說：『他們寫關於沒有戰鬪的戰事、沒有獲得的勝利、沒有的將卒的熱誠和勇敢的故事以欺騙國民；在它方，則就關於聯軍的兵數、配置、實動、補充等的重要事項，最勤勉地教誨着敵軍』這也算是較早的記錄吧。

所謂『欺騙國民』，這話恐怕有點言之過甚，但『教誨敵軍』，在軍事通信檢閱不周密，以及從軍記者的報導技術欠缺或軍事當局發表談話不愼重的時代，也是免不了的毛病；這到後邊，還要細說。單說在那個時代——拿破崙侵略歐洲的時代——還沒有電報，速報全靠人力傳遞，即全靠着巧妙的組織和人與金的巧妙的運用；因此，泰晤士報在英普聯軍大本營及各軍司令部，都派遣有善會騎馬的優秀健康的記者，疾馳於從戰場到比利時海岸的路程間，更在海岸雇一隻快船，即時運送戰報到倫敦。所以到了連絡英國與大陸的定期船載送戰報從比利時或荷蘭出發的時候，那戰報的墨痕便已經鮮明地印到泰晤士報上而使全英國人驚喜，使別報和政府當局都失了顏色；這就是一八一五年六月十八日惠靈吞在滑鐵盧大敗拿破崙軍的戰報——史上有名的『滑鐵盧之戰』。泰晤士報戰地記者的這種捷足先得(scoop)的行爲，要說有意瞞哄着惠靈吞，或者可以，實在不能說它『欺騙國民』。

然而所以說『軍事通信員之嚆矢，於美國則爲墨西哥戰爭，於英國則爲克利米戰爭。墨西哥戰爭在克利米戰爭之八年前，其時美國某報雖曾爲相當的活動，然能聳動一世耳目，奏赫赫之殊勳者，應首推克利米戰爭倫敦泰晤士報特派員拉塞爾』(註)者，乃是新聞史上的從軍記者在這種時候才見着顯著成效——即破一般世人認識——的緣故。

的確，克利米戰爭當時的泰晤士報，實在是黃金時代。做偉大的從軍記者而爲後世所謳歌的拉塞爾(William Howard Rassell)暴露英軍制度缺陷以及戰略錯誤的通信，他的軍事的才幹和熱誠的愛國心，實足以驚倒當時的英國政府和軍事當局。所以英軍制度改善以後，士卒認拉塞爾爲眞的良友，認泰晤士報爲出征軍的救護者。

其次可述的，就是俄日戰爭時代的泰晤士報從軍記者詹姆士(James)的故事。詹姆士的冒險行動可說是有科學的眞價值。詹姆士特雇一隻名叫海門號的輪船，請無線電技師（在當時稀少如晨星）二人，裝置方見效果的無線電報機械，把收報臺設到威海衛，這樣地自由航行黃海，時常跟着東鄉艦隊目擊戰況迅速發報——他所以能夠跟着東鄉艦隊，也是因爲與日本海軍省有密約，船上乘有日軍司令部的一個中佐的緣故。

海門號在旅順港外視察之際，曾一度受俄艦的嚴厲的檢查，險些兒被捕去。然而一天，海門號泊於威海衛，詹姆士在俱樂部吃了晚飯，正想好好休息一番，忽然一個俄人來訪；名片寫着魯巴濱男爵的頭銜。這位男爵一見了他，立刻說出他是駐在上海的俄國政府的代辦，從左衣袋裏掏出長約六百字的電文，一面請託着他說『請用您的無線電報機把這個拍到旅順口，怎樣？』一方面從左方的衣袋中掏出一札二十萬元的鈔票放在棹上。詹姆士瞥見這札厚厚的二十萬元的鈔票，大吃一驚。當這個馬上可以成了富翁的一剎那間，詹姆士用他的良心和勇氣答道：『男爵，你錯誤了。你是想買收泰晤士報的。泰晤士報不是出賣的東西！』說罷，就立起身來，請魯巴濱男爵出去。男爵很難受地走後，注意周密的詹姆士取出手鎗上山頭的無線電臺，防備那男爵再來買收技師。到半夜，魯巴濱男爵果然隨一個穿黑衣服的男人來了。詹姆士冷不防地掏出手鎗，要求他即時下山。男爵等兩人遂踉蹌地跑了。詹姆士遂完成了他的做大報特派記者的最高的榮譽。這故事是可以當作給一般記者的歷史的實物教訓看的。

（註）詳見應用新聞學第五版頁一七一——一七五。

三　歐戰時代的從軍記者

（1）三個時期

爲了傳播歐洲大戰新聞於世界，許多的從軍事記者從所有的國前去，做出種種驚人的冒險和技能，到處探訪消息。這種消息無論眞僞，一時都能夠得到聳動天下視聽的結果。

觀察在戰地記者的活動狀態，可分初期、中期、後期三部，其間有截然的區別。這當然是從各交戰國政府對於記者的態度而發生的。第一時期可以稱爲『自由冒險胡亂時期』，是傳播了很多揑造記事而讀者最感迷惑的時期。

第二時期是他們自己所稱的『黑暗時期』；像第一時期那樣的虛說、臆造，雖差不多沒有了，可是還沒有斷了種。

第三時期是快要停戰的時期，是比較光明的時期。

（2）自由冒險胡亂時期

先看自由冒險胡亂時期的事情：這完全是虛妄的。像那麼樣地全世界共同期待新聞記事的時代，古往今來，是沒有的。新聞記事是像金子一般地出賣的。於是記者遂高興而任意亂寫起來。

這些記者以從美國來的，居多數。他們不一定盡是新聞社自動派去的，多半都是自備盤川，從某處的新聞社弄到一個記者證前去的。在新聞社方面，因為不要費用而有特派記者從軍，所以是樂得應允的。於是這些記者出沒於自己的空想上的冒險裏，亂七八糟來謄寫。一般社會不知道它的虛實，新聞社的編輯長也不知道它的虛實。這樣看來，戰爭眞是捏造家的絕好機會。這些人的主要目的，無非是只想把自己的豪膽、勇氣映到讀者的腦裏，便算完事。

這種捏造記事最厲害的，就是在比利時的德軍的殘暴。這些後來都經人到比利時實地視察，找不到一點證據；並且有人懸重賞徵求所謂被德軍斷手割耳的小孩的照片，但終於也得不到手。

有好些軍事通信據說都是在旅館的睡夢中構成的。比如某記者述說他怎樣被捕和脫險的事情，或是怎樣地爬到戰壕而親眼看見白兵戰，或是『我是殘留到俄斯頓德（Ostend）的最後的記者』……這一類的記事，只能驚動未知的讀者，卻是會使實際得知的記者或軍人們發笑的。這雖然許多都是美國的記者，但在頭腦比較冷靜而認眞的英國記者裏面，也不是沒有這樣的人。這在一九二三年十一月二十九日路透社總理瓊司爵士（Lord Jones）在應顏惠慶宴的席間演說中可以看出。他說：『當歐戰期中，余為英國政府擔任宣傳。此猶之毒氣礮、炸彈等等戰品，在急欲制勝敵人之際，不得已而用之。大戰一終，宣傳作用卽當隨炸彈、毒氣礮等而俱去……』（詳見當時平滬各報）。

但在那個時候，確實也有不閉門造車不行的原因，就是新聞記者處處都受到阻礙——幾乎無可走的路。比如比、英、法、德的軍事當局，首先拒絕了從軍記者，後來意大利也拒絕了。尤其在比利時，簡直不認許新聞記者的存在，只認為非戰鬥員而『因為危險，不可前去』，『不許非戰鬥員通過』，『不拍發非戰鬬員的電報」。記者們都偷偷地雇汽車到別處的城鎮去發電訊；完全像暗夜行路的盜賊一般，東奔西跑，任意攫取新聞消息。當然更有使出種種奇異的策略的。比如在安特渥普(Antwerp)市陷落以後，比利時的軍事當局是很對美國從軍記者表示好意了；要到對着丹喀圭(Dunkerque)的比利時的戰線去的，也不拒絕發通行證了。但是要想達到比利時的戰線，必得通過在卡雷(Colais)的法軍陣線。然而法國的陸軍部是斷乎不許通過的。因此，必須想個出法軍不意的計策。

在卡雷的火車站的入口，有法軍的哨兵，在那裏檢查入站的人和護照。但是一旦進站，便認為已經允許通行。只是，要想進卡雷的火車站，不一定要經過哨兵把守着的入口，還有別種方法。就是從巴黎乘火車在終點的卡雷下來；而不出車站，站內有小食堂，便是絕好的隱身所；可輕舉脚步進去，背着燈光，吃點不願吃的東西等候着。往丹喀圭去的火車開行以前，悄悄地出來買了票。過兩小時便到達目的地，可以使用比利時的通行證了。

此種欺瞞法軍部的詭策，不幸終於被發見了，就是倫敦新聞紀事報(*News Chronicle*)的特派記者有名的戲劇作家亨利・阿塔爾・瓊斯(Henry Arthur Jones)的兒子琉喜安・瓊斯(Lucian Jones)。瓊斯是一連三回到丹喀圭去，最後遂被比利時士官看破了秘密。他一旦被捕下獄之後，賴英國外交部的盡力和他先人的遺惠，才算釋出逐回本國了。

當時對於犯禁記者的刑罰，甚為嚴厲：有槍斃的；有在戰爭中被監禁到要塞裏面的。要之，是從各國——除了咱們的中國——對新聞記者所不曾聽說過的刑罰。

還有一個故事：某法蘭西市長曾給某記者寫了一張通行證。市長有無給與這種證書的權利，那市長不知道，那記者也不知道。幸虧法國哨兵都知道這個市長的名字，到處都通得過，不料一天忽被英國哨兵抓去。這個英國兵不認識法文，向他說：『拿這樣的紙片絕對沒有在這裏盤桓的權利。要呈報長官，在沒有接到命令以前，就停留在這裏！』遂由這裏的大佐拍電到他們的司令部，說捕了一名未帶護照的新聞記者，請示處置辦法。老等着可是接不到回示。漸漸到了第六天，大佐叫出記者說：『本營戰事忙迫，回電還沒有到。但是不好叫您在這裏看了種種的事情，立刻回巴黎去吧！』因爲這個大佐不願再呈報第二回，所以快快送他回巴黎了。

上述都是協約國軍方面的故事，在德國方面，第一期也有很多這一類。爲了想到得勝的德軍戰線的美國記者們，常在兩軍中間即所謂無人管轄的土地彷徨一兩週間，結果，究竟是接近正在退却的英軍的尾呢？可是觸住正在前進的德軍的首呢？完全迷了方向。等到被捕，才知道有的在德軍的中心，有的落到英軍陣地。這時候各記者所寫的在兩軍混戰間的戰記，都是近於實況而且是多興趣的。

『在我們德軍間也會有新聞記者嗎？』

一個德國將軍皺住眉頭問一個記者。

『是的，有三名。』

那位將軍聽了這話，驚得瞪了瞪眼睛。隨後柏林的陸軍部，命令德軍領那班記者到處去看戰跡，以誇耀他們的『勝利』。這當然是由於德意志新聞政策的傳承了。

這個自由冒險胡亂時期，在奧大利，壓根兒就沒有。在奧國，領得證書的通信員，共有德國、奧國、瑞士、瑞典、丹麥及美國記者百十八人。這些記者們由於陸軍部之命，置備軍裝、馬匹、手槍，統歸維也納的戰爭博物館館長，在離戰線有九十哩的後方約翰大佐的監督。這些記者當駐它國的記者在不眠不食的境地奮鬪之間，完全過的類似王侯的生活。早晨學騎馬，午後習打槍，除供給食宿之外，還外加匈牙利的名酒和土耳其的名煙等等。眞是無一不足。只有一個不足，就是視同生命的材料，雖然終天在飯飽酒醉之後，伸着頭等候着走出戰線的日子，可是終於沒有得到這樣的機會。

（3）黑暗時期

跟着安特溼普的陷落，自由冒險胡亂時期算過去了。次來的時期，就是所謂黑暗時期。完全是不能走動的狀態，記者們都無興味、無希望地被監視在各國的首都：在倫敦至少有三十名；在巴黎的，還要多。不僅禁止許多記者到前線去，在另一方面，更對於在戰地已經受過二重、三重的檢查的從軍記者發來的通信，還要施以嚴重的檢查和删削。泰晤士報昔日風頭不但不出成，卽使極力聯合各報來反對這種苛酷的檢查制度，也沒有效用——喬治內閣不變更取締的方針。主要的原因就是怕會公表敗退的消息；而一般從軍記者，資格不老，往往把協約國軍隊的人數、主力的配置、武器彈藥、食糧、衞生的設備等情報據實寫出，能夠間接幫助敵方，也是原因之一。

再說這些被軟禁到倫敦、巴黎的從軍記者，他們每天只有會集於一定的會場，漏洩不平，聊以消除無聊而已。偶有犯禁而冒險的，便要立刻被捕，登記到『黑簿』裏面，連私人通信也不許寫了。

今舉個例子：

某記者想着在這時候，若是到羅馬去，協約國的軍事當局也許不再壓迫記者而火速出發。他很運氣地能夠坐上火車到意大利軍大本營所在地，下榻旅館，想着『第二天便可出去做那老沒做的有興趣的活動；這時候悶在倫敦、巴黎的記者們，是多麼笨啊！』——一個人在睡夢中可已經馳騁到戰場的曠野了。在正想着很有滋味地吃了早飡，立卽出發的時候，後邊有呼喚那記者的名字的。回頭一看，乃是並非冒充的警署探員。

『請您吃完了飯，我在老等。』

話雖客氣，聽着心裏却有點發毛了。那探員遂帶那個記者到司令部去。變裝得像一個兵卒的司令官出來，極鄭重地說：

『對啦，若是您願意的話，停留在這裏也不妨；但是我們在某個時候，沒有法子，也必得把您槍斃！』

兩小時以後，這個記者又被探員送回羅馬了。

在這個時期，無論在什麼地方，捏造家都沒有捏造的材料，正直的記者當然更寫不出眞實的新聞了。

(4)比較光明的時期

打破前述的黑暗時期而引出光明的時期的，是德國的陸軍部。第一是由於要宣揚德軍勝利的消息；然而根本的原因，旣如前述，還是由於德意志新聞政策的傳承。因此，在德軍部裏面設有新聞記者系，命一士官主持其事；在適當處所的戰線一一地安置好觀戰的記者。於是僅利於德軍一方的新聞記事，遂廣布於世界各地的報紙上。協約國軍方面受了這種刺激，也開始優待許久看作像鼠疫一般的記者了。

這個光明時期，比較前兩個時期，算是優待時期；也算監視時期。無論是否有信用的記者，在從軍的時候，總得要特別小心。並且每天必須與軍部保持聯絡；恰似跑警察署的常務外勤記者一般，每天到軍部訪問；有時允許到戰線去。當然，記事都須一一經過檢閱官的眼；內容都稍為包含些專門的軍事知識。三年前的亂寫，逐漸減少，同時一定文句的報告多起來。而有名的從軍記者也漸次增加起來。又，這些記者的唯一特點，就是所寫的東西，一定是他親眼看見，或親身經過的事情，不再作架空之談了。

四　過去日本的從軍記者

(1)淸日戰役

日本從軍記者最初的露面，是在明治維新前後的藩閥鬬爭卽內戰時代；但僅兩三家報社，派遣幾名零零星星的記者。直到一八九四、五年的淸日戰役，才見着有組織的行動。在此戰役遣派許多從軍記者的，是東京、大阪兩朝日新聞社。次於朝日而派遣十多名記者的，是國民新聞社；內中有文藝家國木田獨步，他搭乘軍艦千代田上，在國民新聞上寫長篇通信；又有久保田米僊氏，專做戰地漫畫和漫文的工作。

此外，如東京中央新聞社的特派記者，在本書首卷的新聞記者道德論中曾引用了他的卓見的松井柏軒，也是親到戰地的最活動的記者。

這些從軍記者的通信，是與在歐美諸國的同樣地受着軍事當局的監視，原稿須經檢查，方許公表；在戰地先須經參謀人員修改，艸成後更須拿到大本營經檢閱官删削；當然偏於一方的戰況通信，是可以儘量傳布的。而前述的報紙銷路的幾倍的增加，也是自然的結果。

又，清日戰役日本的所以倖勝，他們的兒玉源太郎將軍竟讓功於報紙的宣傳，既如前卷所述，而在松井柏軒的四十五年記者生活的追記清日戰役處的第一分節更有『用新聞攻略旅順』的標題，在該分節末段更有『兒玉將軍戲呼我們為「旅順陷落將軍」』的文句；這是當時的從軍記者在攻佔旅順以前，拼命宣傳，軍心大為鼓動的緣故。而且兒玉的話，至某程度也算一種自我宣傳即自己表彰；因為在那次戰役，他是以少將而兼兵站部長的人物，那時從軍記者所受的待遇頗劣，而能夠體諒從軍記者的苦境，百方設法與以種種的便利的，也就是他——他似乎是把德國式將官籠絡從軍記者的手法完全學會了。

（2）美西戰爭

一八九八年四月的美西開戰，朝日社以小川定明做南洋戰地特派記者，搭乘軍艦松島。這是日本新聞社派遣從軍記者視察外國戰爭的嚆矢。

（3）義和團事變

在一九〇〇年六月，義和團事變發生。朝日特派記者吉村平告在日驅逐艦叢雲上與北京特派員村井啓太郎（筆名筑紫二郎），天津通信員麻三郎相呼應，很做了一番通信的活躍。當時大阪每日，東京時事各報，雖然也很努力，但最成功的，是朝日——特別是筑紫二郎在義和團包圍北京中所寫的北京籠城日記；朝日的銷數，遂益發增加。

（4）俄日戰爭

當一九〇四年二月以前，即俄、日正式宣戰以前，日本的報紙分主戰、主和兩派；前者以東京朝日、時事及大阪每日爲代表，後者以東京每日、萬朝報爲代表；但到後來，非戰論者也不得不變成主戰論者。開戰之後，各社都努力着派遣從軍記者或畫家，報告戰況。

朝日新聞和大阪每日兩報，各派十餘名至二十餘名的從軍記者。但因軍事當局的限定是一軍一社一名，所以其中的好多從軍記者的執照都是假借不相干的報紙或雜誌的名目領得的；另外更與社員中的服兵役者採取連絡，使作通信。

又戰場的撮影、繪畫通信，也比清、日戰役時代進步得多，而且很是盛行。

但原稿的檢閱比清、日戰爭時代更加嚴重，首尾一貫的戰記，隨處被削；這個通信困難的結果，各記者都只能寫出一局部的戰況，儘量使用形容詞；或是用故事體描寫一勇士的戰功；或是寫暗夜和月夜在白山黑水間的行軍狀況。

朝日新聞特向大阪租得一隻繁榮丸，來回玄海灘、日本海、黃海間，爲通信、撮影、畫報等的運送聯絡，收得非常的成功。此船後來在煙臺被俄艦擊沈，又雇一隻中國船，連絡日本和東三省間的海上運送。

(5)從東北事變到上海事變

(A)東北事變

九一八事變的第一報到達東京的新聞社，雖已經過了午夜二時，但天明之後，朝日的特派記者荒垣氏和佐野寫眞班數名便乘飛機向奉天出發了。因爲朝日是這樣敏捷，所以後來出了不少捷足先得的風頭。又朝日的飛機除從戰地運送通信到奉天拍發或運送照片到大阪之外，兼盡偵察的義務，可謂極新聞攻略的能事。雖然，那種在零度下三十度的寒地，用成擔的沸水澆開飛機的放熱器，以及不眠不食的態度和勇氣，單就新聞報導的立場來說，也是值得稱許的。又關於有名的嫩江諸橋激戰的電報，荒垣氏的比東京日日的，電文既長而又早到數小時，所以這電報在朝日的夕刊上登出，日日的電報只好登到次日的朝刊上；後邊說及的AB兩報報導的遲速就是指這回事情而言。荒垣氏的這篇江橋激戰的詳電，是六日在洮南發的，雖然照例免不了片面的誇張和掩飾——比如說馬軍比日軍多數十倍，這是掩飾戰敗的點綴；除了這些小毛病之外，算是一篇很好的通信；它的標題是『在礮火下觀嫩江激戰』；第一側標題是『新聞記者佔先着，決死前進線』；第二側標題是『冷不防地我軍的苦戰』；第三側標題是『忽成鮮血之河』！因爲在其中可以看出日方從軍記者的活動實況，所以把它的大要介紹過來；

『我依社命於一日午後三點五十分從奉天去視察在嫩江的我軍最前線的實況。跟着將卒備嘗着輾轉於沒有臥具的貨車的木板上，寒氣徹骨欲睡不得的困苦，三日夜到嫩江南岸。就新聞社來說，我是佔先着的。戰機刻刻地迫來，如今就要開火，果然猛烈的戰事便於四日午後零時四十分開始。

……五日午後三時，急忙離開戰線，折回洮南，來寫戰況。

三日夜，我軍壓迫着在嫩江北岸數十倍於我之敵，而從四日清晨把爲敵破壞的嫩江橋加以假修理。正要準備過橋，突然有從北方掛着白旗，乘着汽車的一羣人，直向我陣地突進。這是從齊齊哈爾來的黑龍江軍的軍使，內中還有我駐齊齊哈爾的清水領事和陸軍特務機關林少佐，似乎是要對我軍開重要的交涉哩。在前方的我軍工兵中隊長花井大尉立刻會見他們：敵之軍使說因爲大部隊的中國兵有不聽制止命令之虞……請日本軍特別諒解這一點。花井大尉希望黑龍江軍即時向後撤退十公里。黑軍使不肯應允。花井說若是到四日正午以前，不卽實行撤退，我軍便要斷然出於積極的行動。於是黑軍使和淸水領事、林少佐立卽回去。但同日午後零時四十分突然對我軍開始猛烈的砲擊。受了冷不防的打擊的我軍前哨士兵及乘馬斥候等，從正面吃了礮彈，灑下悲憤之淚，尤其是像我步兵第〇〇聯隊第七中隊，適在僅一雙鐵軌的鐵道線路行進中，忽然敵從東方高地向這裏開始砲擊。不幸鐵道線的兩旁盡是寬廣的窪地。我軍失去行軍的自由，怎麼也沒有辦法。可惜竟爲敵的榴霰彈而出了十數名的重輕傷者……敵到同日夜裏，還不停止攻擊，食糧因此也運不來。遂不飲不食，受着徹骨的寒氣，做着不可名狀的苦戰，過了一夜。這天，我軍的飛機跟着敵之襲來，同時出動，施行空中轟炸；但午後三時大針中尉操縱的一機，轟炸中受敵之猛射，遂使大針中尉的左大腿部受貫通的槍傷。

五日，一面在冰凍的午前五時頃，開始了敵我間的拂曉戰；步槍、機關槍、大礮的聲響，震動了黎明的原野。

這時候從第三橋向第五橋附近進出的我濱本枝隊，以一發比一發正確的敵彈的射擊，三、四匹的馬眼看着被敵彈吹得四分五裂，完結了牠們的悲慘的生命。枝隊本部的戰壕也成敵彈的集中點；四土砂崩潰，遂不得不另移到別的土窖。濱本聯隊長，石原參謀等也都吃了塵砂，現出悲壯的面容。

我爲了觀戰，同佐野寫眞班走過第一橋和第二橋。這裏附近，在三天前，原是個可以悠然自得地拍照的地方。但到四日，可怕的彈丸劈劈拍拍地飛將過來，到底不能夠挺着身子走路了。這時候，乘着卡車的負傷兵在煙雲彈雨下悄悄地運送到後方：有爲榴霰彈的開花，顏面破裂而死的；有身受重傷在呻吟着的；綳帶和包身的毛氈都被鮮血粘牢了。軍醫和護士都在負傷者的歸途，拼命地跑。簡直近乎全滅的步兵第〇〇聯隊第〇中隊的下士在昂奮地歪着腦袋整理負傷者的姓名……。

更進而過第四橋，是午前十時半光景，我軍礮兵布着礮列射擊東方高地的敵陣地。突然颼地一聲從傍邊來了難聽的音響，乃是榴霰彈在我們的眼前捲起烏黑的砂煙而破裂了。一看，敵是從西方的高地開始射擊的。於是敵彈在我們剛走過來的鐵道的堤上和窪地，揚起砂煙和泥水煙而噹噹地落下來。恰是我軍裝載彈藥的卡車進行的地方，敵似乎是想狙擊它的。敵不管步槍和大礮，彈藥都是非常豐富，不知所盡；另外，看見敵的軍用列車時時地噗喇喇喇地吐着白煙運送材料。……更其可驚的，是射擊的實在正確；敵在前幾天同張海鵬戰鬭時，已經充分地顯出本領來。

因爲把我軍誘到窪地中只有一條的鐵道路線，而在周圍的高地上築起陣地，所以這裏可說是扼住黑龍江省咽喉的天險要害。敵方完全好像在自己的演習地演習戰鬭一般；所以不得地利的我軍的苦戰，眞是超過了想像。……

我軍的飛機照着我礮兵努力對抗的方向飛去，射擊便忽然停止而沈默了。於是，我們恐怕再往前進，後路要斷，遂乘此機會，像脫兔一般擔着笨重的活動攝影機，奔回橋這邊，靠着土堤的遮蔽遂跑開了。我飛行機一面受着猛烈的射擊，一面投着炸彈，在敵陣地起了黑煙之後，另換一個陣地轟炸；但是敵最害怕的我軍的飛機，爲了飛機場的狀況惡劣，兩機破壞，戰鬭力的下劣，眞是慽事！」

我譯這篇通信，除了節去幾處顯然背謬的地方——比如說『中國軍裏面或有蘇聯軍』的『想像』——還有一處雖然背謬可是不能節去的地方，就是在開首既然誇大着說日軍限黑軍於四日正午撤退，否則『便要斷然出於積極的行動』，何以到正午還不『行動』反而又延長四十分鐘，受了黑軍冷不防的攻擊？但就從軍記者的採訪活動來說，在所謂戎馬倥偬——尤其是幾乎全軍覆沒的戰地——還能夠做出這樣的採訪和撮影的活動，寫出這樣詳細明瞭的記事，在另一方更能夠首先拍到東京本社，搶得這場有歷史的價值的嫩江橋肉戰的發表優先權，也不能不說是荒垣氏和朝日社的榮譽事，而大可以做一般從軍記者的規範了。

嫩橋戰役之後，日記者和寫眞班員，隨着他們侵略軍的進展，單就兩家朝日新聞而言，總數已超過百名；另外還有連絡員三十餘員，採訪工具除飛機——名目都叫做義勇號——之外，還有汽車、馬匹、機器脚踏車、普通脚踏車等，造了日本新聞通信史上劃期的記錄；但同時在新聞記者造謠史上也算造了劃期的記錄吧。然而這種造謠——客氣點說是誤報——也是免不了的事情；因爲所把握的事件的中心根本是個謠言體的緣故。又，以新聞社採訪用的飛機而定名爲『義勇號』，顯明地是幫助戰爭的民間飛機，當然要盡偵察的義務；但這種舉動是違反新聞記者的使命的。

但就事實的報告上說，朝日新聞乃至後述的東京時事新報的特派員的軍事通信，至某程度也能夠遵守住新聞報導的眞正的使命。講到那時候的日聯和電通這兩家通信社的種種的『愚蠢的捏造，可謂集虛構挑撥的大成』（註一）；比如一傳再傳的馬占山陣亡說，便是由這兩家通信社傳播到各國的。又如荒垣氏記江橋之敗而雖然曾說馬占山軍中有蘇聯軍，但寫明僅僅是個『想像』，可是後來這個『想像』竟成了造謠記者揑造新聞的良好取材；還已經塔斯社正式否認了（註二）。

更有一事，須特記的，就是歐、美的新特派記者在這時期所受的險惡已極的遭遇：這種事件的最著者，就是柏林世界報（*Deutsche Allgemeine Zeitung*）特派員兼任瑞士江戶日誌（*Journal de Genève*）等大報通信事宜的瑞籍記者林德博士（Dr. A. R. Linde）同紐約時報美籍通信員史悌爾（Steele）於一九三二年五月二十六日由哈埠起程，從中東路西靑山站乘馬，跋山涉水，到通河鎮訪馬占山將軍，同住三天，於六月十二日回哈。林德被拘留兩天，史悌爾則躲於美總領事署中；但仍與林德兩人受嚴重的監視，行動極不自由。在此事未解決前，日方不容兩記者離哈，一爲防其傳遞所謂馬占山祕密文件於國聯調查團；一爲防其報告於各人所代表的報社，遂致擴大交涉。而十七、八兩日夜間，日人又指揮僞管理處、傳去該兩記者，林德博士當由德領事伴去，史悌爾則由美領事館送去。到僞管理處後，由僞警察處司法科，偕同日顧問八木訊問，究詰訪馬是否有調查團之使命，及與馬談話記錄的內容如何，須送該處一閱。兩記者都說訪馬出於好奇。國聯調查團到哈後，曾與馬占山密使會見，雙方談話多次。調查團準備往晤馬於呼海路某處，後因日方反對甚力，遂取消此意。他兩人乃乘機與馬氏密使會見，接洽見馬手續。起程之先，至松浦市與馬氏密使及多數衞兵相見，即相偕去通河鎮。談話內容，僅爲新聞記者應問的問題。記錄是華文，他們不認識，是馬氏一祕書所記，臨行時交給我們的；現由美記者韓達譯畢，交給德領事萊諾手。計僞管理處盤問兩次，兩記者所答均如是。日方乃向美領事翰森要求交出談話紀錄，美領事直向德領處索取。及日人向德領索取，德領謂索閱不難，應先解決『滿洲國』承認與否問題。現在『滿洲國』既未得世界列國的承認，則自不能對外人有何行使權，且不得擅自捕禁外人。目下須日本正式機關依照外交方式，向德領館和林德先生道歉，然後方可交出記錄。日方認爲過於難堪，卽令駐哈僞交涉員以『外交』手段，提出交涉：說此事一日不解決，卽一日不撤除對兩記者的監視。林德於十九日午刻，以私人名義到僞交署；但出來會他的，不是僞交涉員施某，而是所謂總務處長日人杉原。林德質問何以無治外法權的國家，竟逕行逮捕外人，加以拘禁？本人訪馬，爲新聞記者的天職，有何不可之事？且本人嘗於滬戰時，出入兩方陣地，不曾受過束縛，何以一到東北，竟受這種無理的限制？紀錄在德領事館，一切可逕向其交涉。本人自由，卽須恢復；且不得監視本人住所，及無故侵入檢査。杉原一味強辯，說馬占山爲『新國』的叛逆，無論何人，不得『滿洲國』許可，不得會見；因防洩漏『滿洲國』軍事祕密。談話紀錄，必須交出，並向『滿洲國』道歉。林德聞言，憤憤而去。史悌爾則於二十日往僞交涉署，仍然見着杉原。史則要求僞國向其道歉，並說不應該待他無禮貌，有如罪犯；爭執甚久而去。二十二日德領訪施，也要求僞國向德、美兩記者道歉，並撤去監視。後來又經過多次談判，才照如下的辦法解決：

德、美兩記者訪馬記錄由德領萊諾送僞交涉署，記錄內容：(一)馬占山向國聯陳請書；(二)馬與兩記者談話記錄。由僞國向兩記者道歉，卽行撤去監視，容兩記者赴北平；但兩記者不得發表記錄任何節於報上。

其實：所交出的陳請書和談話記錄，不過是個副本，原底早已交由美國牧師雷阿那特密從哈埠經營口帶往煙臺去了。而林德訪馬的談話記錄也早已登到世界報上；並且早被輾轉譯成各國文字了。所謂交出記錄，以及不得發表任何節這種條項，不過是官樣文章，給日僞兩方，做個面子。尤其是林、史兩記者縱過這回風波，算是在新聞採訪史上寫了一個最大的捷足先得的奇績，可與朝日社荒垣氏的嫩江血戰記後先媲美了。

對於外國記者的採訪活動，既是這樣地施以無理的壓迫，而對於他們本國的記者，以及他們本國記者的活動可是怎樣呢？前邊不是已經說過朝日新聞的飛機除採訪新聞之外兼盡偵察的義務嗎？在這裏，再舉一個有力的實證，就是同國聯調查團從東北回滬後的顧維鈞氏在國難救濟會歡迎席上演說的最後一段，顧說：『此外余尚有一事須向諸公陳述者，即日本新聞記者，與日本軍政界之合作精神，係余等不得不欽佩。蓋日方組織週密，余等每莅一處，無不見其蹤跡。彼等工作，不但在採訪新聞而已，同時亦兼有一種偵探與監視之任務。余嘗數次一人出外散步，事前既未要求派人保護，又未宣佈時間，而其新聞記者，則竟以拍照爲藉口，遷延時間，以待日方暗探或監視者之趕來。更有一次，約在長春車站。余當出發赴車站時，僅偕一秘書。時所謂余之保衞者不在場，即有一記者跟踪談話；另一記者則前往報告警察署。即在進茶飯之時，日記者每於供獻意見或探詢新聞時，恆爲其軍政當局刺探消息。日記者每表示提出一種意見，嗣後即成爲事實，在中國領土內，尚且如是，其在本國內，則更可想見。又其宣傳上之組織，亦甚完備。彼等每在調查團來至一處之前，先行前往佈置；如調查團未抵哈埠之前，而哈埠各英文、俄文、日文等報紙，均已一律將調查團所擬調查之事，而同時亦爲彼等所欲向人作宣傳者，儘量披露報端。是以調查團抵哈之時，即已可見，此吾人所可深切注意者也。』（註三）

在這裏，再特意把一位日本的新聞研究家兼評論家板口二郎的處於滿洲事變的日本報紙一文的要旨，介紹過來；因爲它捉住了報紙與對外事件的關係這一問題的中心；並且在它的反面可以明瞭這時期日本的軍事通信的眞價值。

「要想考察日本的報紙從滿洲事變以來，持着怎樣的態度，做着怎樣的作用，須考察報紙與對外事件的關係。在對於內政的報紙的作用與對於外交的報紙的作用中，報紙本身雖然不大感覺，其實是有利害的差異。比如同是攻擊，在內政的時候，那個論評或記事，未必就會生出許多相異的結果，但在關於外交的時候，是會超出報紙或報人預想之外的；卽能夠使外國政府受到意想所不及的影響。

在歐洲大戰以前的英、德間的製艦競爭時代，英國政府和德國政府兩方都有爲對方報紙的論評和記載所刺激的事實。

俾斯麥所以說過『要想得到歐洲的平和，必須殺掉一打記者』的話，這恐怕是他看破這些事情了。

背反輿論或國論而行，決乎不是報紙的使命；寧可以說是背反報紙的使命。然而同時報紙還有不能忘掉眞實的使命。就是在大衆徒發盲目的狂熱的時候，又在大衆缺乏關於事實的知識而不能下公正的判斷時，報紙爲了履行眞實的使命而矯正大衆的盲目的言動，或是使大衆歸於冷靜起見，必須先使大衆知道事實的眞相；勢不能不暫時背反大衆的意思或感情。卽在這種時候，不是所謂主義或意見的相異，而是知道事實和不知道事實的相異；或是想知道事實和不想知道事實的相異。

就報紙歷史上考察起來，那因主義或意見的相異而同大衆逆行的事例，不是沒有的。但關於許多事情——特別是對外問題——報紙爲同大衆逆行所受到的排擊，是常會由事實眞相的暴露而緩和的；時而也有使大衆懊悔的。所以報紙不可忘掉常做國際關係或事變說明者的職責。爲避免國際的衝突，防止由於相互的誤解的不幸起見，現在和將來的報紙在這一點上具有重大的使命和強大的勢力。報紙做單純的帝國主義警犬時代，如今已經過去。現代報紙的舞臺，是世界全體。這一考現代報紙的性質立刻便可明白；並且以這種記事爲資料的論評，也當然不應限於世界的一局部。但是日本的報紙，對於滿洲事變可是履行着怎樣的使命？它們不是中止本來的使命而爲着某種勢力——比如偏狹的帝國主義——或是爲着傳統的保守思想，在服着所謂警犬的職務嗎？……在除去這個國際的、人道的不幸，得到平和的幸福上，不信賴報紙的說明可信什麼？」（註四）

（註一）塔斯社一九三二年七月二十二日莫斯科電中語。

（註二）同上，五月十二日莫斯科電。

（註三）據一九三二年六月十七日申報。

（註四）詳見坂口氏所著的現代新聞論（千倉書房版）頁二〇二——二〇九。

（B）上海事變

上海事變——一二八戰役——的日本從軍記者的活動和報導，較諸以往諸戰役，可以說是大不景氣吧；唯一的原因，就是師出無名——也可以說是不光明、不正大；同時更因爲是在列國新聞記者聚集的地方，卽遠東新聞報導網的總樞紐，於衆目昭彰之下，揑造新聞，大不如在東北各地，來得容易。

然而在一敗再敗無可奈何的時候，也曾照老法子製造些能够紛亂人心的謠言，比如詆毀十九路軍，任意挑撥離間，以及仿造馬占山被刺或陣亡的故智，說力守吳淞的翁、譚殉難之類。尤其滑稽的，是刊布僞造照片；如在二月中旬的朝日諸報上登出一幅題爲『上海便衣隊員縱火』的照片，圖中有一西裝華人(？)在日領事住宅前放火。東京、英文報日本泰晤士(*Japan Times*)著評譏諷道：『無論此照片中的西服者是否確係中國便衣隊員，或竟爲日人所矯裝，用作反面宣傳，殊不可知，但我們可得而問的：苟眞係一個華人在放火，則彼等攝影的日人何不將此放火之人捉住以爲更好的佐證呢？』後來並沒有見到登載該項照片的各報來答覆這個疑問。這種揑造可算是笨拙到極點。

但就另一方面說，這時日本著名的報紙上的記載，倒也有很多眞實的；如關於歷次的戰敗，則『某某部隊殆已全滅』，或『亦被全滅』，或『全軍覆滅』這些字句，都是見不一見的。另外，日本全國各報，每天都登有戰敗的消息。而二月十七日東京時事新報上海特派員野坂三郎的一篇報告，寫的尤爲得體，要旨如下：

『上海事變發生以來，至本日（二月十一日）止，已經過旬有餘日。我軍艦來滬者，達四十七艘，陸戰隊共六千餘人（陸軍在外），可是依然死守着閘北及虹口公園的陣地。戰事毫無進展，已成膠着狀態。而敵軍的砲彈又頻頻脅迫邦人的生命，眞出我們的預料！

中國軍的勇猛精強，已成事實，而我政府、軍部及國民，對中國軍的實力和組織，以及巷戰的巧妙；似乎還沒有切實的認識；或者還記憶明治二十七、八年的戰役與最近東北軍的無能，以爲對於上海敵軍也可一舉而掃蕩之。然而十九路軍與龍旗辮髮的軍隊絕然不同。更有須注意的，就是中國青年男女思想的覺悟，能在物質上和精神上給與軍隊以援助。如青年學生參加義勇軍戰鬥者，時有所聞；甚至閨閣少婦，學校女生，也赴兵站部工作，或到戰地慰勞：這都是明治二十七、八年和最近滿洲事變所沒有的現象。而我政府昏憒糊塗，反輕視敵軍的實力，這是適足以促成我軍的覆滅的。

雖然，過去的錯誤，已不必再悔，目下急待解決的，就是迅速停止戰爭，恢復上海固有的繁榮狀態。在華邦人的生命，今被置於砲彈之下；倘再繼續戰爭，則不單生命的危險，日益擴大，經濟的損害，數目也甚巨大。我國在滬所投資本，最大的是紗廠，如今九公司，三十六工場，已全部停業，資產總額，將悉歸於烏有。貿易之途既絕，失業破產驟增；因此，邦人有自殺的，也有流為盜賊的。

處此險惡的狀態下，我二十億元左右對華貿易唯一的上海市場，幾乎完全歸於消滅。若是目前狀況永不改變，上海將無一艘日輪進口了。又日人的居留區域為虹口及北四川路一帶，若燒失而成荒野，則工商業與貿易均將毫無根據了。所以應立即停止戰局；並且渴望一日早一時，一時早一分，愈快愈妙！』

在這種時候，誇張和掩飾都完全失去效用，倒不如像這樣爽爽快快地，老老實實地，寫家信似地，根據所見所聞，照實寫出，以作自國當局者的警惕，何況師出不但無名而且幾同盜劫嗎？何況這次戰役確如曼徹斯特導報（*Manchester Guardian*）所說的『日海軍大將之投身閘北，僅使中國平民慘遭殺戮，使日本軍隊大受損失，使國際形勢大為錯綜，使日軍原來享有世界之同情失其大半』（註）嗎？所以在這種情形之下，這種帶主觀見解的通信，也是應有的。否則若是親眼看見自國軍民因妄事侵略陷於危急萬分的境地而仍一味地在新聞通信上使用誇張和掩飾等類的伎倆，徒務虛聲而受實禍，不是太不聰明嗎？

又，這次戰役對於外國通信員的行動是同東北事變後一樣不光明；這也是因爲這些外國通信員（林德亦其中之一，他是事變後到東北去的）的報告——根本上在世界的輿論——多主張公道的緣故。對外報記者最不光明的事例，就是在戰事正劇烈的時候，日外交及軍事當局忽然取消外報記者戰地通行證。於是外報記者，大爲不平，立將此事，電達全世界。幸虧中國軍事當局向不拒絕新聞記者到其司令部和火線後陣地，所以還留下這一個親自觀察並採訪戰事消息的途徑。於是這種企圖掩飾敗跡的手段算是根本失效——正所謂『欲蓋彌張』了。

（註）詳見一九三二年二月六日倫敦路透電。

五　過去中國的從軍記者和戰事採訪

講起過去中國的從軍記者，眞是貧弱得很。在專制時代雖然經過清、日，俄、日兩次戰役，但在戰地從事通信的記者，似乎都是歐、美和日本人；還當然是那時報紙的發達程度不及歐、美和日本的緣故。

筆者在這裏不願來考究這種不容易動起讀者興趣的舊事，單把較近的事情，述說一番。

辛亥革命時代，因爲在革命軍中運籌帷幄的報人很多；他或她們一面鬭爭，一面宣傳。這個時期也許可作爲中國從軍記者最盛的時期；但所差的，僅是在外形上的不完備，卽那些報人多是所謂『投筆從戎』者，帶筆從戎者，恐居少數。後來不久，便發生內戰，而專事新聞攻略的帝國主義通信社就接二連三地成立了好多家；它們乘着我軍閥干涉通信自由的機會，利用爲不平等條約所特許的權利，包辦軍事通信——主要的是電訊。『我國新聞記者，每視打探消息，爲冒險之事，遇到戰爭時，却靠着外人的通信社，把消息報告給中國報紙。但到了一九一七年路透社壟斷了全外國的通信之後，故意用挑撥或不利的消息，使中國報紙的言論，受其愚弄與利用。』（註一）這是眞確的記錄；不過這段記錄中漏掉當時拼死命挑撥中國內戰的東方、共同這兩家『通信社』；又，路透社在以後的武漢時代雖也曾盡力揑造，但畢竟比較好些。而這種現象發生的根本原因，乃是由於我國人民把握不住革命的中心卽不明白革命的意義；徒事個人權利之爭，遂使外敵窺破間隙；而『我國官吏輕視新聞事業。對於本國新聞記者不以誠相接。於是外人所設之新聞機關、通信機關，接踵而起，蒸蒸日上，有經濟學家所謂壟斷市場之勢』（註二），也算是個末梢的原因。諸君假若到任何圖書館去翻閱一九一七前數年及後十餘年的滬、平、津、漢、粵各報上大登特登的東方、共同（後乃改組爲日聯）的造謠挑撥的電訊——特別是關於內戰的部分——而仔細對比一下，假如您當時是住在上述各地而且目擊過某種事件——比如五卅事件——的人，您一定要爲那些千奇百怪的揑造電訊驚駭得跳起來！您一定會知道前述的『集造謠挑撥的大成』的評語，眞是名不虛傳了！

書歸正傳：在從民國成立後的歷次內戰至第二次北伐軍達到長江流域（一九二六）以前，第一因爲那些內戰缺乏戰爭的眞意義，而大衆對於那種戰爭不但惹不起興趣，而且感着厭惡；第二是戰爭者係缺乏學養——甚至目不識丁——的武夫，他們根本不明白報紙對於戰爭的關係，尤其不認識新聞記者的地位，常用慘害平民的方法來慘害新聞記者；第三就報紙的編輯、經營兩方面說，都沒有上軌道，不要說內戰，卽使是關係於外患的戰爭，那些報社也是不會注意的（註三）；又，一九二五年十二月二十四日的時報副刊上登有『某軍邀各新聞記者赴前線觀戰，遍約無一應者。人謂中國新聞記者膽小心細，是其特質』的一條，這想來也算個附帶的原因吧。

自從第二次北伐興師以後，因爲這次戰爭的性質大大兩樣，所以各國——尤其是日本——的新聞社，都競着派從軍記者。單就江西方面言，在某報特派記者的通信中說：『日記者之赴贛者，有電通社之大西秀治，東方社之奧宮正澄，東京朝日新聞之大井二郎，大阪朝日新聞之森山喬，及大阪每日新聞之古井美津雄五人，而吾國京、津、滬、漢四大埠記者之赴贛爲戰時記者者，尙無其人。記者不敏，遽承乏斯職，自愧不能勝任，然不得不行。於是自滬而寧、自寧而潯……』。雖然這位特派的軍事記者，僅僅往江西跑一趟，就又返滬，但這也就算很難得了。又，此記者是個保守主義者，對於北伐，頗有微辭，因爲他仍認爲個人權利之爭，所以回滬之後，恐怕就不再去從軍了。

等到北伐軍過了長江，給與全國民衆以極大的衝動，於是向持保守主義的報紙，也不得不投諸革命軍旗下。這的確是因爲『此次北伐，不僅爲本國人民所關心，抑且爲世界各國所注目，』（註四）所以中報『爲供應世人之先覩與詳閱起見，乃特派記者，隨軍出發，將北伐期中之各項消息，除發電訊外，並作北伐記，藉作一有系統之報告……』。（註五）

濟案發生之後，世人對於這個事變的『關心』和『注目』，益發來得厲害。『上海中外各記者……欲爲實地觀察，集議再三，結果自由參加者，美國密勒氏評論報（*The China Weekly Review*）主筆及支加哥每日論壇報（*Chicago Daily Tribune*）駐華訪員鮑威爾（John Powell），美國新聞攝影專家百代公司攝影記者賴伏愛，上海法文日報（*Le Journal de Shanghai*）特派員耶拿女士，新聞報顧執中、姚家變，本報（申報）康通一，時事新報趙叔雍，時報金維白八人……遂於九日（七月）晨間，由唐山丸赴青島『（註六），然後到膠濟一帶去視察。十天後返滬發表膠濟觀察記。這也可稱為一種集體採訪：是晚近盛行的適用於特別重大事件的採訪法。

兩年以前『遍約無一應』的『膽小心細』的新聞記者，到這時候都紛紛向南京總部要求做隨軍記者，前往戰地採訪消息。遂經總部允准，在參謀處設宣傳科，招待記者，並擬定新聞記者隨軍規則如下：

第一條　得派隨軍記者之報館，限於左之二種：
（一）在革命軍方面之著名正當華人報館。
（二）同情於革命之著名正當外人報館；在敵地之報館，不得派遣隨軍記者。
第二條　派遣隨軍記者之報館，均由其館主或總經理，或總編輯先行具函申請本部核准。
第三條　每報館派遣隨軍記者，祇許一人。
第四條　隨軍記者一切事務，統由本部參謀處管理。
第五條　隨軍記者由本部發給特定符號，以資識別。
第六條　隨軍記者之宿舍，由本部副官處指定，或自行覓定，報告本部參副二處。
第七條　隨軍記者關於採訪新聞之行動，須受本部參謀處之指導。
第八條　軍事新聞之可以發表者，由本部參謀處交付隨軍記者；隨軍記者自得之新聞材料，亦應先請該處審查。

第九條　隨軍記者所發新聞函件，應先交本部參謀處審查蓋戳；電局及郵局檢查員，對於軍事新聞之函件，須憑此項審查戳記，方予發出。

第十條　隨軍記者攝取軍事照片時，應先請各部隊長許可；普通照片不在此限。

第十一條　隨軍記者倘要隨附各部隊時，應向本部參謀處及該部隊接洽；各部隊對於隨軍記者，亦指派專員，按照本部規則所定辦理。

第十二條　隨軍記者，應遵守一般紀律，尤不得妨害軍事之行動。

第十三條　隨軍記者倘有不遵紀律或私洩軍情者，按其情節輕重，分別撤懲。

第十四條　隨軍記者之食宿旅行等事，倘遇無法自辦之時，得商由所附部隊爲之照料。

第十五條　本規則如有未盡或應改事宜，得隨時增修之。

從軍記者的外形，到這時候，才算粗具。又，『投筆從戎』的新聞記者，在北伐軍中——特別是在專司宣傳的當時有名的政治部——也似乎比以前更多了；他或她們的主要職務，除照例的運籌帷幄之外，主要的工作就是寫標語，出壁報，兼在北伐軍所到各地的報紙上登全面或半面的如『打倒帝國主義』一類的簡短的廣告形的宣傳文告。又在舊軍閥方面，當然也有新聞記者，發刊報紙——如『五省聯軍』所出的聯軍日報之類；『孫創辦聯軍日報的動機，乃因盧子馨（香亭）出版一軍事日報，孫見之頗以爲然，遂刊斯報。斯報專爲軍人而設。命印四千五百份，猶不敷分配；不久擬加印數千，專贈不賣』（某報特派記者通信中語）。

北伐戰事移到隴海綫上之後，南北兩方的報社都紛紛從事有組織的採訪活動。在南京方面的，則以七月二日聯袂赴隴海綫觀察戰況的東西各報約十一名的外人記者爲始。爲了這十一名的外人記者，南京軍部、外交部、鐵道部共派五名專員『照料』。爲觀內戰而招待外報記者，如斯隆重，眞是前所未有；可是這十一名記者到那裏僅僅訪訪軍事長官，看看傷兵醫院，和其他機關，前進到柳河以外十五哩的地方，遠遠地聽聽砲聲，不到一個星期，便跑回來了。雖是沒有專門的從軍記者，但打了一個轉，也比我們自己的報紙好多了。但在北平報界却也有組織『前敵視察團』請准軍事當局備車，伴着官府人員，前去『觀戰』的。然而無論怎樣地說，中國報界對於軍事通信的興趣，是一天天地增加起來了。

不久，九一八事變發生；但對於這個關係民族存亡的大事變，單就申報來說，直到十二月一日，才以……『事變日亟，戰地消息，除新聞通訊外，更須有詳明之照片；因此，特派攝影部王小亭君爲戰區特派記者，親赴塞外作實地之調查……』（申報記事）。在這位特派記者出發以前，該報和別報上有好些關於戰事的照片——比如馬占山視察陣地——都是從朝日新聞上翻下來的；而朝日新聞的照片呢，乃是由該社的飛機從東北運送到大朝，再立刻由大朝電傳到東朝的。又，王君到東北後，也做了一番冒險的工作，但第一因爲諸多阻礙，第二因爲沒有些時就發生一二八的事變，所以他又返滬做戰地攝影的工作。

新聞報的特派記者陸詒，據說是自告奮勇前去的，在熱河做過相當的活動；歸來且將通信整理成書，出版行世，實創特派記者工作的新紀錄（出版者不是該報的本身，因該報辦了四十餘年尚無出版部的組織）。

可以說是在中國的戰地採訪史上開了一個新時期的，那就是一二八時代了。上海既爲國際新聞網的一個重要樞紐，同時又是中國第一流報社所在地，因爲『近水樓臺先得月』的關係，所以戰事發生之後，任何普通外勤記者都自然地變成戰地記者了。可惜報社那時跟着消極無能、畏怯成性的一般商民，一同趁着『過年』休息的機會，就長期地罷了市。於是平日出數大張的報紙，到這時候竟縮到半張或一張，而且當作『臨時特刊』或『號外』，不算正式的報，以致縱有採訪俊傑，也無伸展技能的餘地。然而竟能如上所述，在中國的戰地採訪史上開新時期者，這也是在這區區一半張的報紙上成了戰事專號的緣故。

所謂『中新兩報』和其它各報，不用說都在採訪上積極活動；每一家都造有捷足先得的記錄。這也是戰事消息過於擁擠的緣故；而戰事消息擁擠的一個主要的原因，乃是我國的軍司令部和戰線任令新聞記者出入。但爲了這事，我國軍隊也吃了不少的大虧；這是另一問題，而且是非常重要的問題，詳細述於次項。

申報在這個時期，新聞採訪，雖然平平，但在戰地攝影一事上，却做了出色的工作；首先冒砲火到前線攝戰事新聞照片的，便是曾創辦該報新聞攝影部而新從東北返滬的王小亭。『申報畫報爲國內首屈一指；所組織之新聞攝影社，亦組織健全，堪稱獨步。滬戰既起，該社不避艱險。攝有戰事影片多幀。歐美各大報咸來電購用。每幀取值五元；美國且派飛機至檀香山專候此項照片。戰事未及十日，售片已達四千餘元；申報五樓特設櫃臺，專司其事……』（註七）。又於二月五日發行軍事畫刊；由『戰地攝影記者』王小亭、李尊庸、李子洋編輯。的確：戰地採訪最需要照片。——日本朝日新聞特派攝影班員在嫩江激戰時攝活動照片，既如前述。中國歷次戰役，新聞界向不注意此事。而這時候因處於國際都市需要此種照片者，不限於本國的報社；再加上如一王、二李——還有于長纓——的冒險精神和技術，於是這種捷足先得的榮譽，遂不能不歸諸申報了。

時報的畫報取材，向來是以大腿為主；它的攝影記者張有德，本是時常提照相機到『宮』這一類的活像『大觀園』一般——的地方去的；但在這時候，也不得不改變方針了——改『宮』為戰地，改大腿為大砲；並且每期都成『上海戰刊』專號了；所刊作品，除張有德的以外，一五六旅隨軍攝影記者陳昺德的作品，也很富於刺激性。

此外，新聞報的攝影者為顧執中，時事新報的攝影者為張若谷，作品都很可觀，惜產量太少。

再說這時期的通信，以時事新報、大晚報的特派記者為最賣力；只是前者的記事，頗多浮泛語句，讀時非常吃力，讀後感着空虛而已。但講到他們的採訪活動，在黃震遐的隨軍採訪回憶一文中，很能夠表現出來：

『二十一年二月八日，那時閘北的戰事已開始好幾天了。我從友人處輾轉收到了大晚報總編輯汪倜然先生的一封信，內容大致是要求我去擔任軍事新聞採訪；因此當天下午，我就應約到四川路大晚報的編輯部去。在那裏又遇見了總主筆曾虛白先生，也是認識的朋友。於是一則被興趣所驅使，二則因彼此都是熟人，我就接受了大晚報隨軍記者的職務。那時大晚報還在籌備期中，但內部已積極忙碌，準備着創刊號的出版。我在二月九日的上午，和時事新報的隨軍記者萬國安，與本報的隨軍記者張若谷兩位先生，三人共同出發，開始戰地的處女採訪工作。

以後，在將近一個月緊張的光陰裏，我們這三個人一組的採訪突擊隊，就在戰友與伙伴精神的結合下，不斷地努力着，掃蕩閘北、大場、吳淞三戰地。隨時隨地吸收着熱狂或慘淡的新聞。而從前彼此一向是文字交的張若谷，也因患難的結合而變成伙伴式的酒肉朋友。

那時我們的工作是這樣：清早八時出發，大部分是用高速度的摩托輸送，到了中山路、白利南路的交界處，便轉入我軍後方的中山路。這時大約總在九點鐘左右。如果不預備到閘北的話，我們便吩咐車夫轉入危險的滬太長途汽車路：歷經飛機與遠射礮的威脅，一口氣趕到大場附近，把汽車藏在竹林裏，下車步行，爬進秘密蔭蔽於墳穴或竹林中的司令部裏去，記錄下當日的戰況。但這些司令部為躲避敵人空軍的偵察起見，卻往往都佈設了很巧妙的「偽裝」，把地面上的新聞記者也欺騙得不得其門而入而團團轉的笑話，竟是常常都有。我們能够一下子就尋到牠們的緣故，多半是因為從前在軍隊裏服務的經驗所促成。

然而究竟我們也難免有危險的時候，眞正性命交關的危險固然是屢屢碰到，而庸人自擾的、笑話式的虛驚亦不止一次。試舉一例如下：某次，正當廟行劇戰的時候，我同張若谷在大場的田地上走過，忽然兩人都感到那盤旋於我們頭頂上的敵機已擲下了炸彈，甚至於連那炸彈自高空射下時所畫出的白亮的彈程都已望見；因此我們便狼狼狽狽地分散平伏在田間地上，隔了半天還不敢動。直到被十九路軍拍手大笑的聲音所刺激，才疑信參半地爬起來，發見飛機早已遠去。而所謂白亮的彈程，亦只是機翼受太陽直射而迸出來的反光。

像這種笑話，想來當一個人突然被死的恐怖所抓住的時候，總會屢屢地演出罷。時事新報的隨軍記者萬國安，雖然已是一位從軍七、八載的戰士，某一次也被一隻老鷹嚇得目瞪耳呆，誤認為無聲飛機，不管三七二十一，拖了他的一位同事卓君就跑，一直跑了三、四里路才止。

寫到這裏，我又不得不致其驚佩之忱於我的同事——張若谷；因爲我很料不到的，就是這位一向文質彬彬的藝術三家言作者之一，除掉他文章與音樂以外，竟是一位勇敢而鎮定的青年，甚至於比我都鎮定一些。某次，在敵機過分的威脅之下，一枚炸彈突然落在數百米外的竹林裏，轟地一聲就炸開來。這時我爲過去的經驗所克服，不知不覺地就要向地上臥下去（其實並無危險），而張君則仍從容地站着，面無懼色。一天一天地採訪着，我們在下午一點鐘左右的時候得到了消息，馬上就用最快的摩托力趕回到報館，把成績交給我們的編輯同志們去安排。整天的時候，都是在白熱中過去。到了晚上，就寫下個個的感想，一直到三更半夜才上牀。第二天一早又跑出去。現在想來，還是感想到當時的生活比較有趣。』（註八）

（註一）蔣國珍：中國新聞發達史頁六五——六六。

（註二）一九一七年十月八日北京甲寅日刊時評中語。

（註三）一九一四年日侵山東，攻青島時，我因爲辭去上海數報駐汴特約通信之職，回里殯葬先祖，畢事不久，而且在做通信員以前，又曾受過一年半的類似軍事教育的教育，所以很有意去嘗嘗做一番軍事通信的工作；但向原約各報接洽，都不成功。這雖然是由於各報經濟的不寬裕，而在根本上也是它們絕不注意這種關於敵國外患的軍事通信的緣故。

（註四）申報特派從軍記者華亭：北伐記的起首文句；見一九二八年四月十日該報。

（註五）同上。

（註六）上海中外記者團膠濟觀察記的起首文句。

（註七）行雲：申報戰事攝影之價値文中語，見那年二月十五日晶報。

（註八）係節錄，詳見一九三三年二月十二日大晚報。

六　從軍記者的實務和榜樣

（1）事前的準備

從軍記者的採訪活動，務須特別敏速，自不待言。所以在日本朝日新聞社幾家報社，為了這種情形的用意，都備有『非常袋』。卽用一種的背囊 (Rucksack)，其中裝好稿紙、鉛筆、小刀、手電筒、旅行指南、地圖、手巾、牙刷、牙粉、藥品、繃帶、火柴、蠟燭；所以命令一下，只要把它掛到背上，便可立刻出發。當然，受了特派之命的記者，除了這種必需的東西之外，必得認識受特派的事件的輪廓，可時更要考究以最短時間到達目的地的方法，和把生動的新聞記事與照片運送本社的最善的通信聯絡方法。只要有飛機，當然乘飛機；否則乘火車；沒有火車或是有而時間不湊巧，可乘汽車。隨後把電報、電話的狀態查考一下。當地與本社間直接通電話方便不方便？若是當地沒有電話，可跑到何處去打電話呢？又，那個電話線只有一線嗎？或是有兩線三線而有可以直通本社的？沒有電話的方便，只有一家郵局，那末可以在那裏發急電嗎？另外有無能夠節省時間的速報手段？事件的現狀離開城市而在海上、或山中的時候，靠電報、電話也許不如帶三、四隻傳書鴿去使用較為便利吧？這些都是在特派記者急遽出動的五分鐘前所必須先做的預備工夫。

（2）記事要寫得快

以新聞為職務的身分，常須懷着勝過同儕的競爭心。不過在通信機關如此發達的今日，要想捷足先得，確實不很容易。因此，做特派記者的，一支筆桿，務須快速。讀者和編輯部長在焦急着等候彼之報告哩。雖然電報局的報務擁擠，電話的打者頻繁，但彼之通信能早到一刻，也要叫它早到一刻，以便早速出報。在彼的周圍，有它社的特派記者在以同樣的決心和敏腕努力地想勝過他。被放置到這樣的狀態，那末，一考慮到彼的任務的重要性，那精神的興奮自然會感傳到握在手中的筆尖上；在需要速度增進的這個刹那間，不慌不忙地，痛痛快快地把有秩序的記事寫出來：必得要有這種熟練的工夫。常有比較別的記者早完稿五分鐘而在結果得早發表數小時的。要之，無論通信聯絡的方法怎樣完全，不把要緊的記事早點寫好，那通信戰是不會勝利的。假若有能够鼓動讀者的血的A報特派記者觀戰記埋沒了夕刊的紙幅而吐出堂堂的氣焰，反之，B報特派記者的通信因來不及登夕刊，而不得不登到翌日的晨刊上，則對於讀了A報夕刊的人，味道便好像脫了氣的啤酒一般了。臨到同樣的戰場而AB兩報特派記者的通信戰，怎會得到這樣的結果呢？勝負是這樣地顯明時，那負的一方的新聞社當然要大喪其氣，若仔細探究一下，便會得到如下的勝負的原因：第一是通信聯絡方法有優劣；其次是A報特派記者的電報比B報的長三倍，而所以還能迅速打電者，不外乎是寫得快。這裏所說的AB兩報的通信戰，就是指前述的江橋戰役時朝日和日日兩家的特派記者的活躍，以及朝日搶先而言。

俄日戰役，倫敦每日電聞（*Daily Telegraph*）特派從軍記者馬克曉在鴨綠江和朝鮮一帶，很做了一番冒險的活動。我在應用新聞學上（第五版頁九四——九七）曾介紹了他一篇軍事通信。他又曾發表他歷次從軍記者的眞實的體驗；由林則蒸氏介紹過來（大中華雜誌創刊號）。這篇譯文如今已很難看見，所以改正幾個譯名，引用到這裏：

「當戰事發生，或兩國邦交，略有齟齬之際，戰地通信員紛紛投函報館，效毛遂之自薦。陸軍軍官之在職或退伍者，亦咸欲乘機而往，直接觀戰。餘如都會少年、報界訪士等，莫不興致勃勃，爭求效用。報館中僱用此項人員，若非略知其資格可以勝任，斷不敢輕於嘗試。彼輩自薦，間亦有附以保證書表示其資格者。要之，凡有軍事經驗，精力富強，文筆清通，兼知新聞之價值及迅速傳遞之必要者，卽已具戰地通信員之程度矣。惟現時此項著名通信員中，由尋常報界人物出身者，頗不乏人。蓋報界人物，譬猶律師，無論何事，均能立時本其經驗，從事訪採，下筆成篇，且饒趣味，娓娓動人。其他乏此能力者，相形之下，不免瞠乎其後矣。

戰地通信員之生涯，可羨之處甚多。惟此項位置，爲數無幾。卽偶得之，尙有種種困難事情，不時發生。報界之中，力能聘用戰地通信員者，不過寥寥數家。英倫全國報紙，籌有的款，常行委派此項人員者，僅五、六家而已。近來各大埠重要報紙，往往聯合一氣，共派一人。其他尋常辦法，則與大報磋商，凡有戰事電訊或通函，祇須另錄數份，分送各報，以便同時登載。有此種種原因，故英國之稱爲戰地通信員專家者，爲數極尠，統計之當不出二十人也。

戰地通信員所應具之種種能事，決非一人所能兼爲者。果其人身體健強，絕無疾病；食品無論如何減少如何粗劣，均可忍受；寢地無論如何侷促如何汚穢，均可假寐；或夜宿曠野之中，受盡風霜之苦；或寄寓草舍之內，穢氣蒸騰。在他人所不能堪者，而戰地通信員則甘受之。此外又必善騎；並曾涉獵戰史，略諳兵法；精通兩三國語言文字，極少須知德、法兩文；若能兼善俄羅斯、西班牙兩國文字，更爲有用。凡此重要數端，倘能一人兼備，方爲稱職。然尙有一事，爲通信員不可不顧者。

無論戰時、平時，貴能臨時準備，束裝遠行。按照常例而言，凡通信員得極簡單之消息後，即趣令啓行。余曾歷觀戰事五次，皆匆匆就道；惟日、俄之役，余於星期六夕得委派觀戰信息，囑令星期三日由利物浦乘輪而東，余即於三日內預備行裝，不致遲遲吾行也。

一八九九年九月間，余在亞爾德歇地閱操，思有所紀述，不意英軍佯戰之練習，不久且作真戰之預備。有一星期五晚，余返倫敦，預備星期休息。七時抵滑鐵盧車站，即赴報館投交原稿。至則見主筆有短箋一紙與余云：願君明日由叟散頓乘輪往南非洲，自行準備一切；該地克柏賽恩有南非斯登達銀行存款可支。余閱此數語畢，已自能領悟主筆所需於余者；蓋是時南非共和國邦交，將有決裂之象，不得不先時而往。幸是晚會計員離職較遲，余得略支現款，即赴芬草巨街購備船票；翌晨向克柏賽恩出發。其匆忙情形可以概見。

巴爾幹之役，余方在塞維亞軍營中，一夕有口操德語之兵告余云：總營內有要電一封。余遂抵總參謀辦公所，果見有速回倫敦之電報。隨將馬匹炊具布幕以及雜物等，凡不便經過歐洲各地海關者，一概變賣，然後就寢。黎明時，余復詣總營請領護照，以便離營。讀者應知行軍之際，敵國偵探極靈，故報界訪員出入時，亦必須預得允准，方可通行無阻也。

余領護照後，即乘奧利regular快車，直抵佛拉與。余抵倫敦時，主筆謂余云：勞君奔忙如是，歉甚；惟墨西哥風潮大作（是時墨總統馬的羅被刺，政府變動）君能否趕赴利物浦，明日乘瑪莉登那郵船而行？凡戰地通信員，無論派往何地，擔任何事，斷無辭却之理。翌日午時，余遂趕坐快輪，向墨西哥啓程矣。

一九一二年秋間，巴爾幹風潮日亟，余正在克柏利巨省閱操。是時巴爾幹各國之聯盟，志在擯斥土耳其，似無一知其事者。外察情勢，雖多糾葛，然吾人以爲尚可不至開戰。一日主筆函告余云：時局雖無大礙，願君速赴奧京維也納探訪一切；緣欲知巴爾幹消息，當以該地爲最靈便也。余啓行時，意謂戰事可免，遂將戰地應用物品，概留倫敦家中，隻身赴維也納。在彼無所事事，享受秋季清氣數星期，亦頗不惡。一夕，余與該都會某報館主筆縱談巴爾幹問題，該主筆忽得一電，起立大呼曰：戰事戰事，卽將電報遞與余閱；蓋該報館石丁巨訪員報告蒙特尼格魯業已對土耳其宣戰也。閱二小時，余卽乘車往比格拉，僅攜帶衣服一套，望遠鏡一副，及現款若干；因斯時最重要者爲現款，無論何地，均可用以購備一切也。

通信員常遇通電機關，必付現金，方肯傳遞，故須攜帶鉅款，以便應付。余追憶美國與西班牙交戰時，柏老恩氏（後爲紐約世界報主筆）同余由古巴遜的亞谷往安都尼奧。目擊西班牙艦隊滅亡殆盡。該艦隊係歸海軍提督塞維拉統帶。余等所乘小輪船入港時，天色已晚。其他通信員同觀戰者，早已分路奔往古巴海濱魁登那摩灣及海第聖尼哥拉司各電報機關。柏氏同余謁見美國海軍總司令。臨別之頃，探悉總司令已飭令最快魚雷艇駛往上述兩地，發電報告美政府（此時無線電機關尙未設立）。余等深知通電規例，公文在先，報界在後。故決計馳赴查美加，路雖較遠，而該地電線，極少有兩條可通。比至該處之西印度直接電報公司，其司機員正與遜的亞谷西班牙提督通電，故余等所發電稿，皆拒而不收。幸有其他電線，取道巴拿馬墨西哥轉接歐美各線。余等卽乘當地最快馬車馳往。該公司人員接收電稿已如山積，謂余等云；如願出價三倍，另定適宜辦法，當爲傳遞，且須當地預付現金，方能發電。於是困難問題發生矣。按價計算，余等電費，幾達二千鎊之多，而柏氏與余所帶現金，約二百五十鎊。爲時已至夜間十時，銀行當然停業，猶幸柏氏與當地波斯頓菓子公司經理有素，該公司除尋常營業外，兼理銀行事宜。柏氏立即奔至其家，該經理正將預備就寢，柏氏竟能勸之同往銀行，啓箱借墊現金二千鎊。是夕未至十一時，而余等第一電訊已向紐約、倫敦發出矣。後查翌晨各報，倫敦惟有每日電聞，紐約惟有世界報（余爲前者訪員柏氏代表後者）登載戰事情形，極爲詳細；其他通信員早往魁登那摩與聖尼哥拉司兩地者，阻於官電紛紜，故僅將戰事結局略發數字。余等不惜鉅貲，趕發戰事詳報，卒收捷足先得之美果。所費雖多，尚非無著也。

雖然，金錢有時亦失其效用，而通電殊難。日、俄之役，凡通信員追隨日本第一師者，均有此種經驗。是役所有交通機關，咸歸軍官掌握之中，而管理電報人員，又持強硬態度，難以理喻。吾儕通信員，按其規定之例：每人每日發電不得過五十字。然即此寥寥數行，有時尚且閡隔不通，而吾人並未之或悉也。日軍第一師中軍官，且有非常妙策，朦混吾輩。鴨綠之戰，第一師因得進逼東三省，吾人於是獲一特別經驗。鴨綠未戰之前，日軍情形，極爲危亟，揣第一師司令官之意，極不願行軍消息，傳播於外。若歐洲軍官處此境地，勢必通示訪員：一時不得通電。顧日人並不出此，且有詭異之法焉。是時吾輩通訊之法，一經檢查之後，即由驛差向南步行至朝鮮平壤發電，路程約二百英里，須行三日半或四日。一日傍晚，忽日軍官邀請吾輩，會議於總營中，有一軍官謂吾輩云：

司令官以爲君等通驛平壤之法，未免靡費誤時，心極不安。今已決計由韋司（吾人駐紮之地）至平壤電報局之間，設立馬匹郵傳機關，不過兩日路程。君等電稿經檢查通過後，卽交與該機關人員，彼當立卽飛騎而往，萬不稍延。吾輩得此消息，以爲此輩軍官，爲人謀事，可謂周至已極。孰知吾人所望於馬匹快郵者，十一日中並無隻字達於平壤。其實：彼輩並無轉送之意。日人爲此；不過欲截吾人自由通訊之路，使一切消息，莫由傳遞；縱令吾人知其詭計，究亦無如之何。蓋平壤電報局已派有軍官常川駐守，拒絕一切電訊。吾人雖費多金，終歸無補。該司令官意欲吾人緘默無言，而又不肯明白宣示，乃用上述方法處理其事，未免諸多曖昧也。

英國將軍衛嚇密勒頓氏，爲日軍第一師高等軍事隨員，集有軍官隨筆一書，內載一節，與上述亦頗相類。凡日軍動作，所有隨員，視同訪員，概不令聞。嚇氏所云，卽係此事。一日嚇氏接得一信，囑其往謁第一師署理總參謀某君。至則某君備極歡迎，謂嚇氏云：日軍之軍力，以及如何行動，所有隨員及通信員，斷難令其聞知；惟閣下係同盟國之代表，當然不可一律而論。所有詳細情形，理應一一奉告。遂將軍略一切，盡行相訴；並囑嚴守秘密，勿得宣洩。嚇氏唯唯而退，終不告人。數日後，各隨員會宴一堂，中有德國軍官，不覺露出一言，道破日軍機密（卽前嚇氏所聞於總參謀者），同時其他隨員，皆異口同聲云：是乃前日總參謀爲吾輩言也。嚇氏聞此，不勝詫異。旋卽互相問訊，方知奸猾之總參謀，輪流傳見隨員，一一密示軍略，並云此項重要消息，他人皆不之知，故令誓守秘密。其實凡所云指爲重要消息者，與事實毫無關係也。日本軍官之目的，似在務使彼等自信深得倚任，以免發生怨謗；而對待通信員，亦寧仿用其法。然吾輩不久皆深悉其情。所謂秘密消息者，吾人僅以爲疑信參半之材料耳。雖然，此種方法，非獨日人常用，余得此經驗，極少不下五次；軍隊雖異，法術則同。通信員閱歷稍淺者，勢必受欺。惟爲種種理由起見，無論何種消息，授受之際，又必虛懷相納，並示感激之狀，爲不可忽也。

戰地通信員之生涯，難則難矣。然苟富有冒險精神，踴躍擔任，其中趣味，亦頗可取。吾人得此職業，可以閱歷大事，接近偉人。惟瘟疫疾病以及死傷種種危險，勢必備嘗，一如兵役之苦。兵士爲數殊夥，倖免之事，往往較有希望；而通信員所冒之險，尤爲重大也。

通信員又必善於佈置，以便時將詳細消息，達於報館。凡自己並僕役之食糧，以及一切應用器皿，均須自行籌備；有時且必預備數月之糧；而電費與其他雜費支領之地，亦必設法妥定。往往有當地金融機關依然存在，而支取現金，卽難應命者。大抵軍隊所至，所有現金，早爲軍官攜取一空，吾人欲於無中生有，從事籌畫，不綦難乎？余今姑將通信員視事之始，應有辦法，略敍一二，俾可瞭然於此方面之職分也。通信員追隨某交戰國軍隊（無論該軍已否開仗）之後，第一難題，卽在請領護照，隨往戰場，若在外國，則當先謁本國公使；如得其援助，其價值不待言矣。次則往投陸軍部呈遞公文，並附證書，請求頒給護照；內須載明代表何報詳細履歷，擬帶僕役若干人，並其姓氏國籍，均應塡寫。僕役一項，照例以僱用該軍隊同國人爲佳。護照之事，如已有成，其第二問題，卽須部署通電辦法，與當地電報局當事及管理軍隊電報之軍官磋商一切。余以爲最妙之法，當預付數百鎊或一、二千鎊交與通電機關，以爲將來電費之用。此節議妥之後，須請電報局之總經理，卽發一通令單，並令通信員簽名於上；凡各處分局可以通電者，均註明單內；通信員發電之時，各分局必將電稿簽字，與該通令單之簽名互相比較，如筆迹相符，則發電無須索現金矣。以上問題，佈置清楚，一面再行預備馬匹車輛、食品、炊具、布幕、馬鞍、馬具、劈木之斧、隨用之藥、並綳帶黏紙，以及種種必要物品等。唯馬匹最為難求，蓋戰事倥傯之際，所有馬匹，早為軍官經去，輓近巴爾幹開釁之始，無論在布加利亞或塞維亞，僅求中乘之馬已不可得。通信員中帶有汽車者，頗不乏人，惟道路之惡劣，而且石油難購，此項運車，究不足恃也。余深信通信員中，棄其汽車於某地者有三人；每部約值五百鎊（戰時梭非亞汽車價極昂貴）。時余追隨塞維亞軍隊，深知比格拉之地，因無車馬可得，不得已渡過丹約河，躬赴匈牙利，購置馬匹，而價格亦昂不可言。

通信員種種事件，既已辦完，然猶未必即得奔往戰場也。鐵路通車之事，此時既歸軍隊約束；而軍隊當道，對於一般通信員，斷斷不能歡迎，令其追隨左右。故必百般託辭，使之辭行不得。於是日復一日，然後始得啓行趕赴戰地焉。

一九零四年二月間，日、俄開戰之時，文明國通信員聚集東京者，不下百五十人。其中美、英兩國人最夥，咸欲請求特准追隨日軍。躭延六星期後，挑選十三人派赴朝鮮，投入第一師，隨往觀戰。七月復派數人。惟其大部分始終不出東京半步，祇得嗒然而返；彼輩所聞見者，僅日本茶樓之新聞而已。

通信員雖得允准追隨軍隊，而輓近常例，軍官常令居總營中，不得躬臨戰地。總營為司令官駐紮之所，與戰線距離尚遠（兩相接近之時甚尠）。吾人縱得特別厚待，允准觀戰，至回營修稿時，出入必有軍官帶領，且時有種種危險，不可不知也。

日、俄一役，鴨綠江大戰之際，吾輩由日本軍官領觀日軍渡江。一日晨間，日軍渡江紛亂之時，吾輩通信員中有數人，乘機脫離該軍官羈絆，與軍官同渡鴨綠，探訊交戰情形，極爲詳細。時夜將半，吾人電稿業經九連城檢查員通過，遂即趕回朝鮮，擬由義州而南，約數英里，有電報局可投。惟天色黑暗，吾輩以爲早間來路尚可辨認，故奮然而進。而鴨綠江介於九連城義州之間，江流頗闊，並無橋樑可通，其中有兩島對峙，江流因折而爲三。吾輩涉過兩流，尚不甚難。然第三流近於朝鮮岸地，深而且急。幸途遇一兵告吾輩云：沿流而上約三百餘碼，有淺灘可涉也。顧黑夜之中，殊又難覓。未幾，吾人似已行至淺水之地，法國陸軍隊長湯麥司同余二人先騎而往偵覓淺灘，一路進行，尚無阻礙。惟水已及馬鞍；迨至中流，深不可測。吾輩與馬匹均在二十呎水中，奪命而上。比至水面，兩岸茫然，一無所見；而水寒如冰，尤爲難耐。幸聞同人在後者呼喊之聲，擬其方向力泅相就。而所謂淺灘者，不敢再覓矣。兩小時後，覓得駁船兩艘，吾人及馬匹等，遂得渡過大流。幸抵電報局。然通信員凡遇此種困難情形，其所需馬匹衣食等費，約須數百鎊。即就余之經驗而言，南非洲之役，時在七、八月間，可謂氣候適中；然余行幕之中，水竟凝冰；加以杜拉肯司堡雪滿山巔，寒風勝如刀刺。若遇此中情景，通信員又必善爲準備，自不待言。人常以爲戰事發生，利於報界，以其銷售當然推廣也。假定某報所派之通信員，誠能盡職，所得消息，速而且確，該報或可藉此發達。惟就常例而論，交戰之事，要使報紙徒糜巨費，毫無益處；即有所得，亦非一時所能償其損失也。設某報遣派五六人分往各地觀戰，僅就通信員開支計算，爲數業已不貲；而電費一項，尚不在內。日、俄之役，有一報紙，祇遠東戰事電費，總計三萬鎊有奇；此外通信員之薪俸，以及雜費，尚有數千鎊也。」

又，所發的電報或通信，雖當然以長爲貴，但不可過於浮泛——像一二八時期時事新報上的泥雨中（二月十一日）那樣的記事。只要着着實實地把戰事的進行，司令官的談話，戰場的地理狀態，死傷者的數目，俘虜及戰利品，在自己周圍卽耳目所及的報導材料、同傷兵談話或俘虜的感想，士兵的辛苦等等感覺，用眞正的報人的感覺一一寫出，大概是會成爲好記事的。

（3）理想的從軍記者

在普、法戰時曾在德軍方面擔任倫敦每日新聞（*Daily News*，後歸併入新聞紀事報）的軍事通信的佛白司（A Forbes），曾答覆『理想的從軍記者是怎樣的人？』的質問說：

『在痛感着自己的缺點時，我空想到理想的從軍記者應具備的諸特長。他必須能說歐洲一切的國語；並具有對亞洲各國語的明晰的判斷力；更須多少懂得點阿比西尼亞、阿香提、祖盧、蘇丹等的非洲話。

他必須像婦人一般，具有優雅溫和的性質；並且須像政治家從事選舉運動時那樣地善於應酬。同時，他的身體容貌須生得雄大魁偉，而且具有使對方感覺着束縛他的自由不是聰明辦法的風采態度。

模範的從軍記者，在非常的時候，必得要會騎從麒麟到老鼠的一切動物；並且必須能够一氣疾馳百哩。在不得已的時候，必須能够忍飢耐渴一星期光景，或是在這個期間不睡覺。必須不知道疲勞，不知道意氣的銷沈。

無論走了如何的長途，遭遇如何的困難，到達目的地以後，必須立刻到電報局去拍發需要數小時才能打畢的長電，電發之後，再到他的被指定的住宿處。』(*The Newspaper and the Historian*, p. 2:1.)

佛白司的這種空想，若是能照樣實行，當然會成理想的從軍記者。麒麟和老鼠等，不是能騎的動物，這話不是一種假借的表現；若就現代的交通工具來說，便是能乘坐、駕駛摩托車、摩托船、飛機、飛艇、潛水艇、快馬等等東西。又，中國古語所說的『落筆萬言，倚馬可待』或『上馬殺賊，下馬草檄文』這一類的話語，也可以附加到這裏。

(4)注意資敵報導——洩漏軍情

在新聞報導上最應注意的，是資敵的報導。這當然是指自國同它國戰爭的時候說的，若是站在第三國的地位的戰事記者，那就無所謂了——但嚴重的檢閱是免不掉的。前述的惠靈吞對於他本國的從軍記者的指摘，確實是有理由的。又，當時美國南北戰爭的北軍司令官錫爾曼(William Tecumseh Sherman)將軍，甚惡從軍記者，他說：『跟着軍隊亂跑的新聞記者，是等於間諜的傢伙。他們在實際上是時時刻刻地把我軍的情況報告敵方。而且他們是一樣地譽揚他的愛護者，罵詈其它的人。』(*The Newspaper and the Historian*, p. 223.)這也是實在的情形。後者是一般新聞記者的德義上的問題，不在本題範圍，現在單說關於前者的事情。

從軍記者的通信——最厲害的是電訊——確實有致成足以使軍事當局憂慮的結果的。先說外國的事例：在普、法戰爭的時候，毛奇(Moltke)將軍不知道法將麥克馬洪(MacMahon)所帶的軍隊在何處，經過數日的竭盡心力的查考，才據英國報紙的記事偶然得知它的所在。於是變更戰略，遂致見着師丹陷落，拿破崙三世的降服。又，在拿破崙方面，也曾命副官查考英國從軍記者的關於敵軍的通信。另外，在克利米戰爭中的拉塞爾的通信，有利於俄軍；在美國南北戰爭的北軍錫爾曼的進攻海岸，也是利用了南方報紙上所登載的軍事通信；在南阿戰爭，從軍記者的通信，也有利於敵軍；在美、西戰爭，有過美國的軍事計劃因被登到全美的報上，致使美國軍事當局狼狽的事情。

再拿中國近年的對外的戰事作例；首先應舉出的，本是九一八事變後——特別是黑省抗敵戰事後——的種種數不盡的資敵報導；只是筆者既得的材料在某個時期竟都失去；現在來不及到圖書館去尋查而且這也是引不勝引的。好在既然說明此項材料的所在，那末，諸君到任何圖書館，查考當時從哈埠及東省各地以及北平、天津打到上海的電報，同後述的實例比對一下，自會明白；若是諸君無暇查考，單看後邊所舉的兩次戰役的實例，也就夠了。

一二八戰事發生之後，因為既如前述，在這個時期，任何普通外勤記者都自然地變成戰地記者，所以資敵的報導，也就成了充滿紙幅，說不上來的多了。

開戰不到兩星期（二月十四日）某報上便登出如下的一條新聞：

『十九路軍近因中外記者前赴戰事，調查消息，竟有將我軍前方戰壕撮影發刊各報，或登載軍實運輸情形等等，殊有礙於軍事秘密。昨特函請報界注意：嗣後關於照片及稿件，如有關於軍事秘密者，萬勿隨便登載，致礙軍事行進云。』

但此函發出後，各大報仍不注意；如二月二十三日某報號外敍及廟行、江灣之戰，仍有『敵軍雖集中全力攻擊廟行鎮，同時亦以數千兵力進攻我江灣方面。我軍守江灣與敵苦戰已兩日一夜，不得休息』的文句。這都是應該慎重記述的。又在二月二十二日的某大報臨時專刊上，關於閘北戰事，也登有『商務書館東北之寶興路為中路要衝，日軍屢次進窺，自我軍將防線退出後，據守鐵路以東東寶興路之敵軍，遂不得立足。昨日下午一時許，乃大舉反攻，欲一舉而奪商務書館之地位。我軍佈滿於該館之前後，以機關鎗迎戰。日軍……惟以山炮轟擊，不敢行近，我軍亦不衝出……』的詳細的洩露。後來『敵軍以商務書館地位為攻擊焦點』這樣的新聞便常出現了。

這個致函警告以前的新聞報導或照片真是疏忽極了；有的簡直太不成話。比如二月二日某報早晨號外上登有三幅照片。前兩幅是：『我軍第一防線旁之青雲路橋因軍事上關係已將其炸燬』、『青雲路口我軍以空棺代替沙袋』。這也足夠洩露的程度了。又如二月七日某報上有這麼一條新聞：

『今晨九時，記者坐車，歷白利南路，越過鐵路，折入中山路，向東北方前進，逕至中興路共和新路停車步行。見有六十師大刀隊十餘名，正低首疾走，向火線方面進發；當為攝一像片。繼隨之而行，沿中興路向東，至鴻興路時，即遭另一兵士阻止，謂再前進，有危險，祇得停止。轉沿鴻興路向南，則見該路光裕里五弄，已被炮火燬去四弄。路狹窄，磚牆木料堆滿地上，亦難通過，乃復折回。見阻止之士兵已他去，乃繼續向東進發，至中興大戲院，則見該院門牆窗檻盡為砲彈穴。其對面房屋亦已搖搖欲墮。面前有深戰壕一道，上蓋鐵皮，但無我兵防守。是可見此路我軍實有進展，故無後顧……』

這算是把我方行軍路線及陣地形狀作戰計畫等給敵人一個大略的說明；而『是可見此路我軍實有進展，

故無後顧』的一句評斷，尤其無謂。又二月十一日某報上說：

『吳淞方面我軍戰壕皆深而固，仿效德將軍興登堡的戰略，戰窟深、壕牆高、安置鞏固之機關鎗站……此種防線，如不先經大炮猛轟，步兵無法取勝。故日內閘北、吳淞兩戰線，將有大炮攻，似乃不可避免之事矣。』

這個記事的資敵的效能，便更大了。而『此種防線……』數句，說簡直類似間諜報告，也無不可。

又有一個關係重大的資敵報導，就是二月二十三日某大報所登的『晤師長區壽年於軍次，叩以前方戰況，據云……敵人先攻我閘北不得逞，改攻吳淞又不得逞，乃改攻廟行鎮……結果亦不能移動我絲毫陣地 敵軍之技可謂窮矣。吾知敵軍此次敗退後，上海方面，決不敢再來進攻；必更改戰略，向瀏河或江陰方面襲擊，但我方已有準備，可保無虞……』這個新聞，算是把良好的啓示給與敵方的參謀部了。

又當時在報紙上犯着資敵報導的記載，不但新聞記事和照片，並且還有附繪專圖的。如二月八日的某報早晨號外，在關於吳淞方面的戰事消息，除了『我軍前線在蘊藻浜站裏揚旗』以及『十九路軍在吳淞加設新炮，並在蘊藻浜南有極堅固之防禦工程……』這種顯明的文句之外，並在記事旁邊插黑地白字的吳淞、江灣一帶形勢圖，你看這可要命不要命呢？——後來我方軍隊的退却，人多歸咎於某人『獻地圖』。某人曾否獻地圖，不在本書範圍，且不必論，而我方新聞記者獻地圖，乃是明擺着的事實；而上述的在廟行之戰事正酣時區師長對新聞記者談話中的『必更改戰略，向瀏河或江陰方面襲擊』的話語，不是足夠使敵方藉作軍事地圖之用，而且當真用了嗎？這個發言和記載的不謹慎的責任是應由軍事當局和新聞記者兩方共負的。

抗敵戰事從東北移到口外之後，這個時期的資敵報導，單就某報的北平專電來說已足夠出一厚册專書而有餘了。要而言之，在這個時期的戰事專電，是同以前一樣地把師名、長官名、駐地、陣地、里程等等，（註一）都報告出來了。但在九日的某報所登的一大堆資敵專電中，突然夾有援軍第□□□師第□師均已抵平……』的一條。也許那時在北方的我軍事當局感着吃了報紙的虧，或是那記者自己覺悟這一條的師名已是不可再寫明了？從此以後，報紙上的方框『□』便日益加多了。只是有該用方框而不用方框的地方：比如三月二十六日某報登的那個報告戰況的北平官電中有『現擬令戴營由□□□抄襲敵左翼，李營抄襲其後方，以期包圍殲滅』的文句，李營、戴營……抄襲字樣，却是應改爲方框的。關於這個方框的事情，同月二十二日某報登有署名賢賢的一篇標題爲『□□□□』的短文，說得很好：

『□□□□』這個方框檔兒，在這幾天報紙上，大露其臉。據說，因寅申一冲，辰戌一尅，在民國二十二年，該走鴻運流年。

方框檔兒，在內地小規模的報紙上，是家常便飯，不足爲奇。譬如有一個面熟陌生的字，排字房恰巧沒有這個鉛字，於是老實不客氣，請方框檔兒當一下全權代表。

在上海幾家大規模的報紙上，有時也要弄這一套。但在方框檔兒下，往往夾屁股就有一個括弧，中間註着「電碼不明」四個字，表示這是無可奈何的事，用不到請讀者原諒的、

但是這幾天報紙上，正走鴻運流年的方框檔兒，一不是鉛字不備，二不是電碼不明，說起來，來頭大，却是××人教我們的乖。

事實是這樣的。當吳淞抗敵的時候，中國報紙很忠實的報告着某軍在某地，某司令部在某方。他×的，報紙出了不到一時三刻，敵方飛機已像生着眼般的飛到某地某方去下炸彈！

起初大家還不懂，只當是敵方間諜本領大，給探得了秘密。後來有一位倭奸說：「這麼編新聞，日本軍隊裏，簡直可不用間諜。把中國報一看，按圖索驥，不亦樂乎？」

吃一次虧，學一次乖。所以這幾天關於前線戰事消息的電報中間，都裝進這幾個方框欓兒。使敵人見了，矮子肚裏雖然疙疸多，他識不準葫蘆究竟賣什麼藥……。」

（註）這些都是敵方讀者必須知道，我方讀者不須知道的事情，而我方讀者必須知道的，只有一勝一敗而已。

第六章　女記者

一　又要來這麼一大套！

『就根本上說，「女記者」這個名詞，是沒有意味的，不通的；但因為現代是男性本位的世界，一切皆屬於男性，偶有與男性本位相反的事件發生，便要在它的頭上加個「女」字做冠詞，——如「女學生」、「女教員」、「女士」之類。我這回本想把「女記者」這個陳腐的語句刪掉，但後來又想着在這個男性本位的社會沒有澈底改造之前，也有讓它暫時存在的必要。』這是八年前我在應用新聞學第三版序文中寫的一段文字。料想在八年後是一定可以把那一節取消了，萬想不到在此處竟又要來這麼一大套！主要的原因就是在近年中國報界歷次採訪上的大失策的事情——比如阮玲玉事件——可說是對於記者採取男性本位主義的結果；而『前幾天，一個有志於新聞事業的女孩子，由某君介紹去見某通信社的社長，那位社長劈頭就說女子怎樣怎樣不能做新聞記者』（註一），這也是原因之一。其實：『好參加新聞記者和教師一類的自由職業，為期最早，成功最多。某社長這樣加以否定，豈不大出乎人之意外嗎？』（註二）真是有出人意外的：還記得在某年的一個除夕，我曾被邀去參加一個電訊社的頗盛大的聚餐會，到的當然是那社的全體了，坐滿了五大圓桌，共有五十來人；但除一位將入老境的社董和若干中年的先生之外，可說都是所謂『毛頭小夥子』；當然半個女的也看不見。後來，那位社長又伴同幾位社員約我去「佳妃」座，聽到他們對於它座唯一的同圈女客的品評，我才明白他們不採用女性記者的原因，就是女性原是只能做男性品評的對象，另外是沒有用處的！還並且還有大晚報採訪部一位署名卓人的外勤記者所寫的「消閒錄」之兩段做旁證：

「一昨之夜我蒙同事鬬尾先生之請赴粱園應酬。途中忽碰見一位久未會面的密司，我就不客氣自得其樂，同往老饕，自居一桌入席。誰知道來客絡繹不絕。其時團團圍座，已告客滿。擠得我兩手難動；且賓主之目光，互相集中於這位密司，頃刻兩臉如暢飲的通紅。雖其中都是同事者，然使並肩而坐之我，亦覺不安。腹中宣告戒嚴，但欲退不能；直至散席，終未得飽。豈不是樂極生悲？

旣而來賓中有耳東先生作東道邀全體十二人往某戲院觀劇。至午夜二時始觀畢出院。適細雨濛濛，道路泥濘。我因爲有密司在，不得不設法送她回去。以致全身衣服被雨淋濕，歸家已是四時。這也是樂極生悲，自尋苦惱。」（註三）

爲了同事的目光集中那位密司身上，竟使這位少年記者吃了如此的苦頭；而他的那些同事們，爲了目光別有所「集中」、也許是同他一樣得到「終未得飽」的結果吧。在男女界限幾已完全打破的上海，尚且會鬧出這樣的事體，在其它地方，在其它報人集團中，更不消說了。這個原因也很簡單，就是視女性爲「異性」即「異己者」，沒想到他所處的社會，是由兩性構成；尤其沒想到他所處理的社會記事的材料又大半是同女性有密切的關係。

爲了上述原因，遂不能不舊話重提了。因爲過去女性報人，在採訪方面著奇蹟者尤多，故即以這爲中心，來把所謂女記者的來歷和形態、效用檢討並分析一下。

（註一）曹聚仁：女子職業問題一文的起首數句；見本年八月五日社會日報。
（註二）同上。
（註三）詳見去年三月二日大晚報。

二　女記者的起源及歐美的女記者

女記者從什麼時候開始在新聞界活動，不得其詳，但就美國來說，似乎是在十九世紀初期出現的。在約百年以前，美國發行一種星期週報；在這種星期週報上，關於婦女、家庭、兒童、宗教的記事，登的很多；因此，這種週報的編輯或發行者的具有文學趣味和才能的妻子、女兒或妻女的朋友們，多做特約撰稿員或編輯的助手。這或許就是美國女新聞記者的起源吧。

在十九世紀年代，美國的報館所以採用女記者，乃是出於好奇的態度。即新聞社的目的是想利用女性以供給能夠滿足一般人的好奇心的讀物。因此，如在爲什麼男女共通的問題公開會集的時候，便要派遣女性記者，登出特別標明「女記者寫的」記事；或是特派女性記者去探查惹起社會注目的事件．比如把女性記者投到潛水夫的事中，使她描繪紐約海底的模樣，或是自扮狂女而被收容於瘋狂病院，暴露無數狂人所受的慘酷的待遇，以圖喚起輿論，改善病院；也有冒危險，犧牲色相，攢入魔窟，公表罪惡，以博得大衆的稱贊的。

比如當時紐約一黃色報社，對志願做女性記者的一個鄉下姑娘說：「從外國移來的婦女中，多有因人地生疏、受惡漢誘惑而遭遇危難的人。所以爲探查這些事情，派你到英國去。回來坐三等艙，在艙埠頭上岸，裝個人地生疏的樣子；這樣，必定有惡漢來用甜言密語誘惑你。你只要把那個誘惑的狀況，以及跟惡漢所到的魔窟的情形詳細寫出，便能得到很大的報酬。』說罷，編輯主任隨把到英國去的往返旅費和零用錢等都開給她。女性記者的志願者問道：『照你的命令去幹一下看。但若是遇着危險，可將怎樣？』主任說：『與你到紐約同時，派遣社員，緊跟着你，是不要緊的。』她遂渡大西洋，到倫敦玩了幾天，"便做三等船客歸國：但並沒有惡漢誘惑，原樣回新聞社，寫了一篇『年輕的女性一個人旅行沒有什麼危險』的報告，便立即被認為無用的記者而退職了。

看這些例子，都是為好奇心所驅使而故意使女性去行冒險的探查的；所以從另

羅斯福大統領夫人（中央的）被女記者包圍

一面看來，便成了對女性的侮辱。關於這樣的侮辱的任務，因爲女性記者的存在，已爲世人所認許，所以也不成問題。這一點，美國的女性記者自己最初也有省察或考慮的地方；及至進入二十世紀，這種省察或考慮便漸漸失去了形跡；算是進入發揮眞正的女性特長的時代。

如今在美國的紐約、芝加哥、波斯頓、費府、聖路易、堪撒斯市等大都市的新聞社，每一家都有二名到四、五名的女性記者。在尼布拉斯卡州的報紙，則有女性做主筆而管理編輯部的；在印第安納州的報紙，則有女性做婦女欄主任而活動的；更有做報紙、雜誌的出資者或經營者的。

又按日給各報紙聯盟寫一定分量的家庭記事，而一稿遍傳數十百家新聞社的女性記者也不在少數。另外還有進大學新聞科專心研究的女性。所以在今後，女性記者必定要日益增加哩。

這裏沒有充足的篇幅來細說歐美的女記者，單把到遠東——特別是同情於中國近年的革命運動——以及別種特出的女記者摘要述說一番。

在上述意義下的女記者，首先應提起的，就是美國的女記者闢羅謨夫人。她是外人贊助中國國民運動之一重要份子。她投身於新聞事業有年。第一次來華，尙在一九二三年。嗣後又偕其夫闢羅謨氏來遊中國，適值第二次北伐，夫人深爲國民革命運動所感動，極力幫助宣傳。等到革命軍佔領武漢，即授以職位。一九二七年宋慶齡女士遊蘇聯，夫人仍隨行贊襄一切。卒因積勞成疾，同年十一月二十六日病故於莫斯科。年僅三十三歲。

其次應述說的，是安娜·路易士·斯特朗（Anna Louise Strong）女士。關於女士的來歷和述作我國已有不少介紹的文獻。僅就筆者所知的範圍來說，其較爲詳細的，是三年前(1932,11,18)大晚報美國紐約通信記者天餓子在芝加哥寫的一段介紹：

「記者近來曾見到一本比較舊一點的書。名曰中華民衆或中國民衆（*China Millions*），乃遊記體。寫一九二七年武漢時代革命政府及中國農工運動、婦女運動之內幕甚詳。尤重要者，乃記述鮑羅庭如何取道平漢鐵路經洛陽、西安、蘭州、而寧夏、而內蒙之荒漠、而外蒙、而回西比利亞及莫斯科。査鮑羅庭離華時，我國報紙似未得着眞確消息，或曰乘飛機，或曰走海道。實則鮑羅庭乃用小汽車多輛，歷盡許多艱苦，走了數十天，始克回俄。此書作者，乃一美國女子。似甚同情社會革命者名曰 Anna Louise Strong，全書共四百一十三頁。由一九二七年五月從美國起程說起，謂在太平洋舟中，船主不肯將無線電新聞公布。問其故，則曰：一般船上中國海員，如見到中國革命新聞，便三三五五，聚談政治問題，津津有味，忘了工作云云。……到上海後，訪見了許多黨國要人，不少珍聞。那時寧漢分裂，……鮑羅庭決計離華，她要求同往。鮑羅庭想了一想，便道：「寫一本書嗎？」她曰：「諾」。鮑氏續道：「好，只准帶兩件小行箧，寫一本書！」便是這樣決定了。她當初並無寫一本書之計劃也。同行者只她一人爲女子。沿途火車很困難。汽車行土道，尤多艱辛。在內蒙古時，因爲怕北方軍人截擊，不敢走熟道。另探新路在荒漠內走，所有日記，寫得很好。在寧夏時，與鮑羅庭及一比國天主教老教士談論哲理，頗令人感動。在漢口時，曾赴湖南一行。對於我國農人運動、工人運動、婦女運動之內幕，頗有爲國內報章所未紀及者。書中附印影片甚多。所有事實，當非虛構……」

但關於斯特朗女士橫渡戈壁沙漠一事，在一九二八年十月即中國大衆一書出版前，已經大公君據英倫每日電訊報所載，介紹到上海民國日報的星期評論上；雖然用的是文言，但似乎也很能保持住原作的風格。因爲可從其中看出女士此行的辛苦艱難的狀況，卽一種特殊的冒險的採訪活動，所以引用在下面：

「今晨余等之汽車隊伍，盤旋向阿拉山絳紫巉巖之山巔前進，穿長城而過。此間古垣依山起伏，上聳重巒。視其制迥不若張垣城堞之巍峨突兀。但越過關口，則舉目徧矚，原野蒼茫，殊足開拓胸臆。層巖間西夏之陵寢在焉，塚作沙土色，形與方尖塔相似，上鐫古字。據傳：該族來自西藏，入主是間，於八百年前蒙古崛起時，被逐他徙矣。

中國內部與蒙古阿拉泰毗連處，以小屋與水泉爲界。過此則道出兩峯間，直越山巔而下。余等初履蒙境，時方過午。自峯頂下矚，漠海無垠，作青綠色；其邊緣鑲以黃色沙岸，甚爲美觀。及後行入漠中，方知青綠色爲叢生之紫蘇，而黃色則爲壘壘之沙邱也。

不久，余等得覩內蒙土著。彼等縱騎向余等來處急馳，狀頗驚訝。其所御衣服有紅、黃、青、藍諸色，點綴穹漠間，甚絢爛可觀。婦女精騎術，無異男子，服裝亦相彷，所藉以分判性別者，惟有帽飾，及額前之珠寶。彼等服裝顏色，及待客坦率之態，與漢人相異，但亦頗受漢化。彼等有永久居室，以及旅店。

汽車行不久，見野山羊掠車而過，蹤躍於棕紫色之地上，迅如閃電。余等以車追逐之，不幸竟有一人，因此殞命。又見山邊有駱駝及綿羊等。羊毛皜潔，如晴空縷縷之白雲。凡此均可表示遊牧風味，但此種地帶，猶爲人烟較稠之所。及余等前進至戈壁無水區域，則不復覩此佳景。車行半日，至日落崦嵫時，回首阿拉泰山，蒼紫壁立；俄頃間，又化爲青鋼色。翹首前望，則斜暉掩映城堞間；王爺府赫然在目，其制半蒙半漢，此卽入漠前，管鑰之所也。

余遊中國，凡足跡所經之地，均無是間之足以入畫。清溪幾許，自遠處小山間蜿蜒至此，匯爲一渠。河旁林木青葱，夾岸拱立。溪自山巔以迄城市，沿岸皆係花果園圃。山巔羊圈在焉。牧人築土垣甚高，以當夜來寒風。城垣視長城尤壯麗，昔日築此城蓋防北虜之侵犯也。

余等入城時，天已曛黑。白色喇嘛塔下，有披紅袈裟之僧侶，來往蹀躞，紅白掩映，別繞異趣。童子轉巨輪以繞駝毛製之絨繩，用作鞍袋。沿街鐵舖中，火光熊熊，映射砧上；有持銅鍋，置火上出新者。更有售筐籃或木桶者。市上溪邊，馬蹄聲得得不已，騎者皆衣緋絳或濃藍色服飾。余等所寓客店，其清潔爲自漢口來此途中所僅見；私室舖土，炕上舖陳甚爲清潔。天雨，留彼間三日，得此足爲余等救星；蓋出城卽爲沙磧，雨過沙凝，路乃堅實可過。

王爺府與庫倫間，經過可供棲息之地二，其間均無城村，祇有水泉及油塔（駝絨製之圓穹廬）若干所而已。沿路均無房舍。惟離王爺府數小時，余等曾經一地，有四屋聚於一所。在彼處得豬蹄一，居停並假火任余等炙肉；余等贈以縫針三枚，洋線半團，及洗衣皂六英寸，以當瓊報。余等又行經喇嘛寺若干所，遊牧者多遣其子弟入寺，學習藏文。又入漠第一晚，余等途見女屍一具，足覘蒙人喪葬之俗。又途中觀垂斃駱駝一，掙扎沙邱間，延頸長鳴，悽人思目；余等卒以一小時之力，始能用繩將其牽至路側。

戈壁途中，余等所遇最驚心動魄之一幕，爲跨越沙山。其時已近黃昏，嚮導止余等沙邱間，謂余等曰：前此六英里爲沙山。余將先行探路。各車可隔五分鐘距離前進；車宜速行，踰余沙中行踪而進，愼弗陷入磧内；苟他車遇險，愼弗往援，余等將以翌日自沙欄界派駱駝施救，以免不測。嚮導言竟，直向白色沙邱間駛去。沙邱愈前愈峻，轉瞬間已失嚮導所在。余等車輛按屬前進。至余車挨班前進時，則前視茫茫，杳無人影。俯視沙磧遺印，爲風所蕩，已將漫滅。因思余等苟不幸墮磧中，則惟有靜坐待旦，以俟援至耳。晨二時諸車皆安全行抵沙欄界泉次，因互相慶幸不已。

余等行經無人之境，途中竟遇人三次，頗視爲異數。在未抵沙山前，余等遇自庫倫驅車來迎之友人，彼曾在沙欄界泉次，居住一月之久，待天雨路通。余曾憶該車由北駛來時，車上坐鬚髮纍纍之白人，高聲向余等歡呼。此舉良令余等驚喜出於望外。此爲自中國中部出北行二月後將達目的地時，首次所遇之歡迎。

[illegible]途中又遇中國學生一隊，彼等曾在莫斯科中山大學留學二年，現不得已歸[illegible]女[illegible]途。前二年揀送出國之青年，不料其歸來之前途，竟至死生莫測，頗爲可憐。彼等來時以駱駝隊，女生騎駝在前行，男生則在後步行相從。視彼等體格，頗爲壯健，而有[illegible]。彼等懇切就余等，詢問中國近狀，然後方握別南下。

[illegible]衆樂之事，爲登巴森闖附近草山。余等登山凡若干日，始至最高處。山巔圓形有草。下山時[illegible]力前進，樂乃無既。惟前途草甚茂密，不易辨認，故疾行亦甚危險；有時必疾轉，以避磽危之岩石。行經小邱之夜，余等抵一喇嘛寺，彼間有華人貿易場。

由彼間前進，余等直趨庫倫。是地今已更名曰烏蘭巴套（義爲赤色巨人城）。余等飛輪疾駛沿途道路，較前安全，草色亦轉妍媚。

天破曉時，余起立拂毛氈上霜花；霜遇暖氣，漸化成滴。途中見蓬帳以百計，蓋又入遊牧世界矣。天空飛機嗡嗡作響，無線電站臺高聳目前，此蘇俄文化侵入蒙邊之第一標記也。西比利亞鐵道在四百英里外。然此間已有電報局、銀行、店舖、房屋之屬，在余視之，殆不啻已有還鄉之樂矣。」

在本年六月一日出版的世界知識上，有賓符君譯了她的今日蘇聯的藝術一文，仍是實地觀察而且有透徹的見解之作。那末，她的前途的發展對於我們覺得眞有無窮無限的期望。

又有一個從事國際空中採訪的女記者，就是美國女飛行家白朗(Brown)，她『於一九二七年開始學習航空術，不到五年，已經聞名國際。一年之前，從紐約啓程，決定以三年爲期，周遊全世界。她的足跡已經走遍了古巴、加美加、巴拿馬、洛杉磯、夏威夷、日本等處，幷在各國設立女子航空團體，叫做九九俱樂部。她自己就充任這巡行訪員，一面飛行，一面撰文，紀載國際飛行家的活動狀況……。』(註)

有一個最出色的女記者就是紐約時報特派記者狄安尼士，她曾在歐戰的火線上做過驚人的採訪活動。停戰後不久(1921)，她又到荷蘭鄉間，設計訪問德廢皇。那時候她才二十四歲。北平某報關於她得見德廢皇一事曾有一段較詳的記載：『……女士本法人，能操德語，故能設法與德皇會晤。皇所居地，在荷蘭鄉間，名曰獨恩。荷政府不許外人與皇談話。其所居之屋，四周有籬爲障。皇有巨汽車，深居簡出，行人罕見之。憶某次曾有英、奥、荷三國記者在獨恩候一星期，欲見德皇之面均不得要領而去。即途中見之，亦不許攝影，但狄女士得見，實有一種交際方法：彼既熟悉德皇左右，故入手先往訪其左右之人。有一少佐名伊士門，爲皇所信任者，又有皇之秘書古克，二人皆隱退，與皇同居鄉間。女士問諸一屠夫，始知古克所在。彼所居極卑陋，女記者入見不拒，狄氏假託將在阿來士辦小報，欲與德皇親近，故來造訪，可否一爲介紹，如能攝一二影尤佳云。古克初不信其所言，其二目銳利如鷹，御一黑邊眼鏡，略一沉思，始答曰：謝女士盛意；但皇不能見客；卽與左右，亦不可多言，因荷政府規定如此。總之，吾人已失敗，無法可想云。言時有甚深長之感嘆意自其齒牙間流露示人。女士聞言，祇可告退。不得已乃向鄉人問得皇之起居，是：每晨六時半起身；衣畢，卽至門外大園中，與少數木匠談話；數匠乃彼雇造一巨大之門者。園內堆磚木於一隅。皇每繞堆行半小時，或與匠人談，或默無聲息。繞行已，回室內進早餐；食甚少。食已，又至園中從事其每日之生活，卽外間盛傳之鋸木工作也。人謂其日鋸一樹者，不確；蓋每日皇鋸樹之一枝。且鋸木後，必飲酒數杯，以養精力。飲酒後，仍步行，直至十二時半進午餐。下午完全之時光，用於報紙；由伊士門讀，皇聽之。晚間餐事甚講究，仍照前皇室禮節：官員穿制服，胸懸勳章；皇自穿大帥之軍衣。故入座者皆有官服。餐畢，皇入臥室，睡時頗遲云。查皇居外面之牆，係鐵絲網，四周甚大，有一壕溝。人在外行不能望見園內行動。園內松樹成林，百花盛開，遠聞一陣清香，使人心醉。女士預料皇行園中，必在十時與十二時半之間，因往候之。及行至籬下，遇一老婦，叩以常見德皇否，答曰：有時得見之，須傍及籬下，在一園路之角，可在籬外望及。女士聞老婦知所行徑，乃覓皇必行之路。行行復行行，卒至一林。再前，得一大道，寬可駛駕汽車。道上無衛兵，環境甚沉靜。女士遠望皇所居屋，正欲操筆略記環境，忽聞足音，陡見二人在園內行。二人皆衣淺藍雨衣，領爲軟帽，英製。一人長瘦；一人短肥，鬚作褐色，向上翻，鼻灣如鉤，眼皮皺，左臂較短。

女士細加審查，心大動；蓋此短肥之人，乃德皇也。女士旣見皇，立前進與之接談。皇見有一女子向之叩問，並不拒絕，面容微笑，乃問曰：「女士將何所問？」狄氏曰：「欲問以前之事」，皇有何感，答曰：「人人知之。以往之事，乃一好夢，不久卽事過境遷，而今則……」，言至此，皇容色忽變作灰白色如鬼，兩目視地，髮微搖動，如受震者，係心理之作用。其懊喪之氣慨，與日昨古克之神情相仿。但女士同時亦正迴想戰中德皇所犯人道罪惡，甚願立就當地撲殺此大惡魔（此係一時之怒），繼而又問德皇曰：「今陛下在獨居，不啻威震一方，當無所愁。」皇答曰：「誠然，此間之屋，亦不壞。」女士又問：「陛下今左右有信臣否？」答：「有」。又問：「將來大局可望稍佳否？」答：「無人能知將來事，僕已思之再三，祇可在地球之一角，暫休息耳。」女士曰：「或不盡然，譬如一狠，徒失其毛，尚有……，」皇忽中阻而曰：「不必多言，種種之會晤，皆無益。」言已，卽復行；但行二步又停，向女士示意，似乎有何思想者；繼乃稍點其首，告別，仍前行。女士至此，大驚，不知所措，亦不啻一場大夢。於是得見德皇希望已足，亟乘車出境云。」

辛克萊夫人湯姆森女士也是現代美國一個特出的國外特派記者；她因在德國報告排猶事件被逐出境。此事已見前卷，這裏不重寫了。

在一九二一年一月申報特派記者朱少屏記述國際聯盟第一次大會的通信中有一段說：「參與此會之世界各報記者，約二百七十人（編號座位僅有二百零八），自以英、法、美、瑞四國爲最多：計英報記者二十四人；法報記者二十九人；美報記者二十二人；瑞報記者三十六人；日本之新聞記者亦不少，計其得編號之座位者七人，但其數實不止此。各記者中之女子計十八人；二屬英國；二屬瑙威；而法、美、

法名記者阿瑙培堤司堤夫人與中國女友攝影

日、瑞士、瑞典、荷蘭，各有其一。中國報記者之每日列席者，僅記者一人；非第不可與一日本比，亦且不可與列國之女新聞記者比。記者甚盼於明年開會時，吾國新聞記者之參與者較多也。」十餘年前如此，十餘年後的今日，女報人的發達，可想而知了。

（註）見一九三四年八月某號女聲；是集熙君的記述。

三　中國的女記者

（1）在國際間活動過的女記者

（A）鄭毓秀博士

中國的女記者，在這裏首先應述說的，是晚近在國際間活動過的女記者；換言之，卽從事過國際宣傳的女記者。這就大體上看，更可分做兩方面：第一是常對外國介紹中國者；第二是常對中國介紹外國者。從事前者的工作最努力最著名的，就是鄭毓秀博士。她在巴黎講和會議，運動對青島問題拒絕簽字後逾一週年(1920)歸國，不久，上海的時事新報上便登出如下的一個記事：

「前日全國學生聯合會及各界聯合會，假大東酒樓歡迎鄭毓秀女士。女士爲我國女界中之傑出，廣東產。曾卒業於法國巴黎之法律學校。當歐戰劇烈之時，正女士奮興求學之日。八年畢業。嫻法文，善演說……。曾在歐洲和會任中國代表之書記，又被推爲中國女子參政會代表，其演說之詞，曾登於美國世界晚報；演說大略關於山東問題，謂國弱民疲，國將瀕於危，我女界同胞，亦爲國民，宜俱具愛國之志，不宜匿居閨閣，專賴他人。望各具毅力，勇往直前，爲國宣力，勿讓男子

巴黎和會過後的鄭毓秀博士

占先也云云。美報上記之綦詳。於是可見彼邦人士歡迎鄭女士之一斑矣。……此次回國，係代表旅美中國學會各種意見。鄭女士當席所談，其要點有二：（一）希望國人對於將來國際聯盟會，於政府所派代表外，更由國民派代表監督之。（二）希望國人速組織通信社，以便傳達歐美之重要消息，並介紹中國各種消息於歐美各地，使中日間一切不平等之條約，均爲歐美人士所洞悉云云。女士又介紹全國學生會代表……各界聯合會代表……與美議員道太爾威等談話。兩會代表對美議員表示誠懇歡迎之意，而美議員亦極表感謝，並謂歸國靑年之奮鬬精神，各國均甚贊許云云。談話畢，遂握手而散。聞鄭女士去年在巴黎和會，曾屢謁威爾遜總統，屢宴各國要人及新聞記者，均詳陳中國不應簽德約之理由。故中國不簽德約，女士爲力尤多……』

這段記事中是很少誇張成分的；因爲她在巴黎新聞界的活動，是世人皆知道的事。又當上海中華女子參政同盟會推舉她爲萬國女子參政同盟會中國代表之後，東京朝日新聞上也登有上海特派員的專電，其中稱「據說：

『鄭毓秀女士是在法國留學七年，修法律，長法語，在英、美的政治家間，交際很廣，講和會議會中做萬國新聞記者團的中國代表。條約調印之日，女士是激勵在巴黎的中國勞働者、學生等而威嚇優柔寡斷的陸徵祥氏，遂使調印拒絕的大功勞者。女士又曾漫遊比利時、意大利，到處演說，介紹中國，備受歡迎。昨年秋，回廣東，依軍政府之請，作講和會議報告。女士有用法文著中國婦女的眞相、中國社會事情兩書；另外還在外國報上時常投稿。後受軍政府之命再往法國。』

這段記事，也決不能說它是揑造的。只是在原文『大功勞者』句下，突然加了一個『（？）』號。這就原文的結構來看，必然是編輯者所施的手法；若是那個特派員否定她的功勞，便根本不該再這樣地寫——這樣地糟蹋電費——了。而該編輯者所以加了這個否定符號，或許是看罷這個特電起了醋意；因爲在巴黎和會時，日方的宣傳機關拼命造謠，甚至公然用村婦口吻罵詈中國代表，而且竟有瞎頭瞎腦的在中國新聞記者把這種宣傳電報登將出來！日方宣傳家的得意，可想而知；不料還有一個能夠極力對抗此種宣傳來作進一步的國際宣傳的鄭毓秀，而且確實已經有了功勞，則日方宣傳家對於鄭氏的記述，既不便一手掩盡三島目，當然要來借用這種迷惑讀者的「？」號了。

她不單以極力對外宣傳爲能事，並在巴黎組織一巴黎通信社，向國內各報發稿；新聞之外，還有專論。比如有一專論題名叫國民外交運動與中國之前途，在此文的首兩段說：

「余於青島問題拒絕簽字之後，曾爲文以告國人。今未及一月，連得國內各界聯合爲外交運動之消息，欣喜無似。即吾友邦人士，亦色然相告，以爲中國已眞正覺悟，不畏強禦，不恤艱險，以自定其前途。於是非難和會裁判青島問題之失平者益多。雖公理自在人心，然若非國人之急起直追，又孰能令同情者之日衆耶？吾人經此番經驗，益知前此消極自了之足以陷國家於危亡，而衆擎易舉之足以戰勝艱險。今後更將進而對於國民外交運動之方法上商榷，必使吾同胞共同用力，不落空虛；對內對外，皆養成堅強之信用。則此後無論何種強暴、奸宄之侵凌詭謀，一經吾國民全力之反對，卽無不失敗。余雖一弱女子，然側身於國際運動，未嘗敢稍自暇逸，今茲再爲國人一抒積懷，想亦爲同胞所樂聞也。

吾國人束縛於禮法舊制，耗時於繁禮虛文，更兼之家族觀念過深，故對於國家社會，及公的一切觀念較薄；因之公共組織之訓練益少。故數十年來，雖受種種激刺，仍無持久之共同抵抗力，及相當之組織。此所以日就衰亡，爲人所輕視踐踏而不已也。今日以前國際崇尚武力，不講公理，故吾愛和平之同胞，爲人宰割。今日以後，所謂國際間之外交祕密，武力侵略，行見其將次第失其威權。卽無論如何，亦決不能如前此之黑暗。故吾人尤宜擇相當之途徑，以助和平及公理張目，非特自免危弱而已也。」

後邊分爲如下的五項：

(一)宜有永久及普遍的組織；

(二)新組織宜具創造之精神而一洗舊習；

(三)平時宜注意國際交際；

(四)言論宜倡導國民之新組織；

(五)新組織應由都市推及鄉里。

可惜她所謂『新組織』，並沒有具體說明是個什麼機構；要是說明『必須要組織大規模的國際通信社，藉以對抗帝國主義者的宣傳侵略』，那就言符其所行了。然而畢竟三句話不離本行，在她一九二六年四月二次歸國到滬對國聞社記者談話中，便有這麼直截了當的一段：

『就余於歐洲各國近來外交爭鬭上觀察之，所得有一點可使吾人特別注意者，卽爲宣傳之力量。此點向爲吾國外交上最大之缺憾。歐洲頭腦中常以我國比其中古時代之國家，爲已過去之文明國，因之，種種不平等事發生。此殆少宣傳之過耳。去歲五卅事件發生時，先仍認爲「排外」，似「拳匪」之運動。後見全國一致憤慨，一致對抗，始明瞭中國近年思想界之進步。在歐之王亮疇博士及朱兆莘公使主張中國提出修改不平等條約之建議，由朱兆莘代表我國演說，全場鼓掌雷動，殆爲中國在國際上最露頭角之第一次，而得許多政治家與外交家之同情。由此可知外交上有使人了解之必要。欲人了解，則須宣傳。國際盟會爲萬國外交家與政治家之會萃場，世界人士之所注目，尤爲宣傳之好機會，深望國人加以注意焉。』

這時候，她想獨辦一報，但竟沒有成功；主要原因據說是阻力太多，幫手太少。

又過三年（1929,2,21）申報上登有一條簡短的記事說：

『鄭毓秀博士，近以世界上各民族間之接觸機會，日益繁復。其間苟不有互通聲氣之通訊機關，則往往易生誤會。決意在上海設一大規模之通信社，定名爲世界新聞協社；在日內瓦及各國都會，設立分社，國內各大埠亦設通信機關，以謀與各國互通聲氣。現經積極籌備，已賃定霞飛路三百五十四號爲社址云。』

但後來報上沒有看見繼續登載這種消息，想來又是同她前數年的辦報志願一樣地歸於泡影了。在男性中心社會，女性從事新聞事業，只有辦個以『女』或『女子』或『婦女』這種字眼做冠詞的什麼刊物，要想辦一般性的刊物——特別是注重國際宣傳——的日刊報紙，這算對於男性的僭越舉動，是很少有成功希望的。好在她做了一回破天荒的女法官，給受了數千年的壓迫的女性出了不少的氣，伸了不少的寃，這就廣義上說，也算她完成了一種實際的宣傳活動；何況法官和新聞記者，在原理上，在工作上，都有相通的地方？——只是筆者在這裏要獻給鄭博士一個重要的意見，就是而今而後，請勿再迷信國聯；若是以那裏爲國際宣傳的重心，那就不免要糟到底了；不僅止此，若是這個根本觀點不加以變更，鄭博士也許要跟着國聯的沒落而沒落吧？

鄭毓秀女士在三潭印月內卍字亭前留影

（B）李小可

她是屬於上述的第二種類——常對中國介紹外國——的女記者；並且是中國駐歐的唯一無二服務最久的女記者。

她開始在歐洲從事通信生涯，是在民國十年（1921）光景。據說當時報社是論篇計酬——每篇十元；但實際上她對於此道，仍然算是業餘性質，否則這個區區的數目怎能維持駐歐的生活？

她不但是個女通信員，實際上稱得起女新聞學家的名號；因爲在她每篇的通信中，幾乎無一篇不注意到遊踪所至

時報世界報紙特刊時代的李小可

的新聞事業，而且善作系統的、綜合的敍述。而文章的『幽清秀逸』，（註一）實與大小報紙上所登的她的肖照相符合。尤其是標題，可說沒有一點陳腐氣。比如寫駐奥使館祝賀國慶的記事標題爲五雲慶十記（申報）；寫瑞士日内瓦見聞錄的標題爲白山燕語（申報）；寫在意大利的彌朗（郎米蘭）見聞的標題爲彌朗聞風記（申報）或義大利豹變管窺錄（時報）；寫在羅馬尼亞首都見聞的標題爲卜佳留游驂記（申報）；寫羅馬尼亞后在巴黎受歡迎時吟詩付昧旦報刊登事的標題爲敦槃嗇珍記（時報）；選錄各國報紙上登載的意義深刻的漫畫並且加以詳細的說明的標題爲歐風畫鑑（時報）；而在當時海上著名小報如晶報、上海畫報上所登的通信和繪畫，則特別適合較低的趣味。又其文章的『幽清秀逸』的原因之一，是在用字上一點也不苟且。筆者對於女士所譯的不與別人苟同的人地名暫不加以可否，而對女士所譯的報紙名——如譯巴黎 "*Le Matin*" 爲昧日報——音義皆相切合，甚是心服，而且已經決定採用它爲本書上的標準報名了。又如譯 "Soviet" 爲『庶議』而不用『蘇維埃』，更爲常人很難想到的譯法。但是有的地方，我也不敢恭維，比如她在白山燕語的通信中說：『我中國之報章雜誌，近多改用白話文字、未得歐美日本新聞家離奇變幻之妙術，而先失中國舊時代醒目省時之特長，誠一舉而兩失矣。』看見小衆，看不見大衆，這一點不能不說是她思想上的一個大大的缺陷。雖然，文言能寫得像她那樣的『幽清秀逸』而不帶一些陳腐氣，自然也有傳世的價値；倘況單就理解上說，如『庶議』一語又着實比『蘇維埃』容易得多呢？

且不必來討論這種文字上的技巧問題，單就做報人的工作實際上說，一九二五年也許可以說是她在中國報壇最露頭角的一年吧。在如下的她的大半篇新聞通信中，表現出她是年春初在奥國做的一個有意義的對外兼對內的宣傳活動：

「方今我國朝野，盛倡國民會議。女界聞風興起。新立之會，紛起如雨後蕈。例彼歐美，尚難並駕。以言支派，今日歐美諸國之婦女，雖偏小如巴爾幹半島諸邦，均能以數十小團體，混合成一大團體。廣漠如中華，似不妨以數百團體爲基礎，造成一全國女子之大聯合。以言組織，法國婦女協會分十部，奧國婦女會大同盟亦分「社會」、「行政」、「宣傳」、「教育」、「禁酒」、「平和」、「移民」、「防止惡疾」等部。而我國上海之婦女會，僅分「宣傳」「評議」兩部。借鑑友邦，未來之責任尚鉅。今之所能爲者，似不過開端發軔而已。奧國女權運動，由來甚遠：全國婦女會大同盟，創立至今，已閱二十三年；女權會組織，亦十九年之久。此兩團體，均創始於邯蔭茉莉夫人（Madame Marianne Hainisch）邯蔭氏一門德望，爲歐美社交界所希聞：夫人今年八十有六，其子在奧爲名宿；新聯邦成立後，大選聯捷，今方繼續爲第二任總統；奧國今日有女議員八人，邯蔭氏姑媳，實與有力焉。外人就一方面立論，如邯蔭夫人者，固足爲奧國女界之模範；而就又一方面立論，奧國女界力學多識，恆如夫人，而好奇心之盛，視美國人，實無多讓。近年以來，尤注重於中國婦女生活與女權之奮鬪。祇以奧國境內，絕鮮中國婦女踪跡，上述兩團體，因請記者到會演說；屢經敦促，固辭不獲。二月二十日之演說會在全市中心黑山坊工業堂樓上舉行，即由上述兩團體爲東道主。演說冗長不備錄，僅誌場內外與人士之觀感。

（一）向例來賓均須購劵入場，從未有人滿之患。是夕六時開會，竟有先一時到場者。至六時許，場中無容足地，來賓仍潮擁而來。雖由當地警士，馳往登樓處攔阻，不得入場者逾百人。

(二)維也納日錄(Wiener Journal)女主筆滔白(Tauber)平日對於全世界女權問題，探討不遺餘力。頃聞中國婦女演說，於開會前卽到場。因警士拒絕登樓，與之爭辯良久。倉卒間無證書，不能證明其爲新聞家。苦思窮索，甚形惶迫。幸衣袋中尙留某君投寄詩稿之封面一枚，詳視封面，確已注明某女主筆字樣，乃借作護身符，獲占最後勝利，而以主筆資格，特許放入。

(三)演說全文，由全城最大之日刊日報(*Tagblatt*)，預約承刊。

(四)演說時歷舉中國女權運動所得之成績，如婚姻自由，社交解放，廢除妾媵，男女同校，平民教育，職業教育等項，暨新女男所成之事業，女醫士、女教育家、女商務家、女律師……女記者……與人士忻慕不置……。」(註二)

夏天，同她的夫君王一之返國，應遠東通信社之請，演講『女記者』，她說：

『中國十餘年來，南北各大報，亦有聘請文字優良之女主筆。然探訪一職，女界中咸拘於成見，觀望不前。有女主筆而無女訪員，新聞稿件，仍不免枯偏。近年上海各種事業，漸能容納女子。男女間社交亦已公開，似不妨追蹤歐美，使女子投身報界，以謀發展。各國大報女記者未嘗無人，論其職司，當以特約撰述、特約通訊兩類爲最多，其他女主筆者亦頗多，薪俸甚厚。至聘用女記者，究有何種利益，玆述之如下：(一)歐美各國女子之地位甚高，如女民政長；議員等均有；有時男子因種種隔膜，未能向女子方面採得消息，有女記者則較有把握。(二)歐美人士對女子極爲重視，遇有重要會議，男子欲遍訪全權代表，極感困難，而女記者周旋其間，獨能得較好之成績。(三)處此勞資對抗之日，婦女界洞悉民間疾苦最深，有女記者必能詳審舉古。(四)兒童教育及嚴禁娼妓等問題，與女界關係較切；女權愈發達，此等事業愈有進步：女記者可着重於此等要點，作一種女界之大運動。以上皆為女記者之利益。目下歐洲各國有女記者計德六人；英、美、瑞士各四人；法二人；中國丹麥等祇一人。惟奧國維也納女記者最發達，各報館均有女記者，故其文化成績較優，尚望我國女界起而努力上進云云』。（註三）

這篇短短的演講算是把女記者——特別是女訪員——的需要說明白了；不過沒有述說她自己做記者的經驗，算是一個美中不足。

秋間，她又給時報編了一個很特別、很稀見的東西，當作雙十節的增刊，就是把她『行遍亞、歐、非、南北美諸洲所見大小報刊有力量、有精神……擇尤選錄，凡百五十有五種』（註四），萃集到一起。一報附一圖，外加簡潔的說明。這個增刊內容的特點，即多是經過作者親身採訪得來的；也可說是她旅外多年所獲得的一個最大的成果。

後來她就駐在上海，仍給時報等大小報寫文章；她的署本名的專訪稿件登在時報上的，如對女新聞家十分鐘訪問記、張繼英女士出席國民大學之演講等，都是很精緻、很詳明的新聞報導。而在新聞報導中加入插圖，更為當時——至如今還是——一般新聞記者所做不到的技術。

一九二八年八月在荷蘭舉行的世界少年和平大會，她是中國九名代表中的一個女性，並且是參與這會的十二國的十二個理事中的中國理事；當然她還帶着新聞報導的任務。但她對於荷人不許『庶議』國少年代表入境一事，似乎沒有向世人大聲呼喊，以鳴不平；然而這也難怪她吧，因為這種『大聲呼喊，以鳴不平』的文章，或許是會損傷她的本來的『幽清秀逸』的作風的。

她以後的歐洲通信，不知何故，申報上看不見了；同時，我國爲時報日益黃色化，不多接觸，而對於小報更幾乎絕對不看，定好看見她的通信再去零買的方針；可是這種『看見』的機會竟多被我失去。一二八前後，因爲又多看時報，於是又得以屢讀她的足以發國人深省的新聞報導；但不久我又以上述的原因同它隔離。所以關於她的事情，就不能再寫下去了。單把我對於她的一點感想稍說兩句：第一就是她雖然知道改譯『蘇維埃』爲『庶議』，但竟沒有把庶議之所以爲庶議給國人做個系統的報導；不僅止此，在她『擇尤選錄』的百五十有五種——實數百五十種——的亞、歐、非、美諸洲的『大小報刊』中，那推動大衆文化進展的『庶議』聯邦的報刊竟沒有列入片紙，反而讓在新聞報導的技術和新聞眼遠遜於她的戈公振氏來做這種工作，而且又不幸中途流了產！第二是她不肯寫語體文，這一點卻是又比臨終前遺囑後人改中國報學史文體爲白話的戈公振氏差的多了。另外的對她的批判，就一概讓給讀者吧。

（註一）用她某篇通信中語。

（註二）詳見一九二五年二月十五日時報。

（註三）詳見同年七月十九日時事新報。

（註四）同年雙十節時報增刊小司序文中語；但實際上只刊出百五十種。

（2）在國內活動的女記者——現時和以前

（A）蔣逸霄的自白

在民國二十四年（1934）出的報學季刊所載的全國新聞從業員調查表，就人數來說，是已經夠千了，但其中似乎竟看不見一個女性。只是該表除通信社以外，對於報社的從業員，多僅列出社長、主筆、編輯之類——比如屬於上海市的申、新聞、時、時事諸報，它們現今都各有若干專司採訪的常務外勤記者和特派、特約記者，可是在這個調查表中竟都一概漏掉；所以『在民國十七年北伐成功時……正式做了新聞記者，爲天津大公報擔任本埠新聞的採訪和編輯部分的職務，開始寫作關於天津職業婦女生活調查的文字』（註一），一直服務到現今的蔣逸霄女士的不被列入該調查表，眞是當然而又當然的事。這樣看來，在新聞從業員中的女性，特別是從事採訪的女性，是大有其人的。不過從事新聞業而發表出來採訪的生活經驗的女性，確實少極。這裏既然說到蔣逸霄，那末就以她爲起首，來把幾個現役女性記者和有過記者生活的女性介紹一下。

在蔣逸霄女士自白的後數段，可以照樣引用到這裏：

『……在我開始服務於大公報的時候，因生活突然轉變，精神也爲之一振。單就訪問天津職業婦女生活狀況一項而說，卽工作了一年多沒有懈怠。每日在十字街頭跑來跑去，不管是拂着和煦的春風，或者曬着酷熱的太陽與淋着暴烈的夏雨，或者伴着蕭蕭的落葉以及踏着寒冷的冰雹，我總是一年四季與緻濃厚地度着日子。我自己知道我對於一切事情本無常性，但從事於這每天都是千變萬化的報人生活，却是我唯一嗜好的獲得。……

我對於做事，尤其是對於我極感興趣的新聞事業，我下得有一個決心！我覺得我這個人自信力很強，凡事喜歡直截痛快地明瞭它的眞相。在我擔任着採訪工作時，我可以實際地看到下層勞苦羣衆以及富裕者的相反生活，社會內層的詳細情形，從好奇心出發而能使我不隔膜社會生活，至少，我可以在一些機會裏儘量暴露現實，以供負改革推動社會之實的人們的參考。

看不見的鎖鍊牢繫着我國的婦女！幾千年來婦女問題的癥結究竟何在？對於這問題，儘管有人在那裏主張這樣運動那樣運動，但這根深蒂固的鎖鍊却仍然要把那唱高調不務實際的首先拖下來。所以，在我個人的經驗看來，是必須要從調查暴露方面入手，知道了病根，才可對症下藥。爲了做這一向情願的工作，我至今沒有想到組織家庭！除了爲侍養一位母親起見，我只是許身於我的報導工作。

民國二十三年，我曾經在國聞週報發表過一篇自傳似的文字，叫幼年時代，那便是我自己家庭和個人的寫實報導。最近，我是近於壯年時代了，但我覺得報導全社會婦女的家庭和每個人的生活，豈不更比單純地寫自己來得更普遍更完全嗎？而且就是對於我自己，也是切切實實地在這一工作之中增加了我無限的認識和經歷呢。

上海大公報本市新聞內所揭載的「職業婦女訪問記」，便是由我繼續着負責報導的。有人或者會以爲那太瑣碎，但或者正是爲需要詳細知道的人所歡迎也說不定。我不願冒昧地作人家的代言人，而我願意很忠實地寫出各業婦女們內心裏的呻吟聲！

記者的生活，在過慣了的人並不覺得怎樣，但如果驟然臨頭，那也往往會使你手足無措的！比方，今天你出發去訪問一個人，你將如何去開始問她？如何能夠抓住她的生活重心點來問？如何使得她能很扼要地把她要說的話儘量說出？

因此，每一次決定去採訪某一個人時，那便要注意到一些應準備的事項了。在經驗上，你得預先很簡單地記錄了你想歸納的幾個問題在紙上，以免臨時遺漏。見了後，如果對方是一個喜歡說話的人，你不妨讓她多談些。如果是一個不大說話的人，你得設法引逗她說話！否則，愛說話的話頭會常常被你打斷！不愛說話的人成了默然相對，豈不是彼此都覺得無聊之味？而結果便會不得要領地無從着手報導了。

從十七年到現在，我從事新聞事業已經七、八年了。白日裏櫛風沐雨地去獵取資料，晚上還要埋頭在編輯室中整理稿件，每天總要到一兩點鐘才能入睡。但因爲複雜的社會內層具備着五花八門的新奇玩意，所以我總不會感到厭倦和疲勞。在天津剛剛住得膩了時候，大公報恰好又出上海版，使我能夠換了一個環境。雖然僅僅在上海社會中跑了幾個月，但我覺得上海的內層還有好幾年可以供我的鑽研探討。以我的個性而言，或者那時又將再自動地換個環境也說不定。

我們婦女從業新聞界的很少，有的也多半是參加在一個報社的事務與編輯的內勤部分，擔任外勤的眞是尠乎其少，我在天津在上海，都還沒有碰見過一個呢！

在我繼續不斷的工作之中，使我了解不少婦女們就業的艱難和半途輟業的內在情況，更看出婦女問題不是單純的、片面的，它是整個社會問題中一個重要的部門。我們需要全社會共同的努力，尤其需要輿論界同業的深切的注意，大聲疾呼；同時，我們的婦女界的自覺與努力當然也極爲重要。

「非奮鬥不足以生存！」我願以這句話祝福婦女界的勇敢戰士！希望我們大家都要有堅持到底的決心！』（註二）

蔣女士在大公報上寫的職業婦女訪問記，我沒有仔細讀過，又她在國聞週報上所發表的「散篇」，我更未嘗寓目，所以不能批判她的寫作的價值，並且在這裏也不十分需要這種批判。單就她這篇自白來說，她的報導意志和態度、方法等，都很可以稱許；可是我覺得她的活動範圍，限於職業婦女的訪問，未免太是窄狹了。這原是昨日的女記者所專幹的勾當，講到明日的女記者（見後），她的活動的天地，是同男性記者一樣地無邊無涯的。

（註一）詳見本年八月二日申報業餘週刊。

（註二）同上。

（B）王霄瑩的自述

關於王霄瑩女士的來歷，筆者不得其詳。這裏的採用資料是前年（1934）八月週刊人言上所登載的一個女記者的自述；是王女士寫給編輯者一封信，她說：

『不幸生爲女兒身，更不幸生爲女記者。唉！牠的痛苦！我也嘗慣了，差不多和地獄一般。當我在×通訊社的時候，正在寧漢分裂，政局多故，不但要頻頻集會，討論應付的方法，就是我們的工作，也要加緊了許多　有一天聞××的領袖，有異動的風說，社內便派了我去××工作。那時盜賊如毛，軍閥當國，一言不合，殺戮隨之，沒有道理講的。沿途的軍隊，騷擾不堪。搜身和檢行李，一日數次。經過了不少的艱險，方才達到目的地。即驅車赴×公館探訪。名刺遞後，×巨公親出相見。寒暄既罷，我乘機刺探他的態度，可是他守口如瓶，深得緘默的要旨。他敷衍了幾句，便端茶送客。到第二天，我再去訪他，便稱病不出。祇派親信的祕書代見，我旁敲側擊，誘他表明態度；可是他的幽默，一如×巨公一般。那祕書素來是好色如命的。見了我，目不轉睛，雙眼整個釘在我的面上，由頭看到落脚，微微的笑了一笑。哇！他的態度，顯然有侮辱性質。他既然這樣輕薄，我有心把他作弄一番，洩了肚子的悶氣。一面取出支雪茄燃着慢慢兒吸着，假裝嬌羞的模樣；脈脈含情，對着他微微一笑。果然弄得他暈了大浪，好像受催眠術一般，不由自主地講出來；我待他說完了，趕快起身告辭，拍電報通知社內，詳述過去一切。翌日報章發表了這段談話，×巨公悔恨不已，暗中派密探監視我的行動。可是我乘他不覺，化裝出境，終於安全抵達廣州。聽說為了這一次，秘書竟失歡於×巨公，終於把他的職位免掉。男記者所不能採訪的，居然為我們調查得到，究竟是女記者可兒，一笑。

新聞記者，多數是惡作劇的。倘遇着了要人，必不肯放過他。所以有許多大員都怕他們糾纏。常可不住他的私邸，情願到酒店去；大概是避記者的耳目吧。有些官派十足的人，當記者拜訪他，每每稱病不見。高舉迴避的牌子，也沒奈他何的。縱使賞臉和你相見，半吞半吐，令你捉摸不定！想記載他的談話，却比登天還難！有時他不高興，你想見他更難。縱使在路上撞見他，寒暄甫畢，即說：「對不住，我現在還有要公，他日再談吧」。話既說完，便一溜烟走去。唉！記者眞不易做的。不但如此，還有許多的危險。倘使你反對他的政策，便說你是反動派，格殺勿論。像從前廣州的記者，把詩人聽長賽跑的姿勢，輕輕描寫一下，便因此入獄。去年鎮江江聲報的記者，也因此賈禍。著名的女作家，由此失蹤。好在我兩年前，自動放棄這種工作，眞算見機得早，否則難免蹈她的覆轍。唉！」

對於王女士這篇自述的批判，就仍借用人言編者的在這篇自述後所加的按語的半段吧：

「……對於言論自由，倘違法律所賦予人民的一點自由今日當局都要加以剝削，那末，老實不客氣，應該更加鼓勵我們的勇氣，……作有力的反抗，即有任何犧牲，亦在所不惜，因爲這是替社會服務最有價值的事情。今女士不此之圖，一來就吃癟，委實你自己太缺乏堅毅做事的精神。」

(C)鄧潤雲的一段記者生活

中國的不良報社的經營者，竟有利用女記者別闢敲詐蹊徑的！在去年出版的讀書生活上，登出一篇署名潤雲、標題女記者的驚人的記錄。潤雲姓鄧，粵之新會人；她生長於南洋，受教育於南洋，是民國十年(1921)返國，駐在粵垣的學校中，翌年便在當地的報紙的副刊上署名梅友寫小說一類的文章，於民國十三年(1924)開始過實際的採訪生活。不久，她來上海，即幫助我工作，一方面從事寫作。所以她這篇生活記錄，也是我所相信而樂得引用到這裏的——下邊是這篇記錄的前一半：

外勤記者時代的鄧潤雲

「一九二四年秋天，我受了實際生活的鞭策，結束了學校的悠閑的學生生活，而進入社會職業的場所。最初找到的職業是所謂「無冕帝王」的新聞記者。就是……××市的××日報的外勤員。職務是專訪問要人和富人的家庭。月薪三十元。這本來是不足維持生活的，但一想到新聞記者的社會的地位的偉大，並且我對於新聞記者的職務頗感興趣，於是毫不猶豫，專心地幹，滿望它把我引上那光明的大路。

我的職務雖是專訪問要人和富人的家庭，但是我往往得到我的任務以外的一般男記者訪不來的重要的新聞。因爲當時的要人們最怕見新聞記者，有時被新聞記者弄得不便擋駕而勉強接見，而且他們說話是極謹愼的；往往使新聞記者跑了多天，還寫不出什麼新聞。但是我對要人們的政見的採訪，是極輕便的。因爲我被他們認爲是女性，而且名義上是專採訪他們的家庭生活的瑣碎事，所以他們對我沒有那種拘束，並且往訪必見；同時他們的眷屬當然對我也是很接近的。許多要人的政聞，多半是從她們的談話中間接得到的。每上一次要人的門，都有相當的收穫。因此頗受報館的經理兼主筆的贊許；同事們對我也打破了男女的成見。

那時初踏進新聞社會的我，是如何地快樂而矜持啊！我懷着遠大的希望，天天不分晝夜地跑，有時冒雨涉水地跑（因爲當時粵垣的街巷低窪，一下雨，都積潴成河了）。訪到新聞，草成之後，往往已到深夜；有時弄到天快亮，才能就枕，所以睡眠的時間極短。幹了半個月，體量減少了十二磅多，弄得神疲骨酸。我的心有點動搖了；但一想到自己職業的前途，更兼友人的鼓勵，又下決心苦幹了一個多月。

這時我已經負了六十八元的債，想着那三十元的薪金雖不夠還債。但總有點幫助；可是到了發薪期，一點聲息都沒有，以爲那位經理先生忘記了。我向他提起，他毫不爲意地從他的胸脯的西裝袋裏取出一只小皮夾，檢出兩張十元一張五元的鈔票很傲慢地遞給我，隨後舉起像魔爪般的右手往我的左肩上輕輕地拍了兩下，同時他那副扁平的臉上現出一種鄙俗不堪的笑容，那雙老鼠般的小眼夾了幾夾，那個掛着仁丹鬍子的兩片紫黑的嘴唇張開了：

「你既然等着用，我先借給你二十五元吧。」

我覺得其妙莫明：

「×先生，當我和你接洽的時候，你不是說過每月送我三十元的車馬費嗎？現在不是快到領第二期的薪嗎？你怎麼說這二十五元是「借」給我的呢？」

「哈哈，女學生眞小氣；我那時同你說的，只是一句話吧，你竟把它當做眞的。既然做了新聞記者，那裏還計較報館的薪水呢？」

「你是個負着指導社會，代表輿論的重責的報紙的經理兼主筆，怎可這樣沒信用呢？而且我進來說明是擔任訪新聞，並沒有別的企圖。」

「哈哈，女學生眞沒用，你這樣怎能夠做新聞記者呢？」

「我不是訪到你們訪不到的新聞嗎？我的職務不是超過你們嗎？你怎麼說我沒用？」

「哈哈……女人眞沒用，哼！眞儍到這樣，報館那有用錢請外勤記者的呢？有時倒貼都得不到哩！做新聞記者，全靠自己的手腕靈活不靈活。我起初在北京當新聞記者，同你現在的見解是一樣的。弄得積欠一百多元的房飯費，到過年的時候窮困到連一雙一元四角的鞋都換不上。在我被迫得走頭無路的當兒，有位同行×君把做新聞記者發財的路徑暗示給我，我照着他暗示的路徑走去，不久我就跳出窮困的債圈，得有今天的地位。——×××的妹和他的副官發生姦情的事，你不是聽到了一點嗎？你快到各處詳細打聽一下；材料不夠，你還可以虛加點上去，把新聞寫好，直接去見×××的太太，我擔保你不會失敗，幸運點，也許你會跳出那間陰濕的後房，住到光亮的樓房吧。我還些話差不多都是不肯教人的；因爲你很能做事，又是個女子，所以我老實告訴你！……」

我懷着無限光明的慾望，來幹這樣辛苦的事業，竟得到這樣無聊的教訓。當時不是保持莊重的話，我一定會哭起來。我氣憤憤地離了經理室，跑回寓所，倒在床上，一夜都沒合眼。心裏有說不出的難過：不幹了吧，有點捨不得；幹下去吧，最低的生活費都無從維持。於是跑到一個朋友家裏，把這種苦衷告訴他；因爲他是個很通世故的人。當我初進××日報的時候，他極力勸我不要嘗試；但我不聽他的忠告。他見我失敗而去向他訴苦，遂決然責難我：

「新聞記者，有抓住輿論喉舌的偉大權威，是很高尚的職業，但它在中國就大失原形了；尤其是××派的機關報，它裏面有說不出來的醜惡。我願你在中毒未深的當兒，快點自拔吧；你若還不覺悟，我也不願和你做朋友了。……」

我受了那個忠實朋友的警戒，回憶起××日報的經理先生拿他的自白明勸我去摸索黑路的種種，那是多麼危險而醜惡的行爲啊！這樣我是幹不下去的，於是決心辭掉它。我對於這個職業開始到終結，只有兩個月零三天，對於職務，雖極勞苦，但頗感興味，可是受了那樣無理的打擊，我負了一個很大的創痕。後來雖然有不少的新聞記者職務的機會給我，但我始終不敢再幹了。」（註）

這篇生活記錄，在新聞界可說是很稀少的，並且是很寶貴的；因爲在這種記錄裏，可以窺見軍閥政客卵翼下的中國報紙內幕之一斑。

（註）詳見讀書生活第二卷，第二期。

四　明日的女記者

（1）要靠女性自己的覺醒

有以女性體質比不上男性而反對女性做記者的；有以女性的記者生活同家庭的工作——特別是母性愛——相衝突的。這些當然都是過去的思想或主張，——至少算是昨日的事情。

隨着一般婦女讀者的自覺和向上，益發需要眞的理解女性的記載和論評。所以在今後，做編輯幹部的政治、經濟、翻譯等部，必定要有女性報人進進出出；這並且不限於採訪，卽在編輯整理上，也必然會有女性報人參加的。

更申言之，女性在現今，旣然能夠做到飛行家、能夠參加任何繁劇的事務，那末做女性報人，不但絲毫不成問題，而且其活動範圍，早已超出家庭範圍以外。但就全體而言，尤其中國的新聞界而言，女性參加工作的，尙屬少數的少數；而且這少數的少數還是大部分在定期刊物方面。但在另一方面，不是已經有了好幾位女新聞學者嗎？同時，在所謂大學的新聞科或新聞學系無論是否像樣，女性修習者也大有其人。這也可見女性對於新聞事業的熱望了。又在中國報紙從業員中，特別是街頭奔跑的外勤記者，女性所以居極少數——幾乎沒有——的原因，乃是男性中心社會所建築的牆壁太牢固、太高大了。因此，有好些新聞——比如阮玲玉的自殺乃至姚錦屏的欺騙一類的社會事件——若是派女性記者去訪，定可得到直截了當、淸淸楚楚的結果；只因沒有女性外勤記者，只因一般男性記者或許對於這種帶着『異性』臭味的事件感着特別興趣，遂爭先恐後地去採訪，結果不但弄不明白，反而鬧出笑話，惹出是非！要之，女性報人對於現今的新聞事業至少是同男性報人同樣重要的。又據專門學者的統計，在人類界女性原比男性多一些。屬於這個過半數的女性社會的報導或論評，本是應該讓女性去處理的。

但就另一方面觀察：女性在參加新聞事業以前，除了打破歧視的牆壁以外，還須打破玩弄的牆壁。卽一般教育者，尤其是新聞教育者須努力除去男性輕視或玩弄女性的觀念。男性的這種觀念一天不去除，女性卽有不便參加的理由；卽使參加，也必定會像男學校中的女性被稱爲『校花』或『校后』一樣，女性報人在報社也只有博得『社花』或『社后』或是『報花』或『報后』的奇怪的頭銜，是可斷言的。到那種時候，女性報人只有給新聞學上的『無冕帝王』處添加一個『無冕皇后』而已。要之，輕視和玩弄女性的觀念如不澈底淸除，不但女性參加新聞事業不會有利於新聞事業，反而會成爲新聞事業發展的妨礙，也是說不定的。

現代的女性，如欲在新聞事業上占得地位，惟一的妙法，就是從事於新聞學的研究；修得這方面的理論和實際的技能之後，卽不患無使用的機會。『知識卽權力』這句格言，是無論在何種時地，都適用的。卽現代一切事業——包括新聞事業——所以被男性霸佔去者，主要原因是一切事業的機關都是靠男性的智力、體力、金力而完成的。女性對於這些事業，一向沒有積貯下何等知識和經驗。因此，女性一向在社會上所處的地位是與小孩同樣的，——女性常被男性同小孩連到一起稱爲『婦人小兒』或『婦孺』。所有的社會活動，女性同男性相比，常處於被『攜帶』或『隨從』的地位；特別是那些施過種種人工裝扮的柔弱的女性，耐不住正當的勞動，常在受男性抱持或扶助的狀態。這樣，如何能夠講到平等呢？在人類間，縱然處於平等地位，在力——體力和智力——上也是不準備便會落後的。受教育，習練，勉勵，乃至從牢固不拔的舊觀念的世界解放出來的時候，這才能夠爽快地與男性共同擔負適合於性能的職分哩。總之，對於今日的女性的一件重要的事情，就是自己的覺醒；這不僅對於新聞事業應該如此，對於一切社會事業，都應該如此。

有說女性的體質不適於新聞業的困難工作的，但這話在今日，也早成過去。那些專寫『巴黎的流行界』或『化粧術』一類的文字的女性記者的體質是萬不會好起來的；若是能夠把對於這些的注意力集中到有關身心的正當的修養上，女性的體質——至少那個女記者的體質——是定會好起來的。

（2）神近市子的一篇名論

關於主唱新聞記者是女性適當的職業的文字，從來的論者不多；而佳者更少。日本著名的女記者兼文藝思想家神近市子早年在一個新聞學人創辦的雜誌上發表做婦人職業的新聞記者一文；因爲是她的生活記錄，所以句句都是發諸肺腑的話；而且到如今還沒有喪失它的時代的價值。現在特地把它介紹過來：

一

『我完全脫離新聞記者的生活，而得着回顧那種生活的餘暇時，我方才對於引我到新聞記者境域的許多事情，捧出感謝的念頭。新聞記者的生活對我算是有了興味而且生出可助我的發展的結果來。

我僅僅過了一個年的新聞記者生活。而所以便拔出脚來，是想在那個鮮明的印象還沒有褪色的時候，卽頭腦還沒有硬化到記者生活裏，因而對於各種的經驗和事實，能夠加以自由的判斷和批評，這對於我是非常有利的。

二

最初的數週間，實在多事。從拿着鉛筆和紙，在一個多鐘點寫約二十行的記事，到做社會部記事的裝飾而排於上段的大字記事，是不費多大的時間的。但內面的變化是有更其劇烈的。

我發見新聞社未必是像別人所說那「盡是像狠一般的人」，照我的豫期，確實看見他們都是立於人世的表裏間而被置於遠離誤謬和偏見的最像人樣的聰明的人，溫和的人。而與一步步地理解報紙的歷史、使命、現狀同時，得以藉着餘暇去觸接那做我們切實的問題的、介乎婦女事情和新聞事業之間的許多問題。這些大致可分為如左的四類：

一、做記者能夠得到足夠生活的收入嗎？

二、此職業與婦女生理上的障害可有怎樣的關係？

三、通新聞事業這個試驗實而見着的男女能力的差異，怎樣？

四、幹這種事業在決定婦女的社會上的位置，可有怎樣的關係？又在今後應發生的婦女運動裏，可有怎樣的份兒？

在第一的收入上，我是非常失望了。我在那時以前，曾得到較好的報酬，所以在入新聞社的起初，見習的月薪，說是二十元（事實上我弄到二十四元），我心中便稍覺爲難了；但那是一切社員必須越過的關門。越過這個關門，必定要加到相當的數額；因此，我決心等待那個時候的來到。但是過了這個關門以後，我的薪金仍僅三十元，是不夠用的。我因爲只顧積極地觀察事實，沒有問明理由，所以不知道理由。或許我不夠做一個記者的資格嗎？比較他人多坐車，或是多糜費，這也許是我不知道的理由。我想着：旣然得着一切都「與男性同樣待遇」的說明，所以這一點，男記者也許是同樣的吧。

只這一點的月薪，我的日子眞辛苦極了。在第二期，連上獎金之類，我雖然弄到差不多百元，但那時候我已經負下了近百元的債。

講到支出，更是多極。男記者只要有一套西裝，便足服用，女記者無論如何，非三套衣服不行；因爲人數太少，不論到什麼地方，都會立刻被人家牢牢地記住。尤其是在往「貴夫人」那裏去的時候，她們當然會知道我是某社某人。所以在服裝和禮貌上，是不能全無關心的；夏、冬的外出衣裝，都須要放在身邊。另外還有什麼會費或捐款，都須立刻拿出。最初我也曾籌劃着做了一個端端正正的女記者，但到後來，漸漸不行了。擔當着同收入不能比例的支出，我將怎樣打算呢？

新聞社雇聘記者，要想其人爲新聞社而使出全力，必須支付足夠普通生活的費用；否則被雇者不能認眞做出相當的工作，自然要把餘剩的精力，用到別處，希圖有所獲得，藉以充實自己的生活。同時，在另一方面，我又想到我自己不可爲工作過度而妨礙住社中的職務，叫人家說話。

我是不是工作過度？這種恐怖，益發地大起來。身體比我還弱，能力比我還劣的男記者來的時候，其人的報酬和工作可是以我爲標準嗎？這樣想來，我無論如何，是不能儘力工作的。

因爲沒有零錢用，只好花掉車費去跑路。在這種物質的環境下面，我遂完全不能注意到衣著上。不論到什麼地方，我都是穿着工作裝；在新聞社的女記者間，我的服裝，算最壞了。不管是參加宴會或是進謁侯爵，我都是這樣；沒有歡喜，也沒有悲哀，我是爲工作而去的。

三

問題移到男女生理的差異對此職業有無影響上。

妊娠當然是女性生理上特有的差異點。現在除了這個差異，來說男女生理上另外的差異點。

爲了所謂男女生理的差異，遂致不能十分完成應做的工作的經驗，我連一回也沒有。既然關於這個職業的條件之一是在健康，那末，只要是比較的壯健的人來幹，以我的經驗爲標準，決不會有多大的害處；就是說除婦女特有的生理障害對女性會生出多少的苦痛之外，這種職業對於女性是沒有大影響的。又縱然說生理的優劣，那在除同它社競爭，必須使出特殊勞力或腕力的時候以外，也是從來沒有用；若在平時，那關於該事件或問題的知識的有無，觀察的奇拔或平凡，乃是問題，生理的差異是不會成問題的。有說易生病，多請假是女性記者的缺點的；但這對於男性記者也是完全在同樣的制限之下，不光是屬於女性記者的問題。

四

第三的能力問題，恐怕是最有興味的問題。果眞是像那道學者的說法，我們在能力之點上，非常地劣於男性嗎？

我住過的新聞社的社會部的組織，是很自由的；因此，我雖然做着女性記者，但差不多從女性記者的工作中解放出來，我遂積得很多的經驗。在往它社的男性記者聚集處去的時候雖然很多，但我未嘗持着自己的能力較劣的意識。只是有過一樁困難的時候，就是到橫濱迎接飛行家奈爾斯和斯密司的時候。我因爲做了近一年的記者生活，英語生疏了；但兩人先後到達橫濱了。社中的外人系在那時候的橫濱支局沒有一個人，因此，我時而在早晨四點半鐘光景起身，時而過了夜間的十二點鐘在船上等候迎接到橫濱的外國飛行家。對於奈爾斯和斯密司所困難的，與其說是英語的不自由，倒不如我說是我對飛機的構造沒有興味。雖然飛機的種類或其人的歷史的大體，已經受過指教，專門名詞也多少知道一些，但談話終於沒有得着照我所預想的結果。那個當兒，在東京某新聞社派來，帶着曾經久住美國的頭銜而平素還是任職於飛行機系的人開始機體談話的時候，對於我，除速度翼長等之外，是不得其詳的。雖然兩次都得到可做社會部記事的有興味的記事，但在飛行的記事上，那機體的詳細解剖一類，都是讀者所歡喜的事情，竟然沒有得到，我那時想着，幾乎要發怒了。但這是興味有無的問題，不算是能力的比較問題。正直地說：除了這個特殊的時候以外，我沒有逢着自己能力有同男記者相比的必要的時候。

卽使在社內，比諸與我同年齡的人們，我也沒有懷過「能力較劣」的意識的時候。然而有爲人們所具有的技能而唯我獨無的，這是我萬不能不承認的。比如那可稱爲「新聞感傷文」的東西，什麼「颯颯然而浪高」，或是「在雲海渺茫，鷗鳥交飛處，天皇旗燦然飄舞」這一類的日本報紙的某種記事裏面少不掉的有「氣韻」的文章，卽使說多麼可憾，我也是不寫的。這在社會部內，也成了一二人專門的事情。除了這些，對於各種事件，我自己是像他們那樣地專心服務，不但完全沒有別種研究或對於前途的危懼，反而我覺得能夠寫出具有超出比同事的某種人們所寫以上的理解和敏感的良好記事。

許多的知識階級的人們，聽了我說的這個小小的經驗，必定要說：世上像新聞記者的工作那樣的沒道理的事情是沒有的。在這個沒道理的中間，受過相當教育，有了相當年齡的女性，既然能做普通的事情，便不應該去做新聞記者。我敢照事實說：在服務於新聞界的人裏面，有優秀的人，也有不優秀的人。並且，新聞事業也與別種事業同樣，須要那個工作的特種訓練。須有特種的敏感和特種的觀察乃至特種的決斷。而在這種事情的下面，男女都不可不慣於同樣的訓練和同樣的努力。拿這種淺薄的見解鄙薄新聞記者的人，可去試一試看——以有限的時間去寫明朝報紙所需要的記事；縱然是多麼高明的文章家，恐怕也是不會得到讀者的滿足的。

五

我十分相信：女子只要受到與男子同樣的教育和訓練，只要有獨立的自覺，只要得着能夠十分伸展其能力的境遇，比諸男子，是能夠完成同等的發達的。

我並且相信：這種職業對於男女平權運動，擔負着實在重大的任務。

在實際上，我們少數的女性算是完全解放了。我們已經得到能夠支持住各自的生活，在外面不受任何的拘束，同時在內面，也離開因習的社會道德而完全獨立；縱然遇着能夠迷惑我們的道路，我們也還是要懷起提住各自的判斷、各自的道德而最正直地走路的決心。又我們的少數人得到無限的自由和特權之後，還要無何等的躊躇地想使在我們周圍的女性也得到同樣的自由和特權。雖然，我們一看實際的婦女生活，離我們所希望的某種事情——至少離我們的實生活——可是多麼的遙遠？這眞是使我們痛心，使我們懊惱的現象。

男性的許多雖然笑女性還在把持着封建時代的奴隸根性，但還有多數的男性相信其妻是自己的便利品。所謂幸福的妻君，實際上不過是個可愛的玩具或奴隸。

在對其母親以奴隸視之，對其妻君以玩具視之，對其姑娘往往以妨礙物視之，以所有的冒瀆加諸女性身上而自鳴得意的男性們的面前，年輕的女性可想一想以他們所尊敬的報紙——這些人們對於報紙的尊敬不是由於對新聞事業的理解而是由於對報紙的社會勢力的恐怖——做代表而表現出來的事實；並且再想一想女性能夠在公開的報紙上述說人生，談論政治，批評藝術以後的情形看；假若她們的父親是個會想到他們的姑娘每天所寫的東西能夠在一個時候觸接住百數十萬人們的眼睛的有情感的人，其人的中心縱然融化着何種的偏見，也不致不對報紙上的文字加一番思想——他們必定會想到：他們的母親所以無智，他們的妻君所以不過成爲玩具，這都不是她們的生性使然，都不過是在後天的環境中培養成的；男人所以矜誇僅爲自己的「性」所許的特權而虐待女性，乃是極沒道理的事情。爲他的姑娘計，可施以怎樣的教育？把成人後的姑娘置諸他的母或妻的境地，他能夠滿足嗎？抑或使他的姑娘能夠同他一樣地受到會獨立考慮而依自己的判斷去行事的教育？當這樣的疑問生出的時候，若是賢明的父親，我想他必然會不猶豫地去選擇後者。

六

往參謀本部叩以英國徵兵制度的批評，往中國革命軍的本部聽取南北軍的戰況，往文部省想像學制案的成行，往印度志士的寓所考察世界的前途時，我是很會睜着驚異的眼睛而加以注意的。在那樣的時候，我的內心是非常得意的。我每天每天所投扔的多少驚嘆之波，實在是懷有爲女性大衆服務的抱負；因爲想到須把女性是同男性一樣的人而具有同他們一樣的感情和理解的事實，一件件地顯示到他們的面前的緣故。當然橫濱才走到迎接外賓的小火輪而發生女性記者應否同乘的問題，東洋汽船公司同橫濱記者團之間引起劇烈的爭執的時候，我介乎其間對於這種無理的凌辱動起燃燒般的憤怒，以代許多女性鬬爭的意識，發洩了不少的悶氣。我想；新聞記者這樣的職業，在接近許多人、多有走出社會表面的機會的關係上，在婦女的發展上直接間接的活動具有非常的力量。

同樣地：以何種形式而生出婦女運動的時候，在生出組織某種團體，定下運動方針的必要的時候，我想那有做記者經驗的婦女們，必能夠做出最有力的發言。當然，在那樣的運動實現的時候，在婦女界是會現出有學識、有實力的人的，並且至少在發起那樣的運動以前，會追踪歐美婦女先覺者的經驗而選擇那適合於自己國情的最好的方法。但是，所見聞的、乃至所思索的社會的實際與自己所觸接的社會的實際相比，實有非常的差異。到達這種實際派的運動時，明達的婦女們必須靠自己的判斷行事，不可存有絲毫的猶豫或客氣。在進到那樣時勢的時候，有記者生活經驗的婦女是能夠給與女性大衆以最好的決斷和忠告的。

從前，美國一個報紙做過一回有趣味的事情，就是向全美國的名女記者四十位提出各種的問題：內中有一個問題是「是否要使諸君的姑娘做記者？」除了二名之外，都答成「否」了。做記者的苦痛和困難，誠然是有比別種職業更爲苦痛、更困難的地方。假若所謂職業者，是要制限其人的一生的，那我也許不拿這種職業去勸自己的姑娘。但是，以某有限的年月從事這種職業，我相信是能夠擴充其人的生活，促進完全的個性之發達的。因此，在某種條件之下，我很歡喜把這種職業推薦給我的姑娘，同時更盼望許多的年輕婦女去做新聞記者。』（註）

此文對於報酬菲薄的一個要點，雖沒有給與滿足的解決（但現今是已經增高了），但把現代做女記者而且應做女記者的理由，可是說透澈了。不過我對於她有意視女記者爲『過渡寶筏』之一點上，却不敢無條件贊成。即就她本身上說，不是終於又進那個報社——東京日日新聞社——一直服務到現在嗎？可知她在二十年前一度退出報社之後，願把女性大衆推薦到新聞界的意思是十分眞誠的了。

（註）原作見一九一六年十一月東京黑潮創刊號。

（3）是否妨礙所謂家庭生活？

也許有人說女性做了報人是會妨礙家庭生活或是幹不久長的。所以再在這裏節引五年前鴻君的八十五歲的女記者一文做例證：

『美國屋海屋州的愛麗絲凡昔克夫人是美國年紀最大而最活動的女記者。她今年已經八十五歲了，但她仍極熱心地從事於此業，她的言行有許多是有趣味，而值得我注意的。

現在她是屋海屋五家報館的記者。她每一星期更從無線電中報告新聞，千萬家主婦的耳朵裏，常常可以聽到她的聲音。……

她住在康丁頓地方的一個簡樸的小屋子。她終日忙碌，所以背也曲了，走路用一根手杖；頭髮已成爲白色，但是目光仍炯炯有神她的確是一個有天才的新聞記者。她在十四歲時就做了一篇愛情故事登在某週報上，從此就開始了她終身的大業。

她結婚以後，有許多別的事務奪去她的時間與精力。生活不安，幾至中絕她的終身大業；但是因爲她意志的堅定，卒未中止。

她一生常常幫助別人，幫助父親，幫助病弱的丈夫去撐支門戶，料理家事。……

她的關於年紀的哲理，發表得很多。

她說：「無論男女，過了中年之後，總不肯繼續地追求他們早年未曾得到的成功。這並不是因爲他們體力或智力的喪失，而是因爲他們的願望較前減少，目的漸弱。其實：因體力智力的喪失，而得到的報賞——豐富經驗、正確判斷、及成熟的智力——有時所得遠過於失。」

「所困難者，就是四十五歲或五十歲以後，許多人就不肯再去嘗試。他們無志去做他們能力還可做的事，所以他們停止工作；他們承認弱者，他們老了。我所以保持着我的年幼者，完全是因爲我繼續工作，這是無可疑的。」

在一九二九年的屋海屋女記者聯合會中，她的文章得到了第一獎。她說：「假如你肯長久地工作下去，你定可以得到成功。我這次所以能得到第一獎，就是因爲我對於此道，已花費六十年的功夫了。」

她致力於著作生涯已六十年，但她仍無退休之意，她說：「假如你對於你所成就的事業，認爲滿意，那你當然可以退休；假如你對於你所成就的，還認爲不滿意，那你爲什麼要退休呢？最好還是繼續地努力下去。」

她又說：「年老不僅是較年幼爲更快活，而且更有趣味，更爲成功，年紀是一種資產，它使我了解人生」」（註）

照本文所想，女報人生活是不影響所謂家庭生活的。又這位老女記者是以從事著作爲職志的。這確是個很好的而且很穩固、很能耐久的辦法；是可以作爲普天下的女性記者的模範的。

（註）詳見一九三一年八月十一日中報青年園地欄。

（4）是全部的婦女問題

女性記者的又一個重要的意義就是女性須知做這種職務不是單純的個人生活問題，乃是全部的婦女問題。若是懷着這種觀念去服務，那就一點苦痛也沒有了；而且懷着這種觀念去服務，是萬萬不會失敗的。——女性如果能夠勇往直前地參加新聞事業，至少那任意侮辱女性的新聞報導是不會發生的。

女性記者同男性記者之間，如發生戀愛關係，這是人之本性，毫無可反對之理。只是在日本，有過以社長地位對女記者施誘惑壓迫的手段的——如東京中央新聞社長之於中平文子；更有一進報社，便以社長夫人自居而睥睨一切男同事的女性記者的事例。對於這些男女，當然是應該加以排斥的。

（5）一個實際上的要點

考現代各國女記者的成功的，沒有不是兼從事於著作的。就實際上說，不單女記者，男性記者也是不立下著作的志願，決難獲得美滿的成功。——新聞事業和著作事業本來好像是同一所房子僅隔一道界牆而旁有邊門可通的關係，是不能強爲分別的。

第七章　現代的高速度通信機關及其作用

機械文明是近代生活的基調；機械文明既然是速力文明，那做近代文化先驅的新聞事業以速力爲生命，並不希奇。不，寧可以說速力文明是由新聞事業鞭策科學的產物。

把速力具象化的東西，有交通機關和通信機關的二種。這裏專述說高速度通信機關。

現代的高速度通信機關的種類，大致不外如下五種：

（1）電報電話（有線無線）

（2）攝影電報（有線無線）

（3）無線電廣播

（4）電視

（5）飛機

但在現今，已經實用化的，是（1）（2）（3）（5）四種，（4）項還在搖籃時代。以下分別地把這些高速度通信機關檢討一番。

一　電報電話

（A）電報和電話的由來

(a)莫爾斯發明電報機

人類社會最初所用的通信工具是『聲』。就是用大聲呼喚遠處的對手。但無論發怎樣的大聲，要想傳達到千公尺的地方，是很難的事；縱然聽到聲音，說話是不可能的。所以古昔山間的獵人，在呼喚遠處同伴的時候，會用兩手圈住嘴唇，像喇叭的形狀而發聲；因爲這樣可以發出比光用嘴唇發聲較大的聲音。這是人類最初的通信方法之一種，隨後又有用樹皮所造的強聲器替代兩手的發明。用嘴唇吹哨或用指頭當口笛，也是古昔的通信方法；後來會吹用螺殼製的哱囉；哱囉以後的發明，便是喇叭。至於用鼓通信的方法，已詳見前卷，這裏不再多說。但是用棒敲木頭傳聲於遠處的方法，也許是看見了啄木鳥才想出來的；隨後又有聰明的人，想出在木頭兩側張獸皮做鼓的方法。

以上是古昔人所用的『用耳聽的通信方法；後來彼等又想出用眼看的方法，』就是焚堆火，或烽火，這也已經在前卷說過了。但又想出用磨光的楯面反射日光當做信號的通信方法，這便是今日鐵路上使用的信號機或旗信號的先驅。

文字發達以後，會用人力和馬力通信。後來又用鴿或犬來通信；這種方法並且一直繼續到現今，還沒有廢除。

人類是這樣的在長久的期間，想出了種種的通信方法。聲音、火光、煙、水、日光、人脚、鳥羽、獸蹄等等自然的一切，都利用了。但這些都各有缺點，卽在某條件之下好用，在某條件之下不可用。自從人類得在一切自然力之內利用最偉大的力的電力以後，這些困難才算完全克服了。

是一八三二年十月的事情。做繪畫家的莫爾斯(Samuel F. B. Morse)從歐洲乘美國輪船歸美。恰

天線
電報生
短波收音機
電報機
通向報館的電線
裁判官
書記
陪審官
新聞記者席
短波發報機
短波發報機

巧同船有一位船客，就是查克松博士(Dr. Charles Jackson)他是爲研究電學去歐洲的。他取出他在巴黎所買的電磁石叫莫爾斯看，並且給他講說法國的電學者安格(André Marie Ampère)的驚人的關於電的實驗。這就是在遠遠的掛着的鐵絲上通電流的事情。聽了這話的莫爾斯的頭中猛然閃起來的，便是應用電流在電線上發報的偉大的思考。莫爾斯頭中一浮起這樣的思考，便不能安靜下去，夜裏也睡不着了。待船到美洲漸漸上陸的時候，莫爾斯向船長說：『船長，現在聽說驚人的電報機了。而這個電報機的發明，就差不多算在這個輪船上完成了。』就從這時候起，莫爾斯便開始拼命地藉電力的通信方法。他終於想出在電絲的一頭縛隻鉛筆，藉電流使它轉動而刻劃符號的方法。他想：『若是短的電線成功，那末，數百數千數萬哩的長電線，當然也是會成功的。』

莫爾斯

一七九一年，生於北美馬薩諸塞州的查爾茲敦的這位莫爾斯，也是與許多發明家同樣的貧窮的人。一間小的房屋必得要做臥房、飯堂、廚房、客廳、研究室、工作場。雖然爲了得到生活費，招進少許的學生教授繪畫，但所收學費，很不夠用；時常買不到麵包；甚至於一天吃不到什麼東西。過了好幾年這樣的貧苦生活，算是很辛苦地把他的電報機完成了；這是利用畫布的木框或舊時鐘的輪子一類的東西製造的。既而他又造出用點和線構成的電報符號來。這是一八三五年的事情。

這樣地把電報機完成之後，又過數年，莫爾斯遂到華府向國會請願撥三萬金圓架設華府與包爾提摩爾間的電報。但是爲了還不爲世間所知的這種新發明品的試驗，拿出三萬金圓，不是容易的事；就連把電報的用途向國會說明，也是很難的。漸漸地國會的最終日來到。莫爾斯的陳請建議案，仍然沒有通過的期望。在國會閉會的當夜十二點的二小時前，他的朋友來到，忠告他說沒有通過的期望，還是爽利地回家去。莫爾斯也就斷了念頭，準備立刻離開華府。

第二天早上，他正在寓所食早餐的時候，他的老朋友挨爾斯渥斯（Ellsworth）的姑娘前來，哈哈地笑着說：

「恭喜。」

「是什麼事體？」

「你的陳請建議案在國會通過了。」

「不要弄錯了。」

「哈哈，弄錯的，是你喲。議案是在深夜通過的。并不是做夢，是眞正的事情。」

因爲歡喜過火，莫爾斯幾乎話都不說不出來了。

「你是最先把這個好消息帶給我的天使。電報成功而最初的報告（Message）的發言權，當然是你的。」

用了十二年間的苦心，遂得於一八四四年五月二十四日實現出來：在華府方面，是莫爾斯；在包爾提摩爾方面，是他的助手。在莫爾斯的發報室，擠滿了政府的達官們，參觀這個歷史的光景。不久，在室內，從莫爾斯的手頭，緩緩地可是淸楚地發出喀奇喀奇的音響來；這是挨爾斯渥斯女士所選定的『上帝做了什麽？』的文句。這個通信立刻拍到包爾提摩爾的助手處，助手又立刻把它拍到華府。這個有價値的歷史的報告，剎那間在八十哩的電線上打了個來回。

在其後十年間，全美國都有電報公司了。又莫爾斯電報機於一八四九年傳到歐洲，以後各國都裝置了。

(b)拜爾發明電話機

莫爾斯的電報機發明之後；由飛爾德(Cyrus West Field)創立公司，於一八六六年敷設大西洋海底線。但這些方法，還都算是使用記號的通信。因此，從事這個通信方法的人們，必須熟記所用的符號；否則什麽也不知道。

但是，旣然在電線上可以拍發這種符號，那末能否更進一步，照原樣拍發人的聲音？這種思考浮上聰明的科學家的頭腦，是當然的。這個問題，從電報機發明之後，恰恰經過三十年，卽一八七五年，遂由波斯頓大學的青年教授拜爾(Alexander Graham Bell)在波斯頓裏街的一間窄狹的屋脊的一室拚命地研究出來。

拜爾一八四七年生於蘇格蘭的愛丁堡。長大後渡美。拜爾在少年時代，便對『談話』和『聽』的關係，感着興味。經過長期間研究音響與耳的關係的結果，他遂得到發明電話機的暗示。因爲耳中的鼓膜，是隨着外來的音響而振動的，所以拜爾想到：因爲可以通過這個極薄的鼓膜而傳達振動，所以只要

拜爾像

拜爾及他在公衆前實驗電話情形

能夠在比這鼓膜較厚的膜上起振動，那當然可以把這個振動傳到電線上。電話機的思考，眞像電光一般，刹那間浮上他的心頭。他立刻着手從事這種工作；沒黑沒明地做着實驗。因爲專心致意於這個發上，所以把學校的授業也放棄了。

與別的許多發明家同樣地，拜爾也做過慘淡的努力。貧困與嘲笑，對於這個偉大的發明，似乎是不可缺少的附屬物；他被當時的人們呼做『想着能用電線說話的瘋子。』

但在一八七五年六月二日，他的慘淡的努力，遂得到酬報。他在同助手瓦特孫（Watson）做實驗的時候，他確實聽到微微的奇妙的聲音——類似人的聲音。拜爾跳着跑到在送話室的瓦特孫的地方。他興奮得幾乎眼睛都冒出火來。他一面向瓦特孫說『現在是怎樣地弄了機械？切不可打動；照樣做給我看一下。』一面調整送話機的狀態，考察它的理由，是：『人的聲音移到空氣的振動。只要發信機的鐵板以這個空氣的振動而振動起來，的確磁力會起變化。只要磁力起變化，必定會在通過線輪而接續到受信機的回路中，即電流的強度中起變化。這樣便會反過來在受信機的方面傳來人聲的振動。』

於是由電線送話的電話機遂產生出來。但是仍然只能聽到發音，聽不到明瞭的話語。隨後鼓起勇氣，反覆實驗，到一八七六年三月十日，才聽到明瞭的話語。拜爾在屋頂裏的研究室向送話機說：『有事情，暫且上來。』電線的一端傳到在地下室的研究室的瓦特孫，慌忙地取下受話機，疾速飛上拜爾的研究室，喘着氣息說：『你喚我的話，完全聽見了。』經了他們繼續的努力，這個原始的電話機次第改良，終於成了能夠明瞭地說話的完全的機械。到一九一五年遂把橫斷美洲大陸的電話線架設起來。

（B）中國電報費的昂貴及對新聞電的忽視

電報電話（總稱電信）在現今，算是主要的高速度通信機關，就支配新聞事業之點上說，實勝於其它任何通信機關。特別是在中國，大多數的地方報，仍然沒有利用它的能力，能夠利用它的，只有幾家都市報而已。最大原因無非是報社的經濟能力不足以應付那高價的電報電話費。而我們的交通當局似乎只注意到電信的『收入』上，絕沒有想到新聞電的社會的、文化的意義；自從第一次長革命政府交通部的于右任破天荒地減過一回新聞電費之後，新聞電費恐怕就只有增沒有減了。遠者不必深攷，就以去年九月上海日報公會為長途電話『明減暗增』事議決呈交通部的一文做例吧：

『……長途電話，係屬公用事業之一種，設備務期完善，取費務求低廉，所以提倡普遍適合一般民眾之需要也。近查鈞部自本年九月一日起，將蘇、浙、皖三省原有章程，通話時單位，驟加變更，由五分鐘改為三分鐘一次。每單位之收費，自表面觀之，似覺改少，而攷諸實際，不啻加價；且為數之鉅，至可驚人。各地用戶，咸為蹙額。蓋以每次通話，兩地傳呼，音欠清晰，一再解說，方言互異，事實上決非三分鐘所能完畢。按：五分鐘為一單位，行之既久，幸無窒礙，自不宜遽爾更張。自經此次改訂以後，即如京、滬間，昔日通話五分鐘，按一單位納費一元五角，今則通話四分鐘，須按兩單位納費二元四角，所增價額，竟達百分之六十。當此國內經濟衰落，人民緊縮之不遑，何堪再增負擔？屬在報館，傳遞貴於敏捷；使用電話，為數尤夥。衡諸政府提倡新聞事業之成案，以及鈞部發展交通業務之大計，似宜於推行之中，謀使用之普遍。行見平、粵各線，相繼通話，業務發展，自在意中。今乃遽爾更張，揠苗驅雀，度以恆情，殊非得計。又查二十年間國府曾有明令內稱，凡有專賣獨佔或特許性質之企業，無論其為官辦商辦，或官商合辦者，如因過度費用，而欲增加人民負擔，除法律已有規定外，應先由中政會議定原則，交立法院審議內容，方得決定，否則認爲違法論云云。是此次長途電話之改訂單位，變象加價，無論其爲是否合理，但未經上述手續，則政令失却合法之依據，即人民便無遵行之義務，其理至明。敝會以事關公用事業，不敢緘默，爲此具文呈請鈞部鑒核：准仍舊觀，收回成命，用符法令，而利公用……』

本當請減，却並不請減，只請取消增價，這呈文算是退步到極點了。也許就因爲過於退步的緣故，所以終於得不到交通當局的垂念，僅仿歐、美長途電話夜間減價的規例，自十二月一日起實行長途電話夜間減價辦法，指定上海、南京、杭州、鎮江、武進、無錫、吳縣等七處先行試辦，一律按照日間價目七折計算；時間自下午八時起至翌晨六時止。交部當局的意思是：此項時間以新聞界傳遞新聞消息爲最多……是『扶植新聞政策之至意。』其實，新聞的發生，决不僅限於夜間，比如像去年十一月一日上午十時許南京發生的汪院長被刺那一類的事件，通信社記者或上海的晚報和出夕刊的報社通信員，誰不急着發電趕發到當日的晚報上，和供給專出晨刊的報社發號外之用？怎能等到『下午八時？』所以這種『七折』辦法，新聞界所得的實惠，可說是等於零。因爲現代的報人報告新聞消息，必須要爭分、秒，若是七點五十九分應跑到電局，只因貪圖『七折』便宜，特別遲延一分鐘，再行發電，這算是已經失去做現代報人的資格；要失了捷足先得的機會！

現在呢？九省十市長途電話，已於本年九月一日正式通話。這在中國的通信史上不能不算是劃期的事實。可是每一次單位仍爲三分鐘，而一過三分鐘便作六分鐘算，單就京、滬通話而言，三分鐘爲一元一角，但過了三分鐘便加倍作價，仍比從前五分鐘一元五角貴得多，不依然是『明減暗增』嗎？依然沒有爽爽快快的新聞電話減價的規定。而一般報業的經營者，對此却持默認的態度。

但省際電話，就這麼廣大的國土來說，價目還算比較便宜，若是講到國際通話的價目，那可不得了：中、英間預定的通話費，每三分鐘即約需六金鎊，合法幣百元之譜，最初的三分鐘後，計算法雖還公道——以一分爲單位——但每分鐘也需二金鎊。這也許爲的是遠處東西兩半球，天各一方的緣故，但實際上差不多等於省際的中、日間的通話，每三分鐘竟達到十五元的數目，過了三分，雖也是按一分鐘計算，但每分鐘須加五元，價目之昂也不能不算駭人聽聞了。這種奇昂的電話費，在兩國少數的資產家看來，固然不算什麼，資金貧乏我們的新聞界，很少利用的可能，只有仍照向例專仰承外國通信社的鼻息之一法。又就另一方面說，定出這種昂貴價目的電局，可能得到何種營業上的好處呢？暫且以中、日無線電話的最初一週月的營業統計作例：二月份通話十四日（十五日舉行通話典禮，翌日開始通話，又內中三日因東京二二六事變暫停，）計去話僅二十六次，來話僅三十八次；三月份上半月去話僅三十次，來話僅四十七次，——去話平均每天不到兩次，來話平均每天不到三次。又據最近（九月）申報的南京專電，中、日無線電話每日僅通四、五次，營業收支頗有虧損云。這不是當然應有的結果嗎？就實際上說，就中、日兩國的交通狀況來說，特別是就兩國的郵電價目來說，兩國通話價目理應不超過我國內的長途電話，然而竟定出這種高昂的電話價目，未來的前途，似乎恐怕是很悽慘的。

在遠處歐、美的報紙中，卻有不少曾經發出減輕我國新聞電費的議論的；這當然也是由於近代我國都市的報紙多與歐、美人有關係，並且減了新聞電費，他們本身所屬的報紙也可享受其利益的緣故。比如在美國伊利那州華開根的華開根日報（Waukegan Daily Sun）主筆斯密司（W. J. Smith）的中國報紙應改進一文（見新聞報三十年紀念册）中所提示的改進辦法第二項說：

「盡其思想能力，於新聞方面力求獨立；常於減低電費一端，時有議論；倘力言不懈，則力足以減費者，終必感悟而減費矣。」

還有坎拿大温哥華的太陽報(The Sun)在一九二九年春天特揭一論文，主張減輕太平洋電費，其大旨如次：

「太平洋海電費太昂，致太平洋各國間商業交通及民族諒解，均不易發達。照現行電費表，無異以拉丁文字教育現時代之兒童，而欲其適應於新生活，難矣。現時太平洋上海電費每字有多至八角、九角（美金）者，應大減特減，每字以五分爲率。假使有國立無線電台三、四座，其有至大之發電力，設置於中、日、美、坎四國，用技士一二百人管理之，則其效果足於商業上聯絡五萬萬中國人，八千萬之日本人，一千萬之坎拿大人，一萬二千萬之美國人，而建造此等無線電台，不過費一、二百萬金元，並僱用一、二百無線電生而已，豈非值得之事哉。此等國際間之交通，其關係何等重大，豈容私人利益加以操縱？大西洋上各國既能使彼等間之交通費盡量減低，太平洋各國在理固應追隨，在力亦無不能。交通一經加速，商業發達將無限量。太平洋上各都市，最與此問題有關係者，爲綠杉磯、舊金山、西雅圖、維多利亞、温哥華、横濱、東京、神戶及上海。深望此等處之實業界速爲提倡，言論界加以鼓吹，以打破此商業交通之大障礙。」（註一）

但這篇社論似乎沒有見着效果。單就我國來說，直到本年四月間，才看見上海市商會、中國國際貿易協會、中英貿易協會、國際商會中國分會等團體爲了我國拍發太平洋水線各國的電報費比各國昂貴，足以妨礙對外貿易的發展，聯合具呈中央，請予減低，並推派兩代表赴京向行政院及交通部當局陳述。交部對於這種請求，已允酌量減低，並分令駐滬的大北、大東、太平洋水線電報收發處照辦。但是聽說並沒有減低；至於每字美金五分的希望，依然還是一種夢想。

又在新聞報三十年紀念册中刊有上海美國商會會長大來 (J. Harold Dollar) 氏的祝詞，其中的一段，在今日，還沒有完全失去時效：

『……今次美國駐華各處商會之聯合會，一致主張請美政府許用夏威夷、菲律濱二處之無線電台，遞傳中、美間之新聞，按照廉價收費。此事諒為讀貴報者所樂聞也。以現在情形而論；海電價昂，此二國間直接交換新聞，每為之阻礙。故彼此所刊新聞，皆必極聳動耳目之事，其他皆缺而不載。倘電費而廉，則中、美二國彼此所為之事，確有建設的性質者，其新聞皆可俱登於二國之報紙矣。中國報界似宜呈請政府，以京、滬等處國立無線電台供給傳遞報館新聞之用，則於交換國際新聞，必有大助也。……』

但中國報社的經營者，也許是因為向來都不靠營業過生活的關係，注意到電報費——尤其是國際間電報費——的昂貴而公表出切實的見解的，實在是少。而認眞注意此事的，在過去，恐怕要數到注重實際經營的已故美國系的新聞報的經理汪漢溪吧。他在新聞事業困難之原因（見新聞報三十年紀念册）一文中說：

『歐、美各國政府，對於報紙，莫不力予扶助。……對於報紙郵費，及新聞記者來往車費，亦莫不優待。電報收費既廉，且額外從速拍發；如路透消息，較尋常商電為速。中國則反是……電局拍發時，先儘府院部；各省軍事長官所發紫花電、三次加急商電次之；四等商電又次之；新聞電須待紫花電、三等加急電、四等商電拍完後始發。往往郵遞平信已到，而新聞電尚未拍到。其遲到之種種原因：(一)官電絡繹：每拍一電，動輒數千字。如遇發生事故，官商電絡繹，新聞電必更遲到，電費照給，絲毫不能短少。照電局章程，如輪機已到，電報不到，照例退費。乃歷年以來，凡遇遲到之電，向之交涉，不曰「線壞，」即曰「軍閥檢查耽擱，電局不負責任。」……故近年來凡遇要事，不惜電費：每拍三等急電，每字照新聞電費十二倍；如北京拍至上海新聞電每字三分，急電須三角六分是也；然亦有誤時者……。各國對於報紙，多方維護，而中國政府，郵電兩項，摧殘輿論，至於此極，良深浩歎……」

這當然是非政府時代的事；但在此文發表後十有五、六年的今日，還沒有完全滿足了汪氏的心願。當然，十餘年來外受帝國主義者的侵略，內受軍閥互鬥的影響，也是重大的原因。一般的報業經營者處到這種惡劣環境中，也只有聽天由命。做現役記者的呢？既如在第四章第三項所引的逸蓼之說，除「爲了報費關係，不能用白話文」一法之外，似乎沒有更好的辦法。若是死守住這種辦法，那一定會得到如下的結果，就是：報紙不採用語體文——即不大衆化——報業決不會發達；報業不發達，經濟將益枯窮而出不起電費，派不起專員，於是乎更在電文的字句上求緊縮，勢非緊縮到『粤若稽古帝堯』式的古文不可。到了這種時期，報紙還能夠存在嗎？恐怕老早就沒有國、沒有報了吧。照此說來，這種消極的辦法，豈不是等於自殺政策嗎？

又我國電局對於新聞電的忽視，誠然『官電絡繹』是最大原因，但交通當局看輕新聞事業，也確實不能不說是根本原因。比如照國內電報營業通則所分的電報種類，新聞電報竟被歸入五類「私務電報」的最後兩類：

一、尋常電報
二、加急電報
三、交際電報
四、新聞電報
五、加急新聞電報

(一)、(二)兩類，確係私務，而(三)為個人對個人的應酬，眞算是私務中的私務。即使說現代的報紙多以營業為本位，電報也應算作私務，但也絕沒有應該把拍給大衆觀看的新聞電報排列到「交際電報」次位的道理。再看傳遞及轉送的次序：

一、防空電報
二、航行安全電報
三、官軍電報
四、氣象電報　水位電報
五、加急公電　納費業務公電
六、加急電報　加急新聞電報
七、尋常公電

八、尋常電報　新聞電報
九、振務電報　交際電報
十、遲緩電報

雖是在同一營業通則上而且章次緊緊銜接，可是在這裏的新聞電報的位置卻比交際電報高得多了；但把尋常新聞電報列到第八項的尋常一般電報的次位；即使加急，也須等候一般加急電報發出之後，才能拍發加急新聞電報。這種傳遞次序，眞可說是輕重倒置——尤其令人費解的，就是包括『慶賀』、『弔唁』、『慰問』、『表示』、『關於上述事項來電之答謝』這五種類的『交際電報』，本是純粹的私人酬應，一點也沒有社會的意義，比諸純粹以大衆爲對手的新聞電報——也可說是『有關大衆的交際電報』吧——其電費每字卻便宜五厘——又，普通急電，照定價加一倍，唯有新聞急電則照價加三倍，比諸前述的汪漢溪氏的拍三等急電貴十二倍之說，雖然便宜好多，但在社會經濟不振的今日，新聞界也萬難負擔得起這樣的重價；除非是有特殊撐腰人的新聞社，否則只好採取等於飲酖止渴的『不能用白話文』的辦法；或是捨電改郵。於是自然而然地爲含有宣傳作用的外國通信社的揑造政策造成機會；因爲他們各有自己的國家所設的電報網，不受我們交通當局的拘束。

這裏可引用前年被派出國，考察電信事業，現爲上海電報局報務課長李季清君歸國前的一段關於美國電信事業的報告：

『……本省往來電報，報價最低；隔省電報報價，則視距離遠近而定。例如紐約省內各處往來尋常電報，電文十字，收費三角二分，夜訊電報，電文十字，收費二角四分；由紐約發至美國中部之芝加哥，十字尋常電報，收費六角三分，五十字夜訊電報，收費六角；由紐約發至美國西部之舊金山，十字尋常電報，收費六角三分，五十字夜訊電報，收費一元二角。以上各種電報內，收報人姓名住址，均不計費……』（註二）

即使說這是美金的價目，但打五十個字的『洋文』電報，在中國最低需華幣十元。而『收報人姓名住址，均不計費』的辦法，比諸以前原定收報人姓名住址在十五字以內的，一律作五字收費，現又改爲每二字作一字計費，不滿二字尾數，也作一字計費的這種苛細的我國的辦法，眞是公道已極。又據最近的電信特刊所載：英國的電報價目，從去年『六月一日起，有顯著之低減：尋常電報其字數不滿九個者，僅收六便士；逾此，每字加收一便士。』這也比我國的『洋文電報』的價目便宜得多。要之，電報減價，已成世界的趨勢；而在通信事業落後的中國，比較先進諸國，只應更減，若是更高，豈不算倒行逆施？要之，如欲圖中國電報業務的繁榮，除後述的改革文字，合併郵電之外，就是澈底減低價目；尤其是宜採取美國的字愈多價愈廉的辦法，這樣，新聞記者在起草電稿時，便不致再去咬文嚼字，浪費工夫了。

然而在中國的新聞電報規則上又有如下的一條：

第二十二條　尋常加急或遲緩新聞電報違背本規則第十五條及第十六條之規定者，應將納費標識內之 Press（新聞）字樣删去，依尋常加急或遲緩電報價目收費；新聞電報不載入新聞紙或期刊而別作左列之用者亦同：

一　報館接收新聞電報後，不自行發刊而未能說明充足理由者，或於發刊之前，先將電報傳達私人或機關，如總會、交易所、客寓等處者。

二　報館收到之新聞電報，出售或分送於其他報館刊登在本報之先者。

三　通信社收到之新聞電報，未經新聞紙刊登而未能說明充足理由者，或在未刊登之前，先將電報傳達第三人者。

如查有上列各款情事之一者，其應補之報費，概向收報人收取。

第一項的『或於……』，誠然有違反第十六條之處，但『報館接收新聞電報不自行發刊，』沒有向任何人『說明充足理由』的必要。就第二項來說，則很少發生的可能。至於第三項，更難為了辦通信社的人：通信社經營者只知向報館發稿，絕無使『新聞紙刊登』的權力，更不便而且無暇去質問報館為何不登，所以報館如果不登它的電報，它只能說發給某報，沒有登出，萬難說明另外的什麼『充足理由。』又無中無外的通信社稿都不一定專售給報館，任何公私機關或公私個人都可訂閱，當然稿須同時發出，不能等報紙刊登後，再行發寄別種定戶。又在報館一方，因為所定的通信社稿甚多，決難一一登出，多半的油印電稿或信稿都被拋棄，摘要刊登；因此，不但『在未刊登之前，先將電報傳達第三人』不算犯規，即使傳達於第四人乃至第若干千百人，也不算犯規。若是有『上列各款情事之一者』都要向收報人補費，那恐怕天天要補費，否則報館或通信社天天要按所收電報名目分條敘述，向電局說明不刊登的『充足理由，』無論報館或通信社人員沒有辦這種文件的閑工夫，恐怕電局的辦事人員也沒有仔細閱看或檢查各報電報的工夫吧。

（註一）詳見一九二九年四月三日上海民國日報。

（註二）季清：觀察美國及加拿大電報事業之概述文中的一段，見電信雜誌第四卷第一號。

（C）中國電信建設的經過及現狀

中國電信事業的建設，開始於清末同、光時代，但在經濟和技術兩方，多是依靠外力，權利的損失數目，眞是難以數計。民國成立之後，電信——特別是無線電——的權益，又被昏瞶糊塗的北政府當局斷送了好多。其詳細可看下面的一個電權損失年表：

同治九年（1870）：英國大東電報公司海底電線設至香港，要求清政府展海線至上海，清政府允其接電線至吳淞口外海面停泊的船上收發電報。

同治十年（1871）：丹商大北電報公司於上海、香港間及上海、長崎間安設水線；前者未得到清政府的許可，將水線接至吳淞口外的大戢山島，然後由該島循長江、黃浦江設水線接至上海租界。

同治十二年（1873）：大北公司因接至上海租界的內江水線，屢被漁船損傷，又不經清政府允可，改由吳淞設陸線至上海黃浦灘。

同治十三年（1874）：大北公司於南台馬尾間及南台廈門間敷設電線；因被沿途人民拆毀；要求清政府賠償損失。

光緒六年（1880）：北洋大臣李鴻章奏准由天津循運河設陸線過長江，達上海，由大北公司承辦。

光緒七年（1881）：北洋大臣允許大北公司水線專利二十年。

光緒九年（1883）：大東公司香港水線設至上海。

光緒二十五年（1899）與大北公司訂立水線專利條款。

光緒二十六年（1900）：與大東、大北兩公司訂立滬、烟、沽水線借款及烟、沽副水線借款合同，及兩公司代管滬、烟、沽水線合同。

德國安設烟台、青島、上海間水線。

英國安設烟台、威海衛間水線。

丹商濮爾生乘義和團事變，自天津架設電話達北塘、塘沽。

光緒二十七年（1901）：天津丹商電話，展設至北京（一九〇五年收回）。

光緒二十八年（1902）：與大北公司訂立津、沽、京、恰借線合同，將大沽至恰克圖間陸線一條借給大北；並在天津、北京、實寶城三處電局內，各撥房兩間，歸大北專用。與大東公司訂立京、沽借線合同，及川砂、南台借線合同，將大沽至北京電線一條借與大東；並在京、津兩局內各撥房兩間歸大東專用；又將川砂、南台間電線一條借與公司使用。

光緒三十年（1904）：德國德荷電報公司由耶普設水線至上海，在吳淞登陸。

允許美國太平洋商務水線公司在上海登陸。

光緒三十一年（1905）：允許德荷公司水線在上海登陸。

宣統二年（1910）：法國在上海私設無線電台。

宣統三年（1911）：與大北公司簽訂廈門鼓浪嶼水線合同。

民國二年（1913）：簽訂日本、滬、崎水線登岸合同。

與大東、大北兩公司會訂水線專利條款，許其水線專利至一九三〇年十二月三十一日為止。

民國三年（1914）：日本割取德國的青、滬水線，安設青島、佐世保間水線。

民國五年（1916）：向中日實業公司借日金三百萬元，以京（平）、津、武漢電話爲抵押品。

民國六年（1917）：與美國西方電氣公司及日本電氣株式會社合組中國電氣股份有限公司。

民國七年（1918）：財交兩部與中華匯業銀行訂立電信借款合同，借日金二千萬元，以全國有線電報的一切財產及其收入爲擔保，爲當時不明不白的所謂『西原借款』之一宗。

向中日實業公司加借日金一千萬元，又國庫劵日金五百萬元，以交通部所管電話局及各長途電話現有及將來擴充後的全部財產並其收入及營業權，以及吳淞、武昌、福州、張家口、北京、廣州六處無線電台及其收入作擔保。

與英國馬可尼無線電公司訂立合同，由公司墊英金二十萬鎊，並與訂立建築西北（蘭州、迪化、喀什噶爾三處）無線電台合同。

海軍部與日本三井洋行訂立無線電借款合同，建築雙橋無線電台。

民國八年（1919）：與中日實業公司及日本古河商業株式會社、住友電纜製造所訂立合同，合辦中華電氣製作所。

民國九年（1920）：與日本東亞興業株式會社訂立擴充及改良有線電報工程費墊款合同，借日金一千五百萬元，即以有線電報全部財產收入作擔保。

民國十二年（1923）：日本在濟南、青島設立無線電台，旋經收回。

喀什噶爾電台成立，能與印度通報。

上海大東公司擅上私設無線電台，旋經交涉拆除。

美商開洛公司在上海設廣播電台。

民國十四年（1925）：大東、大北兩公司勒逼現付出洋報費，激起北京電報同人公憤，紛向當局請願。妥籌應付辦法。

看右表，可知北政府時代電信權利的損失有多麼大——不是簡直等於變價拍賣嗎？尤以民國七年為最利害。把這種等於一國血脈的電信網——尤其是無線電通信網——拱手送給外人，此事關係可有怎樣的重要性？以及北政府當局只知貪圖私利，不顧國家權益，果應負何種重大責任？又當時對於我國的無線電話像羣狗爭肉一般的各帝國主義者的爭奪狀態，可是怎樣的激烈？可於下引曹仲淵君的帝國主義侵略中國無線電主權罪案一文中窺其梗概：

「近數年來，國人漸知帝國主義者對我實行經濟侵略、文化侵略之禍害矣，猶未知無線電主權之被侵略者，其利害為何如。不惟人民不知，即京、津、滬、漢之號稱輿論界人物，亦茫然不知，十年間，對此問題，從未一加論斷。所傳消息，有從北京東交民巷及路透電社傳來，均祇道及片面，未窺全局，而陰險狠毒之帝國主義者，與北庭貪鄙齷齪之官僚，內外勾結，又復諱莫如深。故我民眾迄未知此種罪案之所在。

無線電為近世通信之利器，對內而言，為一國之脈絡，對外而言，為一國之喉舌。一國之無線電主權被人侵略，國必衰弱；恰如一身脈絡為人所阻塞，喉舌為人所控制，此人必不健全，甚至不能生存。無線電之效用，不惟於商業農工經濟上有關係，即在政治、軍事、國際外交上，亦為多方面所利賴，其爲一國獨立之主權，毫無疑義。故世界各國，有請人代造電台，未聞有以電台管理之權授諸外人，亦未聞一國領土之內有外人私立電台之存在，有之自中國始。

帝國主義者以何方法侵略吾國無線電之主權，追溯源委，先須明瞭吾國創辦電報之歷史。……中法、中俄、中日、中美各訂條約，結果最重要者有二：一、英國大東，丹麥大北，美國太平洋三水線公司各得於吾國沿海數千里鋪設水線之權，蜿蜒迴互，若長虹之吮吾腹。二、丹麥獨得供給材料之權以壟斷吾國電政界之市場。今日試查國內各大電報局，電話局凡有外人插足其間充當顧問，或工程師月薪五百元以上者，大半皆丹麥人。丹麥人之首領爲拉森氏，爲北庭僞交通部之顧問。因爲吾國所有有線電權利既被各國豆剖瓜分，乃特出心裁，轉向無線電方面進攻。全部侵略之罪案，於是乎開始。

惟考三十年前實行以無線電通信者，雖爲意大利人馬可尼氏，然試驗最力，採用最早者則爲英國；其次法國；再次德國、意大利、比利時、美國、中國、腦威、葡萄牙、日本等國，丹麥當時在無線電界之地位甚幼稚，圖有侵略之心而無其力，乃聯合德國爲入手之方法，遂於民國元年以德商西門子洋行名義借用南京、北京兩地築台試驗；收發靈便。自是，在海則有海圻、海琛、海容、海籌等軍艦，在陸則有張家口、吳淞、廣州、武昌、福州等處電台，次第成立，無一非德貨品，而暗中操其實力者，實丹麥人拉森氏。

以上電台成立，尚係出資僱工代造；中、丹、德三國之關係，尚係商業性質；帝國主義者侵略之野心尚未暴露。迨民三歐戰發生，歐、美各國，無暇東顧。拉森氏乘機勾結劉冠雄以五十三萬餘之代價，諾訂高電力之電台一座於北京。同時英國馬可尼公司亦勾引北庭僞財部，且經袁世凱之許可，籌備二百萬鎊於中國各處設立電台，旋經拉森氏極力破壞而失敗。而拉森氏因與德國有關係涉及嫌疑，不久又經協約國羣起攻擊，亦歸失敗。攻擊最力者爲日本。日本之野心與丹、英相同。丹、英既失敗，日本遂以三井洋行出面乘安福系當權之日，於民國七年二月二十一日深夜突與劉冠雄簽訂五十三萬六千二百六十七鎊之合同，附合同附加條件各一件；又於同年三月五日簽訂祕密換文一件，許日本在我國經營電氣事業專利三十年，在此三十年期內，不許他國代造電台，並且中國政府——當然指北京僞政府——亦不得自造之。故自民三以至民七數年之中，英、丹、日三國侵略我國無線電權之野心及其互相爭奪之陰謀。……彷彿羣犬爭噬，醜態畢現。爭奪結果，日本勝利。此爲我國無線電主權旁落之第一幕。始作俑者爲劉冠雄氏。願我國人，其痛念之！

日本在中國市場唯一之敵爲英國。英國經前次失敗，又目擊日本勝利。殊不甘心，乃百計鑽營。日本由海軍部入手。英國則易其目標分頭向軍部、交通、陸部入手。於民國七年八月二十七日以馬可尼公司名義與軍務司長丁錦簽訂六十萬鎊借款一宗；又於同年十月九日與交通總長曹汝霖簽訂二十萬鎊之債款一宗；又於八年五月二十四日續訂中、英合辦無線電公司二十萬鎊借款一宗；又於同年八月續訂英國馬可尼無線電工廠十萬鎊借款一宗：先後僅兩年，借款共四宗。並由陸軍部以一千萬元向馬可尼公司訂購二百架軍用無線電機。自殺之不足，並以禍害我革命政府，荼毒我革命民衆。以上四宗借款之禍害及其關係，可併爲兩宗分述於后：

（一）與北京僞交通部簽訂之合同計設電台三座：一在外蒙古之庫倫；一在新疆之迪化，一在喀什噶爾。其表面措詞為設法溝通近東與遠東之通信，而其實際則為打通中、印之隔膜。一方促進佔據西藏之實力。他方面開闢遠東西陲之局面。不意庫倫電台甫告成立，被佔於俄，新疆電台至今無裨實用，為英人始料所不及。

（二）中、英合辦無線電公司及工廠，用意在霸佔中國市場；公司在北京，工廠在上海，均已開辦；公司之營業，專賣馬可尼公司出品於中國官商。謂為中華無線電公司，毋寧謂為英國馬可尼公司之代銷處，其生意：官占百分之九十九而強，商僅占百分之一而弱；售價之高低，因人而異，極不一律，比如小小一V－11或乙真空管，索價二十四元，比原價增十倍。馮玉祥在北京之日，購買一切皆付十倍之價；易為奉張、直吳，則減為五倍。帝國主義者與軍閥勾結朋比，由無線電方面觀察之，又是一證。工廠之工作除修理二百架軍用無線電機之外，則無作為；而此二百架早被直、奉兩軍閥分贓而去，已大半銹爛，不堪復用；其在以前孫傳芳地盤中之上海，更無若何工作之可言。

[illegible]要 惟合同簽訂馬可尼公司在中國有供給材料之優先權，[illegible]交涉無線電案，英國必藉優先權為口實，從中作梗。此為我國無線電主權旁落之第二幕。

日本、英國攫取我國無線電之權利，既已各有所得。民七歐戰停止之後，世界大勢，為之一變。日、美兩國在太平洋上爭奪霸權，積不相能。日本之敵對，除英國之外，多一美國。北庭交通部當局，自曹汝霖經五四運動與劉冠雄下台後，繼起者為曾毓雋，再為葉恭綽。葉氏於民九八月入閣，民十五月下台，號稱親美。美國費德理無線電公司乘隙而至，於民十年一月八日與葉氏簽訂四百六十一萬七千五百美金之合同，承造廣州、上海、北京、哈爾濱電台大小六座，全部管理權十年。其後張志潭又於同年九月十九日續訂中、美無線電借款追加合同，募集公債六百五十萬美金、債劵額數六千五百萬美金。吳毓麟又於十二年七月十三日續訂中、美合同……內容如何，未及細舉，惟喪失權利及束縛，較前更甚。該項合同亦因日本、英國、丹麥出而干涉，迄今多年，未能實行。不惟未能實行，各國彼此互相牽制，即已成立之北京雙橋日本承造之電台亦因此未能移交，等於虛設　此爲吾國無線電主權旁落之第三幕。日、英、美三國均各有所得，第四幕於是開始，主角爲法國人。去年（1926）某氏來華上一說帖與奉張包辦無線電網，慫恿成交，以爲將來完成霸業唯一之工具；因索價太昂，不果。該氏折入北京，呈說當道。當時電政司長爲蔣尊禕，卒與訂立津浦、京奉兩路線之無線電話借款合同，並承造奉天無線電話、播音台、印字機等，滿載而去。

第五幕仍爲英、丹兩國，英國大東，丹麥大北兩水線公司之原合同於一九三〇年期滿。該國忽於去年相謀延長，以重金（聞祇六十萬圓）賄通北庭電政當局，或云已告成功，或云因人反對未成，尙在疑信之間。水線與無線電二者似無關係，原可不提。惟中、日、美無線電借款合同發生糾葛，英、丹兩國屢出干涉，所持理由，除英國在中國有供給無線電材料之優先權外，皆以中外通信，中國既許水線經營於先，不應再訂無線電合同於後以分其利，故連類略提及之。

吾國自此數種合同訂立之後，十年以來，外交糾紛，迄未解決。……吾國歷經日、英、法諸國侵略之後。無線電借款總數有四千餘萬元之鉅，殊屬可驚。幸而衆盜入室，分贓不均，彼此牽制，形成僵局，否則不堪設想矣。

帝國主義者侵略吾國無線電主權之罪案既如上述。將來如何，可引據一九二三年一月份亞細亞雜誌凱梅飛脫氏（Waedemar Kaempffert）之言論。氏係英人，言論如次：

「在東方無線電事業之發展與各國政治條約權利，萬國和會，英、法、日、美之野心及租借地種種，皆有密切之關係。此種錯雜紛亂之情形，殊非一次列強會議所能解決。即如中國境內日本及西方各大國既已任意經營無線電業，絕不顧及中國之主權……英、法、日、美各因經濟及政治之利益，必利用電台製造輿論，拓展勢力……。英國爲爭海權，不惜與人戰爭，則遠東爭佔以太之戰禍，當然有暴發之可能。戰爭之後，始可定奪歐洲管理中國空間以太之權，屬於何國，或至少必有一次之戰爭以限制之……」

觀右文，凱氏所言不幸而中。我國無線電主權果爲某強有力者所單獨侵略乎？我又知其不然，我國現象既已不同，世界情形又甚異致，凱氏之言在三年以前，僅就帝國主義者之野心加以評論，不無見地。各帝國主義互相牽之局未破，我國民革命正在全國廢除不平等條約之呼聲中，四千餘萬元之借款，各國若律我以國信之腐調，擇其平允者備價贖回，招標自造。所有條約，悉予廢除可也。

在未廢除條約之先，帝國主義者亦嘗引其條文向我爭毆；譬如廣州北校場無線電台能與爪哇，小呂宋等處通電，日本駐粵領事即據中、日、三井合同行文我國民政府外交部加以干涉，凡稍有外交常識者皆以日領此舉爲可笑，我方當然置之不理。

最後一言爲帝國主義者在吾國領土內私設電台亦爲侵略之一種。此種電台，在北京有日、美、意三座；天津有日、法兩座，秦皇島、大連及奉天公主領、龍井村、滿洲里、上海各有日本一座；廣州灣、重慶、上海、各有法國一座；香港有英國三座；上海一處有日、法、英、美各國官商私設八座。凡此皆爲侵略吾國無線電主權而設，均難任其存在。一九二一年華盛頓會議曾經一度提案，議決五條，有名無實；北庭亦視若具文，五年以來，從未依議辦理。將來我革命政府亦當與租界一律收回，天經地義絕無回顧……』（詳見十六年八月十四日上海民國日報）

幸而二次北伐，告一段落，南京成立國民政府之後，即首先敷設京、滬長途電話線，其次在上海設立無線電機製造廠（1927）；後又在上海設立電信機械製造廠，同時行政院令將無線電事移交建設委員會（1928）。建設委員會特在上海、漢口、天津等處增設無線電台，專供商用，並在南京、北平各設電台，專供新聞通訊之用。於民國十七年（1928）八月一日起，先在滬、漢、津、粵、瀋五處開始收發商報。所定新聞報價爲華文每字二分，洋文四分，其餘共分『同城』、『同省』、『隔省』三種，而報價也比現今爲廉。是年建委會並與菲列濱合組無線電公司、德國海陸無線電交通公司、美國合組無線電公司簽訂上海馬尼剌間，上海柏林間，上海舊金山間直接通報合同；又公布廣播無線電台條例。在是年更有一樁値得記述的事，就是擬定全國無線電通信網建設計劃。本計劃分國際、國內兩大類別。

（一）國際通信無線電台建設計劃：全國應設短波無線電台六座，地點如下：

東南區：上海一座二十啓羅瓦特電力；廣州一座十啓羅瓦特電力。

美國合組無線電公司『無線電總台』(R. C. A. "Radio Central," Rocky Point, Long Island) 佔地九英方里，爲美國與世界各大國收發無線電報的總樞紐。

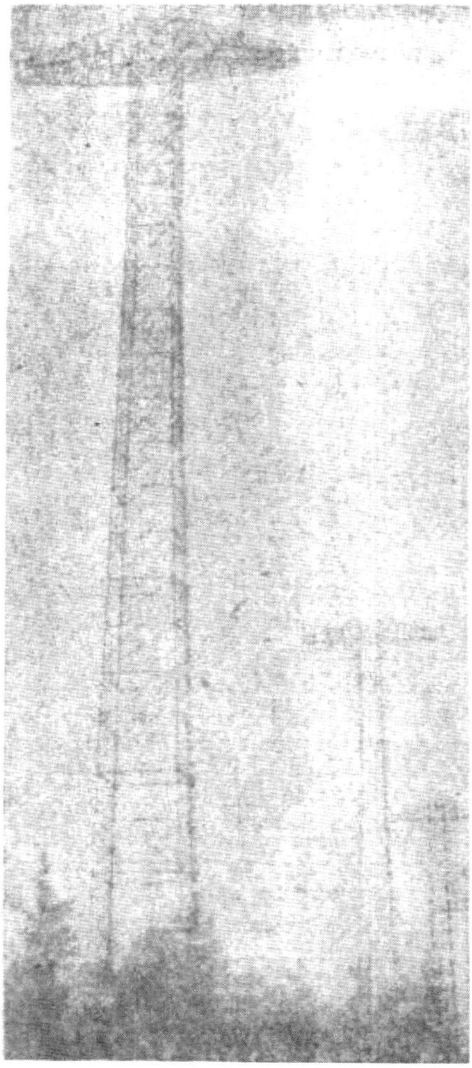

R. C. A. 收報天線

東北區：天津一座十啓羅瓦特電力；哈爾濱一座五啓羅瓦特電力。

西北區：迪化一座二十啓羅瓦特電力。

西南區：拉薩一座十啓羅瓦特電力。

主要原因是『大北、大東水線合同，已將期滿，並爲政府對外有正確之宣傳起見，國際通信無線電台之建設，勢已不容再緩。應在東南區之上海先設二十啓羅瓦特之短波無線電台一座，與各國直接通電，俾主權不致傍落；即收回水線，亦可減少困難。』

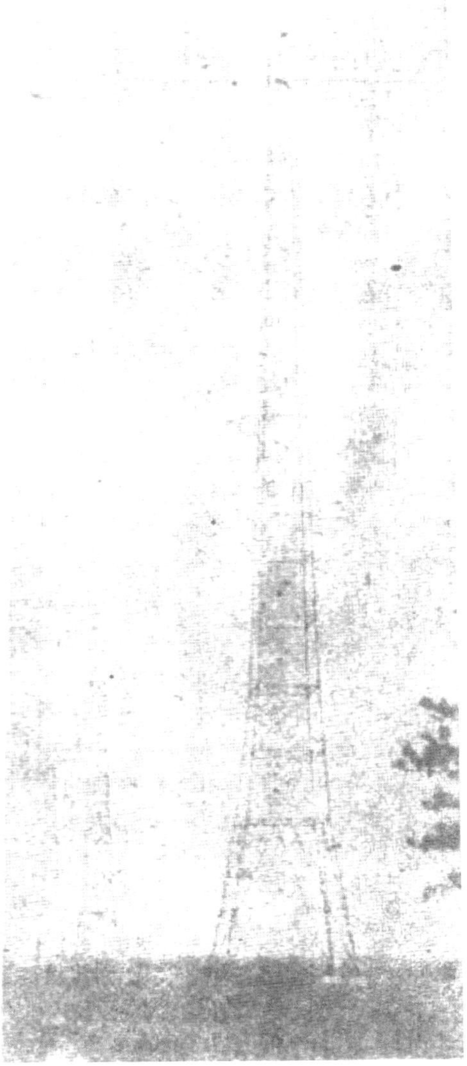

R. C. A. 長波天線

（二）國內通信無線電台建設計劃：分全國爲四大區域，應行建設國內通信電台七十六台，計東南區二十五台；東北區二十八台；西北區十三台；西南區十一台。詳細地點如下：

東南區：

江蘇省：上海、南京、徐州、海州

浙江省：杭州、寧波、溫州（次要）

安徽省：蚌埠

河南省：鄭州、洛陽

江西省：九江、贛州
福建省：福州、廈門、邵武
湖北省：漢口、宜昌
湖南省：長沙、衡州、洪江
廣東省：廣州、海口、汕頭
廣西省：南甯、桂林

東北區：

河北省：北平、天津、大沽、張家口、秦皇島、石家莊
山東省：烟台、青島、濟南
山西省：太原、大同
熱河特別區：熱河、開魯
察哈爾特別區：多倫（次要）
奉天省：奉天、營口、長春、琿春、依蘭（次要）
吉林省：哈爾濱
黑龍江省：龍江、滿洲里、愛琿

西北區：

陝西省：西安、延安（次要）

綏遠特別區：包頭

蒙古：庫倫、科布多

新疆：迪化、伊犁、疏密、和闐、哈密

甘肅：寧夏、蘭州、肅州

西南區：

四川省：重慶、萬縣、成都、康定

貴州省：貴陽

雲南省：雲南、騰越、中甸

西藏：拉薩、噶拉克

青海：奋漢厄爾吉

這個計劃擬定後的翌年，交通部便組織國際通信大電台籌備處。又鑒於前北政府因電政借款，不惜與列強訂立國際電信上各種不平等條約，致使今日吾國電信事業，橫受壓迫而不能發展，特組織國際電信交涉委員會，選擇熟悉國際電信交涉情形的專門人員，從事討論，以謀解除此種歷史上的束縛。同時並接管建委會各電台，發佈無線電台組織通例。十九年（1930）接收烟台、威海衛水線，收回川石、南台間大東公司借線；並與大東、大北、太平洋三公司代表簽訂水線交涉大綱；與日本議定青、佐水線草合同及滬、崎水線交涉大綱。而照原定計劃的上海楓林橋國際發報分台及眞茹國際大報台，劃行國際收發報，先後成立，上海與舊金山、柏林、巴黎直達無線電通報。二十年（1931）首先收回大東、大北兩公司借用的大沽、天津、北平間電線，及津、平兩處電報局內房間；其次是與大東、大北、太平洋三公司及日本遞信省代表議訂報務草合同。無線電台方面，則與西貢直達通報。

自從國際電台成立以來，我電信事業的利權挽回不少。滬戰時期，雖然遭遇敵機的轟炸，但在它的近旁也曾擊落下破殘的機體，所以能夠始終維持國際通信，未嘗間斷。二十一年(1932)六月，交部以該台現有直達電台爲美、德、法、瑞士及菲列濱、爪哇、西貢、香港等處，而英國方面尚無直達電路，遂向倫敦馬可尼無線電報公司訂購二十啓羅瓦特無線電報、電話機兩座，同時與倫敦帝國國際交通公司簽訂合同開辦中、英間直接高速自動雙道無線電報事務。查此項合同前以水線關係，頗費周折，磋商經年，直到現在，才得實現。因這種機器可使中國與世界各國互通無線電報與無線電話，故安設以後，復與美國馬凱無線電公司(Mackay Radio Company)簽訂中、美無線電報務合同。於是中國的無線電報遂能與世界主要國並駕齊驅了。

二十二年(1933)劈頭可說的事情，就是接管大東、大北、太平洋三公司水線上海電報收發處。查民國二年同大東、大北兩公司所訂的含有不少不平等條款的合同(此項合同係大北執有，大東及太平洋則與大北訂約而分享其權利)，早於十九年(1930)十二月三十一日滿期。當時與三公司交涉，另訂新約，均被任意延宕。幸而中國獨立的國際無線電台，已經完成，握得中國國際通訊權多年的三公司，延宕了兩年之後，便不能再延宕下去，遂交還上海電報收發處。二十三年(1934)又收回滬、烟、沽水線管理權。於是三公司壟斷中國電報事業的時代，算是終止。

要而言之，我國國際通訊事業，被外人把持五十餘年，報費損失，問題還小，通信主權的旁落，關係實大。但從民國十七年（1928）起，經過八年的努力，遂開通如下的直達無線電路十三條：

（一）中、美路：與舊金山美國無線電合組公司直接通報；並由該公司電台及西方聯合電報公司接轉南北美洲各地電報（十九年十二月）

（二）中、美路：與舊金山馬凱公司電台直接通報；並由該公司電台及郵電公司接轉南北美洲各地電報。（二十二年五月）發往坎拿大各地電報，則由美國無線電交通公司及坎拿大太平洋電報公司電路轉遞。（二十五年七月）

（三）中、德路：與柏林德國郵電部無線台直接通達德國各地；並接轉歐洲、非洲各地電報（十九年十二月）

（四）中、法路．與巴黎法國無線電公司電台直接通達法國各地；並接轉歐洲、非洲各地電報。（同上）

（五）中、蘇路：與莫斯科蘇聯交通委員會無線電台直接通達全蘇各地。（二十二年三月）

（六）中、瑞路　與日內瓦瑞士無線電公司電台直接通達瑞士各地。（二十一年二月）

（七）中、英路：與倫敦皇家交通公司無線電台直接通達全英各地；並接轉歐洲其他各國及英屬非洲、印度、澳洲各地電報。（二十三年二月）

（八）中、菲路：與馬尼剌美國無線電合組公司電台直接通達全菲各地；並接轉美洲及暹邏各處電報。（十八年一月）

(九)中、越路：與西貢越南郵電總局無線電台直接通達越南各地。（二十年七月）

(十)中、荷路：與巴達維亞荷屬東印度無線電台直接通達爪哇各地；並接轉荷蘭、澳洲、印度、南洋等處電報。（十九年五月）

(十一)中、日路：與東京日本無線電信株式會社電台直接通日本各地。（二十三年六月）

(十二)滬、港路：與香港郵政總局無線電台直接通達。（十八年七月）

(十三)中、意路：與意國羅馬無線電台直接通達意國各地。（二十四年一月）

國際電台在過去八年中，全體人員都很努力，對於傳遞電報的迅速與準確，均造成最高紀錄。比如上海發至紐約電報最高速度，僅需四分鐘；上海發至香港、馬尼剌等處電報最高速度，僅須一兩分鐘。至錯誤之發現，更屬絕少。據統計所得：二十二年份該台來去電報總數錯誤經收報人聲訴後，查明係該台錯誤者，僅百分之一二·七。國際電台業務，逐日趨發展。二十年來去報字數計二、九二二、二六八字；二十一年增為三、六五〇、六七四字，二十二年增為四、〇二八、四六〇字，二十三年因中英、中日兩路之開放，業務較之往年，尤有突飛猛進之勢。每月電報達五萬次，七十餘萬字。算是已經可與經營數十年的外商水線公司爭雄了。若今後國人拍往外邦電報，都不經外商公司水線，而我旅居外邦人士拍回電報都能在電底的備註欄註明『經國際台』(Via Radio Via Anten) 字樣，則外商水線公司的業務自然是會益形減少了。

又，從二十年到二十四年的四年餘的電信建設與整理的成績如次表：

(一)關於電報線路

（甲）加空線（公里）

二十年（原有）	二十四年（現有）	四年中新造	四年中加線	四年中修整
九七、八三九	一〇七、六八三	九、四七五	三、三六九	一九、七八八

（乙）地下電纜（公里）

二十年（原有）	二十三年（統計）	附註
三〇·〇七	一一〇·四九	（增）八〇·四二

（丙）水底電纜（公里）

二十年（原有）	二十三年（統計）	附註
三、四四二	三、四三四·四五	（減）七·五五

（二）關於電話線路

（甲）線路長度（公里）

種類	二十年（原有）	二十三年（統計）	附註
架空線路	二、六〇一·九五	三、六三三·八四	（增）一、〇三一·八九
地下線路	一一三·一二	一六六·二二	（增）五三·一〇
水底線路	六六·九八	六四·二二	（減）二·七六

(乙)電纜長度（公里）

種類	二十年（原有）	二十三年（統計）	附註
架空電纜	六九三·九八	八一七·〇五	（增）一二三·〇七
地下電纜	二九四·三五	三二九·七四	（增）三一·三九
水底電纜	七三·三〇	七五·四八	（增）二·一八

(三)關於長途電話線路（公里）

種類	二十年（原有）	二十四年（現有）	附註
銅線	一四·〇〇	四五·〇四	（增）三一·〇四
鐵線	一四·〇〇	一三·二〇	（減）八〇

(四)關於電信局所

種類	二十年（原有）	二十四年（現有）	附註
有線電	一、一二七	一、二八六	（增）一五七
無線電	二九	五三	（增）二三
電話	一八	二九	（增）一一
長途電話	一〇（電路）	一三（省區）	

(五)關於電信機械

種類名稱		二十年(原有)	二十四年(現有)	附註
有線電	克氏機	○	二二	(增)二二
	電傳機	○	九	(增)九
	章氏機	九三	九七	(增)四
	音響機	○	八三	(增)八三
	莫氏機	二、四五七	二、二四二	(減)二一五
	話傳機	○	一五○	(增)一五○
無線電		六四	一○四	(增)四○
電話	自動機	一七、二四○	三三、二○五	(增)一六、○一○
	共電機	三一、五五○	二二、八八○	(減)三、六七七
	磁石機	七、二九五	七、二九五	○

(六)關於國際無線電路

二十年(原有)	二十四年(現有)	附註
七	一三	(增)六

(七)關於營業方面

種類	二十年（統計）	二十三年（統計）	附註
國內有線電發報次數	三、四四九、三八一	三、三七六、八六一	(減) 七二、五二〇
國際無線電發報字數	一、〇二〇、六四七	三、七八八、〇〇〇	(增) 二、七六七、三五三
國際無線電收報字數	一、〇九八、二三〇	三、四四〇、〇〇〇	(增) 二、三五〇、七二〇
電話用戶	四一、九〇八	四五、八八〇	(增) 三、九七二

(八)關於人員方面

種類	二十年（統計）	二十三年（統計）	附註
技術員	三一九	三二八	(增) 一一
報務員	六、七七九	五、二五〇	(減) 一、五二九
業務員	二、五四三	一、九五五	(減) 六一二
話務員	一、八九三	一、六四七	(減) 二四七
機務員	〇	五二	(增) 五二

——據第五十期電信特刊。

到本年，我國電信事業，又有驚人的發展，就是蘇、浙、皖、贛、鄂、湘、豫、魯、冀九省長途有線電話幹線及滬漢，漢粵、滬粵、無線電話台的完成。交通部近數年對於長途電話的擴展，積極進行，除了把各省區次要城市間原有的電報線改爲報話雙用線，和添設鐵線、銅線，開放通話，當作支線外，更致力於省區、省際重要城市間聯絡幹線的建設。此項幹線，都是採用銅質雙線；並且於各重要聯絡地點設立增音站，好使幹支各線，均可貫通，互相聯絡通話。至本年九月一日止，完成通話的幹線，已經有了如次的二十九線：

（一）省際幹線

線別	經過省分	本線通話地點	聯絡幹線
京漢	蘇皖贛鄂	南京、蕪湖、懷寧、九江、（沽嶺）漢口（武昌、漢陽）。	京滬、京銅、鎮淮、蕪屯、九南、南長、南江、南贛、南廣等線。
漢長	鄂湘	漢口（武昌、漢陽）岳陽、長沙。	
漢鄭	鄂豫	漢口（武昌、漢陽）許昌、信陽、鄭縣。	銅鄭線。
銅鄭	蘇豫	銅山、開封、鄭縣。	京銅、漢鄭等線。
南長	贛湘	南昌、高安、上高、萬載、瀏陽、長沙。	九南、南江、南贛、南廣、京漢等線。
南江	贛浙	南昌、餘江、貴溪、河口、上饒、玉山、江山。	九南、南廣、南贛、南長、京漢等線。
巴貴	川黔	巴縣、遵義、貴陽。	
福永	閩浙	福州、琯頭、羅源、寧德、福安、福鼎、永嘉。	福南線。
津濟	冀魯	天津、德縣、濟南。	平津、津榆、青濟等線。

京杭	蘇浙	南京、宜興、吳興、杭州。	京滬、鎮淮、錫通等線。
滬杭	蘇浙	上海、松江、嘉興、杭州。	京滬、蘇嘉等線。
蘇嘉	蘇浙	吳縣、震澤、嘉興。	京滬、滬杭等線。

（二）省區幹線

線別	省區	本線通話地點	聯絡幹線
京滬	蘇	南京、鎮江、丹陽、武進、無錫、宜興、吳縣、常熟、昆山、上海。	滬杭、蘇嘉、錫通、鎮淮、京杭、京銅、京灌、京漢、蕪屯等線。
京銅	蘇	南京、蚌埠、銅山。	京滬、京漢、蕪屯、銅鄭等線。
京灌	蘇	南京、淮陰、灌雲。	京滬、鎮淮、錫通等線。。
鎮淮	蘇	鎮江、江都、高郵、寶應、淮陰。	京滬、京漢、京杭、錫通、蕪屯等線。
錫通	蘇	無錫、江陰、南通。	京滬、京杭、鎮淮、京灌等線。
蕪屯	皖	蕪湖、宣城、屯溪。	京漢、京銅、京滬、鎮淮等線。
九南	贛	九江（沽嶺）德安、山下渡、牛行、南昌。	京漢、南廣、南贛、南江、南長等線。
南廣	贛	南昌、進賢、臨川、南城、南丰、廣昌。	九南、南贛、南長、南江、京漢等線。
南贛	贛	南昌、丰城、樟樹、新淦、峽江、吉安、泰和、遂川、贛縣。	九南、南廣、南長、南江、京漢等線。
福南	閩	福州、南平、水口。	福永、福漳、廈等線。

福潛廈	閩	福州、楓亭、惠安、晉江、同安、龍溪、廈門。	福南線。
巴成	川	巴縣、內江、成都。	
成樂	川	成都、夾江、樂山、峨眉。	
平津	冀	北平、天津。	津榆、津濟、青濟、平清等線。
平清	冀	北平、清苑。	平津線。
津榆	冀	天津、塘沽、北塘、漢沽、蘆台、唐山、開平、灤縣、秦皇島（北戴河）、臨榆。	平津、津濟等線。
青濟	魯	青島、城陽、膠縣、高密、坊子、濰縣、昌樂、益都、張店、周村、明水。	津濟、平津等線。

至於滬、漢、粵無線電話台，先於九月一日開放滬、漢通話，這是國內無線電話的第一聲。

對外對內通信網，既是如上述的發達，那末，今後在任何處所的新聞通信員的工作室中，只須備電話機一具，便可與國內外任何處所通報了；因爲電報或電話公司，都有電話發報的辦法。再說國內的新聞電，今後勢非改報爲話不可；因電報每字須二分五厘，百字便須兩元五角，不便發寄長篇新聞，而用此代價去打長途電話，則至低總可以打發好幾百字，當然更可省去許多紙墨雜費。因此，做今後的報人，須以耳目聰目，口齒清朗爲主要條件，光會搖弄筆桿是不行了。只是我們希望話務當局，照前述的日報公會的請求，改善『明減暗增』的報價，同時在電報當局方面，在此情勢之下，更應切實認清新聞電之文化的意義，不再列入『私務電報』，並積極減輕報費，否則新聞電的次數及字數，比諸二十三年份的統計，恐怕還要更其減少哩。——二十三年份的國內電報分類次數、字數百分比，如次表：

有無綫電重要電路簡明圖

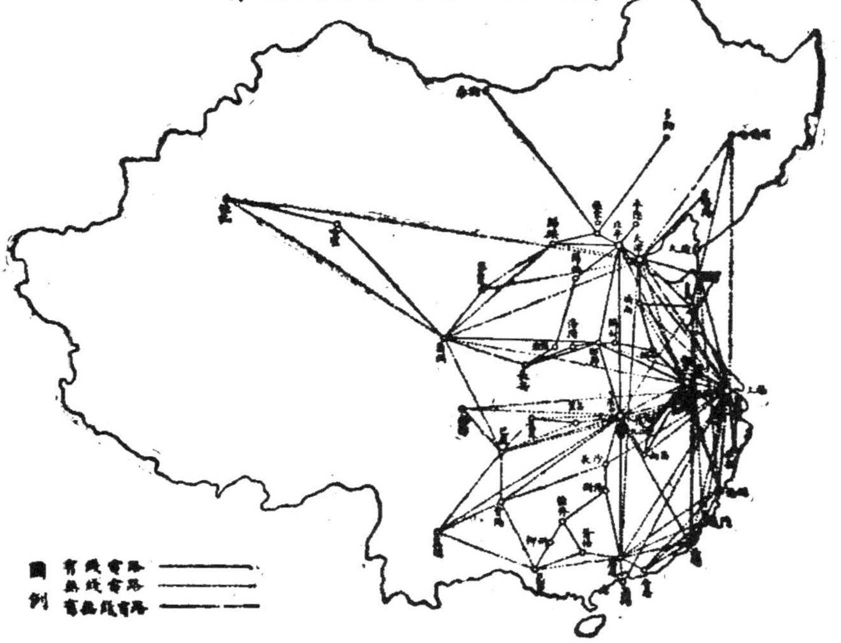

注：此图为原版示意图，可能存在错误，如图中漏掉了我国台湾省、南沙群岛等

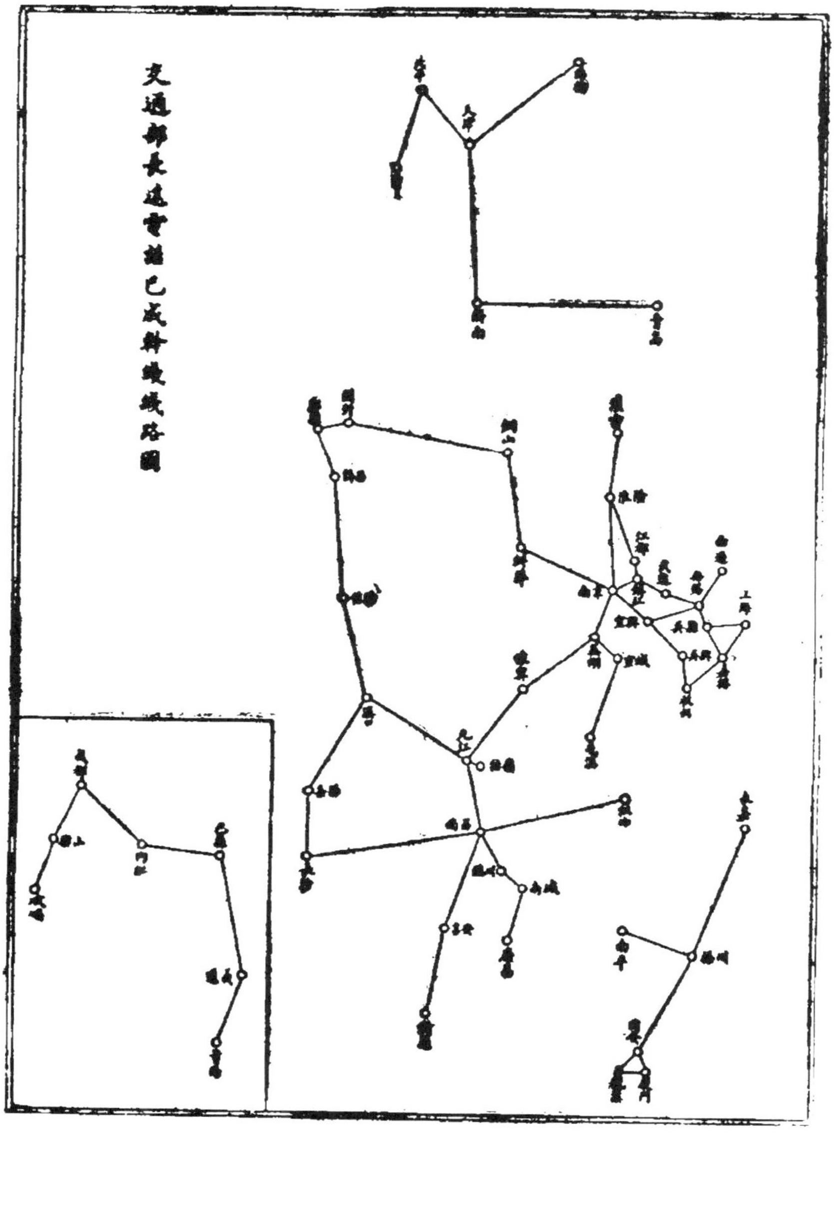
交通部長途電話已成幹綫綫路圖

報類	有線電報 次數	有線電報 字數	無線電報 次數	無線電報 字數
政務電	二五·七%	六八·二%	一·四%	六·六%
加急電	二·五%	〇·七%	〇·八%	四·四%
尋常電	六九·七%	二六·六%	八八·七%	七八·五%
新聞電	一·九%	四·二%	一·八%	一〇·四%
賬務電	〇·二%	〇·三%	〇·一%	〇·一%

——摘電政現狀述要

在這裏，更列舉幾個含有比較性的統計表：

世界各大都市電話統計表

都市名稱	人口約數（全市人口或電話交換區人口）	電話機數	每百人中平均裝有電話數
中華民國			
廣州	一、〇五〇、〇〇〇	七、三〇〇	〇·七〇
香港	八五〇、〇〇〇	一四、八七一	一·七五

北平	一、五二〇、〇〇〇	一二、三九〇	〇·八二
上海	三、〇〇〇、〇〇〇	二五、五〇〇	一·七五
日本			
神戶	八三七、〇〇〇	三二、四八二	三·八八
京都	一、〇二七、〇〇〇	四〇、六九五	三·九六
名古屋	九九〇、〇〇〇	三三、二四三	三·三六
大阪	二、六五四、〇〇〇	一一七、一〇四	四·四一
東京	五、四八六、〇〇〇	一九五、二二五	三·五六
英吉利及北愛爾蘭			
貝爾法斯(Belfast)	四一五、〇〇〇	一七、九四五	四·三二
勃明哈姆(Birmingham)	一、二〇〇、〇〇〇	五九、二四八	四·九四
勃里斯托爾(Bristol)	四一五、〇〇〇	二一、〇一五	五·〇六
愛丁堡(Edinburgh)	四四二、〇〇〇	三一、八七三	七·二二
格拉斯哥(Glasgow)	一、一九〇、〇〇〇	五八、八〇六	四·九四
里玆(Leeds)	五一二、〇〇〇	二四、一三五	四·七一

利物浦 (Liverpool)	一、一九六、〇〇〇	五七、九九三	四・八五
倫敦 (London)	九、一七〇、〇〇〇	八三一、八〇〇	九・〇七
曼徹斯德 (Manchester)	一、一〇〇、〇〇〇	六四、四〇二	五・八五
紐加塞爾 (Newcastle)	四七〇、〇〇〇	一九、五二七	四・一六
謝菲爾特 (Sheffield)	五一八、〇〇〇	一九、八二九	三・八三
愛爾蘭自由邦			
都柏林 (Dublin)	四二四、〇〇〇	一八、九七二	四・四七
法蘭西			
波爾多 (Bordeaux)	二六七、〇〇〇	一九、五五一	七・三二
里爾 (Lille)	二〇二、〇〇〇	一六、九五四	八・三九
里昂 (Lyons)	六六七、〇〇〇	三五、三四五	五・三〇
馬賽 (Marseilles)	八九五、〇〇〇	三二、四二八	三・六二
巴黎 (Paris)	二、九〇〇、〇〇〇	四一一、二四九	一四・一八
德意志			
柏林 (Berlin)	四、二〇五、〇〇〇	四五六、三〇四	一〇・八五

布烈斯勞 (Breslau)	六二五、〇〇〇	四〇、一九二	六・四二
哥隆 (Cologne)	七五八、〇〇〇	六二、二五四	八・二一
德烈斯登 (Dresden)	七二六、〇〇〇	五八、五六〇	八・〇七
多特蒙 (Dortmund)	五八二、〇〇〇	二二、八二六	三・九二
愛森 (Essen)	六六〇、〇〇〇	二八、七四八	四・三五
法朗府 (Frankfort)	六四八、〇〇〇	五九、七五二	九・二二
漢堡 (Hamburg)	一、六四三、〇〇〇	一五〇、二九二	九・一五
利潑席格 (Leipzig)	七六六、〇〇〇	六三、三六九	八・二七
慕尼克 (Munich)	七三八、〇〇〇	七四、一五二	一〇・〇五
比利時			
安特衞普 (Antwerp)	五三〇、〇〇〇	三八、九九三	七・三六
普魯塞爾 (Brussels)	九六六、〇〇〇	一〇三、五八〇	一〇・七二
列日 (Liege)	四二七、〇〇〇	二三、〇〇一	五・三九
荷蘭			
阿姆斯丹特 (Amsterdam)	七七八、〇〇〇	五四、九五二	七・〇六

哈拉謨（Haarlem）	一五九,〇〇〇	一一,九七五	七·五三
魯透丹謨（Rotterdam）	六〇八,〇〇〇	三九,六七七	六·五三
海牙（The Hague）	五〇八,〇〇〇	四八,二六二	九·五〇
捷克斯夫			
布拉哈（Praha）	九一〇,〇〇〇	四五,四五一	四·九九
但澤			
但澤自由市（Free City of Danzig）	二六三,〇〇〇	一六,七二五	六·三六
丹麥			
哥本海根（Copenhagen）	八一三,〇〇〇	一六五,五一八	二〇·三六
芬蘭			
赫爾辛福（Helsingfors）	二六五,〇〇〇	三六,九六二	一三·九五
奧大利			
葛拉慈（Graz）	一六〇,〇〇〇	八,〇一九	五·〇一
維也納（Vienna）	一,九〇〇,〇〇〇	一五九,四七八	八·三九
匈牙利			

布達倍斯 (Budapest)	一、三五〇、〇〇〇	七四、七四三	五・五四
齊特 (Szeged)	一四〇、〇〇〇	一、八九八	一・三六
意大利			
米蘭 (Milan)	一、〇二五、〇〇〇	八四、九五六	八・二九
那帕爾斯 (Naples)	一、〇〇〇、〇〇〇	二六、一三五	二・六一
羅馬 (Rome)	一、〇四五、〇〇〇	七九、二四七	七・五八
拉脫維亞			
利加 (Riga)	四一七、〇〇〇	二三、一三四	五・五五
那威			
奧斯魯 (Oslo)	二五〇、〇〇〇	五〇、七六三	二〇・三一
瑞典			
哥森堡 (Gothenburg)	二五三、〇〇〇	四一、九六五	一六・五九
瑪爾瑪 (Malmo)	一三二、〇〇〇	二〇、三二九	一五・四〇
斯德克呼姆 (Stockholm)	四三八、〇〇〇	一三九、九三三	三一・九五
瑞士			

巴塞爾 (Basel)	一五〇,〇〇〇	三〇,二〇八	二〇·一四
盤恩 (Berne)	一一三,〇〇〇	二三,二五〇	二〇·五八
日內瓦 (Geneva)	一四六,〇〇〇	二六,五八九	一八·二一
蘇拉克 (Zurich)	二六三,〇〇〇	五三,七九九	二〇·四五
波蘭			
羅特慈 (Lodz)	八七五,〇〇〇	一三,三六〇	一·五三
華沙 (Warsaw)	一,二三〇,〇〇〇	五六,八三九	四·六二
葡萄牙			
列斯本 (Lisbon)	六三〇,〇〇〇	二六,四五五	四·二〇
西班牙			
白西隆那 (Barcelona)	一,〇五〇,〇〇〇	四七,二一二	四·五〇
瑪德里 (Madrid)	九八〇,〇〇〇	五六,五五八	五·七七
羅馬尼亞			
布加烈斯 (Bucharest)	六七〇,〇〇〇	二一,四五〇	三·二〇
蘇俄聯邦			

列寧加拉 (Leningrad)	二,八〇〇,〇〇〇	七六,九三三	二·七五
莫斯科 (Moscow)	三,七〇〇,〇〇〇	一一七,六一九	三·一八
美利堅合衆國			
紐約 (New York)	七,一八〇,〇〇〇	一,四九五,九二二	二〇·八三
支加哥 (Chicago)	三,五七五,〇〇〇	七九九,一二二	二二·三五
洛基賽 (Los Angeles)	一,三六四,〇〇〇	三五一,一七四	二五·七五
畢刺堡 (Pittsburgh)	一,〇〇七,九〇〇	一八二,四八三	一八·一一
舊金山 (San Francisco)	六八一,〇〇〇	二三八,三八四	三五·〇〇
華盛頓 (Washington)	五〇六,〇〇〇	一七八,七六一	三五·三二
西雅圖 (Seattle)	四一四,〇〇〇	一〇一,三九八	二四·四九
鄧浮 (Denver)	二九八,〇〇〇	八五,二一五	二八·六〇
加拿大			
蒙脫里爾 (Montreal)	一,〇一七,〇〇〇	一六四,一八四	一六·一四
鄂太哇 (Ottawa)	一八六,七〇〇	三五,二五六	一八·八八
吐朗吐 (Toronto)	七五七,〇〇〇	一八四,九八二	二四·四四

溫可浮 (Vancouver)	一八九、〇〇〇	五一、八八八	二七・五一
古巴			
哈伐那 (Havana)	七八〇、〇〇〇	二六、八〇一	三・四四
墨西哥			
墨西哥城 (Mexico City)	一、一〇〇、〇〇〇	五一、四九二	四・六八
阿根廷			
布宜諾斯艾利斯 (Buenps Aires)	二、九七〇、〇〇〇	一七九、一五四	六・〇三
巴西			
里約熱內盧 (Rio de janeiro)	一、七一七、〇〇〇	五五、四六〇	三・二三
澳大利亞			
亞得蘭地 (Adelide)	三一三、〇〇〇	二七、六九二	八・八五
勃拉斯本 (Bris bane)	三〇一、〇〇〇	二五、一〇七	八・三四
墨爾邦 (Belbourne)	九九六、〇〇〇	九四、七七九	九・五二
雪梨 (Sydney)	一、二四〇、〇〇〇	一〇八、六七九	八・七七
檀香山			

火奴魯魯 (Honolulu)	一三八、〇〇〇	一五、四四六	一一·一九
菲列濱羣島			
馬尼拉 (Manila)	三九〇、〇〇〇	一七、一三六	四·三九
紐西蘭			
奧克蘭 (Auckland)	二二四、〇〇〇	二二、二六二	九·九四

附註：上海一埠共有電話機數五二、五〇〇架，內有四九、四〇〇架，係屬於上海租界電話公司者。

——錄第四卷第二號電信雜誌。

世界各國電話機數統計表

國名	電話機數 國營	電話機數 商辦	電話機數 總數	合於全世界之百分數	每百人中平均裝有電數
亞細亞洲					
中華民國	七二、〇〇〇	八二、〇〇〇	一五四、〇〇〇	〇·四七%	〇·〇三
印度	二二、八〇四	三五、四三七	五八、二四一	〇·一八%	〇·〇二
日本	一、〇一五、三七二	—	一、〇一五、三七二	三·一三%	一·五〇
亞洲其他各處	一三二、六六九	六〇、二五七	一九二、九二六	〇·五九%	〇·一二
總數	一、二四二、八四五	一七七、六九四	一、四二〇、五三九	四·三七%	〇·一四

歐羅巴洲					
奧大利	二三九、八七〇	—	二三九、八七〇	〇·七四%	三·五五
比利時	三一七、二一七	—	三一七、二一七	〇·九八%	三·八六
布爾加利亞	二〇、二七六	—	二〇、二七六	〇·〇六%	〇·三三
捷克	一四九、二九六	一九、八七八	一六九、一七四	〇·五〇%	一·一二
丹麥	一六、二八九	三四八、四三八	三六四、七二七	一·一二%	九·九九
芬蘭	一、六五八	一三八、〇〇〇	一三九、六五八	〇·四三%	三·七四
法蘭西	一、三四九、五二〇	—	一、三四九、五二〇	四·一五%	三·一九
德意志	二、九五三、六一四	—	二、九五三、六一四	九·〇九%	四·四八
英吉利及北愛爾蘭	二、二二六、三二九	—	二、二二六、三二九	六·八五%	四·七八
希臘	—	二〇、三五六	二〇、三五六	〇·〇六%	〇·三一
匈牙利	一一〇、四三〇	七二七	一一一、一五七	〇·三四%	一·二五
南愛爾蘭	三三、四五〇	—	三三、四五〇	〇·一〇%	一·一一
意大利	—	四八二、五〇七	四八二、五〇七	一·四八%	一·一三
南斯拉夫	四六、〇〇六	一、二〇九	四七、二一五	〇·一五%	〇·三三

拉脫維亞	六二、一七四		六二、一七四	〇·一九%	三·一九
荷蘭	三四三、[illegible]七七		三四三、[illegible]七七	一·〇九%	四·一四
那威	一二[illegible]、三七六	七八、四〇〇	一九九、七七六	〇·六一%	七·〇〇
波蘭	一〇[illegible]、八三九	八八、三六六	一八九、二〇五	〇·五八%	〇·五七
葡萄牙	[illegible]五[illegible]	三五、七〇六	四七、二[illegible]六	〇·一五%	〇·六八
[illegible]		五[illegible]、六[illegible]三	九[illegible]	[illegible]·[illegible]六%	〇·二八
蘇聯	五七六、三三二		五七六、三三[illegible]	一·七七%	〇·三五
西班牙		二九〇、八二九	二九〇、八二九	〇·九〇%	一·二四
瑞典	五八九、[illegible]九四	一、五二〇	五九[illegible]、九一四	一·八二%	九·五一
瑞士	[illegible]		[illegible]	[illegible]%	八·八一
歐洲其他各國	四[illegible]八	一二、六九六	一[illegible]七、[illegible]四	〇·二六%	一·四一
總數	九、七三六、七[illegible]〇	一、五七〇、二四五	一一、三[illegible]六、九五五	三四·七九%	二·〇二
阿非利加洲					
埃及	四六、八八八		四六、八八八	〇·一五%	〇·二二
南非聯邦	一二六、六〇八		一二九、六〇八	〇·二九%	一·五〇

非洲其他各處	九六、三二七	一、八一三	九八、一三〇	〇.三〇%	〇.〇九
總數	二六九、八一三	一、八一三	二七一、六二六	〇.八四%	〇.一八
北阿美利加洲					
美利堅	—	一六、七一〇、八五八	一六、七一〇、八五八	五一.四二%	一三.二九
坎拿大	一九三、六四一	九九八、六八九	一、一九二、三三〇	三.六七%	一一.一五
中美洲	一二一、一三七	一四〇、〇二〇	二六一、一五七	〇.〇八%	〇.三九
墨西哥	一、三三七	九九、八七一	一〇一、二〇八	〇.三一%	〇.五九
古巴	四八五	三二一、三五五	三二一、八四〇	〇.一〇%	〇.八一
布多立古	五三七	一一、二〇九	一一、七四六	〇.〇四%	〇.七一
西印度其他各處	七、〇四四	一四、一三五	二一、一七九	〇.〇七%	〇.三二
北美洲其他各處	—	一一、〇三二	一一、〇三二	〇.〇三%	三.〇二
總數	二一五、一八一	一七、八九二、一六九	一八、一〇七、三五〇	五五.七二%	一〇.三八
南阿美利加洲					
阿根廷	—	三一二、〇八六	三一二、〇八六	〇.九六%	二.六四
玻利維亞	—	二、〇〇〇	二、〇〇〇	〇.〇一%	〇.〇六

巴西	一、〇四一	一六九、七六四	一七〇、八〇五	〇·五三%	〇·二八
智利	—	四六、一五九	四六、一五九	〇·一四%	一·〇四
哥倫比亞	二、五〇〇	二七、四二五	二九、九二五	〇·〇九%	〇·二二
伊奎厄多	三、〇一〇	二、七三〇	五、七四〇	〇·〇二%	〇·二三
巴拉圭	—	二、四九九	二、四九九	〇·〇一%	〇·二八
祕魯		一七、二〇〇	一七、二〇〇	〇·〇五%	〇·二七
烏拉圭	—	四二、七〇七	四二、七〇七	〇·一三%	二·一四
文尼瑞拉	六〇〇	一九、三九〇	一九、九九〇	〇·〇六%	〇·六一
南美洲其他各處	二、八〇八	—	二、八〇八	〇·〇一%	〇·五二
總數	九、九五九	六四一、九六〇	六五一、九一九	二·〇一%	〇·七一
大洋洲					
澳大利亞	四八七、六六二		四八七、六六二	一·五〇%	七·三五
荷屬東印度	三八、二六七	三、六六三	四一、九三〇	〇·一三%	〇·〇六
檀香山	—	二三、一一一	二三、一一一	〇·〇七%	五·七八
紐西蘭	一五五、〇五九	—	一五五、〇五九	〇·四八%	一〇·〇一

菲列濱	六、〇〇〇	二〇、一八二	二六、一八二	〇·〇八%	〇·一九
大洋洲其各處	三、二九四	二八八	三、五二二	〇·〇一%	〇·一五
總數	六九〇、二八二	四七、一八四	七三七、四六六	二·二七%	〇·八一
全世界總數	一二、一六四、七九〇	二〇、三三一、〇六五	三二、四九五、八五五	一〇〇·〇〇%	一、五四

附註：表內全世界電話機總數三二、四九五、八五五具內，計有自動電話機約一四、三〇〇、〇〇〇具，其裝在美國者，約為百分之四十六。

——據第四卷第二號電信雜誌。

據以上兩表，就每百人中平均裝有電話數來說，前者僅僅上海能夠超過波蘭的羅特慈的〇·一八%，後者則僅比最少的印度多〇·〇一%，可知我電話事業距離發達的前程，還是很遙遠的。

又近幾年來，跟着外敵的侵略而喪失的中國領土上空的以太，更是不可勝計！要之，我國電信事業的積極改進，眞是不容稍緩的要圖。

(D)改進中國電信事業的幾個要點

關於怎樣澈底改進中國電信事業的問題，不全在本書範圍之內，單就與新聞業有利害關係之處，稍說一番。

第一要說的，就是廢止四碼改用羅馬字母發電的事情。國內電報價目，所以高出英、美，四碼電報的收發困難，想也是主要原因之一。因此，筆者贊成廢止四碼採用羅馬字母拼音法。為使讀者澈底明瞭——至少不發生誤解——起見，在這裏，如其空發局外人的議論，實不如引用我們的電政專家——尤其

—是眞正的局中人——的見解，較爲切實。

在李季清君的英美等國電報情形及發達原因一文中有一段說：

「英、美等國電報之發達，得力於文字之簡易者甚多。英、美、德、法等國文字，均脫胎於二十餘之字母，能說即能寫，應用極爲簡便。且現代傳遞電報之方式，均用打字機式之收發報機，甲處用打字機方法將電報在機器上發出，乙處在打字機式報機上照樣收到，即可閱讀；有時發報人並可自行運用此項機器，打發電報，與收報人直接辦理。不必經過電報局之代辦。此種便利，我國人似不能享受。蓋因文字複雜，方言繁多，電文必先譯成號碼，然後再譯電文。如此手續繁多，在收發報人固覺不便，而在電局方面亦感種種困也。我國電局現亦裝有與英、美電報公司相同之新式電報機器；然因我國文字無彼等之簡易，故似不能得到最高之效用。交通部現正派員研究國語電報方法，將來施行以後，必可予收發電報民衆以極大之便利。在海外讀國內報紙，悉教育部現正推行簡字辦法，國內有使文字簡化之運動，洵屬大可欣喜之事也。我國各種事業進步遲緩，由於文字方言之複雜，亦爲極大原因，電報辦理之不能十分敏捷，與此事確有重大關係。」（註一）

清華君在交部編訂藏文電碼之意義一文中說：

「電報爲通訊之利器，其使命乃將文字由此地傳達彼地，是以電報符號必須能直接傳遞文字，方可獲得「簡捷」之功效。歐、美各國及日本文字，多係用字母拼成，故祇須規定每一電報符號代表一個字母，即可逐字傳遞，毫無困難。惟獨我國文字分漢、滿、蒙、回、藏五種，其中以漢文應用最多。但以組織上與歐文迥然不同，不能用符號代替筆畫，挨次傳遞，故不得已用四個數碼代替一字，每一電報須翻譯電碼二次，間接傳遞文字，使電報效率大減，誠屬缺憾！交部此次編訂藏文電碼，以藏文與歐文組織類似，所不同者，字母之上下，時有各種符號加註；但其字母總數為四十二個，符號共計有十七個，總共字母及符號五十九個，較之羅馬字母雖多出一倍，但在電報技術上，尚可勉強將電報符號分配與五十個藏文字母及符號，故直接傳遞文字之目的，乃得達到，實為我國電報史上闢一新紀元焉！（漢文用註音符號或羅馬字國音代替，亦可直接傳遞文字，不久即將試行。）（註二）

在徐卓立的今後我國的電信建設一篇大文中，更有論及推行羅馬字母電報的一段澈底的話語：「世界各國的電信傳遞最共通的一點，是各國文字語言，都可用羅馬字母來傳遞。唯有中國的『單語系』的漢字，必須用四個阿剌伯號碼來代替，傳遞時必須經過幾番翻譯的手續，它的運用不便，費時傷神，一般人民對此早就深感痛苦與不便。吾國電信交通事業的發展，正不知給『四碼電報』就誤了多少！近年來當局對電信事業的革新，雖下了最大決心。每一張電報，都能達到最高的速率。但是若把一張中國漢字的電報，和一張羅馬字母的電報同時拍發，那一定是羅馬字母的電報快得多。因為可以省掉不少翻譯等手續。所以當今推行羅馬字母國音電報，實較線路機械等的改進，尤為重要。『四碼電報』應用到現在，五十多年來，可以說沒有一些進步，它只有阻撓着電信事業的進展。比如說：新式電報機器的採用，往往被『四碼電報』阻撓着。克利特的印字機，電報打字機等，印出來已經就成了字，就可以送給收報人；但為了『四碼電報』，却還要加一番翻譯的人工。現在要根本改良『四碼電報』，利用羅馬字母，以拼音來直接傳遞『中國話』Chinese

Language（不是中國字），這樣，中國的電報，就能同各國的電報一樣地寫成羅馬字母，一樣地可以直接傳遞。豫料不久，吾國電信事業，不難趕上歐、美，同他們來爭一日的長短。（關於羅馬字母國音電報的討論，詳見電信雜誌四卷一號拙著改革國音電報的理論一文。」（註二）

這裏所指示的改革國音電報的理論一文，是電信雜誌第四卷壓卷的專論。在該文中的電信傳遞與漢字一項，說得好：

「……語言與文字本該打成一片，但是不幸得很，我們中國自從倉頡造字，看見太陽出來畫個圓圈兒，不由象形字進化到象聲，却被鬼迷了路由象形進而牽強形聲，胡亂拼合，既不象形，又不象聲。按之人類歷史，各民族的文字進化，實爲野蠻與文明的最大分野。現代語言學家公認凡「單音語系」的民族爲野蠻，不開化的民族。莫怪要說：「咱們被該死的方塊漢字把四千餘年古國的顏面丟盡了！方塊漢字之誤盡蒼生，眞可詛咒啊！」我們的電信傳遞上，被這方塊漢字，實在躭誤不小，方塊漢字之躭誤電信交通，也是眞可詛咒啊！

自從海禁大開，電信交通傳到了中國，中國漢字，在電信傳遞上，發生了問題。在先要傳遞中國文字，多用教會羅馬字。後來丹麥人在上海開辦水線電報公司，因鑒於漢字之傳遞困難，不能發展業務，乃設法用數目字來代替，費盡心機，編成一本四碼電報書，專爲便利華人拍發華文電報的。時至今日，中國的電信事業雖有五十餘年的歷史。而特爲傳遞華文電報的，只有這本四碼電報新編。譬如拍發一張電報，先要寫下漢字，把電報新編來一個一個地翻成號碼，由發報局把一個一個號碼發到收報局，再由收報局把號碼翻成漢字，那樣，收報人才可以知道電報中說的什麼話。譬如電文中是『0936，0057，1838，6643，0170』這五個字，不去翻電報新編是不會懂得的。它的運用不便，費時傷神，那是誰都不能否認的事實。非但要費去二番翻譯的工夫，有時遇到字母錯誤，全文意義就會莫明其妙。譬如上面的五字錯成『0936，0058，6643，0170』那就要叫收報人瞠目而視了。一般人民對此早就深感痛苦與不便。所以中國電信事業雖有那麼多年的歷史，却還沒有達到民衆化、普遍化的目的！』

跟着又論電信傳遞與注音符號：

『注音符號它本身的效能，僅能用以注音漢字。決不能代替漢字。所以注音符號用以傳遞電信，有許多人認為反不如四碼電報新編的能夠傳遞單音語的漢字！電信符號是有國際性的，國際所應用的電信符號是羅馬字母與阿拉伯數目字兩種。世界各國的文字雖然各各不同，但都能寫成羅馬字則一律的。日本文字雖有特殊的電信符號，但日本文也能寫成羅馬字。世界上沒有第二種文字，只有中國「單音語系」的漢字，在電信傳遞上吃了老大的虧！

注音符號在電信傳遞上是沒有國際性的。它電信傳遞上，雖由前北平交通部拼音電報研究會製定了四十個注音符號電報符號。這四十個注音符號電報符號眞是累得可以。所以注音符號電報符號雖已發表，電信員工也曾一度受過訓練，但現在能夠運用的，恐怕一個也難找！』

最後一項中作者更反復地申論羅馬字母與注音符號的利害得失：

『將來國音電報所採用的國音字母，究竟應該是注音符號，還是國語羅馬字，抑還是二者並用？假如根據前論各節，那就可以很肯定的回答。只有採用能夠代替漢字的國語羅馬字。別的不必說，單就電信傳遞的技術運用上說：（1）羅馬字母為電信員工所熟識，辨認拼切，不費幾小時，就能學會。現社會知識分子對於羅馬字母也是熟習的，更可便於推行。（2）現行電報機器皆為傳遞羅馬字母之最快速者，若以之傳遞注音字母之電報符號，凡電報打字機，鍵盤鑿孔機等，均將大失效用。（3）注音字母之電報符號，點畫方面幾乎較羅馬字母要多一半，其中以三劃二點，三劃一點，二劃三點等長符號為多，費時耗料，不合經濟原則。（4）現在各大局多用克利特印字機或打字機以抄錄來報，注音字母根本就無法抄錄。（5）假如要像普通羅馬字電報一般地傳遞及抄錄注音字母之電報符號，一定要另造電報打字機，鍵盤鑿孔機，克利特印字機，打字機等，雖然不久也許我們的電信專家自己能發明，但所需經費恐非現時電政經濟所能允許的。（6）注音字母之辨認拼切以及注音字母之電報符號，皆非電信員工所素識，當然必須另行從頭學習，恐非幾個月就能學好。而學好了，能否實用，也是問題。舉個例說：曾有許多人前在電信學校學習了一年半的國音電報，結果有幾人能跑到機器上來實地工作？況且除了機器方面，還有收發方面非從頭學習不可，否則有人來打電報就無從收受。這樣當更非短時間所能實行了！（7）羅馬字母電報符號既為一般電信員工日常應用的工具，當然更能熟中生巧，得心應手。將來可以直接收發，免去翻譯，而速率之增進，尤其特長！（8）羅馬字母之國音電報就是把說話寫成句子，可使說話就是電報。電報就是說話，不要漢字做翻譯。人民收到一張電報，一看電文無異是與發報人對面講話。電信員工平時在機器上談話必須乞靈英語，現在就可以用羅馬字母直接講話，其影響於業務發展，當非淺尠！」

在本項又論到國音電報之最大目的：

「國音電報之最大目的，要用以代替漢字的文言電報，使語言和文字完全統一，把說話寫下來就成功一張白話電報，使收受電報的人，只要能看了念出聲來，就能懂得什麼意思。所以一切古怪的漢字，都沒有再去標聲標部的必要。譬如我們講的話，人們聽了聲音，就能懂得什麼意思。再像名人演講，速記員用符號來速記，完全是記錄其詞音，把詞音寫出來，依舊是一篇演說。所以國音電報之將來，也當該向着羅馬字母拼音文字的國際路線走去！

國音電報的將來，既是一改傳遞單語漢字，而為傳遞「中國話」，那麼凡是能說「中國話」的，就能夠打國音電報，能懂「中國話」的，就能讀國音電報。除了國音電報所應用之羅馬字母拼切法式外，國音電報彙編已是不必要的東西了！譬如日本文之用羅馬字母拼音電報是不需要翻字典的，再如俄羅斯人之拍發羅馬字母拼音電報，各人各拼各的，只要能拼出音來，使對方看懂了就行，而對方收到了，只要把字音一念也就會悟啦！拼法上稍有出入，也沒有多大關係。假如有人說：若有人要傳遞文縐縐的文言電報，那怎辦呢？那麼乾乾脆脆仍用四碼電報新編就得啦！國音電報之名字，顧名思義，也只有傳遞國音，不應傳遞古文啊！」

在結尾一段，作者大聲疾呼了一番：

「所以我們要使電信事業達到商業化、民衆化、普遍化的目的，必須積極推行便利民衆拍發電報的國音電報！國音電報的改革方針必須依照本篇所述的理論與方案，使說話就是電報，電報就是說話。人民收到一張電報，一看電報無異是雙方對面講話，再也沒有一些文字和語言的隔膜，這樣才能顯出電報的最大功能，然後才能完成電信事業是替人民服務的偉大使命！」

照這種電政同人的機關刊物的議論看來，可知他們對於採用羅馬字拼音文字的要求是多麼地迫切了；雖然他們吃過了五十餘年的辛苦，才能夠練好一看四碼就認識是什麼漢字的本領，雖然他們能夠眞這本領向發電報人或收報人取得每字法幣一分的高價的翻譯費，可是他們爲了永久的便利，乃至爲了『完成電信事業是替人民服務的偉大使命』起見，不能不下最大決心，企圖淸除那種早已腐爛的瘡毒；而在事前，更大聲疾呼，想喚起大衆的注意。這眞是我電政界的一樁值得稱許的事情。試想：如今在京、滬、平、津、漢各電局及國際台，都已經花費巨金裝設最新式的克利特機及打字機電報，可是它的效果還只能替發『洋文電報』的外商乃至照二十三年五月二十一日交通部修正公布的新聞電報規則第十五條的規定拍發『羅馬字拼音之日文明語新聞電報』的無數造謠挑撥的記者增加方便！有好工具，自己不用，叫人家用，這是多麼痛心的事情呢、

第二個應改革的問題，就是郵電合併，報話合併的事情。『……中國的郵電組織，眞是紛亂不堪。單就電政方面說，有無線電，也各有各的組織。現在雖已實行有無線電合併，但組織方面、不免還有許多畸形狀態，而電報、電話的合併，還有待於普遍的實行。吾人對於今後郵電組織，希望要謀根本的著想，非實行郵電整個的合併不可！把郵電的組織劃一化，大刀闊斧來樹立郵電合併的基礎，以謀事業的共同發展。』（註四）的確：如今寄信要往郵局，打電要往電局，而打長途電話更須往長途電話局去；而有無線電更是多數未曾合併——稱『局』稱『台』。國營事業多一文糜費，便要多增加民衆一文的負擔，而報費及話費將永無澈底減低的希望，就是中國電信事業永不能『達到民衆化，普遍化的目的。』當然，這種畸形的組織更是大妨礙於新聞記者的採訪活動的。

（註一）詳見去年十月十六日電信特刊。

（註二）同上。

（註三）詳見電信雜誌第四卷第二號。

（註四）徐章立：今後我國的電信建設文中語。

（E）今日的發報技術

前項說及克利特機及打字電報機，這些都可說是今日最新的發報利器。在我國的幾處都市的電信局台，這些雖然還算好像初嫁的新娘，但在歐、美，已為公衆——尤其是報社及通信社——所使用，不是僅做電局的機械；而各國都是使用各自的國產，決不購外國貨，也是一個可注意的地方。

比如英國郵政總局的中央電報局和別的電報公司所用的收發報機，都是倫敦克利特公司（Creed & Co.）製造的打字機式的機器。克利特機，共有兩種：一種是紙條式印字機（Tape Teleprinter）是在紙條上印出電報來；一種是紙頁式印字機（Page Teleprinter）是在紙頁上收印電報的。兩者都是採用打字機式字盤照打字辦法發電的。另外還有莫爾斯字盤鑿孔機（Morse Key-board Perforater）莫爾斯自動紙條發報機（Morse Automatic Tape Trasmitter）莫爾斯轉報鑿孔機（Morse Reperformtor）莫爾斯紙條印報機（Morse Tape Printer）：這些都是發報時先鑿成油紙條，然後發放，收報時，先收下鑿孔紙條，再改印字的。工場設在倫敦東郊克洛定地方；廠中備有新式製造機器二百餘部。至於克利特（F. G. Creed）氏，現已六十餘歲，仍然做着公司的常務董事。又，這種打字電報機的運用，只須練習數星期，每小時便可發報約八十通。

倫敦中央電局「電話收發電報室」

倫敦中央電局「水線無線電報房

倫敦的中央電報局國內報房，共裝印字收發報機四百餘部，平時每天約收發電報十萬通；忙時收發十七萬五千通。印字報機各裝一棹；棹的中間有傳報的V字式皮帶，機一收下電報，便由這皮帶傳至架空皮帶而抵分報處，再由該處分別用皮帶或氣管傳至各部份發送。又在該局的電話收發電報室中的電話，共有十八組，分裝各棹；棹的中間，有上記皮帶遞送來去電報。倫敦及附近各處人士，均可用電話拍發電報，彼等叫號後，電話收發電報員十二人前的的電話交換機上電燈，便同時燃亮，因此，各人都可接收，不致使發電者久候。各地發來電報，也可用電話投送。電話收發電報員共有三百人，每天可收發電報五萬通。該局又有一種 Telex Service 辦法，設一打字電報機直接傳發電報室，專司直接把收發報戶所裝的打字電報機接通，任令雙方自行發電。這種打字電報機卽裝在話機旁邊，通話或通報，可隨意調換，極爲便利。用戶旣可打電話，也可發電報，而報機所收費用也與話費相等（英倫電話係按季收費，去年特別減低，每季一鎊六先令。）接收或投送電報，電局也可在這種電報機上辦理，又，自備打字電報機通報的業務叫做自用電報(Subscriber Telegraph)。在歐洲是英國於一九三四年開創的。

自從有了打字電報機之後，遂致在中央電報房服務七十餘年的莫爾斯機，不得不於一九三四年九月十二日告老退休，這是當然而無足怪的事。又，大北電報公司也跟着在倫敦、上海、香港三處的數大商行裝設打字電報機，好使它們直接通報。又，林本(Lympne)飛機場與法國聖恩格爾凡(Saint-Inglevert)飛機場，兩岸天空距離爲五十六公里，用長波十七公分的超短波，於一九三四年一月開放通報，便是裝用打字電報機的；這種通報在傳遞氣象預告，保持飛機安全上，帶有重大使命。照上述，可知用打字電報機傳遞電報，在英國，無論有線無線，都算是已經十分可靠了。

美國各電報公司所用的打字機式收發報機，都是芝加哥的打字電報機公司（Teletype Corporation）製造的；也分紙條式和紙頁式兩種。美國電報電話公司（American Telephone and Telegraph Co.）也設有打字電報機交換室，凡裝有打字電報者，可叫話局與某處裝打字電報機者接通，自行通報。目下全美裝戶，已有數千，而以紐約佔比較的多數。貝爾電話公司（Bell Telephone Co.）也有這種裝置。又這種裝置在美國，也是一九三四年創始的。

一九三四年九月柏林開國際文具展覽會；會中陳列打字電報機，供人觀覽，其速度每分鐘可傳三九○個字母。即於十月間開放。而在那時以前的通報速度，最高紀錄爲三○○字母，而通常還在一五○字母以下。德國自用電報機線路。可由柏林及漢堡通至全國重要城市。但這種長途電報網，並不需總局接線，用戶可在機件的接線盤上尋找所要的號碼而直接通報。這種業務是用電報線路傳遞，收費僅有電話費的一半。巴黎哈瓦斯通信社就是以柏林自用電報總局爲媒介而與它的柏林分社直接通報。

丹麥也於一九三四年舉辦自用電報通信網，好使丹京科彭黑根的里佐電報通信社（Ritzaus Bureau, Dunsk Telegrambureau）能夠同丹麥各大城市的分社直接通報。

當一九三四年布拉格（Prague）國際電報諮詢委員會開會的時候，曾用打字電報機試用長途自用電報業務，完全成功。此項試驗是把中繼局設在柏林；直通各局除布拉格外，尚有盤恩、勃魯色爾、蒲特丕司脫、海牙、科彭黑根、米蘭、羅馬、巴黎及維也納等地。所以列席各代表一撥動接線盤，便可同自國的電局通報；而在德國、瑞士、荷蘭三地，並且可任意同別的用戶通信。此項試驗，證明歐州打字電報機自用電報網的通報技術情形，已經完備。

(F)華文打字電報機問題

在一九二八年四月，申報某欄登刊最新發明電報自譯機一文云：

『洋文電報直接拍發字母。故少翻譯之煩。華文電報，僅能拍發號碼，則多翻譯之累。吾人每接電報，必有譯費之負擔，而其譯文又常有錯誤，耗金費時，不便孰甚。昨得留美同學某君函，內云有僑胞黎沙婆氏係芝加哥大學卒業生，在外國服務電工業最久。今彼本留聲機與電影相合而成有聲影戲之例，使華文打字機與電報機混合，而成電報自譯機，亦奇異之新發明也。蓋彼利「電碼齒」與「紙條」接觸之力，通電於「紙條」之鋼胎，連線及打字機之文字上，復於每字上編定號碼，發報方拍發何號，接報方打字機上卽出何字，自動印於紙上。故號碼拍畢，已經譯好。既省錢又省時，更少錯誤，裨益吾人不少。黎君自試已數次，結果頗圓滿。待改製精良堪用時，彼卽返祖國從事提倡採用此機云。』

但是後來就永無下文了。

近三年來，又有岑士龍君連着在電信雜誌上發表華文打字電報機、高速自動的華文打字電報機、華文傳字機數篇費過多番辛苦的科學論文；但都僅僅成了紙上空談，沒有實現出來。這也是國人不注重發明，政府不獎勵發明的緣故；假如在歐、美，既然有像岑君的大作那樣的繪出精細的設計圖案公開發表，一定會有人爭請作者，從事製造，希圖取得發明專利權。

就岑君最後發表的華文傳字機的內容要旨來說，是這樣的。

第一是機械功用的總說：(1)因其只用單獨的電磁石，所以製造時比較容易輕巧；(2)其收報機的發動與停止，完全靠發報機操縱，所以不必需人值守，那收報機也能自行收報；(3)這種傳字機的收發中國文字，無須特殊的技巧，可以附裝在普通一般社會的住宅、公司、銀行、官署等的電話機旁使用。

關於本機的機構的要略，是：

「在字模輪的輪面上，依電報明碼書的次序，刻着橫一百行豎一百個的中華文字的反寫字模。

在字模輪的一側的機器座架上，裝着一根打字杆。

那字模輪旋轉運動時，旋轉角度的大小，就是使打字杆在字模輪的輪面上各行一百個華字模裏，選擇出特別需要的一個字模。

打字杆在字模輪的輪面上的許許多多字模裏選擇出相當字模的辦法，完全靠兩個齒輪的合作運動。兩個齒輪上面至少必須各做一百個牙齒，而以每一牙齒去操縱選擇每一橫行或每一個字模。就是在發報機方面必須預備一百組不同的電流信號去分別操縱一百個牙齒中的各個牙齒。

於是每個中華文字的傳遞，需要兩組符號：第一組符號使收報機上的打字扞尋出字模輪上特別需要的一行字模；第二組符號使收報機上的打字杆尋出字模輪上特別一行裏特別需要的一個字模。

關於發報選字盤的要略，是：

一只淺盤，兩旁邊框向上凸起而做成鐵路軌形狀。淺盤裏面，却滿寫橫一百行豎一百個（共一萬個）的正寫中華文字。

因之，靠着長方車子和小車子的交互動作，就可以使「尋字臂」的尖端在淺盤裏滿寫着橫一百豎一百中華文字中尋特別一個文字。

在這種發報機器上發送中華文字的手續，只須用手抓住鍵柄而拖來拖去，同時用眼睛看準「尋字臂」一尖端下面淺盤寫着的文字；及至所需傳遞的特別文字尋着，只須將鍵柄着力向下一按，那末，在發報機器上就將相當的電流符號發出去了。

如此這般的手續，在用慣華文打字機的人看來，是很簡便的。不過因爲淺盤裏寫着一萬個文字，所以工作時當然不能十二分迅速。但是如果盤裏文字排列的次序盡依電報明碼號數而寫，在熟記明碼電報的人使用這發報器時，必定可以不必細看尋字臂下面的文字，只須數淸上下右左的文字行數，就能很迅速的拍發運用了。」

在結尾語中說：

「……但因中華文字數量的繁賾，所以這種機器的製作，初期必難小巧盡善。然在電報的業務性方面說，則這類傳字機的成功要素究以傳遞速度爲最要關鍵。」

筆者對於岑君這種設計，雖然在原則上是十二分地稱贊，但照上述看來，在這個字盤中排列橫百字豎百字——萬字——的華文打字電報機上運用「尋字臂」去選擇所需的一個個的字模的手續，也够麻煩而累人了。果不其然，就有烟台水線工程師王柏年君參照岑君的設計，製好了這個笨重的機械。本年九月，王君特將該機帶到上海，舉行公開試驗，事先曾對新聞記者發表此機發明的經過：

「我國電報事業，創始於光緒七年，當時因華文字體構造複雜，字數衆多，由丹國大北電報公司代爲設法，將華文編成電碼，然後拍發。在收報方面，將電碼翻成文字，再行投遞。輾轉翻譯，既費時間，且多錯誤。但迄今五十餘年，終無改良辦法。當民國十年間，有國務院參議曾彝進君，曾發明用折字法直接傳遞華文電報。嗣經交通部審查，認爲傳付手續太慢，弊多利少，未經採用。二十二年又有岑士龍君發表華文電機計圖說一文，惜未實現。現交通部水線工程師王柏年君，經數年之研究，犧牲鉅額之成本，製成華文電報機三種：兩種爲發報機，一種爲收報機。該機運用手續簡便，機內裝有華文字盤；盤內印有華文字一萬個；盤面有一可以移動之指針。發報時，將指針對任何一字，電鈕一按，該字符號卽已發至對方。對方收到符號，卽利用華文打字機打成華文。如此收發電報，無需翻譯，且傳遞迅速，出字準確，實爲我國電報事業之偉大貢獻與改進。王君於七月偕同助理員陳嵩生攜機赴京，在交通部技術官室舉行試驗；並經交通部派員審查，結果認爲切合原理，當可採用。聞王工程師已攜機來滬，在四馬路電報局實地試驗，一般批評，均認爲該機可以省去譯電手續，通用方便，聞王君於本月七日下午五時借本埠銀行公會公開試驗云。」

王君如期在九月七日下午舉行公開試驗，到第二天上海大晚報上登出一篇『本報特寫』的新聞，在最末的『今後改良』一項中有云：

『……他認爲一個人腦經的應用，是有達到頂點的可能。到了這個頂點，無論你怎樣智慧，是不能再想出什麼來了。他來上海試驗，一方面固然是想給上海人士知道現在有了這樣的一個發明了，但同時也在徵求人家對他的貢獻。據他說當他在南京的時候，南京的電報局裏有一個非常聰明的報務員，一看他的機器，就說有一個缺點。卽是機器所佔的面積太大，這樣一萬個中國字，平印在那裏，式樣很大，而發報局的地位都是非常小的。所以這架機器有容納不下的可能。他所貢獻王柏年君的改良辦法，則是將一萬個文字裝成捲形，使字去邊就針。這樣不但省地位，而且便利。這一個建議出諸一個報務員之口，當然不是一件易事。王君回烟台之後，預備依照他的建議改造。『可知這種機械是必須要經過一番改造，才能應用哩。但是，『將一萬個文字裝成捲形，使字去遷就針』這種改造計畫，卽使成功，那字盤中的一萬字，依然不會減少一個；依然要使發報者感受永久的煩累。所以筆者想在這裏同時對於岑、王兩君以及那位『非常聰明的報務員』貢獻一個具有充足理由的改造意見。

第一就是應把字盤中的字模從一萬減至三千或二千的數目。這樣，無論平放或裝成捲形，都不會多佔地位了。卽一九三五年的新版電碼新編，特別將「常用字」放大；因爲電碼新編內共有九千七百餘字，而被認爲電報中常用的字，則不過有如次表之數而已：

交通部電碼新編常用字表

一部：丁七丈三上下不丑且世丙並

丨部：中

丶部：丸丹主

丿部：乃久之乍乎乏乘

乙部：九乞也乳乾亂

亅部：了予事

二部：于云互五井些亞亟

亠部：亡亢交亥亦亨享京亭亮

人部：什仁仄仇今介仍他仗付仙仝仟代令似仰仲件任份仿企伊伍伏伐休伙伯估你伴伸伺似佃但佈位低住佐佑估何余佛作佩佳併使來例侍供依侮侯侵便係促俄俊俗俘保俟俞俠信修俯俱俸俾倉個倍倆倏們倒倖倘候倚併借倡値倦倪倫倭假偉偏偕做停健側偵偶傅傍傑傘備催傭傳債傷傾僅僉像僱僑僕僞僧僵價僻儀億儆儉儒儕儘償優儲

儿部：允元兄充兆先光兇克兌免兒兗兜

入部：內全兩俞

八部：公六共兵其具典兼冀

冂部：册再冒

冖部：冗冠冤

冫部：冬冰冲冶冷况准凈凌凍减凑决

几部：凡凱凰

凵部：凶出函

刀部：刁分切刊列初刪判別刲利刮到制刷券刺剋則刻前剖剛剩剪副割創剿劃劇劉劍劑

力部：功加劣助努劫劾勁勇勉勒動勘務勝勞募勢勤勦勳勵勸

勹部：勺匀勿包匍匐勾

匕部：化北

匚部：匠匡匪匯匱

匸部：匹匿區

十部：千廿卅升午半卑卒卓協南博卍

卜部：卞占卡卦

卩部：卯印危卲却卵卷卸卽卿

厂部：厄厘厚原厥厭厲厦

厶部：去叁參

又部：叉及友反叔取受敍叛叢

口部：古句另叨叩只叫召可台史右司吃各合吉同名后吏吐向君吞否吩咐含呈吳吸吹告吾呂呢周咪呼命咄和咎咏咨咬咯咱咳咸咽哀品哈哉員哥哩哭哲哿唁唆唐哨售唯唱唳唧商問啟啞啻啼善喉喊喘喜喧喻喪喬單嗎嗇嗚嗣嘆嘉嘗嘔嗽嗾嘩嘰嘯嘴噎器噩噪噬噴噸嚇嚥嚮嚴嚼囂囑

囗部：回囚四因囤困固圃圈國函圍園圓圖團圜

土部：在圩圭地址坟均坊坍坐坑坡坤坦垂埋城域埠埭執培基堂堅堆堃堡堤堪堯報場堵塊塋塲墓塚塗塘塞塡塢塵塾境墅墉墊墜增墨墮墳墾壁壅壇壓壕壘壞壟壩

士部：壬壯壹壺壻壽

夂部：夏夔

夕部：外多夜夠夢夥

大部：天夭太夫央失夷夾奇奈奉奎奏契奔套奚奠奢奧奪奬奮

女部：奴奶奸好如妃妄妊妒妓妙妝妣妥妨妹妻妾姆姊始姐姑姓委姚姜姙姨姦姪姻姿威娘娛娟娠
娥娩娼娶婆婉婚婢婦媒媚媛媳媢媽媾嫁嫂嫉嫌嫗嫡嫦嫩嬌嬴嬰嬸孀

子部：孔孕字存孚孝孟季孤孩孫孰學孺孵

宀部：宅宇守安宋完宏宕宗官定宛宜客宣室宥宮宰害宴宵家容宿寂寃寄寅密寇寧富寒寓寔寘寮
寡寢寥實寨審寫寬寵寶

寸部：寺封射將專尉尊尋對導

小部：少尖尚尠

尢部：尤就

尸部：尹尺尼尾局居屆屈屋屍屑展屏屠屢層履屬

屮部：屯岳

山部：岡岩岸峙峯島峽崇崎崑崔崖崛崩嵇嶺嶼嶽巖

巛部：川州巢

工部；左巧巨差

己部：巳已巴巵巷

巾部：布帆帑希帖帛帝帥師席帳帶常帽幅幕幟幢幣幫

干部：平年幷幸幹

幺部：幻幼幽幾

广部：庇序底庖店庚府度座庫庭庵庶康庸廂廈廁廉廊廖廚廝廠廢廣廨廬廳龐

廴部：延廷廹建廻

廾部：廿弁弊

弋部：式式

弓部：弔引弗弛弟弧弱張強弼彈彊彌彎弘

彐部：彙

彡部：形彥彩彬彭彰影

彳部：役彼往征待很律後徐徑徒得徙從徠徧復循微徵德徹

心部：必忌忍志忘忙忠快忭念忱忽忿怎怒怕怖思怠怡急性怨怪怱怔恃恆恐恕恙恢恤恥恨恩恪恫恭息恰悃悅悍悔悉悞悟患悲悵悶悖悼情惑惘惜惟惠惡惋惰惱惲想惶惹愁愆愈愉意愕愚愛感愧慎慈態慌慕慘慚慟慢慣慧慨慮慰慶憂慷憐憑憤憫憲憶憾懂懇懈應懊懋懍懦懲懿懶懷懸懺懼懾戀

戈部：戊戍戌戎成我戒戔或戚截戮戰戲戴

戶部：房所扁扇

手部：才扎打托扛扣扭扯扶批抵扼找承技抄把抑投抗折抬抱抹押抽拆担拉拋拍拏拐拒拓拔拖拘拙招拜括拯拳拾拿持挂指挈按挖挨挪挫振挺挽挾捆捉捌捐捕捧捨据捲捷掃授掉掌排掘掛掠採探掣接控推掩措揀描提插揚換握揣揭揮援搆摧損搖搗搜搪搬搭搶摘摧摩摯摸摹摺撈撒撕撞撤撥撫播撮撰撲擁擄擅擇擊操擒擯據攙擠擡擢擦擬擱擲擴擾攔攘攜攝攤攬

攴部：收攷改攻放政效敉敍教敏救敓敗敝敢散敦敬敲嫳敵敷數斂斃

文部：斌斐斑

斗部：料斛斜斟斡

斤部：斥斧斬斯新斷

方部：於施旁旅旋族

无部：既

日部：旦旨早旬旭旱旺昌昂昆明昏易昔星映春昧昨昭是昶時晉晏晚晝晤晨普景晰晴晶暑智暄暇暑暖暗暢暈暫暮暴暹暨曉曙曜曠曩昇

曰部：曲更曷書曹曼曾替最會

月部：有朋服朔望朝期朦

木部：朱末本札朱朽杆杉李杏材村杖杜束杪杭柿杯杰東松板杜析枕林枚果枝枯架柄柏某柒染柔查柬柯柱柳柴柵枰栗校株核根格栽桂桃桅框案桌桐桑桓桶桿梁梅梓梗條梢梨梭梯棡棫梳梵棄棉棋棍棒棕棗棘棟棠棧森棲棹棺椅植棫椿楊楓楚楠榆業極楷楨榖榘榜榦榨榮榴榻槁構槍槐槓槊槨概槳槽樁樂樊樓標樞樟模樣樸樵樹橄橋機橡橫檸橘檀檐檔檢檬檯檳櫃檳櫬欄櫻權欖欣

欠部：次欣欲款欺欽歇歉歌歎歐歛歡

止部：正此步武歪歧歲歷歸

歹部：歿殀殃殆殉殊殖殘殤殮殯殲

殳部：段殷殺殼殿毀毅毆

毋部：每毒毓

毛部：毬毫毯氈

氏部：民氓

气部：氛氣

水部：氷永汁汀求汎汗污汛汝江池汕汞汪汰汲汴汹決汾沂沃沈沉沌沐沒沖沙沛沫河沸油治沽沾
沿泄泅泉泊法泗泛泡波泣泥注泰泳洋洒洗洛洞津洪洮洲洶活洽派流浙浚浦浩浪浮浴海浸消涉涕浜液
涵涸涼淆淇淋淑淘淚淡淤淨淪淫淮深混清淹淺添涎淄淒淞渙減渝渠渡渣渤渥渦測港渴游湊湖湘湛湧
湮湯湞源準溜溝溢溥溧溪溫溯溺溼滌滄滅滋滑滔滕滇滯滲滓漓滬滸滾滿漁漂漆漏滴演漠漢漫漲漳漸
漾漿漕潁潑潔潘潛潤潦潭潮潰潼澄澆澈濆潯澡澤澳激濁濂濃澱濕濟濠濤濫濬濰濱瀉濺濾瀆瀏瀑瀕瀛
瀘瀋瀾灌灑灘灣灤

火部：灰灶灼災灾炊炎炒炙炬炭炮炯炳烈炸烏烘烟烹烽焙焚無焦焰然煉煊煌煎煒熙煖煤煥照煩
煽熄熊熒熱熨熬熟熹熾燐燙燃燄燈燎燒燕營燥燦燬燭燻燮燼燿爇爆爐爛烤

爪部：爭爬爰爲爵

父部：爹爺爸

爻部：爽爾

爿部：牀牆

片部：版牋牌牒牘
牛部：牝牟牡牢牧物牯牲特牽犀犁犒犖犧
犬部：犯狀狂狄狎狐狙狡狠狹狼狽猖猛猜猥猪猫猴猶猷猾獄獗獨獲獵獸獻
玄部：率
玉部：王玩玫玲玻珀珊珍珠珩班現球理琉琛琨琪琳琴琶琵瑙瑚瑛瑜瑞瑟瑣瑤瑩瑪瑰璃璋瑾璜璞
璧璨環瓊
瓦部：瓶瓷甄
甘部：甚甜
生部：甡產甥甦
用部：甫甬甯
田部：由申男甸畀界畏町畜畝留畢略番畫異當畿疆疊
疋部：疎疏疑
疒部：疔疚疝疤疫疲疴疹疼疾病症痊痔痕痘痛痞痢痰瘓痴痼痿瘀瘋瘟瘠瘡瘥瘦瘧瘰療癆癖癘癡
癢癰癮癱
癶部：登發
白部：百的皆皇皋皓皖
皿部：盆盈益盍盒盛盜盟盞盡監盤盧盦

目部：盲直相盼盾省眉看眄眛眞眠眷眼眾着睛睡督睦瞎瞑瞞瞥瞬瞭瞿矚

矛部：矜

矢部：矣知矩短矮矯

石部：砂砍破砲研硝硤硫硬硯碌碎碉碗碇碑碭碧碩碰確碼磯磁磅磋磚磨磺礁礎礙礬礮礦

示部：社祀祁祇祈祉祕祖祗祝神祟祠祥票祭祺祿禀禁禍禎福禕禡禦禧禪礽禱

内部：禹

禾部：秀私秈秉秋科秒秘租秤秦秧秩移稀稅程稍稔稚稟種稱稷稻稼稽稿穀穆穌積穎穢穩穫

穴部：究突空穿窄窒窗窘窟窠窩窮窰窺竄竅竇竊

立部：站竚竟章竣童竭端競

竹部：竺竿笑笙符笨笋第筆等筋筍筐筒答策筧筵筱箋箇箔算管箱箸節範篇築篩篠篤篷簍簡簣簽
簾簿籃籌籍籐籠籤籮籲

米部：粉粒粗粘粟粵粥粧粱粹粳精糊糕糖糜糟糠糙糧糯糴糶

糸部：系糾紀約紅紊紋納紐紓純紗紙級紛紜素紡索紫紮累細紳紹紬終絃組結絕絞絡給絨絮統絲
絹綁綉綏經綜綠綢綦綫綬維綱網綴綽綾緊緒緘緝線緞締緣編緩緬緯練緻縉縊縐縛縣繁縫縱縷總績繅
繆織繕繙繞繡繩繪繫繭繳繼纂續纍纖纓纔纜

缶部：缸缺罄罐

网部：罔罕罘罩罪置罰署罵罷罹羅羈

羊部：美羔羞羣羨義羲
羽部：翁翅翌習翔翟翠翡翦翰翹翻翼耀
老部：考者耆
而部：耐
耒部：耔耕耗
耳部：耶耻耿聆聊聖聘聚聞聯聰聲聶職聽聾
聿部：肄肅肆肇
肉部：肋肌肖肘肝股肢肥肩肯育肺胃背胎胖胞胡胥胸能脂脅脈脊脚脛脣脩脫脹腋腎腐腑腕腦腫腰腸腹腿膏脚膚膜膝膠膩膳膺膽膿臀臂臆臉臘臟
臣部：臥臨
自部：臭
至部：致臺臻
臼部：臾舁舅與興舉舊
舌部：舍舒舘舖
舛部：舞
舟部：航般舵舶船艇艘艙艦
艮部：良艱

色部：艷

艸部：艾芝芥芬花芳芻芽苑苒苗苛苟若苦英茂范茅茜茫茲茶茸荀萄荊草茌荐荒荳荷荼莊莒莘莠莩莫莽菅菊菓菜華菲菴萃萊萌萎菌萬萱落葆葉著葛葡董葬葯葷葺蒙蒜蒞蒲蒸蒼蓀蓄蓆蓉蓋蓬蓮蔓蔗蔚蔡蔣蔭蔴蔽蔬蕃蕉蕙蕩蕪蕭蕆薄薑薛薦薩薪薰藉藏藐藍藕藝藤藩藥藹藺蘄蘆蘇蘊蘋蘭蘿

虍部：虎虐處虛虜虞號虧

虫部：虹蚊蚌蛀蛇蛋蜂蜀蜚蜜蝕蝗蝟蝦蝶蝴融螺蟄蟬蟲蟹蠅蠟蠢蠹蠱蠲蠶蠻

血部：衆衊

行部：衍術衕街衙衚衝衛衡衢

表部：衫衰衷衽衾袁袋袍袒袖袜被袂袴裁裂裏裕裘補裝裨裳裴裸褒製複褂褚褥褫褲褻襄襖襟襤襪襯襲

襾部：西要覃覆覇覊

見部：規覓視覩親覲覺覽觀

角部：觔解觸

言部：訂訃計訊討訐訓訖託記訌訛訟訪許設訴診証註詈詎詐詒評詞詠詢試詩詫詭詰話該詳誅誇詹誌認誑誓誕誘語誠誡誣誤說誰課誼調談諉請諒諑論諗諛諸諫諭諮諱諳諷諧諺諾謀謁謂諜謄謇謊謐謙講謝謠謨謬謹譁證譏識譚譜警譬譯議護譽讀變讎讒讓讚

谷部：谿豁

豆部：豈豐豔
豕部：象豪豫豬
豸部：貂貌貍貓
貝部：貞負財貢貧貨貪販貫責貯貲貳貴貶貸買費貼貽貿賀賂賃賄資賈賊賑賒賓賜賞賠賡賢賣賤賦質賬賭賴賺賻購賽賸贅贈贊贍贏贓贖贛
赤部：赦赫
走部：赴起趁超越趕趙趣趨
足部：跋跌跑距跟跡跪路跳踏踐踰踴踵蹂蹄蹉躍蹩蹤蹶躇躉躊躪
身部：躬躭躲軀
車部：軋軌軍軒軟軸較載輊輒輓輔輕輛輜輝輟輩輪輯輸輭輿轄轅轉轍轎轟
辛部：辜辣辦辨辭辯
辰部：辱農
辵部：迂迄迅迎近迓返迴迨迫迭述迷追退送逃逆逍透逐途逕逗這通逝逞速造逢連逮週進逵逸逼遇遁遂遄逾遊運遍過遏遐遑道達違遙遛遜遞遠遣適遭遲遴遵遷選遺遼遽避邀邁還邇邊邏
邑部：邢那邦邪邱邵邸郁郊郛郎郡部郭郵都鄂鄒鄔鄉鄙鄞鄧鄭鄰酈郝
酉部：酋酌配酒酥酣酬酷酸醉醋醒醜醫醬釀釁
釆部：采釋

里部：重野量釐

金部：釘針釣鈍鈐鈔鈕鈞鈴鈺鉅鉛銀銅銑銓銘銜銳銷銹鋒鋅鋪銲鋼錄錐錠錢錦錫錮錯鍊鍛鍵鍾鍍鎖鎗鎮鎊鏡鏞鐘鐫鐲鐵鑑鑒鑛鑰鑲鑽鑿

門部：門閃閆閉開閏閑閒間閔閘閣閨閩閭閱闐閻闊闋闖闢闥

阜部：阨阮防阪阻阿附陋限降陝陞院陣除陪陰陳陵陶陷陸陽隅隆隊隋階隔隘隙際障隣隧險隱隴隨

隶部：隸

隹部：隻雀雁雄雅集雇雌雍雖雙雜雞離難

雨部：雪雲零雷雹電需霉震霍霖霜霞霧露霸靈

青部：靖靛靜

非部：靠靡

革部：靳靴靶鞏鞋鞠

音部：韶韻響

頁部：頂頃項頎順須頌預頑頒頓頗領頤頭穎頸頻顆題額顏願顛類顢顧顯

風部：颶飄

食部：飢飭飲飯飽飾餅餉餐餒餓餘餞館餽饑饒饗

香部：馥馨

馬部：馮馳馴駁駐駒駕駛駭駱駿騎騎騏騙騫騰騷騾驅驊驕驗驚驟驤驥

骨部：骸體

髟部：髮鬆

鬥部：鬨鬧鬮

鬯部：鬱

鬼部：魁魏魔

魚部：魯鮑鮮鯉鯊鯨鰲

鳥部：鳳鳴鴛鴦鴨鴻鴿鵝鵠鵬鶯鶴鷄鷹

鹵部：鹹鹼鹽

鹿部：麝麒麗麟

麥部：麪

麻部：麼

黍部：黎

黑部：黔默點黨黯

鼎部：鼐

齊部：齋

齒部：齟齡齬齣

龍部：龐龔

補遺：万丘働佣傢佇偬僉剌劃勛卹吋呎唇响囨垃圾塊坯墻坩埔婿媛她峪揑捺摔擲旗机杷橱殭汽洩淵焉煙琿璉瘦睽碍磧筷籼粮線縮胆脆豚膨腺舢菸蛔褒裏藷聳踪逯鄲鏶鑫鋆鉉閙閔隨養鱉麵銻鋁鎂鎳鎢売

這回電碼新編編者把『常用字』挑出放大，不能不算一大進步，爲這是積五十餘年經驗所得的結果。以上合計三千四百九十六字。把這麽多的字模，裝入打字電報機的字盤，當然是會够用的。

再看日本對於這個問題的辦法：在日本，稱這問題爲『漢字制限』。此事創始於最先提倡『言文一致』的報知新聞，時在明治十九年（1886），它製作了一部三千字引。後來到大正十三年（1924），文部省國語調查會把漢字的制限數目減至一千八百五十八字，名叫『常用漢字』，並且內中有一百五十五個是減少筆函的『略字』（中國稱簡字）卽以此數爲制限，勸諭他們一般國民不再使用此數以外的漢字。第二年六月一日東京、大阪的重要報社便發表漢字制限的共同宣言：決定在今後報紙上所用的漢字，不超過『常用漢字』的範圍。這實在算是日本文化史上的一椿劃期的事實。所以從那時以後，在日本的報紙上，雖然還可發見應用略字而不用略字的漢字，但在此千八百餘字以外的冷僻的漢字，便很難再發見了。現在仍依部首順序把這千八百五十八字，帶上百五十五個略字的原字，共二千零十三字，寫到下面：

日本文部省國語調查會新查定：常用漢字表

一部：一丁七丈三上下不世丙並

宣言

現代の大勢は、國民文化の進展に最も密接な關係を有する國語の整理を必要としてゐます。まづその第一歩として先頃文部省臨時國語調査會で常用漢字を定めたことは、わが國民敎育の上からも、わが國民日常生活の上からも、また印刷能率の上からも、きはめて至當なものであると思ひます。漢字制限はすでに議論の時代を過ぎて實行の時代にはいつて來ました。その實行が一日早ければ、國民文化の進みは一日早まります。そして日々最も多く文字を取扱つてゐるわれらは、その實行について、最も深い責任を感じ、また最も強くその促進を望むものであります。よつてわれらは一同こゝに相談して、徹底的に新聞紙上に於ける漢字制限の實行を期することゝし、すぐその用意にとりかゝりました。われらはこれによつてわが國民文化のために、大なる寄與をなし得べきものであることを信じて疑ひません。とりあへずこゝに宣言します。

大正十二年八月六日

二六新報社
東京日日新聞社
東京毎日新聞社
東京朝日新聞社
中外商業新報社
大阪朝日新聞社
大阪時事新報社
讀賣新聞社
國民新聞社
都新聞社
報知新聞社
東京大勢新聞社
東京毎夕新聞社
中央新聞社
大阪毎日新聞社
大阪都新聞社
萬朝報社
やまと新聞社
アサヒグラフ
時事新報社

（いろは順）

丨部：中

丶部：丸主

丿部：久之乏乘

乙部：乙九乞也乳亂（乱）

亅部：了事

二部：[illegible]

亠部：[illegible]

人（亻）部：人仁仇今介仕他付代令以仰仲件任伊伏代休伯伴伺伸似位低佳佐何佛作余使佳來（来）例侍供依侮侯侵便係促俊俗保俠信修俱俳俵俸倉個倍倒候借倫併（并）假（仮）偉偏傑備催傳債傷傾僅働像僚僞（偽）僧價儀億儉償優

儿部：元兄充兆兇先光免克免兒（児）

入部：入内全兩（両）

八部：八公六共兵具其典兼

冂部：册再

冫部：冬冶凉准凌凍

几部：凡

凵部：凶出

刀部：刀刃分切刊刑列初判別利到制刷券刺刻（刻）則削前剛副割剩（剰）創劇劍劑（剤）

力部：力功加劣助努効勅勇勉動勘務勝勞（労）募勢勤動勵（励）勸（勧）

勹部：包

匕部：化北

匚部：區

十部：十千升午半卑卒卓協南博

卜部：占

卩部：印危却卵卷卽

厂部：厄厘厚原厥

厶部：去參（参）

又部：及友反叔取受

口部：口古句叫召可史右司各合吉同名后吏吐向君吟否含呈吸吹告周味呼命和咽咸哀品員哲唐商問啓善喫喉喜喪單嗣嘉噴器嚴囑（嘱）

囗部：囚四回因困固國（国）圍（囲）園圓（円）圖（図）團

土部：在地坂均坊坑坪垂型埋城域執培基堀堂堅堤堪報場塔塗塵境墓塀（塀）增墨墮壁壇壓壞

士部：士壯壹（壱）壽（寿）

夊部：夏
夕部：夕外多夜夢
大部：大天太夫央失奇奉奏契奔奢奧奪獎奮
女部：奴好如妃妊妥妙妨妹妻姊始姑姓委姦姪姬姻婁威娘娛娠婚娼婦婿媒嫁嫌嫡孃
子部：子字孝季孤孫學（学）
宀部：宂（冗）宅守安完宏宗官定宜客宣室宮害宴家容宿寄密富寒察寢實（实）審寫（写）寬
寶（宝）
寸部：寸寺封射將專尉尊尋對導
小部：小少尙
尢部：就
尸部：尺尼尾尿局居屆屈屋展屛履屬（属）
山部：山岡岩岳岸岾峯島峽崇崎崩
巛部：川州巡巢
工部：工左巧巨差
己部：己
巾部：市帆希帝帥師席帳帶（带）常帽幅幕幣
干部：干平年幸幹

幺部：幻幼幾

广部：床序底店府度座庫庭庶康廉廊廢（廃）廣廳（庁）

廴部：延建廻

廾部：弄弊

弋部：式

弓部：弓弔引弟弱張強彈

彡部：形彩彫彰影

彳部：役彼往征待律後徐徑（径）徒（徒）得從従御復微徵德徹

心（忄⺗）部：心必忙忘忍志忘快忠念性怪怯怒思怠急怨恨恐悖恥恩恭息悔悟患惟悼情惜悲惑惠惡惰惱悩愉想慎愁意愚愛感慈態慘（惨）慢慣慨慕慮慰慶慾憂憐憚憤憲憶憾懇應懲懷懸戀（恋）

戈部：成我戒戰戲（戯）戴

戶部：戾房所扇

手部：手才打扱扶批技抑投抗折抱披承抵押抽拂拍拒拓拔拘拙招拜括拾持指拳振捕捧捨掃授排掛採探接控（扣）推提描插（挿）揚換握揭揮援掌損搖搜攜摘摩撫擇（択）操擔（担）據（拠）擊擬擴攝（摂）

支部：支

攴（攵）部：收改攻放政故敍（叙）教敏救敗敢散敬敵敷數（数）整

文部：文
斗部：斗料斜
斤部：斤斥斬斯新斷（断）
方部：方施旅旋族旗
旡部：旣
日部：日旦旨早旬旭昇昌明易昔星春映昭昨是時晚晝普景晴晶智暇暖暗暑暮暴曆曇曜
曰部：曲更書曹曾替最會
月部：月有朋服朕朗望朝期
木部：木末未本札朱机朽杉材村束杯東松板枕林枚果枝枯架柿柄某染柔査柩柱柳栗校株根格栽
桃案桐桑梅條（条）梨械棄棋棒棟森棺植楠業極榮（栄）構概樂（楽）樓楼標樞模樣（様）樹橋機
橫檄檢櫻欄權（権）
欠部：次欲款欺歌歎歐歡歓
止部：止正此步武歲歷歸（帰）
歹部：死殊殉殖殘（残）
殳部：段殺殿毀
毋部：毋每毒
比部：比

毛部：毛
氏部：氏民
气部：氣（気）
水（氵水）部：水氷永汁汗汚江池決汽汰沈没沖沙求河沸油治沼沿況泊法波泣泥注泳泉洋洗津
洪活派流浦浪浮浴海浸消渉泰液淑淚淡淨淫澁混清淺（浅）添減渡測港渇湖湧淵（渊）湯源準溢溶
溺滅滋滑温滯（滞）滴滿（満）漁漂漆漏演漠漢漫漸潔潮澤（沢）濃激濁濕（湿）濟済濱潛（潜）
瀧（滝、灣（湾）
火（灬）部：火灰災炊炎炭烈無然煉煮煙照煩熟熱燃燈燒營（営）爆爐（炉）
爪部：爪爭爲（為）爵
父部：父
爻部：爾
片部：片版牌
牙部：牙
牛（牜）部：牛牧物牲特犧（犠）
犬（犭）部：犬犯狂狀狩狹猛猫猶獄獨（独）獲獵（猟）獸獻（献）
玄部：玄率
玉部：玉王玩珍珠班現球理琴環璽

瓦部：瓦甁（瓶）

甘部：甘甚

生部：生產甥

用部：用

田部：田由甲申男町界畏畑畜畝略異番畱（当）畫（画）當疊（畳）

疋部；疋疎疑

疒部：疫疲疾病症痘痛痢療癖

癶部：登發（発）

白部：白百的皆皇

皮部：皮

皿部：皿盆益盛盜盟盡（尽）監盤

目部：目盲直相省眉看眞眠眼着睡督

矢部：矢知短

石部：石砂砲破硏（研）硬硯碁碎碑確磁磨礎

示部：示社祈祕祖祝神票祭禁禍福禦禮（礼）

禾部：秀私秋科秒租秩移稅程稚種稱（称）稻稿穀積穗穫

穴部：穴究空突窃窒窗（窓）窮

立部：立章童端競

竹部：竹竿笑笛符第筆等筋筒答策算管箱節範築篤簡簿籍

米部：米粉粒粘粗粹精糖糞

糸部：系紀約紅紋納純紙級紛素紡索紫累細紳紹紺終組結絕絡統絲（糸）給絹經（经）綠維綱網綴綻綿緊緒線締緣編緩緯練縛縣縫縮縱（纵）總（総）績繁織繕繪繰繭繼繼續（続）

缶部：缺（欠）

网部：罪置罰署罵罷羅

羊部：羊美羣義

羽部：羽翁習習翼

老部：老考者

而部：耐

耒部：耕

耳部：耳聖聞聯聲（声）職聽（聴）

聿部：肅（粛）肇

肉部：肉肖肝股肥肩育肺胃背胎胞胴脅胸能脈脊脚脫腕腦（脳）腰腸腹腐膚膜膝膽（胆）臆膺臟

臣部：臣臥臨

自部：自臭
　至部：至致臺（台）
　臼部：與興舉（举）舊（旧）
　舌部：舌舍
　舛部：舞
　舟部：航般舵舶船艦
　艮部：良
　色部：色
　艸部：芝花芽芳苑苗若苦英茂茶草荒荷莊菊菌菓菜華萬（万）落葉著葬蒙蒸蓄蔓薄藏藝藤藥（薬）
　虍部：虎虐處（処）虛（虚）號（号）
　虫部：蚊蛇蛙蜂蜜融蟲（虫）蠶（蚕）蠻（蛮）
　血部：血衆
　行部：行術街衝衡衛
　衣（衤）部：衣表衰袖被袋裁補裕裂裏裝裸製複褒襲
　襾部：西要覆
　見部：見規視親覺（覚）覽觀（観）

角部：角解（觧）觸（触）
言部：言訂計討訓託記訟訪設許訴診詐詔評詞詠試詩詰話詳誇誌誠認誓誕誘語誤說課調談請論諦諭諸諾謀謁講謝謠謹謬證（証）識譜警譯（訳）議護譽（誉）讀（読）變（変）讓
谷部：谷
豆部：豆豐（豊）
豕部：豚象豪豫
貝部：貝貞負財貧貨販貫責貯貳貴買貸費貿賀賃賄資賊賦賓賜賞賢賣賤（賎）質賴購贈贊（賛）
赤部：赤
走部：走赱赴起超越趣
足部：足距跡路踊躍
身部：身
車部：車軌軍軒軟軸較載輕（軽）輩輪輸輯輿轉
辛部：辛辨辯（弁）辭（辞）
辰部：辱農
辵（辶）部：込迎近返迫迭述迷追退送逃逆透逐途通速造連週進逸遂遇遊運過道違達遙遞（逓）遠遣適遭遲（遅）遵遷選遺避還邊（辺）
邑（阝）部：邦邪邸郊郎郡部郵都鄉

酉部：酌配酒酢酬酷酸醉醜醫（医）

釆部：釋（釈）

里部：里重野量

金部：金釜針釣鈍鉿鉛鉢銀銃銅銘銳鋒鋼錯錄錢（銭）鍋鎖鎮鏡鐘鐵（鉄）鑄（鋳）鑑鑛

長部：長

門部：門閉開閑間閣閱關（関）

阜（阝）部：防附降限陞院陣除陪陣陰陵陶陷陸陽隆隊隔隙際障隣隨（随）險隱

隹部：隻雀雄雅集雇雌雙（双）雜離難

雨部：雨雪雲零雷電需震霜霧露（靈）

青部：青靜

非部：非

面部：面

革部：革靴

音部：音響

頁部：頂項順頓預頑領頭頻題額顏願顛類顧顯（顕）

風部：風

飛部：飛飜

食部：食飢飲飯飾養餓餐餅（餅）餘（余）館（舘）
首部：首
香部：香
馬部：馬馳駁馱駐騎騰騷驅驗驚驛（駅）
骨部：骨體（体）髓髄
高部：高
髟部：髮
門部：鬪（鬥）
鬼部：鬼魂魔
魚部：魚鮮鯉鯛
鳥部：鳥鳩鳴鶴鷄
鹵部：鹽（塩）
鹿部：鹿（麻）麗（厲）
麥部：麥（麦）
麻部：麻
黃部：黃
黑部：黑默點（点）黨（党）

鼓部：鼓

鼻部：鼻

齋部：齋（斎）

齒部：齒（歯）齡（齢）

龍部：龍（竜）

龜部：龜（亀）

就以上兩表而論，前者過於偏重文言，所以語體用字，多不列入；但這也難怪電政當局，因爲似乎從來沒有人用語體文打過電報。後者，則因爲日本文中，有它自己的無數的名詞、形容詞、副詞、助詞、助動等詞以及外來語好用，所以有許多漢字，在他們的語文中，自然根本不需要。因此，兩者都當然不能做我們的標準常用字，必須用一番審核增删的功夫。這是另一問題，這裏單就打字電報機來說，我想只須照前兩表略加增删便妥。另一方面，仿日本辦法，來一個嚴格的『漢字制限』，這樣，一般人士——包括打電報者——自然不會去寫冷僻的字了。而打字電報機上的用字，當然應以這種常用字爲標準；即使說這些字不足以寫何等高深的文章，但發電報者，照常用字表草擬電文——假定是新聞記事——一點也不會發生障礙。萬一電文中非用那一個字不可，則用四碼替代，固不妨事。不過這種情形，就實際——即常用——來說，恐怕是很少碰着的；因爲任何文句，都有改爲常用字文句的可能；因爲專好使用冷字的章太炎業已故去。這樣說來，華文打字電報機上的字數，照前表的字數，就算最多了。那末，造一個橫五十餘字豎五十餘字——比一萬字的字盤面積約減少四分之三——的字盤，不就好了嗎？

不過就能率上說，就便利上說，任何小型字盤的華文打字電報機也決乎比不上克氏一類的打字電報機，況且在『羅馬字國音電報』或『新文字』的呼聲高起來的時候，也許華文打字電報機造成之後，會當廢銅爛鐵賣去，也說不定；但這是另一問題。

然而任何打字電報機，都只能將打電者的自然的手蹟變成印板式的文字，更不要說傳送人物的本相了。能夠依高速度機械傳送手蹟乃至人物的眞相的，那就是現代歐、美和日本業已通行，中國也曾試驗過幾次的，次項所述的攝影電報（facsimile communication）了。若是這種攝影電報達到普遍化的地步時，那末，克利特式乃至華文打字電報機一類的機械，當然也要得到同今日的老式莫爾斯機一樣的命運；到那時候，方塊漢字和羅馬字，單就打電報的能率上說，便不會發生任何問題了。

二　攝影電報

(A)攝影電報的發明及現狀

攝影電報一名傳眞電報，是由一八四三年蘇格蘭的培恩（Alexander Bain）氏的研究開頭；其次於一八七九年由英人提隆(Dillon)於一九〇一年由意人徹利尼(Attilic Cellini)繼續研究。但都沒有見着實際的成功。後來，更由德國人科恩教授(Prof. Arthur Korn)從一九〇二年到一九〇九年的研究，遂漸漸進入實用時代，才開始造成了科恩式攝影電報機。與這位科恩教授相前後而成功的人，有法國人柏蘭(E. Edouard Belin)氏，名叫柏蘭式攝影電報，他曾於一九二六年到北京公開試驗過一次。

次於科恩及柏蘭的，是奧國的教授楚爾耐（L'Tschorner）和英人培刻(T. T. Baker)的研究成功發表出來；又在一九一八年生出德國的蒂克滿(Dieckmann)式攝影電報；到一九二四年，在美國，又成功了朗澤式遠程無線電攝影電報。這個朗澤式，是美國合組無線電公司(R. C. A.)的技師朗澤氏(Captain R. H. Ranger)所發明的，比諸從來的有線攝影電報，算是更進了一大步。

朗澤式無線電攝影電報於一九二四年十一月二十日開始做了倫敦、紐約間的遠程電傳的試驗。這回的試驗是從倫敦的馬可尼房子(Marconi House)，用二百二十哩的陸線拍到威爾士的卡那封(Carnavon)電報局，再由該局的無線電發報機把電波送過相隔三千哩的大西洋，在美國的最小州羅德島（Rhode Island）的河源，用九哩的收報天線收報，受增幅 Heterodyne 檢波，更以七十六哩的陸線打到紐約市 R. C. A. 的中央局。這個試驗攝影電報，拍的是美國當時的大統領柯立治和英國內閣總理包爾溫的照相，得到超出豫期的成功。但因爲還是不大鮮明，遂更繼續研究，漸漸得到確信，而於一九二六年五月一日正式開始倫敦、紐約間攝影電報的業務；次更開始舊金山、爪哇間的業務。

對於這個 R. C. A. 的朗澤式無線攝影電報而有美國電話電報公司(A. T. T.)所考案的 A. T. T. 式有線攝影電報。朗澤式營的是倫敦、紐約間的攝影電報的業務，而 A. T. T. 式則主營美國內的攝影電報的業務。該公司最初舉行公開試驗，是在一九二四年二月十九日，從紐約到克利弗蘭德間的五百五十二哩；拍的是柯立治的照相和克利弗蘭德市的大橋的景色，相片比無線的鮮明。後來繼續研究，做新聞攝影電報而得到意外的成功的，是發生於一九二五年三月十九日的伊利諾州南部地方受大旋風災害的相片。這個受害狀况的照片，是十九日拍好，用飛機運到芝加哥，從芝加哥的 A. T. T. 支局拍到紐約本局，二十日紐約朝刊報紙便一齊登載出來，驚動了全紐約的人。又該公司得到這個確實的成功以後，即在紐約、芝加哥、舊金山三局裝設收發兩機，從同年五月四日開始攝影電報的營業。後來適應各都市的需要，陸續在波斯頓、阿特蘭培、克利弗蘭德、聖路易、羅斯安哲爾斯設置攝影電報管理局；更利用鐵路、飛機而應付這些管理局隣近都市地方的需要。

據最近的報告：同倫敦的中央電報局互相傳遞照片者，共有九國電局；倫敦電局所裝的機械是次述的德國的得力風根式。

德國的優秀的攝影電報機；是一九二五年由萊比錫的加祿魯(A. Karolus)博士所考案的。爲了同時在組織德國的無線電信聯盟的得力風根公司及西門子公司發表的緣故，遂稱此機爲『西門子·加祿魯·得力風根』(Siemens-Karolus-Telefunken)式。這機械成功之後，各國人士，都很驚異。有下面的一九二六年二月十四日東京的時事新報上登載的一條柏林專電爲證：

『得力風根公司目下正在試驗加祿魯博士所發明的高速度攝影電報法。此項新發明，不但可依有線、無線傳遞普通文字和電文，並且能在一秒鐘內將新聞記事、繪畫、捺印、指紋等，極鮮明地從柏林傳遞至日本及其它任何地方。將來活動攝影，也可用無線電播送，任何人皆能在私宅中觀在千萬里外者的照片。』

一九二七年由這機械開始柏林、維也納間攝影電報的業務，以便陸續擴張業務到歐洲各國。最值得令我們追憶的，就是一九三〇年六月二十六日它所做的柏林、南京間的無線攝影電報的美滿的試驗；因爲這是柏蘭氏試驗以後的在中國——也可說是在東方——的首次的遠程無線攝影電報的試驗。關於這個試驗的情形，則有下列的幾條記錄：

『交部籌備南京、柏林間無綫傳眞電報，完竣。現能由柏林拍至南京。約一英尺大小，於四分三十秒時間內傳到。南京接電所設小營，定二十六日下午五時，卽柏林上午十一時，由柏林城拍至南京。交長王伯羣擬親往接電，爲我國駐德公使蔣作賓親筆手書。』

——一九三〇年六月二十六日新聞報南京電。

『中、德、柏林、南京間無綫電傳達圖影，二十六日下午六時，在京公開試驗成功，所收柏林使館同人發來電報，筆畫異常清晰。現記詳情如次：

交部爲提倡電報新事業起見，函准滬西門子洋行，將所經理得力風根無綫電公司製造之無綫電傳眞電報收受機運京。並由該公司派盧克斯博士來京，於小營教導師內裝製機件。興工三月，日前卽全部工竣。開始試拍柏林腦恩大電台傳報各項眞確電報，成績優良。乃擇二十六日公開試驗，函請各界參觀。屆時到交長王伯羣，交部祕書宋述樵等，公司方面，德人瞿納及盧克斯，職員王志濤、包可永，暨中外記者，各界來賓二十餘人。

機房設小營教導師營房左側一小屋中。據云：該機電力有限，僅可收受，不能傳送。五時許，德技師盧克斯至圖電箱前，耳掛聽筒，以指旋轉箱前螺旋，盤接電波。稍頃，喇叭內發斷續蟬鳴聲，據云：此爲對方開始傳送圖影記號，歷四分鐘許，技師云：已收畢。乃取出所攝底片，至暗室冲洗，隨卽取出。萬里外駐德使館致王部長信件，赫然陳於吾人眼簾，淸晰異常。原件寬十公分，長平二公分，原文云：南京交通部王部長勳鑒：蔣公使往遊北歐、玆乘德國無綫電拍照試驗之便，代候起居。下署駐德使館同人謹啓，十九年六月二十五日字樣；並加蓋駐德使館印信，亦甚淸晰。

本報記者商得王伯羣同意，借得原文，惜因天氣陰濕，京、滬傳眞電報，發生阻礙，未得當晚電滬，刊載本報，殊爲遺憾。

該機構造，略分四部，(一)天線，用定向天線兩根，一作發射用，一作反射用，以便除去無用電波，集中電力。該線方向自東北以至西南，與柏林相射。兩柱係木製，形似塔狀。兩桿約距四十公尺，高如之。此項新式天線，自發明至實現，距今僅一年餘。(二)電力，有煤油機及直流發電機各一座，以作各種眞空管、燈絲等各小電機之用。(三)無線電機，有極完善收音機一座。此機線路形式，係超約再生式，經高週波擴音器檢波兼等平衡器，使所收電波得保持常態。由此乃引於傳眞機上。(四)傳眞收受機，此機爲加祿魯氏式，三端爲電磁叉，乃振蕩管線路，與擴大器並。其管理器，用以使旋轉收受機方面攝影盒之同步，內置照相軟片。電動機速率，與發報台傳送器同一速率；同時並將所收電波，經加祿魯氏特製電池，轉生爲光波；經三稜鏡等折入於攝影磁小孔而達於軟片上，成爲影像。所收電波爲十七公尺。聞發報台傳送器機件，較此格外複雜。」

——同年六月二十七日新聞報南京電

「交長王伯羣二十七日電柏林西門子：漢生先生，並轉蔣公使鑒：昨參觀中、德攝影電報，所接貴處電文，字蹟清晰，成績極佳，至爲欣賀。

——同年六月二十八日新聞報南京電

雖然得到這樣美滿的成績，可是我們的交通當局者，僅做到『至爲欣賀』的地步，並沒有具體地籌劃實施的辦法。而在我們新聞界呢？雖然其它各報都有類似新聞報的記載，但結果也僅做到『記載』的程度，似乎沒有促請當局裝設此種國際間遠程攝影電報的；至於由報社自己裝置如東京、大阪兩朝日新聞那樣，更是談不到了。不過在新聞報南京記者二十七日的電中有『本報記者——借得原文，惜因天氣陰濕，京、滬傳眞電報發生阻礙，未能當晚電滬……』的文句，是當時京、滬間已經有了攝影電報的裝置；但在當時的報紙上並沒有看見這樣的電報；在過去電政文獻上也沒有這樣的記錄。

單就那次柏林、南京的攝影電報的試驗來說，『裝置機件，興工三月』的結果，只算裝了一架收報機——『僅可收受，不能傳送。』這種裝置，也幸虧沒有得到永久的壽命，否則算是爲早已走入絕路的德意志的新聞政策，多闢一條出路而已。因爲腦恩電台有如後述，是德國通信網的樞紐，同時也是德國官傳侵略網的樞紐之故；必定兩方都各裝收受機，才能減輕這種毛病。

再說在日本的攝影電報：日本人做事是很敏捷的，所以當柏蘭氏在北京公開試驗攝影電報那年的十二月，便在東京、大阪的兩中央電信局裝置柏蘭式攝影電報收發機；公開試驗，是在同月十五日，大體成功。後來到一九二七年三月二十五日，又在東京、大阪間裝設科恩式攝影電報機，舉行收發試驗，雙方都接到鮮明的相片。

在這個當兒，大阪朝日、東京朝日、大每、東日、電通等社也爭着向遞信省辦理攝影電報機的交涉。遂於一九二八年七月三十日經遞信省在官報上發布如下的三條規定，即日施行：

一、新聞社或通信社受遞信大臣的許可，以電傳揭載於新聞紙上的事項之目的，得專用寫眞電信。

一、在遞信大臣認爲必要的時候，應使寫眞電信專用者做它的設備及維持。

一、關於專用寫眞電信的報價及條件。由遞信大臣另行指定。

日本的電報、電話及其它通信事業，本是不許私設專用的。比如無線電廣播事業，也就是採取在遞信省管轄之下設立大日本放送協會，統一全國的劃一主義；但這回對於攝影電報，打破從來的劃一主義，對於新聞社及通信社特別允許專用，足見他們的交通當局是怎樣地注意新聞事業的進展了。是年六月，日本電氣株式會社的技師丹羽保次郎博士同技師小林工學士參酌各式，苦心研究的結果，造成了『日本電氣式寫眞電送機』。九月，東京日日和大阪每日兩新聞社便首先在東京、大阪間裝置丹羽式機收發兩機；十月，東京朝日和大阪朝日兩社在東京、大阪間裝置西門子式收發兩機，又在該社京都通信局內裝置發報機；同時，電通社也在東京本社和大阪支社裝置西門子式收發兩機，以及名古屋、岡山、廣島、福岡各支局裝置西門子式收發報機，以攝影電報供給東京、大阪及各地的報紙。朝日和電通所以不裝置丹羽式，並非不愛用他們的國產，實因丹羽式的鮮明度比不上西門子式。又遞信省在一九二九年度豫算內，列入關於『寫眞電信』的經費二十四萬元，經議會通過後，遂於同年度在東京、大阪兩中央電信局裝置丹羽式機，以十二吋八元、六吋五元、四吋三元的報價，適應東京、大阪及其隣近區域內的一般人的需要；接收及發送概由此區域內的郵便局經理。於是，日本的攝影電報遂由試驗時代進入實用時代。

日本遞信省復於一九三一年在東京、大阪間做無線攝影電報的基礎試驗；根據這個試驗的結果而於一九三四年舉行東京、台灣間的試驗，雖然沒有見着美滿的成績，但總算得到適合於無線電的種種有益的資料及考案。又根據這個結果，由本年七月中旬開始舉行東京、柏林間的試驗；結果，在技術上雖然還有好多的缺點，——比如電片仍比原片模糊，但總算能把世運的照片於十四分鐘，從九千公里的遠

無線電攝影百公尺決賽

世運會開幕禮(非電傳)

程，傳到日本，造成了南京、柏林間的試驗後的新紀錄。據該省工務局長提井氏的發表，關於世運期間東京、柏林間攝影電報試驗的始末，是這樣的：

『逢着這回柏林的奧林匹克，各新聞社因為上次取得在羅斯安哲爾斯市開的奧林匹克的照片，花了多大的努力和經費，極力主唱開辦柏林、東京間的關於奧林匹克的攝影電報。遞信省因為依據在東京、台北間的試驗，得到相當的技術的確信，遂以奧林匹克為機會，向德國交通部提議做柏林、東京間的無線攝影電報的試驗，幸得快諾……決定併用德國得力風根式與日本電氣式的機械。於是，使當時參與國際電話諮詢委員會停留在柏林的大橋技師同德國交通部協商

東京中央電信局的攝影電報室（上）與在該室接收從小室發來的有線電傳的收報機（下）

一切；同時，與同盟通信社及日本電氣會社，國際電話會社等的當事者協議之後，便準備開始試驗。更派遣曾做主任者試驗東京、台北間的攝影電報現居英國的金原技師，到柏林去，同在柏林的本多技師從事這個試驗。又日本電氣會社也派了兩名技師於五月十八日隨着奧林匹克的日本賽艇選手一行經西比利亞到柏林去了。丹羽式攝影電報機是從海路運往柏林；六月中旬，到了那裏。打算同德國交通部協議之後，即行裝置，於七月一日開始試驗，即在柏林使用丹羽式機向東京發報。但德國政府卻主張使用德機，因之須使雙方的裝置合致於做國際的協力係數352。所謂協力係數，就是圓筒的直徑與線密度的合計；只要這個係數一致，便能得到同發送的照片一樣大小的照片了。……因從德方之便，到十八日才得開始試驗。……試驗的順序，是：從柏林中央局所設置的攝影電報機發出的攝影電流，依有線到柏林郊外腦恩發報所，由此處乘DFD（14665 kc）的電波，到達日本埼玉縣的小室收報所；在這裏檢波之後，用有線送到東京中央電信局的攝影電報室內的收報機上。」

看這個記錄，可知這次的日本對於柏林、東京間的攝影電報的試驗，多半是由於自動，並且可以知道它的交通當局和新聞業者是怎樣地致力於這種嶄新的通信事業了。雖然可惜得到的照片仍是粗惡模糊而僅可供爭先快睹者的一瞥，但比諸在六、七年前由於被動而做好了南京、柏林間的攝影電報的試驗，卻把此事完全擱起而在這次奧林匹克期中只知靦顏轉載同盟社的無線電照片的我國的交通當局和新聞業者，真算漂亮多了。

八月二十六日午前二時——德國時間二十五日午後六時——日本同盟社的特派員和留德中的遞信省

及日本電氣會社的諸技師，又特別將收發兩機都用丹羽式；來了一個電傳希特拉的給日本國的文書的試驗；雖然除希特拉的署名以外，仍是模糊莫辨，必須參看同盟社的電文才能明白，但這次的試驗，決不僅是為企圖德、日間無線攝影電報的實用化，也決不是專意誇耀他們的丹羽式機械，乃是使德、日兩大汎繫主義者表示益發親密企圖攜手從事侵略的表徵啊！

又，德國的攝影電報，從一九三四年起，也可當作政務電報，有儘先傳遞之權。日本的遞信省打算在一九三七年開始東京、台北間及東京、長春間攝影電報的業務。

目下在歐洲方面的攝影電報的主要線路如下：

（1）倫敦與新金山間。

（2）倫敦與波都、里昂、馬賽、尼斯、斯特拉斯堡、及都魯斯之間。

（3）巴黎與阿姆斯特丹、奧斯魯及斯德克呼姆之間。

（4）發提康城與阿姆斯特丹、奧斯魯及斯德克呼姆之間。

巴黎（裝用柏蘭小圓柱式機件）和斯德克呼姆，（裝用較大圓柱的西門子機件）直接傳遞照相。它的形象放大或縮小，是由傳遞的方向而互不相同的。至於（3）（4）兩項的傳遞路線是由柏林接轉的。又在科隆地方也設有一處公用攝影電報局，好使它連接住德國和其它各國的通信網。

（B）攝影電報的原理及諸方式

攝影電報的原理，很是簡單。試在面前放置棊盤與白黑的棊石，在棊盤的每個格中順次地放下白黑的棊子，那裏一定會看見一種的花紋；更在黑白棊子間摻交上種種濃厚的鼠色石子，這便成了一張畫片。試將一個個的格眼中的碁子順次地去接觸叫光反射的光電管，若是白的，電流便多，若是黑的，便沒有了。在接受的一方，則以電流的大小去調節光度，以與發送者同樣的順序接觸膠片，這便恰同我們用照相機去拍一張照片一樣了。在照相機，那膠片的全部都只露出一回，反之，在攝影電報，僅僅是各部分順次地露出而已。

說到攝影電報的裝置，無論是那一種的裝置，都可分爲發報裝置，收報裝置及同期裝置的三個部分，關於這些，現今所用的主要方式如次：

（1）發報裝置

發報裝置，又可分爲迴轉畫面的裝置與在電流上變更畫面濃淡的裝置：

（a）迴轉畫面的裝置，有如次的方法：

（1）把原畫貼到圓筒上，迴轉着圓筒而移動到軸的方向；

（2）用鏡子；

（3）用分光器；

（4）用透光鏡。

此中最爲普通所用的，是（1）的方法，另外的方法，僅用到特殊的時候。

（b）在電流上變更畫面的濃淡，有如次的方法：

（1）給與畫的各部的電導率以差等（科恩式）；

（2）使畫面顯出凹凸（柏蘭式）；

（3）使用感光電池（用硒電池、光電管等，）卽把照片上的濃淡不同的光線，射到感光電池上，便產生強弱不一的電流；這電一流傳到收報機上，自然會變成濃淡不同的光線；這光線射到膠片上，照片便成功了。

（4）利用依光之機械的運動。

此中現今最廣用的，是用（3）的光電管，這是在一九〇七年，由羅增塔爾（Rosenthal）氏開始研究，在現今，有A. T. T. 式、得力風根式、馬可尼式、朗澤式（卽R. C. A. 式）、日本電氣式（卽丹羽式又名N. E. 式）等著名的方式，用的都是這樣的裝置。

（2）收報裝置

收報裝置，有如次的諸方式：

（1）電氣化學方法：在收報圓筒上貼以用化學的墨水寫繪好的紙，然後在挾着它的電極間通以收報電流，使紙上所含的藥品發生電氣化學的變化，便得到原稿的眞蹟。

（2）用電磁石的方法：由收報電流觸動電磁石，使在收報紙上印字或畫；

（3）用線狀檢流計；

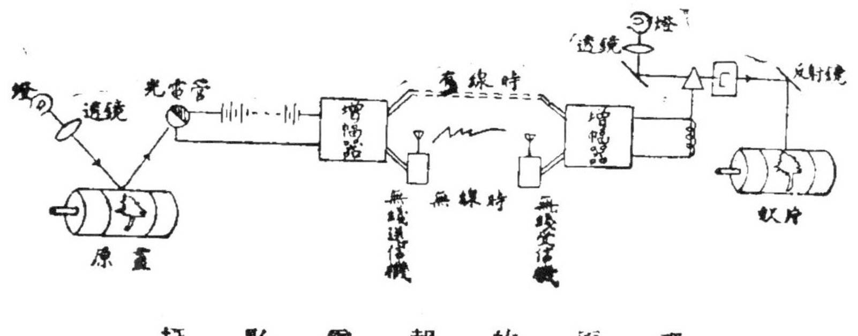

攝影電報的原理

(4)用記振器

(5)制御光源；

(6)用刻爾電池(Kerr Cell)。

以上諸方式中，現今主用的，是(3)(4)(6)：(3)是科恩式和A. T. T.所用的；(4)是柏蘭式和N. E.式所用的；(6)是得力風根式和馬可尼式所用的。

(3)同期裝置

同期裝置是使發收兩個圓筒的回轉速度完全一致，在取得攝影眞象上，乃是唯一的要件；若是兩個圓筒的速度相差萬分之一，那收到的照片便歪斜了。計有如次的方法：

(1)發報圓筒的每一回轉發送同期用的撞擊；

(2)從發報局向收報局發送同期電流，用這去制御收報用同期電動機；

(3)藉着查對在發收兩局所裝置的獨立的同期電流發生器的發振週率以保持同期；

(4)從第三的場所往發收兩局發送同期電流，用這去制御同期電動機。

以上諸方式中，在有線攝影電報，則(2)的方法，比較簡單，故多使用；而在無線攝影電報，則爲了漸次消滅(fading)及空電和別種雜音的妨害，不能發送同期電流，所以主要的是採用(3)的方式。現今優秀的無線攝影電報方式，如R. C. A.式、得力風根式、馬可尼式、丹羽式、都是採用這種方法。

又，在關於無線攝影電報的方式裏，有使電波的振幅適應照片的濃淡而變化的振幅變調法（Modulation of amplitude），及由於憑藉電波發射時間的長短而生出照片的明暗的時間變調法（Modulation of time)。振幅變調法是與無線電話完全同樣的發報方法，因爲發報方面，只要對此電流施以收報檢波，便可得到攝影電流，所以算是簡單的方法；但是收報電流些微的變化，就會立刻現諸照片而使畫面惡化，所以想從此方法接收滿足的來報，在技術上最爲困難。因之，在歐、美各國對此方法，多已棄置不用，前年在柏林及紐約、波諾瑞路線內試驗用時間變調以代振幅變調，希圖照片的明顯；結果，發現若是利用週率變調法（Modulation of frequency)，更能得到良好的成績。雖然經過多番的努力，可是對於 fading 的影響，只能減輕，不能全除；如何征服在無線電中的這個大敵，乃是今後的問題。

（C）攝影電報的效用

關於攝影電報的效用，先說對於遠程新聞報導的效用：在現今的歐、美和日本早已顯現出來了。先說歐、美，除電傳新聞原稿之外，還時常電傳整

總電料公司研究室的收報機；左方是亞歷山大生博士；一手攬出由電傳來的報紙的，是楊氏。

頁的報紙。最先造下電傳整頁報紙的成功紀錄的，是一九三〇年三月三十一日在舊金山舉行的電傳當地出版的喚醒公報（The Call Bulletin）於紐約的事情。雖然傳遞後的報紙一頁的形式，成了八英寸寬的條式三幅的連接，但字跡甚爲清晰。主辦這個試驗的，是紐約總電料公司研究室（Research Laboratory of the General Electric Company）的亞歷山大生（E. F. W. Alexanderson）博士和楊（Owen D. Young）氏。

不僅陸上，並且進展到海上。就是從一九三〇年起，美國輪船阿美利加號在船上裝置受影機，在大西洋航行中接收從歐、美拍來的整頁報紙，掛出來叫船客看。這眞可說是前人所夢想不到的事。到了這種方法普及一般輪船的時期，那海上旅行便同陸上旅行沒有差異了。

一九三一年三月二十五日，在美國漢登地方的國際電話電報公司的試驗室，試驗一種電傳公文與報紙的新電機。此機每小時內，可電傳印成的文字十二頁，計十八萬字。當日試驗時，共傳出映於尋常攝影紙上的文字六十頁。英、美新聞家的觀者都交口贊其神速。

一九三四年十月二十三日從密爾蓬拍到英國的史考特（Scott）及布拉克（Black）兩飛行家登陸的攝影電報一通，二十五日的歐、陸各晨報便刊登出來。而在這天下午，英國各戲院和電影院可已經放映這種影片了。這種電影每秒計有10×8英寸的影像二十枚，都是一枚一枚地從密爾蓬乘電波到英倫；每一枚影像的傳遞時間約須半小時。倫敦收到各個影像後，便即時拍成普通影片。

李季清君最近在攝影電報在外國之應用（註一）一文中曾說：『……美、英、丹麥、德、日等國電報……公司暨郵電總局，均有此項機器之裝設，傳遞攝影像片；此外，各該國有數大報館，亦間有裝置此種機器，傳送新聞照相……。』這是不錯的；但是下面又說『攝影電報在外國之應用　似僅以各大報館傳遞稍有時間性之新聞照相爲限，其他各界人士，均無攝影電報之需要，幾不見有發寄者，』這便有點觀察錯誤了。誠然因爲取費昂貴，除急於得到一張照片，當作記事的明證，以傳佈數千百萬的大衆的新聞社之外，公衆的個人間，多無力拍發攝影電報的力量和必要，但既如前述，德國已將攝影電報作政務電報了。但把攝影電報利用到需要迅速得到眞跡的政務或商務上，決不僅德國一國爲然，否則各國的電報公司或郵電總局又何必『均有此項機器之裝設』呢？隨着機械的改善，自不難供給一般大衆的使用。一旦現出了攜帶用簡便攝影電報機，也許會像今日的普通照相機一樣，可以隨時隨地用無線電拍發的。

總之，攝影電報在現在，『對於我國之複雜特殊文字，則可有極大之裨助；蓋現有之全世界各種電報機器，無論如何精良完善，均不能傳達我國之文字，電報傳遞，祇能借用四字報碼；羅馬字拼音或他國文字，增加翻譯手續及多用辦理時間，實爲我國電報普及民衆暨圖謀發展之極大阻礙。今若利用攝影電報方法，則可直接傳遞我國文字，上述阻礙，可獲解除。』（註二）

（註一）詳見電信雜誌第四卷第二號。

（註二）同上。

三　無線電廣播

（A）無線電廣播的來歷

大科學家法拉第（Michael Faraday）打開電的寶庫之後，電力被應用到所有的方面；但剩下一個電的奇異的性質，就是前邊已經說過的電波。

一八六五年英國的靑年科學家馬克思韋爾（James Clerk Maxwell）用數學的方法計算傳達眞空的電波的速度，知道它同電波的速度一樣，而電波和光波也同是以太的波，所不同的，只是波長的長短，於是他開始唱出電波說。但他的這種電波存在說，僅是理論上的寓言，到他逝世以前，沒有發見出實證的方法。

但在馬克思韋爾還只二十六歲的時候，德國的漢堡生出了一個赫茲（Heinrich Hertz），這是一八五七年的事情。一八八八年，赫茲最初憑藉電的振動，使它發生電波，很優秀地證明了馬克思韋爾的理論。於是把對於光的新學說和在電力中的新事項傳諸世界，隨後，無線電信和無線電廣播，遂發明出來。

赫茲先用兩個金屬球的方形檢波器繫連住有感應線輪的兩極，然後在兩金屬球間通以電流，便有電花越過兩球的空間，這是電共振的現象。把振動數相等的兩個音叉並列到櫈上，而這方一響，它方也微微地響了。這是以前一音叉的振動而生出的音波觸住後一音叉，而在那裏發生振動的綠故。這是音的共鳴的現象。與這個音的共鳴一樣地，稱在電的時候，發生於兩方的振動回路的電振動爲電共振。這個實驗證明出類似音響的音波的電波，會發生於電振動的時候。

因爲這個電波是由赫茲發見，所以又叫做『赫茲波』。赫茲並用一面鏡子實驗這個電波同光波一樣能反射也能折射，並且把他所發明的檢波器放到振動器與鏡子間的種種場所，觀測出電波的長度。他更測定電波的速度發見它與光的速度同樣的事實。所以赫茲算是無線電報和無線電廣播、電視等發明的先騙者；因爲若是赫茲沒有發見這種電波，那無線電報和無線電廣播、電視等，都不會發明出來。

當赫茲在一八八六年開始他的有名的實驗的時候，馬可尼還是僅僅十二歲的少年。當時，他是在意大利的相當有名的科學家、對赫茲發見的電波有研究興趣的利給（Augusta Righi）氏門下做實驗的助手。因此，他也對於這種電波感着很大的興趣；他懷起了『不能藉這打無線電嗎？』的希望，遂排除一切的低能學者的非難，決心研究這個事情。

他曾在他父親的臥房的庭園對過，立起竿子，做天線和地線的實驗，遂發見用天線和地線可以增加無線電波傳送的能力；他的最後成功的祕訣，全在此處。隨後不久，便可用這種方法在數百呎的距離間發受通信：這是一八九五年他二十二歲在波倫亞大學時代的事情。他算成功了無線電報的發明。

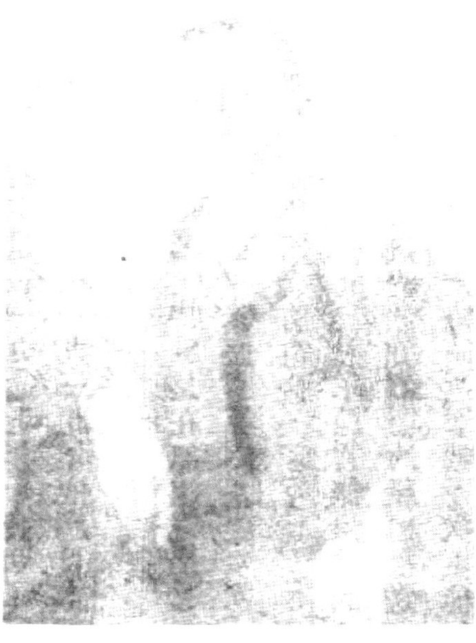

馬 可 尼

兩年中可以在數哩的距離通信了。他因爲本國政府不肯接受他的發明，遂於一八九七年渡英，很受倫敦中央郵局工程師普利斯爵士（Sir William Preece）的歡迎；因爲普利斯這時候也正在研究無線電波通信，可是他的方法比不上馬可尼。馬可尼終以普利斯的助力，取得他初次無線電報專利權，和在倫敦郵局施行無線電報裝置的許可。但這時期的馬可尼的無線電報，還只能打到十數哩的近處。到一八九九年能夠從百五十呎高的天線隔英吉利海峽向大陸通信。到一九〇〇年，歐洲大陸主要地方，都可收得無線電報了。

翌年，十二月十二日他又造了隔大西洋向美國通報的新記錄。這時候他才說出『我已經確信這個無線電報的成功』的話。於是，英國海軍約出十萬元的報酬，獲得軍艦上使用馬可尼無線電報的權利；他國的海軍也跟着效法。後來這個新的通信方法漸漸地利用到商業方面。

馬可尼的無線電報一完成，科學家們立刻開始無線電話的研究。其中最多的，是李狄福萊斯特（Lee De Forest）。他苦心研究的結果，發明出能檢波也能增幅的眞空管，特別是在一九〇七年，發明了三極眞空管。關於他的過去到現在的發明——尤其是三極眞空管的發明——工作在一九三四年他應日本朝日新聞的請求而寫寄的感想文中明白地看出：

『一九〇〇以來的我的工作，開拓了前人在無線電中所未到的地域，特別是在無線電播音的研究上，我的思考是以利用依據我所發明的三極眞空管的檢波器、增幅器、發振器等爲基礎；次更移到有聲電影，這是藉三極眞空管增幅器的利用而成功了。後來又苦心研究將電視（Television）使用到劇場的事情。近來正在研究醫學上的短波無線電治療的方法。我在一九〇七年豫言無線電的廣播在最近的將來必能成功，算是幸而應驗了。又在一九一〇年成功了從紐約歌舞劇場的屋頂播送意大利徘優喀魯梭（E. Caruso）的聲音的事情。在一九一六年十一月，播送大統領選舉戰；次更能够按演奏順序播送留聲機或管絃樂曲等。我爲了槅極調幅（Grid Modulation），在送電器上使用發振三極眞空管，是一九一五年以來的事。從那次以後，原樣採用我的發明或是模倣它的。漸漸有了。遂使通信世界得着了大革命。在這個革命當中，還包含着長距離電話。凡是劃期的大發明或發見之類，比方蒸氣機關、發電機、電話、白熱燈這一類的東西，在一個時代都不過有一兩個，可以說沒有超過兩個以上的。三極眞空管便是屬於這個範疇的發明。這個發明不特在電信技術上得到新發展，使它企業化而造出莫大的利益，並且藉它而擴張到光電池的利用方面。其結果，比如在安全裝置、急轉選擇點、光線光澤的測定、電燈裝飾或化學裝置的自動調節等上，都開了利用之途。在今日的美國，聽無線電者，不下五千萬人。曾藉着三極眞空管的增幅點而弄成功的有聲影片，算是給娛樂和教育世界又出了一種產業，生出了莫大利益。不久這個新法照相是要完全替代舊法的；在這兩年以內要企業化的實際的電視，會普及到一般家庭。這個新奇而有力的機械利用之途，究竟發展到什麼地方，恐怕是誰也不能夠豫言的。

「在外科醫術的世界，那發信眞空管是已經在做着奇異的作用而同病魔戰鬥哩。醫學者和生物學者們，都率直地說他們沒有想到由超短波的利用而治癒疾病的事情。但是連那可怕的癌腫，恐怕不久就會屈服到這個偉大的威力之下吧？又在航空界，那無線電光線正在大大地減少飛行家從黑闇或濃霧中所受的懊惱；這個研究若是成功，飛行機便會成爲同火車一樣的安全的交通工具。若是世界上沒有大音樂家其人，那末對於這個可以稱爲科學界的精靈的電氣妖魔——所給與人類的深刻而偉大的恩惠，或許能夠報答它的意思，製出大交響樂來。」(註)

對於無線電有貢獻的科學家，當然不止上述的幾位，但爲篇幅及論旨所限，只得從略了。要而言之，在二十世紀的通信方法的發達，眞可以說是神乎其技：藉着一秒鐘走三億公尺的電波，遂把地球上的距離弄成零了。做這個偉大的無線電時代的先驅的諸科學家的功績，都是極可稱讚的。目下所剩的重要通信問題，只有用怎樣的強力的無線電報發送給地球以外的星球——特別是火星——上的人類而已。

（註）一碧譯文；詳見青年界第八卷第三號。

歐、美短波開發大事年表

一八八七年：赫茲最先着手試驗。

一八九四年：羅治（Lodge）在不列顛學會（British Association）做了短波相隔一五〇碼的表演。

一八九六年：馬可尼用短波表演跨越二哩的波射。

一九〇一年：馬可尼在英國的普爾多（Poldhu）電台第一次發射橫越大西洋的無線電信號。

一九一六年：馬可尼四十二歲和法蘭克林（C. S. Franklin）又在意國試驗短波；用特種的火花發報機和礦石收報機，結果在水面上得到六哩的射程。

一九一七年：馬可尼復在卡那封（Carnavon）高出海面六〇〇尺的地方做用四至五公尺波長的試驗，得了二〇哩的射程；再將發報機放到海平線上，射程便減至四哩，遂得悉發報機射程的減少完全由於地面的關係。

一九二〇年：在因赤基斯（Inchkeith）建設一座六公尺能迴旋的拋物線形定向天線，和行駛利斯、倫敦間的輪船拉阿爾斯科特（Royal Scot）號連續試驗十二個月，得到這種極短波長可用到航海通報上，以及它到視程之外便突然聽不見的證明。

一九二一年：用一五公尺波長在距離九十七哩的倫敦、扣明幹間試驗無線電話，益發明定向發射的效用。又在騷斯窩爾德（Southwold 英）和桑福特（Zandvoort 荷蘭）間，用百公尺波長試驗無線電話，得到滿意的結果。

一九二二年：馬可尼又在普爾多試驗短波通報。

一九二三年：普爾多和馬可尼遊船電母（Electra）間試驗通報，證實波長在百公尺以下，都具有確實的遠射可能性，特別是在夜間。這時英政府正在籌巨款建造費大效小的長波電台以作國家通信之用，馬可尼公司遂向英政府說明短波費小效大，請英政府緩建電台。

美國R. C. A.公司裝置第一座百公尺短波發報機。

法、美間業餘家在夜間交遞通報，使用百公尺的波長。

一九二四年：再作普爾多和馬可尼遊艇間的試驗。四月三日無線電信號可通至澳洲雪梨；五月，普爾多、雪梨間通話；七月二日馬可尼在倫敦皇家學會（Royal Society）演講由定向發射得到的成績，同月二十八日馬可尼公司遂同英政府簽訂在英國及其屬地建設定向短波電台的契約。契約的要旨是：『馬可尼公司在英國本土設立短波電台和坎拿大、澳洲、印度、南非洲等屬地通信；在各屬地設立商辦短波電台而受英國政府的監督。英國本土電台由英國郵局收買管理 但必須先經試驗，才能驗收各台。各台經過連續七天的試驗，用雙工而每分鐘至少拍發一百字，不要重複而保持準確。對坎拿大一路為十八小時；南非洲為十一小時；印度一路為十二小時；澳洲一路為七小時。英國政府除在進行極昂貴的長波計劃時稍受阻滯外，如短波定向失敗，將不受任何損失。』同年八月，電母號又做了一次巡遊，用更短波試驗同普爾多通報，證實波長愈短，白晝的射程愈遠，遂成功了用三十二公尺同雪梨的白晝通信。同年十月，又在普爾多用三十二公尺向世界各地作精密的試驗。

同年十月十八日倫敦人哥得（Goyder）和紐西蘭人倍爾（Bell）第一次交遞英國到紐西蘭的雙工通信，約用百公尺的波長。

一九二五年：美國西屋公司（Westinghouse Co.）在東匹茲堡（E. Pittsburgh）地方，設立短波廣播電台，用六二·七公尺波長播音。德國得力風根公司（German Telefunken Co.），原有一條向南美通信的長波路，因爲電力雖大，成績卻壞，所以這時候也感覺着短波的重要，遂用減短至十五公尺的波長，從腦恩所建的兩電台（AGA和AGB）向世界各國——主要是南美——做廣播宣傳的工作。

一九二六年：七月，在昂加（Ongar）的馬可尼短波發射機，開始工作。

十月二十五日英、坎定向路開放。

一九二七年：四月八日，英、澳定向路開放。

七月五日，英、非定向路開放。九月六日英、印定向路開放。

十一月五日，徹姆茲福德（Chelmsford）短波試驗廣播電台5SW開放。

一九二八年：馬可尼公司爲增進通信效率起見，設法使在同一天線上同時可作兩條電報路和一條電話路之用——多工制。但在英國政府方面，爲圖避免報、話的遲延，更進一步決定使郵務局管理無線電話；短波電路又同美國的國際電報電話公司（International Telephone And Telegraph Corporation）特取聯絡；並補助原有的長波電路。

一九二九年：國際電報電話公司承辦的瑪德里、布宜諾斯愛理司間無線電話路開放。

一九三〇年：英、澳間，布宜諾斯愛理司和大西洋的定期郵船，以及至巴黎、柏林、紐約間的電話路開放。

一九三一年：英國標準水電線公司(Standard Telephones and Cables, Limited)用僅十八公分的電波，表演橫過渡佛海峽的電話。

一九三二年：一月英國到夏威夷電話路開放；二月，到南非洲的電話路開放，

同時，橫過布利斯托爾峽六公尺的電話路完成。

十二月，英國達文特利(Daventry)的皇家短波廣播電台(Empire Broadcasting Station)開放，電力二十瓩；波長四九．五九公尺；)同時撤消徹姆玆福德的試驗廣播電台。

一九三三年：二月，馬可尼給在距羅馬教皇皇宮二十哩的甘多爾孚的避暑行宮裝上極短波無線電，波長僅五十七公分，據馬氏說：『這是微波第一次施諸實用。』這種微波可以直達收電人，傳遞消息，費用既省，且可保守祕密。在裝此極短波以前，馬氏曾試驗用極短波可傳報至一百六十七哩之遠。

五月，英國至印度電話路開放。

美國芝加哥開百年紀念博覽會，公定十月二日爲『馬可尼日』。這天，馬氏在會中表演，並發送S信號，傳佈全球；費時約一分鐘，已回到原處。這信號就是一九〇一年杪馬氏在普爾多電台越大西洋與紐芬蘭通信的信號。

一九三四年：八月間，馬可尼在專做試驗的遊艇電母駕駛室內試驗用超短波無線電領導遊艇入港的方法。卽在利凡特（Levant）港進口處的小山上設立一座超短波發射總站，在海港進口處有兩個無線電燈塔，內裝小型超短波發射機。總站發出的領導信號由無線電燈塔中繼後，達到遊艇的收報機上。電母的駕駛室用簾布密遮，使它不能望見外方。馬氏和艇長在裏面順水推舟地駕駛着，結果，竟能安全入港。馬氏說：『在這數年中，世界上的港口，必定要用這個無線電定向器。』

英、法間的航空路，於是年開始在兩國飛行場裝置超短波發射機，領導飛機的降落，得到極佳的成績。

美國用超短波通信網傳遞攝影電報，以圖增加速度；而且這種通信是用多工制。

在荷蘭飛利浦工廠的實驗室內，行了多次數公尺波長的試驗。

R. C. A. 公司報告：已在紐約和費府間開始國內無線攝影電報的業務；其所用波長短至五公尺。

英、美海空軍已都能用無線電波駕駛無人駕駛的飛機和兵艦；但還不能行遠。

一九三五年：馬可尼於十月十七日在熱諾亞告路透社訪員說外短波無線電的方法，業已完成。用此新機發電，可免被截之虞；如被人截收。則此機能自動變更電波長度。

英空軍用無線電駕駛飛機，能上升一萬呎，飛行十餘哩，行動極爲自由。

一九三六年：美國標準局無線電部長迪林約博士去年秋天發見地球上的無線電波以每五十四日爲一週期，受不知原因的障礙，不能通信，其時間達數十分鐘。日本帝國學士院於四月十日下午一時半開會討論此問題。據長岡半太郎博士報告：帶陽電的愛爾佛粒子，由太陽內部噴出，降注於地球；因其速度甚大，雖受地球的磁力，不致發生彎曲，故擾亂電離層。使電波不能反射，以致通信斷絕；五十四日週期，與太陽自轉週期二十七日略同。

超短波最廣的活動範圍，便是電視。已有數國對於發收得到很好的成績，但還是不能達到遠處。電視所用的高速分像法，據荷蘭飛力浦工廠實驗室的報告：每一畫面，已可分成四百零五線（詳見後）

（B）無線電廣播的功用

無線電廣播的功用，細說起來，恐怕是與運用它的電波所涉及的範圍同樣廣汎，這當然不是本書的責任；所以在此處只能述其要領。美國R. C. A.公司總理兼R. C. A.勝利公司、國民播音公司經理哈巴德（James Guthric Harbord）氏曾在一九二五年雙十節的申報上發表無線電之有利於中國一文，它的大旨如次：

『無線電之發明，固為偉大之事業。而在其負有統一之力量，實較世界開始以來，任何單獨之發明，更為強大。已使今世各國，接近有如鄰舍。更好促成國際間之了解及國際間之同情。今後不久，國際間之情形，必將益發光明燦爛。中國對此科學之進步，亟應予以特別之注意。……

今日中國亟應解決之問題，莫此為甚：因國人發言，言語不同，甚形龐雜。而欲謀國家之統一，必須先圖統一於語言；尤須藉無線電以傳播。若吾美國，語言頗形簡單，故統一問題，精神容有勝於文字語言者；因語言之普通遺傳性，對於生活界中種種事件，殆如一種普通之形態耳。然即此之中，亦往往有不同之點；因各人職業之關係，發生偏癖，而一日之中，因經過千餘之小事，意見又因以特異。然則欲希望團體與團體之間，能造成合同之意見，固必須先有互相之了解，以同情之心，施於其他之團體。夫然後於以締結相互間之關係。

無線電之傳播，業已造成此等希望之根據。故今日世界之發展，竟可望其必有一日，各國均用一種語言。惟在此日實現之前……各國內部，應先謀統一，以求漸進於此。

無線電近深入人心者至矣。夫無經驗無思想，則無良好之現象，世界亦無進步。中國因爲古代智慧之居留地，自同此情。至傳遞之思想，以機械爲轉移，激發人類之心靈，顧莫過於無線電之傳播，公共輿論之壓力，將大爲增強。此種萬國生物界中之變動，亦必將因空氣之中多種聲音，於以成就，而驅除其障礙也。中國現時之困難，即經濟是。至於政治上之困難，不過表面一時之事。今日之中國，必須力自奮鬥，以近代之生活，置身於整齊和睦之中；更以近代之機械，發展其財源。使此言而非謬，無線電必可大有效用矣。……

自吾觀之。無線電交通及無線電傳播，實於中國有絕大之希望，可以促進其經濟社會及政治之發達。且世界之進步，固有賴乎知慧之交換。因有無線電而一遠立之國家，亦得察見他國之人情教育，社會狀況。故無線電實可化各國之特性及促進萬國之利益。充其極量，控制國家，援助人類，其力皆不可忽焉。且也無線電之設備，固非十分難能之事。並可分爲報機音機二種；在國際政治商業社會之大端言之。自非報機不可。報機收發，有遠近良否之別。其良者固代價甚巨，而普通習用者，雖輪舶均有裝載，可知其設備之不難。至收音機則更簡單，即在個人及公共場所。苟加裝置，所耗絕微，致用乃復不小；新聞之報告可也；音樂之娛情亦可也。雖不能如報機之遠大精備，而其用亦殊備矣。……」

此文雖含有營業宣傳的意味，但可說是冠冕堂皇地把無線電及其播音的效用說明了。只是到十年後的今日，仍然沒有完成哈巴德氏的希望。這個科學的法寶，竟被利用做了愚民或戰爭的工具；良善的主義或政策固可藉它廣播於世，而惡劣的主義或政策也同時灌入大羣人類的腦經；而在哈巴德發表此文後三年（1928）發出萌芽、再過四年（1932）中央廣播大電台方才開幕的中國的無線電廣播，更如後項所述，幾乎被用作亡國滅種的利器！

英國現代的無線電發明家羅教授（Prof. Low）曾對往訪的新聞記者說及無線電：

「這完全是對科學者也算可驚的力量。它的前途是不可限量的。將來人類生活決定的要素，是繫於無線電的利用和發明。衣、食、住一切，都無線電化。又在最近的將來，可由電視而從世界中把帶照相的新聞播送出去，或是用無線電打字機（Radistyse Machime）；談話也可以用電視電話。如今英國全體假定能收於電視之中，那末可以不必旅行，光活動頭腦和感覺便算完事。這樣，可以不出巨額的學費或入場費而讀大學講義或聽音樂或觀劇了。又無線電的駕駛（Rodro Contvoe）就是不用人力單用無線電去開動飛機、汽車、水電等的裝置，以及殺人光線、殺人動力、破壞熱等的發明，這些在戰術上是得着大的變化吧。這個無線電的可驚的威力，隨着生活式的變化，在人類的精神的活動方面，要發生變化哩。……」（註）

這當然是處於科學家的立場，極廣汎地來論無線電的效用的。

（註）一覽辭文；詳見青年界第八卷第五號。

(C)在中國的廣播事業

(a)無線電廣播到了中國之後

大約是在一九二二年間，上海大來公司在它的樓上私設廣播電台，直到翌年才由我方當局交涉拆卸；同時收買中國電氣公司無線電話機，自設廣播電台。可是既而又容許美商開洛公司在上海設廣播電台。開洛公司的廣播事業，到一九二九年，因營業不振，連帶停頓。要之，中國的廣播事業，仍是與他新種事業同樣地是由外商開頭的。

但在一九二六年四月間，北政府治下的浙江電政監督曾有如左的呈復省署一文：

『案奉鈞署令開：「餘姚縣呈：紳商何聯第等，擬購無線電話放音機。是否可予裝設，飭卽查復，以憑飭遵……」職處以此項無線電話，係屬電信範圍之內，曾經部定有管理專章。當卽轉呈請示；並呈復各在案。玆奉交通部庚字第三九五號指令，內開：「……餘姚縣紳商……擬出貲在該縣購裝無線電話播音台，播放無線電話，通達商情一節，核與電信條例第三條之規定不符。在廣播無線電信尚未准予私設以前，礙難照准……。」理合備文呈報……』

廣播無線電信，不許私設，固屬應該，但北政府又卻不注意與辦廣播而且許外商在租界經營這種有關係於文化教育等等的重大事業。這也許促是北政府沒落的原因之一吧。

到一二二八年，由建設委員會公布廣播無線電台條例；同年八月一日，南京的中央宣傳部廣播無線電台開始廣播；國民政府一切重要決議，宣傳大綱，以及通令通告等，統由這個電台傳播；除全國各省各特別市黨部由中央陸續各撥收音機一具外，各地政軍機關，如有需要收音機者，可以報明地點，備價領用。又這個電台波長爲二五〇公尺至三五〇公尺；電力爲五〇〇瓦特。

到一九三二年上述電台遷至江東門外，電力增至七十五瓩，成了中國最大的廣播電台。

本來中國的電信——特別是電話——事業，在北政府時代便許民營，到國民政府時代，依然沒有變更此種制度；因此，在一九二九年八月五日新公布的電信條例中，便以『經國民政府行政院交通部或其委託機關之核准，得由地方政府公私團體或個人設置』的條件，允許民營七種電信事業；而將無線電廣播列到第五種——即『專供廣播有益於公衆之新聞、講演、氣象、音樂、歌曲之用者。』於是造下民營無線電廣播的根基，而特別發達的，便是上海市。看下表，可以明白：

全國瓩以上廣播電台表（一九三六年十月）

（甲）長波之部

電臺名稱	呼號	波		電力	地點
		公尺	千週		
中央廣播電臺	XGOA	四五四·〇	六六〇·〇	七五、〇〇〇	南京
漢口市廣播電臺	XGOW	二九七·〇	一、〇一〇·〇	五、〇〇〇	漢口
浙江省廣播電臺	XGOD	三〇三·〇	九九〇·〇	二、〇〇〇	杭州
重慶廣播電臺	XGOS	四二一·九	七一一·〇	一、〇〇〇	重慶
廣州廣播電臺	XGOK	四〇〇·〇	七五〇·〇	一、〇〇〇	廣州

福州廣播電臺	XGOL	二九一·二	一,〇三〇·〇	一,〇〇〇	福州
江蘇省廣播電臺	XGOZ	二六〇·八	一,一五〇·〇	一,〇〇〇	鎮江
福音廣播電臺	XMHD	三五七·一	八四〇·〇	一,〇〇〇	上海
南寧廣播電臺	XGOE	二二〇·五	一,三六〇·〇	一,〇〇〇	南寧
交通部上海廣播電臺	XQHC	二三〇·七	一,三〇〇·〇	五〇〇	上海
西安廣播電臺	XGOB	二三二·五	一,二九〇·〇	五〇〇	西安
山東廣播電臺	XGOF	三五二·〇	八五二·〇	五〇〇	濟南
上海市政府廣播電臺	XGOI	三三三·三	九〇〇·〇	五〇〇	上海
佛音廣播電臺	XMHB	三〇六·六	九八〇·〇	五〇〇	上海
華僑廣播電臺	XMHC	四二八·五	七〇〇·〇	五〇〇	上海
北平廣播電臺	XGOP	三一五·六	九五〇·〇	三〇〇	北平
雲南廣播電臺	XGOY		六九七·三	二五〇	雲南
南昌廣播電臺	XGOC	二六五·四	一,一三〇·〇	二五〇	南昌
麟記廣播電臺	XQHG	二四五·八	一,二二〇·〇	二五〇	上海
華東廣播電臺	XQHD	二二〇·五	一,三六〇·〇	二〇〇	上海

華光廣播電臺	XQHF	二〇二·七	一、四八〇·〇	二〇〇	上海
亞聲廣播電臺	XLHN	二六七·八	一、一二〇·〇	二〇〇	上海
河南省廣播電臺	XGOQ	二八〇·〇	一、〇七〇·〇	二〇〇	開封
仁昌廣播電臺	XQKC	三七〇·三	八一〇·〇	二〇〇	天津
天津青年會廣播電臺	XQKB	四〇〇·〇	七五〇·〇	一五〇	天津
天津東方廣播電臺	XQKA	二三〇·三	一、三五〇·〇	一五〇	天津
航業廣播電臺	XHHZ	二五四·二	一、一八〇·〇	一五〇	上海
天津中華社廣播電臺	XHKA	二八五·七	一、〇五〇·〇	一〇〇	天津
華中廣播電臺	XHJA	二三四·三	一、二八〇·〇	一〇〇	漢口
廣州無線電專校播音臺	XKRI	二八〇·〇	一、〇七一·〇	一〇〇	廣州
青島市立教育館廣播電臺	XHKC	二四七·九	一、二一〇·〇	一〇〇	青島
宏波廣播電臺	XHKB	五六八·四	五九〇·〇	一〇〇	青島
湖南省廣播電臺	XGOH	五六八·四	五九〇·〇	一〇〇	長沙
國泰廣播電臺	XLIF	二五六·四	一、一七〇·〇	一〇〇	無錫
[illegible]華廣播電臺	XHHN	二五〇·〇	一、二〇〇·〇	一〇〇	上海

富星廣播電臺	XHHX	三二七·一	九二〇·〇	一〇〇	上海
李樹德堂廣播電臺	XHHE	三一六·一	九四〇·〇	一〇〇	上海
利利廣播電臺	XHHY	二四一·九	一、二四〇·〇	一〇〇	上海
華興廣播電臺	XHHP	二三八·一	一、二六〇·〇	一〇〇	上海
上海中華社廣播電臺	XHHL	二七七·〇	一、〇八〇·〇	一〇〇	上海
上海廣播電臺	XHHS	二七二·四	一、一〇〇·〇	一〇〇	上海
大陸廣播電臺	XHHK	四八三·八	六二〇·〇	一〇〇	上海
東陸廣播電臺	XLHG	四六八·七	六四〇·〇	一〇〇	上海
中西廣播電臺	XHHH	二八八·四	一、〇四〇·〇	一〇〇	上海
敦本廣播電臺	XLHL	三七五·〇	八〇〇·〇	一〇〇	上海
華美廣播電臺	XHHI	二八三·〇	一、〇六〇·〇	一〇〇	上海
友聯廣播電臺	XHHV	三四〇·九	八八〇·〇	一〇〇	上海
明遠廣播電臺	XHHF	三一二·五	九六〇·〇	一〇〇	上海
大中華廣播電臺	XHHU	二五八·六	一、一六〇·〇	一〇〇	上海
上海東方廣播電臺	XHHG	二九四·一	一、〇二〇·〇	一〇〇	上海

（乙）短波之部

電臺名稱	呼號	公尺	千週波	電力	地點
南京短波電臺	XGOX	四四·〇	六、八二〇·〇	五〇〇	南京

附註一：交部在成都建立的六萬瓦特電力的廣播電臺，業已竣工，爲中國第二大廣播電臺。

附註二：交部近以部辦上海、北平兩廣播臺的電力甚爲微小，不足以充分發揮其效能，擬將上海臺改爲二千瓦特，北平臺改爲一千瓦特。

附註三：上海民營電臺近紛紛請求增加電力，交部以此事能夠發生電波的互擾，妨礙整個廣播事業的發展，一律不准增加。

右表共計五十一座瓩以上的電台，而上海便占了過半數的二十六座。單說上海幾十瓦特的電台，此外尚有十多座；而除交通部和市政府的電台以外，各台都是純粹的私有營業性質。再查看上海各廣播電台的地點，有設在百貨公司的；有設在旅館中的；有設在寫字間的；多數是設在弄堂中；尤其應注意的，就是沒有一座設在新聞社。爲了這個私有和營業的性質，遂致釀成次述的怪象。

各國的廣播電台，有如後述，絕少營業性，每天的播音的時間都是在業餘時間。播音都是有學識和地位的專家，因此，所播的音，盡是如我們的電信條例上所說的『有益於公衆的新聞、講演、氣象、音樂、歌曲，』換言之，是有益於國家、社會、人民等的聲音。而我們的一般的廣播電台，播的都是什麽東西呢？這有下面所引的幾段新聞、評論和感想文做例證：

『頃據自日返國者談：在東京、橫濱等埠市上，無線電收音機密佈；其所播聲浪，到處可聞。

惟其所傳播者，大半以喚起日本民族愛國心；例如「一九三六年將屆，世界二次大戰將應時而爆發，日本當準備應付此二次大戰」……的警句。返觀上海市上之所有無線電收音機，其所傳播之節目，百分之九九，盡係娛樂怡情之歌曲，而×××所編的靡靡之音，到處可聞，殊足令人感慨……』

——一九三四年八月十八日大晚報新聞。

『日本喊着「一九三六年危機」。我們的危機，却就在今天。但官辦的中央電台所播送的，以京劇的唱片佔據最大的時間；其餘是報告些隔了幾天的國外新聞與國家消息……

中央電台尚且如此，對於本來以營爲目標的其它電台，我們當然不敢也不該再存奢望。……

……同一無線電，日本用以驚惕國民，我們只好用以播送委靡不振的卑曲俚歌。於是，嗚呼！』

——同年八月十三日大晚報宗漢君的短評。

『年來上海無線電廣播事業之發達，殆非一般人始料所能及。民營電台之追踵設立，機件材料之大量輸入，在在有以徵市民對此新興事業需要之殷繁。吾人試一涉足街頭，到處可聞嘈叨盈耳之音；而在通常住宅中，亦幾「絃歌」之聲不絕。際此百業均告衰落之日，而廣播一項，獨據蓬勃之象。挈此衡彼，寧非甚異。吾人於此有必須注意者：廣播事業對於市民，既有如此良好之因緣，在密邇接觸之下。所給予之影響，自亦非淺尠；果不加以合理之管制與調節，則流弊所暨，要有難以使人釋然者。今日就檢討所得，一抒吾人之意見。

廣播電台之功用，原在傳布消息於公衆。商家藉作宣傳，不惜致以重酬。一般經營電台事業者，視爲利藪所在，僉謀杯羹之分。於是西鳴東應，漫無限制，以有今日嘈雜不堪之現象。據調查上海一埠，私立電台無慮三十家；而一日二十四小時中，收音時間竟達十八小時以上。在此錯綜糾紛之局面下，非唯收音方面，難期清晰，卽論廣告收效，亦屬甚僅。電力與金錢，實均有浪擲之虞。而消耗市民寶貴之時間，尤屬社會一筆重大之損失。以上海三百萬人口而論，每日十八小時計算，假定每小時有千分之一市民消磨時間於收音，則其總和寧不可驚？救濟之道，唯望主管當局以合理之手腕，爲統籌之處理；對電台之設立與播音之時間，均宜予以相當之限制；庶幾無謂之消耗，可以減免，實際之效用，漸入正軌。

其次，關於播音節目之審別，亦有値得討論之處：今日各電台所播送之娛樂節目，大都偏於低級趣味，殊乏涵義可尋。此在電台方面，爲迎合大衆心理計，原亦無足深怪，唯念此中關聯之大，影響之深切，誠不宜專爲牟利着想，而忽視所造之因果。地方教育當局，似亦予以相當之指導與協助；於各節目之內涵性質，允宜多方設法使之提高；其爲低級社會所表歡迎之說書等類，正不妨授以必要之訓練，藉爲常識之灌輸，至若鄙俚油滑之對白，迴腸盪氣之歌唱，足以誘發青年頽廢之觀念，遺留惡劣之印象者，自應切實加以取締，而選高尚優美之音樂以代之……」

——一九三五年七月一日申報都君時評。

「本市社會局現謀取締無線電乖謬節目，昨承該局第四科張科長秉輝詳告各情於下。本市自有無線電播音以來，各商店卽利用以作誇大宣傳，甚且爲迎合低級趣味起見，各電台往往播送荒誕乖謬之節目，如頽廢等「哭……！」一及下流卑汚不堪入耳之小調。諸如此類，對於民族前途，養成頽喪風氣，影響非小，殊堪痛恨。本局有鑒於此，認爲非取締不足以振頹風而遏潛禍。故愼重斟酌之下，採取迅速處置。業經會同教局，草擬取締無線電乖謬播音節目，規定各種合理播音節目辦法。至規定之播音節目，上午無線電播音，應播送教育及社會常識之節目；下午市民休息時間，如晚上七八時等，方可播送娛樂節目；但以不及淫亂爲原則。無線電播音，他國咸視爲教育利器，本市爲全國文化中心，不予糾正，後患必多。因是，取締荒謬播音節目一舉。市政當局已具有堅毅決心云。」

——一九三五年十一月二十二日上海各報新聞。

「我在北平，對於北平的幾個播音電台，都感到不滿意；因爲他們的廣播多半以舊戲爲主體，以外就是商業廣告。這種東西，老實說，天天聽起來，簡直叫人厭煩的不不得了。……上海的播音電台，廣播的內容，也大半是這一種。這確是把一種很好的工具用錯的地方。」

——一九三六年三月十七日立報了了君的短評。

「交通部上海電報局，自受命管理廣播電台以來，辦理不遺餘力。舉凡整理電波週率，審查唱詞劇本，調查電台報告人員，無不積極從事。茲該局從昨日起，對於上海民營廣播電台節目，又有更具體之規定。詳情探誌如下：

近來電台播音，多誨淫誨盜之歌，汚穢俚俗之句，靡靡之音，有礙市民正當之習慣。該局有鑒於此，爰審查脚本，統治播音。自審查以來，至今年五月底。審查脚本，有一千餘部。雖經上海廣播業同業公會請延期，但至六月底止，已告一段落。審查結果，對於不合格之脚本，概予相當限制或取締。

該局對於取締節目，定有相當標準，即：（一）宗旨純正，（二）不危害治安；（三）適合黨義原則；（四）不可誨淫；（五）不含有神怪妖異；（六）不違背科學原理；（七）不違背論理；（八）不可有污穢俚俗；（九）不得播揚封建思想。以上九項，爲該局擬以改良社會習慣，促進社會教育，增加科學智能之基礎。倘有故犯，即加以取締。關四明文戲。（即寧波灘簧）已絕對禁止播送。

此次審查之結果，認爲不合格者頗多。但該局擇情節較輕者，予以時間上之限制，亦爲改進廣播事業中之必要步驟。計被限制者，有申曲、滑稽蘇灘、四明文書、四明南詞、小曲、淸曲、淮戲、各派宣卷。以上各節目，包括唱片在內，各電台每天播送，不得超過三小時；而每天下午七時至十時之間，爲市民公餘之暇，均不得在此時間傳播。

該局審查脚本，以脚本與唱詞之間，仍有出入。故脚本雖經審查，播音者是否言行一致，却成問題。因此，局方爲正本淸源計，特設電台廣播稽查員，每日諦聽各電台所播節目；遇有可疑者，隨即加以制止。但稽查員工作範圍廣大，有窘於應付之勢，故局方近來增加稽查員名額，以應工作之需求。」

——一九三六年七月二日申報新聞

「無論什麼東西（包括主義、學說、制度……）等，一搬到中國來，馬上就面目全非了。這也許是「橘逾淮而爲枳」的原故吧？廣播電台的使命，在於用迅速的方法。來傳遞重要的新聞。可是中國的廣播電台已商業化了，它是以宣傳貨物爲主要任務，而把原來的使命——傳遞重要新聞——

成爲附屬品了。各電台爲了替各商號做廣告，不得不利用娛樂節目來吸引聽衆。所以他們所廣播的節目，都是迎合小市民的低級趣味的汚穢俚俗的灘簧、滑稽、宣卷等。這種靡靡之音，實在對於市民的思想行動，都有妨礙。自從交通部上海電報局實行審查劇本，取締節目……整頓一番後，雖仍有可訾議的地方，但耳朵旁究竟覺得清靜多了。……』

——一九三六年八月十四日時事新報所載柳君記事

爲了反對無線電廣播荒謬節目的問題。宣傳了一兩年，才算告了一個結局；但因爲惡勢力的根子太深了，所以有收音機的人，每天仍然要收聽三小時之久的荒謬節目；而對此事發表過深刻的批評的大晚報和申報呢？前者，固然是很少登載那種節目，而後者直到現今，在本埠增刊播音欄內，仍然照原樣登載許多『神怪妖異』、『違背科學原理』、『播揚封建思想』一類的話劇、彈詞、歌唱、……；它只知道說『自應切實加以取締，而別選高尚優美之音樂以代之，』却不知道『加以取締』的責任，不專限於行政當局，報紙也是應該分擔的；即使說中國的新聞社限於經濟不能照外國新聞社那樣設立廣播電台，至少報紙的寶貴篇幅，是不應該任意糟蹋的。

中國的廣播事業，除了上述的問題以外，還有好些外人私設電台，同別種國家權利一樣地沒有收回，以及我們的廣播電力妄受日方的干擾的重大問題。關於這個問題，特節錄澎君的中日播音之戰一文如下：

『本年七月八日同盟社東京電，說日本琦玉縣將要建築比巴黎大鐵塔還要高過十公尺的鐵塔。這樣高的鐵塔是用來作無線電播音台的天線架的。……

日爲蕞爾島國，播音若單爲自己受用，有一萬瓦特（十瓩）的，已很够了。現在正建築中的電台，却有一百五十瓩。原來自民國二十一年中國底南京中央廣播電台成立後，電力有七十五瓩之巨，射程可遍及全球。中央自然可以利用它作極有力的宣傳工具。日本方面受到很大的威脅，便想法對付。九一八以後，東北被日本佔去，他們自然不希望有任何不利日本的宣傳，能在東北聽到。於是對於中央電台的播音，又用法子來對付。他們先把東北電台的週率，改得和中央電台很相近，同中央在一個時間內播音，而且東北及台灣等地還規定了收音機眞空管的隻數的限制。這樣，那邊的收音機，聽中央時，全被本地電台遮去，要想聽而不可能。非但在東北如此，就是在平、津一帶聽中央播音的，每覺得雜有嗡嗡的聲音。有幾位還當是中央整流不好的關係呢，去問中央電台，據答復說，亦是爲了東北那邊電台的週率，和中央太相近所致。

而在積極方面，便是要造出比中央電台更爲偉大的電台；非但可以使本地的收音機完全受這個電台的操縱，並且射程更遠，還可播些什麽「東亞門羅主義」之類，給中國人聽聽呢。上面所講玉琦縣的一百五十瓩電台，電力大過中央電台有二倍之多，便是計畫中的第一個；機件已造好十分之八，快要落成了。此外在長春，他們亦在計劃着另一個一百五十瓩的大電台哩！

中國方面呢？在可能範圍內亦得應付一下，庶幾中央電台不是虛設的。除了有些事，日本所認爲「內政」，中國不便提抗議外，中央最近的措施，亦在極力謀發揮播音的效力。如下午八時至九時，所有全國大小電台一律要轉播中央，這自然可以增加些效率。北平的河北電台和福州的福州電台，電力雖不到一瓩，但因爲隣近我們的領土東北和台灣的緣故，在那些地方的聽衆，亦比較還容易收聽。

中國近來雖絡續有新電台添設，但電力都在一瓩之下，在國際宣傳上，沒有多大用處。較足稱道些的，還得推在建築中（前見報紙載過）的交通部吳淞電台，電力有十瓩，又有臨海的便宜，播到外國比較不成問題，我們很希望它早日落成。中國造了七十五瓩的，日本便造一百五瓩的；如今日本造了一百五十瓩的了，恐怕每一個中國人都希望中國能揚眉吐氣，造一個比一百五十瓩更大的電台，使得遠東第一大電台，永遠在中國而不在日本。下面我想錄一段中央廣播電台管理處主任吳道一先生的話，他這番話是在南京金陵大學理學院電工學會講的，日期是去年（一九三五）四月十八日，題目是「中國廣播事業」。下面這幾句話，好像外面沒發表過，曉得的人亦不多：

「現有的中央廣播電台，造價已化了一百三十萬元，在財政困難的今日，再要擴充是很困難的。但我們正在計劃使原有七十五瓩電台，加以改良。這樣所化的錢，可以省些。我們已經和原營造者德國德力風根公司講好，要將現有的柵極調幅(Grid Modulation)改爲丙級屏極調幅(Class C plate Modulation)，並將電力擴充至二百瓩。……我們還另外預備造一座二十瓩的短波廣播電台，利用短波的特殊作用，更可廣及世界各國。」（註一）

的確：中國的目前應急速地把南京長波電台的電力增至二百瓩，並另造一座二十瓩的短波廣播電台；因爲中國目下廣播電台不僅受日方本國廣播的干擾同時還要受僞滿電台的干擾。元來，日本在一九三四年十月卽在長春無線電局另造一座一百瓩電力的廣播電台。這個電台在僞滿除做廣播的工作，還要做干擾別國電台的工作。關於這個事情，特別是日方支配僞滿的廣播情形，字林報有一篇瀋陽通信，說得頗爲詳細：

「偽滿之無線電廣播事業，現均爲在滿、日人所組織之偽滿電信電話會社專利經營。最近在長春建築之強力廣播電台，其電力爲一百瓩，在遠東方面，可稱爲最大的廣播電台。偽滿政府常舉以自豪。但事實每有不可思議者：在瀋陽之無線電聽衆，往往收聽南京中央廣播電台之節目，淸晰常較勝於長春；而中央廣播電台之電力，只有七十五瓩，其強力祇及長春廣播電台四分之三耳。

現據偽滿電信電話會社之報告，在偽滿境內登記之無線電收音機用戶，已超過二萬戶以上；據云已較預定之數，增加兩倍；最近更可希望增加至三萬戶。該會社現正竭力宣傳，勸告聽戶登記，以冀達此預定之目的。然而，以現代收音機製造之精良，收聽左近各電台之節目，所用者爲簡單構造之收音機，亦可不用天線；若爲最新式之強力收音機，則收聽千里以外之廣播節目，更可免去空中線之設備。因此，主管者殊無法詳細查考，收音機之未經登記者，其實數，大致尚不在少數也。

……然歐、美外僑之寓居偽境者，置備收音機，殊無良好之節目可聽，例如大連之廣播電台，其所定節目，本規定自上午六時起至下午十時止，隨時有英語節目播送；但實際用英語播送之節目，每日僅五分鐘；有時加播西洋音樂，亦祇一小時而已。最普遍之播音節目，其音樂常分成八小節。至於用華語播送之節目，每日祇一小時又三刻。其餘時間，均爲日語節目；因爲每日所播節目中，自東京轉播者爲五小節，長春播送者亦五小節，瀋陽播送二小節，哈爾濱播送一小節故也。偽滿各廣播電台之電力及波長，有如下述：

長春　一〇〇瓩　五六〇千週波

哈爾濱	三瓩	六七四
瀋陽	一瓩	八九〇
大連	半瓩	六五〇

此外，在長春尚有一瓩電力的播音電台一座。

在瀋陽每日晚間較早之各鐘點內，收音機上所能收聽者，大都爲日本各電台之節目。及時間較晚，日本電台停止播送後，可聽到上海某兩電台所播節目。在昔菲島馬尼剌有一電台，其波長爲六一八千週波，所播節目，亦可使在瀋陽之收音機，淸晰收聽；惟近來以日本某數電台，使用其同樣上下之週率，致用戶除在深夜若干時間之外，竟無法收聽菲台之節目矣。

居住瀋陽之外僑，如能置備精良之長短波收音機，加以裝置得宜，則收聽歐洲各電台之節目，固毫無困難。故此種精良之新式收音機，雖曾一時爲僞滿當局所禁購，但其銷售數量，仍日見增加。……僞滿當局之核發無線電收音機執照，最注意請求人之身分，必須用戶能使其深信不利用收音機爲「危害政府」之工具者，方可領得執照。

僞政府對於多管之收音機，似不甚歡迎，請領執照，常難邀准。九枚眞空管以上之收音機，向當局請求登領照，時遭疑忌。但在事實上，用戶可用六枚眞空管收音機，裝以雙天線，在瀋陽收聽柏林及達文特利之電台，或其他歐洲大播音台之播音，可較九管以上者，更得優美之成績。其限制多管收音機之執照，實無補於實際。

僞滿致府殊不願其國境內有多數之收音機，去收聽蘇聯各電台之播音節目。故海參威及哈勃羅夫斯克兩電台之播音，常被偽滿當局摒除干擾，即著名之蘇聯 R. V. 15 廣播台，（波長七〇・二一公尺即四二七三千週），其所播節目，在全世界各地均能收聽者，在偽滿境內，常被干擾至不能收聽。』（註二）

一方面設法干擾別國電台的播音，一方面又嚴訂裝置收音機的種類——特別是裝置人的『身分』——的苛刻條件；這也難怪『無線電廣播聽取者在一九三四年末爲一萬三百六十四人，內日本人佔八千九百六十九人，中國人不過一千有餘而已。』（註三）

（註一）詳見本年七月十八日申報。

（註二）可生譯文；詳見電信雜誌第四卷第三號。

（註三）張佐華：日本統制下的東北通信事業文中語；詳見交通雜誌第四卷第八期。

（b）無線電廣播新聞諸問題

一提起這個無線電新聞抄收和廣播的事情，仍然要連帶說及的德國的新聞宣傳政策以及與今日發生的中、日播音戰有多少連帶關係的事情。關於舊德國的新聞宣傳政策，在前已隨處言之，但尚未說到它的無線電的宣傳伎倆，所以要補敍到這裏。

自從無線電台效用大著以來，北政府與外人屢訂喪失國權的墊款建造無線電台的契約，既如前述。那最重要的，就是北海軍部與日商三井洋行的契約。起先，歐戰正酣時，北海部忽與丹商隆盛洋行訂立建築無線電台的契約。這台成立，在那時，要算東亞最大的無線電通信機關。但隆盛洋行雖是丹籍，而背後有德人接濟；而德人接濟的主要目的，是在宣傳戰事消息。所以英使極力反對。後來北政府對德宣戰，感於協約的壓迫，不得不將丹商協議取消。三井乘此機會，遂由小幡日使的介紹，向北海部承攬此項工程。倉卒成議，一如丹商的原約，無所變更。日方歡欣鼓舞，以爲在我國獲取一大讓與權，因該契約規定該台落成發報後，三十年內，於本利還淸以前，該台由債權者管理之故。當時，外間大起非議，宣傳各報，遂由該部與三井商訂副約：關於管理一項，准由北海部於該台落成通電後，收回自管。自是該行於我國無線電所享的政治上的利益，大爲減削，該契約幾乎純成一種商業行爲了。然而三井很聰明：契約成立後，延不開工。本來，何時開工，何時竣工發報，原約上都沒有規定。該部遂擇定雙橋爲電台地點，催促三井開工，約定一年，即翌年夏初落成。不料開工後，三井送該部的細圖，竟將發電鐵塔六座的高度均減低四十公尺，約合華尺十三丈有零。該部大爲詫異，與該行一再駁辯，責令照約加高。該行堅不照辦；甚至對提交公斷，也始允終悔。正相持間，某號鐵塔因工作粗劣，忽然坍倒。該行遂以受直、皖事變影響爲理由，請求展期。該部允展期兩月，而該行則堅持無定期延期。——爲這個雙橋無線電台問題，成了日、英、美三國對華外交的一個重要的目標。因爲美國 R. C. A. 公司悍然在國民政府統治下的上海楓涇買地，有謀設立中、美間無線電報的野心；同時英國馬可尼公司也想在北方建造短波無線電台，特派代表仿用馬可尼在一九二三年時代促請英政府緩建長波電台的那一套話，向奉系要人說：『雙橋無線電台已屬舊式的長波裝置，現時已到應用短波無線電時代。中國接收該台之後，有效使用期間，極爲有限，殊非得策。這種無價值的電台，若更換契約，不利已極；因照美日無線電協定草案，美、日無線電台交還中國後，此項電台的建築費，改爲對中國的共同借款，那末，雙橋電台建築費據日方估計爲八百五十萬元日金，但照雙橋電台的設置，代價至多不過五十萬元日金。今若另訂契約，算是無故虛擲三百五十萬日金。』但後來美日無線電協定成立，以雙橋歸日，上海歸美，而馬可尼公司在北方建造短波電台的計劃，遂告失敗。

這些外交問題，無須多敍，單說德國腦恩那個無線電台的對外宣傳策略，也是同日、美、英三國爭奪中國空間通信權一樣的驚人。

自從一八九五年馬可尼成功了無線電信之後，在德國，則在一九〇三年，有得力風根式無線電信的發明；同年，得力風根無線電信公司便在柏林創立起來，到一九〇六年，設立了腦恩電台（Nauon Station）。後來，美、德間的大西洋橫斷無線電告成，在歐戰時代，便盛用到軍事上；同時，便從腦恩電台開始向世界發報。尤其是在德國受協約國包圍，海底電信被切斷，失去同海外的連絡，同在外殖民地和艦隊的連絡，都全靠無線電信；如在大西洋活躍的德國潛艇，以及在印度洋、澳洲方面的英國根據地橫行的德國軍艦挨姆頓號（Emden），便是靠着同腦恩電台的聯絡通報而自由地把發揮它的能力的。除了這種軍事上的通報，腦恩電台的工作，便是用莫爾斯符號向世界各國宣傳德國的國情——尤其是軍事上的『勝利』。這雖然使德國得到很大的益處，但是掌握住世界的宣傳機關的英國，也努力向世界各國煽起對於德國的反感和敵愾心，一個腦恩電台的通報，力量到底薄弱。一九二七年美國參加協約國，決定出兵，終於造成德國慘敗——割地賠款和帝制沒落——的結局。但戰敗後的德國國民，處於這個國難期間，一意奮鬬，努力於國力的復興，至有今日；其間腦恩電台的廣播宣傳通信，依然是很用勁的。

慢說在我國和別國，就連人民的新聞認識比較高等的日本，也上過腦恩宣傳的當。這原是從一九二五年帝國通信社經遞信省的認可，在大阪平郷無線電信局抄收腦恩的廣播新聞，然後供給全國各報的。

又日本郵船會社，大阪商船會社，也經遞信省的認可，在航行歐洲的各輪上抄收腦恩所播的新聞，報告船客。但後來多數讀者感覺着這種宣傳通信的不可靠，並且隨着遞信省方針的變更，以及帝國通信社事實上的沒落，德國腦恩電台——另外還有法國波都（Bordeaux）電台的廣播新聞，遂都不能再抄收了。

至於我國呢？對於這種幼稚而愚笨的舉動——即把別人的廣播宣傳的東西抄收過來，當作眞正的新聞供給報社的舉動——比諸什麼事情跑在我們前頭的日本人，就下面的一則新聞來看，却竟然搶先了好幾年！

「我國北方無線電台雖有七、八處，而能廣收各國無線電信者，祇北通州雙橋無線電台及齊化門外無線電遠程收報處兩處。但雙橋無線電台，又因承辦條上之糾葛，至今尚未接收。故現在所賴以廣收各國無線電信者，僅齊化門外一處。前年亞細亞通信社，爲欲廣播德國消息起見，曾在該處訂購德國腦恩之無線電信，作爲新聞材料。本年二月，北京、英、漢合璧之某報出版，欲採用美國消息，又曾出資每月約二百元，訂期六個月，至本年八月滿期，專購美國舊金山方面之無線電信，以資採用。惟德國腦恩與法國波都拍來之無線電信，類皆廣佈主義之一種，無論何國，皆可聽收；任何新聞紙上，均可登載。至美國舊金山所拍之無線電信，乃該處新聞界之一種營業，係由舊金山某報館拍至南洋羣島某報館者，與德國腦恩法國波都之所謂一種廣佈主義，性質迥然不同。故中國之抄收美國舊金山之無線電信，並非萬國電信條例上應有的權利。德國腦恩法國波都所發之廣佈無線電信，中國收得來，雖轉售於本國境內之各報館，尚屬無妨。美國舊金山所發之無線電信，南洋羣島之某報館，享有獨得之權利；中國縱收得來，任何方面，不能轉售，此理甚明。因此美國舊金山方面某氏，兩月以前，直接致函中國交通部，質問此事。交通部以中國無線電事業，尚在萌芽時代。茲爲發展此項事業計，所以凡抄收各國拍來之無線電信，不妨代爲廣佈，俾國人皆知有無線電之功用。除一面本此意旨，答覆美國舊金山方面，一面復飭電政司訂出一種傳播無線電新聞條例。此卽此項條例之所由來也。據云此種條例，亦並非營業性質。所收月費，不過藉以津貼紙筆抄送各費。大致每日百字以上，二百字以下，月徵抄寫費三十二元；如同時訂閱三個月者，月徵費二十八元；訂閱半年者，月徵費二十四元；每加一百字，月加徵洋十六元。但須預繳抄送費一個月，方可按日抄送。大概除關於政治及軍事上祕密，不能宣布外，凡普通電信，均可廣佈。聞此項條例，業已訂妥，不日卽將由交通部公布。公布以後，京內各報館各通信社，均可向天壇無線電報局訂閱（因齊化門外之遠程收報處係直屬於該電局），但未悉將來訂閱，能否踴躍耳。」

——據一九二三年十月三日時事新報所載

以堂堂一國的交通部，居然來做通信社賣稿的工作，而並不讓——其實是沒有——能夠代表一國的通信社去擔負這種責任。北政府的窮極無聊和它的交通部中人的昏聵糊塗，眞可驚人。

但在中國，抄收外國電台拍來的新聞，供給報社，在上記時日以前，便已經有了。就是當一九二一年十一月華會開幕後的事情。當時有人以華會消息異常重要，可是我國所得無線電報消息，全由法、美無線電台轉來，經一處轉折，卽加一層渲染，爲確實收羅此種消息，譯送報館起見，遂組織一個無線電社。[illegible]臺收美國[illegible]的無線電[illegible]，若[illegible]一面譯述手續[illegible]。所以這個無線電社的業務，沒有多時，便停止了。[illegible]

支持的時間，相當長久。

又美方在中國設無線電台，傳佈新聞，也有它的頗爲堂皇的理由。這可以在左舉的一篇大陸報社論做代表；這社論是爲一九二三年夏間美聯社（A. P.）社長諾彝斯（Frank B. Noyes）來華調查，十一月路透社社長瓊斯（K. B. E. Jones）爵士及合衆社（U. P.）社長畢克爾氏又跟着來華調查而作的：

「路透社社長瓊斯爵士及美國合衆通信社社長畢克爾君，今皆蒞止遠東。此就中國在世界新聞界中之地位言之，極關重要。又美國聯合通信社社長諾彝斯氏數月前，亦來中國調查情形，合而觀之，尤足引起吾人對此問題之興味焉。三數年前，聯合通信社駐滬訪員曾接紐約總社通告，謂中國一切新聞消息在該社，尚不如西雅圖市消息之重要。此時代今已過去。外國報紙主筆及讀者均覺悟中國消息於新聞界大有關係；因此必須來華實地調查，預備一方傳布中國消息於外國，一方以外國消息介紹於中國。外國新聞記者之昧於中國及遠東一般普通事情，實爲可驚。此次日本震災發生後，一時消息不能傳出，有美國數大報之記者急電上海訪員，令立乘飛機至日本採訪新聞。又紐約

路透社總理瓊司氏

美聯社總理霍華與史九成攝影

某報主筆欲得中國內戰消息，曾於本年間電令駐滬訪員，速以汽車至漢口察訪；又芝加哥某報主筆電令駐滬訪員，迅赴上緬甸北部之薩狄耶鎮，調查一殺害事件：皆極可笑。中國土地雖大於美國陸地六分之一，但交通問題與美國絕不相同，美國記者以國內情形比中國，宜其造此笑柄矣。

遠東無線電現正迅速發展，足使中國成一收發新聞中心之地位。美國在菲列賓、關島、檀香山、阿拉斯加、及北京美使館均築有無線電台，上海等處將由聯邦電報公司代中國政府起造新無線電台。凡此皆可助中國與美國及他國間傳遞新聞之便利。上述三大新聞社在華調查之結果如何，吾人自無由知悉。但吾人深望此調查之結果，將使美國新聞在中國之揭布，較爲完備。中、美兩國間新消息，實際上竟不能直接傳達。數年前僅有一直接海底電線，電費奇昂，以致在美報紙所載中國消息，在華報紙所載美國消息，均離奇怪誕，不可究詰。諾犇斯去冬在華曾言，當時有一計畫在進行中，其目的在使聯合通信社與路透社互相提携。如是，聯合通信社所收集之美國新聞可以傳至中國。現據路透社瓊斯爵士言，此項辦法，正在進行中，已有一宗美國新聞經路透社傳佈於中國。不久且將繼續改良。至於畢克爾氏代合衆通信社調查之結果如何，今尚未悉；惟聞該社亦擬設立一中、美間直接通信機關，且已有少許新聞載諸大陸報矣。

中國與美國及他國間，若能消息靈通，斷然於東方西方之未來關係，極其重要。彼此新聞充分交換，最足以消弭彼此之隔閡與誤會，併可使中國與種種國際會議之進步精神，益相調和；而最有益者，足使一般人覺悟東方西方利害相同，而消弭種種誤會也。」（據時事新報譯文）

此文理由，固很堂皇，但於在一個獨立國家，私設電台，有損對手國的通信主權一層，並未書及，是其缺點；但那時的中國，並沒有組織完備的國際電信機關，尤其沒有能够代表一國的通信社，當然國際通信權要被人侵佔，而國際新聞報導，要被路透、美聯兩社所包辦了。

又，關於無線電新聞的傳達者和供給者的權限，在路透社長瓊斯的一段演講中，說得頗爲詳盡：

「……無線電傳達新聞，無線電公布新聞，無線電宣傳新聞之同類問題，是說無線電機關於傳達電報外，且供給並售賣新聞與各報，實爲違反公共政策，與報館暨通信社之利益。馬可尼公司於歐洲停戰後，卽承認彼等唯當以代通信社與報館傳達新聞爲職務，而不從事於新聞事業。其行爲誠屬正當。一九一九年杪，該公司曾依此範圍，訂有合同，遵守唯謹。合同中之主要原則，爲傳達新聞者，不得兼爲供給新聞者。此原則曾經一九二〇年哇太華帝國新聞會議一致贊成。厥後英國無線電公司與新聞社討論公布新聞問題時，復施用之。郵務大臣各報館、各通訊社與無線電公司（此公司後改組爲英國新聞公布公司）談判之結

北平新聞界之酬酢

美國合衆社副社長裴萊及夫人在平時受平報界之歡迎

果，爲由路透電社並代表其他通訊社，每日以公布之新聞供給公布公司，附有保護各通訊社及報館利益之條件。試驗已約一年，成績甚佳。今之所以聲言及此者，因遠東無線電事務行將大見發展，此間各報館將處如路透電社暨各報館在英國所處之地位。他日遠東各報館解決此問題，當亦能完全勝利無疑。爵士末言無線電宣傳之無益。各報館與公衆現皆受其害。此種行動，不適宜於承平之時，早當廢止。日前猶接倫敦消息稱：帝國新聞聯合會開會時，會長杜萊爾特氏甚不以倫敦當道逐日由無線電所傳英國官電爲然，謂此種事務，由完全獨立之新聞社如路透電社或新聞聯合會辦理，不當由政府辦理……』

這是一九二三年十二月二十日瓊斯在上海路透社同人歡迎宴中——即對自己的人——說的。聽了瓊斯的話，我們可以恍然大悟不改抄收腦恩電台或波都電台所廣佈的新聞了；更可以知道以一國的交通部而任意抄收外國宣傳文電——尤其是外國通信社的新聞電——而在本國按字發賣的不合理了。

再說中國對內的新聞廣播，誠然多是『隔了幾天的國外消息與國內消息』，但在一二八時代，確實也發揮過它的報導威力；由於對這次戰事的關心，而報紙的到達，需要相當時日，所以各地的收音機的周圍，都有成羣的人衆。雖然那時各電台所播送的戰事新聞的內容，很是簡單，不能夠滿足人們的慾望，可是從此以後，使人們知道無線電收音機除了單純的娛樂之外，還有新聞報導的功用；同時使各電台的經營者知道能夠吸引聽衆的節目，並不一定是『卑曲俚歌』一類的東西。但是戰事終了之後，各電台的態度，又恢復原狀。後來，南京廣播電台和短波電台於每天晚上九點半光景用各種方言播送『專爲各地收音員及報館紀錄』的新聞；但用外國語播送的新聞，僅馬來語一種，所以在對外宣傳上，沒有充分發揮廣播的效能。而一方面做代人宣傳工作，卻又很是盡力；如本年八月一日在柏林開的奧林匹克大會，南京曾由國際電台劃行收報台接收柏林發來的新聞電，再用長途話線接至中央廣播電台，轉播全國。

又在奧林匹克期間，因為『每個運動場上都裝了很多的無線電播音機，以便各國代表向本國播送消息；播音機共有四百多架，工作人員一共有一千多人。……每天正午十二時起，播音二十分鐘；與中國有關的運動節目，並可在比賽進行時隨時播送……。』（中央社特派員馮有眞通信中語）所以中央社特派員馮有眞君每天在大會場播送消息。且不要說德國人的對外宣傳，善會隨時改用新花樣的可驚，但總算造成了中國記者在外國使用廣播通信法的首次紀錄。可是過了這次奧林匹克之後，在外國的播音台上向中國播送新聞消息的，恐怕只有外國的宣傳員了；因為這種廣播新聞的權利，他們斷乎不肯隨隨便便給與外人。在這裏有一個要點，必須特別注意，就是既然會由國家設立的電台和駐外通信員內外夾攻地播送外國傳來的新聞，便應由國家的代表的通信社和電台播送新聞到外國，同對方互訂交換契約，這才不致受了接收片面宣傳的害；可是並沒有聽說中國有這種辦法。

至於選擇外國廣播消息的較好的辦法，便是華聯社的辦法。我們在報紙上時常見到的某某處華聯電，不明底細的人，必以為世界各地都有它的特派記者，其實，那許多的消息，都是從無線電收音機中得到的；但是妙在它的主持者，能夠把廣播消息中含有作用的辭句刪去，特別是對於同盟社在東京的廣播消息。因此，華聯社的稿子，頗為各報所樂用，同時受了日方很大的忌恨，甚至於說華聯廣播『反日消息』，那裏知道這些消息都是源出於它自己的對外宣傳機關啊。

(D)在列邦的新聞廣播

(a)國際間的廣播宣傳戰

因爲無線廣播新聞技術的發達，遂使從來的有線和無線電信受到重大的變化和影響。已將有線無線的傳達改成無線電的廣播：一個地方發報，甚麼地方都可接收。既無政治的境界，又無途次經過繼電或檢査的麻煩，它的廣大的功效，眞可說是無遠弗屆了。

利用這個無線電的技術而開始的各國的新聞廣播，乃是現代世界極可注目的事實，並且已經成了國際間的重大問題之一；因爲各國的對外廣播，多半是一種含有曲解誇張成分的宣傳策略。不覺得這個問題的重大的，只有列強的殖民地、半殖民地，以及第三流以下的國家而已！

其次是以看做德國那唏利希屯社 Deutsches Nachrichten Büro（是烏爾夫社 Wolffs Telegraphische Büro 在一九三四年一月同悠尼奧社 Telegraphen Union 合併組成的國家通信社）的宣傳別動隊的海洋社 (Syndikur Deutscher Ueberseedienst Transocean) 從腦恩電台播送對歐洲和其它各國的新聞。在中國方面現由我外交部半官的通信社國民新聞社（西文名：Kuo Min News Agency）接收此種新聞，加以選擇之後，發交中西各報；雖然因經過一番選擇，遂得減輕多少謬誤宣傳的成分，但就實質上——卽海洋社的根本性質上——說，是要不得的。

一方面，在法國，則爲對抗德國的宣傳起見，使它的國家通信社哈瓦斯社 (Agence Havas) 和專對遠東播送新聞的——可以看做哈瓦斯社別動隊的——印度支那太平洋無線電社 (Agence Radio Indo-Chine Pacific) 利用巴黎的愛非爾鐵塔電台和波都電台，以及巴黎近郊聖西斯的電台，每天平均要播送

哈　瓦　斯　社

法國國內報紙新聞之供給

國外新聞之發送

從千字到萬五千字的新聞消息。

在國際宣傳上占居首位的英國，是不能單獨傍聽德、法的廣播而安心的。除了後述的路透社之外，又在卡那蓬的大電台對英國的船舶及殖民地廣播新聞；並由倫敦航空隊無線電台擔任同飛機、軍艦、船舶及各殖民地根据地的連絡通信。但是還嫌不够用，另在距倫敦北方七十哩的拉格俾(Rugby)市的郊外的小丘上，設立無線電台。這個電台是由高八百五十呎的鋼鐵電柱而成，有三哩的天線。尤其是爲了大西洋橫斷通信，算是世界最強力的施設，並且附設短波電台。因爲該電台在拔海四百呎的平原上，所以能够不受何物的妨害，確實地拍發電信。又因爲該電台的機械精良，所以在很遠距離的地方都能夠接到它的通信，並且可以併用長波短波而在一個時候發兩通電報。它除普通的商業通信、市場情報、新聞等之外，並廣播英國政府的公報，以及英國對內對外的重要政策的公告。又久已掌握世界通信霸權的路透社，每天從這電台和諾索爾特電台廣播新聞百餘次。

在美國，屬於政府方面的，有紐約、費城、格林蘭、聖路易、舊金山、桑提挨哥海軍根據地、新奥雷安斯、檀香山、華盛頓、芝加哥、巴拿馬運河和馬尼剌各地的大無線電台，從事廣播宣傳；新聞社在社內建設電台，廣播新聞的，也有數十家。又，美國對外的無線電政策，近年特別注意於大西洋方面；如同日本訂定協約，圖謀分據中國南北無線電台的通信權，既如前述。同時，更以美國新聞的輸入中國，向係遵守各大通信社所獨占的通信的『勢力範圍』(註一)的原則，不能直接向中國各報發稿，必須經路透社之手。但路透社爲英國機關，注重英帝國的新聞，所以它傳布的美國新聞，都是次要的新聞，不能滿足美人的意向。遂由美聯社與路透社及我國民新聞社成立提攜，經過國民社之手，每日以它的新聞電信供給中國報紙及在華的各西文報，算是打破了路透多年的通信獨占權。

此外，在歐洲方面，還有波蘭電報通信社（Polska Agencja Telegraficzna）從華沙的電台廣播新聞；蘇聯的塔斯通信社從莫斯科大電台廣播新聞。後者，如今在我國的報紙上也占着頗重要的地位；前者不過偶爾一見而已。

在日本，於一九二〇、二一兩年，建設磐城無線電台，才開了對外無線電通信的途徑。在此以前的日本的海外通信，也同中國一樣，無論那一條線，都須經由外國電報公司所有的海底線，即英國的大東水線、丹麥的大北水線；以及美國的太平洋電報公司經營的小笠原線。屬於自國的水線，只有滬崎和靑佐兩條，不能同中國以外的各國直接通報，感着在外交政策和通商上的不利，遂決計利用無線電而有磐城無線電台的設立；後來因爲又建設好幾個電台，遂把這個電台作爲專對東方的廣播宣傳的場所了。在日聯社和電通社還未併入同盟通信社以前，『南洋時常看到的所謂磐城無線電，就是電通社和日聯社合作播送的。原來日本的對外廣播電台，在東京有兩處；一在船橋；一在磐城。在名古屋有一處。名古屋的電台是和倫敦、巴黎、柏林、羅馬、華沙等歐洲主要城市通報的；東京、船橋的，是和中美及北美通報；而磐城的通報範圍，卻爲朝鮮、中國及南洋等處。這幾處的電台的電力，都不及我國的南京電台。日當局有鑒於此，因進行在東京附近新建一座「東洋第一」的電台來和我國相抗；同時在滿洲也計劃建造幾座電台。他們的用心，無疑的是在擴展「新聞的國際航路」，以利其國策的推行而已。』（註二）在同盟社成立以前，電通社和日聯社每天在東京及名古屋電台不過播送兩三回，共約一千數百字的對外宣傳的新聞。同盟社成立以後，日政府算是積極參加世界的廣播宣傳戰，完成所謂『自主的報導網』，如今每天所播送的日文對外宣傳新聞，計七回，共一千八百字；英文二回，共四百字；今後還打算把日文擴充到二十四回，共五千三百字，把英文擴充到七回，共二千八百字。

（註一）詳見應用新聞學頁一七一。

（註二）星：在華外國通訊社近狀一文中語。

（b）如何消弭廣播戰禍

在這個國際空戰中，最強而最有力的，就是電力強大的電台的建設；因爲如此便可以達遠而且能夠干擾、攪混電力較小的它國的廣播。這在前邊的中、日播音戰項下已經說到。而在羣雄角逐的歐洲各國，當然都要爭着建設強大電力的電台；如在蘇聯全境有十七座百瓩以上電力的廣播電台，電力最大的，竟達五百瓩；意大利也有五百瓩的廣播電台；法、德諸國都正在盡力企圖擴充廣播電台的電力，同時積極建築短波電台。這種廣播空戰，今後是要一天利害一天的。又空戰的一個最大的中心，便是社會主義和汎繁主義的衝突。因此在歐洲方面，德國同蘇聯衝突得最是激烈。

怎樣消弭這種廣播的戰禍，乃是國際間較有眼識的專家們經年累月所苦心焦慮的問題。而最先注意到此問題的，恐怕是倫敦的無線電聯合會會長梅龍氏。這有一九二四年一月四日的一條倫敦路透電做證據：

「無線電聯合會會長梅龍氏，言及美國所廣播的無線電由英國無線電廣播公司(B. B. C.)轉播往南非一事，謂一九二四年或有用無線電相見之成績。今日一個人已可同時對歐、美、非三洲人民談話，將來國際無線電廣播之發展，人民莫能測其所屆。渠意宜締結國際合同，以管理此種廣播事業，俾各國無線電台有頭等規模或無線電新聞聯合會者，皆得適當之以太餘地。渠已將此意告知國際聯盟會。現已定一九二四年由聯盟會發起召集大會以討論此事云。查十二月二十九日夜間，南非聽得倫敦電台傳來之美國音樂，倫敦各報視此爲無線電最新奇之成績。」

德國同波蘭已於一九三一年三月三十一日簽訂關於廣播的協定，它的主要條文，是：「簽約兩方，以後必須各保證其電台所廣播的關於政治、時事、經濟、文化藝術的材料；必須以利用無線電廣播而求得國際間的諒解爲原則，絕對禁止違反合作及友誼的廣播。」這種協定，在一九三四年十月十四日追加修正；新加入『德、波兩國除互相播送各該國國樂隊的音樂及報告一月內的時事要聞外，並播送另外的文藝』的條項。這兩國的局部條約是可以做其它各國的模範的。

但各大國間的無線電廣播協定，到了一九三四年，方才見着端倪，即是年在國聯會擬定國際無線電和平條約草約，規定簽約各國必須嚴禁或停止利用廣播去激勵其它條約國民作違反和平的舉動；並須注意避免鼓吹戰爭或是能够引起戰爭的廣播；並且阻止能够引起國際惡感的廣播。簽約各國，對外廣播的新聞，必須是確實可靠的事實，而以互相明瞭各條約國的生活狀況，和公表和平機關的工作報告爲其目的。一般政治家們把這種草約看作『心理軍縮』(Moral disarmament)的初步。可是這種草約直到本年九月二十三日，才算馬馬虎虎地通過；正式的協定，尚不知待到何日。先於九月十七日在日內瓦開世界無線電大會，國聯會員國全體與非國聯會員主要國，均被邀參加會議，協議上述的草案。有關係的四十國，已有十九國接受該約；尚有十一國——包括英國——擬附某種條件接受該約；美國因無線電廣播不受政府管轄，所以拒絕加入該約；意國代表團於草約通過前一日在日內瓦宣稱該團不欲繼續參加該會的工作；其所說的原因，雖純為技術上關係，但其實仍是由於羅馬方面所決定，就是表明墨索里尼不滿於國聯大會對於阿國問題的態度。

然而一個新興的廣播宣傳國——日本——早已退出國聯，當然不簽這種草約；而歐洲最大的廣播宣傳國——蘇聯——則根本沒有加入這種國際廣播聯盟。所以未來的廣播宣傳戰——特別是蘇日和蘇德、蘇意間的廣播宣傳戰——必定是很可觀的。

四　電視

(1)電視之父——白阿德

關於電視 Television 大發明家——即可稱為電視之父的——白阿德(John L. Baird) 發明電視的經過情形，筆者曾在青年界八卷四號上做過一回詳細的介紹(註)，現在順便移用到這裏：

「發明電視的白阿德和無線電的馬可尼同樣地為現代世界最大的發明家，他的功績是要跟着人類歷史輝煌到後世的。他生於寒冷的蘇格蘭的內地。在格拉斯哥大學（Glasgw）中途退學。鞭策着同貧困鬪爭的病軀。終於在南英景色佳麗的哈斯丁斯（Hastings）的陋屋，單身開拓了前人未曾踏過的科學的處女地。他的半生的風雅的羅曼蒂克的東西，是很少的。先從襪子行商跳進塵世的白阿德，其後走遍各地，或是開果子醬鋪；或是轉變到肥皂鋪。其間經濟和健康都受着利害的痛苦，終於只好以連醫師也不肯醫治的待死的心境，住在哈斯丁斯海岸療養。

業務倒霉，健康也倒霉，見棄於一切的他，在這裏打開悟性，優游自適，埋頭於從少年時代片刻也不離開頭腦的所好的實驗，終於見着電視的完成和健康的復原。以後十年間，他就把電視從實驗室拿到市場，確立它的世界的價值，戴上久為世界的發明家間所爭的電視完成的國際勝利的榮冠。

在十年前不過是養病於南英海岸而待死的一個的素人實驗家的他，九年前在倫敦的屋脊裏和老鼠同住而繼續實驗，三餐的飯食也感着缺乏，必須連那要緊的機械也賣掉，拖曳着脫了底的舊皮鞋，穿着破爛的衣服，從這個報館到那個報館想要弄到些錢的他，又過了幾個月，就是一九二五年十月二日（星期五）午後，他看見放置到傳電器（Transmit）前面的、做他唯一助手的傀儡的容顏，在影幕上分明地顯現出來——眼、鼻、眉毛都看見了。兩年的不屈不撓的努力，算是得着酬報。電視算是成功了。但這時候，他竟當是在做夢。必須快把傀儡換成活人再映一下看。他像跌翻一般地跑下樓去，捉住正在別處的事務所工作的小夥計恬屯君，驚慌地把他拉上樓去，替代那個傀儡，於是恬屯君便做了最初被映到電視上的人而得到留存於後世科學史上的光榮。第二年三月，汚穢的白阿德的實驗室，塞滿英國知名的學者五十名，廊下和階段上都沒有空處了。白阿德當着這些英國有名學者的面前，做了那個有光輝的發明的實驗。大學還沒有畢業的研究家，便成了世界的大發明家。

以後的八年是成功和榮譽的八年；換言之，是得到酬報的八年。一九三一年，他渡美而受到公私的歡迎；於是遇着了今日的白阿德夫人；翌年，便在圓滿的家庭，生出了愛之結晶黛娴娜姑娘。在倫敦重要的場所，開起白阿德電視公司，並在世界各地開分公司。英國政府允許把水晶宮（Crystal

Palace）供他實驗之用。在很多的異國人雜住着的倫敦市內的斯塊阿地方，同兩年間的飢餓和困窮戰鬪過的白阿德，如今在倫敦南郊外離水晶宮不遠的鬱蒼的森林中，築起帶有寬廣的庭園的邸宅。

他雖然住在豪華的邸宅，但仍是牛着一頭亂蓬蓬的，梳也梳不通的頭髮，穿着工作的服裝，看去完全好像是這個邸宅的用人。就是他雖然功成名遂，仍不能忘記做科學者的天職，常把眼光向着將來，望着電視的前程而在繼續做着絕不懈怠的研究。他公司的事，專叫事務員去辦。他除在水晶宮的實驗所，指導百人的技師，從事電視的研究以外，在自宅的實驗室，還要同兩名可信賴的助手，無晝無夜地繼續着認真的研究。所以他幾乎不懂得一般人所認爲的運動或娛樂，並且沒有那種必要；換言之，高爾夫球或網球之類，對他都沒有什麼魅力，更不要說那些煩瑣無益的社交了。他藉着優雅的夫人的內助，忘掉家事一切，除時時聽那美妙的鋼琴兼同他的小姑娘打毬之外，便是鑽入實驗室中。因爲思慕哈斯丁斯海濱的昔年，所以每年必定往那裏遊息一次，這就算是他的電視研究以外的休息。他如今還是四十七歲的盛年。在精明的兩眼上，仍是戴着以前那副沒有邊的鼻眼鏡；而在那膨起的確固的鼻筋上，表示着他的堅忍不拔的意志；在叢生着髮毛的寬廣的前額上，顯示着他的丰富的天分。他對人的態度非常謙遜；但無聊的應酬話，一句也不說。

關於過去的成功、吃苦或快活的話，他都不願說。他專心致力到將來的發展上。他說：「我的將來的努力，是在利用短波把現在的電視更其擴大，強化。如今我的工作，完全在使電視的畫面更大更鮮明的一點。

照白阿德的天才、耐性和努力看來，他的前途，一定還有幾多可驚的發明。不久電視會像電燈或電話那樣地普及，要成爲家庭的常備品吧。不久那用電話而互不見面地說話的不便，或用無線電而見不着藝術家或名士的丰姿，僅能聽着音樂、演說的不自由時代的事情，會成爲古昔希奇的故事吧。在遠方的光景隨其所好，以照原樣的色彩和形態而展開到我們面前的電視完成時，人類的生活是要見着很大的轉變的。」

的確，白阿德是最初實現電視的最偉大的人；又在現今，他仍占首要的地位。

（註）據東京朝日新聞倫敦特派員古垣鐵郎訪問白阿德的記事。

（2）什麼是電視

電視，有如其原名，是看見遠處活動景色的意思，比攝影電報更進了數步。但在中國一般的新聞雜誌界，有譯爲『無線電傳影』的；有譯爲『電傳影像』的；有把攝影電報和電視混到一起的。最近報告倫敦開放廣播電視的路透電譯爲『無線電影』，雖然比較好些，但在這裏權且採用專家所翻譯的『電視』一名；不過單有『視』而沒有『聽』，覺得仍有缺陷。要之，電視和攝影電報，是最容易相混的，而兩者都是現代的新聞記者必須熟悉的事情；因此，要把它的原理稍爲述說一番。

電視也可稱做形聲廣播，是把人物的動態和聲音，憑藉電視機械播送出去，再現於影幕上而直接用眼觀看的；攝影電報，則是把原畫區分數千小點而使它們一一地印到收影機的感光膜上。所以攝影電報，費數分鐘拍發一張照相，也無妨礙，而在形聲廣播，至少必須在十六分之一秒以內完全再現出分作數千張的原畫。其理由，就是人眼對光的感覺，是約六十分之一秒的繼續。所以在電影，它的一幕一幕，都是在十六分之一秒間映出的。

又，攝影電報的被發送物是照片或底稿，而電視是照實體的原樣播送的；用種種方法把那個實體細分成數千數萬個線條，而順次地發送到影幕上，同時再加上收音的裝置。這樣，我們對它，便可以聞其聲，見其人了。所謂『繪影繪聲』這句老話，眞地實現出來。

關於電視的原理，再引用一段專家的文章：

『電視上收發物像的方法，可拿廣播收音的方法來作比喻。觀圖（A），在廣播方面，聲浪振動顯微音器M的薄膜，產生交流電。經放大後，使射電週率的載波調幅（波幅起變化）。調幅的射電週率電流在天線A上往返流動，激成電磁波，信號（聲音的變化），乃得傳至遠方。在收音方面，天線C上因感應作用產生調幅的射電週率電流，經配諧、放大、檢波，再經放大後，而流入喇叭L。故仍得還原成聲浪。

觀圖（B），電視上收發物像的大概情形，與上面所說的差不多完全相同。不過在收發兩方以光線來替聲浪罷了。在發像方面，由被傳人物來的反光，經透鏡及分像器(Scanning device) 而射入光電池，遂變爲強弱不同的電

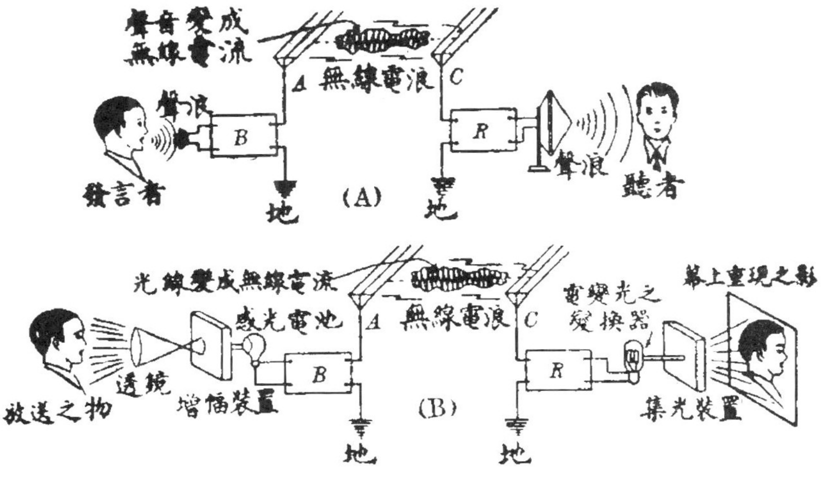

流。經放大後，使射電週率的載波調幅。調幅的射電週率電流在天線A上往返流動，激成電磁波，像記號（光度的變化）乃得傳至遠方。在收像方面，天線C因感應作用產生調幅的射電週率電流。經配諧、放大、檢波，再經放大而傳至變光燈（氖氣燈），使強弱的電流、變爲明暗的光線。這些明暗不同的光線經集像器(Light reassembly device)而射到像幕上，便成和原像相同的影像。

將圖(A)與圖(B)比較，我們可以知道：在發的方面，除分像器及光電池外；在收的方面，除變光燈及集像器外；其他完全相同。雖然圖(A)中的B及R與圖(B)中的B及R內部的設計，是微有差異的。讀了上文，對於電視的原理，可以說句「思過半矣」！』（註一）

目下電視應用的傳像方式，在最近開始試驗播送的倫敦水晶宮的白阿德電視播送台，備有數種裝置；隨着應傳的像，使用各個適當的方式。關於這些方式的說明，在這裏，仍借用專家之說：（註二）

『（一）傳影片法：將電影（活動）膠片上的影片傳送到遠方去，稱爲傳影片法。此法應用頗廣。因膠片乃是根據理想及研究的結果而製成。膠片上的影片面積甚小，容易分割，並且可用強光映照，不若人體之不耐強光。

（二）直接受光法：此法利用一種電視攝影機（Television camera）。此機包含分像器、光電池、放大器、和透鏡，同裝在一個三脚架上。由物像來的反光經透鏡射入光電池。透鏡裝得極牢，勿使動搖。光電池裝在分像板之後。分像板旋轉雖快，但由透鏡來的光線，絕不能同時穿過二孔而射入光電池。申言之，每次光線祇由一孔通過，而成一光筆或光條(One pencil or strip of light)。因光筆之明暗可使光電池產生強弱的電流，經三脚架上的放大器放大後，流入發像機(Transmitter)。

此處可再經放大，最後照通常的方法使載波調幅。調幅的載波由天線發送至遠方。

此種方法在戶外工作時，極爲有效。因可利用日光的緣故。若在室內工作，必須利用強烈的人造光；光度強，熱度必高，使在機前的表演者深感不適。於是間接受光法，乃應運而生了。

(三)間接受光法：此法亦稱光點飛掃法 (Flying spot method)，蓋取光點飛一般地在像面掃過之意。此法所用的分像器，包含弧光燈，分像板和一組透鏡。分像板由交流同步電動機，使之轉動。這些透鏡的焦點距離，各不相同，以便任意選用。這幾件東西，同裝在一個可以上下並能旋轉的座子上。如果選用一個適當的透鏡，則分像器與表演者均無須移動，而能隨意分割一個頭部，半身或全身的像面。

當分像板轉動時，光線順次由各小孔掃過被傳的物像。板旋轉一週，物像的全部均已被光點(light Pot)掃過。即此物像已全被分割。光點一行一行地掃過物像時，反光之強弱，隨光點落於像面（面部身體或衣裳），明處或暗處而異。由像面來的反光，被兩組光電池所檢取：一組在物像之前略偏左；另一組在物像之前略偏右。每組有光電池四個；四個光電池分置於四個鍍銀的拋物線形的反光罩之主焦點，俾使反光完全集中而射入光電池。光電池可將強弱的光線變爲強弱的電流。經放大器（與光電池同置一匣內）放大後，由導線傳至傳像機的調幅器，最後由天線將調幅的載波發送至收像台。

光點在像面掃過極爲迅速，人目不能辨其爲光點，故人物恍如被恆定的光線所映照。因光源設在分像板的後方，光線必須經過板的小孔，乃可射到物像上面。故此法名曰間接受光法。─（註三）

又，據在最近(1936)荷蘭的飛利浦實驗室發表的高度鮮明電視在荷蘭(High-definition Television in Holland)的一篇報告，可以看見最新電視的方式的成功：

「雖然現在已有許多注意電視的人知道飛利浦實驗室中現正從事於電視收發射機的研究，而已得到相當的成功，但普通一般無線電研究者，尤其是一般業餘者，誰都想不到這專門研究無線電工程和眞空管的實驗室，現正傾其全力從事於電視的研究。就是我們自己，在未曾達到我們理想中的目標——使電視變成一種普通實用的東西像廣播無線電一樣——之前，亦不願從事宣傳。直到目前，我們雖還不能使電視成爲普通實用的東西，但是我們自問在實驗室中對於電視本身的研究，已有相當的成功；在不久的將來，就可將我們實驗室所得的結果，製成大衆可用的電視機。

飛利浦實驗室根據數年來致力於電視研究所得的經驗，深知必須先增高電視的效能，方可以使電視在實用上能够大衆化。欲達到這目的，唯一的先決條件，是要使收得的畫面上的分線數增高；因爲這畫面上的分線數若能增高，則畫面清晰，一如普通照像，觀衆就可以坐在離畫面較近的地方，欣賞所收得的影像。

據以前歐、美電視學者的意見，銀幕上如能放映由一百八十線所組成的畫面，已可得到相當的成績，這話雖不錯，但由事實證明：看這種畫面時，觀衆必須坐在離畫面較遠的地方，方可看不出畫面上的線條。結果，無論畫面本身大至如何程度，觀衆所見的清晰畫面，已因距離太遠，而變成很小的影像。而且用一百八十線分線法放映比較複雜的畫面（如露天風景，或同時有許多人物都須在畫面表現等）時，它的結果非常惡劣。同時在畫面上所現出的各人的面貌，極難分淸。關於這一

飛利浦電視攝影機

點，用普通的常識，就可證明：譬如在這種一百八十線畫面所映出人像的頭部佔全畫面二十四分之一高時，那麼這人像頭部所佔的線數是一百八十線中的二十四分之一線卽共九線，這面部當然是不容易使人看清了。

在飛利浦實驗室中，對於這一點，非常注意。經過許多次試驗之後，現在已可用四百零五線分線法放映畫面，並可在每一秒鐘內連續放映二十五張畫面。

這種成功，在近代物理學上看來，已達到電視的最高成就。雖然在理想上說，還可以用更多的分線來放映電視畫面，但在目前一切科學知識的可能範圍內，在事實上還無法可以得到更好的成績。

普通一百八十線畫面，除了畫面線條太粗，還有一個極大的缺點：就是當它每秒鐘放映二十五張畫面時，它所映出的畫面，很不穩定，跳動得非常利害，極像早年電影剛發明時所映的影片。在飛利浦電視機上，已用了一種叫做「交編分線法」(Interlaced scanning)，所以沒有這種缺點。在普通電視機上，它們分線時是用連續分線法。（就是每一畫面，從上面分至下面，依分線之先後，如一、二、三、四等線逐一分出，直至全分成一百八十線爲止。）在飛利浦交編分線法，那第一張畫面是用一、三、五、七、等單數線所組成的；第二張畫面則用第二、四、六、八、十等雙數線組成；到第三張畫面時，又是用第一、三、五、七、九等單數線組成。這種畫面，實際上是由一根畫面線和一根空線所組成的。每一畫面共有二百零二條半畫線。這種畫面在發射機上發出的速率，是每秒鐘五十張。在收音機收得時，因爲它的速度極高，肉眼所見，是每一秒鐘內二十五張四百零五線極清楚的畫面，像眞的影像一樣。而且映出時非常穩定，毫無跳動。

這祇有飛利浦完全用電傳動而絲毫不借機械動力的儀器，方能有此成績。因爲這種電視機上的動力，速度極高，非用電子的高速度傳動力不可，如有一部分工作用機械動力去傳動，必致影像失眞。

影像是用電目（Electric eye）攝影機攝取的。這電目攝影機前面是一個普通攝影用的精良鏡頭；後面有一塊鋼膜（retrna）；攝得的影像，就照到鋼膜上。這鋼膜也叫做彩色版（Mosaic plate）它是一塊精良的雲母片，前面塗着一層非常精細、感光極靈的銀粒；後面則塗有金屬薄膜。這雲母片前面各銀粒和它後面金屬膜就組成無數小模容電器。當光線照到這鋼膜上時，這許多小容電器就感受一種電荷。這所感電荷中電壓的高低則和光線深暗的比率相等。說普通一點，這「電目」的作用是把光線變成電流，正像我們現在普通所用的「話筒」把聲浪變成電流一樣。

在這「電目」下部裝着一套陰極光線管，它們的光線，照正在「鋼膜」上。這陰極光管所發橫和直的「鋸齒形」（saw-tooth）電光，由其它控制，而變成極細的電子光層，而一條一條照到「鋼膜」上，使每一畫面分成四百零五線。

當每次陰極光線照到「鋼膜」上每一個銀粒所組成的小容電器上時，這種小容電器因感光所感的電荷，就起放電作用。這所放出的電荷就接至發射機上的影像調幅機，以調幅影像發射機。

這種「電目」有許多好處，其中最大的理由是因爲它有一種「電憶力」（electric memory），在每二次分線之間，每一隻銀粒容電器，都有一個機會可以重新充電。（這是和普通用「聶伯哥分

武日線杉[illegible][illegible]取及補送情形

像板」(Nipkow disk)分線時的情形完全相反的。在用「畾伯哥分線板」的分線機上，每一分子，祇有極短時間放電，所以當它充一次電後，沒有機會可以完全把它所感的電流放盡。）所以「電目」的靈敏度要比普通畾伯哥分像機高出好幾千倍。說普通一點，「電目」攝影機所攝得的畫面，像普通有聲電影所放映的畫面一樣清楚。這種「電目」攝影機因爲它的靈敏度極高，所以能在普通燈光或日光下攝取各種影像：露天的風景，運動，新聞，和其它一切普通攝影機所能攝取的東西，它都能攝取而用電視發出。即在發影室中播送影像時，也僅用普通燈光即可，不必用極亮的燈光。

在這裝有「電目」攝影機的播影室中所得由影像變成的電流，由特種高頻電纜導至超短波電視發射機上。這發射機裝在飛利浦十五層樓工廠的屋頂上，它的波長是七公尺，天線所輸出的實足電力是五百瓦特。這發射機祇發電視影像，另外有一座和這電視影像發射機完全相同的發射機，專門發射聲浪。這聲浪發射機也有七公尺波長，五百瓦特實足天線輸出電力，天線的高度也和影像發射機一樣高。這聲浪發射機收音的話筒則放在播送影像的播影室中。所以影像和聲浪，可以同時播出，在收影收音機上收得的影像和聲浪完全像現代最高的有聲電影一樣。

收這種電視的收影收音機是用陰極光線管所組成的。它的線路是一種最靈敏的超外差式線路。它收音的一部分，在不收電視時，可以收普通短波廣播音樂或電訊。

飛利浦電視機的優點，就是它所發畫面，分線極細，而且無絲毫跳動，所以在收影收音機上所收得的影像，非常清晰穩定，看時非常舒適，而且所有動或靜的畫面都用發送，和普通有聲電影完全一樣。

這電視機現在造在荷蘭的飛利浦實驗室內。目下的工作，完全是研究性質，所以電力並不十分充足，但是已可在幾十公里內得到極好的成績。

至於現在其它歐、美各國所試驗的電視機，大多一部分採用先攝成影片再用聶伯哥分像機等間接手續，所以非但影像模糊而且不能播送露天影像。這種缺點在飛利浦用電目攝影機的電機，完全是沒有的，非但影像十分淸楚，而且一切高速度動作，如足球比賽、跑馬等，都可以利用天然日光，隨意播送。」

照這個報告看來，飛利浦實驗室對於電視的研究，是眞不可忽視的。

近兩三年間，英、美、德、法、荷各國，雖然都是積極地從事電視的廣播試驗，而在最近，更多已經開放了廣播的業務，但直接的射程，仍都不出乎數十公里的範圍。『射程不遠之故，實線所用之超短波，現時尚不能及遠，而試驗用之發像機，電力太弱，實爲主因。現方從事強力超短波發像機之設備，期作更進一步之試驗。』（註三）又『馬可尼氏擬用「極微電波」（Micro-Wave）之工作，成立歐、美間電視之希望，現正在意大利熱諾亞附近，加以實驗。此無線電發明家，今冬（1935）雖然忙於倫敦試驗室內，但仍數度往熱諾亞校正其首席試驗員麥士（M. Matthien）之工作。……馬氏目前亟待解決之問題，卽在獲得一種發射不受干擾，不致衰落之長距離信號方法，若然，則越洋電視卽可成功矣。馬氏友人謂渠信仰極微電波——長約六十生的之發射媒介物——可解決此項問題云。』（註四）這便是我們將來對於電視的希望。

又電視廣播事業，目下同新聞事業的關係，似乎尙淺，但是今日的新聞業者和從事新聞學的研究者，都應用積極的目光，注視它的發展。因爲電視的遠程播送，一旦成功，在新聞事業上——特別是在採訪上——定要發生很大的變化。卽新聞社只須置備數種樣式的電視收像機（註五），則對於各地或各國的經常重要事件——比如某種國際團體開會——就可不必再行特派專員前去傍聽，便能得到眞確的紀錄。又，某新聞家說電視成功，報紙上所刊載的時事照片的價值，將要減煞。是不錯的；但報紙上的照片的價值，決不致爲電視所消滅，因爲它與新聞記事一樣地有記錄性，而電視是同無線電廣播一樣地沒有記錄性。

（註一）陳德生：電視的原理一文的首節；詳見電信雜誌第三卷，第一號。

（註二）同上。

（註三）陳德生：美國卡姆頓電視發送台之概述文中語；詳見電信雜誌第四卷，第一號。

（註四）十郎：倫敦之電視事業文中語；詳見電信特刊。

（註五）電視機械的作用，同攝影電報機械差不多，發收兩方必須完全一致；如一方有些微的形式上的變化，便不成功。現時的電視機械的樣式。是一國一樣。所以要想收得許多地方的電視廣播，非置備多種樣式的電視收像機不可。也許將來電視大成功的時候，會像今日的收音機一樣，不分彼此，一律可收吧。

五　飛機

（1）初次的飛行試驗

十九世紀的科學家，努力發明飛機，以供空中飛行之用；在歐洲和美國的試驗室，做過許多回奇異而聰明的飛行試驗。

可是這一切的工作，都沒有見着顯著的進步；爲的是當時準確的飛行機械，還沒有發明成功，並且

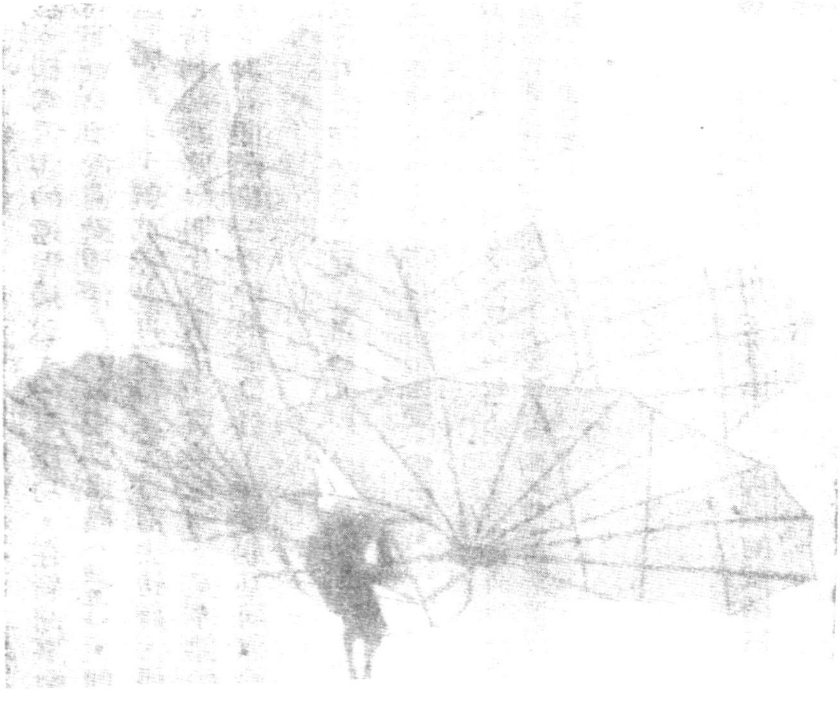

黎莉茵它爾（上）及他乘滑翔機試飛情形（下）

駕駛的技術，也還幼稚。後來，德國的工程師黎莉茵它爾（O. Lilienthal）和他的兄弟，在一塊埋頭從事關於鳥的飛行的種種研究，遂得到如下的結論：『鳥的飛行，有時並不拍搭拍搭地活動它的翅膀，反而猛然伸展兩翅，水平着或向上做滑翔飛行。我們憑藉機械的飛行方法，能夠學鳥的，就在這個滑翔的地方。』他不但下了多種的推斷，並且指示出種種具體的方法，而親身去試驗；相信他的試驗能夠達到目的

黎莉茵它爾在六年中做了很多重要的研究。起初所造的翅膀，是根據蝙蝠翅膀的原理，翅筋用柳枝，上面張布。他隨兩翅迎風飛起；先昇至小丘的高度，後來漸漸加高。既而他又完成兩翅帶尾的試驗。便裝置小小的發動機。於一八九六年八月十一日在柏林近郊滑翔試驗中，約飛六十公尺高的時候，突然被暴風吹了一個轉；黎莉茵它爾失手墜地，受了重傷，停一回兒，他便離開人世。這是已經到了第二千回的滑翔試驗。

拿生命造成航空技術的發達，黎莉茵它爾的功績，眞是偉大；因爲他築好了二十世紀航空事業的基礎；因爲以後到一九〇三年美國賴特（Wright）兄（Wilbur）弟（Orville）所發明的眞正的飛機，便是繼續他的努力而得到成功的。

（2）新聞事業與飛機

新聞事業與飛機的關係，不消說，是很密切的，無論是過去和現在。雖然攝影電報和電視早已出現，但因爲這些設備的範圍，畢竟還算窄狹，所以能夠自由翺翔的飛機的用途，當然是會益發廣大的。比如現今『各國航空事業，彼此郵遞信件，極爲迅速，因此，重要及有時間性之新聞照像，不用攝影電

報傳遞，而交郵局航空傳遞，亦可於短時間內到達，在經濟方面，節省甚多。」（註）的確若是只有一半日的飛航行程的距離，差不多的電報或攝影電報的傳遞，都是不甚需要的。不過那能夠傳遞人物動態和聲音的電視，因爲別具特殊性質，所以不能與普通傳遞相提並論。

一二八時期，美國報社派機遠飛到檀香山專候從中國寄去的戰爭照片，以及日本朝日新聞用飛機運輸侵略東北的照片，這在前邊已經說過。在美國，有好多攝影通信社除有特殊必要拍發攝影電報之外，平常都是利用航空路送照片的。另外在美國各地方更有一種報業公會，互相保持聯絡，託飛機寄遞自社所在地發生的事件照相和記事，卽爲新聞的空中交換。這些都是便利迅速的辦法。

（註）李季清：攝影電報在外國之應用一文中語。詳註在前。

（3）世界主要航空路線

在這裏，更必得敍述報社——特別是與我國脣齒相連的日本報社——自備飛機運輸新聞材料的情形，但因編制關係，暫且讓給編輯卷。單把世界主要航空路線的概況述說一番。

（A）中國

我國的民用航空事業，是由一九二九年開始的，卽由南京政府與美商飛運公司合資組設中國航空公司，現辦有滬蓉、滬平、滬粤三線；其次更於一九三〇年與德商漢沙公司合資組設歐亞航空公司，現辦有滬蘭、平粤、蘭包、陝漢四線；另外，還有西南航空公司是粤、桂、閩、黔、滇五省官民合資設立的，現辦有廣邕線、廣瓊線、廣河線。這三個公司的航線，總長約共三萬華里，航站總數，約有四十處。但以一國的交通事業——尤其是可以俯瞰中國大地形勝的空間交通事業——同外人『合資』經營，實非得計。所以據歐亞航空公司『總經理』李景樅在去年一月對中央社查詢的簽覆：辦理已有四、五年之久，而純粹由國籍飛行人員擔任飛行者，只有四人；擔任隨機機械電信工作者，只有六人；而且這少許技術人員還須『再假以時日』，才能得到『更可觀』的『養成之成績』。看情形：這條歐亞航空線的操縱大權是將永遠歸入日耳曼汎繫主義者之手了，假如我們不自努力飛躍而甘心情願受異邦人支配的話。

又在華北方面，日本更擬仿歐亞、中航兩公司辦法，組設所謂惠通公司，開辦冀、晉、魯、察、綏五省航空線路，由所謂日滿航空會社經營，由日軍部監督。預定的主要幹線，是津連、津瀋、平承、承幷、靑連、瀋濟六線；以外還有若干聯絡線。這個公司，一旦實現，利益的損失雖然或許等於歐亞和中航，而國權的損失，恐怕要超過歐亞、中航多少倍數吧！

在這裏，因論旨關係，撇開關於外交的問題，單說在中國這幾年的通信事業上——特別是新聞通信的速率上——確實也得到很大的空郵的益處，卽至少可以省卻許多高昂的電報費，同時可以在當天或隔天得到遠離數千公里的詳細的新聞報導。

（a）中航的路線

滬漢線：由上海經南京、九江至漢口；七小時。

滬蓉線特快班：由上海經南京、九江、漢口、宜昌、重慶至成都；八小時。

漢渝線：由漢口經沙市、宜昌、萬縣至重慶；七小時。

渝蓉線：由重慶至成都；二小時。

滬平線：(1)由上海經海州、青島、天津至北平；八小時。(2)由上海經南京、青島、天津至北平。

滬粵線：由上海經溫州、福州、廈門、汕頭至廣州；八小時。

(b)歐亞的路線

歐亞航空公司的路線總長約一萬五千華里，航站共十七所。現除蘭州至塔城一段，計長四千四、五百華里，共有航站四所，一時因受新疆政治影響，暫告停航外，其餘如由上海經南京、鄭州、西安至蘭州的航線，其長三千七百餘華里，淸早六時半由上海起飛，下午二時半飛到蘭州。其由上海經南京、鄭州、西安、漢中至成都的航線，長三千八百餘華里，淸早六時由上海起飛，下午三時半到達成都。它如由上海至昆明、寧夏、北平、包頭等處，也只隔宿卽可到達。

至於所運客貨數字，單就郵件來說，第一、第二年度爲五七七公斤；第三年度便增至二八五七公斤；第四年度增至四一六九公斤；第五年度更增至八七九六公斤。可知利用航空寄遞的公衆是一天一天地加多了。

關於歐亞航空公司的技術上的設備，也着實有可稱述的：

(一)飛機設備：最初全是採用榮克賜全金屬低翼的單發動機飛機；因該種飛機，依統計上所得的證明，卽遇有失事，也絕不易傷及乘客。最近歐亞爲求益爲安全起見，更進一步而採取榮克賜全金屬低翼的三發動機飛機；因這種發動機，每個均具有六百五十四馬力，縱然就中的一個，發生障礙，在飛行上仍不發生何種影響，而能安全地向目的地繼續前進。

（二）盲目飛行設備：盲目飛行儀器，為定期飛行不可少的設備。因全年為三百六十五日，既不能斷定都是天朗氣清，則遇有低雲四佈，為使班期不受影響，勢非準備與惡劣氣候抵抗不可。抵抗的工具，只有依靠盲目飛行的儀器。這種儀器是用到在雲中飛行，四無目標時的儀器。雲中飛行，在歐亞，幾成為每次飛行必不可免的事實；因從西安到蘭州所經的六盤山及從西安到蘭州的秦嶺，幾乎無時無刻不是被雲封蔽。如無這種儀器，非繞山沿谷，便根本不能前飛。歐亞因有這種設備，所以祇須向上高飛，直入雲中，等到飛出山尖的高空，便可安然在被雲封蔽的高山上，逕向目的地飛去。

（三）定向器設備：既有盲目飛行的設備，如無定向器給它審定飛行方向，也不能幫助定期飛行；因為飛入雲中固然能夠依靠盲目飛行的儀器，從容操縱，而其真確的方向，則須憑藉定向器的用無線電通報方法，把飛行的方向告知駕駛員，而協助他向目的地航站飛行。歐亞的飛機，因備有這種定向器，故目的站雖被雲封蔽，也無妨礙於它的到達。

（四）無線電設備：歐亞為防飛機萬一出事，以及氣候的突然變化，好使航站與飛機間能夠互相通報，以便救濟或趨避起見，無論機上及沿線各站，均設有長波（自三〇〇公尺至一三〇〇公尺）無線電收發機（電力：機上一五瓦特，陸上七〇瓦特），並規定在飛機飛行時間內，最近的前後兩站電台，均須與飛機作不斷的通信，藉策安全，同時為免除航站或總公司間的業務通信要受航站與飛機間的安全通信的影響，更於各航站間併設短波（通用四六公尺及二三公尺兩種）無線電台（電力七〇瓦特）；長波專為供飛機上之用，而短波則供陸上各站彼此直接通報之用。

（c）西南的路線

廣邕線：由廣州經梧州、桂林、柳州至邕寧（南寧）。
廣瓊線：由廣州經梅菉到瓊州。
廣河線：由廣州經梧州、邕寧、龍州至安南 河內。
邕貴線：由邕寧至貴陽（計劃開辦中）。

（B）英國

主要的航空經營者是英國航空公司；路線幾乎可說全部是飛往國外的；主要路線如下：

倫敦——巴黎線（三七五公里）。
倫敦——巴黎——巴塞爾——杜里茲線（八八五公里）。
倫敦——布拉塞爾——開倫線（五三五公里）。
倫敦——檳榔嶼——新嘉坡——澳洲線（二〇，四九二公里）
倫敦——揆普坦線（一三，三二四公里）。
倫敦——檳榔嶼——香港線。

以上各線當然以倫敦、澳洲及倫敦香港二線，對中國關係，特別重要；因中英通航已於本年十一月五日開始，即由中航機飛抵香港與英國航空公司的飛機銜接聯運。上海倫敦間的交通，如經此線，只有十二天航程。

又，本年十一月九日倫敦路透電云：

「以倫敦克羅墩飛行場爲起點之英國航空郵運，近數年來，已有驚人的成績。據聞自明年四月間政府新頒佈之航空郵政制度開辦後，其進步將更非吾人所能預測矣。現時每星期由克羅墩運出之英國航空郵件，平均約在四噸又四分之三，等於三十五萬封函件左右。因以上數額，並不包括歐陸各國之郵件在內，故此數實可稱爲鉅大。回憶一九三一年初創之時，全年之郵件，亦不過數十萬而已，衆信本年耶誕節時之英國航空郵運，定可造成新紀錄，較去年同時之五噸數額，恐將超過甚鉅。按照明年四月間實施之新航空郵政制度規定，普通函件之重量不過半盎司者，只須納尋常郵費，卽可由英國航空寄至英國境內之任何地方。英國政府此項計畫之結果，已使英國航空線，成爲世界範圍最大之商務航空事業。目下英國航空公司下令定造之巨型飛艇，已有二十九艘之多；每艘重量十八噸，各裝引擎四具，共有四千匹馬力；艇內有客座二十四，床位十六，並可載郵件數噸。此項飛艇之一，名坎諾浦斯號，業已造成，大約一月之後，卽可在地中海航線服務。又聞此項新計劃實現後，更可縮短英國各地之航空時日，例如目下乘飛機至澳洲，需時十二日，新計劃實施後，只需八日已足；印度現需五日，將來亦可縮短爲二日有半。」

可知英國航空郵運前程的遠大了。

(C)法國

全國航空運輸，歸法蘭西航空公司統制，有二大條定期航空路線。主要路線如下：

杜爾斯——加查布蘭加線（一、八四五公里）

馬賽——西貢線（一二、二八九公里）

加查布蘭加——散的亞哥線（一二、〇三三公里）

巴黎——布加列斯德線（二、二四一公里）

馬賽——的紐斯線（一、〇〇〇公里）

巴黎——柏林線（一、〇一〇公里）

以上各線對於中國的關係，自以馬賽、西貢線爲最重要；因在河內同西南的廣河線銜接，所以由上海寄往巴黎或倫敦的郵件，如經此線，十天便可到達。這路線在一九三四年度裝運郵件達一七，三六九公斤；同一九三三年比較，約增加一千公斤。此後自然日益加多，唯一原因，就是同中國的廣河線通航，而航程比經由英荷兩國的航線約快兩天。——由上海寄歐航空郵件，經由此線運輸，是從本年二月十三日開始的；內中寄倫敦的郵件，於二十四日到達，造成遠東首次直運歐洲郵件的最速的紀錄。以後更擬設法續圖加速。雖然在十月二十六日由巴黎舉行的巴黎、西貢間萬二千哩的航空競賽，結果完全失敗，但其中有一機在出發的十六小時又三十分間，便到報達，即飛了三千二百哩。所以未來此線的航程日數，是必可縮短的。

（D）德國

德國到一九二五年便獲得世界航空路的三分之一。一九二六年，合併兩個公司而組織漢沙公司，經營至今日，遂成世界最大的航空運輸公司。它以歐陸爲中心像蜘蛛網一般，向南美和亞細亞伸展；三分之一股權屬於它的歐亞航空公司的事業，已如前述。但據昨今通信社的電報；它同蘇聯的民航公司合股而由它主理的德蘇航空契約，將於本年底期滿，蘇聯決定不再繼續，另由兩國間以各國通行的航空合作制度辦理。這從維持兩國——特別是蘇聯——的領空主權上着想，當然是合宜的辦法。又在亞洲方面，雖然自東往西，已經俯瞰過新疆的上空，可是又不能不縮退回去；而自西往東呢？巴爾幹半島和中亞細亞的上空，恐也很少飛越的希望。所以漢沙特派代表於本年十月底到雅典，想與希臘政府商訂航空協定，接通柏林與雅典航線，並經由希臘領空，展至遠東。此項協定，據哈瓦斯的電報；已於十一月八日在雅典外交部簽字。

講到世界民營航空事業的成績，恐怕沒有比得上漢沙公司的。說它在歐亞兩洲間所造成的紀錄，最可稱道的，便是本年七月三日上午四時卽中國的二日下午九時從柏林起飛到中國的榮克賜五十二號巨型機。這巨型機由主任機師名飛行家路德（Lutz）駕駛從柏林起飛來華，經捷克斯拉夫貝拉格城及奧京維也納、匈京布達拜斯特而抵蘇菲亞，卽在該處過宿；四日晨續飛，經過亞洲東土耳其，當晚到報達降落；五日晨離土，向波斯灣、印度進飛，晚宿尤阿乾克；六日經格拉乞克到箬浦；七日到啊那拍拜；八日到浜壳；九日到河內；十日下午四時二十五分抵廣州；十一日上午由廣州起飛，下午三時二十分到上海。航程共一萬五千三百公里，飛行九天；但在河內遇颶風躭擱一天，實際上僅飛八天，打破去年格勃茲男爵的九日紀錄。

一九三二年在瑞士舉行阿爾卑斯飛航競賽，得到最高的榮譽的，便是這個榮克賜五十二號機。當時參與此項競賽的，都是交通飛機，其主要條件，除須具有絕大的飛航能力外，比賽地點，乃是歐洲境內最困難的地段，必得飛越拔海四千公尺的高山；並且當時正碰着極端惡劣的天氣，飛機須在迷霧中飛行數小時之久。榮克斯五十二號式機，便在此惡劣環境中，表現其種種優點，而獲得最大勝利。又歐亞發表這種巨型機的優點，說它的副翼是裝於機翼的後方，其長與機翼等，於風靜時，雖裝滿三千五百公斤

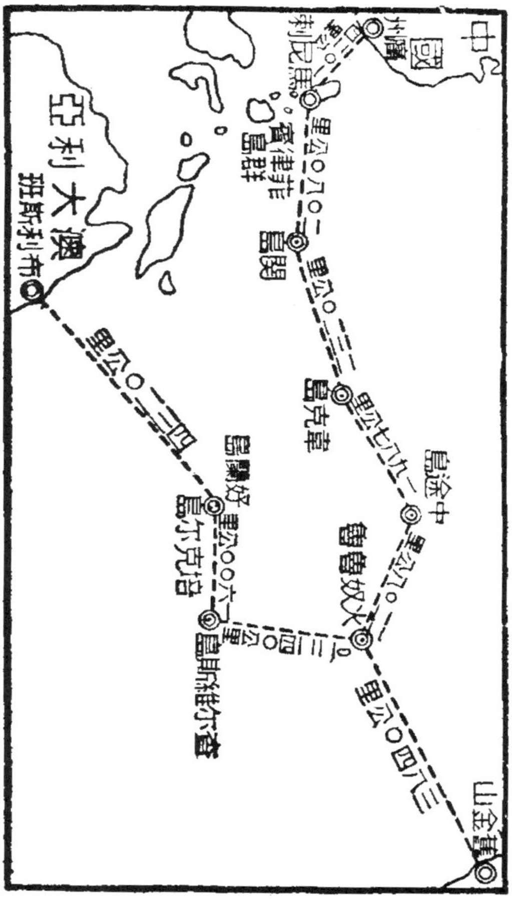

美國太平洋之航空綫——火奴魯魯至澳洲之航綫已在計畫中

載量，也只須在地面開行二百七十公尺，便可昇。上昇後，在空中飛行速度，可借助此項副翼，每小時加至二百九十公里；而在降落時也可隨意減低速度至僅有六十五公里。所以它雖裝滿載量，於機輪觸地之後，祇在地面續行一百八十公尺，即可完全停輪。在缺乏完備的飛行場的中國，使用此項飛機，實最爲適當云。至於機中的重要設備，上文已經說過了。

（E）美國

美國的國際航空路線，幾全操在汎美航空公司之手；比如去年十一月從夏威夷飛到馬尼剌的中國飛剪號（China Clipper），便屬於該公司。該公司路線向墨西哥、南美、阿拉斯加，更渡過太平洋而到中國，更向南洋進展，計橫跨三大陸，四散到三十三國；路線全長約達五〇、五七〇公里。

關於美國的航空路線，最能引起我們的注意，並且是汎美公司認爲經營諸線中最重要的一線，就是太平洋這一線。此線計有飛艇三艘卽夏威夷號、菲列濱號、中國號；是於本年十月間開通的。夏威夷號於十月一日午後三時十一分從阿拉米達飛往馬尼剌，正式開始太平洋航空業務；五年以來的苦心經營，遂得完全成功。這次所經路線，卽中國號、菲列濱號及它歷次所試飛的。此線係名飛行家林白等人於一九三一年在紐約汎美航空公司所繪定者。至於中美全線的試航，是先由菲列濱號於十四日午後從阿拉米達出發，二十日到馬尼剌；二十二日清晨六時，由馬尼剌起飛，次日下午到香港；這是汎美公司飛至亞細亞大陸的嚆矢。二十四日上午八時半至九時正，菲列濱號上的乘客先後由港分乘中航的福建、廣東兩機，於午後四時一刻及五時飛抵上海龍華飛行場。全線歷程一萬五千九百餘公里。經此次試飛，中美全線飛行，已全部完成。中間共設航空站七十八；主要降站爲火奴魯魯、中途島（Midway Is.）等。詳細里程如下：

舊金山至火奴魯魯	三、八四〇公里
火奴魯魯至中途島	二、二〇八公里
中途島至韋克島（Waker Is.）	一、九八七公里
韋克島至關島	二、三二〇公里

關島至菲列濱	二、〇八〇公里
菲列濱至香港	一、〇二四公里
香港至上海	一、四四八公里

全線通航後不僅太平洋航空線得以完成，便算環球航空線完成。環球聯絡飛行完成之後，郵件在十五天半的時間，即可環繞地球一週；三十五年前以六十天十三小時又二十八分造成環球旅行紀錄者，今可減至十分之一的時間，進步之速，能不驚人？現在開一環球飛行路線，如下表：

紐約至德國佛蘭克福約	三、二〇〇哩；二天（德航）
佛蘭克福至荷蘭阿姆斯特丹約	二二五哩；半天（德航）
阿姆斯特丹至檳榔嶼約	七、六二五哩；五天（荷航）
檳榔嶼至香港約	一、六五〇哩；一天（英航）
香港至馬尼剌約	七〇〇哩；一天（美航）
馬尼剌至紐約約	二、一九〇哩；六天（美航）
以上共計	一五、五九〇哩；（十五天半）

(F)荷蘭

荷蘭航空公司以K. L. M.爲代表。這國雖小，而航空事業卻不可輕視：在一九一九年間，早就能夠和英、美、法、德等大國並駕齊驅了。它的航空輸送是以荷京阿姆斯特丹爲出發點，而向倫敦、巴黎、布拉賽爾、漢堡、馬爾梅等地伸展的。又阿姆斯特丹、彭頓（巴達維亞）線距離約達一四，三五〇分子，普用輪航，須走四十天，但飛機僅五、六天便到。

阿姆斯特丹、彭頓一線，對遠東交通的關係，特別重要，並且是世界最長航空線之一，又在世界航空上占有重要的地位；因此，有一述它的由來和現狀的必要。此線最初發軔點，還遠在一九二四年荷蘭自荷京用福克馬達飛機自阿姆斯特丹試飛至巴達維亞，途中經數次阻滯後，二十四天到達。三年後，荷蘭著名飛行家[illegible]本再度試飛，乘三馬達飛機，沿途非常順利，自荷京到巴城，不過十二天；返程更速，九天便到。當時造成世界新紀錄，直至一九三一年，始被打破。後來在巴城設一副公司，取名荷蘭東印度航空公司，置飛機四架。自一九二九年十一月一日作第三次試飛後，遂開始飛航；每兩星期，開行一次，搭客載郵。當時荷蘭郵政當局爲便利公衆起見，備有極輕的航空信箋、信封，收取極廉的航空郵費，但僅寄輕便郵件，若包裹及笨重郵件，仍須由海道運送。到一九三〇年十月一日更改爲每星期開行一次。自是所載郵件亦幾增加一倍。而飛航時間，亦見減短，自巴城至荷京，不過九天；並且航行非常穩妥，自開辦以來，三年間僅出事一次，而郵件仍未受損失，不過遲到五天而已。卽每星期四自荷京開航，下星期五到巴城；每星期五自巴城起飛，下星期六到荷京。到一九三二年，又改用新式機，航行時間，更加短縮。但據從本年十月四日起的荷蘭航空線冬季時刻表；係每星期三及星期六，自荷京起飛，於下星期二及星期五到彭頓。本線主要航站爲彭頓、曼谷、仰光、喀爾喀達（印度）查斯克（伊蘭）巴斯拉或派克達德（伊拉克）、迦薩（巴力斯坦）、亞歷山大力亞（埃及）、羅德島、雅典、羅馬、阿姆斯特丹。

荷蘭航空公司最近計劃阿姆斯特丹、紐約間的不停留飛行。此兩地還沒有人直接飛行過。該公司擬用最新式的「飛行旅館」巨機通航。此種巨機已有數架作阿姆斯特丹、彭頓航線之用。

（G）蘇聯

蘇聯的國際遠程航空路線，因爲它的版圖廣大，國情特殊，所以除同別國的航空公司聯運之外，沒有伸展到西歐繁華都市的可能；所以目下只有向極北、極東的人烟疏稀——尤其是絕無人烟——的地帶努力開拓而已。這種開拓，在世界航空史上實有特別的價值，而且目下已經見着顯著的成功。要之，向極北、極東兩方面的蘇聯的航空事業的前程，眞是遠大無邊。現在來敍述這兩方面的試航成績。

（a）大北線

向極北卽北冰洋航線試航，是由蘇聯名飛行家莫洛可夫，於本年六月二十二日從莫斯科起飛；於九月十九日飛回莫斯科，完成其偉大的飛行。經過蘇聯北冰洋區全部重要地點，在極困難的氣候條件下，莫氏飛越二萬六千公里。計由莫斯科經克拉斯諾雅斯克、雅庫玆克、堪察加、司令莘島、白令海峽、倫及爾島、希密特角、狄克賽灣、諾威克角、亞企安琪爾而飛回莫斯科。這樣，莫氏算是首次造成極北航空線全線的奇蹟；證明不久全北冰洋海岸可以實行東西交往的定期飛航。

莫氏所乘飛機是雙馬達全金屬製水上飛船，機上裝有最新式航空儀器，並附帶划艇一隻，橡膠小船一隻，可容五人，及船員用器皿全套。機中除莫氏及其助手機師，航海員諸人之外，還搭乘有眞理報特派記者。機中更載有食物和送給各度冬考察隊的禮物、書籍等。這些都是北冰洋可以創辦航空貨運的明證。

（b）遠東線

遠東線在最近見着一個空前的成功，就是萬公里不停留飛行。卽由蘇聯的飛行家契卡洛夫、巴都柯夫、貝里雅柯夫三人，於本年七月二十日，駕ANT-25號飛機，從莫斯科起飛，經過巴倫海、約瑟夫地、契羅斯金角、堪察加的卜魯巴伐洛斯克、於二十三日下午一時四十五分，在赤塔隣近的烏達島降落；計全程九、三七四公里。該機在天空停留時間計共五十六小時二十分。途中歷經艱難，在齊莫里亞地方，該機突遇北極旋風和密密的烏雲，遂停於四千公尺的高處共五小時。該機過韃靼海峽的時候，已經飛了五十六小時；但機身竟爲重冰所包圍，便用無線電報告航空部，得到航空部允准着陸的電令，這才覓着了那個烏達島。後來又飛回莫斯科。

於是蘇聯著名北冰洋探險家烏沙科夫立卽在報紙上發表一文，說：ANT-25號機的空前飛行爲若干巨大問題解決的樞紐，卽這次飛行使我們接近橫貫北冰洋線飛行問題，並顯示解決此問題的可能和方法。這條航線可以解決一異常重大問題，就是開關歐、亞、美三洲各地間的最近最速交通，蘇聯飛行家將保證其完成。

契卡洛夫們三人，在飛行出發的前夜，曾草一文，說明他們的飛行目的。關於選擇這條路線的原因，他們說：「爲什麼我們一直向北到堪察加的道路呢？一直順着西比利亞鐵道飛行不是可能嗎？可是我們因爲特製飛機而選擇一直向北的道路。機器的計劃就是準備在北方條件之下飛行的。機器中的放熱器和整個的系統都是特製準備在低溫度氣候下飛行的。第二、向北飛行道路對於飛行員是具有極大意義的。與一般人意料恰相反，向北道路沒有被我們放棄。那兒有許多寒帶殖民地。自然，我們還要經過很大的無居民的地帶。這樣，使我們這次飛行更加有意義。」（據中國導報）

在飛行成功之後，契卡洛夫又寫一文述說這次飛行的經過，其中有一段說：『我們的這次的飛行，表示着蘇聯航空是沒有止境的，不論往南往北；蘇聯的飛機，可以在任何時間，飛往任何地方。』（據嘉逸君譯文）

(c)美蘇線

烏沙科夫所說的『開闢歐、亞、美三洲各地間的最近最速交通……』的話，僅僅過了兩星期，便由以援救契羅斯金探險隊人員馳名的李瓦湼夫斯基實行了。他於本年八月五日偕航海員列夫先珂，自洛杉磯乘飛機出發，到九月十三日下午，才算完畢一萬九千公里的飛程，安然在莫斯科降落。

在最近幾年中，蘇、美兩國的飛行家，都曾努力飛行這條航線；如在一九二六年，蘇聯飛行家布勞托夫和斯托令可夫第一次駕駛蘇聯飛機，從莫斯科經過遠東阿拉斯加飛往紐約，雖然很辛苦地完成了，但還不能開始通航。美國飛行家馬頓（J. Mattern）在一九三二年七月繼續飛行這條航線，可是飛機在北冰洋中燬壞；幸虧李瓦湼夫斯基奮勇前往救援，才找着這位美國飛行家，並且把他帶到阿拉斯加的諾姆角。去年，又有一位美國名飛行家普司特（W. Post）在這條航線飛行，但還沒有達到蘇聯海北岸——到阿拉斯加——便殞命了。

這回李瓦湼夫斯基，仍舊選擇這條凶險的航線，但更改了幾處的方向。起先，在美國監造飛機的李氏，和以後從莫斯科去美的航海員列夫先珂製一飛行路線，即擬從美國加州、俄勒州和華盛頓經過加拿大、阿拉斯加、雅庫茲克、西比利亞到莫斯科；屬於美方的路線是從勞斯安極立司經舊金山、西雅圖、朱諾、排爾班克斯、諾姆，從還裏橫渡七十公里寬的白令海峽這個美蘇的境界。

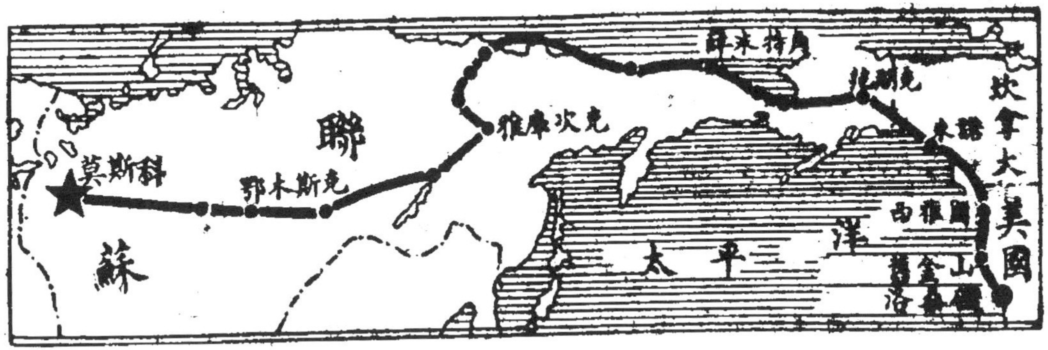

李瓦涅夫斯基初次開闢的美蘇航空線路

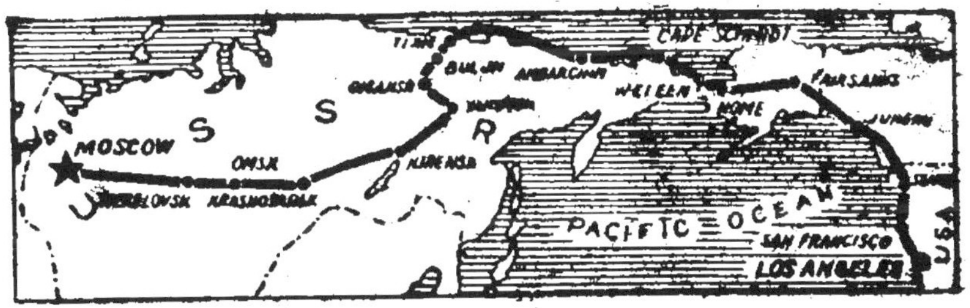

但到蘇聯的領空，李氏隨着氣候的變遷，更改原定的路線，而經威倫、斯密特角、安瑟契克湖、布倫、契干斯克、克令斯克、克那斯那雅斯克、斯威得路夫斯克到莫斯科。

李瓦涅夫斯基所自述的這條航線的情形，是很有意味的：

「八月五日上午十一時零四分。我們在陽光照射的加州上昇了。我們由這條線路飛行，是得到美國和加拿大當局允准的。

當飛行時，我收到有名的美國的北極探險家斯蒂芬孫（V. Stefansson）的一通電報，要我避開北部阿拉斯加的路線，取道南部路線。但我不要一條易飛的航線，需要最短的路程，所以我仍向北部飛去。

到加拿大的全程，沒有遇到什麼大的困難。在每一次降落中，我們都受當地人士的歡迎，並且受新聞記者和攝影師的包圍。關於我們的飛行，詳細的記事登載到廣大的全美的報紙上，說明我們在搜求從美國到蘇聯的航空路線。在加拿大飛行中，遇到大霧和雨；但我們不能忍耐着等好天氣，決定在大霧中向朱諾、阿拉斯加前飛。我們有時高飛入雲，有時低降靠近水面。我們迅速地飛到太平洋。在風浪怒吼的洋面上，我發見怪狀的山。我們降落下來，仔細辨認一番，才知道這是列夫先

李瓦涅夫斯基

珂在地圖上考查出來的鵝島。我們的飛機停留在波浪不高的兩岩石間的水面上。洋面上是大風、大浪、大雨，大霧，並且是寒冷的夜裏。我們決定守着這一夜，防備飛機被風吹到岩石上。我們因爲不能睡覺，遂攀登機翼上，等候到天亮。但是我們的飛機已經被潮水衝近岩石。我們帶衣服跳水裏，去推飛機；但是風不稍息，我們遂爬上沙灘，把繩的一頭繫在身上，另一頭繫在機上，用全力推它離開岩山。我們這樣同大風浪鬬爭了一整夜。潮退了，我們的飛機，再浮到水面上。

從阿拉斯克到蘇聯海岸，我們飛過腓爾班克斯和諾姆。爲着救援契羅斯金，我到過這些地方。我們在濃霧中飛過白令海峽便看見蘇聯的海岸。

從勞斯安極立司到雅庫茲克的全程，我們記錄了溫度、天氣和降落的情形。我們蒐集許多科學的材料；可以藉着這些說明此航線的得失；我們要把這些好好地研究並試驗一番。

我們經過了從勞斯安極立司到雅庫茲克的一萬一千公里長而且困難的航程，還剩下到莫斯科的七千公里。開拓了將來連接蘇美的一萬八千公里的航路。』（據中國導報）

這裏可借用眞理報的評語：『亞美兩洲間最艱難的航程，現已將及完成；蘇美間的航空路線，業將決定。這實爲蘇聯航空史上又一勝利。由加州經過……而到莫斯科的，歷史上第一人乃是蘇聯的飛行家。這次航行對於世界航空的將來，具有極大的意義……。』又消息報的評語，也很扼要：『往美洲的新航路，現已開闢；世界最大的蘇美兩國間，已有捷路相通。李瓦湼夫斯基的飛航，實爲克服北冰洋的新勝利；爲全人類文化戰術上的偉大勝利……。』這決不是誇張的話。

據九月二十九日莫斯科路透電云：「今日各著名北極飛行家召集會議，決定設法創辦蘇聯與美國間的航空線。預定經過之地，有（見前）等處；並建議撥款一百五十萬鎊，供建築飛機根據地及氣候站之用。預計此新航空線將於明春開始，全程共計十萬哩，需時四日。

在各國航空路線爭着向遠東伸展的當兒，蘇聯是決不肯落後的。將來極北的貫通歐、亞、美三洲的蘇美航空線，必定會與早已貫通歐、亞、澳三洲的英澳航空線，後先媲美，是可斷言的。同時，在這三洲間的新聞通信上乃至新聞紙的輸送上，必定要開出很多的新生面；從新聞社到讀者的距離，將要一天短縮一天，像今日這樣地令遠方讀者看舊報的事情，自然是要減少哩。

“综合新闻学第四卷、第五卷、第六卷由于太平洋战争爆发而未能印刷，为保持历史原貌，我们保留了目录中所列的章节，特此说明。”

图书在版编目（CIP）数据

综合新闻学 / 任白涛著. —北京：中国传媒大学出版社，2018.3
（中国近代新闻学名著系列丛书 / 芮必峰主编）
ISBN 978-7-5657-2273-8

Ⅰ. ①综…　Ⅱ. ①任…　Ⅲ. ①新闻学　Ⅳ. ① G210

中国版本图书馆 CIP 数据核字（2018）第 049018 号

中国近代新闻学名著系列丛书
芮必峰　主编
综合新闻学（1 2 3）
ZONGHE XINWENXUE（YI ER SAN）

著　　者	任白涛
策划编辑	司马兰　姜颖昳
责任编辑	司马兰　姜颖昳
封面设计	拓美设计
责任印制	曹　辉
出版发行	中国传媒大学出版社
社　　址	北京市朝阳区定福庄东街 1 号　　邮编：100024
电　　话	86-10-65450532 或 65450528　　传真：010-65779405
网　　址	http://www.cucp.com.cn
经　　销	全国新华书店
印　　刷	北京华联印刷有限公司
开　　本	787mm × 1092mm　1/16
印　　张	49.5
字　　数	640 千字
版　　次	2018 年 6 月第 1 版　　2018 年 6 月第 1 次印刷
书　　号	ISBN 978-7-5657-2273-8/G · 2273　　定　价　198.00 元（全三册）